요한계시록

바이블 코어 성경 주석 강해 시리즈

BIBLE CORE SERIES

Revelation

Yu Dong Keun (Th.D)

Korean Edition

420-867 | 123, Buil-ro, Wonmi Gu, Bucheon City, Gyeonggi Do, Korea

요한계시록

Revelation

유 동 근

IMC

서문

이 책은 2002년 본인이 경기도 광주에서 사역할 때 주일마다 교회에서 전한 말씀을 기초로 한 것이다. 그로부터 4년쯤 후 국제 선교 신학원(IMC)에서 매주 월요일마다 신학원 학생들과 다시 한 번 연구를 거쳤다. 그러므로 이 최종 원고는 본인의 직접적인 2-3회의 검토와 연구를 거친 것이다. 물론 본인으로서는 최선을 다했지만, 만족하여 다시 검토할 여지가 없다는 뜻은 아니다. 특히 구어체를 기초로 하여 다듬다보니 아직도 어설픈 문장이 많이 눈에 띈다. 그럼에도 불구하고 이 책을 서둘러 내게 된 것은 공부하고자 하는 하나님의 자녀들에게 조금이나마 도움이 되기를 바라는 마음에서이다. 내가 낸 다른 책도 그렇지만 다른 사람들보다 무언가를 더 많이 알기에 이 책을 내는 것은 결코 아니다. 오히려 너무나 알아야 할 것을 모르기 때문에 스스로 공부할 기회를 찾고자 하여 연구하며 쓴 것이다.

그렇지만 이 책을 가지고 공부하고자 하는 분들에게는 몇 가지 권하고 싶은 말이 있다. 한 번 읽고 말아서는 안 된다는 것이다. 본인도 이를 수년 간 이차 삼차 두고두고 공부하며 쓴 것이다. 아마 몇 년씩 텀(term)을 두고 한 번 두 번 성경 본문과 함께 철저히 공부해나간다면 매우 도움이 되리라고 믿는다. 너무 속독을 하지 말고 참조 성경 구절들도 가급적이면 찾아가면서 한 장 한 장 천천히 공부하면 좋을 것이다. 만일 다른 사람들을 가르치기 위해 공부하는 것이라면 다른 건전한 주석서들과 함께 비교하면서 연구한다면 더욱 유익하리라고 본다. 이 책은 성도들의 성경 공부를 위한 학습 자료로 만든 것이라고 보면 좋을 것이다. 이 책을 쓰기 위해 많은 사람들의 저술을 참고하지는 못했지만 국내에 있는 번역서들은 어느 정도 다 참고했다. 그러므로 많은 부분이 새로운 것이라기보다는 반복하여 말한 것이 많고, 다른 훌륭한 분들의 주석을 공부하는 마음으로 인용하기도 했으며, 어떤 것들은 너무나 해석이 공감이 가고 차용할 만하여 원문 그대로 옮겨놓기도 했다. 주님의 재림과 왕국에 대하여 후천년설과 무천년설 등 각양 다른 견해들이 있지만(참고가 되도록 각 학파의 주장을 요약하여 실었다), 나는 이 책을 어떤 변론을 하기 위하여 쓴 것이 아니라 주 예수께서 강림하시기 전 그리스도인들이 마땅히 경성하고 준비하도록 도움을 주기 위해 쓴 것이므로, 다만 우리 시대에 다가올 심판과 환난의 두려움을 깨닫고 주님의 다시 오심을 맞이하기 위해 합당한 경계와 기다림을 촉진하는 기능이 있기만을 원한다.

계시록은 전체적으로 계시의 책이며 예언의 책이다(계 1:1, 3, 22:7, 8). 계시란 헬라어로 '아포칼립시스(Αποκαλυθισ)'로서 수건으로 가려져 알 수 없던 것이 벗겨져 드러나는 것을 의미한다(Lohmeyer). 그러므로 계시록은 많은 부분이 지식이 아니라 뭔가 '보는 것'이다. 나는 이 책을 읽는 분들이 계시록의 비젼을 보는 데에 다소나마 도움을 얻을 수 있기를 바란다. 이 책을 읽고도 한 가지 본 것이 없다면 유감스러운 일이 아닐 수 없다. 그러나 만일 이 책의 도움으로 여러분의 영적 시야에 계시록의 비젼들이 뚜렷하게 각인된다면 이 어떠한 은혜이겠는가! 또한 이 책은 예언(prophecy)으로서 장래의 일을 말한 것인데 많은 것이 상징으로 되어 있다(signified, 1:3). 즉 많은 말씀들이 상징을 통해 비밀스럽게 예언되었다는 것이다. 그러므로 잘 해석하지 않으면 엉뚱하게 치우치게 된다. 따라서 모든 분들이 공인하듯이 이 책은 정확하게 이해하기가 매우 어렵고 천차만별의 해석을 가하는 학파들도 많다. 두 사람도 시종 똑같은 해석을 가하는 경우가 없을 정도이다. 그러므로 본인도 다른 사람들과 약간씩 다른 해석을 가하는 경우가 있을 것이다. 그러나 나와 다른 견해를 가진 분들의 해석들도 존중하는 마음으로 읽으며 참고하며 썼다. 어차피 우리는 그 날에 가서야 모든 것을 분명히 알 수 있기 때문이다(고전 13:10-12).

어쨌든 나는 하나님이 나에게 주신 작은 은사와 은혜를 따라 기도하며 많은 시간 생각하며 검토하며 하나님 앞에서 얻은 빛에 따라 충성을 다하여 썼다. 최선을 다하고 힘을 다했다는 면에서는 자부할 수 있다. 그럼에도 여전히 부족한 점은 있을 것이고 그러한 불충분한 점에 있어서는 독자들의 이해와 관용을 미리 부탁드린다. 이러한 예언의 말씀과 계시를 잘 받아들이면 그리스도인으로서 내세의 소망에 대하여 굳센 믿음을 갖고 전진하는 데에 큰 도움이 될 것이다. 이것에는 조금도 의심의 여지가 없다. 또한 나는 이 책이 성경을 공부하고자 하는 사람들에게 유용한 자료가 될 수 있기를 기대하며, 이 강해서를 통해 추구하는 자들이 하나님의 말씀을 더욱 엄중하게 듣기를 바라는 소원으로 가득하다. 아울러 연구에 함께 참여해준 성도들과 신학원 학생들에게 다시 한 번 감사의 뜻을 표한다. 그들이 즐거움으로 함께 해주지 않았다면 이런 책이 나올 수 없었을 것이다.

주님이 이 책을 축복하사 많은 하나님의 자녀들이 그분의 말씀 안으로 더욱 이끌리기를 바라며…

2006년 10월
봉천동에서 저자

차 례

요한계시록 강해

1 장

요한 계시록은 사도 요한이 A. D. 90년경 밧모섬에서 기록한 것이다. 수신자들은 아시아에 있는 일곱 교회들이다. 이제 본문을 해설하면서 말하겠지만 이 일곱 교회는 당시 아시아에 실재하던 교회들이었다. 당시 아시아에는 이 일곱 교회만 있었던 것이 아니다. 이를테면 골로새도 아시아에 있는 교회였고 골로새서에 나오는 히에라볼리 교회, 사도행전에 나오는 드로아 교회 등이 아시아에 있는 교회들이었다. 그런데 성령께서는 특별히 일곱 교회를 선택하셔서 계시록을 수신하는 교회들로 삼으셨다. 그것은 일곱이라는 숫자가 의미하듯이 일곱 교회란, 완전함을 나타내기 때문이다. 그러므로 이 일곱 교회들은 지상에 있는 모든 교회들을 포함하는 개념으로 보여지며, 따라서 오늘 이 지상에 있는 모든 교회들은 다 이 계시록을 받을 수 있는 자격이 있다. 당시 요한이 밧모섬에 있었던 것은 어쩌면 그곳에 유배되었기 때문일 것이다. 그가 그곳에서 많은 고생과 환난을 겪고 있을 때 하나님께서 그에게 계시를 주심으로 당시의 환난받는 교회들을 섬기게 하셨다.

당시 로마는 도미티안 황제 시절이었고 그리스도인들에게 가장 박해가 심했을 때였다. 계시록 2장, 3장에서 보듯이 당시 교회들은 심히 하락되고 어려운 상태에 있었다. 그때에 하나님은 교회를 일깨우고 격려하고 위로하고 강화하기 위해 사도 요한을 통해서 이 계시의 말씀을 주신 것이다.

1절, 예수 그리스도의 계시라 이는 하나님이 그에게 주사 반드시 속히 될 일을 그 종들에게 보이시려고 그 천사를 그 종 요한에게 보내어 지시하신 것이라

'계시'란 앞에서 말했듯이 헬라어로 '아포칼립시스(Αποκαλυθισ)'로서 감추어진 것을 열어서 보여 준다는 뜻이다. 원래는 수건으로 덮여 있었는데 수건을 젖힐 때 그 내용물이 보여진다는 것이다.

'예수 그리스도의 계시'라는 말은 예수 그리스도 자신에 대한 계시, 혹은 예수 그리스도 자신의 나타남이라고도 해석할 수 있다. 계시록은 예수 그리스도를 계시하는 책이라는 뜻이다. 또 한편 이 말은 예수 그리스도께서 앞으로 일어날 일을 계시하신다는 뜻도 된다. 이 두 가지 뜻으로 해석이 가능하다. 계시록은 또 묵시록이라고도 하는데, 어떤 학자들은 묵시와 계시를 구분하여 말하기도 한다. 우리는 계시록에서 승천하신 그리스도에 대한 계시를 얻는다. 1장에는 오른 손에 일곱 별을 붙들고 계시며 금 촛대들 사이에 다니시는 인자이신 예수를 본다. 2, 3장에서 그분은 교회에 말씀하시고 교회를 돌보시는 분으로 나온다. 5장에서는 승천하셔서 아버지로부터 일곱 인으로 봉인된 책을 받으시고 그 인을 떼시는 유다지파의 사자이며 어린양이신 예수를 본다. 10장은 힘센 다른 천사로 이 땅에 다시 오시기 전에 하늘을 가리켜 맹세하시는 분으로 나온다. 그분은 큰 소리로 지체하지 않을 거라고 외치신다. 16장은 심판자로 나오시며(5절), 19장은 혼인잔치를 하시는 어린양으로 나오며 마지막에는 만물을 새롭게 하시는 알파와 오메가이신 분으로, 보좌에 앉으셔서 만국을 다스리시는 분으로 나온다. 22장은 여전히 목마른 자들에게 생명수 샘물로 나오라는 복음의 주님을 보여주시며(17절), 재림하시는 주님에 대하여(1:7, 18:1), 특히 이기는 성도들에게 상 주시려고 속히 다시오실 분으로 그분 자신을 알리신다(22:12). 계시록을 다만 희한한 것을 해석하는 것에 흥미를 갖는 사람들이 많다. 계시록의 중심은 그리스도 자신의 계시에 있다.

묵시란 하나님이 한 때 이 책에 생기를 불어넣으셨다는 뜻이고 계시는 오늘 우리가 그 말씀을 읽을 때 하나님께서 그 말씀에 생기를 불어넣어주셔서 우리로 하나님의 말씀을 보게 하신다는 것이다. 이 책의 내용의 말씀은 요한이 밧모섬에서 하나님의 묵시를 얻어 기록한 것이다. 그러나 오늘 우리가 이천 년 전에 요한에게 묵시된 말씀을 성령의 조명을 얻어 다시 보게 될 때 그것을 계시라고 한다. 나는 독자들이 이 말씀을 끝까지 읽은 후에 요한이 그때에 본 이상을 다시 한 번 계시를 얻어 보게 되기를 간절히 원한다. 특히 말씀의 사역을 하고자 하는 자들에게는 계시가 필수적이다. 계시가 없는 자는 망령되이 행하며 방자히 행하게 된다. 우리는 이 책을 읽기 전에 말씀의 계시를 얻도록 하나님께 간구할 필요가 있다. 기름부음과 계시가 없이는 우리가 아무것도 볼 수 없다.

"이는 하나님이 그에게 주사". '그'란 예수 그리스도를 말한다. 아버지는 아들 예수 그리스도에게 모든 계시를 주셨다. 그리고 예수 그리스도는 천사를 보내어 그 종 요한과 그분의 많은 종들에게 이 계시를 주도록 하셨다. 요한은 그가 얻은 묵시를 기록하여 그분의 종들인 우리에게 전해준 것이다. '반드시 속히 될 일'이란 그 계시대로 모든 일이 이루어진다는 필연성을 말하고 또한 이 말씀이 지체하지 않고 신속하게 이루어질 것을 말한다. 더 나아가 이 계시의 중대성을 강조하는 말씀이다. 우리는 이 1절 말씀에서 요한 계시록은 계시이고 원래 하나님이 가지고 계신 뜻이며 비밀인데, 그것을 아들에게 주셨고, 그것은 반드시 이루어질 일이며, 속히 될 일이며, 그것을 종들에게 보이시려고 천사를 그분의 종 요한에게 보내어 지시하신 것임을 본다. 여기 '종들'이란 우리 모두를 가리킨다. 고린도 전서 6장 20절에 의하면 우리 믿는이들은 그리스도의 피 값으로 샀기 때문에 다 그분의 종들인 것이다.

여기서 '지시하셨다'는 말은 헬라어에서 상징으로 알게 했다는 뜻이 있다. 헬라어로는 '에세마넨(ἐσήμανεν)'으로, 연기해서 보이다, 상징 또는 표징으로 알게 한다는 뜻이다. 그러니 이 계시록을 해석할 때 많은 부분을 문자적으로 해석할 수 없고 상징적으로 해석해야 한다. 이런 귀한 말씀들을 상징으로 함은 진정으로 찾는 자들에게만 말씀을 알려주기 위함이다. 주님도 이 땅에 계실 때 많은 말씀들을 비유로 하셨다(마 13장 참조). 이는 마음은 없이 입술로만 하나님을 경배하는 자들에게는 그 비밀을 감추시기 위함이었다.

2절, 요한은 하나님의 말씀과 예수 그리스도의 증거 곧 자기의 본 것을 다 증거하였느니라

여기서 계시록을 쓴 사람을 밝히고 있는데, 그는 바로 요한이다. 요한은 복음서를 기록했으며 요한 서신서(요한 일, 이, 삼서)를 기록했다. 그리고 요한 계시록을 기록했다. 그는 주 예수님의 가장 사랑하시는 제자로서 어떠한 특권을 얻었는가! 그는 주 예수님의 행적에 관하여 가장 귀한 예수의 신성을 계시한 복음서의 완결이라고 할 수 있는 요한복음을 기록했고, 서신서들의 완결 부분인 요한 서신서를 기록했으며, 성경의 마지막 결론인 계시록을 기록했다.

특별히 이 계시록은 예언서이다. 신약 마태복음부터 계시록까지 27권 중에서 예언서는 오직 이 한 권뿐이다. 구약 성경에는 이사야, 예레미야, 에스겔, 다니엘 등 많은 예언서들이 있지만 신약 성경에는 오직 한 권의 예언서가 있다. 이것이 요한이 기록한 계시록인 것이다.

복음서나 서신서를 기록할 때에는 사도 요한이 자기의 이름을 말하지 않았다. 그러나 이 계시록만큼은 '나 요한이 이것을 기록했다'는 의미로 요한 자신의 이름을 밝히고 있다. 요한은 "하나님의 말씀과 예수 그리스도의 증거 곧 자기의 본 것을 다 증거하였다"고 말한다.

하나님의 말씀이 곧 예수 그리스도의 증거이다. '예수 그리스도의 증거'란 예수 그리스도 자신을 나타내는 것을 말하며 예수 그리스도께서 어떠한 분이신가를 보여주는 것이다. 또 예수 그리스도께서 하시는 일을 증거하는 것도 포함한다. 요한은 바로 그러한 것 곧 자기의 본 것을 다 증거한 것이다.

오늘날 책을 쓰는 사람들이 있는데, 책을 쓰는 사람들의 사명은 요한과 같아야 할 것이다. 거기에 하나님의 말씀이 있어야 하고, 예수 그리스도의 증거가 있어야 하고, 자기의 본 것을 다 증거하는 것이 있어야 한다. 3절에서 말하는 '이 예언의 말씀'인 계시록은 신약 성경에 있는 예언서이다. 우리 신약의 믿는이들은 예언서를 가지고 있다. 구약의 성도들은 여러 예언서들을 가지고 있었지만(물론 구약 성경도 오늘 우리의 말씀이다.) 하나님께서는 신약의 교회에게도 한 권의 예언서를 주셔서 앞으로 교회가 어떻게 될 것이고, 이 지상의 모든 나라들의 운명은 어떻게 될 것이고 장래는 어떻게 될 것이고 최후는 어떻게 이루어지며 또 영세에는 어떤 일이 발생할 것인가를 다 알려 주심으로 성도들로 하여금 어둠 가운데 있지 않고 아무리 어려운 상황에 있더라도 목표를 향하여 나아갈 수 있는 길을 제시해 주셨다. 이렇게 자기의 본 것을 다 증거하는 것이 바로 선지자의 사명이다.

3절, 이 예언의 말씀을 읽는 자와 듣는 자들과 그 가운데 기록한 것을 지키는 자들이 복이 있나니 때가 가까움이라

이 예언의 말씀, 계시록의 말씀은 첫째 읽는 자가 있고, 그 다음 듣는 자들이 있다. 그 다음에는 지키는 자들이 있다. 여기의 읽는 자는 단수이고 듣는 자들과 기록한 것을 지키는 자들은 복수로 되어 있다. 그래서 어떤 학자들은 이렇게 말했다. "계시록은 혼자 독학을 하지 말아야 한다. 읽는 사람은 소수이고 그것을 듣는 사람들은 많아야 한다. 또 지키는 사람들도 따라서 많아야 한다." 읽고 말해주는 사람은 소수이고 듣는 사람은 많은 것이다. 계시록은 공적인 예배에서 상고하고 나눌 때에 보다 풍성하게 말씀이 열리게 된다. 그래서 듣는 자들은 복수로, 읽는 자는 단수로 기록한 것 같다. 우리는 이 계시록의 말씀을 들을 때에 아주 주의해서 들어야 한다. 읽는 자가 복이 있고 듣는 자들이 복이 있고 그 말씀을 지키는 자들이 복이 있다고 했다. 이 예언의 말씀, 계시록의 말씀은 잘 듣고 잘 지켜야 한다.

과거에 이 계시록의 말씀을 함부로 해석하지 말라, 함부로 개봉하지 말라는 말을 많이 했다. 왜냐하면 성경에서 계시록보다 어려운 말씀이 없기 때문이다. 매우 비밀스럽고 많은 상징으로 되어 있기 때문에 이 계시록을 잘못 해석하다가 많은 이단들이 만들어지기도 했다. 계시록을 잘못 해석하면 이상하게 빗나가기 때문이다. 그래서 많은 사역자들이 이 성경을 함부로 풀지 말자고 한 것이다. 그러나 또 한면에서 이 말씀은 그리스도인들에게 커다란 축복의 말씀이다. 역대로 주님을 뜨겁게 사랑하고 순교한 성도들마다 계시록의 말씀을 매우 사랑했다는 기록이 있다. 우리나라 초기 사역자들도 이 계시록을 매우 사랑했다. 그들 중 어떤 이들은 이 말씀을 오백 독 이상 했다고 말했다. 또 거의 외운 분들도 있었다. 그만큼 이 책은 중요한 말씀인 것이다. 이 말씀을 잘 읽고 잘 듣고 지키면 참으로 복이 있다. 우리는 이 말씀을 읽고 듣고 지킴으로써 주님이 주시는 축복을 놓치지 않기 바란다. 나는 여러분이 이 계시록을 강해서와 함께 끝까지 잘 읽는다면 선진들이 왜 이 말씀을 그토록 사랑했고 중요시했는가를 이해할 것이라 믿는다.

그런데 요한은 이 구절 마지막에 한 마디를 덧붙였다. "때가 가까움이라". 요한이 이 말을 쓴 때는 거의 2000년 전이다. 그런데 그때도 때가 가깝고 지금도 때가 가깝다고 한다면 많은 사람들이 이해가 가지 않는다고 할 것이다. 그러나 하나님의 관점과 사람의 관점은 다르다. 주님의 초림으로부터 지금까지 약 2000년이 지났다. 사도들은 주님이 십자가에 죽으시고 부활하시고 승천하신 후에 곧 주님이 다시 오실 거라고 생각했다. 사도 바울조차도 그가 당시에 살아서 주님을 만날 수 있을 거라고 생각했다. 우리는 데살로니가 전서 4장에서 이것을 읽을 수 있다. "우리 살아남은 자들도 결단코 그들보다 앞서지 못하리라". 이 말은 바울 사도가 죽은 자들과 산 자들을 비교할 때 죽은 자들이 살아남아 있는 자들(바울 자신을 포함한)보다 먼저 일으킴을 받고, 그 다음에 살아남아 있는 자신들이 들림받는다고 생각했다는 것이다. 이것은 바울 사도 일행도 그들이 살아 있을 때 주님이 오실 거라는 기대와 소망을 저버리지 않았음을 증명한다. 물론 디모데 후서 4장에서 바울 사도는 자신이 순교할 것도 미리 알았다. 당시에 사도들도 주님이 곧 오신다, 때가 가깝다, 그래서 깨어 있어야 한다고 했고 그때로부터 2000년이 지나도록 주님은 아직 오시지 않았는데 지금도 때가 가깝다고 하면 이것을 어찌 해석해야 하는가?

진실로 하나님은 영원 안에 계셔서 시간의 요소가 없는 분이시고 천 년을 하루같이 여기는 분이시다. 지금 하나님의 눈으로 볼 때에는 주님이 승천하신 후로 이틀밖에 지나지 않았다. 사도들의 때부터 지금까지 이틀밖에 지나지 않은 것이다. 그렇기 때문에 사도들이 당시에 때가 가깝다고 한 말은 잘못된 말이 아니라는 것을 알게 될 것이다. 우리가 성경을 구약에서 신약까지 읽을 때 어떤 사상을 발견할 수 있는가? 주님의 초림에서부터 재림까지의 그 기간을 다 말세라고 칭한다. 언제 주님이 오실지 모르는 그러한 말세이다. 주님은 언제고 오실 수 있다. 주님이 승천하시고 난 후로 교회 시대가 시작되었는데, 이 교회 시대는 그 자체가 말세이다. 디모데 후서 3장에서 "말세에 고통하는 때가 이르리니"라고 했다. 바울이 살아 있어서 디모데에게 편지를 쓸 그때가 이미 말세인 것이다. 따라서 교회 시대는 그 전체가 말세이다. 언제 주님이 오실지 모르기 때문이다. 그러므로 여기서 때가 가깝다고 하는 말은 주님의 시간에서 볼 때 가깝다는 것이다.

4절, 요한은 아시아에 있는 일곱 교회에 편지하노니 이제도 계시고 전에도 계시고 장차 오실 이와 그 보좌 앞에 일곱 영과

계시록의 수신자는 아시아의 일곱 교회들이다. 성경에서 일곱이라는 숫자는 완전을 의미한다. 그러므로 계시록의 일곱 교회는 각 시대 온 땅의 교회를 대표한다. 따라서 일곱 교회의 일곱 형편은 모든 시대와 모든 지방에서 나타나지 않을 수 없는 것이다(Moffat, Greijdanus, A. Kuyper). 오늘 우리는 계시록을 읽을 때 우리에게 주시는 말씀으로 읽어야 한다.

4절은 수신자에 대한 소개와 문안이다. 다른 서신들, 특히 바울 서신은 대체적으로 "하나님의 뜻으로 말미암아 그리스도 예수의 사도 된 바울은 에베소에 있는 성도들과…편지하노니"와 같은 체계를 갖추고 있는데, 계시록은 많이 다르다. "요한은 아시아에 있는 일곱 교회에 편지하노니"라는 이 문안 인사는 일반 서신에 비해 굉장히 강화된 것이다. 다른 서신서들은 "아버지 하나님과 주 예수 그리스도로부터 은혜와 평강이 너희에게 있을지어다"라고 문안하는데, 여기서는 "이제도 계시고 전에도 계시고 장차 오실 이와 그 보좌 앞에 일곱 영과"라고 하여 성삼위에 대한 명칭이 그렇게 단순하지 않고 뭔가 깊고 복잡하게 사용되었다. '이제도 계시고 전에도 계시고 장차 오실 이'—이는 성부 하나님을 말하고, '그 보좌 앞에 일곱 영'—이는 성령 하나님을 가리키며, 5절의 '충성된 증인으로 죽은 자들 가운데서 먼저 나시고 땅의 임금들의 머리가 되신 예수 그리스도'—이분은 물론 성자 하나님이시다.

'이제도 계시고 전에도 계시고 장차 오실 이'란 여호와 하나님, 영존하시는 분에 대한 호칭이다. 이는 영원히 계시는 하나님 아버지이시다. 그런데 여기 '장차 오실 이'는 예수 그리스도를 가리키는 것처럼 보이기도 한다. 이와 같이 우리는 계시록에서 요한이 하나님 아버지를 말하는 것인지 아들 예수 그리스도를 말하는 것인지 구분할 수 없는 방식으로 쓴 것을 때때로 볼 수 있다. 우리는 하나님 아버지가 계시고 아들 하나님이 계시고 성령 하나님이 계시지만 본질상 나눌 수 없는 어떤 요소가 있다는 것을 발견하게 된다.

'그 보좌 앞에 일곱 영'은 성령이시다. 왜 여기서 일곱 영이라고 했는가? 일곱 영은 스가랴서 3장에 있다. '한 돌에 일곱 눈'이 있다고 말했다. 스가랴서에 있는 일곱 눈과 계시록의 일곱 영은 같은 것이다. 그러면 스가랴 시대는 어떠한 때인가? 성전 건축이 대적의 방해로 지연되고 뭔가 하나님의 백성들이 어려움에 처했을 때이다. 그래서 성전 건축의 역사를 재촉하고 강화시키려고 이 성령이 일곱 눈으로 나타나신 것이다. 스가랴 시대를 볼 때 계시록의 때와 매우 유사하다. 계시록 시대에도 스가랴 시대와 마찬가지로 하나님의 교회가 심히 어려운 상태에 처해 있었다. 사도들은 모두 떠나고 나이든 요한만 남았다. 그마저도 밧모섬에 유배되어 있다. 또 교회의 상태도 매우 하락되어 있다. 일곱 교회들에서 한두 교회만 빼놓고는 거의 다 문제가 있다. 이 서신을 보면 교회들은 대체적으로 주님의 책망을 받고 있다. 그러한 상태에 있을 때 이 영은 일곱 영으로 계시되고 있다. 일곱이라는 숫자는 완전함을 의미한다. 따라서 이 영은 일곱 배로 강화된 영이고 성령의 역사를 완전하게 수행할 수 있는 영인 것이다. 그러므로 교회가 하락되고 어려울 때 이러한 성령의 역사가 더욱더 강하게 나타나는 것이다. 그래야만이 하나님의 교회가 낮은 데서 들어 올려지면서 회복된다. 새롭게 건축되는 역사가 있게 되며 부흥의 역사가 있게 된다. 교회가 전체적으로 변화되지 않는다 해도 그 가운데 적어도 이기는 자들, 충성된 자들이 강화되고 격려받아서 진리에 굳게 서게 되는 것이다. 그 일곱 영이 지금 보좌 앞에 있다. 보좌는 하나님의 행정이 수행되는 장소이며 하나님의 뜻과 계획대로 일을 수행하시는 분이 성령님이시다.

5절, 또 충성된 증인으로 죽은 자들 가운데서 먼저 나시고 땅의 임금들의 머리가 되신 예수 그리스도로 말미암아 은혜와 평강이 너희에게 있기를 원하노라 우리를 사랑하사 그의 피로 우리 죄에서 우리를 해방하시고

은혜와 평강의 안부는 바울 서신에도 동일하게 쓰여진다. 주님은 성도들에게 은혜와 평강이 있기를 원하신다. "충성된 증인". 예수 그리스도는 하나님의 증인이시다. 이 땅에 계실 때 그분은 하나님을 온전히 증거하셨다. 따라서 하나님을 아는 유일한 길은 그리스도를 아는 것이다. 온 세상이 하나님을 모르는 어두움에 떨어져 있을 때 하나님은 아들을 보내셔서 자신을 계시하셨다. 이로 인해 감사하고 찬양하자! 그러므로 우리는 그리스도를 통하여 하나님을 알 수 있게 된 것이다. 만일 그리스도께서 오시지 않았다면 사람들에게 하나님은 비밀로 남아 있을 것이고 다만 구약 성경에 나타난 율법을 주신 두려우신 하나님으로만 인식될 것이다. 그러나 그리스도께서 오셔서 아버지를 계시하시니(독생하신 하나님이 그분을 선포하셨다-요 1:18) 우리 하나님이 은혜와 진리가 충만하신 하나님이심을 알게 된 것이다. 그분은 빛이시요 사랑이시다. 특히 그분은 복음의 하나님이시다. 그분이 오시지 않았다면 누가 이를 알았으리요! 복음이란 결국 그리스도 예수의 얼굴에 있는 하나님의 영광을 아는 빛을 우리 마음에 비추는 것이다(고후 4:6). 우리는 예수 그리스도의 얼굴에서 하나님을 볼 수 있다. 누가복음 15장은 주 예수님이 하나님 아버지가 어떠한 분이신가를 알려주시는 귀한 장이다. 죄인인 아들이 돌아오기를 문 앞에서 사면을 보며 기다리는 아버지이신 것이다. 하나님의 사랑으로 가득한 주 예수님이 그런 말씀을 하시니 우리는 감동하지 않을 수 없고 그분의 말씀을 통해 아들을 보내신 아버지를 믿을 수 있게 된 것이다.

죄인과 세리의 친구가 되시고 그 무지하고 천연적인 기질로 가득한 제자들을 3년 이상 데리고 다니시며 훈련하시고 사랑하신 주 예수님을 볼 때, 하나님이 과연 어떤 분이신지를 알 수 있다. 결국 하나님은 그리스도를 통하여 그분의 모든 속성을 나타내신 것이다. 우리는 그리스도를 통하여 하나님을 알고 그분을 믿을 수 있게 된 것이다. 나도 어렸을 때에는 하나님을 오해했었다. 대학생 때까지 많은 죄를 지었기에 교회 다닐 것을 권유받을 때마다 하나님이 나 같은 죄인은 물리치실 것이라고 생각했다. 그러나 어느 날 나는 복음을 듣고 진리가 계시되었고 눈이 열려 그리스도께서 하나님이심을 알게 되었다. 그분은 나 같은 죄인을 위하여 오셨고 나 같은 죄인을 사랑하셨다는 것을 알았다. 그분은 나를 사랑하심으로 나를 위해 죽으신 분이라는 것을 알았다. 그때 나는 주님을 믿고 거듭났다. 이런 면에서 예수는 충성된 증인으로서 하나님을 온전히 증거했다. 이로 인해 하나님을 찬양하자!

또 주 예수님은 '죽은 자들 가운데서 먼저 나신 자'이다. 우리는 부활하신 예수를 믿는 자들이다. 부활이 없다면 기독교는 없다. 그분은 첫 번째로 죽은 자들 가운데서 부활하셨다. '죽은 자들 가운데서 부활하셨다'는 말은 '죽은 자의 부활'과 다르다. 이는 많은 죽은 자들이 있는데 그 가운데서 부활하셨다는 말이다. 또한 그분은 후에 많은 성도들을 부활로 이끄실 것이다. 그러므로 그분의 부활에 '먼저'라는 말이 붙은 것이다. '먼저 나신 자'의 헬라어 '프로토토코스(πρωτότοκος)'는 골로새서 1장에 있는 말과 동일하다(골 1:18). 또한 이 구절은 그분의 제사장 직분을 가리키는 것이라고도 볼 수 있다. 그분은 우리 죄를 위해 십자가에 달려 돌아가시고 사흘 만에 부활하신 부활의 왕이시다. 그분의 죽음과 부활은 죄인을 위한 제사장 직분을 수행하신 것이다.

세 번째로 주 예수님은 '땅의 임금들의 머리'가 되셨다고 했다. 이것은 그분의 왕이신 면을 말한다. 이 땅에 많은 왕들이 있지만 왕 중 왕이신 부활하신 그리스도가 권력을 잡고 계신다. 당시에 도미티안 황제가 세력을 잡고 있었고 또 큰 권세를 가진 많은 왕들이 이방 땅에 존재했겠지만 하나님은 선포하시기를 온 땅의 왕들의 주관자는 바로 예수 그리스도라고 하신다. 승천하신 그리스도가 왕이시다. 그리고서 이러한 하나님과 성령과 그리스도로부터 은혜와 평강이 너희에게 있기를 원한다고 했다.

교회가 가지고 있는 은혜와 평강은 이와 같이 죽은 자 가운데서 먼저 나시고 영원하시며 또 왕이시고 일곱 영을 가지고 계시는 하나님으로부터 온 것이다. 때로 그리스도인들은 어려움이 닥치면 은혜를 잃어버리고 평강을 잃어버릴까봐 염려한다. 더 심한 어려움이 닥치면 더 불안해한다. 내가 지금 가지고 있는 평강이 너무 좋은데 누가 와서 빼앗아 가지는 않을까? 내가 지금 누리고 있는 이 은혜가 너무 좋은데 어떤 일이 일어나서 이 은혜를 빼앗기면 어떻게 하나? 저 무서운 권력이 우리를 핍박해서 우리의 이 은혜와 평강을 가져가면 어떻게 하나? 그러나 염려할 필요가 없음은 이 은혜와 평강은 죽은 자 가운데서 먼저 나시고 땅의 왕들의 머리가 되시고 만왕의 왕이 되신 주 예수 그리스도의 임재가 있다는 표시이기 때문이다. 가난과 궁핍도 문제가 되지 않는다. 은혜와 평강이 있기 때문이다, 또 질병이나 가난이나 환난도 문제가 안 된다. 사람들의 핍박도 문제가 안 된다. 은혜와 평강이 있으면 무엇을 당하든 문제가 안 된다. 이것이 우리 그리스도인의 체험이다.

"우리를 사랑하사 그의 피로 우리 죄에서 우리를 해방하시고". 예수 그리스도는 우리를 사랑하셨다. 이것이 속죄의 근원이다. 하나님이 우리를 사랑하신 것이 구속의 근원인 것이다. 사랑하시지 않았다면 구속은 없다. 첫째가 사랑이다. 또 예수님의 피가 아니면 우리 죄에서 우리를 해방하실 길이 없다. 그의 피로 우리 죄에서 우리를 해방하셨다. 이것은 얼마나 놀라운 말인가! 사실 우리에게 은혜와 평강이 있는 것은 이 구속에 근거한 것이다.

여러분이 죄에서 해방되었다는 사실을 아는가? 여기 '해방되었다'는 말은 헬라어로 '뤼산티(λύσαντι)'인데 이 말은 '씻었다'라는 '루-우-산티(λούσαντι)'와 매우 유사하다. 모음만 조금 다르다. 많은 성경 번역본들이 '뤼산티'로 읽어서 '해방하였다'로 번역하였다(A.S.V 1901, 크레다너스, 모팻 등). 또 어떤 번역본들은 '루우산티'로 읽어서 '씻었다'로 번역하였다(KJV, Darby 역 등). 우리가 형벌을 받고 심판을 받는 것은 다 우리가 죄의 줄에 묶여 있기 때문인데 주 예수의 피로 우리를 죄에서 해방했다는 말이다. 주 예수님이 그 죄의 사슬을 끊어 버리셨다는 말이다. 그래서 우리는 다 해방된 사람들이요 행복한 사람들이다. 사망이 우리를 공격할 수 없다. 씻음을 받았든지 해방을 받았든지 다 보혈의 효능으로 가능한 일이다.

6절, 그 아버지 하나님을 위하여 우리를 나라와 제사장으로 삼으신 그에게 영광과 능력이 세세토록 있기를 원하노라 아멘

하나님은 우리를 구원하사 그분 자신을 위하여 나라와 제사장으로 삼으셨다. 나라와 제사장이란 헬라어로 '바실레이안 히에레이스'로서 '나라 곧 제사장들'을 뜻하며 제사장들의 집합체를 가리킨다. '나라'를 흠정역에서는 왕으로 번역했다. "나라와 제사장이란 말은 신자들이 천년왕국과 영세에서 왕들과 제사장들이 된다는 의미이다. 제사장 체계(priesthood)란 무질서하고 개인주의적인 제사장들의 군중이 아니다. 저들은 그리스도를 왕으로 모신 질서 있고 평화로운 단체로서의 제사장이다."(박윤선) 우리는 여기서 이 땅에 있는 교회가 질서 있고 평화롭게 세워져 하나님을 섬겨야 함을 배울 수 있다. 성도들에게서 배제되어야 하는 것은 개인주의적인 사고이다. 교회는 단체적인 무리로서 각각 받은 은사대로 섬기되 질서와 건축을 생명으로 알고 섬겨야 한다. 어떤 사람들은 교회를 완전 자유를 구가할 수 있는 단체로 생각하는데, 이는 안 될 말이다. 하나님은 어지러움의 하나님이 아니시요, 질서의 하나님이시다.

그분이 구약 민수기에서 이스라엘을 군대대로 편성하신 것을 보면 매우 체계적이고 질서정연하다. 여러분이 만일 민수기 처음 몇 장을 읽는다면 하나님이 그분의 백성들에 대하여 엄격한 조직과 대형을 갖고 계심을 알 것이다. 교회는 반드시 이렇게 전진해야 한다. 우리는 그분의 거룩한 나라가 되었다. 나라는 조직과 체계와 질서, 권위와 명령, 순종함 등이 없으면 세워질 수 없다. 오늘 교회인 우리가 없으면 하나님의 나라가 없다. 우리를 그분의 나라로 삼으셨다는 것은 너무나 큰 일이다. 우리를 피로 씻어 구속하신 것은 우리를 그분의 나라로 삼으시려는 것이다. 이 얼마나 귀한 말씀인가! 우리는 그분의 거룩한 나라가 되었고, 하나님을 섬기는 제사장이 되었다. 구약에서는 레위 지파의 아론 족속만 제사장이었지만 신약에서는 우리 모든 믿는이들이 다 제사장이다. 피로 구원받은 성도들은 반드시 제사장 체계로서 주님을 섬기는 자들이 되어야 한다. 교회는 그리스도의 몸으로서 지체의 각부분으로 구성되며 따라서 성도들은 각양 은사를 받은 대로 질서있게 성도들과 동역하여 하나님을 섬겨야 한다. 이것은 실로 놀라운 광경이다. 그리고 이제 찬양이 있다. "영광과 능력이 세세토록 있기를 원하노라". 하나님을 아는 사람이라면 누구든지 이러한 찬양을 하지 않을 수 없다.

7절, 볼지어다 구름을 타고 오시리라 각인의 눈이 그를 보겠고 그를 찌른 자들도 볼 터이요 땅에 있는 모든 족속이 그를 인하여 애곡하리니 그러하리라 아멘

앞에서 계시록은 예언서라고 말한 바 있다. 예언 중에서 가장 큰 예언은 주님의 재림에 대한 예언이다. 계시록은 주님의 다시 오심에 대한 예언으로 시작해서 그 예언으로 끝난다. 1장과 마지막 22장에 주님의 다시 오심에 관한 말씀이 있다. "내가 속히 오리니…아멘 주 예수여 오시옵소서". 성경에는 그리스도의 재림에 관한 예언이 우리의 생각하는 것보다 훨씬 많이 기록되어 있다. 어떤 사람은 성경을 읽고서 한 장 넘어 한 장 꼴로 주님의 재림이 기록되어 있다고 말했다. 신약 성경에 기록된 말씀 중에서 가장 중요한 교리 중 하나가 그리스도의 재림에 관한 예언이다. 우리가 데살로니가 전·후서를 읽어본다면 사도 바울이 삼 주밖에 사역하지 않은 데살로니가 교회에게(그는 데살로니가에 삼 주 머물고 떠나 베뢰아에 갔다가 아덴으로 왔다. 사도행전 17장에서는 그가 데살로니가에 있고, 18장에서는 아덴으로 왔고, 19장에서는 고린도에 왔는데, 그때에 바울이 아덴에 와서 디모데를 보내면서 데살로니가전서를 썼고 또 후서를 썼다. 그 시간 차가 얼마 안 된다.) 그리스도의 재림을 가르쳤음을 알 수 있다. 데살로니가 전서 1장에도 재림이 있고, 2장에도 재림이 있으며, 3장에도 재림이 있고, 4장에는 재림에 대해 가장 뛰어난 가르침이 있으며, 5장에는 주님의 재림 시에 성도들이 거룩하고 흠이 없고 온전히 거룩하게 되어서 주님을 만나야 한다고 가르치고 있다.

초대 교회 성도들은 주님의 재림에 대해서 많은 가르침을 받았다. 그들은 이것을 복음의 한 방면으로 가르침을 받은 것이다. 오늘날 주님의 다시 오심이 더 임박한 시대에 사는 우리가 주님의 재림 문제를 소홀히 한다면 그것은 커다란 낭패가 아닐 수 없다.

우리는 많은 그리스도인들이 주님의 재림에 대해서 잘못 가르침받고 있으며, 그것 때문에 오히려 많은 사람들이 이 주제 자체를 기피하는 경향이 있다는 것을 주의해야 한다. 그런 것들과 합당하게 주님의 재림을 가르치는 것과는 큰 차이가 있다. 데살로니가 후서 때에도 이미 그런 일이 있었다. 어떤 사람들이 주님의 재림을 사람들의 마음을 쉬 동심하게 하는 방식으로 잘못 가르쳤다(살후 2:2). 이는 마치 거짓 경보를 발령한 것과 같다. 그것은 옳지 않은 것이다. 날짜를 지정해놓고 성도들로 하여금 흰옷을 입고 산에 가서 기다리게 하는 행위 등은 완전히 거짓되고 잘못된 것이다. 그러나 성도로서 주님의 다시 오심을 간절한 마음으로 기다리는 것 자체는 주님이 기뻐하시는 바이다.

성경의 계시를 통해 알 수 있는 것은 성도들은 마땅히 주님의 다시 오심을 기다려야 한다는 것이다. 여기서 요한은 "볼지어다 구름을 타고 오시리라"고 외쳤다. 주님은 가실 때 구름을 타고 가시면서 오실 때 구름을 타고 오시리라고 하셨다. 이 외침에 대하여 찰스 스펄전은 아주 열성적인 외침이라고 말했다. 다만 주님이 오신다는 사실을 말한 것이 아니라 아주 열성적으로 주지시키고자 하는 외침이라는 것이다. 여기서 요한은 마치 주님이 오시는 것을 보고 있는 것처럼 말했다. "보라, 구름을 타고 오고 계신다(Behold, He is coming with the clouds)"(NASB). 요한은 오고 계시는 주님의 모습을 바라보면서 사람들에게 보라고 주의를 환기시키고 있는 것이다. 우리 또한 주님이 지금 오고 계신다고 생각해야 한다.

4절에서는 성부에 대하여 '장차 오실 이'라고 표현했다. 요한의 글은 그리스도의 활동을 성부와 동일시한 특징을 지니고 있다. 이는 물론 위(位, persona)에 있어서의 동일시가 아니라 신성(divine substance)에 있어서의 동일시인 것이다. 여기서 주님이 구름을 타고 오신다고 하였는데, 이것이 자연계의 구름인지 아니면 하나님의 영광을 나타내는 가견적 계현(啓現)인지에 대해서는 두 가지 생각을 다 취할 수 있다고 본다. 이것은 우리 사람의 생각으로 예측하기 어려운 일들 중 하나이다. 주님의 다시 오심에 대한 예언은 예언 중 가장 중요한 예언이다.

주님이 오실 날은 분명 멀지 않았다. 나도 전에는 주님을 기다리는 것이 영적 공과(spiritual lesson) 중 하나라는 것을 알고 배우고자 했다. 주님을 기다리는 그리스도인이 되어야 한다는 것을 알고 열심히 실천해보고자 했던 적이 있다. 그런데 내 마음은 그렇게 되지 않았다. 그때는 십자가를 체험하는 것, 자아를 부인하는 것, 성령의 인도를 좇아 생활하는 것 등이 영적 공과들인 것처럼 주님을 기다리는 것도 그리스도인에게 있어서 영적 공과의 한 항목이라고 배웠다. 그러나 세월이 많이 지날 때 우리 마음속에 유일하게 남는 소망은 오직 주님을 만나는 것뿐임을 깨닫는다. 이 일이 없다면 우리 신앙의 목표가 없는 것이다. 이 일이 있기에 순간순간 우리 마음이 깨어나게 되는 것이다. 주님은 우리에게 그분을 만나는 일을 일생 신앙생활의 푯대로 주셨다. 그러므로 복음서에서 주님은 자신을 먼 나라에 갔다가 돌아오는 귀인으로, 은(銀)을 준 종들에게 결산하러 돌아오는 주인으로 비하면서 주님의 다시 오심에 대하여 말씀을 하고 계신다. 주님의 다시 오심에 관하여 지은 어떤 성도의 찬송시 한 구절을 소개한다.

나는 주의 오심을 사모하여 늘 기다리네
주의 가까우심을 난 알고 기다리네
순간순간 기다리며 늘 깨어 있으리
들림받는 날을 사모하여 영을 좇아 살리
항상 예비하면서 잠자지 않으리
자격 없어 부끄러움을 당하지 않도록

이는 엄한 경계니 내 마음이여 깨어나라
나는 주 외에 사랑하는 모든 것 벗어나겠네
나의 사랑 내 생각 주 예수뿐이니
세상 유혹 거절하고 주님과 동행하겠네
나의 땅에 묶인 속박을 풀도록 내 주여 오소서
내 마음의 소원은 하늘 올라 주님 보기 원하네

당신은 이 땅에서 하는 모든 일들 가운데 무엇을 목표로 하고 있는가? 그것은 그리스도인으로서 응당 주님을 만나는 것이 되어야 한다. 주님이 다시 오시는 것이 우리 일의 목표이다. 만일 여러분이 주님의 재림을 목표로 한다면 이 세상에 그렇게 복잡한 일도 없고 어려운 일도 없게 될 것이다. 물론 우리의 깊은 속에는 참으로 고통이 있고 괴로움이 있고 또 싸움도 있다. 주님을 위한 싸움과 씨름도 있고 눈물도 있다. 그런데 주님의 재림이라는 목표가 없다면 우리가 이렇게 고난을 당하며 싸우는 모든 일들이 아무 의미가 없게 된다.

"구름을 타고 오시리라 각인의 눈이 그를 보겠고". 각인의 눈이 그를 본다고 하였다. 모든 사람이 다시 오시는 그분의 얼굴을 보게 된다. 어떻게 그럴 수 있는가? 우리는 모른다. 그러나 주님이 다시 오실 때 모든 사람이 그분을 본다고 했다. 어떤 사람들은 이스라엘 사람들만 본다고 말했다. 스가랴서와 연결해서 그렇게 해석했다. 그러나 그렇게만 해석해서는 안 된다. 분명 모든 사람이 그분을 다 본다고 하였다. 천하 만민이 다시 오시는 주님을 본다는 말이다. 여기서 그를 찌른 자들도 볼 것이라고 했다. 찌른 자들은 당시 로마 병정들이었다. 그 찌른 자들은 이미 죽었는데 어떻게 보겠는가? 혹 그 로마 병정들의 후손을 의미하는 것인지 우리는 정확히 알지 못한다. 그러나 죄악의 종류는 다 같다. 로마 병정은 창을 가지고 찔렀지만 주 예수를 찌른 자들은 그들만이 아니다. 그가 찔림은 우리의 허물을 인한 것이다. 모든 사람의 죄가 그분을 찌른 것이다.

"땅에 있는 모든 족속이 그를 위하여 애곡하리니". 땅에 있는 족속에 관하여 어떤 사람은 이스라엘 열두 지파를 가리킨다고 말한다. 그것도 일리가 있다. 왜냐하면 여기의 족속이라는 말이 지파(tribes)를 가리키기 때문이다. 이스라엘 사람들은 물론 애곡할 것이다. 스가랴 12장을 보면 그날 유대인들에게는 커다란 통곡이 있게 된다. 그들이 다시 오시는 메시아를 보니 바로 그들이 죽였던 예수인 것이다. 그래서 그들은 그분을 보면서 통곡하게 되는데, 그것은 비단 이스라엘 사람들만 아니라 온 지구상에 거하는 사람들 또한 예수님이 오실 때 애곡을 하게 된다. 요한은 이렇게 말했다. '주님은 재림하시며, 온 땅에 있는 족속들이 다 그분을 보게 될 것이다.

그때 사람들은 큰 통곡을 하게 될 것이다.' 그러면서 요한은 "그러하리라, 아멘"이라고 했다. '그러하리라'는 헬라어로 '나이(ναι)'인데 '예'라는 뜻이고 히브리어 '아멘'과 같은 말이다. 그러므로 요한은 주님의 다시 오시는 일에 대하여 헬라말로 아멘이라 하고 히브리말로 아멘이라고 한 것이다.

요한은 주님의 재림에 대해서, 그리고 모든 사람이 그분을 보고 애통하는 광경이 벌어질 것에 대해서 반드시 그렇게 될 것이라고 강조하는 어법을 썼다.

8절, 주 하나님이 가라사대 나는 알파와 오메가라 이제도 있고 전에도 있었고 장차 올 자요 전능한 자라 하시더라

알파와 오메가는 헬라어 문자의 처음 글자인 알파(A)와 마지막 글자인 오메가(Ω)를 가리킨다. 하나님은 모든 것을 시작하신 분이고 끝내시는 분이라는 의미이다. 그렇다면 그 과정 가운데의 글자들은 되지 않으시는가? 그것은 알파와 오메가 사이의 다른 모든 글자도 되신다는 뜻이다. 그분이 모든 것이시라는 말이다. '이제도 있고 전에도 있었고 장차 올 자'란 출애굽기 3장 14절에 나오는 '여호와'의 해설적 번역이라고 본다. 그분은 영원한 자존자이시며 창조되지 않으셨고 영원불변하시고 만사 만물을 그 기쁘신 뜻대로 주재하시는 자라는 것이다. 이는 성부 하나님을 가리키는 것이라 할 수 있으며 또한 성자 예수님에게 적용하지 못할 바가 아니다. 이는 분명 주 예수님의 재림을 의식적으로 말한 것이기 때문이다. 이 말씀의 주 하나님이 아버지 하나님을 가리키든 예수 그리스도를 가리키든 분명 다시 오실 하나님이시다. 특히 다시 오시는 예수 그리스도이시다.

"주 하나님이 가라사대 나는 알파와 오메가라". 알파와 오메가라는 말은 하나님에 대한 표현이다. 시작과 끝이라는 말이다. 그분이 시작한 것이 아니면 아무 의미가 없고 그분으로 마쳐진 것이 아니면 또 아무 의미가 없다. 그분이 시작하는 분이고 그분이 마치는 분이다. 그분이 종결자이시다. 그분이 바로 주 예수님이시고 그분이 바로 하나님이시다. '이제도 있고 전에도 있었고 장차 올 자'라는 성부 하나님께 붙여졌던 칭호가 지금 성자에게 그대로 사용되어진다. 아버지 하나님에게 붙여졌던 칭호가 동일하게 성자에게도 붙여진 것이다. 그 아들 또한 아버지와 같이 전능한 자이시다. 아타나시우스 신조 13조에는 "아버지가 전능하시고 아들이 전능하시며 성령이 전능하시다"고 했으며 14조는 "그러나 세 전능이 있는 것이 아니라 한 전능이 있다"고 하였다. 그러한 분, 예수께서 다시 오실 때 모든 사람이 그를 바라보게 될 것이고 모든 사람이 다 통곡을 하게 될 것이다. 요한 사도는 주 예수를 삼년 반 따르며 배운 제자로서 그분을 전능하시고 알파와 오메가이시며 다시 오실 주 하나님으로 표현한 것이 매우 인상적이다.

9절, 나 요한은 너희 형제요 예수의 환난과 나라와 참음에 동참하는 자라 하나님의 말씀과 예수의 증거를 인하여 밧모라 하는 섬에 있었더니

이제 요한은 자신에 대해서 말한다. "나 요한은 너희 형제요". 이 요한은 예수 그리스도의 사도이다. 학자들이 지적한 대로 '형제'라는 말과 '환난에 동참하는 자'라는 말이 같은 관사로 연결되어 있다. 그러므로 형제들과 함께 환난에 동참한 자라는 뜻이다. 즉 요한은 사도지만 환난을 받는 면에서는 형제들과 똑같은 위치에 있다는 것이다. "나 요한은 너희 형제요 예수의 환난과 나라와 참음에 동참하는 자라". 예수의 환난이 있고, 나라(왕국)가 있고, 참음이 있다. 그는 형제로서 이 세 가지에 동참한다고 말했다. 형제, 환난, 나라, 참음, 이 네 가지는 서로 관계가 있다. 하나님의 나라(왕국)에 들어가려면 많은 환난을 겪어야 한다(행 14:22). 성도들이 간과해서는 안 될 것은 주님의 나라에 들어가는 자들은 환난을 겪는 것이 필수적이라는 점이다. 환난과 참음은 왕국과 관계된다. 디모데 후서 2장 12절은 "참으면 또한 함께 왕 노릇 할 것이요"라고 말한다. 그리스도인에게 있어서 이 시대는 그 나라에 참여하기 위해 환난과 참음 가운데 있는 시대이다.

여기에 사도 요한은 밧모섬으로 유배된 자기만 환난당한다고 말하지 않았다. 그는 다만 그 환난에 동참한다고 말했다. "나는 너희 형제요 환난에 동참하는 자라". 그는 극심한 환난 가운데 있으면서도 환난을 당하는 많은 형제들과 함께 된 형제라고 했다. 이 어떠한 겸손인가! 오늘 만일 우리가 이 땅에서 우리만 환난당한다고 생각한다면 잘못 생각하는 것이다. 온 땅에 환난당하는 사람들이 있다. 모두 요한이 말하고 있는 것과 같은 환난이다. 바울도 빌립보서 1장 29절, 30절에서 빌립보 성도들이 주 예수를 믿을 뿐 아니라 그분을 위하여 고난도 받는다고 하였다. 그리고 그것은 자신 안에 있는 것과 같은 싸움이라고 하였다. 이는 다름 아닌 예수의 환난인 것이다. 무슨 참음인가? 예수의 참음이다. 내가 일 년 전 불가리아에 갔을 때 나는 그들과 함께 동일한 환난을 체험하고 있음을 발견했다. 불가리아의 몇몇 자매들과 소피아에서 쁠로브디프라는 지방으로 이동할 때 그 자매들이 나에게 몇 마디 격려의 말을 해 주었다. 그때 나는 그들이 당하는 환난의 속성과 우리가 당하는 것이 매우 같다는 것을 발견할 수 있었다.

"하나님의 말씀과 예수의 증거를 인하여 밧모라 하는 섬에 있었더니". 요한은 사실 핍박 때문에 밧모섬으로 갔다. 그런데 요한은 핍박으로 인하여 자신이 밧모섬에 유배되었다고 말하지 않고 하나님의 말씀과 예수의 증거 때문에 밧모섬에 갔다고 말했다. 밧모섬은 에베소에서 14시간 쯤 항해하여 도착하는 작은 섬이다. "하나님의 말씀과 예수의 증거를 인하여". 밧모섬에 있었던 오직 한 가지 이유는 하나님의 말씀과 예수의 증거를 인한 것이다. 교부들은 요한이 에베소에서 복음을 전하다가 도미티안 황제에 의하여 밧모섬에 유배되었는데 후에 귀환하였다고 전한다(이레니우스, 클레멘트, 유세비우스). 나는 여러분이 사도 요한처럼 어디에 있든지 이런 간증을 할 수 있기 바란다. 서울에 있든지, 몽골에 있든지, 캄보디아나 아프리카에 있든지, 심지어 감옥에 들어갔든지, 나는 당신이 다른 것이 아니라 하나님의 말씀을 인하여, 예수 그리스도의 증거를 인하여 그곳에 있다고 말할 수 있기 바란다.

10절, 주의 날에 내가 성령에 감동하여 내 뒤에서 나는 나팔 소리 같은 큰 음성을 들으니

'주의 날에'라고 할 때 '주의 날'은 주일이다. 주님의 날인 것이다. '주의 날에 내가 성령에 감동하여'는 원문에서 '주의 날에 내가 영 안에 있었더니(I was in the Spirit on the Lord's day)'이다. '영 안에 있었더니'라는 말에서 우리는 육체 안에 있을 수도 있고 영 안에 있을 수도 있음을 보아야 한다(롬 8:9). 우리가 주의 음성을 들으려면 늘 영 안에 있어야 한다.

"내 뒤에서 나는 나팔 소리 같은 큰 음성을 들으니". 우리가 만일 하나님의 음성을 듣고 뭔가 계시를 보려면 반드시 영 안에 있어야 한다. 성령의 감동 아래 있다고 해도 틀리지는 않지만 더 정확한 표현은 영 안에 있다는 말이다. 요한은 환난을 당하고 있었지만 그의 영은 매우 활발하고 강했다. 오늘날 그리스도인들 가운데에는 사람에게 영이 있다는 것조차 모르는 사람들이 있다. 사람은 육신 안에 있을 수도 있고 영 안에 있을 수도 있다(롬 8:8-16참조). 당신이 만일 어떤 일을 결정하고 계획할 때 자신의 격동된 감정과 상상에 의해서 한다면 당신은 영 안에 있다고 말할 수 없다. 당신이 영 안에 있다면 영의 판단이 있을 것이다. 우리의 영은 하나님이 거하시는 처소이다. 그 영 안에서 우리가 생활하고 처신한다면 그 결정과 판단은 언제나 주님의 음성을 듣는 가운데서 이루어질 수 있을 것이다. 주의 날에 그가 영 안에 있었던 것처럼 우리도 매일 영 안에 있기를 배우자! 그럴 때에 요한은 뒤에서 나는 나팔 소리 같은 큰 음성을 들었다고 했다. 나팔 소리 같은 것이지 나팔 소리는 아니다. 나팔 소리 같은 큰 음성을 들은 것이다. 나팔은 뭔가 주의를 요하는 듯한, 소집하는 듯한 음성이다.

11절, 가로되 너 보는 것을 책에 써서 에베소, 서머나, 버가모, 두아디라, 사데, 빌라델비아, 라오디게아 일곱 교회에 보내라 하시기로

이제부터 요한이 보는 것을 책에 써서 일곱 교회에 보내라고 말씀하신 것이다. 듣는 것이 아니라 보는 것이라고 말한다. 나팔 소리 같은 음성은 요한이 보도록 주의를 환기시키는 음성이었다. 그가 보는 것은 일곱 금 촛대와 일곱별에 관한 것인데 일곱 금촛대는 일곱 교회라고 했다. 그런데 그 본 것을 책에 써서 에베소, 서머나 등의 일곱 교회에 보내라고 하신 것이다. 그러므로 요한이 보는 일곱 금촛대와 현실의 일곱 교회 사이에는 구분이 있다. 그가 보는 것은 일곱 금 촛대이며 그 금 촛대는 하나님 앞에서의 관점이다. 또한 영적인 면에서 교회들이 되어져야 할 상태이다. 그러므로 교회는 마땅히 금 촛대로서 흑암의 세상에 빛을 발할 수 있어야 한다. 그러려면 금 촛대 자체로만 되는 것이 아니라 충분한 기름이 필요하다. 앞으로 2, 3장에 나오는 주님의 말씀들은 금 촛대가 빛을 발하기 위한 치료책을 제시하고 있다. 성령으로 충만되지 않으면 교회는 촛대로서 기능을 다 할 수 없다.

2장과 3장에서는 다름아닌 일곱 교회에 대해서 자세히 말씀하신다. 그런데 우리가 여기서 한 가지 아는 것은 주님이 가장 중히 여기는 것이 교회라는 것이다. 부활 승천하신 주님은 교회를 위하시는 주님이시다. 우리는 이 말씀을 통해서 그 사실을 볼 수 있다. 오늘날 많은 믿는이들이 교회를 소홀히한다. 심지어 교회를 멸시하고 함부로 말한다. 성도들은 교회를 함부로 말하는 것을 조심해야 한다. 교회는 예수의 피로 사신 존재이며 그분이 자신을 드려 얻으신 신부이기에 우리가 함부로 말할 수 있는 대상이 아니다. 주님은 버가모, 두아디라, 라오디게아 같은 형편없는 교회라 할지라도 교회들을 주목하시고 관심하심을 알 수 있다. 주님은 특히 계시록 시대처럼 박해가 많은 시대에 교회를 관심하신다. 당신이 이 시대에 주님과 같은 마음과 관점을 갖기 원한다면 교회를 사랑해야 하고 축복받는 사람이 되기 원한다면 교회를 사랑해야 한다.

12절, 몸을 돌이켜 나더러 말한 음성을 알아보려고 하여 돌이킬 때에 일곱 금촛대를 보았는데

여기서 요한은 몸을 돌이켰다고 했다. 그는 주님의 음성을 듣고 원래 있던 자리에서 몸을 돌이켰다. 주님의 음성을 듣는 자마다 몸을 돌이키게 된다. 우리가 뭔가를 더욱 자세히 듣고 보려면 돌이켜야 한다. 돌이키지 않고 그 자리에 계속 앉아 있으면 주님이 하시는 말씀을 더 이상 볼 수도 없고 들을 수도 없다. 나는 이것이 하나의 각도(角度)를 의미하는 것이라고 믿는다. 어떤 지점에 있지 않으면 보이지 않는 것이 있다. 이것은 우리가 체험적으로도 알 수 있는 사실이다. 당신이 지금 어떤 각도에 있느냐는 매우 중요한 것이다. 사람이 좋은 각도에 위치해야 사물이 제대로 보인다. 이는 요한이 보려고 몸을 돌이킨 것과 관계가 있다. 원래 앉아 있던 그 자리에서 잘 보려고 애쓰지 말고 일단 몸을 돌이켜 각도를 잘 잡아야 한다. 나도 이전에는 이것을 잘 몰랐는데 일 년 전쯤 몸을 크게 돌이켰다. 그런데 돌이킨 그때부터 뭔가 보이는 것이 있었다. 그래서 나는 각도라는 것이 이렇게 중요하다는 것을 깨달았다.

여러분은 높은 산에 올라가 본 적이 있을 것이다. 올라가서 보면 평지에서는 보이지 않던 것들이 보이게 된다. 그리고 평지에서 생각하고 판단하던 관점이 아닌 다른 많은 면에서 사물을 바라볼 수 있음을 발견하게 된다. 우리가 내일 몽골 울란바토르에 가는데, 울란바토르 시(市) 뒤편 산에 올라가보면 정자 하나가 있다. 거기서 내려다보면 울란바토르 시내 전경이 다 보인다. 그런데 정자 뒤쪽으로 가면 산밖에 안 보인다. 뒤에는 사면을 볼 수 있는 각도가 없는 것이다. 그러니 어느 곳에 있느냐가 이렇게 중요한 것이다.

우리는 소리 나는 쪽으로 돌아서야 한다. 소리가 없고 각도가 틀린 쪽에 앉아서 보려고 하면 보이지는 않고 답답하기만 할 것이다. 뭔가 들리긴 한 것 같은데 더 이상 보고 들을 수 없는 것이다. 엉뚱한 쪽을 계속 쳐다보면서 뭔가 보려고 하면 보이지 않는 것이 당연하다. 나는 여러분이 이 점을 주님 앞에서 깊이 생각해 보기 바란다. 각도란 너무 중요한 것이다. 더 오랜 시간 생각하고 생각해 보라! 이것은 참으로 의미 깊은 말이다.

"몸을 돌이켜 나더러 말하는 음성을 알아보려고 하여 돌이킬 때에 일곱 금촛대를 보았는데". 각도를 제대로 잡아 몸을 돌이키니까 일곱 금촛대가 보이더라는 것이다. 이것은 매우 의미 있고 체험적인 말이다. 요한에게는 이 모든 것이 체험이지 교리나 지식이 아니었다. 우리도 이를 알기 위해서는 체험이 필요하다. 당신이 진정 금촛대인 교회를 보려면 몸을 돌이켜 각도가 제대로 잡힌 곳에 위치해야 한다. 그럴 때 뭔가 들리던 음성의 실체를 볼 수 있다. 주님이 가장 관심하시는 것은 결국 교회임을 알 것이고, 주님이 보시는 것을 당신도 볼 수 있을 것이다.

13절, 촛대 사이에 인자 같은 이가 발에 끌리는 옷을 입고 가슴에 금띠를 띠고

여기서 요한이 본 촛대는 일곱 개이다. 그런데 그 사이에 인자 같은 이가—그는 물론 예수님이시다— 발에 끌리는 옷을 입고 계시는 것이다(이러한 옷은 구약의 제사장의 옷이다). 오늘 어떤 사람이 제사장으로서 섬기시는 주님을 보려면 몸을 돌이켜 올바른 위치에 있어야 하며 그렇게 될 때 교회의 실체를 볼 뿐 아니라 교회 사이에 다니시는 인자이신 주님을 볼 수 있다. 이것 또한 이론이 아니다.

당신이 만일 합당한 교회를 보기 위해 몸을 완전히 돌이키지 않았다면 이러한 말씀은 추상적인 것에 지나지 않는다. 그러나 진정으로 몸을 돌이켰고 금촛대를 보았다면 당신은 분명 살아계신 주님이 자신의 교회들을 목양하시고 섬기시는 모습을 보게 될 것이다. 구약 출애굽기를 보면 제사장들은 발에 끌리는 옷을 입는다. 우리는 지금 주님이 하늘에서 무슨 일을 하고 계시는지를 알 수 있는데, 그것은 곧 구약에서 계시하신 대로 선택하신 백성들을 섬기는 제사장으로서 우리를 섬기시는 것이다. 이에 관해서는 히브리서에서 많이 말하고 있다. 그분은 손으로 만들지 않은 성소에서 새 언약을 집행하기 위하여 우리를 섬기고 계신다(히 7:20-8:6).

"발에 끌리는 옷을 입고 가슴에 금띠를 띠고". 가슴에 금띠를 띠었다는 것은 무엇을 뜻할까? 원래 제사장들은 허리에 띠를 띠는데 예수님은 가슴에 띠를 띠었다. 그것은 그분이 일을 다 마치셨다는 뜻이다. 누구든지 일을 하는 중에는 허리에 띠를 띠는 법이다. 구약의 제사장들도 그러했다. 허리에 띠를 띠는 것은 일을 하기 위해서이다. 그러나 우리 주 예수님은 구속의 사업을 완성하셨다. 이 땅에서 하실 일을 다 하신 것이다. 그래서 이제 띠를 허리에 띠실 필요가 없게 된 것이다. 이제 그분은 가슴에 띠를 띠셨는데 이것은 가슴으로 사랑하는 것이 그분의 섬김이라는 뜻이다. 모든 역사를 다 이루셨기 때문에 우리를 품고 사랑하기만 하면 되신다. 주님은 사랑과 동정과 긍휼이 가득한 제사장이시다. 일을 완수하신 제사장이시고 그 사랑과 은혜가 금으로 상징되었듯이 변치 않는 분이신 것이다. 가슴에 금띠를 띠었다는 것은 그분이 사랑으로 가득하시며 그분의 일을 행하심에 있어서 의롭고 성실한 분이심을 나타낸다(사 11:5).

14절, 그 머리와 털의 희기가 흰 양털 같고 눈 같으며 그의 눈은 불꽃 같고

다니엘이나 구약 이곳저곳에서 주님의 모습이 이렇게 계시되신 적이 있다. 머리와 털의 희기가 흰 양털 같다는 것은 그분의 영원성을 말해준다. 그분은 태고부터 계신 분이시다(미 5:2). 또한 머리와 털의 희기가 눈 같다고도 했다. 이것은 그분이 아주 깨끗하고 거룩하고 정결한 분이라는 말이다. 이러한 모습은 그분의 성결하심과 그분의 태고성, 이 두 가지를 말해준다. 여기서 요한이 본 예수님은 그가 이 땅에서 보았던 예수님과 상당히 다르게 자신을 나타내셨다. 같은 분이심에도 죽고 부활하신 후에 요한의 이상 가운데 보여진 예수님은 전능자의 모습을 지니셨고 영광 가운데 계셨다. 오늘 우리가 주님을 닮으려면 적어도 우리의 성품이 성결하고 깨끗해야 할 것이다. 흰 머리카락은 그분의 덕성 가운데 영광과 아름다움(잠 16:31, 20:29), 거룩함과 깨끗함(단 7:9)이 충만하신 분임을 나타내는 말이다.

"그의 눈은 불꽃 같고". 성경에서 불의 용도는 태워서 시험하는 것이다. 어떤 것을 태운 후에도 남아 있는가 아니면 불타서 사라져버리는가 하는 것이다. 불을 통과하는 사람의 믿음이나 체험 등 그의 영적인 실체가 드러나는 것이다. 불꽃같으신 예수님의 눈 앞에는 나타나지 않을 것이 없다. 그분은 불꽃같은 눈을 가지셨기 때문에 모든 것을 다 보고 아신다. 그리고 그분의 눈은 모든 것을 다 태울 수 있다. 그러므로 이 시대에 주님을 섬기려고 하는 자들은 아무 일이나 할 수 없다. 하나님이 인정하시는 것만 하고 순수하고 참된 것만 해야 한다. 왜 그런가? 그분의 불꽃같은 눈의 시험을 거쳐야 하기 때문이다. 우리의 일과 공력이 불꽃같은 그분의 눈에 인정되어야 한다. 그 눈이 불꽃같으신 주 예수님이 촛대 사이에 다니신다는 것은 부활하시고 승천하신 주님이 교회를 위한 주님이시라는 말이다. 주님 앞에 올 때 모든 것이 다 드러난다. 사람의 눈은 속일 수 있을지 모르나 주님의 눈은 속일 수 없다. 사람들은 얼마든지 주님을 사랑하는 척 할 수 있고 사람들 눈에 헌신하는 것처럼 보이게 할 수 있지만 주님은 사람의 중심을 아신다. 하나님은 사람들에게 만홀히 여김을 받지 않으신다. 주님은 교회의 상태를 샅샅이 다 아신다(2, 3장 내용 참조). 또한 사도 바울처럼 주님을 깊이 아는 사람들도 주님이 아시는 것들을 알 수 있다(고전 2:10-15).

15절, 그의 발은 풀무에 단련한 빛난 주석 같고 그의 음성은 많은 물소리와 같으며

성경에서 발은 심판하는 것을 의미한다. 발로 밟는 것이다. 주님이 초림하셨을 때 그분은 구원자로 오셨고, 재림하실 때 그분은 심판주로 오신다. 그래서 이 계시록에 나오는 주 예수님은 심판주의 모습인 것이다. 발이 풀무에 단련한 빛난 주석 같다는 것은 그분의 발이 심판하시는 발이라는 것을 의미한다. 베드로는 하나님의 집에서 심판할 때가 시작되었다고 했다(벧전 4:17). 오늘날 주님은 일곱 교회들을 돌보시는 동시에 교회를 심판하고 계신다. 그분은 모든 악하고 거짓된 것들, 하나님 아닌 것들을 심판하고 계신다. 당신이 만일 참된 교회 생활 안에 있다면 그분의 심판하시는 광경을 볼 것이다.

"그의 음성은 많은 물소리와 같으며". 그의 음성이 많은 물소리와 같다는 것은 예수님의 음성이 바로 전능자의 음성이라는 것이다. 오늘 교회에서 발하시는 주님의 음성은 전능자의 음성이다. 에스겔 43장 2절과 시편 29편 3절에서는 하나님의 음성이 많은 물소리와 같다고 했다. 교회를 위해서 촛대 사이에 다니시는 주 예수님은 바로 전능자 하나님이시라는 것이다. 당신이 만일 소위 교회라는 곳에서 사람들의 현학적이고 귀에 달콤한 말밖에 들을 수 없다면 그곳은 필시 일곱 촛대들 중 하나는 아닐 것이다. 진정한 금촛대인 교회라면 그곳에 사람의 말이 아닌 전능자의 음성이 있다. 그곳에서 성도들은 사람의 말이 아닌 전능자 하나님의 말씀을 듣고 엎드리고 순종하며 변화하게 된다(살전 2:13).

16절, 그 오른손에 일곱 별이 있고 그 입에서 좌우에 날선 검이 나오고 그 얼굴은 해가 힘 있게 비취는 것 같더라

그 주님은 오른손에 일곱 별을 가지고 계신다. 뒤에 주님이 친히 해설해 주시는데 일곱 별은 일곱 교회의 사자이다. 전능하신 주님이 교회의 사자들을 오른손으로 붙들고 계시는 것이다. "그 오른손에 일곱 별이 있고 그 입에서 좌우에 날선 검이 나오고". 검이란 말씀을 가리키는데, 검(劒) 중에서도 아주 예리한 검이 그 입에서 나오는 것이다. 이 말씀에 근거할 때 예수님의 입에서 나오는 말씀과 그렇지 않은 것을 구분할 수 있는 비결은 무엇인가? 부활하시고 승천하신 전능자 하나님이신 예수님의 입에서 나오는 말씀은 예리한 말씀이다. 그러면 예수님의 입에서 나오는 말씀이 아닌 것은 어떤 것인가? 두루뭉실해서 영혼에 찔림도 없고 빛이 그 속을 비추는 성분도 없는 것이다. 이것도 좋고 저것도 좋다 하는 그저 좋은 말을 많이 들은 것이다. 그것은 전능자의 말씀이 아니다. 예수 그리스도의 말씀의 특징은 좌우에 날선 검이 있는 것이다. 영과 혼을 찔러 쪼갬이 있는 것이다. 그것이 바로 살아 있고 운동력 있는 하나님의 말씀이다.

오늘날 많은 그리스도인들이 건강한 교훈, 바른 가르침이 어떤 것인지를 잘 모른다. 그러다보니 거짓된 교사들의 그럴듯한 말을 듣고 미혹된다. 이단들의 말을 듣고, 또 가려운 귀를 긁어주는 말을 듣고 미혹되는 것이다. 구약의 거짓 선지자들은 어떠했는가? "너희들 다 좋다. 지금 대충 괜찮아." 하면서 그저 백성들의 비위를 맞추며 어루만져주는 식으로 말했다. 그런 말을 들은 결과는 멸망이다. 그러한 논조는 위험하다. 우리는 그러한 말을 들을 때 조심해야 한다. 주 예수님의 입에서 나오는 말씀은 날선 검으로서 영과 혼을 찔러 쪼갠다. 그래서 모든 부끄러운 일, 감추인 것들이 다 드러나는 것이다.

당신이 있는 곳이 금촛대인 진정한 교회라면 인자가 그 가운데 다니신다. 불꽃같은 눈이 있어서 숨을 곳이 없다. 우리의 숨은 뜻이 다 드러나게 된다. 그래서 사람들은 말한다. "여기만 교회인가? 내 모든 것이 다 드러나니 나는 이런 곳이 싫다. 나는 좀 더 자유롭고 싶다." 일 주일 동안 세상에

푹 빠졌다가 주일날 한 번 가서 약간 양심에 위안을 받고자 하는 것이다. 진정한 교회라면 거기에는 불꽃 같은 눈이 있고 심판하는 것이 있다. 풀무에 단련한 빛나는 주석 같은 발이 그릇된 것을 심판하고 죄를 심판하고 부정한 것을 심판하고 육체를 심판하는 것이다. 그런 것이 없다면 필경 주님께서 다니시는 곳이 아닐 것이다.

또한 거기에는 반드시 주님이 오른손으로 붙잡고 계시는 사자가 있어야 한다. 즉 별이 있어야 한다는 말이다. 별은 무엇인가? 주님은 이것이 비밀이라고 하셨다. 별은 깜깜한 밤에 어두운 세상을 비추어주는 것이다. 그가 없이는 사람이 갈 길을 알 수 없다. 그를 통해 사람들이 갈 길을 안내받을 수 있도록 반짝반짝 빛나는 사람이다. 많은 성도들이 어디로 갈지 모를 때 길을 안내해줄 수 있는 사람이 별이다. 사람들은 길로 가지 않고 논으로 가거나 연못으로 뛰어든다. 왜 그런가? 별이 없어서 보이지 않기 때문이다. 별들은 성도들에게 영적인 것이 무엇인가를 보여주고, 좁은 길이 무엇인가를 알려주며, 생명의 길이 무엇인가를 알려줄 수 있다. 주님은 교회를 위해 성실하게 일곱 별을 붙잡고 계신다. 시대가 아무리 어둡고 악해도 하나님은 그분의 진리의 빛을 발하는 별들을 언제나 이 땅에 두셔왔다. 이것은 비밀이요 성도들이 알아야 할 일이다. 구약의 시대에도 아무리 이스라엘이 부패하였어도 하나님은 그분의 선지자들이나 종들을 세우시고 그분의 진리의 빛을 비추게 하셨다. 신약시대에도 마찬가지이며 교회사를 통해서도 주 예수께서는 그분의 오른 손에 붙잡고 있는 별들을 이 땅에 교회의 사자로 두셨다. 주님은 교회에 편지를 할 때 교회의 사자를 통해 말씀하셨다. 그들이 없이는 주님께서 교회에 말씀하실 길이 없다. 그들은 교회가 아무리 하락하였고 부패하였어도 빛을 가지고 있으며 주님의 말씀을 들어 전달할 수 있다.

"그 얼굴은 해가 힘있게 비취는 것 같더라". 승천하신 예수 그리스도의 얼굴이다. 그 광채 앞에 드러나지 않는 것이 없다. 이러한 예수님이 일곱 촛대 사이를 걸어 다니시는 것이다. 오늘 정당한 교회 안에 있다면 이러한 예수님을 만날 수 있고 체험할 수 있다. 이러한 예수님이 계시록 2, 3장의 에베소 교회, 서머나 교회, 버가모 교회, 두아디라 교회 등 일곱 교회에 나오신다.

"오른손에 일곱 별을 붙잡고 일곱 금촛대 사이에 다니시는 이가 가라사대". 이것은 에베소 교회에게 말씀하시는 주님이다. 이러한 놀라우신 예수님은 무엇을 위하여 이렇게 되셨는가? 두말할 것 없이 교회를 위한 것이다. 당신이 만일 진정한 교회의 일부가 되지 않는다면 이러한 분의 얼굴빛을 대할 가능성이란 없다. 그분은 왜 이러한 모습이 되셨는가? 교회를 위한 것이다. 나는 성도들에게 내 자신이 수년 간 외국과 한국에서 성도들을 섬긴 결과 내 얼굴과 눈빛이 이렇게 되었다고 농담처럼 말한 적이 있다. 내가 사업가나 정치가가 되었다면 다른 얼굴빛을 하고 있었을 것이다. 그러나 지금 나의 모습은 어느 정도 교회를 섬기는 자의 모습으로 바뀌었다.

이것은 주님에게 있어서 진실이다. 주님의 모습이 이렇게 되신 것은(불꽃 같은 눈, 풀무에 단련한 빛나는 주석 같은 발, 그 입에서 나오는 날선 검 같은 말씀, 해같이 힘 있게 비취는 얼굴) 교회를 위한 것이다. 그러기에 계시록 2, 3장에서 일곱 교회에 편지할 때마다 주님은 자신이 어떠어떠한 분이라고 계시하신 것이다. (1장의 이상 가운데 나타나신 주님이 그대로 교회들에게 표현되신 것이다.) 이는 다시 한번 주님이 순전히 교회를 위한 분이심을 보여준다. 오늘 당신이 진정 주님을 사랑하는 자라면 교회 안에 있어야 하고 교회를 위한 자여야 한다. 주님이 그러한 분이시기 때문이다(골 1:24, 25).

17-18절, 내가 볼 때에 그 발 앞에 엎드러져 죽은 자같이 되매 그가 오른손을 내게 얹고 가라사대 두려워 말라 나는 처음이요 나중이니 곧 산 자라 내가 전에 죽었었노라 볼지어다 이제 세세토록 살아 있어 사망과 음부의 열쇠를 가졌노니

여기서 요한은 이러한 예수님을 보고 그 발 아래 엎드러져 죽은 자같이 되었다. 참으로 요한은 예수의 환난과 나라와 참음에 동참한 자였다. 또한 하나님의 말씀에 사로잡혀 있는 자이고 영 안에 있는 자였다. 그는 충만한 성령의 감동하심을 입은 자였음에도 불구하고 영광스러운 예수 그리스도의 이상을 보고 그 발 앞에 엎드러져 죽은 자같이 되었다. 만일 여러분이 죄 가운데서 회개도 아니하고 계속 산다면 죽은 자같이 되는 것이 아니라 아예 죽을 것이다. 그분 앞에서는 누구라도 버틸 수 없다.

"그가 오른손을 내게 얹고 가라사대 두려워 말라 나는 처음이요 나중이니". 이것은 주님이 부활 승천하시고 보좌에 계실지라도 그분의 사랑과 긍휼과 인자하심은 그대로임을 보여준다. 그때 주님은 요한에게 오른손을 얹고 "두려워 말라 나는 처음이요 나중이니 곧 산 자라 내가 전에 죽었었노라 볼지어다 이제 세세토록 살아 있어 사망과 음부의 열쇠를 가졌노니"라고 하셨다. 주님은 이렇게 요한을 교육시키고 위로하시면서 새로운 위임을 주신다. 모세, 이사야, 에스겔, 다니엘 등에게 나타나실 때에도 동일하게 주님은 영광의 임재 가운데 그들에게 위임을 주시곤 했다. 사도 요한에게 이런 말씀에 대한 지식이 없었겠는가? 구약 성서에 많이 나오기 때문에 어렵지 않게 알 수 있는 말씀이다. 그런데 그렇게 지식으로 뭔가를 아는 것과 주님으로부터 직접 듣는 것은 다르다. 주님이 "나는 처음이요 나중이니 곧 산 자라 내가 전에 죽었었노라"고 하실 때 요한은 힘을 얻고 격려를 얻었을 것이다.

주님이 그에게 이러한 이상을 보여 주시는 이유는 새로운 위임을 주시려는 것이다. 영광스러운 예수 그리스도의 이상과 금촛대와 그 사이에 다니시는 예수님을 보여 주시는 이유는 새롭고 엄중한 위임을 주시려는 것이다. 그러면서 주님은 자신이 사망과 음부의 열쇠를 가지고 계시다고 말씀하셨다. 이것은 얼마나 위로와 힘을 주시는 말씀인가!

여러분은 엘리베이터 속에 갇혀 본 경험이 있을지 모르겠다. 그때는 아무도 꺼내줄 사람이 없을까봐 두려움이 엄습하게 된다. 왜 사람이 죽을 때 두려움이 임하는가? 음부에 갇히게 되기 때문이다. 죽은 영혼들의 감옥이 음부이다. 음부는 죽은 자들의 임시적인 처소이며 결국 음부도 불못에 들어가게 된다. 그런데 일단 사람이 죽으면 음부에 들어가게 되는데, 그곳에는 믿는이들이 위로를 얻는 영역이 있는가 하면 불신자들이 갇혀 있게 될 고통의 영역이 있다. 그들은 그곳에서 불못의 형벌을 미리 체험하게 된다(눅 16장 참조). 원래 음부의 권세는 사탄이 쥐고 있었지만 주님이 죽으시고 부활하신 후에는 주님이 사망과 음부의 권세를 가지셨다. 장차 왕국시대가 도래할 때 주님은 그분에게 속한 자들을 임의로 풀어주실 것이다. 지금도 주님은 음부의 문을 열고 닫으실 수 있다. 엘리베이터 앞에 항상 관리 기술자가 대기하고 있다면 여러분은 엘리베이터 안에 갇힌다 해도 두려워하지 않을 것이다. 주님은 자신이 사망과 음부의 열쇠를 가졌노라고 선포하신다. 박해와 시련 가운데 죽음을 목전에 둔 영혼들에게 이러한 말씀은 많은 위로가 되었을 것이다.

19절, 그러므로 네 본 것과 이제 있는 일과 장차 될 일을 기록하라

'네 본 것'은 1장에 있는 인자로서 일곱 교회 사이에 다니시는 예수 그리스도의 이상이요, 일곱 금 촛대요, 주님이 오른손으로 붙들고 있는 일곱 교회의 사자들이다. '이제 있는 일'은 2장과 3장에서 일곱 교회에게 알려 주실 내용이다. '장차 될 일'은 4장부터 19장까지의 내용들이다. 물론 20-22장도 장차 이루어질 일들에 포함된다. 이것이 곧 계시록의 내용이다.

다시 말하지만 이 책은 신약의 유일한 한 권의 예언서이다. 교회의 앞으로 되어질 모든 일들이 다 계시록에 들어 있다. 구약에는 이스라엘의 장차 될 일들을 기록한 많은 예언서들이 있지만 신약은 어떠한가? 신약의 교회에 대한 예언은 없는가? 여기 신약에도 한 권의 예언서가 있다. 우리는 계시록에 있는 일곱 교회의 역사가 사도 시대의 교회부터 주님이 다시 오실 때까지 지구상에 존재하는 교회들의 상태를 보여주는 예언이라고 말할 수 있다. 물론 그러한 말씀은 당시 교회의 필요를 위한 것이기도 했다. 구약의 예언도 동일한 원칙으로 주어졌다. 이사야가 장래 복음 시대를 예언할 때 그것은 먼저 바벨론에 포로되었던 이스라엘이 돌아오는 것에 적용된다. 이사야는 이스라엘이 앗수르에 사로잡혀갈 것을 예언했으며 유다가 바벨론에 사로잡혀갈 것을 예언했고 또 다시 회복될 것도 예언했다. 그는 유다가 바벨론으로부터 회복될 것을 예언하는 가운데 신약의 교회가 이루어질 상황을 예언한 것이다. 많은 예언들이 당시의 상황에 대한 것인 동시에 장래에 대한 예언이기도 하다. 예언이 이러한 원칙으로 주어지기 때문에 계시록의 일곱 교회에 대한 예언도 그렇게 해석할 수 있다. 당시 아시아의 일곱 교회의 상태와 상황은 현존하던 것이었다. 주님은 현존하는 일곱 교회의 문제를 들어서 장차 2000년 간 펼쳐질 교회의 운명을 예언하신 것이다. 여러분은 이를 정확하게 알아야만이 그 말씀들을 지킬 수 있고 복을 받게 된다.

20절, 네 본 것은 내 오른손에 일곱 별의 비밀과 일곱 금촛대라 일곱 별은 일곱 교회의 사자요 일곱 촛대는 일곱 교회니라

주님은 요한이 본 것이 무엇인지를 친히 해설해 주셨다. 두 가지 본 것은 '내 오른손에 있는 일곱 별의 비밀'과 '일곱 금촛대'이다. 결국 주님이 주의하시는 것은 교회의 사자들이고 교회들이다. 이는 매우 중요한 요점이다. 여러분은 아는가? 교회가 매우 중요하지만 교회의 사자들도 못지않게 중요한 존재들이다. 그들이 없이는 교회가 빛을 얻을 수 없기 때문이다. 나는 당시 바울이나 요한 같은 사람들이 일곱별과 같은 존재였으리라고 믿는다. 만일 고린도, 빌립보, 골로새의 교회들에게 바울과 같은 별이 없었다고 가정해보라! 그 어두움이 어떠했겠는가!

오늘 20절을 해설하는 많은 사람들이 일곱 금촛대는 주의하는데 일곱 별은 그다지 주의하지 않는다. 그러나 이 두 가지는 다 중요하다. 주님 손에 있는 '일곱 별과 일곱 금촛대'이기 때문이다. 여기의 일곱 별은 일곱 교회의 사자라고 했는데, 사자란 누구이겠는가? '일곱 별의 비밀'이라고 하신 것은 틀림없이 그것이 중요한 문제이고 사람들이 쉽게 알 수 있는 문제가 아니기 때문일 것이다. 주님이 그분의 사자들을 오른손으로 붙잡고 계시는 것은 비밀이다. 교회가 아무리 황폐하고 어두워도 거기에 주님이 붙잡고 계시는 별이 있는데, 이것은 비밀이다. 여기의 사자는 별이니 어두운 시대에 빛나는 존재임에 틀림없다. 그들이 사역자인지, 장로인지, 인도자인지, 교사인지, 목사인지 우리는 모른다. 어쨌든 한 가지 분명한 것은 어두운 시대에 빛을 내는 존재라는 것이다.

그리스도를 상징하는 태양은 하나이지만 별들은 많다. 하늘을 보라! 별은 땅에 쏟아질 것같이 많다. 서울 하늘 말고 시골에 가서 하늘을 바라보라! 많은 별들을 볼 수 있다. 이처럼 하나님의 종들은 많다. 여기도 한 별이 아니라 일곱 별이다. 어떤 사람은 우주 가운데 오직 한 별만 있는 줄 아는데 그렇지 않다. 주님은 한 분이시지만 주의 사자들은 많다. '일곱 별'에서 일곱은 완전함을 나타내는 숫자이다. 그러므로 모든 참된 하나님의 종들, 교회의 사지들을 가리키는 것이라고 보아야 한다. 별이든 촛대이든 다 빛을 내는 것이다. 촛대는 자리에서 옮겨질 수 있지만 하늘의 별들은 그대로 존재한다. 흑암의 밤일수록 더욱 별 빛은 더 밝게 빛난다.

그런데 그 별이 예수님의 오른손에 있다고 했다. 주님 손에 온전히 붙잡힌 사람들이 있다는 것이다. 바울 사도는 빌립보서 3장에서 주님께 붙잡힌 그것을 잡으려고 좇아간다고 했다. 아무리 뛰어난 사람이라 해도 그분께 붙잡히지 않은 사람은 보장이 없다. 당신은 베드로가 어떻게 그렇게 설 수 있었다고 보는가? 그의 보장은 그 자신에게 있지 않고 결코 포기하지 않으시는 주님 손에 있었다. 그는 비록 약하여 세 번이나 주님을 부인하였지만(그때 주님은 잠시 베드로를 붙잡았던 손을 놓으신 것 같다. 베드로처럼 자신을 신뢰하는 것이 주님으로 손을 놓으시게 만들 수 있다는 것을 알아야 한다), 주님은 그를 바라보시며 그로 회개하도록 도와주셨다. 다시 붙잡아 주신 것이다. 그가 제자들을 이끌고 고기 잡으러 갔을 때에도 주님은 나타나셔서 그에게 세 번이나 물으셨다. "요한의 아들 시몬이, 네가 이것들보다 나를 더 사랑하느냐?" 주님이 붙잡고 계시던 오른손을 놓으시면 그 누구도 보장이 없다. 루터나 칼빈이나 웨슬레나 다 마찬가지이다. 그들이 강했는가? 강하기도 했지만 때로는 말할 수 없이 약했다. 어떤 때는 옆에서 아내가 힘을 주지 않으면 쓰러질 정도로 약해지기도 했다. 그러면 어떻게 그들이 끝까지 승리할 수 있었는가? 주님에 의해서이다. 역대로 많은 순교자들의 간증이 이러하다. 보통 사람들이 감당할 수 없는 일들을 감당한 것은 그들을 잡은 주님의 손이 매우 강하였기 때문이다.

역대로 아무리 교회가 하락해도 이렇게 빛나는 별들이 있어 왔다. 교부시대의 아타나시우스나 어거스틴, 갑바도기아의 학자들 등은 그 시대에 주님의 손에 붙잡힌 자들이었다. 그 후로도 한 시대 한시대 주님은 그분의 사자를 손에 잡고 계셨다. 처음 사랑을 잃은 에베소 교회에도 사자가 있었다. 한 교회에 최소한 하나씩은 사자가 있다는 말이다. 사자는 대표의 뜻을 지니고 있다. 별들이 없다면 그 시대는 암흑시대이다. 우리는 이 시대에 주님의 오른 손에 붙잡힌 별들이 되기를 소망해야 한다. 별 빛이 있다면 아무리 시대가 어두워도 교회들이 그 빛을 따라 나아갈 수 있다.

"일곱 촛대는 일곱 교회니라". 촛대도 어두움을 비추는 것이다. 출애굽기에서 촛대를 정금 한 달란트로 만들어 앞을 비추게 하라고 했다. 촛대의 기능은 어두움을 비추는 것이다. 교회는 어두운 세상을 비추기 위해 있다. 교회가 있음으로 이 어두운 세상이 비춤을 받아야 한다. 이러한 촛대인 교회를 위하여 하나님과 주 예수님은 별들을 붙들고 계시다. 교회를 돌보시는 승천하신 주 예수와 빛나는 별들, 각지에서 빛을 발하는 금 촛대인 교회들이 1장의 중심이다. 교회 사람들은 빛과 소금의 기능을 해야 하는데, 이는 그들이 매우 의롭고 선해야 한다는 뜻이다. 빛이란 모든 착함과 의로움과 진실함이다(엡 5:9). 따라서 교회 사람들은 남의 돈을 갈취한다든지, 불의를 행하지 말아야 한다. 오히려 선한 행실을 보여서 하나님께 영광을 돌려야 한다. 그들의 양심과 마음의 동기가 가장 의롭고 선하고 착해야 한다. 그래서 그들의 빛을 어두운 세상에 비추어야 한다. 에베소에 교회를 두신 것은 에베소의 어두움을 비추라는 것이다. 주님이 서머나에 교회를 두신 것은 서머나의 어두움을 비추라는 것이다. 오늘날 서울 땅에 교회가 있는 것은 어두움 속에 있는 서울 사람들을 이 빛으로 비추라는 것이다. 세상도 어둠에 있고 교회도 어둠에 있다면 그 땅은 소망이 없다. 오늘 날 소위 교회라고 하는 단체들이 너무나 촛대의 기능을 다하고 있지 못하다. 매우 유감스러운 일이다. 교회 사역자들은 빛나는 별이 되어야 함에도 그렇게 못하고 있는 현실이다. 이것은 우리 모두가 무릎꿇고 깊이 회개해야 할 커다란 기도의 제목이다.

1장을 마치면서

계시록은 도미티안 황제 때에 기록된 서신이다. 당시의 교회는 로마 황제의 핍박아래 있었다. 수많은 그리스도인들이 핍박을 당했고 순교했다. 계시록은 당시의 교회를 위로하기 위해 씌여진 책이다. 하나님은 승천하신 그리스도께서 지금 무엇을 하고 계신지를 보여주셨다. 그분은 승천하신 후 이 땅의 교회들을 돌보고 계시다는 것을 말해주고 있다. 그분은 발에 끌리는 옷을 입고 촛대 사이를 다니시며 그분의 교회들의 상태를 점검하시며 교회를 격려하며 회개케 하며 새롭게 하시고 계시다. 승천하신 그리스도께서 어떻게 당신의 백성들을 돌보시며 붙들고 계신가를 말해준다. 아무리 타락한 시대라 하더라도 주님은 그분의 오른 손에 빛나는 일곱 별을 갖고 계시다. 또한 그분은 당신이 금 촛대인 교회들을 불꽃같은 눈으로 바라보시며, 주석 같은 발로 심판하시며, 해같이 빛나는 얼굴로 바라보시고 전능자의 음성으로 말씀하신다.

그분은 태초부터 계신 분이며 성부와 성자는 본질상 나눌 수 없는 한 분 하나님이심을 보여주고 계시다(8절). 그분은 죽었다가 부활하신 그 예수요 지금도 살아계시며 세세토록 살아계신 하나님이시다. 그러한 분이 교회를 위해 존재하시며 교회의 사자들을 붙들고 계시며 교회를 위해 장차 그분이 친히 하실 일을 예언해주려 하신다. "여호와께서 가라사대 내가 하려는 것을 아브라함에게 숨기겠느냐"(창 18:17) 주님은 그분이 하실 일을 사랑하는 자들에게 말씀해주시기를 기뻐하신다. 부활승천하신 예수는 교회를 위한 분이시라는 것에 깊은 인상을 받기 바란다(계 22:16). 그분의 오른 손에는 일곱 교회의 사자들이 붙잡혀 있고 그분의 발걸음은 일곱 촛대 사이를 다니신다. 그분의 머리 눈 손 발 모든 것이 교회를 위해 있다. 성도들은 전능하신 분이 교회를 위해 존재하신다는 사실에 위로를 받기 바란다.

2 장

2장과 3장의 대요

1. 계시록은 하나의 예언서이다. 구약에는 이스라엘에 대한 예언이 많이 있다. 이사야, 예레미야, 에스겔, 다니엘 등이 모두 하나님의 택한 백성 이스라엘에의 장래 있을 일들에 대한 예언을 담고 있다. 그러나 신약의 참 이스라엘인 교회에 대한 예언은 어떠한가? 한 권이 있는데 그것이 바로 계시록인 것이다. 특히 계시록 2장과 3장은 교회의 장래에 대한 예언으로 볼 수 있다. 사도 시대 이후 교회는 어떻게 전진해 갈 것인가? 그 모습은 어떻게 변모될 것인가? 구약에서 하나님이 그분의 선택된 백성들에게 예언하시는 것은 그들을 사랑하시기 때문이다. 그들의 장래 될 일을 미리 말씀해주심으로 그들로 경고를 받아 그때 그때 회개하여 주님의 뜻을 좇게 하시려는 것이다. 계시록 2장과 3장은 이런 의미에서 매우 중요한 의미를 지닌다. 일곱 교회에 대한 예언은 이 땅에서 교회의 장래와 관련된 주님의 말씀 중 가장 중요한 말씀이므로 잘 읽고 지켜야 한다. 지키는 자가 복을 받게 된다(1:3). 계시록은 1장 1절에서 말씀하셨듯이 '반드시 속히 될 일'에 대한 예언의 말씀임을 잊어서는 안 된다.

2. 이미 말한 바와 같이 일곱 교회의 상태는 당시 현존하던 아시아 일곱 교회의 실제 상태였다. 또한 사도 시대 후에 지상에 있게 될 교회의 전반적인 흐름으로 해석할 수도 있다. 이는 구약의 예언도 원칙상 같았다. 당시 이스라엘의 상태를 말하는 동시에 장래를 예언하는 방식인 것이다. 이사야의 그리스도의 처녀 출생에 대한 예언도 일차적으로는 당시에 적용되며 또 한 편으로는 장래를 예언했던 것이다. 마찬가지로 일곱 교회의 상태

도 당시 현존하던 상태이면서 동시에 장래 펼쳐질 교회들의 상태인 것이다. 즉 사도 시대의 교회는 에베소 교회와 같았으며, 로마의 박해 아래 있던 사도 시대 후의 교회는 서머나와 같았다. 그런 다음 교회는 당시 최강국 로마의 국교가 되면서 세상과 연합한 버가모 교회가 되고, 결국 완전히 조직화되고 우상까지 들여온 천주교를 예표하는 두아디라를 거쳐 종교 개혁 후의 개혁 교회인 사데와 그 후의 빌라델비아, 마지막에는 라오디게아로 나아간다.(스코필드 관주성경 p. 1332, 윌리암 맥도날드 요한계시록 강해 p. 153 참조)

현 시대는 무엇으로 보거나 라오디게아의 징후가 강하다고 할 수 있으니 주님이 오실 날은 멀지 않았다. 그러나 매 시대 교회가 정확하게 이와 같이 전진해 왔다고 말할 수는 없고 다만 그러한 경향으로 전진해 왔다고 말할 수 있을 뿐이다. 사도 시대 후 교회는 이러한 일곱 교회의 상태를 골고루 갖고 있다고 말할 수 있다. 지금도 도처의 교회 상황은 다른데, 공산권이나 회교권 등 자유가 없는 지역의 교회와 성도들은 핍박 아래 있는 서머나의 형세를 갖고 있고, 어떤 곳은 전통과 형식에만 묶여 두아디라같이 음녀의 가르침 아래 있는 교회도 있다. 심지어 한 교회 안에서도 어떤이들은 빌라델비아 교회의 특징을 지니는가 하면 어떤이들은 라오디게아의 성질을 지닌다. 이 일곱 교회의 말씀은 전체적으로 사도 시대 이후의 교회들이 어떻게 전개될 것인가에 대한 예언이며, 그러한 교회들의 상황이 장래 우리 눈 앞에 펼쳐질 때 주님을 사랑하는 성도들이 마땅히 어떻게 해야 할 것인지를 지시해주는 말씀으로 받아야 한다.

3. 일곱 교회에 보낸 서신은 특별히 사자들에게 보내졌다. 그러면서도 교회에게 주신 말씀이므로 모든 성도들도 들어야 한다. 주님은 그분의 말씀을 경청하고 사랑하며 듣고 순종할 자들을 필요로 하신다. 사자들은 교회의 대표들이며 영적인 권위를 가진 자들이다. 교회는 그들에게 영향을 받는다. 그들은 말씀의 통로이며 교회에 생명을 공급하는 자들이다. 주님은 교회를 주의하시지만 특별히 그분의 사자들을 주의하신다. 우리는 성도가 되기를 사모할 뿐 아니라 교회의 사자가 되기를 원해야 한다. 교회에 주님

의 사자들이 있을 때 주님은 그분의 심정과 뜻을 말해낼 통로를 얻으신다.

4. 주님은 그분 자신에 대한 칭호를 교회의 상태에 따라 다르게 소개하셨다. 그분은 교회가 어떤 형편이면 어떤 분으로 자신을 말씀하신다. 에베소 교회는 처음 사랑을 잃은 교회이므로 그분 자신을 금촛대 사이에 다니시는 분으로 소개하시고, 서머나 교회는 고난받는 교회이므로 그분이 죽은 자 가운데서 부활하신 분으로 소개된다. 버가모는 세상과 연합한 교회이므로 주님이 좌우에 날선 검을 가지신 분으로 자신을 소개하신다. 두아디라는 부패하고 음란한 교회이므로 그 눈이 불꽃같고 그 발이 빛나는 주석 같다고 말씀하신다. 사데는 살았다는 이름은 가졌으나 죽은 교회이므로 일곱 영과 일곱 별을 가지신 분으로 나타난다. 대부분 교회에 편지를 쓰면서 자신을 나타내신 주님의 모습은 1장에서 요한이 본 모습들의 일부이다. 그분의 어떠하심은 순전히 교회를 위한 것이다. 빌라델비아는 주님의 말씀을 지키는 신실한 교회이므로 거룩하고 참되신 분으로, 그들에게 넓은 사역의 문을 열어주시는 분으로 계시한다. 라오디게아는 사람의 의견이 가득하고 교만한 자들이기 때문에 하나님이 만유의 근원이신 분, 창조의 근본이신 분으로 자신을 나타내신다. 주님에 대한 각각 다른 묘사들은 교회에 대한 주님의 공급하심과 은혜가 다양함을 가리킨다. 그분은 이 모든 말씀으로 성도들에게 용기를 주시고 은혜를 주사 승리의 길을 걷게 하신다.

에베소 교회

에베소 교회는 소 아시아 지방에 있었다. 당시 많은 지방에 교회들이 있었지만 주님께서는 일곱 지방에 있는 교회들을 택해서 그분께서 승천하시고 사도들이 떠난 후 이 지구상에 있게 될 교회들이 어떻게 걸어가야 할 것인가에 대한 교훈을 주셨다. '에베소'(헬, 에페소스)라는 단어는 '느슨한', '완만한', '아직도 바람직한 것이 남은'을 뜻하며, 사도들이 떠난 후에 교회가 그렇게 될 것을 미리 예언하신 것이다. 주께서 명명하신 교회의 이름은 각기 교회의 상태와 관련이 있다. 이 또한 구약의 선지자들의 예언 방식과 동일하다. 구약에서도 선지자들의 아들의 이름이나 자신의 이름 등을 사용해서 뭔가를 예언하는 경우들이 있었다. 당시 아시아에 이 일곱만이 아니라 다른 교회들이 더 있었지만 주님은 주권적으로 이 일곱만을 선택하여 장래 교회들의 상태를 예언하게 하셨다. 그 선택된 교회들은 그 이름까지도 의미를 갖고 있다.

에베소 교회는 사도들이 떠난 직후 이 지구상에 있었던 교회를 가리킨다. 사도들이 떠난 후 네로와 도미티안 황제의 박해로 순교가 시작되기까지의 기간을 에베소 교회 시대라고 말할 수 있다. 그때까지만 해도 이 땅의 교회는 아직 사모할 만하고 바람직한 면을 지니고 있었다. 그러면서도 다소 느슨해진 상태에 있다가 네로와 도미티안 황제가 집권하면서부터 콘스탄티누스 대제가 기독교를 국교로 공인했던 313년까지 그리스도인들을 무참하게 박해하는 시기를 거치면서 극심한 환난을 겪었다. 이 시기를 서머나 시대라고 말할 수 있다. 구약에서도 하나님의 백성들이 나태하고 느슨하게 되면 핍박이 임하는 경우가 종종 있었다.

2장과 3장에 있는 일곱 교회는 시대적인 순서로 나타날 교회들이다. 에베소 시대, 서머나 시대, 버가모 시대, 두아디라 시대, 사데 시대, 빌라델비아 시대, 라오디게아 시대가 역사적으로 존재하게 될 것을 예언하신 것이다. 많은 성경학자들은 각 시대가 존속될 구체적인 기간까지 언급하기도 한다.

우리가 또 한 가지 기억해야 할 것은 일곱 교회에게 보내신 서신들이 한결같이 "귀 있는 자는 성령이 교회들에게 하시는 말씀을 들을지어다"라는 말로 끝맺는다는 것이다. 이 말씀에서 우리는 각 교회 상황이 그 교회에만 적용된다고 여겨서는 안 된다는 것을 알 수 있다. 에베소 교회의 상황이 서머나 교회에도 있을 수 있고 서머나 교회도 에베소 교회의 상황을 참고할 필요가 있다. 각 교회는 일곱 교회에 하신 말씀을 다 필요로 하기 때문에 "우리는 빌라델비아 교회이기 때문에 라오디게아 교회에게 주신 경고의 말씀이 우리에게는 해당되지 않는다"고 말해서는 안 된다. 우리는 일곱 교회에게 주신 모든 서신들을 오늘 우리에게 주신 말씀으로 받아야 한다.

1절, 에베소 교회의 사자에게 편지하기를 오른손에 일곱 별을 붙잡고 일곱 금촛대 사이를 다니시는 이가 가라사대

일곱 교회에게 보낸 서신은 교회 전체가 아닌 교회의 사자에게 보내졌다. 아무리 교회가 하락해도 주님께서는 한 사람 이상의 빛나는 별을 오른손으로 붙잡고 계신다(일곱 교회, 일곱 별의 일곱은 완전 숫자이다). 그분은 자신의 편지를 오른손으로 붙들고 계시는 그 사자(messenger)에게 보내신다. 다비 역 성경과 흠정역 성경은 헬라어 원문을 따라 사자를 천사(angel)로 번역했다. 그러나 천사(앙겔로스)라는 단어가 꼭 천사(angel)로 해석할 필요는 없다. 앙겔로라는 헬라어는 소식을 전한다는 어원을 갖고 있다. 구약에서도 여호와의 천사(angel of the Lord, 출3장)는 예수 그리스도를 의미했다. 계시록에도 많은 경우 그분은 다른 천사로 표기되어 있다. 주님이 오른 손으로 붙들고 계신 일곱 교회의 사자는 분명 주의 종들인 사람이지 하늘의 천사는 아닐 것이다.

주님께서는 에베소 교회에게 자신을 오른손에 일곱 별을 붙잡고 일곱 금 촛대 사이에 다니시는 분으로 소개하신다. 그분의 오른손에는 일곱 별들이 붙잡혀 있다. 이 마지막 시대에 우리가 만나야 하는 사역자나 목자는 주님께서 오른손으로 붙잡고 계시는 자여야 한다. 만일 우리가 만난 사역자가 자신 스스로 달려 나가서 일하는 사람이라면 우리가 그에게서 얻을 수 있는 것이라고는 아무것도 없다. 그 이유는 주님께서는 친히 오른손으로 붙잡고 계시는 사자에게 편지를 보내시기 때문이다.

1장 20절에서 요한은 일곱 별의 비밀에 대해 말한다. 주님은 일곱 교회에게 편지를 보내시기 전에 사자에 대한 비밀을 말씀하셨다. '내 오른손의 일곱 별의 비밀'과 '일곱 금촛대', 이 두 가지를 요한이 먼저 보았으므로 우리도 요한이 본 것을 보아야 한다.

우리가 이 서신을 보내시는 분에게서 깊이 인상을 받고 그분께 감사해야 할 것은 요한이 본 인자이신 예수님의 모습이다. 부활하시고 승천하신 후 대제사장으로서 발에 끌리는 옷을 입으신 분, 그 머리와 털의 희기가 흰 양털 같고 눈이 불꽃 같으며 발이 풀무에 단련한 빛난 주석 같고 그 음성이 많은 물소리와 같은 분이 가슴에 금띠를 띠고 금촛대 사이에 다니시면서 당시 교회들을 돌보셨다. 주님의 모습은 모두 교회를 위한 것이다. 그분의 모든 어떠하심은 다 교회를 위한 것이라는 사실에 우리는 참으로 깊은 인상을 받을 필요가 있다.

일곱 금촛대는 일곱 교회이다. 승천하신 주님은 하늘 보좌에 앉아 계신다. 그러나 하나님께서는 1절을 말씀하심으로 그분께서 하늘에 앉아 계시기만 한 것이 아니라 대제사장으로서 발에 끌리는 긴 옷을 입고 가슴에 금띠를 띠고 교회들을 돌보고 계심을 알려주신다. 그분께서 금촛대 사이를 다니시는 목적은 금촛대를 관심하고 돌보시기 위한 것이다. 그분은 대제사장이시다. 구약에서 성전의 제사장들은 항상 촛대를 손질하면서 촛대가 제대로 불꽃을 발하는지, 기름은 충분한지 살폈다. 이와 같이 참 대제사장이신 예수 그리스도께서는 교회를 상징하는 금촛대가 제대로 빛을 발하는가를 관심하시면서 금촛대 사이에 다니시는 분으로 계시되어 있다. 주님께서는 그러한 분으로 에베소 교회에게 말씀하신다. 그분은 다만 하늘 보좌에 앉아서 이 땅을 내려다보시지 않고 교회들 사이에 다니시면서 모든 것을 살피시고 돌보신다. 사도들이 떠난 후 이 땅에 존재하는 교회는 반드시 이것을 알아야 한다.

2절, 내가 네 행위와 수고와 네 인내를 알고 또 악한 자들을 용납지 아니한 것과 자칭 사도라 하되 아닌 자들을 시험하여 그 거짓된 것을 네가 드러낸 것과

여기서 주 예수님은 에베소 교회의 행위와 수고와 인내를 아신다고 말씀하신다. 그분은 그들이 어떻게 행동하고 어떻게 일했는지 그 행위를 다 아셨다. 행위란 헬라어로 '에르가(ἐργα)'로서 전체적인 삶의 모습이며, 수고는 '코폰(χόπον)'으로서 고통을 수반한 최선의 삶을 가리킨다. 인내란 헬라어로 '휘포모네(ὑπομονή)'로서 '아래'를 뜻하는 '휘포'와 '머문다'를 뜻하는 '모네'에서 보듯이 '…아래에 오래 머무는 것', 즉 '오래 참고 견디는 것'을 말한다. 어떤 압력이나 환경 아래 오래 머무는 것이 인내이다. 주님께서는 성도들의 선한 행위와 수고와 인내와 악한 자를 용납지 않은 것과 자칭 사도라 하되 아닌 자들을 시험하여 그 거짓된 것을 드러낸 것을 아시고 칭찬하셨다. 그분께서는 교회의 장점들을 알고 계신다.

에베소 교회에게 칭찬하신 말씀 중 우리가 반드시 짚고 넘어가야 할 부분은 교회는 무골호인(無骨好人)처럼 뭐든지 좋다고 하면서 받아들이지 말아야 한다는 것이다. 주님께서는 교회가 그렇게 될 때 기뻐하지 않으신다. 주님께서 원하시는 교회는 악한 자를 용납지 않는 교회이다.

교회에는 죄인도, 탕자도, 상처받은 사람도 다 올 수 있어야 하므로 악한 자 또한 용납해야 되지 않느냐고 말하지 말라. 물론 교회는 아버지 집으로서 죄인도, 잃어버린 양도 다 올 수 있어야 하지만 악한 자는 받아들일 수 없다. 적은 누룩이 온 덩이를 부풀게 한다. 교회가 악한 자를 용납하면 교회는 악해진다. 나의 개인적인 경험과 의견으로는 오늘 날 교회가 부패한 가장 큰 요인 중 하나가 있다면 그것은 교회가 악한 자를 대강 용납한 것이다. 그리고 그들이 악한 것을 알지만 대책이 없이 세월만 보낸다는 것이다. 에베소 교회의 좋은 점은 악한 자를 용납지 않았다는 것이다. 어떤 사람들은 이런 일을 주님께서 해주시기를 막연히 기대한다는 것이다. 그러나 이 구절에 의하면 이런 일을 주님은 교회가 하는 것을 원하신다는 것을 알 수 있다. 고린도 전서 5장의 간음한 형제에 대하여도 사도바울은 교회가 응당 그런 범죄한 자를 쫓아내야 한다고 말씀하셨다. 주님이 해주실 일이 있는가 하면 교회가 해야 할 일이 있다. 교회는 하나님의 나라로서 하나님의 행정을 집행할 책임이 있다.

에베소 교회는 악한 자를 용납지 않았다. 주님께서는 교회가 선과 악을 구분하지 않는 것, 선과 악에 대해서 무관심한 것도 기뻐하지 않으신다. 선과 악에 대한 어떠한 분별도 없이 무엇에든 자비롭고 온유하게 용납하는 태도는 주님의 기뻐하심을 얻을 수 없다. 교회는 악한 것에 대해 분명한 태도를 취해야 한다.

에베소 교회는 좋은 것이 많았다. 좋은 행위와 좋은 수고와 좋은 인내가 있었고 거기에 악한 자를 용납하지 않는 것도 있었다. 그 중 에베소 교회의 분량을 드러낸 것은 자칭 사도라 하되 아닌 자들을 시험하여 그 거짓됨을 드러낸 것이었다.

사도란 누구인가? 오늘날 어떤 이들은 사도 시대 이후 더 이상 사도가 없다고 말한다. 그것은 정확하지 않은 말이다. 사도가 필요 없다면 사도행전은 왜 필요한가? 사도들의 행전은 우리에게 무엇을 가르쳐주는가? 사도행전은 그저 당시 사도들이 한 일을 들려주는 기록에 불과한가? 성경의 모든 것은 우리가 따라야 할 규범이요 본이다.

물론 열두 사도들의 특별한 위치는 후에 일어난 사도들이 얻을 수 있는 것이 아니다. 열두 사도들은 주님에 의해 직접 세워졌으므로 그들에게는 특별한 위치가 있다. 우리는 주께서 열두 사도를 세우셨을 뿐 아니라 사도행전 13장에서 승천하신 주님, 성령께서도 사도를 세우셨음을 주목해야 한다. 사도행전 13장에서 성령께 세우심받은 사도들이 바로 바나바와 사울이다. 13장 후반부에서 성경은 그 두 사람을 두 사도라고 지칭한다. 어떤 이들은 바울을 사도가 아니라고 부인하기 어려우므로 유다가 배신해 궐(闕)이 난 사도 자리에 추가된 맛디아의 제비뽑기가 잘못되었기 때문에 그 자리에 바울이 들어가야 한다면서 더 이상은 사도가 없다고 주장한다. 그렇다면 바나바는 어떻게 처리할 것인가? 성경은 분명히 바나바를 사도라고 말한다. 우리는 그 외에도 사도들 일행 가운데 아볼로도 있고 실라도 있음을 안다. 또한 디모데나 디도도 사실상 사도들의 일행에 들어가야 한다. 성경학자들은 로마서 16장에 언급된 '유니아'가 아마 여사도일 것이라고 말한다. 이러한 성경의 예들에서 열두 사도 외에 더 이상 사도가 없다는 주장은 근거 없는 것임을 알 수 있다.

종교 개혁에 큰 역할을 담당했던 죤 칼빈 또한 열두 사도 이후에도 사도가 있다고 말했다. 그는 루터를 매우 칭찬하면서 이와 같은 사람이 사도라고 했다. 인도에 가서 많은 수고를 한 윌리암 캐리를 우리는 사도라 말하지 않을 수 없다. 중국에서 수고한 허드슨 테일러 또한 하나님께서 중국에 보내신 사도라 말하지 않을 수 없다. 물론 그들은 사도라 일컬음 받기를 원치 않았다. 그러나 어떻게 부르든 그러한 일을 하는 자들은 사도라 할 수 있다. [선교사(missionary)는 라틴어로 '사도'에 해당한다.]

감히 사도라 칭하기를 두려워하게 된 이유가 있다. 성경의 열두 사도들을 존중한 나머지 후세의 그리스도인들은 자신들을 감히 사도라 부르기를 원치 않았다. 그래서 사도 시대 후에 하나님을 섬겼던 종들을 '교부(church father)' 혹은 '속 사도'라고 불렀다. 물론 자신들을 사도라 칭하기를 꺼려하는 그들의 겸손한 태도와 자세는 매우 좋다고 생각한다. 사도 바울 또한 고린도 전서 15장에서 자신이 하나님의 교회를 핍박하였으므로 사도라 칭함을 받기에 감당치 못할 자라고 했다. 만일 후세의 그리스도인들이 성경을 기록한 사도들과 동등한 자격으로 자신도 성경을 쓸 수 있다고 말한다면 그것은 틀린 것이다. 그 사도들은 주님으로부터 특별한 자격을 부여받고 성경을 기록하여 우리에게 66권의 성경을 남겨주었다. 어느 누구도 이 성경 외에 다른 성경을 추가할 수 없다. 성경을 기록하도록 위임받은 사도들이 있었고 그것은 하나님께서 지정하신 것이라고 볼 수 있다. 그러나 성경을 쓸 수 없다고 해서 사도가 될 수 없는 것이 아니다. 바나바는 성경을 쓴 적이 없다. 열두 사도 외에는 더 이상 사도가 없고, 에베소 교회에 발생한 문제가 사도로 인한 것이 아니라면 장래 나타날 교회로 예언된 에베소 교회에 사도의 문제가 대두될 리 없다.

에베소서 2장 20절에서 사도 바울은 "너희는 사도와 선지자들의 터 위에 세우심을 입은 자라"고 말한다. 실제적인 의미에서 교회는 사도와 선지자들의 터 위에 세우심을 입는다. 교회의 터가 그리스도이심은 의심할 여지가 없는 진리이지만 실제적인 의미에서 그리스도께서 교회의 터가 되도록 역사하는 사람들은 사도들이다. 그러므로 사도들이 지혜로운 건축자와 같이 터를 닦아 두었으니 그 위에 각각 어떻게 세울 것인지 조심하라고 말한다.

이 부분에서 내가 말하고자 하는 요지는 교회에게 사도만큼 중요한 위치가 없다는 것이다. 이 시대에 하나님의 교회가 이 땅에 세워지려면 사도들이 필요하다. 사도란 헬라어로 '아포스톨로스(ἀπόστολος)'로서 '보내심을 받은 자'를 의미한다. 사도는 특별한 계급이 아니라 다만 하나님의 보내심을 받은 자라는 뜻으로 사용되었다.

그러므로 사도에게는 하나님께로서 보내심을 받은 표시가 있어야 한다. 그러한 표시가 없다면 에베소 교회는 거짓 사도를 분별해낼 수 없었을 것이다. 하나님께서 보내신 자는 하나님의 말씀을 말한다. 그가 한 일이 그가 보내심 받았음을 증명하는 것이다. 사도 바울은 고린도 교회 성도들에게 다른 이에게는 몰라도 그들에게는 자신이 사도라고 말했다. 바울의 사도됨을 주 안에서 인친 것이 고린도 교회 성도들이었다. 고린도 교회가 어떻게 생겨났는가? 고린도 교회 성도들이 어떻게 주님을 사랑하게 되었는가? 그들이 어떻게 성령을 얻었는가? 이 모든 것은 사도 바울의 수고를 통한 것이었다. 고린도 교회 성도들이 그런 상태에 있을 수 있었던 것은 하나님께서 바울을 보내셔서 그런 일을 하도록 하셨기 때문이다. 그가 일한 결과가 그의 사도됨에 대한 증명이다. 바울의 예에서 보듯이 교회를 위해서 보내심받은 자, 교회를 위해서 세우심받은 자의 위치는 매우 중요하다.

오늘날 많은이들이 성경에 있는 초대 교회로 돌아가야 한다고 말한다. 그렇게 되기 위해서는 성경에 있는 사도들과 같은 참된 사도들이 필요하다. 어떠한 사람들이 어떠한 일을 하는 것이고 어떠한 교회를 산출하기 때문이다. 사도 바울과 같은 이가 있었기에 그러한 교회가 산출될 수 있었다.

사도들은 그리스도를 본받는 사람들이다. "내가 그리스도를 본받은 것 같이 너희는 나를 본받으라". 교회는 사도를 본받는다. 신약 성경에서 사도들은 자신들을 일컬어 항상 '우리'라고 했으며 성도들에 대해서는 '너희'라는 표현을 사용하였다. 유감스럽게도 많은 이들이 교회에 대해서는 많은 말을 하지만 '우리'가 어떠한 사람이 되어야 하는가에 대해서는 매우 관심이 적다. 사도 바울과 같은 무리가 사역을 했기에 초대 교회 같은 모양이 나왔던 것이다. 그러므로 초대 교회와 같은 교회가 일어나기를 바란다면 그와 같은 사도들이 일으켜지기를 기도해야 하지 않겠는가? "너희는 사도와 선지자들의 터 위에 세우심을 입은 자라".

사도들의 특징은 고난받는 데 있었다. 그들의 일생은 고난으로 점철되었다. 주를 위해서 핍박과 훼방과 모욕을 당하면서 주님께서 가신 그 길을 따라가는 이들이 사도들이다. 그러한 사도들의 본을 따라 초대 교회와 같은 교회가 산출된 것이다. 느슨하게 생활하는 사도가 있는 교회는 느슨해진다. 또한 느슨하게 살고 싶은 이들은 느슨한 사역자를 원한다.

이러한 원칙은 디모데 후서 4장에 드러나 있다. 디모데 후서 4장에서 바울은 마지막 때 많은 이들이 귀가 가려워서 자기의 사욕을 좇을 스승을 많이 두고 그 귀를 진리에서 돌이켜 허탄한 이야기를 좇으리라고 하면서 디모데에게는 모든 일에 근신하여 고난을 받으며 전도인의 일을 하라고 권면한다. 그는 달려갈 길을 마치고 선한 싸움을 싸우고 자신을 관제와 같이 교회 위에 부었다. 사도들은 이렇게 죽기까지 순교의 제물로 자신을 드리면서 주의 길을 달렸다. 그러한 사도들이 있었기에 이 땅에 그러한 교회가 있게 된 것이다.

또한 참된 그리스도의 종의 표시는 계시에 있으며 그의 말씀 전파 속에 하나님이 부탁한 말씀이 있는 것이다(갈 1:1-16). 또한 참된 하나님의 종의 증거는 부활에 있다. 이는 민수기 17장에 있다. 열 두 지파의 지팡이 중에 오직 아론의 지팡이만이 싹이 나고 꽃이 피고 열매가 있게 되었다. 모든 지팡이가 죽음의 밤을 지냈는데 오직 아론의 지팡이에서만이 싹이 났던 것이다. 그것은 바로 부활을 의미한다. 사람의 일만 있다면 그가 진정 하나님의 일꾼인지 알지 못한다. 그러나 어떤 이의 일에는 부활의 성분이 있다. 다 끝난 것 같았는데 거기에 열매가 있는 것이다. 이것이 바로 교회의 건축의 역사이다(요 2:19-22).

그러므로 교회가 건강하게 되려면 참 사도가 누구인지 분별할 수 있어야 한다. 자칭 사도라 하는 자들이 있기 때문이다. 자신을 사도라고 하는 이가 하나님께서 보내신 자로서의 실제를 소유하고 그분의 일을 하는가를 분별해야 한다. 에베소 교회가 자칭 사도라 하되 아닌 자를 시험하여 그 거짓된 것을 드러낸 것처럼 시험이 필요하다. 사도 바울은 범사에 헤아리라(test everything)고 말하는데, 이는 모든 것을 시험하고 점검해보아 좋은 것은 취하고 악은 모든 모양이라도 버리기 위해서이다(살전 5:21-22). 에베소 교회는 사도를 받아들이는 문제에 있어서 '저렇게 성경을 잘 알고, 지식이 있으며, 설교를 잘하는 것을 보니 참 사도임에 분명하다'고 당연시하여 받지 않고 그들이 정말 사도인지를 시험했다는 것이다. 주님은 이 점을 나무라지 않고 칭찬하셨다. 어떤 사역자를 받아야 할지 말아야 할지는 매우 중요한 것이다. 어떤 사람들은 무조건 사역자들은 하나님이 세우신 하나님의 종이니 다 존중해야 한다고 생각하여 주의 종이라는 이름으로 온 사역자들을 다 받고 도움을 받으려 한다. 이는 잘못된 생각이다. 반드시 시험을 거쳐야 한다. 그러지 않으면 자칫 교회는 거짓되고 악한 종들로 말미암아 큰 해를 입게 되는 것이다. 거짓된 사도를 용납하고 거짓된 사도에게서 배운 결과 교회는 말할 수 없는 해를 입게 된다.

3절, 또 네가 참고 내 이름을 위하여 견디고 게으르지 아니한 것을 아노라

에베소 교회는 참고 주의 이름을 위하여 견디고 게으르지 않고 부지런히 수고하였다. 성도들이 믿음의 길을 잘 가려면 참는 것을 배워야 한다. "참으면 왕 노릇할 것이요"라고 하였다. 사도의 표는 첫째가 참는 것이었다. 참는 것은 참으로 큰 능력이요 성도들이 함양해야 할 미덕이다. 주님의 길을 따라 가다보면 많은 어려움이 생긴다. 핍박도 있다. 주님은 그러한 가운데서 성도들이 그분의 이름을 위해 견디고 참는 것을 보기 원하신다. 많은 육체와 실패가 참지 못하는 데서 온다. 견디는 것은 참는 것에서 조금 더 나아간 것이다. 게으른 것은 주님의 종들의 가장 좋지 않은 점이다. 부지런함이 주님을 섬기는 일에 매우 중요한 덕성이다. 이 말씀은 2절의 말씀을 반복한 듯하다.

4절, 그러나 너를 책망할 것이 있나니 너의 처음 사랑을 버렸느니라

주님께서는 3절까지 에베소 교회의 좋은 점들을 칭찬하신 후 4절에서 책망할 것을 말씀하신다. 우리 주님께서는 사람과 달리 먼저 장점에 대해 한 마디 한 마디 칭찬하신 후 책망할 것을 지적하신다. 주님이 교회에 대하여 장점을 먼저 보시는 것은 그분의 미덕으로서 언제나 적극적이시고 사랑과 인자가 가득하신 그분의 눈 때문이다. 그분은 먼저 우리의 좋은 점들을 보신다. 우리 또한 주님을 닮아 형제들을 대할 때 그렇게 해야 한다. 사람의 좋은 점을 먼저 보기를 배워야 한다. 먼저 사람의 약점이나 실패,

타락을 즐겨 보는 사람의 눈은 주님을 닮지 않고 마귀를 닮은 것이다. 에베소 교회에게 하신 그분의 책망은 교회가 처음 사랑을 버린 것에 대한 것이었다. '처음'이란 단어는 헬라어로 '가장 좋은'이라는 뜻을 지닌다. 우리는 주님을 가장 좋은 사랑, 가장 신선한 사랑, 모든 마음을 드리는 사랑으로 사랑해야 한다.

주님을 위해 여러 가지 봉사와 수고, 좋은 일을 많이 하는 교회라고 해서 반드시 주님을 매우 사랑하는 자들이 아닐 수 있다. 오히려 많은 일로 주님에 대한 순수한 사랑을 대치할 수 있는 것이다. 어떤 사람이 주님을 사랑하는 것보다 자신이 하고 있는 일을 더 사랑하고 주의하는 것은 얼마든지 있을 수 있는 일이다. 몸을 불사르는 수고가 있고 많은 비밀을 아는 영적인 지식이 있다 하더라도 주님께 대한 사랑이 없다면 무익한 것이다(고전 13장). 진정으로 주님이 원하시는 일, 우리에게 하라고 하시는 것은 멀리한 채 주님을 위한 어떤 일을 나름대로 열심히 한다고 할 때 그것은 처음 사랑을 잃는 행위인 것이다. 우리는 주님께 대한 사랑을 대치할 것은 아무것도 없음을 알아야 한다. 그분이 우리에게 원하시는 것은 그렇게 많은 일이 아닐 수 있다. 정작 주님은 어떤 일에서 순종하기를 원하실 것이다. 그러나 많은 경우 믿는이들이 다른 선한 일들로 그런 주님의 요구를 대치하고 마음에 위안을 얻으려 하는 것이다. 그러나 주님은 이런 신자에게 "너는 처음 사랑을 버렸느니라"고 책망하신다. 우리는 많은 일보다도 주님의 기뻐하심을 구해야 한다. 오늘 날 주님 자신을 얻는 것보다 많은 일에 빠진 성도들이 많다. 그들은 주님 자신을 사랑하는 일을 그분을 위한 많은 일로 대치하였다.

5절, 그러므로 어디서 떨어진 것을 생각하고 회개하여 처음 행위를 가지라 만일 그리하지 아니하고 회개치 아니하면 내가 네게 임하여 네 촛대를 그 자리에서 옮기리라

에베소 교회가 처음 사랑을 잃고도 회개하지 않은 것에 대한 주님의 심판은 촛대를 그 자리에서 옮기는 것이다. 에베소 교회에 많은 장점이 있었는데도 촛대를 옮기시겠다고 하는 것으로 보아 처음 사랑을 잃는 문제가 얼마나 큰 일인지 알 수 있다. 처음 사랑을 잃었다는 주님의 말씀에는 그래도 주님을 사랑하는 것이 여전히 있다는 뜻이 숨겨져 있다. 주님을 사랑하지 않는다면 그분의 이름을 위해서 견디고 게으르지 않고 수고하겠는가? 에베소 교회가 악한 자를 용납지 않은 것도 주님을 사랑함으로 인한 것이었다. 이처럼 에베소 교회에 여전히 주님을 사랑하는 마음이 있었지만 문제는 가장 좋은 사랑이 사라졌다는 데 있었다. 주님의 책망은 거기에 있었다. 주님께서는 처음 사랑을 잃는 것을 적은 일로 여기지 않으신다. 처음 사랑을 잃을 때 교회는 타락하는 것이다.

에베소 교회처럼 장점이 많은 교회를 책망하시는 이유가 처음 사랑을 잃어버린 데 있었다는 사실에서 우리는 주님께서 가장 귀하게 여기시는 것이 사람의 마음임을 알 수 있다. 우리 중심이 주님을 향해 어떠한가를 가장 중요하게 여기신다. 주님께서는 우리를 신부로 여기신다. 주님과 교회의 관계는 신랑과 신부의 관계이다. 주님께서 우리에게서 가장 예민하게 보시는 것이 우리의 마음이다. 우리 마음이 그분을 얼마나 사랑하는지 극도로 관심하신다.

주님을 위해 수고하고 악한 자를 용납지 않음과 동시에 주님을 향한 처음 사랑을 유지하는 것은 쉽지 않은 일이다. 한 면으로 악한 자를 받지 않고 거짓 사도를 시험하여 분별해내며 수고하고 열심을 내고 게으르지 않으면서 동시에 주님을 향한 처음 사랑을 지키는 것은 매우 어려운 일임에 틀림없다. 얼마 전 몽골에 가서 그곳의 어려움을 다루면서 그 어려움을 처리하는 데 심혈을 기울이다보니 주님에 대한 사랑을 소홀히하게 되는 것을 체험했다. 그곳에서 악한 자를 용납지 않고 거짓 사도를 드러내고 시험하다 보니 신부가 투사로 변하여 그분 앞에서 처음 사랑을 잃게 되었다. 그래서 나는 드러내고 시험하는 것으로 기울어진 데서 주님께 대한 처음 사랑으로 돌이켰다.

회개하기 위해서는 먼저 어디서 떨어졌는가를 생각해야 한다. 처음 사랑을 잃어버리기 시작한 때와 그 원인으로 돌이켜 생각해 보아야 한다. 그것은 어떤 이와의 문제일 수도 있고 어떤 상황에서 득죄한 것일 수도 있다.

이러한 문제를 해결해야 한다. 회개하라는 주님의 음성은 죄인만이 아니라 처음 사랑을 잃어버려 하락한 그리스도인에게도 해당된다.

처음 사랑을 잃은 믿는 이가 회개한 후 해야 할 것은 처음 행위를 갖는 것이다. 처음 행위는 처음 사랑이 있을 때 가졌던 행위이다. 처음에 주님을 뜨겁게 사랑할 때에는 어렵지 않게 수고하고 어렵지 않게 헌신하고 자신을 불태웠지만 처음 사랑을 잃어버리자 계산만 늘어 헌신하는 것을 주저한다. 사랑스런 신부의 행위가 없어져버린 것이다. 주님께서는 믿는 이가 처음 사랑으로 그분을 사랑했을 때의 행위를 보고 싶어 하신다.

주님께서는 처음 행위를 갖지 않고 회개치 않는 이들을 향해 촛대를 그 자리에서 옮기리라고 말씀하신다. 즉, 촛대가 항상 빛나지 않을 수 있다는 것이다. 촛대가 빛나지 않음은 그 교회의 기능이 끝났음을 의미한다. 처음 사랑을 잃어버림에 대해 회개치 않으면 그 교회가 가졌던 빛나는 기능과 교회로서 하나님 앞에서의 가치가 다른 곳으로 옮겨질 수 있다. 과거에는 하나님께서 귀히 여기시는 빛나는 촛대였지만 회개치 않으면 다른 데로 옮겨질 수 있는 위험에 처한다. 그러한 위험은 처음 사랑을 지키는 데서 떨어졌기 때문인 것이다. 이같이 처음 사랑을 잃는 것은 매우 엄중한 문제이다. 주님께서는 그 문제를 매우 예민하게 보시기 때문이다.

이 문제에 있어서 우리가 주의하지 않으면 안 될 것은 촛대가 옮겨지면서 교회의 사자도 없어질 수 있다는 것이다. 교회에 하나님께서 붙잡고 계시는 사자가 있는 것과 없는 것은 매우 큰 차이를 낸다. 사자가 없는 교회는 완전히 어두워진다. 하나님께서는 촛대를 옮긴 교회에게 더 이상 기대하지 않으신다. 오늘날 하나님의 축복이 있는 교회, 하나님의 간증으로 계속 사용되는 교회에는 사자가 있다. 그러나 어떤 교회는 그와 같은 사자가 더 이상 없기 때문에 빛나던 등대가 어두워진다. 나는 이러한 상황을 이곳저곳에서 본 적이 있다. 뛰어난 하나님의 종이 떠난 뒤에 남은 자들 가운데 있는 상황은 더 이상 밝거나 빛나지 않은 것이 보편적인 현상이었다. 나는 매우 안타까웠다. 그러므로 처음 사랑을 잃는 문제는 매우 엄중한 것이다.

스펄전은 주님께서 교회에게 이 말씀을 하실 때 가장 어려우셨을 것이라고 말했다. 신랑이 사랑하는 신부에게 가장 핵심적인 이야기를 하는 것이다. 부부간에 어떤 일을 했는지 하지 않았는지 물어보는 것은 어려운 일이 아니다. 그러나 "당신, 나를 정말 사랑합니까?"라고 묻는 것은 신랑과 신부의 관계가 매우 심각해졌을 때 하는 말이다. 신랑과 신부 사이에서 가장 중요한 것은 처음 사랑이다.

6절, 오직 네게 이것이 있으니 네가 니골라당의 행위를 미워하는도다 나도 이것을 미워하노라

처음 사랑을 잃은 것에 대해 책망하시면서도 주님은 여전히 이들의 좋은 면은 칭찬하신다. '니골라'라는 단어는 여러 해석을 갖지만 그 중 가장 정통적인 것은 '일반 성도들 위에 군림하는 정복하는 계층의 사람들'이라는 것이다. 이 해석은 '니골라'를 헬라어 '니칸(정복하다)'과 '라오스(일반 백성)'의 합성어라고 본 데서 나온 것이다.

에베소 교회는 그들 가운데 있는 니골라 당의 행위를 미워했다. 교회 성도들은 모두 하나님의 자녀요 형제들로서 서로 사랑하고 서로 순종하며 겸손함으로 서로 발을 씻기고, 교회는 유일한 머리이신 그리스도에게서 배우고 순종해야 하는 것이 진리이다. 그러나 당시 에베소 교회에는 하나님의 자녀들 위에 군림하여 그들을 압제하고 정복함으로 그들로 하여금 주님의 눈을 바라보는 대신 사람의 얼굴을 살피게 하는 계층이 형성되었다. 이것은 교회의 머리이신 주님께서 미워하시는 것이었다. 에베소 교회에 대한 칭찬은 주께서 미워하시는 것을 그들도 미워하는 데 있었다.

주님께서는 니골라 당의 행위에 대해 "나도 이것을 미워하노라"고 말씀하신다. 하락한 교회 가운데는 주님께서 미워하시는 요소가 있다. 그러므로 교회에 있는 것은 다 좋다고 말하지 말라. 물론 교회가 미워해야 할 것은 니골라 당의 행위요 어떠한 사람이 아니다. 니골라 당의 행위와 그 행위를 하는 사람은 구분되어야 한다. 그렇다면 그를 위해서 기도할 수 있을 것이다. 반면 행위는 미워하지 않고 그 행위를 한 사람만을 미워하는 것은 옳지 않다. 우리의 어려움은 행위는 미워하지 않고 그 행위를 한 사람만을 미워하는 데 있다. 우리는 우리의 형제들, 사람은 사랑해야 한다.

우리는 니골라 당의 행위를 미워하는 것이지 성령의 은사나 하나님이 세우신 직분을 미워하는 것이 아님을 알아야 한다. 거역적인 육체는 이러한 말로 하나님이 세우신 권위를 전복하려고 획책한다. 교회는 살아있는 유기체로서 정상적인 권위는 자연스럽고 무겁지 않고 성도들을 압제하지 않는다. 그러나 니골라 당은 유기적인 조직이 아니기 때문에 그 자체가 생명이 없는 무게로 작용하는 것이다. 건강한 사람은 목 위에 머리가 있지만 머리가 무겁다고 느끼지 않는다. 그러나 생명 없는 계급제도나 조직이 들어와 교회를 압제하고 정복할 때 성도들을 무겁게 한다. 주님은 이런 니골라 당의 행위를 미워하신다. 이것은 성도들이 자유롭게 성령의 인도하심을 받고 섬기는 것을 막고 말살하는 것이다.

7절, 귀 있는 자는 성령이 교회들에게 하시는 말씀을 들을지어다 이기는 그에게는 내가 하나님의 낙원에 있는 생명나무의 과실을 주어 먹게 하리라

6절까지의 말씀은 성령이 교회들에게 하시는 말씀이다. 이 말씀을 들을 수 있는 자는 '귀 있는 자'이다. 이 구절의 '귀'는 영적인 귀로서 하나님의 말씀을 듣고자 갈급하고 사모하는 마음이 있는 자가 이 귀를 가질 수 있다. 그런 자에게 성령께서 교회들에게 하시는 말씀이 들린다.

이제 에베소 교회에 대한 하나님의 말씀은 결론에 이르렀다. 사도들이 떠난 후 교회는 마치 바다 위에 떠 있는 배와 같이 어려움에 처해 있고 하락의 길 위에 있다. 이 같은 상황에서 하나님께서 그분의 자녀들에게 원하시는 것은 이기는 자가 되는 것이다. 주님께서는 이기는 자를 부르신다.

그렇다면 어떻게 이기는 자가 될 수 있는가? 어떤 행동을 하고 좋은 방법을 사용해서 이기는 자가 될 수 있는가? 이긴다는 말에는 싸움이 있다는 것이 암시되어 있다. 즉, 이기는 자는 싸워서 이르게 되는 상태라는 것이다. 싸우지 않고도 이기는 사람이 있겠는가? 처음 사랑을 잃었다면 싸워서 처음 사랑을 회복하는 것이 이기는 것이다. 처음 사랑을 회복하는 데 싸움이 필요함은 처음 사랑을 잃은 것이 하나의 하락의 조류가 되었기 때문이다. 주님을 향해 가장 귀한 사랑을 유지하고 그분께 뜨거운 사랑을 드리는 것은 싸움을 필요로 한다. 싸움으로 그러한 하락의 조류를 이기고 주님께 온전하고 신선한 사랑을 드리는 이가 이기는 자이다.

하나님의 교회는 거짓 사도를 분별하고, 악한 자를 용납지 않으며, 견디고, 게으르지 말아야 함과 동시에 처음 사랑을 지켜야 한다. 처음 사랑을 지키고, 잃어버린 처음 사랑을 회복하는 것이 전쟁이기 때문에 그러한 사람 한두 명을 보는 것은 마치 기적을 보는 것과 같다. 악한 것을 분별하면서도 주님을 향한 뜨거운 사랑을 잃지 않는 이가 바로 이기는 자이다.

주님은 오늘날 그분의 교회를 향해 이러한 이기는 자를 부르신다. 이러한 예언의 말씀을 주신 것에 감사드린다. 말씀이 없다면 우리는 무엇을 이겨야 하는지 알 수 없을 것이다. 우리가 그러한 악한 흐름을 이길 수 있는 것은 하나님께서 교회에게 주신 말씀을 경계(警戒)로 삼을 때이다.

에베소 교회의 이기는 자에 대한 보상은 생명나무 과실이다. 우리가 생각하기에 생명나무 과실을 먹는 것이 그리 큰 보상이 아닌 것 같다. 그러나 이 보상의 중요성을 알기 위해서는 사람이 타락하기 전 하나님께서 아담에게 무엇을 먹도록 명하셨는지를 볼 필요가 있다. 동산에서 하와가 타락한 것은 선악과를 먹음으로 인한 것이었다. 인류가 지금 수많은 고통과 죄악 가운데 빠져 있는 이유가 무엇인지 아는가? 인간에게 찾아온 죄와 고통은 선악과를 먹음으로 말미암았다. 선악과를 먹은 결과 하나님에게서 떨어져 사망에 처하게 된 것이다.

선악과라는 한 나무로 인해 이 지구상에 재앙, 죄악, 사망, 형벌과 같은 엄청난 일이 임하게 되었다. 인류는 선악과를 먹음으로 하나님과 떨어져 죄인이 되었고 멸망케 되었다. 생명나무 과실을 먹음은 우리로 선악과를 먹음으로 나타난 결과의 반대편으로 인도한다. 더 나아가 생명나무 실과를 먹은 결과 주님과 연합함으로 생명의 풍성, 부유함, 강함, 기쁨, 희락, 평강, 은혜, 모든 하나님의 누림을 얻게 된다. 선악과는 주님과의 완전한 분리를, 생명나무는 주님과의 완전한 연합을 뜻한다. 그러므로 이기는 자는 주님과의 완전한 하나됨과 연합을 보상으로 얻게 되는 것이다. 주님이 우리를 에베소의 이기는 자들로 부르시기 원한다. 교회의 이기는 자들에 대한 보상은 천년왕국에서 이루어진다. 그때 이기는 그리스도인들은 그리스도와 하나님의 나라에서 유업을 얻으며 그분과 함께 보좌에 앉아 다스리게 된다. 이기는 자들은 뛰어난 부활, 더 좋은 부활을 얻게 될 것이다(히 11:35).

오늘 어떤 그리스도인들은 믿고 구원만 받으면 다 함께 천국에 들어가니 아무 문제가 없다고 말한다. 그러나 그렇지 않다. 그런 가르침은 속이는 말이다. 마태복음 25장의 달란트의 비유 등 성경에는 주님이 다시 오셔서 믿는이들과 회계하신다는 사상이 많이 있다. 충성되게 장사를 잘한 종들은 칭찬을 받지만 게으르고 악한 종들은 바깥 어두운 데로 내어쫓기고 많이 매를 맞는 등 불리한 대우를 받게 된다고 말한다. 이것은 장래 주님이 오실 때 반드시 우리 앞에 일어날 일이다. 이는 우리가 죄에 대하여 심판 받는 것을 의미하는 것이 아니다. 죄는 그리스도의 보혈로 씻음을 받았다. 그러나 주님이 다시 오실 때 우리는 우리에게 맡기신 일에 대하여 하나님 앞에 일일이 심판을 받게 된다(고후 5:10, 계 22:12). 그때 불행하게도 주님께 상급을 얻는 대신에 부끄러움이 가득한 구원을 받는 신자들이 있게 되는데, 이것은 우리에게 큰 경계가 되어야 한다. 주님은 다시 오셔서 반드시 이 일에 대하여 심판하신다고 하셨다. 그러므로 이기는 자들은 상급을 받는 자들을 가리킨다. 주님은 일곱 교회 모두를 향해 이기는 자들을 부르시면서 상급을 약속해놓고 계신다.

서머나 교회

'서머나'라는 단어에는 '몰약', '씀', '고통'이라는 뜻이 담겨 있다. '서머나'라는 헬라어는 마태복음 2장에서 동방박사들이 아기 예수께 가지고 왔던 '몰약'과 같은 단어이다. 일곱 교회의 이름들은 이와 같이 기묘하게도 모두 각각의 의미를 갖고 있다. '사모할 만한', '바람직한', '느슨한'이라는 뜻을 가진 '에베소' 교회는 사도 시대 이후의 교회로서 그 존속 기간이 그다지 길지 않다. 서머나 교회는 주후 100년부터 콘스탄티누스 대제가 기독교를 국교로 공인할 때인 313년까지 존재했다. 교회사적으로는 100년부터 313년까지 200년 동안을 서머나 시대라고 말한다. 그때 교회는 말할 수 없는 핍박을 당하면서 많은 순교자들을 산출했다.

사탄은 교회를 먼저 세상과 육체와 죄악으로 시험한다. 사도 시대 이후의 에베소 교회는 여러 방면에서 그 상태가 좋았지만 사탄의 역사로 점차 처음 사랑을 잃게 되었다. 그것은 성도들 마음속에 세상이 조금씩 들어간 결과이다. 하나님께서는 세상을 사랑하는 자의 마음속에는 아버지의 사랑이 있지 않다고 말씀하셨다(요일 2:15). 그분의 말씀이 보여주는 바와 같이 성도들이 그분을 뜨겁게 사랑하지 않게 되는 유일한 이유는 세상을 사랑하는 데 있다. 에베소 교회의 하락은 그 안에 세상의 지위가 조금씩 들어와 성도들의 마음이 주님을 향해 이전과 같이 뜨겁지 않게 된 것이다.

그 후 교회는 극심한 환난을 당하게 되는데, 하나님께서 그분의 백성들에게 이러한 고난을 허락하시는 이유는 그들에게 있는 세상을 떨치는 축복을 주시기 원하기 때문이다. 세상의 유혹은 성도들을 넘어뜨리기가 쉽다. 그러나 고난과 환난은 성도들의 마음을 주님께 돌이키게 한다. 그러므로 하나님께서는 때로 환난과 고난을 사용하시어 그분의 사랑하는 자들을 자신께로 돌이키게 하신다. 에베소 교회가 처음 사랑을 잃고 세상과 가까워지기 시작할 때 그분은 고난을 허락하셨다.

8절, 서머나 교회의 사자에게 편지하기를 처음이요 나중이요 죽었다가 살아나신 이가 가라사대

주님께서는 그러한 교회의 사자에게 편지하시면서 자신을 '처음이요 나중이요 죽었다가 살아나신 이'라고 말씀하신다. 그분은 '처음이요 나중이요', '죽었다가 살아나신 분'이시다. 그분께서 '처음'이심은 그분 자신이 창조자이심을 뜻한다. 그분은 창조의 시작, 모든 일의 시작이시다. 그리고 그분께서 '나중'이심은 그분 자신이 심판자이심을 가리킨다. 그분은 모든 일에 결말을 맺는 분이시요 모든 일의 끝이시다. 그분이 고난 받는 서머나 교회에게 그분이 시작하신 분이시요 마치시는 분이심을 말씀하고 계심은 고난받는 성도들에게 격려와 힘이 된다. 1장에서 예수께서 나타나신 영광스러운 모습은 완전히 교회를 위한 것이다. 그분의 모습 모든 부분이 다 교회를 위한 것이라는 사실에 놀라움을 금할 수 없다. 주 예수는 그분의 교회를 위한 하나님이시다. 그분은 그분의 피로 교회를 사셨고 지금도 그분은 전적으로 교회를 위하신다.

그분은 우리의 시작과 근원이 되시는 분이시며 또한 우리의 마침이 되시는 분이시다. 그분은 우리를 이 땅에 있게 하신 시작이 되시는 분이시며 장래 우리가 만날 우리의 결과가 되실 분이시다. 즉, 그분은 우리를 창조하셨고 또 심판하실 분이시다. 자신이 이러한 분임을 우리에게 밝히 말씀해 주시는 것은 당한 환난에 낙심치 않고 견딜 수 있게 하기 위해서이다. 환난 끝에는 단지 죽음만 있는 것이 아니라 그분을 만나는 것과 심판이 있다.

서머나 교회를 향한 그분의 두 번째 어떠하심은 '죽었다가 살아나신 분'이다. 그분은 죽음에서 부활하심으로 사탄을 이기시고 우리 그리스도인이 가야 할 길에 대한 본을 제시하신다. 많은 이들이 예수 그리스도께서 우리의 본이심을 말하지만 그분이 어떠한 분이신지에 대한 인식은 매우 얕다. 주님이 본을 세우신 것에 대해서 나의 어릴 때의 인식은 그분은 어린아이를 사랑하시는 참으로 겸손하고 온유하신 분이라는 것이었다. 그 후 영적 생명이 자라면서 주님께서 세우신 본에 대한 인식이 점점 진보하기 시작했다. 그분은 고난의 길과 좁은 십자가의 길을 가시고 하나님만을 의지하고 그분의 뜻만을 순종하신 본을 세우셨다. 더 나아가 이 구절은 그분이 세우신 본은 이것만이 아니라 십자가에 죽었다가 부활하신 것임을 보여준다. 많은 믿는이들이 주님께서 우리를 위해 죽고 부활하심이 우리를 위한 본이라는 사실을 모르는 것 같다. 다만 주님이 우리를 위해 죽으셨다는 것을 알 뿐이다.

그분이 어떠한 분이시라면 우리 또한 그러해야 한다. 그분이 한 알의 밀알이시라면 우리 또한 그분과 똑같은 밀알이어야 하며 그분이 어떠한 길을 걸어가셨다면 우리 또한 그러한 길을 걸어가야 한다. 그분이 죽음과 부활을 통해서 사단을 이기셨다면 우리도 그렇게 죽음과 부활을 통해 사단을 이겨야 한다. 그분은 죽음의 길을 가셨는데 우리는 사는 길을 간다면 그것은 옳지 않다. 주님은 우리의 본으로서 죽으셨다. 그분의 죽으심이 우리의 본임을 깊이 생각해볼 수 있기 바란다.

나 또한 과거에 주님의 죽음이 구속을 위한 것으로만 생각했을 뿐 우리에게 본을 끼치기 위한 것이라는 생각을 갖지 못했다. 그러나 이 말씀을 계속 읽으면서 깊이 묵상한다면 그분의 십자가에 못박혀 죽으심이 우리의 본으로서 우리를 위한 것임을 깨달을 수 있을 것이다. 우리 앞에 놓여 있는 것은 그리스도의 십자가의 죽음이다. 우리는 서머나를 통해서 가장 큰 축복을 받아야 한다. 이것은 매우 귀한 것이다.

주님은 이렇게 환난을 통과하고 있는 교회에게 무엇을 말씀하시는가? 그분 자신이 죽었다가 살아나신 분이라는 것이다. 이 말씀은 서머나만이 아니라 모든 교회들이 들어야 한다. 주님은 죽었다가 살아나신 분이시다. 우리의 본이신 분이 그러한 분이시라면 우리도 그러한 길을 가야 한다. 누구도 이 길에서 제외되거나 면제될 사람이 없다. 이기고자 한다면 주님과 같이 죽음과 부활을 통해 이겨야 한다. 주님처럼 부활의 경지로 이끌리기 위해서는 그리스도의 죽음을 본받는 것이 필요하다. 그리스도의 죽음을 본받지 않고, 그분의 죽으심과 연합하지 않고 그리스도의 부활을 얻을 수 있는 사람은 없다. 많은 그리스도인들이 죽음에 대해 말하면 긴장하지만 사실상 죽음의 본질을 안다면 그것이 복(福)이라는 것을 고백할 것이다. 우리가 죽고자 하는 마음을 가질 수 있다면 그보다 더한 축복이 없다. 사도는 우리에게 고난으로 갑옷을 삼으라고 말했다(벧전 4:1). 이는 고난을 받지 않는 때에라도 느슨하게 풀어지지 말고 깨어 고난받는 태도를 가져야 한다는 말씀이다.

9절, 내가 네 환난과 궁핍을 아노니 실상은 부요한 자니라 자칭 유대인이라 하는 자의 훼방도 아노니 실상은 유대인이 아니요 사탄의 회라

주님께서는 서머나 교회에게 그 환난과 궁핍을 안다고 말씀하신다. 주님께서 서머나가 당한 환난과 궁핍을 아심은 그분께서 모든 것을 다 아시는 전지(全知)하신 분이심으로 인한 것이기도 하지만 이 땅에 오셨을 때 직접 환난과 궁핍을 겪으셨기 때문이기도 하다. 목수의 집에서 태어나시고 가난하게 사심이 궁핍이 아니며 모욕과 비방을 당하시고 십자가를 지심이 환난이 아닌가? 그분의 호주머니에는 아무것도 없으셨다. 사람들이 그분께 와서 가이사에게 세를 바치는 문제에 대해 물었을 때 그분의 호주머니에는 돈이 없었다. 그분은 가난한 삶을 사시면서 아무것도 취하지 않으셨다. 그분이 이렇게 환난과 궁핍을 겪으셨으므로 우리의 궁핍과 환난을 누구보다도 잘 아시는 것이다.

여기서 언급한 환난에는 반대를 당하는 것, 공격을 당하는 것, 쫓겨나는 것, 속임당하는 것, 압박을 당하는 것, 채찍에 맞고 빼앗김을 당하는 것, 강탈당하는 것 등이 포함된다. 환난 당하는 이에게는 반드시 궁핍이 뒤따른다.

누구든지 그리스도 안에서 경건하게 살고자 하는 자는 핍박을 받게 되며 누구든지 진리의 길을 가는 자는 핍박을 당하게 된다. 누구든지 믿음을 견고하게 지키고 믿음의 길을 가려 하면 환난을 당한다. "...세상에서는 너희가 환난을 당하나 담대하라 내가 세상을 이기었노라"(요 16:33). 주님은 그분의 제자들이 환난을 당하는 것이 기정사실화되어 있는 것처럼 말씀하셨다. "세상에서는 너희가 환난을 당하나 담대하라 내가 세상을 이기었노라". 이것은 주님의 길과 세상의 길이 다르고 반대되기 때문이다. 세상은 육체이며 성령은 육체와 반대요 원수이다. 그러므로 누구든지 신실하게 그리스도의 길을 가다보면 반대를 당하고 핍박을 당하게 된다.

서머나 교회 성도들이 환난과 궁핍을 겪고 있지만 주님 보시기에 실상 그들은 부요한 자이다. 이것은 라오디게아 교회의 상황과 완전히 대조된다. 라오디게아 교회는 스스로 부요하여 부족한 것이 전혀 없다고 말했지만 주님은 그에게 벌거벗었으며 가난하다고 말씀하셨다. 그러나 서머나 교회는 환난과 궁핍을 겪을지라도 실상은 부요하다고 주님께 인정받았다.

서머나 교회 가운데 있는 것은 환난과 궁핍만이 아니라 자칭 유대인이라는 자들의 훼방이었다. 그들은 서머나 교회 안에 있는 자들이었지 서머나 교회 밖에 있는 자들이 아니었다. 주님은 그들의 실상이 유대인이 아니요 사단의 회라고 하셨다.

우리는 일곱 교회 중 빌라델비아 교회에는 칭찬만 있다고 이미 언급했다. 언뜻 보기에 서머나 교회에도 책망이 없이 칭찬만 있는 듯하다. 그러나 서머나 교회에는 자칭 유대인이라는 자들의 문제가 있었다. 이것이 서머나 교회에게 문제가 되는 것은 그 교회 성도들이 자칭 유대인라고 하는 어떤 한 무리의 사람들에 대하여, 실상은 사탄의 회라는 사실을 모르기 때문이었다. 이것은 분별력의 문제이다. 교회는 응당 분별력이 있어서 사탄에 속한 것을 분별할 수 있어야 한다. 그러나 서머나 교회 성도들에게 그들은 진실한 그리스도인같이 여겨졌다. 그들에 대하여 주님은 실상은 사탄의 회라고 말씀하셨다. 주님의 이러한 지적을 통해 서머나 교회의 상태가 그리 좋은 것만은 아니라고 판단할 수 있다. 이것은 영적 인식과 직감에 관련되어 있다. 성도들은 주님을 알아야 할 뿐 아니라 대적에 대하여도 잘 알 수 있어야 한다. 그래야 성도들의 믿음을 보존할 수 있다.

당시 서머나 교회 성도들은 자칭 유대인이라 하는 자들의 훼방을 받고 있었지만 그것이 어떤 종류의 성질에서 오는 것인지 잘 몰랐다. 왜냐하면 그들이 자칭 유대인들이라고 했기 때문이다. 당시 이방의 교회들은 처음 교회가 시작된 예루살렘과 유대인들에 대해 존경심을 갖고 있었을 것이다. 즉 유대인들이 하는 것은 다 영적인 것이요, 건전한 것이요, 진리에 속한 것이라는 선입견이 있었을 것이다. 그러므로 서머나 성도들은 그들이 자칭 유대인이라고 하자 그들을 영적으로 분별할 필요 없이 받아들인 것이다. 이것은 외모로 사람과 사물을 판단한 데에서 온 결과이다. 그들이 영적 사물에 대하여 분명한 분별력을 갖지 못한 것은 칭찬할 만한 것이 아니었다. 에베소 교회는 자칭 사도라 하되 아닌 자들을 분별하였다. 그러나 서머나는 자칭 유대인이지만 사탄적인 일을 하는 자들의 본질을 이해하지 못하였다.

당시 서머나 교회의 성도들이 당하고 있었던 훼방은 소위 믿는다고 하는 이들로부터 왔다. 훼방이 소위 같은 그리스도인이라는 이들에게서 왔기 때문에 서머나 교회 성도들은 혼돈을 겪었다. 그들은 자칭 유대인들이 하는 행위와 말들이 훼방이라고 생각하지 못했다. 문제가 있는 것을 약간 알기도 했겠지만 그렇게 악한 것이라고는 인식하지 못한 것이다. 여러모로 좋은 것이고 성경적이며 유익한 것들이라고 생각하여 별다른 경계없이 받아들이고 있었다. 주님은 그것들이 훼방이라고 하셨지만 그들은 자신들이 받고 있는 훼방이 어떤 종류의 것인지 잘 알 수 없었던 것이다. 그러므로 주님은 그들이 혼돈을 겪고 있는 것에 대해 직접 가르쳐주고 계신다.

유대인이란 누구인가? 유대인은 당시에도 있었고 지금도 있을 수 있다. 당시에 순수한 그리스도인이 있었을 뿐 아니라 유대적인 것과 혼잡된 그리스도인도 존재했었다. 순수하게 주님만을 믿는 사람들과 주님과 더불어 다른 것을 추구하는 사람들이 있었던 것이다. 이렇게 율법과 은혜가 혼잡되어 있는 이가 바로 유대인이다. 이러한 종류의 사람들은 고대로부터 지금까지 있다. 한 종류의 사람들은 주님만 추구하지만 다른 종류의 사람들은 주님 외의 것도 추구한다. 한 종류의 사람들은 은혜와 성령만을 추구하지만 다른 종류의 사람들은 거기에다 율법도 강요한다.

당시 유대인들이 주장한 것은 율법도 지키고 할례도 받아야 한다는 것이었다. 그들은 할례를 받지 않으면 구원을 얻지 못한다고 주장했다. 그들은 육체로 자랑하는 이들이다. 자신들의 외모를 자랑하여 자신들이 유대인이며 바리새인임을 내세운 것이다. 그러므로 바울은 갈라디아서에서 유대인들에 대해 그들은 육체로 모양을 내려 하는 자들이며 그것은 세상이라고 말한다. 이렇게 세상적인 그리스도인, 육체로 모양을 내는 그리스도인, 세상적인 파벌을 갖고 교회 안에서 힘을 행사하려는 그리스도인이 유대인이다. 그러한 사람들이 당시 서머나 교회에 있어서 진실된 그리스도인들을 핍박하고 훼방했다. 그들은 교회 안에서 악한 말을 지어 퍼뜨렸는데, 그 목적은 순수한 성령의 역사를 훼방하여 무너뜨림으로 자신들의 세력과 조직을 보호하고 지키고 발전시키기 위한 것이었다. 그들의 역사에 대해 주님은 '그들은 유대인이 아니요 사탄의 회'라고 분명히 말씀하신다.

주님은 진실한 믿는이들을 훼방하는 자들에 대해서 그들은 참 유대인이 아니라 사탄의 회라고 말씀하신다. 그들은 사단에게 이용당하고 있으며 그들의 중심은 사탄이다. 진실한 성령의 역사를 방해하는 자들은 모두 사탄에게 이용당하는 자들이다. 당시 사도 바울의 사역을 극도로 방해한 자들은 믿지 않는 이방인이 아니라 유대인들, 소위 믿는다고 하는 이들이었다. 야고보는 바울에게 유대에 믿는 자가 수만 명이 있다고 하면서 결례 행할 것을 권했다. 이것은 당시 믿는이들 사이에 유대교의 분위기가 매우 팽배하여 사도 바울처럼 순수하게 신약의 은혜의 길, 진리의 길, 계시의 길을 가려는 이들을 핍박하고 있었음을 증명한다. 고대로부터 현재에 이르기까지의 공통점은 참되게 말씀대로 살려고 하는 이들은 핍박을 당하게 되어 있고, 말씀에 은혜와 율법과 세상과 육체 등을 가미하여 세상적인 지위와 명성과 장래와 물질 등을 얻고자 하는 이들은 순수하게 주님만 사랑하고 진리의 길을 가고자 하는 이들을 반드시 핍박하게 되어 있다는 것이다. 내부로부터의 그들의 핍박은 매우 무서운 것이다.

주님은 그들이 유대인이 아니라 사탄의 회라고 단정지어 말씀하셨다. 그들은 사실상 사탄에게 이용당하는 무리인 것이다. 교회는 헬라어로 '에클레시아'로서 애굽을 벗어나 홍해를 건너서 광야에 모인 무리들, 즉 부르심받아 세상과 종교의 바벨론에서 분별되어 나온 무리이다. 그러나 이곳에 언급된 자칭 유대인들에게서 우리가 보는 것은 부르심받음으로 분별된 간증이 아니라 그리스도 아닌 것들과 섞여진 혼합이다. 이러한 단체는 교회가 아니라 사탄의 회이다. 우리는 에베소의 악한 자들이나 거짓 사도의 문제, 서머나의 자칭 유대인이라고 하는 자들의 문제들이 교회가 그에 대하여 분별하고 대처해야 하는 문제임을 깨닫게 된다.

10절, 네가 장차 받을 고난을 두려워 말라 볼지어다 장차 마귀가 너희 가운데서 몇 사람을 옥에 던져 시험을 받게 하리니 너희가 십 일 동안 환난을 받으리라 네가 죽도록 충성하라 그리하면 내가 생명의 면류관을 네게 주리라

서머나 교회는 환난과 궁핍과 유대인의 훼방에 더하여 장차 고난까지 맞이하게 되었다. 9절에 언급된 상황만으로도 매우 어려운데 거기에 더하여 주님께서는 장차 받을 고난이 있음을 말씀하신다. 만일 우리가 9절의 상태에 있다면 우리는 주님께 이 정도도 너무 어렵다고 하소연할 것이다. 그러나 주님은 서머나 교회에게 장차 받을 고난을 두려워하지 말라고 말씀하고 계신다.

고난은 일종의 하나님의 선물로서 그분은 고난을 아무런 예고 없이 보내지 않으신다. 우리는 구약에서 이스라엘 백성들에게 선지자들을 보내어 장차 있을 고난에 대하여 미리 예고하시는 많은 말씀을 읽을 수 있다. 미리 예고해 주시는 것은 회개하는 마음으로 대비케 하려는 것이다. 주님은 진정으로 회개하고 엎드리며 돌이킬 때 그 환난을 지나가게도 하신다. 진실한 그리스도인에게는 장차 올 환난에 대하여 예고해 주시는 은혜가 있는 것이다. 이것이 또한 선지자의 사역이기도 하다. 바울은 데살로니가 성도들에게 이러한 예언을 말해준 적이 있다(살전 3:4).

'네가 장차 받을 고난을 두려워 말라'는 말씀은 우리의 두려움을 없게 함으로 우리로 점점 고난 안으로 들어갈 수 있게 한다. 디모데 후서 1장 8절, "그러므로 네가 우리 주의 증거와 또는 주를 위하여 갇힌 자 된 나를 부끄러워 말고 오직 하나님의 능력을 좇아 복음과 함께 고난을 받으라".

2장 9-13절, "복음을 인하여 내가 죄인과 같이 매이는 데까지 고난을 받았으나 하나님의 말씀은 매이지 아니하니라 그러므로 내가 택하신 자를 위하여 모든 것을 참음은 저희로도 그리스도 예수 안에 있는 구원을 영원한 영광과 함께 얻게 하려 함이로라 미쁘다 이 말이여 우리가 주와 함께 죽었으면 또한 함께 살 것이요 참으면 또한 함께 왕 노릇할 것이요 우리가 주를 부인하면 주도 우리를 부인하실 것이라 우리는 미쁨이 없을지라도 주는 일향 미쁘시니 자기를 부인하실 수 없으시리라".

4장 5절, "그러나 너는 모든 일에 근신하여 고난을 받으며 전도인의 일을 하며 네 직무를 다하라". 사도 바울은 고난이 올때 할 수 없이 받으라고 하지 않고 적극적으로 받으라고 말한다. 사도행전 14장 22절, "제자들의 마음을 굳게 하여 이 믿음에 거하라 권하고 또 우리가 하나님 나라에 들어가려면 많은 환난을 겪어야 할 것이라 하고". 이 구절은 우리가 하나님의 나라에 들어가려면 많은 고난을 겪어야 한다고 말하고 있다.

데살로니가 후서 1장 4-8절, "그리고 너희의 참는 모든 핍박과 환난 중에서 너희 인내와 믿음을 인하여 하나님의 여러 교회에서 우리가 친히 자랑함이라 이는 하나님의 공의로운 심판의 표요 너희로 하여금 하나님 나라에 합당한 자로 여기심을 얻게 하려 함이니 그 나라를 위하여 너희가 또한 고난을 받느니라 너희로 환난받게 하는 자들에게는 환난으로 갚으시고 환난받는 너희에게는 우리와 함께 안식으로 갚으시는 것이 하나님의 공의시니 주 예수께서 저의 능력의 천사들과 함께 하늘로부터 불꽃 중에 나타나실 때에 하나님을 모르는 자들과 우리 주 예수의 복음을 복종치 않는 자들에게 형벌을 주시리니".

우리는 신약 성경을 읽을 때 이와 같이 그리스도인들이 환난당하는 것이 그 나라를 위하여 필수적인 것임을 알 수 있다. 우리는 환난을 통과하여 그 나라에 들어간다. 이 땅에서 환난을 당하는 것이 우리가 그 나라에서 합당하게 되는 조건이다. 사도 요한은 1장에서 자신이 예수의 환난과 나라와 참음에 동참하는 자라고 말한다. 그 나라에 동참하는 사람은 반드시 그 환난과 참음에 동참하는 사람이다. 그 두 가지는 나눌 수 없다. 오늘 우리가 예수의 나라에 참여한다면 틀림없이 환난에 참여하는 것이요 이 땅에서 환난과 핍박을 당하는 믿는이들이야말로 주님의 나라를 향하여 전진하는 이들이다.

서머나 교회가 장차 받을 고난은 감옥에 갇히는 것이다. "볼지어다 마귀가 장차 너희에게 몇 사람을 옥에 던져 시험을 받게 하리니". 마귀는 진리의 말씀을 더 이상 전파하지 못하게 함으로 그리스도에 대한 신실한 간증을 할 수 없게 하려는 목적으로 몇 사람을 옥에 던질 것이다. 하나님의 종으로서 그분을 간증하는 이들을 하나님의 백성에게서 분리시켜서 그들의 힘을 약화시키려고 하는 것이다. 사도 바울이 감옥에 갇혔을 때 많은 교회들이 약화되었음을 우리는 알고 있다. 마찬가지의 결과를 얻기 위해 마귀는 하나님의 종들을 옥에 가두려 한다. 또한 마귀가 그들을 감옥에 던지는 것은 갇힌 이들의 마음을 낙심케 하고 좌절시키려는 의도에서이다. 마귀는 믿는이들이 낙담하는 것을 보면 기뻐한다.

믿는이들을 감옥에 가두는 것이 과연 마귀 자신이겠는가? 믿는이들을 감옥에 가두는 이들은 틀림없이 사탄의 회, 유대인들일 것이다. 자칭 유대인들이 궤계로 진실한 그리스도인들을 감옥에 가두는 일도 할 것임에 틀림없다. 그러나 주님께서는 믿는이들을 감옥에 가두는 이가 자칭 유대인이나 거짓 믿는이라고 하시지 않고 마귀라고 말씀하신다. 그분께서 그렇게 말씀하신 이유는 그러한 일을 하는 이들이 마귀와 하나된 사람들이기 때문이다. 그리스도의 증거자들은 마귀에게 완전히 지배받는 이들에 의해 감옥에 던져질 것이다.

옥에 던져진 이들은 10일 동안 환난을 받게 될 것이다. 성경에서 10이란 수는 많은 기간이 아닌 하나님께서 그분의 신실한 자들을 시험하시는 제한된 기간을 의미한다. 마귀가 믿는이들을 시험하는 기간은 결코 길지 않다. 믿는이들은 정해지고 제한된 시간 안에서 고난을 당할 것인데, 이것 또한 고난받는 믿는이에게는 일종의 위로가 되는 말씀이다.

이 구절에서 열흘이라는 말은 숫자의 개념으로 사용된 것이 아니라 정해진 짧은 기간을 의미한다. 1년도 열흘일 수 있고 2년도 열흘일 수 있을 것이다. 어쨌든 그것이 제한된 기간임에는 틀림없다. 가령 창세기 24장에서 아브라함의 늙은 종이 리브가를 이삭에게로 데리고 가려 할 때 리브가의 오라비와 그 어미가 가로되 리브가로 열흘을 있게 하라고 말하는데, 이때의 열흘은 긴 시간이 아니다. 이 외에도 민수기 11장 19절부터 20上절의 "하루나 이틀이나 닷새나 열흘이나 이십 일만 먹을 뿐 아니라 코에서 넘쳐서 일 개월간을 먹게 하시리니"에서 언급된 열흘 또한 짧은 기간에 속한다.

"네가 죽도록 충성하라 그리하면 내가 생명의 면류관을 네게 주리라". '죽도록'이라는 단어에는 두 가지 의미가 있는데, 한 가지는 시간적으로 '죽을 때까지'이고 다른 한 가지는 '죽을 정도로'이다. 주님께서 감옥에 갇혀 고통당하는 이들에게 요구하시는 것은 죽을 때까지, 죽을 정도로 충성하라는 것이다. '충성'이라는 말은 헬라어로 '피스토스'로서 '신실함'을 의미한다. 이 말씀으로 보아, 이기는 자란 변함이 없는 사람임을 짐작할 수 있다. 한 때 일시적으로 뜨겁고 좋은 사람은 많다. "주여, 사랑합니다. 당신을 위해 다 바치겠습니다. 오 주여, 주님 외에 소망이 없습니다. 들림받기를 사모합니다. 주님 속히 오십시오." 하면서 뜨겁게 고백하던 이들이 어느 날 세상으로 가버린다. 나는 이런 일을 많이 보고 경험했다. 처음에 이런 일들을 대하고 매우 놀라워했지만 성경에는 이런 일이 있을 것이 이미 기록되어 있다. 이기는 자의 특징은 죽을 때까지 변함없이 신실한 것이다. 이것이 '죽도록 충성하라'는 말이 의미하는 바이다. 죽기까지 변함이 없이 충성스러운 사람이 이기는 자이다.

이기는 자가 보상으로 얻는 면류관은 주님의 왕권과 영광에 함께 참예하게 됨을 의미한다. 이기는 자는 그 날 주님과 함께 왕 노릇 하고 다스리기 위해 면류관을 얻는다. 또한 주님 앞에서 영예와 존귀를 얻는다. 이러한 면류관 얻기를 사모하기 바란다.

11절, 귀 있는 자는 성령이 교회들에게 하시는 말씀을 들을지어다 이기는 자는 둘째 사망의 해를 받지 아니하리라

우리의 귀가 열려 이러한 복된 음성을 들을 수 있기를 기대한다. 여기에서 성령이 말하는 이기는 자에 대한 보상은 둘째 사망의 해를 받지 않는 것이다. 둘째 사망이란 무엇을 말하는가? 사람은 누구나 첫째 사망을 겪는데, 이것은 육신의 죽음으로서 영혼과 육신이 분리되는 것이다. 성경에서 말하는 둘째 사망은 심판을 받고 불못에 들어가는 것이다. 이러한 둘째 사망에 대한 언급이 다음 말씀에 기록되어 있다. 계시록 20장 14절, "사망과 음부도 불못에 던지우더니 이것은 둘째 사망 곧 불못이라". 20장 6上절, "이 첫째 부활에 참예하는 자들은 복이 있고 거룩하도다 둘째 사망이 그들을 다스리는 권세가 없고".

이 말씀들을 통해 둘째 사망의 해를 받지 않는다는 것은 지옥불의 고통을 당하지 않는다는 것임을 알 수 있다. 패배한 그리스도인은 영원히는 아닐지라도 일시적으로 둘째 사망의 해, 즉 불못의 뜨거운 형벌을 경험하게 된다. 이에 대한 예가 고린도 전서 3장에 기록되어 있다. 그날 공력이 밝혀질 때 금과 은으로 건축하여 그 공력이 그대로 남아 있는 이들은 상을 받지만 공력이 불로 태워지는 이들은 불 가운데서 구원을 얻는 것과 같다고 말한다. 이 시대에 온전히 승리하지 못한 그리스도인들은 그날 반드시 불을 통과하면서 말할 수 없는 고통을 당하게 된다.

패배한 그리스도인들이 둘째 사망의 해, 불못의 해를 받게 되는 원인은 어디에 있는가? 그 원인은 그들이 이 땅에서 자신의 목숨을 구걸하는 방식으로 그리스도인 생활을 한 데 있다. 자신의 목숨을 매우 아끼며 생활한 것이 그들을 둘째 사망의 해를 받는 데로 이끈 것이다. 그러나 서머나의 이기는 자들은 이미 환난과 죽음을 통해서 불로 태워졌으므로 둘째 사망의 해를 면하게 된다. 그들은 이 땅에서 순교자로서 자신의 생명을 아끼지 않고 주님께 다 드렸으므로 조금도 둘째 사망의 해를 받지 않는다고 하였는데 이것이 주님의 공의이다.

또한 우리는 서머나의 이기는 자들이 둘째 사망의 해를 받지 않게 되는 소극적인 축복만을 받는 것이 아님을 기억할 필요가 있다. 일곱 교회의 이기는 자들의 보상은 각각의 교회의 상태에 맞도록 공의롭게 말씀해주신 것이다. 즉 이들이 이미 이 땅에서 주를 위해 둘째 사망의 해인 고통을 받았으므로 그 보상이 주어지는 것이다. 그렇다면 반대로 이 시대에 자신의 안일과 행복을 추구하여 주님의 십자가의 길을 버린 사람이 있다면 그는 반드시 둘째 사망의 해를 당하게 될 것이라는 경고가 암시되어 있는 것이다. 우리는 계시록 20장에서 그리스도와 함께 천 년 동안 왕 노릇하는 자들이 둘째 사망의 해를 받지 않을 뿐 아니라 보좌를 얻는 축복을 받게 된다는 것을 읽을 수 있다.

버가모 교회

'버가모'라는 단어는 두 가지 의미를 지니는데, '완전한 연합', '결혼'이 그 첫 번째이고, '높은 누각'이 그 두 번째이다. 헬라어 '퓌루고스(πύργος)'와 '가모스(γάμος)'의 합성어로 보는 것이다. 퓌루고스는 탑, 누각이라는 뜻이고, 가모스는 결혼이라는 뜻이다. 교회사적으로 세 번째 교회인 버가모는 4세기 경 콘스탄티누스 대제가 기독교를 국교로 공인했을 때부터 존재하게 되었는데, 그로 인해 이 교회에는 더 이상 서머나 교회가 당했던 핍박이 임하지 않게 되었다. 그리스도인들이 로마의 10대 황제의 박해 아래 있었던 서머나 교회와 달리 이 버가모 교회 시대에는 예수 믿는이들이 좋은 대우를 받게 되었다. 교회가 박해를 받을 때에는 순교자가 산출되는 등 많은 승리의 상황이 펼쳐졌지만 일단 박해가 사라지고 교회가 세상의 환영을 받자 교회 안에 세상이 들어와 영향을 미치게 되었다. 그러자 교회는 도리어 이 세상에서 높은 누각을 갖게 되고 세상과 결혼해버리는 상태에 이르게 된 것이다. 이러한 교회 시대를 교회사적으로 버가모 시대라 한다. 버가모 교회의 상태를 살펴봄으로 우리의 상태를 점검하고 경고를 받기 바란다.

12절, 버가모 교회의 사자에게 편지하기를 좌우에 날선 검을 가진 이가 가라사대

주님은 서머나 교회에게 자신을 '처음이요 나중이요 죽었다가 살아나신 이'라고 소개하셨다. 그분은 고난받고 핍박당하며 순교자가 산출되는 교회에게는 자신을 격려하고 부축하는 분으로 언급하셨지만, 세상과 연합하고 짝하는 교회에 대해서는 자신을 좌우에 날선 검을 가지신 분으로 묘사하셨다. 주님은 그분의 자녀들이 세상과 조금도 타협하기를 원치 않으신다. 이것은 너무나 엄중한 문제이기 때문이다.

교회는 죄와 세상으로부터 분별된 무리이므로 그 이름 자체가 '에클레시아', 즉 '부르심받아 나온 자들'이다. 구약 시대의 성막은 교회의 예표이다. 이스라엘 백성들은 모세가 시내 산에서 받은 식양대로 성막을 지었는데, 그 성막 자체가 다른 일반적인 것으로부터 분별되었음을 나타낸다. 이러한 예표를 통해 교회는 분별된 무리임을 알 수 있다. 하나님께서는 그렇게 분별된 무리가 어느 날 분별을 잃고 세상을 받아들이게 된 것을 기뻐하지 않으신다. 그러므로 그분께서는 분별을 잃은 교회를 향해 자신을 날선 검을 가진 이로 계시하신다.

13a절, 네가 어디 사는 것을 내가 아노니 거기는 사탄의 위가 있는 데라

분별을 잃고 세속화된 교회는 이제 사탄이 거하는 곳에 살게 되었다. 이 구절의 '산다'는 단어는 '거한다(dwell)'는 의미로 사용되고 있다. 교회는 이 땅에 뿌리를 박고 거하는 존재가 아니다. 교회는 분별된 무리일 뿐 아니라 이 땅에서 나그네로 사는 무리이다. '네가 어디 사는 것을 내가 아노니'라는 주님의 말씀 속에는 교회가 이 땅에 뿌리를 박고 사는 존재처럼 살아서는 안 된다는 뜻이 들어 있다. 그러나 버가모 교회는 나그네의 성질을 잃어버리고 이 땅에 뿌리를 박고 사는 자들이 되어버렸다.

교회의 믿음의 근간이 되는 아브라함과 이삭과 야곱 등은 이 땅에 뿌리를 내리는 방식으로 살지 않았다. 그들은 약속의 땅에 우거하면서 장막에 거했다. 장막에 거함은 어떤 고정된 거처를 갖지 않았음을 뜻한다. 그리고 그들은 이 땅에서 항상 외국인과 나그네로서의 삶을 살았다. 이것이 믿는 이들의 조상들의 삶이었다.

이러한 삶은 히브리서에 매우 자세히 묘사되어 있다. 히브리서에 기록되어 있는 그리스도인들과 교회의 모습은 세상이 감당치 못할 사람들로서 이 땅에 안착하지 않은 나그네 삶을 사는 것이었다. 그들은 돌아갈 본향이 있는 사람들처럼 살았다. 그들은 자신들이 돌아갈 본향은 이 땅이 아니라 하늘이요 하나님의 나라라고 여겼으므로 이 땅에서 나그네처럼 살 수 있었다. 그들의 인식 속에서 이 땅은 본향이 아닌 잠시 거하는 곳이었다.

서머나 교회 성도들에게는 이러한 인식이 있었으므로 핍박을 당하고 궁핍과 환난 가운데 처했을 때 "주여, 어서 오시옵소서. 우리는 이 땅이 싫습니다."라고 기도할 수 있었다. 그러나 버가모 교회 시대에 이르러 물질과 평안함이 찾아 왔을 때 성도들은 "주여, 여기가 좋사오니 이제 남은 세월을 여기서 안주하고 편하게 살고 싶습니다."라는 마음을 갖게 되었다. 이러한 마음이 교회 안에 들어와 믿는이들로 하여금 세상과의 철저한 분별을 잃게 만들었는데, 이것이 버가모 교회의 당시 형편이었다.

이기는 자가 되기 위해서는 환난과 핍박과 순교의 공포 같은 어려운 상황 속에서 죽도록 충성하는 것을 배워야 할 뿐 아니라 세상적인 누림과 유혹으로부터 자신을 지키는 것도 배워야 한다. 그리스도인은 이 땅에서 나그네임을 잊지 말아야 한다. 만일 우리가 성실하게 주님을 따른다면 그분은 우리가 이 땅에 정착하는 것을 결코 허락하시지 않고 우리가 이 땅에 미련을 두지 않고 나그네로서 살아가는 그리스도인으로 만들어주실 것이다.

주님의 말씀에서 버가모 교회 성도들이 거하는 곳은 사탄의 위가 있는 데였다. '사탄의 위'는 헬라어로 '트루노스(θρόνος)'로서 '보좌'를 의미한다. 사탄이 이 세상을 자신이 다스리는 영역으로 삼았으므로 이 세상은 모두 악한 자 안에 처해 있다. 그러므로 믿는이들이 세상과 짝하여 그곳에 거한다면 믿는이들일지라도 악한 자의 권세 아래 조종당하게 된다. 이러한 악한 자의 다스리는 권세에서 벗어나는 데는 세상과의 단절과 분별이 필수적인 요건이다.

고린도 전서 11장 32절, "우리가 판단을 받는 것은 주께 징계를 받는 것이니 이는 우리로 세상과 함께 죄 정함을 받지 않게 하려 하심이라". 우리가 그리스도인이라 하더라도 세상과의 분명한 분별이 없으면 세상과 함께 죄 정함을 받을 수 있다. 그러므로 주님께서는 그리스도인들로 세상과 함께 죄 정함을 받지 않게 하시려고 세상과 짝한 부분에 대하여 징계하신다. 31절에서 바울은 "우리가 우리를 살폈으면 판단을 받지 아니하려니와(If we judged ourselves rightly, we would not be judged.)"라고 말한다. 이 구절의 앞 부분에 언급된 '살폈으면'은 '심판하면(judge)'이라는 의미이다. 후반부에 언급된 '판단'이라는 단어 역시 '심판'을 의미한다. 우리가 우리 스스로를 심판하면 하나님의 심판을 받지 않게 된다. 자신 속에 들어오는 세상적인 요소를 스스로 심판해야만 하나님의 심판에서 벗어날 수 있다. 바울은 이런 의미에서 31절을 말하기 전에 30절을 먼저 언급했다. "너희 중에 약한 자와 병든 자가 많고 잠자는 자도 적지 아니하니".

하나님께서 그분의 자녀들에게 징계와 심판을 내리시는 이유는 그분의 자녀들로 세상과 함께 정죄를 받지 않게 하기 위해서이다. 베드로 전서는 하나님의 집에서 심판할 때가 되었다고 기록하고 있다. 하나님께서는 그분의 집을 먼저 심판하신 후에 세상을 심판하신다. 이러한 말씀들을 통해 교회가 세상과 짝하는 것이 얼마나 심각한 일인지 짐작하고도 남음이 있다.

세상을 사랑하고 연합하는 것을 작은 일로 여기지 말라. 하나님께서는 그러한 것을 반드시 심판하셔야만 한다. 왜냐하면 하나님께서는 그분의 자녀들이 세상과 함께 죄 정함 받는 것을 원치 않으시기 때문이다. 세상과의 분별, 이것은 교회에게 매우 중요한 문제이다. 교회 안에 세상적인 것들이 들어오는 것을 작은 일로 여겨서는 안 된다. 세상적인 냄새, 세상적인 방식, 세상적인 분위기, 물질의 능력 등과 같은 세상적 요소들이 하나님의 백성들 가운데 들어올 때 교회는 타락하게 된다. 교회는 세상으로부터 분별된 간증을 지녀야 한다.

하나님께서 믿는이들이 세상으로부터 분별되기를 그토록 원하시는 이유는 무엇인가? 세상은 사탄의 위(位)가 있어 그가 왕 노릇 하는 영역이기 때문이다. 세상과 연합한 결과 버가모 교회는 결국 사탄의 다스림의 영역 안으로 떨어져 사탄의 조종을 받게 되었다.

13b절, 네가 내 이름을 굳게 잡아서 내 충성된 증인 안디바가 너희 가운데 곧 사단의 거하는 곳에서 죽임을 당할 때에도 나를 믿는 믿음을 저버리지 아니하였도다

이 구절은 버가모 교회에 대한 주님의 칭찬이다. 그러한 세속적인 교회 안에도 충성된 증인 안디바가 있었다. 그는 주님의 이름을 굳게 잡았는데, 이것은 주님께서 칭찬하신 바이다. 주님께서는 빌라델비아 교회에게도 작은 능력으로 그분의 이름을 배반하지 않은 것에 대해 칭찬하셨다. 나는 교회의 이름을 매우 특이한 방식으로 지어 그 이름 아래 성도들이 모이게 하지 말아야 한다고 믿는다. 그렇게 되면 자연히 그 특이한 이름이 그들 모임의 중심이 되고 주님의 이름은 뒷전으로 밀려나게 된다. 드러내놓고 주님의 이름을 배반하는 그리스도인들은 없겠지만 부지불식간에 주님의 이름을 밀쳐내고 배반하게 되는 경우가 있다.

예를 들어, 성경적으로 말한다면 내 아내는 자신의 이름을 갖지 말아야 한다. 내 이름을 지키려면 자신의 이름은 제해 버리고 나의 이름을 취해야 한다. 이렇게 하는 것이 나의 이름을 붙잡는 것이고, 나에게만 속하는 것이다. 교회 자체에는 특별한 이름이 없으며 더욱더 교회는 사람에게 속할 수 없다. 특히 교회가 영적인 위인들이나 창시자의 이름을 따라 교회의 명칭을 삼는 것은 있을 수 없는 일이다. 이것은 내 아내가 내 이름을 갖는 것만으로도 충분한데도 이 외에 나의 하인의 이름을 따라 자신을 명명함으로 그 이름에 속하게 되는 것과 같다. 이것은 결국 남편인 나의 이름을 배반하는 것이다. 주님의 이름을 배반할 의도가 없이 단지 어떤 하나님의 종으로부터 많은 도움을 받았다는 이유로 그 이름을 취한다 하더라도 주님께서는 그것을 그분 자신의 이름을 배반하는 것으로 여기신다. 만일 내 아내가 내 이름을 굳게 잡으려면 다른 이름을 사용하지 말고 오직 나의 이름만을 가져야 한다. 만일 교회의 이름이 주님의 이름으로 모이는 것을 방해하는 데까지 이른다면 우리는 그 이름을 버려야 한다. 오늘날 교회가 분열되어 사람들에게 모임을 소개하는 어떤 이름을 제시하지 않을 수 없는 지경에 이르렀다. 그러나 교회는 원래 특별한 이름이 없었다는 것을 기억해야 한다. 교회는 그저 교회였고(예루살렘에 있으면 예루살렘의 교회였고 고린도에 있으면 고린도의 교회였지 어떤 고유명사적인 이름이 없었던 것이다), 교회와의 경계는 세상이었다. 그러나 지금은 교회가 수천수만으로 분열되었고 순수하게 성경적인 교회로 돌아간다 하더라도 그들을 부르는 이름이 필요하게 되었다. 그러나 초대교회의 모습으로 회복하려는 움직임이 있다면 그들은 마땅히 모든 분열적인 이름들을 버려야만 한다. 혹 어떤 이름을 사용한다 하더라도 그것이 교회가 가져야 할 유일한 이름인 그리스도의 이름을 대치하고 밀쳐내는 정도까지 나가지 않도록 매우 조심해야 한다.

그리스도인들은 그리스도의 신부요 배필이다. 교회란 어떤 특별한 이름이 아닌 그분의 부르심을 받은 자들의 모임인 것이다. 그러므로 교회는 그리스도의 유일한 이름만 가져야 한다. 우리는 다만 그리스도인이요 그분께 속한 사람이다. 우리는 그분에게 속한 것을 나타내고자 해야지 교회의 특이성을 그 이름으로 나타내서 주 예수 이름이 아닌 그 특이한 교회의 이름으로 모이게 해서는 안 된다. 우리는 "두세 사람이 내 이름으로 모인 곳에 나도 그들 중에 있느니라"고 하신 주님의 말씀의 의미가 과연 무엇인지를 잘 알아야 한다. 주님은 그분의 이름으로 모이는 무리와 함께하고자 하신다. 그분의 이름만이 유일한 권위로 역사하는 곳에 그분은 자신의 임재를 두신다.

주님의 이름을 붙드는 것은 곧 주님의 인격을 붙드는 것이다. 이름은 곧 인격이기 때문이다. 성경은 우리가 주님을 믿는 것을 그분의 이름을 믿는 것이라고 말한다. 이는 그 이름이 그분 자신이요 그분의 인격이기 때문이다. 주 예수님은 우리가 유일하게 붙들어야 할 인격이시다. 어떤 대세나 세상의 흐름이나 많은 여론을 붙잡는 것은 주님을 붙잡는 것이 아니다. 그 누구도 아닌 나의 구주이시요 생명이시요 하나님이신 그분에게서 듣고 그분만을 순종하는 것이 그분의 이름을 굳게 붙잡는 것이다. 그러나 많은 그리스도인들이 대세와 세력을 의지하면서 그분의 말씀만 의지하거나 순종하려 하지 않는다. 그러면서도 속으로는 그것이 주의 이름을 배반하는 게 아니라고 생각한다. 그러나 실제로 주 예수의 이름을 굳게 붙잡으려면 생활 가운데서 대가를 지불하여 그분의 음성만 듣고 그분의 인격만을 존중해야 한다.

안디바는 세상적인 흐름이 있는 곳, 사탄이 왕 노릇 하는 곳에서 주님의 이름을 굳게 잡았다. 주님께서는 그에 대해 다음과 같이 말씀하신다. "그는 나의 충성된 증인이다." 주님은 세속적인 흐름 가운데서 누가 참으로 그분의 이름을 붙잡는 충성된 증인인지 아신다. '충성된 증인'은 주님께서 안디바에게 붙여주신 이름이다. 그분은 또한 3장에서 라오디게아 교회에게 자신을 충성된 증인이라고 말씀하신다. 주님 자신이 충성된 증인이시다. 주님은 하나님 앞에서 참으로 충성되게 증거를 하신 분이다. 그분은 자신이 충성된 증인이라고 하실 뿐 아니라 이 교회 시대에 그분을 위해서 충성되게 증거하는 사람도 그분과 동일한 이름으로 부르신다.

'안디바(αντίπας)'라는 이름은 '모든 것에 반대한다'는 뜻을 지닌다. 안디바는 그리스도와 생명과 진리가 아닌 모든 것을 반대했다. '내 충성된 증인'이라는 말과 '안디바'라는 말은 서로 연결되어 있다. 다시 말해 안디바이기 때문에 충성된 증인이고 충성된 증인이기 때문에 안디바이다. 그리스도 외의 모든 것에 반대하기 때문에 주님께 충성될 수 있는 것이다.

그리스도 외의 모든 것을 반대하기는 쉽지 않은 일이다. 모든 것을 반대하다 보면 죽임을 당할 수 있으므로 많은 증인들이 어떤 부분에 있어서는 타협하고 반대할 만한 부분만을 반대하여 목숨을 부지하려 한다. 그러나 안디바는 일부분만을 반대하지 않고 진리와 그리스도가 아닌 모든 것을 반대하였다. 결과적으로 그에게 돌아온 것은 죽음이었다. 안디바와 같이 되는 것이 쉬운 일이라고 생각지 말라. 인간에게는 타협 정신이 있어서 반대하기 어려운 부분에서는 타협해버리기 마련이다. 그가 반대하는 것은 나머지 사람들도 반대하는 것이므로 그렇게 하는 데에는 그다지 큰 어려움이 없다. 그러나 모든 것을 다 반대하다 보면 공격받고 대적을 당하게 되어 있으므로 많은 사람이 그런 길을 가려 하지 않는다. 그러므로 주님께서는 안디바와 같이 모든 면에서 타협하지 않고 그분을 위해 증거하는 사람을 매우 귀하게 여기신다.

스펄젼이라는 사람이 "많은 사람들이 가시관을 쓰신 예수님을 보기 원하면서 자신을 위해서는 월계관을 엮어 짜고 있다"고 말한 바 있다. 많은 사람들이 가시관을 쓰신 예수님을 보기 원하면서 자신을 위해서는 사람들이 우러러 보는 월계관을 쓰고 싶어한다는 것이다. 또한 그는 "예수님께서 십자가를 지심으로 보좌에 오르셨는데 우리는 박수치는 군중들의 무등을 타고 보좌에 오를 수 있겠느냐?"고 하면서 그런 헛된 상상을 하지 말라고 했다. 주인은 사람들에게 버림을 당하고 바알세불이 지폈다 하는 수치를 당했는데 종이자 제자인 우리가 주인과 상전 되신 그분과 달리 가마를 타고 영광을 얻을 수 있느냐는 것이다.

우리가 충성되게 증거하지 못하는 이유는 무엇인가? 그것은 사람들이 좋게 여기는 것을 반대하면 그들에게 멸시를 당하기 때문이다. 교회 안에 참으로 충성된 증인이 필요하다. 왜 안디바가 되지 못하는가? 죽는 것이 두렵고 자신의 명예가 손상당하거나 남들에게서 차가운 시선을 받는 것이 두렵기 때문이다. 주님은 사람들에게 조롱과 핍박과 능욕을 당하심으로 본이 되셨는데 우리는 타협하고 있다. 그럴 때 사람들에게 욕을 받고 버림당하게 될 것을 두려워한 나머지 강하게 일어서서 증거하지 못하는 것이다. 참으로 오늘날 충성되이 증거하는 입이 너무나 적다.

안디바가 어떤 특정한 사람의 고유 명사적인 이름인지 혹은 상징적인 이름인지는 알 수 없다. 그러나 안디바가 그리스도 외의 모든 것을 반대하는 간증을 하다 사단이 거하는 곳에서 죽임당한 것만은 틀림없다. 일곱 교회 중 주님이 개인의 이름을 들어 말씀하신 사람은 안디바밖에 없다. 주님은 그의 이름을 기억하시고 그에게 그분의 이름인 '충성된 증인'(계 3:14)이라는 칭호를 붙여주셨다.

"죽임을 당할 때에도 나를 믿는 믿음을 저버리지 아니하였도다". 나는 여기서 믿음을 저버리는 것이 주님의 인격을 저버리거나 기본적인 진리를 부인하는 것만을 의미한다고 생각하지 않는다. 자신이 원래 가지고 있던 믿음을 부인하는 것도 일종의 저버리는 것이다. 디모데 전서 5장 8절, "누구든지 자기 친족 특히 자기 가족을 돌아보지 아니하면 믿음을 배반한 자요 불신자보다 더 악한 자니라". 예수 그리스도가 육신 되어 이 땅에 오신 것을 부인하는 것만이 믿음을 저버리는 것인가? 물론 그것은 이단이므로 당연히 믿음을 저버리는 것이다. 그런데 이 말씀은 그것만이 아니라 자기 친족, 특히 자기 가족을 돌아보지 않는 사람도 믿음을 배반한 자요, 불신자보다 더 악한 자라고 말한다. 이러한 말씀을 통해 우리는 믿음을 배반함이 반드시 그리스도의 믿음의 도를 배반함만을 가리키는 것이 아님을 알 수 있다.

그리스도인으로서 응당 가져야 할 마음이 있다. 그리스도인은 어릴 때부터 자신을 돌보고 사랑해준 자기 친족을 돌아보아야 한다. 사도 바울은 하나님을 사랑하고 근본주의적인 정통 신앙을 가졌다고 해도 그런 기본적인 양심이 없다면 믿음을 배반한 자라고 말한다. 그는 어떤 사람이 근본적인 신앙에서 이탈되었느냐의 여부를 보지 않았다. 바울이 디모데 전서에서 말한 믿음의 배반은 자신이 입은 은혜와 사랑을 배신하고 마땅히 해야 할 인간의 기본 도리에서 벗어나는 것이었다.

디도서 1장 16절, "저희가 하나님을 시인하나 행위로는 부인하니 가증한 자요 복종치 아니하는 자요 모든 선한 일을 버리는 자니라". 입으로 믿음을 시인하는 것만으로는 부족하다. 입으로 시인한다 해서 부인하지 않는 게 아니라 행위로 부인하면 그것 역시 배반하는 것이다. 믿음의 길은 말만이 아닌 행위가 따르는 길이다.

주님은 안디바가 그분을 믿는 믿음을 저버리지 않았다고 인정하셨다. 믿는이들이 주님 한 분만 믿고 그분의 이름만 붙잡는다면 믿음을 저버리는 일이 없을 것이다. 배반하고 저버리는 일이 발생하는 이유는 믿는이들이 주님의 이름만 붙잡지 않고 대세를 따르기 때문이다.

교회는 세상과 짝할 수 없다. 교회는 이 세상에서 나그네와 같고 주막과도 같다(눅 10장). 주막은 잠시 머물다가 가는 곳이다. 히브리서에 의하면 그리스도인들은 영문 밖에서 능욕을 지고 고난당하시고 죽임당하신 그리스도를 따라가는 자들이다. 히브리서 기자는 히브리 그리스도인들에게 능욕을 지고 영문 밖에 계신 주님께 나아가자고 격려한다. 주님은 영문 안에, 즉 예루살렘 안에 계시지 않으므로 누구든지 그분을 따르고자 하는 자들은 진영 안에 머무르지 말고 분별되어야 한다. 영문 밖에서 능욕을 지지 않으면 능욕당하신 그리스도를 따를 수 없다. 그리스도께서는 영문 안에 있는 사람들에게서 거절당하시고 죽임당하셨기 때문에 우리가 그 안에서 사람들의 인정을 받으면서 동시에 그리스도를 따르기란 불가능한 일이다. 그 때문에 히브리서 기자는 히브리 그리스도인들에게 능욕을 지고 영문 밖으로 나아가자고 말한다. 십자가를 지지 않고 어떻게 십자가에 못박히신 그리스도를 따른다는 말인가? 사람들에게 인정과 칭찬을 받으면서 어떻게 동시에 거절당하신 그리스도를 따른다는 말인가? 그것은 불가능한 일이다.

오늘날 많은 이들이 교회가 무엇인지 잘 알지 못한다. 교회는 이 세상에서 분별된 무리요 고난당하시고 배척당하신 그리스도를 따르는 무리이다. 이러한 나그네와 주막의 특성을 잃어버린 교회는 이미 세상과 짝하고 연합한 버가모의 특징을 띠고 있는 것이다.

아무튼 안디바는 충성되이 증거하다 죽임을 당했고 그러한 그의 죽음은 버가모의 다른 믿는이들로 하여금 믿음을 저버리지 않게 하는 결과를 산출했다. 사탄은 안디바가 더 이상 증거하지 못하도록 그를 죽였지만 버가모의 많은 믿는이들은 그 믿음을 저버리지 않았다. 이것이 주님께서 그들을 칭찬하신 이유이다.

14절, 그러나 네게 두어 가지 책망할 것이 있나니 거기 네게 발람

의 교훈을 지키는 자들이 있도다 발람이 발락을 가르쳐 이스라엘 앞에 올무를 놓아 우상의 제물을 먹게 하였고 또 행음하게 하였느니라

주님께서는 13절에서 세상과 연합한 교회의 몇 가지 좋은 상황을 칭찬하신 후 14절에서는 그곳에 책망할 것이 있음을 지적하셨다. 거기에 발람의 교훈을 지키는 자들이 있었다. 발람은 구약 민수기와 신약에 언급되어 있다. 그는 돈을 사랑함으로 삯을 위하여 어그러진 길을 간 이방 선지자로서 모압 왕 십볼의 아들 발락에게 돈으로 매수되었다. 그런데 민수기를 읽어보면 발람이 즉시 발락의 유혹에 넘어간 것 같지는 않다. 처음에는 겉으로 보기에 발람이 그리 잘못한 것 같지 않다.

발락은 이스라엘이 여러 족속들과의 전쟁에서 승리한 것을 보면서 스스로 이길 수 없음을 깨닫고 발람으로 하여금 이스라엘을 저주하게 하려는 목적으로 자신의 귀족들을 보내었다. 모압의 귀족들의 방문을 받고 발람은 하나님께 그들에게 가야 하는지를 물었고 하나님께서는 가지 말라고 하셨다. 그러나 모압 귀족들이 가져온 금은 보화를 보고 발람의 마음이 움직였다. 그런데 성경은 발람의 마음이 움직였다고 기록하지 않고 발람이 금은 보화를 가져온 귀족들에게 하나님께 기도해보겠다고 말한 것을 기록한다. 그때 하나님께서는 가라고 하셨다. 이 이야기를 보면 발람이 잘못한 게 전혀 없는 것 같다. 왜냐하면 하나님께 기도한 후 그분의 명을 따라 갔으며 그분이 시키시는 말만 했기 때문이다. 이스라엘을 저주하라는 모압 귀족들의 요구를 받았을 때 그는 "나는 하나님이 시키신 것 외에는 절대로 하지 않는다."고 말했으며, 실제로 그 입에서 나온 말은 하나님께서 이스라엘을 축복하시는 예언의 말이었다. 민수기 22장부터 24장에 기록된 발람의 이야기를 보면 그가 잘못한 것이 무엇인지 알기 어렵다.

나는 발람을 판단하는 것이 그렇게 쉬운 일은 아니라고 생각한다. 우리가 생각하기에 발람은 호주머니를 열고 다니는 사람 같다. 그러나 그에 대한 기록에서 우리는 그가 돈 때문에 예언한 것 같다는 느낌을 받기 어렵다. 오히려 발람은 모압 귀족들에게 금은보화를 준들 하나님께서 시키시지 않은 말은 결코 하지 않겠다고 아주 당당하게 말했다. 그러나 신약에서 사도들은 발람에 대해 삯을 위하여 몰려간 미친 선지자라고 말한다.

그렇다면 그가 모압 귀족들에게 간 이유가 무엇인가? 하나님께서는 이미 그에게 가지 말라고 말씀하셨다. 그런데 그에게는 가고 싶은 마음이 있었다. 그러므로 모압 귀족들이 금은보화를 가지고 왔을 때 그의 마음이 움직였던 것이다. 그가 선지자 노릇을 한 것은 하나님이 하라고 하신 것을 열심과 충성으로 한 것이 아니었다. 그가 선지자 노릇을 한 것의 시작에는 물질이 있었다. 만일 물질이 아니었다면 그가 그렇게 하지는 않았을 것이다. 그는 돈에 고용된 사람이었다.

어떤 사람이 한 일과 그 말이 성경적인지의 여부는 그리 중요하지 않다. 발람이 한 말도 매우 멋있었다. 그는 하나님께서 이스라엘의 패역을 보지 않고 야곱의 허물을 보지 않는다고 선포했다. 그러나 그의 선지자 노릇은 돈으로 인한 것이었다. 오늘날에도 많은 발람이 있다. 오늘날 교회가 세상과 연합하는 가장 큰 이유는 삯을 위해 선지자 노릇을 하는 발람의 원칙을 따르는 데 있다. 삯을 위해 선지자 노릇을 한 결과는 우상숭배와 간음이다. 겉으로 보기에 발람의 행위는 문제가 없는 듯하지만 이스라엘은 발람의 행위로 말미암아 우상을 숭배하고 행음하게 되었다. 민수기에는 발람이 무슨 일을 했는지에 대한 기록이 분명하지 않다. 나는 나의 저서 '그리스도의 몸의 건축의 실제적인 길'이라는 책에서 이에 대해 깊이 연구했다. 발람은 발락과 개인적으로 만난 자리에서 이스라엘이 타락하게 되는 길을 알려주었을 것이다. 이스라엘로 모압 여인들을 가까이 하게 함으로 모압의 우상을 섬기게 하라는 것이 그가 낸 꾀였다. 민수기 25장은 이스라엘인들이 음행하여 바알브올을 섬기게 됨으로 하나님께서 노하셔서 이스라엘인 이만 사천 명을 죽게 하신 것을 기록하고 있다. 비느하스가 음행하는 이스라엘인 '시므리'와 미디안인 '고스비'라는 여자를 창으로 찔러 죽임으로써 그 음행으로 인한 하나님의 심판은 이만 사천 명이 죽는 것으로 끝나게 되었다. 이러한 일이 벌어지게 만든 장본인이 발람이다. 겉으로 보아서는 발람이 돈 때문에 그러한 일을 하게 되었다는 것을 알기 어렵다. 발람과 같이 돈에 매수된 사람들은 절대로 자신들이 매수되었음을 나타내지 않는다. 그것은 속에 감추어져 있기 때문에 알 도리가 없다. 오늘날 세상과 짝하는 하나님의 교회의 타락은 발람으로 인한 것일 가능성이 많다. 이 마지막 시대에 교회가 참되게 건축되기 위해서는 교회 안에 발람과 그 교훈이 없어야 한다.

15절, 이와 같이 네게도 니골라 당의 교훈을 지키는 자들이 있도다

'니골라'는 '정복한다'는 뜻의 '니콜'과 '평민'의 뜻을 지닌 '라오스'의 합성어이다. 즉, 니골라 당은 일반 평신도를 정복하는 계층의 무리를 일컫는다. 발람 또한 '백성을 삼키는 자', '백성을 이기는 자'라는 뜻이 담겨 있다. 그러므로 사실상 발람과 니골라는 동일한 의미를 지니며 하나는 헬라어 표현이고 하나는 히브리어 표현일 뿐이다. 주님은 14절에서 발람에 대해 말씀하신 후 니골라 당의 교훈을 말씀하시면서 '이와 같이'라는 연결어를 사용하신다. '이와 같이'라는 말은 발람과 니골라 당이 연결되어 있음을 뜻한다. 이것은 성도들 위에 정복하고 군림하는 니골라 당이 생겨난 것은 끊임없이 물질을 취하는 위치를 고수하기 위해서임을 가리킨다. 다시 말해서, 니골라가 되어야 발람이 될 수 있고 발람이 되어야 니골라가 될 수 있는 것이다.

주님은 니골라 당의 행위를 미워하신다. 많은 그리스도인들이 무엇이든지 사랑해야 한다고 생각하지만 미워해야 할 것이 있다. 주님이 미워하시는 것을 우리도 미워해야 한다. 주님이 미워하시는 것을 미워하지 않는 것은 그분의 교회가 교회답지 못하게 되는 원인이 된다.

신약의 그리스도인들은 다 하나님을 섬기는 제사장들이다. 그러나 성도들이 하나님께 나아가기 위해 거쳐야 할 중간 계급이 있다면 그것이 바로 니골라 당이다. 성도들 중에는 스스로는 영적인 사람이 되기 어렵다고 느끼기 때문에 그들을 대신하여 하나님을 섬길 수 있는 니골라 당을 필요로 하는 사람들이 있다. 그들이 니골라 당의 교훈을 좋아하는 자들이다.

예레미야 5장 31절, "선지자들은 거짓을 예언하며 제사장들은 자기 권력으로 다스리며 내 백성은 그것을 좋게 여기니 그 결국에는 너희가 어찌하려느냐". 이 말씀은 백성이 오히려 선지자들이 거짓으로 예언하는 것을 듣고 싫어하며 제사장들이 자기 권력으로 다스리는 것을 좋게 여긴다고 말한다. 그런 이들은 사도 바울과 같이 열심히 일하는 사역자나 죽음의 길을 가는 사역은 피하고 편하게 느껴지는 발람과 니골라 당의 교훈을 좇는다. 그런 이들이 있기 때문에 니골라 당과 발람이 여전히 교회 안에서 세(勢)를 얻는 것이다.

이러한 하락을 피하기 위해서는 모든 성도들이 자신의 기능을 발휘하여 섬겨야 한다. 세상에 살면서 영적인 생활을 하고 말씀을 지키는 것이 힘들다고 변명하면서 말씀을 지키고 기능을 발휘하려 하지 않고 자신을 대신해 주님을 섬겨주고 자신의 상태를 씻어줄 수 있는 이들을 구한다면 니골라 당의 교훈에서 벗어나기 어렵다.

"네가 니골라 당의 행위를 미워하는도다 나도 이 일을 미워하노라". 형제들이여, 우리가 지금 하는 말은 어떤 사람을 지적하여 탓하고자 함이 아니다. 하나님은 이 일을 미워한다고 하셨지 이 사람을 미워한다고 하지 않으셨다. 우리가 가장 원치 않고 마음속에서 괴롭다고 느끼는 것은 바로 우리가 배도하는 시대의 끝에 있기 때문에 사람들의 명령을 교리로 삼아 사람들을 가르치는 환경 가운데 거하면서 스스로 점검할 겨를도 없이 많은 옛 사람의 유전을 받아들이는 데 이르렀다는 것이다. 그러나 그 유전들은 또한 우리가 사모하고 존경하는 앞선 영적 위인들과의 관계에서 발생한 것이다.

우리는 많은 종파 가운데 참으로 하나님께 속한 종들이 있어서 그들의 이름이 늘 우리에게서 존경과 사랑의 마음을 일으킨다는 것을 인정한다. 그러나 우리의 위험은 바로 여기에 있다. 우리가 존경하는 사람들—이미 세상을 떠난 사람이든지 생존하는 사람이든지—이 종파 안에 있고 또한 그들은 결국 니골라 당의 교훈을 받아들였다는 데 있다. 옛 사람의 유전이 뛰어난 영적 인물들의 손을 거쳐 우리에게 전해진 것이기 때문에 우리는 그들이 틀리지 않을 것이라고 여기며 하나님의 빛 가운데서 하나님의 말씀과 비교하며 신중히 생각하고 분명하게 판단하여 도대체 그들이 받아들이고 전한 것에 하나님의 교훈과 상반된 것이 있는가 없는가를 살펴보지 않는다.

우리가 하나님의 종들을 경애한다 할지라도 여전히 조심해야 한다. 경애하는 이유 때문에 성경의 권위를 잊어버려서는 안 된다. 우리는 루터를 경애하고 웨슬레를 경애하고 칼빈을 경애하고 다른 많은 하나님의 종들을 경애하지만 우리의 믿음과 행위의 표준은 '여호와께서 이같이 말씀하시니라'이지 결코 '루터, 웨슬레, 칼빈이 이같이 말하니라'가 아님을 알아야 한다. 그들에게 탄복하고 경애하는 것은 마땅하지만 맹목적이지 말아야 한다. 그렇게 하는 것은 결국 니골라 당을 발생시키는 요인들이 된다. 하나님의 말씀의 권위는 절대적으로 존중받아야 하며, 아무리 훌륭한 영적 위인들의 가르침이라 하더라도 당연하게 받아들여서는 안 되고 하나님의 말씀에 비추어 검토되어야 한다(행 17:11).

16절, 그러므로 회개하라 그리하지 아니하면 내가 네게 속히 임하여 내 입의 검으로 그들과 싸우리라

하나님께서는 발람과 니골라 당의 교훈을 받아들이는 것을 용납하지 않으신다. 이것은 반드시 회개해야 할 일이다. 그러한 교훈을 받는 것조차도 회개해야 할 항목이다. "모(某) 발람과 모(某) 니골라가 했지, 나는 그저 그런 말을 듣고 따랐을 뿐입니다."라고 말하지 말라. 주님은 그 교훈을 지키는 자들에게 회개하라고 말씀하신다. 발람과 니골라 당의 행위는 그들에게 직업과 같이 되었으므로 그들이 회개하기란 매우 어려운 일이다. 따라서 발람과 니골라 당이 회개하기를 기다리지 말고 그 교훈들을 지키는 자들이 있다면 회개해야 한다.

회개하지 않는 자들에 대한 그분의 심판은 속히 임하여 그 입의 검으로 그들과 싸우신다는 것이다. 그분은 오셔서 검으로 싸우시기 전에 우리에게 증거할 기회, 안디바가 되어 순교할 기회를 주신다. 안디바가 죽고 나니 발람과 니골라가 득세하고 그 교훈을 따르는 사람들이 생겨났다. 안디바가 이미 죽었는데도 아직 회개하지 않는 이들이 있다. 그들에 대해 주님은 그분의 입의 검으로 싸우겠다고 하신다. 여기서 회개해야 할 자들이 누구인가? 주님이 입의 검으로 싸우겠다고 하신 그들이 누구인가? 여기서 회개해야 할 자들은 버가모 교회 성도들, 특히 발람의 교훈과 니골라 당의 교훈을 지키는 자들일 것이다. 14절에는 발람의 교훈을 지키는 자들이 있고 15절에는 니골라 당의 교훈을 지키는 자들이 있다. 발람 같은 사람이나 니골라 당은 소수일 것이지만 그 교훈을 지키는 자들은 보다 많을 것이다.

여기서 우리는 발람과 니골라 당에 대하여 일반 성도들도 회개할 문제가 있음을 본다. 주님은 발람이나 니골라 당에게 회개하라고 하시기 전에 먼저 그 교훈을 받아들인 자들에게 회개하라고 하신다. 그렇게 하지 않으면 주님 자신이 그 입의 검으로 그들과 싸우겠다고 하신다.

오늘날 물질적인 공급이 없는데도 하나님의 말씀을 전하며 가르칠 사람이 얼마나 되는가? 발람은 결국 물질적인 유혹에 이끌려 선지자 노릇을 했다. 즉 선지자 노릇을 하게 하는 동인(動因)이 돈인 것이다. 이것이 요한복음 10장에서 주 예수님이 말씀하신 바 삯군이다. 일반 성도들은 자기가 돈을 받지 않았는데 무슨 잘못이 있어서 회개해야 하느냐고 하겠지만 주님은 그 교훈을 받은 자들이 회개해야 한다고 하신다. 그들은 자신들이 스스로 마음과 몸을 드려 섬겨야 할 직분들과 일들을 몇몇 사람들에게 돈을 주는 것으로 대치하였을 것이다. 그러니 주의 백성들의 대다수는 예배에 참석하고 돈을 드리는 일만 책임지고 소위 섬기는 일은 소수의 사람들이 돈을 받고 하게 되는 것이다. 또 돈을 수는 사람들은 자신들이 몇몇 섬기는 자들의 목줄을 쥐고 있으니 그들로 하여금 소신껏 말하게 할 수 없게 하는 강점을 갖고 있다. 그러므로 소위 그러한 발람들은 성도들의 귀에 듣기 좋은 말을 하지 않으면 안 되고 그들의 비위를 거스려서는 안 된다. 서로 그렇게 물질적인 연결로 타협하는 상황에 떨어지는 것이다. 그래서 순수하고 절대적으로 하나님의 음성을 발하지 못하고 백성들이 듣기에 좋은 말만 하게 되니 이는 주님의 미워하시는 바이다. 모든 사람이 다 드리고 다 섬겨야 하는 것을 몇몇 사람이 대치하게 되니 그 또한 주님의 미워하시는 바이며 교회로 하여금 교회답지 못하게 한다.

교회는 그리스도의 몸이며 온 몸이 마디와 힘줄로 연결되어 자라며 연락하고 상합하여 각 지체들이 자기의 분량대로 역사하며 섬기는 것이다.

이것이 몸이요 교회이다. 이러한 각 지체의 기능이 소수의 발람과 니골라당의 어깨에 지워져 있는 것이다. 몇몇 사역자들이 하는 많은 일들이 당신들이 응당 주를 위해 짊어지고 해야 할 일들인 것이다. 주님은 이를 다른 소수의 사람들을 고용하여 그들의 어깨에 짊어지게 하고 당신은 세상과 짝하며 적당히 신앙생활하는 것을 기뻐하시지 않는다. 그가 제사장이라면 나도 또한 왕 같은 제사장인 것이다. 신약의 모든 성도들은 다 왕 같은 제사장들이다. 주님을 전적으로 섬기는 일에서 예외인 사람은 하나도 없다. 신약 시대에 구약의 레위인과 제사장 제도를 들여오지 말아야 한다. 이미 종교개혁 시대에 루터는 만인 제사장설에 대하여 강력하게 외쳤다.

그분의 말씀은 예리하다. 오늘날 가장 큰 문제는 영과 혼이 섞인 것이다. 그분은 맑고 투명하며 단순하고 깨끗한 분이시다. 진리는 그냥 진리일 뿐 섞인 것과 누룩이 없다. 문제는 주님을 사랑한다고 말하면서 또 다른 것이 섞여 있는 혼돈의 상태이다. 일전에 우리에게 양육을 받던 유럽에 있는 한 형제가 나에게 와서 자신이 거주하고 있는 나라를 위해 기도했더니 어떤 원함이 생겨 그 일을 해야겠다고 말했다. 자세히 들어보니 그가 하고자 하는 일이 자신의 장래가 보장되고 물질적인 도움을 입게 되는 일이라는 느낌이 들었는데, 그는 그 일을 하고자 하는 갈망이 주님을 위하는 것이라고 그럴 듯하게 포장했다. 겉의 말만 듣고서 그가 주님을 사랑하지 않는 사람이라고 누가 말할 수 있겠는가? 그러나 그 중심에는 주님이 아닌 자신의 장래와 생계를 위하는 요소가 들어 있었다. 그것은 돈을 위해 선지자 노릇을 한 발람의 행함과 원칙적으로 동일하다. 발람은 자기 임의대로 말한 것이 아니라 주님의 말만 하고 주님이 가라고 명하셔서 갔기 때문에 잘못한 것이 없어 보이지만 그 숨겨진 동기는 돈을 얻고자 하는 것이었다. 그것이 포장되어 있어서 알아차리기 어려웠을 따름이다.

날선 검과 같은 말씀으로 잘라내지 않으면 사탄의 교묘한 술책을 분별할 수 없다. 예전 그리스도인들은 그분을 떠나면서 "나는 고기잡으러 가겠다."라고 솔직하게 말했지 "고기 잡아서 주님께 바치겠다."라는 말로 주님을 위하는 것처럼 포장하지 않았다. 현 시대의 그리스도인들은 비싸고 좋은 차를 사면서 복음을 전할 목적이라고 말하고 넓은 집으로 이사 가면서 성도들을 접대하기 위한 것이라고 말한다. 그들이 주님을 위하는 목적으로 그렇게 하는 것 같지만 실상은 그렇게 포장하는 것뿐이다. 이러한 포장을 벗기고 숨겨진 것을 드러내기 위해서는 날선 검이 필요하다.

오늘날 많은 이들이 주님의 한 말씀 한 말씀을 소홀히한다. 그날 주님이 검으로 사용하셔서 심판하시는 말씀은 오늘날 어쩌면 사소하고 별것 아닌 것처럼 들리는 말씀일 것이다. 그런데 이런 말씀이 주님의 입에서 나오는 날선 검이다. 주님은 어린아이를 사람들 가운데 세우시고 "너희가 돌이켜 어린아이와 같이 되지 아니하면 결단코 천국에 들어가지 못하리라"고 하셨다. 이것이 크게 보이는 말씀인가? 크고 위대해 보이는 말씀만을 중시하는 사람에게는 "사랑은 허다한 죄를 덮느니라"와 같은 말씀이 낮게 보일 것이다. 그러나 성경에 있는 모든 말씀이 주님의 날선 검이다. 주님이 성령으로 말미암아 우리에게 주신 모든 말씀이 그분의 날선 검이다. 사소하게 여겨져 소홀히했던 말씀들이 그날 그 말씀들을 지키지 않고 간과했던 사람들에게 날선 검으로 임할 것이다. 이러한 말씀을 두려워함으로 순종하여 지킬 때 그날 우리는 주님의 날선 검의 심판을 받지 않고 칭찬과 면류관을 얻게 될 것이다.

17절, 귀 있는 자는 성령이 교회들에게 하시는 말씀을 들을지어다 이기는 그에게는 내가 감추었던 만나를 주고 또 흰 돌을 줄 터인데 그 돌 위에 새 이름을 기록한 것이 있나니 받는 자밖에는 그 이름을 알 사람이 없느니라

버가모 교회의 이기는 자에 대한 첫 번째 보상은 감추었던 만나를 주시는 것이다. 만나는 이스라엘 백성들이 광야에서 하늘로부터 받은 음식이다. 따라서 오늘 만나로 사는 그리스도인이 아니라면 그날에 주님에게서 감추인 만나를 보상으로 얻지 못할 것이다. 만나로 사는 것은 하늘로부터 오는 주님의 말씀만을 의지해서 사는 것이다. 말씀을 양식으로 취해서 사는 그리스도인만이 그날 감추인 만나를 얻을 수 있다. 이 악한 세대에 주의 말씀을 만나로 취해 살아가는 이에게 그날 감추인 만나가 보상으로 주어질 것이다.

이기는 자에게 보상으로 주어질 만나가 감추인 것이라는 사실은 이기는 자는 주님과 감추인 관계를 갖는 이들일 것임을 시사한다. 세속적인 교회의 특징은 모든 사람들이 그들의 활동을 다 안다는 것이다. 그들은 사람들에게 보이고자 하여 행하기 때문에 감추인 것이 없다. 이러한 상황에서 이기는 자들의 믿음과 행함은 감추어져 비밀스럽다. 모든 일을 사람들에게 보이고자 하여 행하는 자들은 감추인 만나를 얻을 수 없다.

버가모 교회의 이기는 자에 대한 두 번째 보상은 흰 돌이다. 당시 흰 돌은 투표할 때 자신이 지지하는 사람의 이름을 쓰는 데에 사용되었다. 투표도 비밀리에 실행을 하게 된다. 감춰인 만나나 흰돌은 다 감추어진 주님과의 관계를 상징한다. 이러한 배경에서 우리는 주님께서 이기는 자에게 흰 돌을 주시고 거기에 새 이름을 기록하시는 것이 선거에서 특정 후보를 지지하듯이 우리를 지지하시는 것임을 뜻한다는 것을 짐작할 수 있다. 돌이 희다는 것은 주님께서 이기는 자를 의롭다고 인정하실 것임을 뜻한다. 주님은 그 흰 돌 위에 새 이름을 기록하신다.

주님만을 귀하게 여겨 순종하고 따름으로 감추인 만나로 주님을 누림은 그가 주님과의 주관적인 관계 안에 있음을 나타내고, 받는 자밖에는 그 이름을 알 수 없는 흰 돌이 또한 그가 주님과의 비밀한 관계 안에 있음을 말해준다. 버가모 교회에서는 다른 이들이 알지 못하는 비밀한 가운데서 주님과의 주관적인 관계를 갖는 이들이 이기는 자이다. 모든 일을 다른 이들이 보고 알 수 있도록 행하는 자들은 그야말로 '버가모 교회'이다. 이기는 자에게 보상으로 주어지는 것이 감추인 만나요 또 받는 자밖에는 그 이름을 알 수 없는 흰 돌이라는 것은 주님과의 감추어진 관계가 버가모 교회의 이기는 자의 특징임을 나타낸다. 집사의 자격을 말하는 디모데전서 3장에는 "깨끗한 양심에 믿음의 비밀을 가진 자라야 할지니"라고 말한다. 그의 행위가 모든 이에게 다 드러나 있고 모든 사람이 아는 일만 하는 사람은 집사의 자격이 없다. 거기에 비밀한 주님과의 믿음의 관계가 있어야 한다.

흰 돌 위에는 새 이름을 기록한 것이 있는데, 받는 자밖에는 그 이름을 알 사람이 없다. 다른 이들은 이기는 자가 어떤 체험을 했는지 모른다. 주님과 그 이기는 자만이 알 따름이다. 그날 주님 앞에 갈 때 그분은 우리에게 새 이름을 주실 것인데, 그 새 이름은 주님과 그만이 안다. 이 땅에서 사역하실 때에도 주님은 곧잘 사람들의 이름을 바꾸어주셨다. 그분은 시몬을 베드로로, 요셉을 위로자라는 뜻의 바나바로 바꾸어 주셨고, 구약에서도 아브람을 아브라함, 사래를 사라, 야곱을 이스라엘로 바꾸어 주셨다. 바뀌어진 이름들에는 모두 의미가 있다. 우리 또한 그날에 주님에게서 새 이름을 받을 것이다.

출애굽기에서 하나님께서는 이스라엘 백성이 가나안에 들어갈 때 만나한 오멜을 항아리에 담아 보관하라고 명하셨다. 그것은 이스라엘 백성에게 하나의 기념이다. 감추인 만나는 우리가 광야에서 어떻게 만나를 먹고 생활했는지, 흰 돌 위에 기록된 새 이름은 오늘 우리가 어떠한 특징을 가지고 주님을 섬겼는지에 대한 기념이 될 것이다. 오늘 이 시대에 우리가 주님을 어떻게 섬기며 어떻게 사랑하고 어떤 핍박과 욕을 당하며 어떤 길을 걸어갔는지가 주님께 기억되고 그날 영원 안에서 우리는 그것을 기념하게 될 것이다. 그러므로 이 시대에 우리의 섬김과 수고는 결코 헛되지 않다. 이러한 소망을 가지고 한 번뿐인 그리스도인 일생을 소홀히하지 말고 열심과 충성을 다해서 주님을 섬길 수 있기 원한다.

두아디라 교회

여기서는 계시록 2장과 3장에 나오는 일곱 교회 중 네 번째 교회인 두아디라 교회를 다루겠다. 두아디라라는 도시는 요한 계시록 외에 사도행전 16장에서도 나온다. 사도행전 16장에서 자주 장사 루디아는 빌립보에 살고 있었지만 원래 그녀의 집은 두아디라에 있었다. 두아디라 성의 자주 장사인 그녀는 빌립보에 있다가 사도 바울을 만난 후 유럽 마게도냐의 첫 성인 빌립보의 첫 번째 개종자가 되었다. '두아디라'의 원 뜻은 '끊임없는 제사'이다. '바치다'를 의미하는 '뒤오스'와 우상에게 제사 드리는 일이 피곤하지 않다는 것을 의미하는 '테이레스'가 합쳐진 말이다. 그러므로 두아디라 교회는 제사와 향을 사르는 데 지치지 않는 교회를 의미한다. 그들은 우상숭배에 있어서 지칠 줄 모르는 상태에 있었다.

18절, 두아디라 교회의 사자에게 편지하기를 그 눈이 불꽃같고 그 발이 빛난 주석과 같은 하나님의 아들이 가라사대

주님이 버가모 교회의 사자에게 편지하실 때는 자신을 '좌우에 날선 검을 가진 이'라고 표현하셨다. 그러나 두아디라 교회에게는 그분의 인격을 들어서 말씀하셨다. 주님이 두아디라 교회에게 자신을 계시하실 때 버가모 교회에게 하신 것과 다르게 자신의 인격을 계시하신 것은 두아디라 교회의 상태가 버가모 교회의 상태보다 더 심각함을 알려준다. 두아디라 교회에게 계시되신 그분은 어떠한 분이신가? 그분은 자신을 하나님의 아들이라고 말씀하신다. 주님이 교회에게 자신을 하나님의 아들이라고 말씀하셨다는 사실에는 교회의 상태가 하나님의 아들을 하나님의 아들로 인식하지 못하는 지경까지 이르렀다는 것이 암시되어 있다. 이러한 하나님의 아들은 그 눈이 불꽃같고 그 발이 빛난 주석과 같다. 눈이 불꽃같다는 것은 그분의 눈으로 어떠한 것이든지 다 볼 수 있고 인지하실 수 있음이 포함되어 있다. 그분의 통찰력과 인식 능력 앞에서는 어떤 것도 감추어질 수 없다. 아무리 감출지라도 그분은 다 보실 수 있는 불꽃같은 눈을 소유하고 계신 분이시다. 그분의 눈은 불꽃같고 그분의 발은 빛나는 주석과 같다. 1장에서 그분의 발은 풀무에 단련한 빛난 주석과 같다고 묘사된다. 주석이 풀무에 단련되었음은 당시 주석이라는 광물이 매우 단단함을 의미한다. 풀무불은 어떤 광석 속에 있는 약한 부분과 이물질을 다 제하여 그 광석을 매우 단단하게 만들므로 우리는 풀무 불에 단련된 주석이 금강석과 같이 매우 강하다는 사실을 짐작할 수 있다. 이러한 사실에 비추어볼 때 그분의 발이 빛난 주석과 같다는 것은 그분의 발이 심판하시는 발임을 알 수 있다.

19절, 내가 네 사업과 사랑과 믿음과 섬김과 인내를 아노니 네 나중 행위가 처음 것보다 많도다

주님은 두아디라 교회에게 '네 사업'을 안다고 말씀하신다. '네 사업'은 '네 행위들(your deeds)'을 말한다. '네 사업'에 해당하는 헬라어 '에르가'는 소위 비즈니스(business)를 의미하는 것이 아니라 행위를 뜻한다. 즉 사업이라는 말이 뒤에 나오는 모든 것들을 총괄하는 말로 사용된 것이다. 거기에는 사랑, 믿음, 섬김, 인내가 다 포함된다. '네 나중 행위가 처음 것보다 많다'고 하신 말씀에서도 사랑과 믿음과 섬김과 인내와 같은 모든 것들이 다 이 행위에 속함을 알 수 있다.

두아디라 교회는 매우 부패하여 완전히 조직화된 교회이다. 그런데 주님은 불꽃 같은 눈으로 그러한 교회를 보시면서도 그 교회의 장점과 귀한 것들을 먼저 보신다. 두아디라 교회에 있었던 귀한 것들은 사랑과 믿음과 섬김과 인내였다. 이 말씀에서 한 단어 한 단어를 주의해서 살펴본다면 우리가 보통 인식하고 있는 믿음과 사랑의 순서가 아니라 사랑이 믿음보다 먼저 언급되어 있음을 알 수 있다. 어떤 교회든지 어떤 성도든지 사랑보다 믿음이 앞서야 한다. 믿음은 들음에서 나고 들음은 그리스도의 말씀으로 말미암는데, 이러한 진리와 말씀에 근거하지 않은 사랑은 믿을 만하지 않기 때문이다. 진리의 바탕이 없이 사랑만 있다면 제대로 분별하지 못하여 이것저것 아무 거나 받아들이게 된다. 분별 있는 사랑을 소유하기 위해서는 그 근거가 되는 믿음이 먼저 있어야 한다. 견고한 믿음은 진리와 말씀을 근거로 한다. 말씀과 진리가 분명해야 속임을 당하지 않게 된다. 그러나 이곳에서는 믿음보다 사랑이 먼저 언급되어 있는데, 이 사랑은 칭찬할 만한 것이다.

사랑과 믿음에 이어 두아디라에 있었던 귀한 것은 인내이다. 이 인내는 소망과 많은 관계가 있다. 데살로니가 전서에서는 인내를 소망의 인내라고 칭한다. "너희의 믿음의 역사와 사랑의 수고와 우리 주 예수 그리스도에 대한 소망의 인내를 우리 하나님 아버지 앞에서 쉬지 않고 기억함이니"(살전 1:3). 이 말씀에서 말하는 바와 같이 인내는 소망과 관련된다. 교회의 상태가 건강한지의 여부를 판단하기 위해서 사도는 이 세 가지, 즉 믿음과 사랑과 소망을 살핀다.

이 구절에서 하나님께서 칭찬하신 항목에는 이 세 가지 외에 섬김이 있다. 믿는이들에게는 적어도 믿음과 사랑, 즉 성도들 피차간의 사랑과 주님에 대한 사랑과 인내와 주님을 섬기는 실제적인 봉사가 있어야 한다. 주님은 두아디라에 있었던 이러한 귀한 것들에 대해 말씀하시면서 처음 것보다 나중 행위가 많다고 칭찬하셨다.

20절, 그러나 네게 책망할 일이 있노라 자칭 선지자라 하는 여자 이세벨을 네가 용납함이니 그가 내 종들을 가르쳐 꾀어 행음하게 하고 우상의 제물을 먹게 하는도다

두아디라 교회는 교회사에서 카톨릭으로 변질된 교회로서 우상과 죄악이 많은 매우 부패한 교회이다. 주님은 그러한 교회라 할지라도 그 가운데 귀한 것이 있음을 인정하시고 칭찬하셨지만 책망할 것을 결코 간과하지 않으셨다.

그렇다면 주님께서 두아디라 교회에게 책망하고자 하신 것은 무엇인가? 주님께서 책망하시고자 하신 것은 자칭 선지자라고 하는 여자 이세벨을 용납한 것이었다. 여자 이세벨은 스스로 선지자라고 칭했다. 이곳에 언급된 이세벨이나 발람과 같이 구약의 인물들이 신약의 일곱 교회 안에 등장하는 경우가 있다. 이들은 한 면으로는 실존했으며 또 한 면으로는 예표적으로 그림자처럼 사용되었다.

당시에 발람은 이스라엘을 미혹하여 타락케 하도록 마귀에게 사용된 사람이다. 오늘날 교회 안에도 삯을 위해서 존재하는 발람들이 있을 수 있다. 이러한 사실은 이 시대에 경계가 되어야 한다. 발람의 길을 걸어가면서 많은 말로 자신은 그렇지 않다고 정당화하지 말라. 발람이 당시 이스라엘을 하나님의 심판 아래 떨어지게 했듯이 오늘날도 발람의 일을 하는 사람들이 있다면 하나님의 교회는 심각한 타격을 입게 된다. 발람은 삯을 위해서 선지자 노릇을 한 사람이다. 그가 한 예언의 내용은 나쁘지 않고 오히려 하나님의 성령으로 이스라엘을 축복하는 내용이었다. 그러나 그가 그러한 일을 한 동기는 돈에 있었다. 그는 돈 때문에 그런 예언을 하도록 발락에게 사용된 것이다. 중요한 것은 그가 말한 내용이 옳은가 그른가에 있지 않고 그런 말을 하게 된 동기에 있다. 그가 그런 말을 한 동기가 무엇인가? 돈 때문이었다. 그는 돈을 얻기 위해 그런 일을 한다고 명백하게 말하지는 않았다. 민수기에서 발람은 매우 영적인 것처럼 행했다. 금과 은과 패물을 준다 할지라도 하나님께서 말씀하신 것 외에는 말하지 않겠다고 하는 것이 단호히 거절하는 것처럼 보이기도 했다. 그러나 그의 마음은 이미 재물에 끌려 움직였다. 이런 사람에 의해 이스라엘은 큰 손실을 입었다.

오늘날에도 하나님의 사역자라고 해서, 성경을 바르게 말한다고 해서 다 참 선지자라고 말할 수 없다. 그것은 그의 동기가 그의 말보다 중요하기 때문이다. 하나님께서는 사람의 중심을 보신다. 그분은 만홀히 여김을 받지 않으신다. 어떤 사람이 하나님의 일을 하되 그 중심이 물질에 연결되어 있다면 그가 일하는 원칙은 발람이 일하는 원칙과 동일하다. 그런 원칙으로 일하는 사람은 여러 말로 자신을 정당화할 필요가 없다. 하나님께서는 사람에게 속임당하지 않으신다. 그날 하나님 앞에 벌거벗은 것같이 드러나기 전에 오늘 말씀의 빛 앞에 드러나는 것이 낫다. 그러한 자들에 의해 하나님의 교회는 큰 손실을 당한다.

이러한 발람의 교훈을 따르는 사람들이 버가모 교회에 있었던 것과 같이 자칭 선지자라 하는 여자 이세벨을 용납하는 것이 두아디라 교회에 있었다. 여기서 언급된 이세벨이라는 여자는 아합의 이방 아내이다. 그녀는 당시 아합 왕을 좌지우지하면서 이스라엘 백성에게 대단한 영향력을 행사하여 많은 사람들로 바알을 숭배하게 하였다. 하나님의 백성으로 하여금 하나님을 떠나 바알을 숭배하게 한 여자가 바로 이세벨이다. 두아디라 교회는 자칭 선지자라는 이 여자 이세벨을 용납했다. 당시에 이세벨이 실존했을 리 없고 구약의 이세벨이 한 일과 동일한 일을 한 자가 있었다고 보는 것이 정확할 것이다. 이세벨은 마태복음 13장에서 고운 가루에 누룩을 집어넣은 여자, 계시록 17장의 음녀와 동일한 여자로서 교회를 타락시키고 부패시키는 여자이다.

우리는 이세벨에 대해 자세히 볼 필요가 있다. 주님은 교회가 아무나 용납하는 것을 기뻐하지 않으신다. 주님은 에베소 교회에 대해서는 악한 자들을 용납하지 않은 것과 거짓 사도들을 용납하지 않은 것을 칭찬하셨고 두아디라 교회에 대해서는 자칭 선지자 이세벨을 용납한 것을 책망하셨다. 교회는 사도와 선지자의 터 위에 세움을 받는다. 그러므로 교회에서 사도와 선지자의 위치는 아주 중요하다. 아무나 용납하는 것은 교회가 황폐케 되는 원인이 되기 때문이다. 오늘 어떤 믿는 이들은 사역자라 하면 무조건 하나님이 세우셨으니 순종해야 한다고 말하며 악한 일꾼인줄 알면서도 용납하는 것을 본다. 그리고 그 책임을 다른데로 돌린다. 그러나 주님은 교회의 성도들이 악한 일꾼들을 용납하는 것을 책망하신다. 이단을 받아들이는 것도 책망하신다. 심지어 바울 사도는 악한 범죄를 짓고 회개치 않는 형제를 쫓아내지 않은 것을 책망하였다. 교회는 주님의 신부로서 마땅히 해야 할 일이 있다.

주님은 어떤 이들을 받아들이고 용납한 책임을 당해 교회에게 물으신다. 주님은 에베소 교회의 책임은 에베소 교회에게, 두아디라 교회의 책임은 두아디라 교회에게 돌리신다. 이것은 매우 중요하다. 다른 사람에게 그 책임을 돌릴 수 없다. 에베소 교회는 두아디라 교회에게, 두아디라 교회는 에베소 교회에게 그 책임을 돌릴 수 없다. 각 교회가 어떤 사도를 용납하지 말아야 하는지 어떤 선지자를 거절해야 하는지를 결정해야 한다. 거짓 사도를 시험하여 그 거짓된 것을 드러낸 것에 대한 칭찬은 에베소로 갔고 자칭 선지자를 용납한 것에 대한 책망은 두아디아로 갔다. 이 사실에서 우리가 얻을 교훈은, 무엇이든지 대세에 밀려 어쩔 수 없이 받아들여서는 안 된다는 것이다. 만일 어떤 곳이 분별없이 대세에 밀려 어떤 것을 받아들인다면 그곳은 이미 주님이 기뻐하시는 교회가 아니다. 교회가 부패하는지도 모르고 아무나 받아들이는 것은 옳지 않다. 교회는 자신들이 받아들이는 자가 이세벨인지 사도 바울과 같은 건강한 사도인지 알 수 있어야 한다. 어떤 교회는 바울과 같이 건강한 사도를 거절하고 이세벨과 같이 거절해야 할 선지자를 받을지도 모른다. 사도 바울은 고린도 교회에게는 너희가 사람을 자랑한다고 말했고 골로새 교회에게는 사람의 명과 가르침을 좇는다고 말했다.

교회 안의 믿는이들이 지혜 있는 것 같아 보여도 받지 말아야 할 것을 받고 받아야 할 것을 거절하는 경우가 있기 때문에 교회가 부패하게 되는 것이다. 교회는 새 예루살렘처럼 벽이 있어서 거룩함을 지킬 수 있어야 한다. 교회의 장로 직분은 그러기에 매우 중요한 것이다. 그들은 교회를 대표하여 많은 이단적인 것으로부터 교회를 지키는 것에 앞장서야 하는 자들이다(행 20:28-32). 여자 이세벨은 이방 사람이며 하나님의 선택된 백성이 아니라 육체적인 일꾼이다. 하나님께서 선택하신, 성령으로 거듭난 이스라엘이 아닌 이방 사람이 와서 이스라엘을 좌지우지한 것이다. 교회가 타락하면 이렇게 영적이지 않은 사람, 육체의 사람, 하나님을 모르는 사람, 하나님과 관계가 없는 사람이 하나님의 백성을 다스리고 영향을 주는 현상이 발생한다. 하나님과 관계없는 사람이 가르치고 하나님의 백성들은 '아멘'하면서 받다 보면 행음하고 우상의 제물을 먹는 것을 배우는 데 이르게 된다. 이것은 매우 두려운 일이다. 주님이 베들레헴에 출생하실 즈음 유대를 다스리는 왕은 유대족속이 아닌 에돔 사람이었다.

여자 이세벨은 자칭 선지자였다. 그녀는 스스로 계시를 받았다고 말하였다. 이세벨이라는 여자는 두아디라 교회의 하나님의 아들과 대비된다. 교회의 권위는 하나님의 아들에게 있다. 그녀는 스스로 계시를 받았다고 하면서 그녀의 말을 들으라고 가르쳤다. 두아디라는 이를 구분하지 못했다. 하나님의 말씀을 말하면 다 선지자인줄 알고 받아들인 것이다. 그렇기 때문에 하나님의 날선 검 같은 말씀이 필요하다.

여자는 교회를 예표하고 남자는 주님을 예표한다. 주님만이 교회의 권위이시고 교회 자체는 권위가 없다. 어떤 사람에게도 어떤 단체에게도 권위가 없다. 모든 성도들은 하나님의 아들인 그리스도에게서만 들어야 한다. 교회 안에 하나님의 아들과 그분의 말씀 외에 순종해야 할 또 다른 규례나 권위가 있다면 그것은 다 이세벨에게서 나온 것이다. 하나님의 아들과 그분의 말씀 외에 순종해야 할 규례로 정해진 것은 결국 사람들을 사망과 속박 가운데로 이끈다. 하나님의 아들은 사람들에게 생명과 자유와 해방을 주신다. 그분은 믿는이들로 하여금 기꺼이 그분의 말씀을 순종하게 하고 그럼으로써 생명을 얻고 자유를 얻게 하시지만 이세벨은 하나님의 말씀을 자유로이 따르지 못하게 하는 가르침을 준다. 그녀의 가르침에는 하나님의 아들께 순종치 못하게 하는 무언가가 있어서 그것으로 사람을 속박하고 사망에 이르게 한다. 교회에는 오직 하나님의 아들과 그분의 말씀만 있어야 한다. 교회에서는 모세도, 엘리야도 지위가 없다. 아버지 하나님께서는 주 예수님이 변화산상에서 변형되실 때 함께 나타난 모세와 엘리야를 제쳐두시고 제자들에게 "너희는 저의 말을 들으라"고 하셨다(마 17:5). 이렇게 주님의 말씀만 듣는 존재가 교회이다.

비록 지금 허다한 단체나 개인이 로마 천주교와 같은 오류가 그들의 가르침에는 전혀 없다고 생각하고 교회가 권세를 잡아야 한다고 공공연히 말하고 있지는 않지만, 여전히 그들에게서 로마 천주교의 그림자를 볼 수 있다. 어떤 단체의 그리스도인을 막론하고 비록 자신들이 세상에서 유일한 단체라고 여기지 않고 또 자신들을 로마 천주교의 직계로 여기지는 않을지라도, 만일 그들의 가르침이 교회가 가르친 것이고 교회가 권위를 가지고 있다고 여긴다면 우리는 거기서 그 여인(이세벨)의 음조를 듣게 된다. 하나님이 계시하신 말씀(66권 성경)외에는 어떤 사람이나 단체도 권위 있는 가르침을 가질 수 없다. 성령께서 성경을 가르치는 것이 참된 가르침이다. 성경 안에서 진리를 빼면 다른 것이 없기 때문이다. 이세벨의 거짓된 교훈은 바로 그녀에게 권위가 있다고 말한 것이다.

당신이 만일 이세벨의 원칙을 믿는다면 다른 사람이 이세벨의 교훈을 따르는 것을 금할 수 없다. 인도하는 자나 한 단체가 권위 있는 성경 외에 또 다른 가르침을 권위있는 말씀으로 가지고 있다면 누가 그들을 잘못되지 않도록 보호할 수 있겠는가? 만일 그들이 잘못한다면 그들을 따르는 자들이 어떻게 잘못하지 않을 수 있겠는가? 소경이 소경을 인도하면 둘 다 구덩이에 빠지게 된다. 여러분의 단체에 이세벨 같은 하나님의 아들을 대치하는 정도의 선지자가 있다면 그곳은 이미 두아디라에 떨어진 것을 기억해야 한다.

여기서 이세벨은 아주 지혜로운 여자 같다. 그녀는 그녀 자신이 사람들을 가르칠 수 있다고 여겼고 더 나아가 사람들을 관리했다. 그녀의 잘못은 바로 그녀가 하나님의 말씀으로 가장한 가르침이 과연 참된 것인지 거짓된 것인지를 보기 위하여 하나님의 말씀의 심판을 받지 않은 것이다. 그녀도 하나님이 계시하신 것이 권위 있는 것임을 알았기 때문에 그녀가 하나님의 계시를 받았다고 과장했다. 그러나 그녀는 자기가 받았다는 계시가 과연 하나님께서 계시하신 말씀이 허락하시는 바인지 아닌지를 잊어버렸다. 그녀의 권위는 사람의 의문을 용납하지 않았으며 다만 사람들에게 받아들이기만을 요구했다.

이러한 것이 이세벨의 원칙이다. 그렇다면 교회는 어떻게 해야 하는가? 사도나 선지자들의 계시의 말씀을 받을 때 교회는 반드시 분별해야 하며 무조건 받아서는 안 된다. 성경 말씀이 가장 권위 있는 말씀이다. 우리는 어떤 사람의 말을 따를 것이 아니라 성경의 말씀을 따라야 한다. 아무리 영적인 사람의 말일지라도 성경과 대조해서 성경과 다르면 받지 말아야 한다. 이러한 태도가 없으면 많은 문제가 발생할 수 있다. 성경보다 권위 있는 사람의 가르침이 있다고 여기는 사람이 있다면 이는 위험하다. 역대로 이단이라 일컫는 무리가 이렇게 해서 생겨나게 되었기 때문이다. 몰몬교는 성경 외에 또 다른 계시가 있다고 하면서 그것에 성경과 동일한 권위를 부여했다. 이렇게 어떤 가르침에 성경과 동일한 지위를 부여하는 것이 이단이다.

그러므로 이 시대에 건강한 사역을 하기 위해서는 성경을 중심 삼아야 한다. 이미 사도들에 의해 기록된 성경만을 권위로 가르쳐야 한다. 이것을 분별하기란 결코 쉽지 않다. 이렇게 말하면 이런 것 같고 저렇게 말하면 저런 것 같기 때문에 여기에 예리한 검이 필요하다. 모든 성경은 하나님의 영감으로 된 것으로 66권으로 완성되었다. 성경 외의 어떤 가르침에 성경과 동일한 권위가 있다고 믿지 말라. 이것은 너무나 기본적인 것이다. 하나님께서는 이미 성경을 66권으로 완성해 놓으셨다.

우리 믿는이들은 그 성경을 권위로 받아들여서 그 말씀에 순종해야 한다. 신조란 무엇인가? 신조란 성경을 건전한 신앙으로 받아들이게 하기 위해서 만든 것으로서 그 내용은 성경에서 취한 것이다. 그러나 신조를 받아들인 사람은 성경을 소홀히하는 지경에 이르게 된다. 하나님께서는 그것을 원치 않으신다. 그렇게 신조를 만듦으로 사람의 가르침을 따르게 하면 믿는이들은 결과적으로 주님의 말씀이 아닌 사람을 따르게 되어 그분의 말씀을 존중하지 않게 된다. 천국에 들어가려면 어린아이와 같이 되어야 한다는 말씀이나 서로 사랑해야 한다는 말씀이나 심령이 가난해야 한다는 말씀을 존중하지 않는다. 작아 보이는 주님의 한 말씀 한 말씀을 소홀히 여기고 중요시하는 신조의 몇 가지 강령만을 붙든다. 그러나 우리는 모두 성경으로 돌아가야 한다.

우리가 기억해야 할 것은 교회 가운데 하나님의 아들의 지위를 찬탈하고 대치하는 그 어떤 권위도 인정하지 말아야 한다는 것이다. 그것은 원칙상 이세벨이다. 성도들이 자유롭게 주의 성령과 진리를 따르며 말씀을 순종하는 데 방해가 되는 어떤 것도 받지 말아야 한다. 그것은 다 이세벨이다. 주님은 분명히 두아디라 교회에게 책망할 것이 있는데 그것은 자칭 선지자라고 하는 여자 이세벨을 용납한 것이라고 하셨다. 교회가 교회다우려면 거절해야 할 것은 용납지 않고 거절하며, 받아야 할 것은 받기를 반드시 배워야 한다. 교회에는 건강한 것은 받고 건강하지 않는 것은 받지 않는 기능이 있어야 한다. 이러한 기능이 없는 교회는 부패케 되어 타락하게 된다.

이세벨이라는 여자는 이스라엘을 가르쳐서 행음하게 만들었다. 행음하는 것은 세상을 사랑하는 것이다. 야고보서 4장 4절은 "간음하는 여자들이여 세상과 벗된 것이 하나님의 원수임을 알지 못하느뇨 그런즉 누구든지 세상과 벗이 되고자 하는 자는 스스로 하나님과 원수 되게 하는 것이니라"고 말한다. 여기에 간음하는 여자들에 대해 말하고 있다. 간음하는 것은 어떤 육신적인 음행뿐 아니라 세상과 벗되는 것도 포함한다.

이세벨의 가르침을 받은 이스라엘 백성들은 결국 행음하게 되었다. 행음하게 되었다는 것은 세상과 연합하여 세상을 사랑하게 되고 세상을 받아들이게 되었다는 뜻이다. 자칭 선지자라 하는 이세벨이 세상을 사랑하라고 가르쳤겠는가? 그와 같이 가르치지는 않았을 것이다. 어떤 곳에서는 믿는이들 속에 있는 죄를 짓게 하는 육체의 정욕을 죽이는 가르침이 가르쳐지고 어떤 곳에서는 죄를 짓게 하는 정욕을 풀어놓는 가르침이 가르쳐진다. 교회가 누룩 없는 순수한 떡이 되기 위해서는 어떤 사람을 받아야 할 것인가를 반드시 분별해야 한다. 에베소 교회는 거짓 사도를 분별했고 주님은 그에 대해 칭찬하셨다. 주님은 두아디라 교회에게는 어떤 선지자를 용납한 것을 책망하셨다.

선지자와 사도는 교회의 터이다. 그러므로 거짓 사도와 선지자를 함부로 받을 때 교회는 무너지게 된다. 사도 바울 같은 사람을 거절했다면 교회에는 길이 없게 된다. 거짓 사도와 참된 사역자를 구별하는 길은 무엇인가? 거짓 사도는 사람을 높인다. 바울은 자주 사람을 자랑하지 말라고 말했다. 바울은 언제나 고난의 길을 가고 낮은 길을 갔기 때문에 사람들이 바울을 높일 가능성이 없었다. 그는 스스로를 만물의 찌끼라고 말했다. 바울은 그들 가운데 와서 소위 거룩한 외모를 가지고 사역하지 않고 밤낮으로 일하면서 틈틈이 가르치는 일을 했다. 성도들이 보기에 바울은 그들과 똑같은 사람이었다. 그러나 거짓 사도들은 당시 그럴듯한 외모를 가지고 사역함으로 사람들의 높임을 받았다. 바울은 한 곳에서 오래 머무르지 않고 즉시 떠나는 식으로 사역했다. 그의 사역의 방식은 사람들에게 그 자신을 높일 가능성을 배제하는 것이었다. 그러나 거짓 사도들은 와서 그들의 높음을 자랑하고 그들의 위대함을 자랑했다. 그러나 바울은 다음과 같이 말했다. "내가 나를 낮추어서 너희를 높이려고 값없이 복음을 전하므로 내가 죄를 지었느냐?" 소위 사도라고 하는 사람들이 와서 바울은 깎아내리고 자신들을 높이고 자랑했다. 그런 이들을 향해 바울은 자랑하려면 주 안에서 자랑해야 한다고 하면서 자신을 높이는 사람들은 자기로써 자기를 높이고 자랑하니 지혜가 없다고 말했다.

성도들은 누가 참되게 하나님의 말씀을 전해주는 하나님의 종인지 잘 모르고서 누군가가 뛰어난 말만 하면 높이기 시작한다. 현재에 이르기까지 2000년 역사 동안 교회는 선진들이 피를 흘리면서 전해준 성경을 뒤로 하고 사람을 높이는 어리석음을 계속 범하고 있다. 그들에게는 성경 외에 뛰어난 다른 말씀이 있는 것 같다. 교회는 누룩이 없는 순수한 떡이다. 거기에 작은 누룩이라도 들어오면 전체가 부패하게 되므로 하나님 말씀 외에 다른 것을 주의하지 말라.

여자 이세벨이 두아디라 교회에 미친 영향은 그들로 행음하게 한 것이요 우상의 제물을 먹게 한 것이었다. 우상의 제물을 먹게 한 것이 의미하는 바는 무엇인가? 고린도 전서 10장 19-21절, "그런즉 내가 무엇을 말하느뇨 우상의 제물은 무엇이며 우상은 무엇이라 하느뇨 대저 이방인의 제사하는 것은 귀신에게 하는 것이요 하나님께 제사하는 것이 아니니 나는 너희가 귀신과 교제하는 자 되기를 원치 아니하노라 너희가 주의 잔과 귀신의 잔을 겸하여 마시지 못하고 주의 상과 귀신의 상에 겸하여 참예치 못하리라". 믿는이들이 다 하나님을 섬긴다고 하지만 자칫하면 귀신과 교제하게 될 수 있다. 주 예수님만 사랑하고 그분의 말씀만 먹는 것이 그분께 제사하는 것이다. 그러나 이세벨의 말을 들은 결과로 세상을 사랑하고 누리게 되는데 이것이 귀신과 교제하는 것이다. 이것은 하나님의 영, 순수한 예수 그리스도의 영에게 속한 것이 아니다. 영은 보좌로부터 흘러나오는 것으로서 생수와 같이 맑다. 하나님과의 교제는 우리로 순수하고 깨끗하고 거룩케 하는 반면 우상의 제물을 먹는 것은 하나님 외에 다른 것과 연합하게 하므로 매우 심각한 것이다. 그것은 주님만을 먹고 마시는 것이 아니다.

두아디라 교회의 주님의 종들로 우상의 제물을 먹게 한 이세벨은 계시록 17장과 18장에 나오는 음녀이다. 그녀가 완전히 육체와 죄로 가득한 것은 아니었다. 그녀에게는 금도 있고 진주도 있고 보석도 있어서 좋은 것과 그렇지 않은 것, 진리와 비진리, 영과 육체가 섞여 있었다. 이와 같이 진리와 비진리, 영과 육체가 섞인 것을 바벨론이라고 한다. 그렇다면 하나님께서 원하시는 것은 무엇인가? 그분은 금등대, 새 예루살렘을 원하신다. 그분이 원하시는 금등대와 새 예루살렘은 누룩이 전혀 없이 온전히 순수한 것이다. 우리에게 온전히 거룩한 교회를 얻기 원하시는 주님의 갈망이 없다면, 세상도 없고 지위도 없고 물질도 없는 이러한 좁은 길을 갈 수 없을 것이다. 세상도 조금 얻을 수 있고 지위도 얻을 수 있으며 물질도 얻을 수 있는 쉬운 길이 있다. 그러나 우리는 그런 길을 갈 수 없다.

21절, 또 내가 그에게 회개할 기회를 주었으되 그 음행을 회개하고자 아니하는도다

주님은 자비로우셔서 이렇게 이세벨의 교훈을 받아들여 세상과 짝하며 음행하는 사람들에게도 여전히 회개할 기회를 주신다. 주님께서 그분의 백성들을 향하여 긍휼을 보이시는데도 그들은 회개하려 하지 않았다. 이것은 완악한 고집이다.

22절, 볼지어다 내가 그를 침상에 던질 터이요 또 그로 더불어 간음하는 자들도 만일 그 행위를 회개치 아니하면 큰 환난 가운데 던지고

22절은 회개치 아니하는 두아디라 믿는이들에 대한 심판을 언급한다. 회개치 않으면 심판을 받게 되므로 회개해야 한다. 회개하는 자에게 심판은 임하지 않는다. 하나님께서 가장 기뻐하시는 것이 회개이다. 성도들이 무지함으로 이세벨의 교훈을 잠시 받아들여 누룩을 가질 수 있다. 그러므로 자비로운 하나님께서는 회개할 기회를 주신다. 가장 불쌍한 사람은 회개할 기회를 얻지 못하는 사람, 즉 히브리서 6장에서 언급하는 바와 같이 다시 새롭게 해서 회개할 기회를 얻지 못하고 죽는 사람이다. 이와 달리 복된 사람은 이제까지 옳은 줄로만 알고 있다가 잘못됨을 발견하고는 회개하여 자신의 믿음을 점검해보는 사람이다. 조금도 돌이킬 줄 모르고 미끄러지듯이 타락으로 향하는 사람이 있다면 잠시 멈추어 서서 자신의 믿음을 점검해보아야 한다.

주님께서 회개할 기회를 주시는데도 회개하지 않는 이유는 고집이 세고 강퍅하기 때문이다. 이러한 사람은 교만하여 자신의 잘못을 지적하는 다른 사람의 말을 들으려고 하지 않는다.

이 길은 함부로 갈 수 없다. 대충 맞을 것이라고 장담하지 말고 주님의 말씀에 대조하며 주의해서 길을 걸어가야 한다. 결국 우리가 돌아갈 것은 성경이다. 말씀에 비추어서 하나하나 점검하는 것이 필요하다. 종국에 우리를 심판하실 말씀은 어떤 사람의 말이 아니라 주님의 말씀이다. 우리가 이 말씀을 지켰다면 주님으로부터 칭찬을 받을 것이고 이 말씀을 소홀히 했다면 그 누구도 장래를 보장받을 수 없다.

"내가 그를 침상에 던질 터이요". 침상에 던져진다는 것은 심판을 의미한다. 평상시의 침상은 편안히 쉬는 장소이다. 그러나 심판의 때에 침상에 던져지는 것은 심판의 상태, 형벌의 상태에 그대로 두는 것이다.

"그로 더불어 간음하는 자들도 만일 그 행위를 회개치 않으면". 이세벨의 선지자 활동을 성령은 간음하는 것이라고 말씀하신다. 하나님의 아들의 말씀에 순종하는 것이 아니라 여자의 말에 복종하는 것은 우상숭배요 간음하는 것이다. 진정한 하나님의 아들의 말씀은 순수하고 거룩한 진리이다. 그 말씀을 순종해야 축복이 있고 하나님과 연합된다. 그러나 이세벨의 말은 성경을 가지고 말하지만 사람들의 신앙을 세속적인 바알의 신앙으로 이끄는 것이다. 이세벨 자신만이 아니라 이세벨과 더불어 간음하는 자들도 그 행위를 회개치 아니하면 큰 환난 가운데 던져지는 심판을 받는다. 주님께서는 그들이 잠시 이세벨을 따라 간음했다 하더라도 회개하기를 요구하신다. 그러나 그들이 회개하지 않으면 환난 가운데 던지실 것이다.

오늘날 많은 그리스도인들이 마취되어 환난과 심판은 자신과 아무런 관계도 없다고 생각한다. 그날에 주님 앞에서 슬피 울며 이를 갈 사람이 어떤 사람이겠는가? 이 시대 그리스도인 가운데는 아예 왕국을 포기한 사람도 있다. 지금 이 시대에 누리고 싶은 것을 다 누리고 그날 심판받으려고 작정한 사람들이 있다. 이런 사람들은 슬피 울며 이를 갊이 마땅하다. 자신이 잘 전진하는 줄로 알았다가 그렇지 않다는 것을 발견하고는 지금 돌이키는 그 사람이 회개한 사람이다. 반면 회개할 기회가 있었지만 그 기회를 흘려보내고서 회개치 않는 사람도 있다. 이 두 종류의 사람의 차이는 약간의 고집으로 인한 것이다. 일단 주님께 무릎을 꿇으면 회개할 수 있는데 자기 고집 때문에 회개할 기회를 놓치게 되는 것이다. 이것을 알게 되는 날 슬피 울며 이를 갈게 될 것이다.

23절, 또 사망으로 내가 그의 자녀를 죽이리니 모든 교회가 내가 사람의 마음과 뜻을 살피는 줄 알지라 내가 각 사람의 행위대로 갚아주리라

하나님께서는 이세벨의 일과 같은 일을 하는 사람들을 그대로 두시는 것 같아 보이지만 결국 사망으로 그의 자녀들을 죽이신다. 그러한 일을 한 사람에 대한 심판은 심히 엄중하다. 오늘 날 어떤 사람들은 신약의 하나님은 자비로우셔서 어떤 잘못을 하더라도 결코 심판하지 않으시리라고 생각한다. 그러나 그것은 큰 오해이다. 신약의 성도들이 더욱 큰 구원을 얻은 자들이기에 공변된 보응이 더 크다. "침상에 던져진다든지, 환난에 처하게 한다든지, 사망으로 그의 자녀들을 죽인다든지" 모두 심각한 심판과 징계인 것이다. 그러므로 이 시대에 주님이 어떻게 말씀하시는지 잘 듣고 따르기 바란다. 고린도 전서 11장 27-30절, "그러므로 누구든지 주의 떡이나 산을 합당치 않게 먹고 마시는 자는 주의 몸과 피를 범하는 죄가 있느니라 사람이 자기를 살피고 그 후에야 이 떡을 먹고 이 잔을 마실지니 주의 몸을 분변치 않고 먹고 마시는 자는 자기의 죄를 먹고 마시는 것이니라 이러므로 너희 중에 약한 자나 병든 자가 많고 잠자는 자도 적지 아니하니". 여기에 주님의 심판이 있다. 심판이 임하는 이유는 몸을 분변치 않고 먹고 마심으로 자기의 죄를 먹고 마시기 때문이다.

31-32절, "우리가 우리를 살폈으면 판단을 받지 아니하려니와 우리가 판단을 받는 것은 주께 징계를 받는 것이니 이는 우리로 세상과 함께 죄 정함을 받지 않게 하려 하심이라".

장래 주님은 세상을 심판하신다. 소돔과 고모라를 심판하신 하나님께서는 이 소돔과 고모라와 같은 세상을 심판하신다. 하나님의 백성인 교회가 세상 사람들이 하는 것과 동일한 일을 행하면 세상과 함께 심판을 하시지 않고 먼저 심판하신다. 공의의 하나님께서 세상을 심판하시기 전에 먼저 하나님의 집 안에서 분쟁을 일으키고 주님의 거룩한 살과 피를 일반적인 것으로 여겨 함부로 먹고 마시는 자들을 심판하시는 것이다. 하나님께서는 그분의 집에서 죄를 먹고 마시는 자들, 몸을 분변치 않는 자들, 자기를 심판하지 않는 자들을 심판하신다. 먼저 자기를 살펴서 자신에게 있는 세상적인 것들과 죄악된 것들을 심판하지 않으면 하나님의 심판을 받게 된다.

반대로 주님을 기쁘시게 하고 말씀을 지키는 자들은 복을 받는다. 시편 133편, "형제들이 연합하여 동거함이 어찌 그리 선하고 아름다운고 머리에 있는 보배로운 기름이 수염 곧 아론의 수염에 흘러서 그 옷깃까지 내림 같고 헐몬의 이슬이 시온의 산들에 내림 같도다 거기서 여호와께서 복을 명하셨나니 곧 영생이로다". 하나님께서는 사랑 안에서 서로 연합하고 생명으로 연결된 무리 가운데 생명의 복을 명하셨다. 생명의 복이 명해진 곳은 육체가 심판된 영역이다. 죄와 육체와 세상이 심판된 영역 안에 있을 때 주 안의 형제들은 사랑 안에서 서로 하나 될 수 있다. 그러나 세상을 심판하지 않고 처리하지 않는다면 거기에 하나님의 심판이 있게 된다.

신약에서 초대 교회 이후에 언약궤는 이미 회막을 떠났다. 이러한 진리는 1800년대에 밝혀져 오늘에 이르렀다. 사도 바울 시대에 교회가 세워진 후로 이미 사도 시대에 교회의 하락이 일어났다. 지금은 교회 하락의 시대이지 정형화된 교회인 소위 회막에서 경배하는 시대가 아니다. 다시 말해서 지금은 "우리만이 유일하게 옳은 교회이니 우리에게로 오라."고 말할 수 없는 시대이다. 그렇다면 지금은 어떠한 시대인가? 지금은 언약궤를 따르는 시대이다. 즉, 누구든지 성령과 진리를 따르면 그 무리 가운데 하나님께서 함께하신다는 것이다.

구약에서 이스라엘 백성이 광야에 있을 때에는 회막이 광야에 있었지만 가나안에 들어와서는 실로에 세워졌다. 이스라엘 백성은 블레셋과 전쟁할 때 언약궤가 그들을 도울 것이라고 기대했지만 그때 언약궤는 이미 회막을 떠났다. 회막에서 분리된 언약궤는 솔로몬이 성전을 완공할 때까지 회막으로 돌아가지 않고 그 나름대로 여행을 계속했다. 이 시대는 언약궤의 시대이다. 지금은 믿는이들이 어떤 정형화된 교회 안에 있으면 된다고 주장할 수 없는 시대이다. 그것은 초대 교회에서 이미 끝났다. 이 시대에는 어느 곳이든지 그곳에 언약궤와 함께 진행하는 무리가 있다면 그들과 함께해야 한다. 어떤 단체도 보장된 단체는 없다. 어떤 단체든지 부패하면 그대로 끝나게 된다.

1800년대 다비와 함께한 형제들이 성경에서 이러한 빛을 읽어냈다. 사람들은 그들을 분리주의자들, 세대주의자들이라고 칭했다. 형제회가 이러한 주장을 하게 된 배경에는 당시의 타락한 교회 상황이 있다. 어떤 무리가 자신들은 '보장된 무리'라고 생각한 결과 그 가운데 세상과 죄가 있어도 그곳에만 있으면 된다는 관념을 갖게 되었다. 이러한 관념은 천주교로부터 비롯되었다. 그곳을 떠나면 '분열'이라고 정죄당하기 때문에 그곳에 우상과 죄가 있어도 떠나면 안 된다고 생각하기에 이른 것이다. 그러나 성경의 가르침은 천주교에 참예하면 그들이 이제까지 범한 죄악에 동참하여 그들과 동일한 심판을 받게 된다는 것이다. "내 백성아, 거기서 나와 그의 죄에 참예하지 말고 그의 받을 재앙들을 받지 말라"(계 18:4). 그들은 많은 순수한 그리스도인들을 죽였다. 만일 우리가 거기에 참예한다면 그들이 흘린 피를 모두 함께 감당하게 되는 것이다. 그리스도인이라면 진리를 따라 길을 잘 가야 한다. 두렵고 떨림으로 가야 할 길이 이 길이다. 사람들의 여론이 대강 좋다는 사실로 확신을 얻어서는 안 된다. 우리는 정치하는 사람들이 아니다. 그 무엇과도 바꿀 수 없는 것이 신앙이다. 여러분의 영혼을 값싸게 팔지 말라. 여러분이 자신의 영혼을 사랑한다면 진지하게 이 길을 걸어가기 바란다.

23절의 말씀조차도 하나님의 사랑에서 나온 것이다. 그 이유는 무엇인가? 이렇게 될 때에야 비로소 모든 교회가 하나님께서는 사람의 뜻과 마음을 살피시는 분인 줄 안다는 것이다. 하나님의 눈은 불꽃같아서 사람의 마음과 뜻을 살피시기 때문에 그 누구도 그 심판을 피할 수 없다. 사람들의 눈으로 보기에는 대충 좋아 보이는데 그 가운데 병들고 죽는 사람들이 있다. 사망은 가장 큰 형벌이다. 다시 회개할 기회도 없이 그대로 죽기 때문이다. 이 땅에서 회개하여 주님을 사랑하고 새롭게 일 수 있는 기회를 잃어버리는 것이 사망이다.

아나니아와 삽비라가 죽을 때 모든 교회가 두려워했다. 사람들은 아나니아와 삽비라의 죽음을 보면서 하나님께서 사람의 마음과 뜻을 살피는 분이심을 알고 두려워하여 경계를 갖게 되었다. 그러므로 사망으로 그의 자녀가 죽는 것 또한 모든 교회에게 유익한 것이다.

하나님께서는 사람의 뜻과 마음을 살피심으로 각 사람의 행위대로 갚아주신다. 이에 대한 말씀은 시편 62편 12절, 마태복음 16장 27절, 로마서 2장 6절, 14장 12절, 고린도 후서 5장 10절, 갈라디아서 5장 19-21절, 6장 7절, 계시록 20장 12-13절, 22장 11-12절에 언급되어 있다. 이 모든 구절에서 하나님께서는 그분이 우리 행위대로 심판하시는 분임을 재삼재사 말씀하고 계신다. 하나님은 사람의 뜻과 마음을 살피시는 분이며 각 사람의 행위대로 갚는 분임을 결코 잊지 말라! 성도들은 이 땅에 나그네로 사는 동안 두려움으로 지내기 바란다.

24절, 두아디라에 남아 있어 이 교훈을 받지 아니하는 소위 사단의 깊은 것을 알지 못하는 너희에게 말하노니 다른 짐으로 너희에게 지울 것이 없노라

주님은 교회를 전반적으로 살피신다. 두아디라 교회라 해도 그 안에 이세벨의 교훈을 가르치는 자들, 이세벨의 교훈을 따르는 자들, 그 교훈을 받지 않는 자들 등 구분하여 다루신다. 두아디라 교회는 전체적으로 이미 부패했지만 주님께서는 두아디라에 남아 있는 사람들을 주의하신다. 두아디라 교회가 부패했으므로 주님께서 주의하시는 사람들은 남아 있는 자들이다. 두아디라에서 이기는 자가 되어 주님의 칭찬과 상을 얻으려면 이세벨의 교훈을 받지 말아야 한다. 우리는 이사야서에서 이스라엘의 매우 하락한 상태에서도 남은 자들이 있다는 예언을 거듭해서 읽는다. 신약의 교회들 중에도 두아디라같이 타락한 곳에 남은 자들이 있다는 것은 매우 주목할 만한 일이다.

"소위 사단의 깊은 것을 알지 못하는 너희에게 말하노니". 사단에게도 깊은 것이 있고 하나님께도 깊은 것이 있다. 고린도 전서 2장은 성령께서 하나님의 깊은 것이라도 통달하신다고 말한다(10절). 하나님께 깊은 것이 있는 것같이 사탄에게도 깊은 것이 있다. 그러나 그것을 알지 못하는 사람들이 있는데 그러한 사람들은 좋다. 그러나 그것을 알고도 이세벨의 교훈을 받고 함께하는 사람이 있다면 그는 매우 악한 사람으로서 그에 대한 심판은 매우 크다.

"사단의 깊은 것을 알지 못하는 너희에게 말하노니 다른 짐으로 너희에게 지울 것이 없노라". 주님께서는 사탄의 깊은 것을 알지 못하고 순수하게 가는 사람들에게 다른 무거운 짐을 부과하지 않으시겠다고 말씀하신다. 그들에게 무언가를 더 하도록 요구하지 않으시고 그 상태로 좋다고 인정하시는 것이다. 일단 어떤 이들이 이세벨의 교훈을 받지 않고 그 교훈을 따라 행음하거나 우상의 제물을 먹지 않고 순수함을 지키고 있다면 주님께서는 그들에게 또 다른 어떤 요구도 부과하지 않으신다.

25절, 다만 너희에게 있는 것을 내가 올 때까지 굳게 잡으라

이런 사람들에게 주님께서 원하시는 것은 바로 이것이다. '너희에게 있는 것'이란 그들이 변질되기 전에 가지고 있던 온전한 복음과 진리를 말한다. '내가 올 때까지'의 구절에서 주님은 비로소 그분의 재림에 대해 말씀하신다. 에베소, 서머나, 버가모는 역사상으로 사라지고 천주교를 예표하는 두아디라부터는 주님 오실 때까지 이 땅에 그대로 남아 있다. 여기에서 주님은 두아디라에게 그분이 오실 때까지 가지고 있는 순수한 것을 잃지 말고 굳게 잡으라고 말씀하신다. 지금은 순수할지라도 자신들에게 있는 좋은 것을 굳게 잡지 못하고 사탄의 비밀한 것과 이세벨의 교훈을 받아들일 때 상을 잃게 된다. 그러므로 주님께서는 이세벨의 교훈을 받지 않고 사탄의 깊은 것을 모르고 단지 주님과 말씀만을 사랑하는 이들에게 걸어왔던 길을 그대로 걸어가라고 말씀하시는 것이다.

26절, 이기는 자와 끝까지 내 일을 지키는 그에게 만국을 다스리는 권세를 주리니

이세벨의 교훈이 팽배한 교회 시대에 그러한 것을 받지 않고 이기기란 매우 어려운 일이다. 그들은 손가락질과 내어쫓김과 핍박을 당하고 비웃음과 나쁜 말을 들을 것이다. 그러한 교훈을 받지 않으면서 순수하게 믿음을 지키며 길을 가는 사람들이 결국 두아디라의 이기는 자들이다.

만국을 다스리는 권세는 이기는 자에게만이 아니라 끝까지 주님의 일을 지키는 자에게도 주어진다. 그러면 '내 일'을 지킨다는 것은 무엇을 의미하는가? 이 구절의 '일'도 '행위'와 동일한 단어이므로 곧 주님의 행위를 지키는 것이다. 오늘 자신이 이기는 자인가를 보려면 자신이 주님의 일을 지키는 자인지를 물어야 한다. 우리는 사복음서에서 주님이 걸어가신 길을 보았을 것이다. 오늘 우리가 가는 길은 주님께서 가신 길과 동일해야 한다. 그분은 말구유에 나셔서 부귀도 지위도 명성도 아무것도 소유하시지 않은 채 사람들에게 조롱과 비웃음을 당하시면서 고난의 좁은 길을 걸어가시고 십자가에서 죽으셨다. 그분은 자신의 혼을 버려 남을 구하셨다. 그분은 부지런히 복음을 전하셨고 다른 사람을 살리기 위해 자신을 희생하셨다. 이것이 주님의 일이요 그분의 행위이다. 이것을 지키는 자가 이기는 자가 된다.

어떤 사람들이 복음을 전하고 성도들을 섬긴다고 하면서 사회적으로 출세하고 지위를 높이는 길을 간다면 그들의 일은 주님의 일과 같지 않고 그들의 길은 그분이 가신 길과 동일하지 않다. 주님께서는 이 땅에서 권력을 잡고 왕 노릇 하신 적이 없다. 그분은 남을 핍박하거나 욕하거나 비방하거나 짓밟지 않으시고 항상 다른 이들을 사랑하셨다. 그분은 사람들을 불쌍히 여기시고 병자를 치료하시며 잃어버린 양을 구하는 길을 걸어가셨다. 주님의 이러한 일, 이러한 행위를 지키는 자가 이기는 자이다.

만국을 다스리는 권세는 그날 주님과 함께 얻는 것이지 이세벨과 같이 오늘 이 시대에 얻는 것이 아니다. 이 땅에서 가장 아름다운 교회의 형태는 히브리서에 있다. 이 땅에서 교회는 외국인과 나그네와 같다. 로마서 11장에서 사도 바울은 이스라엘의 뿌리는 아브라함, 이삭, 야곱이라고 하면서 처음 떡덩이가 거룩한즉 너희도 그러하다고 했다. 그들은 믿음의 뿌리요 우리는 그 가지들이다. 즉, 그들과 우리는 같은 나무이므로 그들이 이 땅에서 나그네 인생을 살았다면 우리 또한 이 땅에서 나그네 인생을 살아야 한다. 이러한 삶이 그리스도인의 표상이다. 교회는 일년생 풀과 같이 이 땅에 뿌리를 내리지 말아야 한다.

이 시대는 그리스도인들이 권세를 잡을 시기가 아니다. 이 시대에 그리스도인들의 위치는 주님께서 이 세상에서 버림을 받으셨듯이 버림받는 것이며 그날 그리스도인들의 위치는 주님과 함께 왕 노릇 하는 것이다. 사도 바울은 고린도 성도들에게 지금은 왕 노릇 할 시대가 아니라고 했다. 미말에 처하고 종노릇하며 죽음에 처하고 고난당하면서 낮은 길을 걸어가는 것이 이 시대에 걸어가야 할 그리스도인의 길이다. 이렇게 길을 걸어간다면 그날 왕국에서 주님으로부터 보상을 얻을 것이다. 데살로니가 후서 1장은 이 시대에 환난과 핍박을 당하는 자들에게 그날 공의로우신 하나님께서 안식으로 갚으신다고 기록하고 있다(7절).

27절, 그가 철장을 가지고 저희를 다스려 질그릇 깨뜨리는 것과 같이 하리라 나도 내 아버지께 받은 것이 그러하니라

철장을 가지고 다스릴 자들은 누구인가? 이기는 자들이다. 그들은 철장으로 열국을 다스려 질그릇 깨뜨리는 것과 같이 할 것이다. 그날에도 아직 육체와 고집과 의견과 천연적인 것이 완전히 뿌리 뽑히지 않을 것이기 때문에 하나님께서는 우리 이기는 자들에게 철장을 주셔서 질그릇 깨뜨리는 것과 같이 하게 하신다. 철장으로 질그릇 깨뜨리는 것은 매우 쉬운 일이다. 이와 같이 그날 우리가 열국을 다스리는 것은 매우 쉬운 일일 것이다. 주님은 그러한 권세를 이기는 자들에게 주신다.

"나도 내 아버지께 받은 것이 그러하니라". 주님이 먼저 이기셨으므로 그분은 먼저 이러한 권세를 받으시고 보좌에 앉아 계신다. 3장 21절은, "이기는 그에게는 내가 내 보좌에 함께 앉게 하여 주기를 내가 이기고 아버지 보좌에 함께 앉은 것과 같이 하리라"고 말한다. 주님은 이미 이기셨고 지금 아버지 보좌에 앉아 계신다. 그리고 우리는 이 시대에 이겨서 왕국 시대에 예수 그리스도의 보좌에 앉아서 철장으로 만국을 다스리게 된다. 주님은 지금 그러한 이기는 자를 부르고 계신다.

28절, 내가 또 그에게 새벽별을 주리라

새벽별은 은밀하게 나타나시는 주님을 가리킨다. 중천에 떠오르는 해는 모든 사람이 다 볼 수 있지만 새벽별은 소수의 깨어 있는 사람들만이 볼 수 있다. 주님께서 두아디라의 이기는 자들과 같이 귀한 자들에게 주시는 축복은 모든 사람이 다 얻을 수 있는 영광이 아니라 새벽별과 같이 나타나시는 주님, 즉 은밀하게 나타나시는 주님으로부터 얻는 누림이다.

29절, 귀 있는 자는 성령이 교회들에게 하시는 말씀을 들을지어다

두아디라 교회에게 주님이 하신 마지막 말씀을 다루기 전에 살펴보아야 할 것은, 귀 있는 자에게 성령께서 하시는 말씀을 들으라는 것보다 이기는 자에 대한 언급이 먼저 기록되어 있다는 것이다. 주님께서는 에베소 교회로부터 버가모 교회까지는 이기는 자에 대한 언급을 먼저 하신 후에 귀 있는 자에게 성령께서 하시는 말씀을 들으라고 하셨다.

17절에서 주님이 버가모 교회에게 하신 말씀의 순서를 살펴보라. 귀 있는 자에게 성령께서 하시는 말씀을 들으라는 말이 먼저 언급된 후에 이기는 자에 대한 언급이 나온다. 그러나 두아디라 교회부터 라오디게아 교회에게까지 주님은 순서를 바꾸셔서 이기는 자에 대해 먼저 언급하신 후 귀 있는 자에 대한 성령의 말씀을 기록하고 계신다. 그 이유는 무엇인가? 이때부터는 교회 전체가 타락한 시대이기 때문에 성령께서는 교회가 전체적으로 귀가 있어서 들으리라고 기대하시지 않는 것 같다. 그분이 보시기에 오직 이기는 자들, 즉 이 시대를 거치면서 그러한 교훈을 받지 않고 주님을 따르려고 하는 자들에게만 귀가 있다. 대다수의 사람들은 성령께서 교회에게 하시는 말씀을 듣지 않는다. 이러한 이유로 이기는 자에 대해 먼저 말씀하시고 그 다음에 귀 있는 자에 대해 말씀하신 것이다. 그러나 이러한 말을 아무리 해도 듣지 않는 사람은 끝까지 듣지 않는다. 이것을 이상하게 생각지 말라. 이 시대에 좁은 십자가의 길과 고난의 길을 걷고자 하는 그리스도인들의 마음속에 이러한 말씀은 꿀과 같이 들리지만 그렇지 않은 사람들에게는 이런 말씀이 들리지 않는다.

하나님께 감사한다. 계시록 2장과 3장은 마지막 시대에 교회생활 하는 데에 매우 필수적인 말씀이다. 그러므로 과거에 주님을 사랑하는 성도들은 모두 이 계시록 2장과 3장을 매우 주의했다. 이 말씀을 소홀히해서는 안 된다. 이 말씀을 신중히 대하여 마음속에 깊이 간직하기 바란다.

3장

사데 교회

계시록 2장과 3장은 주님이 일곱 교회에게 주신 예언의 말씀이다. 사도들이 이 땅에 존재하다 떠난 후에 주 예수님께서는 마지막으로 이 땅에 남은 사도 요한이 밧모섬에 있을 때 이 땅에 있는 교회들이 어떻게 전진해야 하는가에 대해 말씀해주셨다. 그러므로 사도들이 이미 떠난 오늘 이 시대에 이 땅에 남아 있는 교회들이 어떻게 전진해야 하는가를 알기 위해서는 특별히 계시록 2장과 3장의 일곱 교회에 주신 말씀을 잘 보아야 한다.

이번 장에서는 그 일곱 교회 중 사데 교회에 대해 다룰 것이다. '사데'라는 말은 '사르데신', 즉 '남은 자', 혹은 '남아 있는 자'라는 의미이며 산스크리트 어로는 '새로 태어난' 또는 '새로 된' 이라는 뜻을 가지고 있다. 따라서 '회복(recovery)', '개혁(reformation)'이라고 해석할 수도 있다. 두아디라 교회가 로마 천주교를 예표하는 것이라고 본다면 사데 교회는 개혁교회를 예표한다고 볼 수 있다. 물론 이 일곱 교회는 당시 소아시아에 현존하는 교회들이었다. 그럼에도 모든 구약의 예언서부터 신약까지 그러하듯이 예언은 당시 그 예언자가 살아 있을 때의 상황만이 아니라 장래 어떠한 상황이 있게 될 것인가를 알려주는 특징이 있다. 마찬가지로 이 사데 교회의 상황은 당시 현존했던 사데 교회의 상황이기도 하지만 또 한 면으로는 장래 이 땅에 나타날 교회의 상황을 예표한 것이기도 하다.

우리는 교회 역사를 통해서 A. D. 6세기 경 로마 천주교가 이 땅에서 조직화된 이후로 약 천 년 동안 교회가 말할 수 없는 타락 가운데 중세 암흑시대를 거친 것을 알고 있다. 하나님께서는 1500년 경 독일에서 루터를 사용하여 종교 개혁을 일으키셨다. 하나님이 그를 들어 쓰신 공헌에는 말할 것이 없다. 많은 사람들이 공인하듯이 루터는 사도 바울 이후 가장 크게 쓰임 받은 하나님의 종임엔 틀림없다. 독일에 가보면 루터가 기독교에 끼친 공적(功績)이 말할 수 없이 크다는 것을 알 수 있다. 그러한 루터의 개혁은 당시에 상당한 영향력이 있어 정치적인 면에까지 영향을 미칠 정도였다. 당시 루터를 따르는 한 무리와 그로부터 십여 년 후에 일으켜진 존 칼빈에 의해서 교회는 조직화된 천주교로부터 개혁하였는데, 여기의 사데 교회는 이러한 개혁되어 나온 개혁 교회를 예표하고 있다고 볼 수 있다. 설교가 스펄젼은 일곱 교회를 일곱 시기로 간주하는 해석에는 동의하지 않았으나 사데 교회가 당 시대의 교회의 상징으로 해석하는 것에는 동의하였다. 19세기의 뛰어난 학식과 경건을 가졌던 길(Gill)박사도 계시록에 언급된 사데 교회의 상태가 당대의 교회의 상태라고 확인한 바 있다. 이에 대하여는 그 외에도 여러 주석서에서 같은 것을 읽을 수 있다. 이제 사데 교회에게 보내신 주님의 편지를 보자.

1a절, 사데 교회의 사자에게 편지하기를 하나님의 일곱 영과 일곱 별을 가진 이가 가라사대

사데 교회는 일곱 교회 중 다섯 번째 교회이다. 주님이 각 교회에게 편지하실 때 처음 네 교회에게는 그들 가운데 남아 있는 칭찬할 내용을 먼저 말씀하신 다음에 책망하셨지만 사데 교회에게는 어떠한 칭찬도 하시지 않고 곧바로 책망부터 하셨다. 주님이 보시기에 사데 교회는 칭찬할 만한 것이 별로 없었던 것 같다. 아니 그것보다 사데에는 하나님이 가장 싫어하시는 요소가 그분에 눈에 띈 것이다. 그것은 무엇인가? 사망 곧 죽어있는 신앙이다.

하나님께서는 두아디라의 이단적인 요소보다도 사데와 같이 죽어 있는 것을 더 미워하신다. 오늘날 많은 성도들은 "그렇게 말씀하지 마십시오. 이단이 더 무섭지 죽어 있는 것이 더 무서운 것이 아닙니다"라고 말할 것이다. 여기서 이단이란 적 그리스도와는 구별되는 개념으로 이해해야 한다. 원래 '이단(heresy)'이란 단어는 어떤 특이한 '종파적인 것(sectary or factious)'이란 의미에서 왔다. 즉 성경의 특이한 교리를 높이고 강조하여 모이는 무리인 것이다. 그 특이한 교리는 성경적일 수도 있고 그렇지 않을 수도 있다. 그러나 문제는 그들이 소위 주님을 위한 특이한 실행과 교리를 주장하는 것으로 사람들을 모으는 데에 있다. 그런데 이런 자들이 열심 있고 살아있다면 오히려 죽어 있는 보편보다 낫다는 말이다. 물론 이것이 '몰몬교'나 '여호와의 증인' 같은 이단을 의미하는 것은 아니다. 두아디라에 있는 누룩과 이단은 적어도 그러한 것들은 아니었다. 그렇기 때문에 우리가 더 깊이 생각해본다면 하나님께서는 죽어 있는 것을 가장 미워하신다는 사실을 깨달을 수 있다. 주님이 가장 미워하시는 것이 사데에 있었으므로 주님은 사데 교회에 대해 어떤 칭찬도 없이 책망부터 하시는 것으로 보인다.

주님은 사데의 상황을 다루시기 전에 먼저 자신을 일곱 영과 일곱 별을 가지신 분으로 말씀하신다. 우리는 주님이 자신을 일곱 영과 일곱 별을 가지신 분으로 말씀하시는 이유를 생각해보아야 한다. 주님께서 그분 자신을 어떠한 분으로 소개하시는 것은 그 교회의 상태와 관계가 있기 때문이다.

주님은 그 교회가 어떠하기 때문에 자신을 그런 분으로 계시하시는 것이다. 즉, 세상과 기묘한 방법으로 연합하고 결혼한 버가모 교회에게 주님은 자신을 좌우에 날선 검을 가지신 분으로 말씀하셔야 했다. 왜냐하면 주님의 날선 검과 같은 말씀으로 그 교회에 간교하게 들어와 있는 세상적인 요소를 분별해 내셔야 했기 때문이다. 그분이 두아디라 교회에게 빛난 주석과 같은 발과 불꽃같은 눈을 가지신 분으로 계시되신 것은 타락해서 심판받아 마땅한 두아디라 교회의 상태 때문이었다.

똑같은 원칙으로 사데 교회에게도 주님은 그 교회의 상태와 관계있는 분으로 계시되신다. 주님이 일곱 영을 가지셨다는 것은 사데 교회의 상태와 관계가 있다. 우리는 일곱 영을 말할 때 구약 스가랴서를 먼저 생각해 볼 필요가 있는데, 그 이유는 스가랴서에서 처음으로 일곱 영이 언급되었기 때문이다. 그렇다면 주님은 사데 교회에게 왜 일곱 영을 말씀하실 필요가 있었는가?

학개와 스가랴는 성전을 재건하는 중에 예언한 선지자들이다. 그 당시 성전을 재건하기 위해서 바벨론에 포로 되었던 이스라엘 백성들이 예루살렘으로 돌아왔다. 그들은 예루살렘 성전을 중건하는 역사를 하다가 사마리아 사람들과 대적들의 반대로 인해서 성전 재건의 역사를 중단하고 느슨해지게 되었다. 그들이 느슨해져 있을 때 하나님께서는 학개와 스가랴 선지자를 일으켜서 그들의 손을 굳게 하고 다시금 성전 재건의 역사를 열심히 하도록 예언하게 하셨다.

그 스가랴서에서 돌에 있는 일곱 눈을 말하는데, 그것이 바로 온 땅에 보내심을 받은 일곱 영이다. 스가랴서에서 이 일곱 영이 언급된 시기는 바벨론에 사로잡혔던 이스라엘 백성들이 회복을 위해서 예루살렘에 돌아와서 성전 건축의 역사를 시작했지만 반대에 부딪히자 낙심하여 물러서고 느슨해졌을 때이다. 그러한 상황에서 주님은 일곱 영으로 나타나셨다. 스가랴 당시에 그분은 자신을 일곱 영을 가지신 분이라고 말씀하시면서 그들에게 "이는 힘으로나 능으로 되지 아니하고 오직 나의 영으로 되느니라"고 하셨다(슥 4:6). 일곱은 완전한 숫자로서 주님이 일곱 영을 가지셨다는 것은 그분은 모든 것을 하실 수 있는 분이며 그 영의 역사가 충분하며 완전하다는 것을 의미한다.

좀 더 쉽게 이해하기 위해 종교개혁 때로 돌아가 보자. 처음에 개혁자들은 천주교에서 아주 힘있게 나와 새로운 빛 비췸과 진리에 따라 교회 생활을 시작했다. 그러나 얼마 지나지 않아서 그들은 주님께서 새롭게 보여주신 진리의 말씀을 규례로 삼고 외형적인 어떤 슬로건으로 만들어 버리게 되었으며 그 결과 내적인 생명과 영은 거의 죽은 상태에 떨어지게 되었다. 독일에 가보면 천주교의 모습과 루터의 개혁교회의 모습이 별 다를 바 없다는 것을 볼 수 있을 것이다. 겉모양부터 내부, 예배 형식까지 별 차이가 없다.

이와 같은 상태가 성전을 재건하던 이스라엘에게 있었다. 이스라엘 백성들이 바벨론에서 나와서 성전을 재건하기 위해 예루살렘에 왔을 때 하나님은 그들을 축복하셨고 함께하셨다. 그들이 예루살렘에 올라올 때만 해도 그들의 영은 분발되어 있었다(스 1:5). 그러나 문제는 예루살렘에 올라와 성전을 재건하다 보니 그 재건의 역사가 쉽지 않다는 데 있었다. 레위기에서 볼 수 있듯이 번제는 조석으로 항상 드려져야 한다. 예루살렘에 올라올 때만이 아니라 올라와서 건축의 역사가 완성될 때까지 자신을 드리고 대가를 지불해야 했다. 그러나 성전을 회복하기 위해서 들여야 할 힘이 너무나 컸다. 그리고 이제는 어느 정도 하나님이 축복하시고 역사도 있게 되자 느슨해져 안주하게 됨으로 성전을 건축하는 역사가 지연되었다. 도비야와 산발랏과 같은 대적의 공격도 그들의 손을 약화시켰다. 그런 상황에 있던 이스라엘에게 주님이 말씀하신 것이 일곱 영이다. 그것은 주님의 영의 역사가 과거나 현재나 여전히 동일하다는 것과 그분만이 모든 것을 하실 수 있다는 것을 알려주고 있다. 이러한 의미에서 주님은 사데 교회에게 자신을 일곱 영을 가지신 분으로 말씀하셨다. 오늘 날 개신교적인 역사는 복음을 전할 수는 있을지라도 에베소서 4장의 그리스도의 몸을 건축하는 역사에는 이를 수 없다. 이러한 상황은 마치 스가랴 시대에 성벽의 역사를 중단하고 있는 상황과도 같다.

그러므로 교회의 회복과 중건의 역사를 위하여서는 성령의 역사가 필수적인 것이다. 성령의 내주하심이 회복되어야 하고 교회의 성령의 주권(그리스도의 머리되심 곧 성령의 권위)이 회복되어야 하며 성령의 외적인 역사도 필요한 것이다. 성령의 많은 은사들과 능력들도 나타날 필요가 있다. 교회의 건축을 말하는 로마서 12장이나 에베소서 4장, 고린도 전서 12장은 공히 성령의 다양한 은사들을 말하고 있다. 교회가 회복되기 위해서는 성령의 각양 은사들이 회복되어야 한다. 이것이 일곱 영의 역사이다. 일곱 영이란 성령의 다양한 은사들과 그를 통한 성령의 완전한 역사를 가리킨다. 이러한 역사가 교회 중에 완전히 나타날 때 교회는 새롭게 건축되는 것이다.

또한 그분은 자신을 일곱 별을 가지신 분으로 계시하시는데, 일곱 별은 1장 마지막 절에서 일곱 교회의 사자라고 했다. 이 말씀은 교회의 사자를 가지신 분이 바로 예수님이라는 의미이다. 주님께서 자신을 이렇게 말씀하신 이유가 무엇인가? 우리는 카톨릭뿐 아니라 개혁교회에서도 교회의 직분 있는 자, 소위 교회의 사자들을 붙잡고 있는 자가 주님 자신이 아님을 볼 수 있다. 그 조직의 체계, 사람의 권위가 교회의 사자들을 붙잡고 있다. 즉, 사데 교회에서 교회의 직분 있는 자들과 은사 있는 자들을 임명하고 세우며 붙잡고 있는 자가 주님 자신이 아니었기 때문에 주님이 자신을 일곱 별을 가지신 분으로 말씀하시는 것이다. 그러므로 주님은 사데 교회에게 그분 자신이 교회의 권위를 가진 자들을 붙잡고 계시며 교회 안의 직분과 은사들의 권위는 여전히 그분 손에 있다는 것을 말씀하실 필요가 있었다. 주님께서 이렇게 말씀하실 필요가 있었다는 것은 사데 교회가 그렇지 않았기 때문이다.

하나님의 교회에서 은사의 산출이나 직분의 세워짐이나 그 직분의 권위 등은 사람이나 조직에 있지 않고 주 예수께 있어야 한다. 또한 성령께서 하셔야 한다. 주님께서 누구든지 일으키시면 일으켜지는 것이다. 교회는 주님께서 성령으로 말미암아 일으키신 은사들을 받고 존중해야 한다. 교회의 사역자들은 자신의 명칭을 근거로 직무를 수행할 것이 아니라 성령께서 주신 은사를 사용하여 섬겨야 한다. 어떤 직분자가 성령께서 주신 은사이며 주님께서 세우신 권위라면 교회는 그것을 인정해야 한다. 사도들이 장로들을 세우는 것 같지만 실상은 하나님께서 세우시는 것이요, 사도들은 주님께서 세우시는 것을 다만 인정하는 것이다. 그러므로 교회의 사자, 별들을 붙잡고 있는 이는 주님이지 어떤 사람이나 조직의 손이 아니라는 것을 보아야 한다. 교회가 살아 있는 교회가 되려면 일곱 별을 붙잡고 계신 주님께 붙잡힌 사역자들이 존재해야 한다. 이러한 사역자들이 없을 때 교회의 부흥은 불가능하다.

만일 오늘날 소위 교회 안에 일곱 영의 역사를 신뢰함이 없다면 그 교회는 필경 죽게 될 것이다. 그 영이 역사하셔서 그 무리 가운데서 은사를 산출하기도 하고 그 무리를 인도하기도 해야 한다. 어떤 무리를 성령께서 인도하시지 않는다면 그것은 이미 교회가 아니다. 교회라면 그 무리를 인도하시는 권세가 오직 그리스도께 있어야 한다. 그러므로 어떤 무리든지 주님의 음성을 주의하고 성령의 인도를 살핌으로 주님께서 그 무리를 어떻게 인도하시는가를 주의하여 순종해야 한다. 교회 가운데 어떤 인도자가 세워지는 것은 주님께 달려 있으므로 주님께서 어떤 인도자를 세우신다면 교회는 그것을 받아야 한다. 선지자가 세워지는 것이나 목자가 세워지는 것이나 교사가 세워지는 것이나 장로가 세워지는 것도 마찬 가지이다.

주 예수께서는 믿는이들 가운데서 은사를 자유롭게 일으키셔야 하고 또한 그러한 은사들이 세워졌을 때 교회가 그것을 부축하고 받아들이고 인정하는 것이 교회가 하락하고 죽어가는 데서 구출될 수 있는 길이다. 그러므로 주 예수님은 사데 교회에게 그분 자신을 일곱 영과 일곱 별을 가지신 분이라고 선포하신다. 교회가 하락하지 않고 죽지 않으려면 주님만이 일곱 영과 일곱 별을 가지셔야 한다.

영적 권위는 사람에게 있지 않고 주님께 있다. 이를 위해서 오직 그리스도의 말씀만이 교회 안에서 권위를 가지셔야 한다. 모든 성도들은 주님이 하신 말씀 곧 성경에 기록된 말씀을 다 자유롭게 순종할 수 있어야 한다. 이것이 교회의 권위가 주님께 있는 것이다. 어떤 사람의 말도 주님이 우리에게 주신 말씀을 대치할 수 없고 주님의 말씀 외에 그 누구도 권위를 가진 사람이 없다. 오직 주님의 말씀만이 권위이다. 그리고 그것을 지키는 무리 가운데서 만이 참되게 주님이 권위를 가지셨다고 말할 수 있다.

1b절, 가라사대 내가 네 행위를 아노니 네가 살았다 하는 이름은 가졌으나 죽은 자로다

사데 교회는 살았다 하는 이름을 가졌다고 말한다. 카톨릭에서 교회를 개혁한 이들은 개혁을 위해 많은 피를 흘렸다. 그들은 많은 좋은 이름들을 가지고 있다. 개혁교회는 그 이름 자체로 '개혁(reformation)', '회복(recovery)'의 뜻을 갖고 있다. 오늘날 개혁교회는 그러한 이름만 가지고 있는데 과연 그 내용은 어떠한가? 진정 그 이름처럼 개혁되어 말씀의 신선함과 진리의 온전함을 지키고 있는가? 많은 면에서 그렇지 못하다고 고백할 필요가 있다. 즉, 살았다 하는 이름은 가지고 있지만 대부분 죽은 것이다. 오늘날의 그리스도인들은 카톨릭의 우상에서 벗어났다고 해도 그 내용과 실제가 없이 겉으로만 좋은 이름과 큰 이름 갖고 있다면 사데의 오류에 빠진 것으로 알고 두려워해야 한다.

주님은 일곱 금촛대 사이에 다니시면서 교회를 관찰하시기 때문에 이름은 가졌는데 속에 그 실제가 없는 상황을 다 아신다. 만일 여러분이 죽어 있는 상황에 있는데도 주님께 "주님, 기다리세요. 우리는 좋아지는 과정 중에 있습니다."라고 말하겠는가? 인간이 자신의 상황에 대해 많은 핑계를 댈지라도 주님은 한 마디로 죽었다고 말씀하신다. 만일 죽어 있다면, 여러 가지로 처지를 변명할 것이 없이 회개해야 한다. 사데에 가장 부족한 것이 무엇인가? 생명이다. 오늘 날 개신교 안에 생명이라는 단어조차 희박하게 사용한다. 성경에 그렇게 많이 사용된 말인데도 말이다. 생명이 있으려면 성령이 필요하다. 생명의 성령이기 때문이다(롬 8:2). 사데에서 빌라델비아로의 회복은 다른 것이 아니라 사망에서 생명의 회복인 것이다(요 5:24).

2a절, 너는 일깨워 그 남은바 죽게 된 것을 굳게 하라

'일깨워'는 '일어나라(wake up)'는 의미이다. 죽어 있는 사데 교회에게 예수님이 하시는 말씀은 "일어나라!(Wake up)"이다. "그 남은바 죽게 된 것을 굳게 하라". 사데 교회는 죽어가고(about to die) 있다. 그러나 거기에 아직 죽지 않고 남은 것이 얼마큼 있다. 주님께서 그분의 교회와 성도들을 얼마나 사랑하시는지 그분의 인자와 자비를 보라. 많은 부분에서 죽어가고 있지만 그래도 아직 주님에 속한 것들이 얼마간 남아 있다고 말씀하신다. 그 말씀에서 주님은 그 남은 것을 강화하여 그마저 죽게 하지 말라고 하시는 것이다.

주님은 상한 갈대를 꺾지 않으시고 꺼져가는 심지를 끄지 않으신다. 주님의 심정이 그러하다. 그분은 죽어가고 있는 교회와 성도들을 보시면서도 자비와 인자로 충만하시다. 그분은 가슴에 금띠를 띠신 분으로서 여전히 동정과 긍휼이 충만하신 분이다. 그러한 분이 사데 교회를 향해 그렇게 죽어가고 있을지라도 남아 있는 귀한 부분을 강화하고 굳게 하라고 말씀하고 계신다. 주님은 그러한 교회일지라도 여전히 사랑으로 말씀하시며 권면하신다.

2b절, 내 하나님 앞에 네 행위의 온전한 것을 찾지 못하였노니

사데 교회에는 하나님 앞에 행위의 온전한 것이 별로 없었다. 이 말씀 또한 책망의 말씀이다. 그들에게 남아 있는 것이 일부 있긴 하지만 그들의 전체적인 상황은 온전한 것이 없었다. 과거 개혁교회의 상태가 이럴 뿐 아니라 오늘날 많은 교회와 그리스도인의 상태가 이러하다. 우리 가운데 있는 성도들의 상태도 제외될 수 없다고 본다. 우리를 포함하여 많은 믿는다 하는 이들에게 과거보다 많은 지식이 있긴 하지만 한 가지도 온전한 것이 없다. 십자가를 알지만 온전하게 십자가를 알고 체험한다고 말할 수 없다. 성령을 알고 생명도 모르지는 않지만 온전하게 안다고 말할 수 없다. 나는 수없이 많은 나라를 다녀 보았지만 성령에 대하여 온전한 지식을 갖고 체험하는 사람들을 거의 만나보지 못하였다. 성령에 대하여 말하는 거의 모든 사람들의 지식이 부분적이고 치우친 것들이었다. 성화에 대해서는 어떠한가? 성화에 대해서도 어느 정도 알지만 온전히 아는 것은 아니었다.

골로새서 1장 25절에 의하면 바울은 자신이 교회의 일꾼된 것은 '하나님의 경륜을 따라 하나님의 말씀을 이루려 함이라'고 하였다. 이 구절에서 '이루려 함이라'는 원문에서 '완전케 하려 함이라(to complete the word of God)'는 뜻이다. 우리는 마태, 마가, 누가의 글들이 훌륭한 것을 인정하고 베드로나 야고보의 서신들의 축자 영감을 인정하지만 여전히 바울의 글의 독특성을 인정하지 않을 수 없다. 바울의 글들이 없다면 우리는 그리스도의 구속의 비밀을 그렇게 깊이 있고 완전하게 알지 못할 것이다. 성경에서 로마서가 없다고 상상해보라! 얼마나 부족함이 있겠는가? 거기에 갈라디아서나 에베소서가 없다면 또 얼마나 부족함이 있을 것인가? 하나님이 유대인과 이방인을 하나 되게 하여 한 몸을 이루는 하나님의 궁극적인 경륜에 대하여 알지 못할 것이다. 히브리서는 어떠한가? 너무나 높은 계시를 전달한다. 우리는 히브리서의 계시를 바로 보지 못하면 구원의 온전함을 향해 나아갈 수 없다. 그 서신에는 휘장 안의 생활을 다루고 있다. 그러나 과연 오늘날 몇이나 이런 말씀의 정수를 깨닫고 그 말씀을 체험적으로 누리고 있는가? 거의 없음을 시인해야 할 것이다. 우리는 바울 사도의 사역이 하나님의 말씀을 완전케 하는 것임을 알 수 있다. 또한 그는 골로새서 1장 28-29절에서 "우리가 그를 전파하여 각 사람을 권하고 모든 지혜로 각 사람을 가르침은 각 사람을 그리스도 안에서 완전한 자로 세우려 함이니 이를 위하여 나도 내 속에서 능력으로 역사하는 이의 역사를 따라 힘을 다하여 수고하노라"고 말한다. 그는 각 사람을 완전한 자로 세우려 한다. 오늘날 우리는 매우 좋은 형제 자매들을 본다. 주님을 사랑하는 많은 귀한 청년들을 대한다. 그러나 아쉬운 것은 그들에게서 완전케 된 것을 보지 못한다는 것이다.

고린도 후서 7장 1절, "그런즉 사랑하는 자들아 이 약속을 가진 우리가 하나님을 두려워하는 가운데서 거룩함을 온전히 이루어 육과 영의 온갖 더러운 것에서 자신을 깨끗케 하자". 이 말씀은 성화에 대하여 말한다. 사도는 성도들에게 거룩함을 온전히 이루라고 말한다. 데살로니가 전서 5장 23절, "평강의 하나님이 친히 너희로 온전히 거룩하게 하시고…". 이 말씀도 온전한 성화를 말하고 있다. 주님은 사데 교회에게서 온전한 것을 찾지 못한다고 하셨다. 소위 개신교인들은 사람이 어떻게 온전해질 수 있느냐고 말한다. 요한 웨슬레 형제가 온전한 성화를 가르쳤을 때에도 사람들은 그의 가르침에 대해 완전주의라고 비평했다. 그렇지만 성경은 성경이다. 주님은 그분의 자녀들이 하늘에 계신 아버지의 온전하신 것처럼 온전하게 되기를 원하신다고 말씀하셨다(마 5:48).

우리는 완전주의의 문제점도 인식한다. 그러나 분명한 것은 성경에 온전한 성화라든지, 아버지의 온전하심과 같은 온전케 됨이 있다는 것이다. 주님은 교회가 어린아이가 되지 말고 그분의 장성한 분량에 이르기까지 자라야 한다고 말씀하셨다. 그런데 사데 교회는 주님께 완전한 면을 보여드리지 못한 것이다. 우리는 적어도 사도 바울에게서 온전케 된 한 사람을 볼 수 있다(빌 3:15, "우리 온전히 이룬 자들은 이렇게 생각할지니"). 그가 말하기를 "내가 그리스도를 본받는 자 된 것같이 너희도 나를 본받는 자 되라"(고전 11:1)고 했으니 우리 또한 그와 같이 온전케 될 수 있는 것이다. 만약 특별한 사람만이 온전케 될 수 있는 것이라면 그가 그런 말을 하지 않았을 것이다.

3a절, 그러므로 네가 어떻게 받았으며 어떻게 들었는지 생각하고 지키어 회개하라

주님께서 죽었다고 말씀하시면 다른 많은 말로 핑계대지 말고 회개해야 한다. 주님께서 가장 원하시는 것은 성도들이 회개하는 것이다. 주님은 회개하라고 하시면서 네가 어떻게 받았고 어떻게 들었는지를 생각하라고 하셨다. 오늘날 많은 그리스도인들의 실패는 그저 새로운 것을 듣고자 하는데 있다. 그러나 주님은 네가 과거에 어떻게 듣고 받았는지 생각하고 지키어 회개하라고 하신다. 사데 교회의 길은 회개에 있다. 진정 사데의 성도들이 회개한다면 길이 있다. 그러나 회개할 때 무조건 생각나는 대로 회개하는 것이 아니라 근본적인 회개를 해야 한다.

다시 개혁교회를 살펴보자. 그들이 반드시 생각해 보아야 할 것은 어떻게 해서 교회가 개혁되었는가이다. 그때 그들은 성경을 공개했고 핍박을 당하면서 이 믿음을 지키려고 했다. 그것은 루터가 그 당시에 지은 "환난과 핍박 중에도 성도는 신앙 지켰네"라는 찬송시에 잘 나타나 있다. 그때의 기세와 그때의 진리를 생각해 보아야 한다. 그러나 후세의 많은 사람들은 초기 개혁자들이 주님으로부터 어떻게 받았고 어떻게 들었는지를 생각하지 않고 그저 조상의 신앙을 자랑할 뿐이다.

그리스도인들은 주님께서 심판하실 때 반드시 그들이 이미 들은 것과 이미 받은 것을 따라서 심판하신다는 것을 알아야 한다. 사탄이 하는 일은 이미 들은 귀한 것들을 소홀히 여기게 만드는 것이다. 어린 성도들의 특징은 자신들이 이미 받은 것이 귀한 것인줄 모르고 새로운 것이 오면 과거에 귀하게 받았던 것을 버리는 것이다. 그러므로 사도 바울은 사역할 때 종종 이런 말을 했다. 갈라디아서 3장 1-4절, "어리석도다 갈라디아 사람들아 예수 그리스도께서 십자가에 못박히신 것이 너희 눈 앞에 밝히 보이거늘 누가 너희를 꾀더냐 내가 너희에게 다만 이것을 알려 하노니 너희가 성령을 받은 것은 율법의 행위로냐 듣고 믿음으로냐 너희가 이같이 어리석으냐 성령으로 시작하였다가 이제는 육체로 마치겠느냐 너희가 이같이 많은 괴로움을 헛되이 받았느냐 과연 헛되냐". 갈라디아 성도들은 율법의 선생들이 와서 새로운 것들을 말하는 것을 듣고서 과거에 받은 은혜의 복음과 성령을 소홀히했다. 그들이 과거에 이미 바울을 통해 주님에게서 받은 것들을 소홀히한 것이다.

갈라디아서 4장 8-9절, "그러나 너희가 그때에는 하나님을 알지 못하여 본질상 하나님이 아닌 자들에게 종 노릇 하였더니 이제는 너희가 하나님을 알 뿐더러 하나님의 아신 바 되었거늘 어찌하여 다시 약하고 천한 초등 학문으로 돌아가서 다시 저희에게 종 노릇 하려 하느냐". 갈라디아 성도들은 사도 바울이 가르친 말씀으로 잘 섰지만 다른 사람들이 와서 다른 가르침과 건강치 않은 가르침을 주었을 때 귀한 것이 무엇인지 모르고 빗나가 버렸다.

데살로니가 전서 2장 1절, "형제들아 우리가 너희 가운데 들어감이 헛되지 않은 줄을 너희가 친히 아나니". 여기서 사도 바울은 그가 데살로니가에 들어간 것이 헛되지 않다고 말한다. 사도 바울이 데살로니가에서 3주 동안 복음을 전하고 진리를 가르쳤는데 바울이 떠난 후에 다른 사람들이 와서 그가 일한 것을 무효화시키려 하고 있었다. 4장 1-2절, "종말로 형제들아 우리가 주 예수 안에서 너희에게 구하고 권면하노니 너희가 마땅히 어떻게 행하며 하나님께 기쁘시게 할 것을 우리에게 받았으니 곧 너희 행하는 바라 더욱 많이 힘쓰라 우리가 주 예수로 말미암아 너희에게 무슨 명령으로 준 것을 너희가 아느니라".

사도들의 사역에는 특징이 있는데, 그것은 사도들이 성도들에게 준 것을 생각나게 하고 버리지 않게 하는 것이다. 그러나 거짓 사도들은 성도들이 가지고 있는 귀한 것을 버리게 만든다. 그러므로 사데 교회에게 주님은 네가 어떻게 받았으며 어떻게 들었는지 생각하라고 하신다.

믿는이들이 이미 가지고 있는 좋은 것을 개발시켜주는 사역이 좋은 사역이다. 일 주일 전에 나는 40여 년 전에 구원받은 한 그리스도인을 만났다. 그 형제는 수십 년 전에 가지고 있었던 귀한 것을 다 잃어버리고 대신 다른 것들로 자신을 채우고 있었다. 그때 나는 그에게 다른 것이 아니라 그가 과거에 가지고 있었던 귀한 것을 찾아 주려고 애썼다. 나는 그에게 예수님께서 십자가에서 우리를 위해 고난받으심, 우리 죄를 씻기 위해서 피 흘리심, 하나님께서 그 아들을 이 땅에 보내주셔서 우리 죄인을 위해 십자가에 못 박혀 죽게 하신 일과 같은 것들을 다시 되찾아 주고자 했다.

나는 성경에서 사도 바울이 그러한 사역을 했다는 것을 알고 있다. 사데 교회에게 주님이 주시는 말씀도 어떤 새로운 것을 들으려 하지 말고 남아 있는 것을 견고케 하고 듣고 받은 것을 생각해 보고 지키어 회개하라는 것이다. 적어도 마틴 루터는 만인제사장설을 부르짖었다. 모든 성도들이 다 하나님의 제사장들로서 주님을 섬겨야 한다. 성직자만 섬기고 평신도들은 주일날 예배만 참석하는 모습은 개혁주의 신앙과 다른 것이고 신약성경과도 다른 것이다. 모든 성도들은 그리스도의 몸의 지체로서 다 살아있어야 하고 다 은사받은대로 섬겨야 하고 받은 직분대로 섬겨야 한다(고전 12장 참조).

3b절, 만일 일깨지 아니하면 내가 도적같이 이르리니 어느 시에 네게 임할는지 네가 알지 못하리라

교회는 언제나 깨어서 주님의 재림을 기다리는 성도들이 되어야 한다. 언제 오실지 모를 주님을 기다리는 마음으로 생활해야 한다. 주님께서 도적같이 이르신다는 말은 믿는이들에게 수치요 심판이다. 주님은 우리에게 그분이 도적같이 오실 것이니 너희들은 집 주인이 되어서 언제든지 문을 열어 주려고 기다리는 사람처럼 되라고 하셨다. 기다리는 사람은 깨어 있는 사람이다. 그는 주님이 오실 때 그분을 알아보고 문을 열어드릴 것이다. 이 구절에서 주님은 사데가 죽어 있을 뿐 아니라 잠자고 있다고 책망하신다. '일깨지 아니하면'이란 말은 영어로 '일어나지 않으면'(will not wake up)이다. 사데의 성도들은 잠자리에서 일어나야 한다.

데살로니가 전서 5장 2-6절, "주의 날이 밤에 도적같이 이를 줄을 너희 자신이 자세히 앎이라 저희가 평안하다, 안전하다 할 그 때에 잉태된 여자에게 해산의 고통이 이름과 같이 멸망이 홀연히 저희에게 이르리니 결단코 피하지 못하리라 형제들아 너희는 어두움에 있지 아니하매 그날이 도적같이 너희에게 임하지 못하리니 너희는 다 빛의 아들이요 낮의 아들이라 우리가 밤이나 어두움에 속하지 아니하나니 그러므로 우리는 다른 이들과 같이 자지 말고 오직 깨어 근신할지라".

주님의 재림 시에 세상 사람들은 그분의 오심을 모른다. 주님이 임하실 때 이 땅의 그리스도인들은 들림받게 되는데, 충성된 자들과 깨어 있는 자들이 먼저 휴거되고 이 땅에는 3년 반 동안 대환난이 있게 된다. 그 후 주님이 보좌를 떠나 공중에 재림할 때 모든 믿는이들은 공중으로 들림받게 된다. 잠자는 자들은 들림받지 못하게 된다. 이기는 자들이 휴거된 후로 이 땅에 있게 될 3년 반의 대환난은 이 세상에 있는 사람들을 심판하기 위한 것이다(계 3:10). 깨어 있지 않고 잠자는 사람들은 세상 사람들과 똑같이 이 환난을 통과하게 된다. 그런데 이러한 사실보다 더욱더 안타까운 것은 주님이 임하셨는데도 그것을 알지 못한다는 것이다. 왜냐하면 마취되어 세상 사람들과 똑같이 생활했기 때문이다. 주님이 오시는 것을 기다리지 않았기 때문에 그들은 주님이 오신 것을 알지 못하는 것이다.

'임할는지'라는 말의 헬라어에는 과거 시상이 들어 있는데, 이것은 임한 일이 이미 발생했다는 의미이다. 이미 주님의 재림이 시작되었는데 세상 사람과 똑같이 마취되어 살다 보니 그분의 임하심을 알지 못하는 것이다. 깨어 있지 않은 사람은 주님이 도적같이 이르실 때에 집을 지키지 않은 사람과 같다. 그들은 이미 도둑을 맞았는데도 그것을 모른다. 그러나 깨어 있는 사람들의 축복은 주님이 오시는 것을 안다는 것이다.

4a절, 그러나 사데에 그 옷을 더럽히지 아니한 자 몇 명이 네게 있어

사데의 사람들은 죽어있으며 잠자고 있으며 부정한 것이다. 그러나 분명한 것은 사데에 깨끗한 사람들이 있다는 것이다. 그렇지만 대다수는 더럽혀진 상태인 것이다. 사데에 만일 그 옷을 더럽히지 않은 사람들이 있다면 그들은 여느 사데 사람들과 다른 사람들이다. 사데의 이기는 자들은 세상적이고 죽어 있는 사데의 상태와 다르다. 그들은 사데의 더러운 것, 사망, 세상으로부터 분별된 사람들이다. 사데의 사람들은 대다수가 세상 사람들이 좋아하는 것을 좋아하고 세상 사람들이 추구하는 것을 추구한다. 돈과 명예와 사치 등을 추구하는 것이다. 오늘날 개신교의 많은 그리스도인들의 삶은 전혀 세상과 분별되지 않았다. 그들의 모습에는 보혈의 씻음받은 흔적이 없는 것이다.

그러나 사데에 그 옷을 더럽히지 아니한 자 몇 명이 있다. '몇 명'이라는 말로 보아 사데의 이기는 자들은 아주 소수라는 것을 알 수 있다. 주님은 많은 사람들을 주의하시지 않고 소수를 주의하신다. 그분은 그 옷을 더럽히지 않은 몇 명을 알고 계신다. 오늘날 많은 사람들이 외치는 말 중에는 온 교회가 연합하고 섞여야 한다는 가르침이 있다. 1800년대에 다비와 함께한 형제들은 분별되는 것을 많이 이야기했다. 그런데 1900년대에 들어와서 그 후에 일으켜진 회복 운동에서는 연합과 섞임에 대해 많이 말했다. 이 모든 것들에 균형이 있어야 한다. 어떤 곳에서는 분별되어야 하고 어떤 곳에서는 연합이 필요하다. 아무 곳에나 섞이고 연합해서는 안 된다. 이러한 일은 진리가 분명치 않음으로 인해 발생한다. 만일 어떠한 것이 불의요 불법이요 어두움이라면 그것과 섞여서는 안 된다. 디모데 후서 2장과 3장은 큰 집에는 금그릇과 은그릇이 있고 나무와 질그릇이 있는데 거기서 깨끗케 되어야 귀한 그릇이 된다고 가르친다. 그러면서 주님을 깨끗한 마음으로 부르는 자들과 함께하라고 가르친다.

바울은 디모데에게 경건의 모양은 있지만 능력은 부인하는 자들이 있다고 하면서 그러한 자들에게서 너는 돌아서라고 말한다. 그들과 섞여서 그들이 하는 것을 배우고 영향받을 것이 아니라 그런 무리에서 돌아서야 한다는 것이다. 어쨌든 사데의 죽어 있는 상태에서 분별된 몇 명이 있다. 주님은 그들이 누구인지 알고 계신다.

4b절, 흰옷을 입고 나와 함께 다니리니 그들은 합당한 자인 연고라

흰옷은 하나님께 인정된 옷, 깨끗한 옷, 분별된 옷을 뜻한다. 흰옷의 반대는 검은 옷, 더러운 옷이다. 어두운 데 다니는 사람들은 자신이 어두운 일을 하지 않아도 어둡게 된다. 우리 자신이 참으로 흰옷을 입고 주님을 기다리는 자인지 아닌지 스스로 알 수 있다. 자신이 진정으로 분별된 사람인지, 하나님께 인정된 옷을 입고 있는지 아는 것이다. 범사에 분별되고 범사에 깨끗하고 거룩한 생활을 하는 사람이 자신이 흰옷을 입은 사람인지 모를 리 없다. 주님은 그러한 자들과 함께 다니시겠다고 말씀하신다. 주님과 함께 다니는 것보다 더 귀한 것이 어디 있겠는가? "흰옷을 입고 나와 함께 다니리니" 이 말씀은 너무나 좋다. 주님은 산 자의 하나님이시요 죽은 자의 하나님이 아니시기에 살아 있고 거룩한 옷을 입고 있는 자들과 함께 다니신다. 오늘 날 성도들은 무조건 자신들이 신자인고로 주님이 함께 다니리라고 생각하지만 이 구절에 의하면 주님은 더러워진 자들과는 함께 다니시지 않는다.

주님께서 그들과 함께 다니시는 것은 그들이 합당한 자인 연고이다. 사데에 이렇게 합당한 자들이 있음을 인해 하나님께 감사한다. 우리는 마땅히 그리스도인으로서 하나님께 합당한 자가 되어야 한다. 주님께 합당하게 행하는 자들이 아니라면 주님이 그들과 함께 동행하시지 않는다는 것을 명심하기 바란다. 성도들의 행동 하나 하나가 중요하지 않은 것이 아니다. 내가 항상 드리는 기도 구절이 있다. 골로새서 1장 10절이다. "주께 합당히 행하여 범사에 기쁘시게 하고" 에베소서 4장 1절도 부르심을 입은 부름에 합당하게 행하라고 말씀하신다. 데살로니가 후서 1장 5절이 말씀하는 것도 하나님께서 지금 우리를 연단하고 가르치고 계시는 것은 우리를 그분께 합당하게 하고 그 나라에 합당하게 하고 그분의 부르심에 합당하게 하시기 위한 것이다.

5절, 이기는 자는 이와 같이 흰옷을 입을 것이요 내가 그 이름을 생명책에서 반드시 흐리지 아니하고 그 이름을 내 아버지 앞과 그 천사들 앞에서 시인하리라

오늘 이 시대에 우리는 반드시 이기는 자가 되어야 한다. 이기는 자가 되면 우리는 주님께 보상을 받게 된다. 주님은 이미 이 시대가 두아디라와 같이 되고 사데와 같이 되고 라오디게아와 같이 될 것을 아셨다. 그러므로 주님은 그러한 상황 가운데서 우리가 이기는 자가 되기를 원하신다. 이기는 자에게 그분은 흰옷을 보상으로 주실 것이다. 전체적으로 사데 교회는 부패하고 타락하겠지만 거기에 거룩하고 깨끗한 이기는 자들이 있다.

주님께서 이기는 자에게 주시는 또 다른 보상은 생명책에서 흐리지 않는 것이다. 계시록 13장에는 창세로부터 생명책에 녹명되지 못한 자에 대해 말한다. 이 말씀은 이 생명책이 창세로부터 있다는 것을 알려준다. 하나님 앞에 한 권의 책이 있는데, 그것은 생명책이다. 모세는 이것을 알았기 때문에 이스라엘 백성들이 금송아지를 섬겼을 때 이들을 구원해 달라고 하나님께 구하면서 차라리 자신의 이름을 생명책에서 지워달라고 기도했다. 사도 바울 또한 빌립보서에서 동역자들의 이름이 생명책에 있다고 말했다.

이기는 자들에 대한 보상으로서 생명책을 언급할 때 주의할 것은 또한 영생을 위한 생명책도 있다는 것이다. 요한 계시록 20장은 생명책에 기록되지 못한 자들이 심판받아 지옥에 간다고 말한다. 거기서 언급된 생명책은 영생을 위한 생명책이다. 이외에 주님이 사데 교회의 이기는 자에게 주시는 보상으로서 생명책에서 그 이름이 흐려지지 않는다는 것은 믿는이들에 관계된 것이다. 믿는이들도 생명책에 그 이름이 씌어졌다가 지워질 수 있다. 모세는 자신의 이름이 생명책에 기록된 것을 알았다. 왕국 시대에 왕 노릇 할 사람은 적어도 생명책에 그 이름이 기록된 사람들이다. 오늘 우리가 이 교회 시대에 어떻게 행했는가에 따라 우리의 이름이 생명책에 기록될 수도 있고 흐려질 수도 있다. 주님은 사데의 이기는 자들의 이름을 절대로 생명책에서 흐리지 않으시겠다고 말씀하신다. 이러한 말씀은 사데의 이기는 자들이 왕국 시대에 왕 노릇 할 자들임을 보장하는 것이다. 그리고 사데의 죽어 있는 많은 성도들이 그날 생명책에서 지워질 가능성에 대하여 시사하고 계시는 것이다. 사데의 이기는 자들은 생명책에서 지워지지 않겠지만, 이름만 살아 있고 실상은 죽어 있는 많은 사데인들은 왕국에서 그들의 이름이 지워질 것이다.

성경에는 많은 이름이 기록되어 있다. 로마서 16장에서 바울은 로마 성도들의 이름을 하나하나 기록했다. 디모데 후서 4장에는 "데마는 세상을 사랑하여 데살로니가로 갔고"라는 말이 기록되어 있다. 당시의 사람들은 아마 사도 바울이 기록한 그 글이 성경이 되리라고 생각지 못했을 것이다.

그의 말이 성경이 되었다는 것은 하나님께서 그의 말을 하나님의 말씀으로 인정하셨다는 뜻이다. 당시 바울은 '주님을 많이 사랑하고 인정받은 아무개', '하나님께 인정받은 아무개', '하나님을 많이 사랑하고 수고하는 아무개'라고 썼다. 바울이 말한 것이 성경이 되었으므로 이 이름들은 본질상 생명책에 기록된 것과 같다. 만일 바울이 어떤 사람을 '주님을 사랑하지 않는 아무개'라고 기록했다면 그 사람은 생명책에 그와 같이 기록될 것이다. 바울은 빌립보서에서 글레멘드 등 자신의 동역자들의 이름을 대면서 그들의 이름이 생명책에 있다고 말한다(빌 4:3).

영적인 믿는이들 눈에 성도들이 어떻게 인정되고 어떻게 기록되는가는 장래 하늘에 기록되어 있을 것과 큰 차이가 없을 것이다. 또 다른 인생, 또 다른 교회 생활이 있다고 생각하지 말라. 오늘 이 시대에 경건한 성도들의 양심에 새겨지는 것은 그날 하나님께 알려지는 것과 같을 것이다(고후 5:11). 바울은 동역자들이었던 자매들이 생명책에 기록되었다는 것을 어떻게 알았는가? 그의 성도에 대한 영적인 인식과 깊은 느낌 속에서 그들이 생명책에 기록된 것을 알았을 것이다. 이와 같은 방식으로 오늘 우리도 성도들의 이름이 생명책에 기록되었는지의 여부를 어느 정도 알 수 있다고 생각한다.

"그 이름을 내 아버지 앞과 천사들 앞에서 시인하리라". 누가복음 6장 22절에서 주님은 "인자를 인하여 사람들이 너희를 미워하며 멀리하고 욕하고 너희 이름을 악하다 하여 버릴 때에는 너희에게 복이 있도다"라고 하셨다. 여러분은 이 땅에서 주님 때문에 사람들의 미움을 받고 멀리함을 당한 적이 있는가? 만일 환영만 받았다면 당신은 위험한 사람이다. 사도 바울은 악한 이름도 가져보고 선한 이름도 가져보았다고 말했다. 여러분은 주님으로 인해 악한 이름을 가진 적이 있는가? 주님은 "너희 이름을 악하다 하여 너희를 버릴 때에는 너희에게 복이 있도다"라고 말씀하신다. 주님의 이름은 이 땅에서 버려진 이름이다. 그러나 하나님께서 그 이름을 높이셨다. 이 땅에서 사람들은 나사렛 이단이라 업신여기며 심지어 십자가에 못박으면서 그 명패에 유대인의 왕이라고 썼다. 사람들은 예수라는 이름을 치욕스럽게 만들었지만 하나님은 그분의 이름을 존귀케 하셨다.

이기는 자가 되려면 이 시대에 많은 사람들로부터 그 이름이 악하다 하여 버려짐을 당할 것이다. 주님의 보상은 공의에 따라 이루어진다. 오늘날 사데의 이기는 자들의 이름은 이 땅에서 버려진 이름일 것이다. 그러기에 주님은 그의 이름을 생명책에서 흐리지 않겠다고 말씀하신다. 사람들은 그들의 이름을 흐리게 하고 제하려고 하지만 주님은 그들의 이름을 생명책에서 흐리지 않겠다고 약속하신다. 사람들은 주님을 대했던 것과 똑같은 원칙으로 그들의 이름을 부인하고 멸시하지만 주님은 그 이기는 자들을 내 아버지 앞과 천사들 앞에서 시인하겠다고 하신다. 주님은 그분께 충성된 자가 누구인지, 그분으로 인해 욕을 먹고 버림받은 자가 누구인지 아신다. 오늘날 사람들은 그러한 자를 알아주지 않지만 그날 주님은 그들의 이름을 아버지 앞과 천사들 앞에서 시인하겠다고 말씀하신다.

이러한 말씀은 낙심하지 않도록 우리의 마음을 위로하고 격려하는 말씀이다. 그러한 상황에서 이기면 그러한 보상을 받으리라고 말씀하심으로 우리에게 힘을 주고 격려하신다. 사람들의 평판이나 칭찬이나 여론을 주의하지 말라. 그러한 것들은 아무것도 아니다. 그날에는 우리가 얼마나 충성되었는지, 얼마나 그분 앞에 합당하게 행했는지가 중요하다. 우리가 이렇게 행할 때 주님은 반드시 우리를 기억하시고 그날 아버지 앞에서 우리의 천하고 작은 이름을 시인하겠다고 약속하셨다. "주여, 나는 그 날에 당신의 면전에서 인정받기 원합니다. 당신의 입으로 친히 나의 작은 이름을 시인하여 불러주시기를 간절히 소원하며 기도합니다!"

6절, 귀 있는 자는 성령이 교회들에게 하시는 말씀을 들을지어다

이기는 자에 대한 보상을 말씀하신 후 주님은 들을 귀가 있는지 물으신다. 서두에 말한 바와 같이 사도들이 떠난 후에 이 땅에 있는 교회들은 주님께서 친히 사도를 통해서 주신 이러한 말씀을 잘 간직하고 기억함으로 반드시 이기는 자가 되어야 한다. 주님께서 여러분을 축복해 주시기 바란다.

빌라델비아 교회

빌라델비아 교회는 일곱 교회 가운데서 주님이 유일하게 칭찬만 하신 교회이다. 마지막 시대에 이러한 교회가 나타날 때 주님은 다시 오신다. 이 말씀에 근거할 때 빌라델비아 교회의 성질을 지닌 사람들이 많이 휴거될 것이므로 우리는 빌라델비아 교회에 대해 잘 살펴볼 필요가 있다. 빌라델비아는 헬라어 '필레오'와 '아델포스'의 합성어이며 '형제 사랑'이라는 뜻이다. 따라서 '빌라델비아 교회'는 '형제 사랑'의 교회이다.

7절, 빌라델비아 교회의 사자에게 편지하기를 거룩하고 진실하사 다윗의 열쇠를 가지신 이, 곧 열면 닫을 사람이 없고 닫으면 열 사람이 없는 그이가 가라사대

거룩하고 진실하사

주님은 서신마다 그분 자신의 어떠함을 밝히신다. 그분은 밧모섬의 요한에게는 영화로우신 분, 심판자, 전능자의 모습으로 나타나셨으며, 두아디라 교회에게는 불꽃같은 눈과 풀무에 단련한 주석 같은 발을 가지신 분으로, 버가모 교회에게는 좌우에 날선 검을 갖고 계신 분으로, 사데 교회에게는 일곱 영과 일곱 별을 갖고 계신 분으로 계시되신다.

그러나 주님은 빌라델비아 교회에게는 자신을 심판자로서가 아니라 다만 거룩하고 진실하신 분으로 계시하신다. 주님이 빌라델비아 교회에게 그렇게 말씀하신 이유는 무엇인가? 빌라델비아 교회는 주님께서 심판하시거나 책망하실 만한 어떤 것도 없는, 그분의 마음에 맞는 교회이기 때문이다. 그들은 그야말로 주님의 어떠하심, 주님의 본질과 성품을 그대로 가지고 있는 교회이다. 그러기에 주님은 그 교회에 편지하실 때 특별히 자신을 좌우에 날선 검으로 심판하실 분이나 불꽃 같은 눈과 불로 연단한 주석 같은 발을 가지신 분으로 말씀하시지 않고 다만 거룩하고 진실하신 분이라고 말씀하신다. 그러한 표현은 그리스도의 원래의 인격을 말한다. 그분은 교회의 하락과 부패를 막기 위해 1장의 형상을 가지셨지만 빌라델비아에게 그분은 자신을 원래의 인격의 본질이신 거룩하시고 진실하신 분으로 말씀하신다.

주 예수님이 부활 승천하신 뒤, 사도행전 13장 34절에서는 그분을 거룩하신 분이라고 말한다. 그분은 또한 진실하신 분이시다. 그분이 진실하신 분이라는 말은 그분이 진리임을 나타낸다. '진리'는 헬라어로 '알레쎄이아(ἀλήθεια)'인데, 여기서 '진실'에 사용된 헬라어는 '알레티노스'로서 모조품이 아닌, 진실하고 참된 것이라는 뜻을 지니고 있다.

주님께서 사데 교회에게는 자신을 일곱 영과 일곱 별을 가지신 분으로 말씀하셨다. 주님은 그들을 살았다 하는 이름은 가졌으나 죽은 자라고 하셨다. 사데 교회는 그들이 믿는 바를 자랑했다. 그러나 빌라델비아 교회는 사데 교회와 같이 무엇을 믿는다는 사실을 중요시한 것이 아니라, 주님 자신의 인격과 주님의 도덕적인 성품 자체를 중요시했다. 오늘날 많은 그리스도인들은 자신들의 믿는 바를 중요시한다. '칭의'라는 진리도 그와 같은 것이다. 사람들은 어떻게 해서 의롭게 되었다는 사실을 믿은 것을 즐겨 말한다. 많은 사람들은 구원받은 것에 대해서도 어떻게 해서 죄 사함을 받았으며 그 증거는 몇 장 몇 절이며 어떤 말씀을 믿었다고 말할 뿐 주님 자신의 인격과 성품과 그분의 어떠하심을 알려 하지 않는다.

어떠한 사실을 믿는다는 것을 중요시하는 것과 주님 자신의 인격과 어떠하심을 사랑하는 것에는 큰 차이가 있다. 과거에 진리가 하나씩 회복될 때마다 사람들은 그 회복된 진리들을 자랑했다. 그리스도인들이 이런 성향에 빠지기란 매우 쉽다. 그러나 빌라델비아 교회는 어떠한 교리나 신조를 자랑하지 않고 주 예수님 인격 자체를 사랑했다. 그러므로 그 교회에게 주님은 다만 그분의 어떠하심을 드러내어 자신을 거룩하고 진실하신 분이라고 하신 것이다.

만일 빌라델비아 교회가 그분의 거룩함과 진실함을 닮지 않았다면, 그러한 성질을 가지고 있지 않았다면, 그분이 그러한 분으로 나타나실 리가 없다. 왜냐하면 일곱 교회들에게 자신을 어떠한 분으로 각각 나타내신 것은 그 교회의 필요에 따른 것이기 때문이다. 버가모 교회는 세상과 연합했기 때문에 그 교회에게 주님은 날선 검을 가지신 분으로 계시되었다. 두아디라 교회에게는 그 눈이 불꽃 같고 그 발이 빛난 주석과 같은 하나님의 아들로 계시되셨는데, 그것은 두아디라 교회에 조직화되고 거짓된 가르침이 많았기 때문이다. 주님은 그것에 대해서 불꽃같은 눈으로 그 간교하고 거짓되게 조직화된 부분을 드러내셔야 했다. 이와 같이 일곱 교회에 나타나신 주님의 어떠하심과 각 교회와는 관계가 있다. 빌라델비아 교회에게 그분은 거룩하고 진실하신 분으로 나타나셨다. 이는 마치 아버지가 자녀들의 상태에 따라 그 얼굴빛과 모습이 달라지는 것에 비할 수 있다.

여기서 진실이라는 말에 대해서 한 번 더 생각해보자. 주님의 말씀에 계시된 대로, 주님의 원래 그 모습은 진실하신 분이신데 그러한 분에게서 떠나는 것은 문제가 있다. 우리는 사복음서와 서신서에서뿐 아니라 구약에서도 예수 그리스도께서 어떠한 분이신지를 알 수 있다. 그런데 기묘하게도 잘못된 가르침을 듣다 보면 예수님의 원래 모습과는 다른 인상을 받게 된다.

예수 그리스도는 어떠한 분이신가? 그분은 가난한 목수의 아들로 말구유에 태어나시고 이사야 53장에서 말한 바와 같이 마른 땅에서 나온 줄기처럼 슬픔의 사람으로 사시다가 골고다에서 십자가에 못박혀 죽으신 분이다. 그분은 이 땅에서 어떤 일을 크게 성취한 것처럼 보이지 않으신다. 그저 제자들 열두 명을 데리고 다니시면서 많은 사람들을 가르치시다가 결국 버림을 받으셨다. 그러나 그분은 많은 사람을 사랑하셨고 죄인을 구원하셨다. 그런데 오늘날 이러한 말씀에서 계시된 진실하신 그리스도에 대한 인상을 흐리게 하는 많은 가르침이 있다. 그런 가르침은 우리로 하여금 참된 주님의 모습에서 떠나게 한다. 사람에게도 각 사람마다 어떤 인상이 있다. 그 나름대로의 색깔과 향기가 있는 것이다. 주님도 그러하시다. 우리가 사복음서를 대할 때 주 예수님의 본래의 그 특징이 있음을 알 수 있다. 우리는 그러한 주 예수님을 믿고 사랑하는 것이다. 주님의 이름과 인격의 어떠하심을 지키는 신앙은 매우 중요한 것이다. 거룩하심과 진실하심은 바로 그분의 인격이다.

요한 일서를 보면 아비들의 특징은 태초부터 계신 분을 아는 데 있다.

아비들은 하나님을 아는 사람들이므로 쉽게 미혹되지 않는다. 그들은 주님이 어떠한 분이신지 아는 사람들이다. 아비들이 주님을 알듯이 빌라델비아 교회는 주님의 거룩하고 진실하신 본성을 알고 있으므로 주님의 사랑과 칭찬을 받았다. 오늘날 이것을 잃어버린 교회가 많다. 그러나 우리는 주님이 자신을 거룩하고 진실하신 분이라고 선포한 이 말씀만으로도 빌라델비아 교회의 상태를 어느 정도 짐작해 볼 수 있다.

다윗의 열쇠를 가지신 이

빌라델비아 교회는 다윗의 열쇠를 가졌다. 다윗의 열쇠는 이사야 22장에도 나오는데, 이사야 22장에서 궁내 대신 셉나가 자신의 좋은 묘실을 준비하는 등 국고를 맡은 일을 잘못함으로 인해 하나님께서 그의 직분을 엘리아김에게 대신하게 하시고 그로 다윗의 열쇠를 가지고 관리하게 하실 것이라 말씀하신다. 간단하게 말해서 다윗의 열쇠는 왕국의 열쇠요 부활의 열쇠이다. 그런데 셉나라는 사람은 어떻게 하면 잘 죽을 것인지를 생각하면서 자신의 묘실을 준비하였다. 그는 부활에 대한 소망이 없는 사람이었다. 그로 인해 그는 자신의 직분을 엘리아김에게 빼앗겼고 하나님의 왕국을 다스리는 다윗의 열쇠는 엘리아김에게 넘겨졌다.

그런데 여기서 주목할 것은 참으로 다윗의 열쇠를 가지신 분은 예수 그리스도시라는 것이다. 예수 그리스도께서 왕국의 열쇠를 가지고 계시기 때문에 그분이 열면 닫을 사람이 없고 닫으면 열 사람이 없다. 계시록 1장에서는 주님이 사망과 음부의 열쇠를 갖고 계신다고 말한다(계 1:18).

8절, 볼지어다 내가 네 앞에 열린 문을 두었으되 능히 닫을 사람이 없으리라 내가 네 행위를 아노니 네가 적은 능력을 가지고도 내 말을 지키며 내 이름을 배반치 아니하였도다

주님은 여기에서 빌라델비아 교회 앞에 열린 문을 두셨는데 능히 닫을 사람이 없다고 하셨다. 오늘 참 다윗의 열쇠는 주님이 갖고 계신다. 주님께서는 왕국의 문을 다윗의 열쇠로 열기도 하고 닫기도 하신다. 신약 고린도전서 16장에서도 그 문에 대해 말한 바 있는데, 그곳에서는 바울에게 광대하고 공효를 이루는 문이 열렸다고 말한다(9절). 이외에도 골로새서 4장에서는 전도의 문에 대해 말한다(3절). 이곳의 문은 사역의 문으로서 전도할 문이 열린다는 것은 사역의 문이 열리는 것을 뜻한다. 주님은 빌라델비아 교회에게 이러한 사역의 문, 열린 문을 이미 주셨다고 말씀하셨다.

빌라델비아 교회는 어떠한 사람들인가? 그들은 주님의 말씀을 배반치 않는 사람들이다. 나는 과거에 주님의 말씀을 배반치 않고 그 이름을 지키는 것에 대하여 매우 교리적인 인식을 갖고 있었다. 즉 서로를 형제자매로 부르고 교회 이름을 종파적으로 갖지 않는 등 이러한 외적인 어떤 것을 지키는 것을 말씀을 지키는 것이라고 생각한 적이 있다.

물론 교회에는 니골라 당의 교훈을 지키지 않아야 하고 절대 계급제도를 가져와서는 안 된다는 것 등 주님의 말씀을 지키는 데 있어서 매우 중요한 것들이 있다. 그러나 우리는 모든 일에 본질의 문제가 있음을 보아야 한다. 과연 우리가 말씀을 지키는 것은 무엇을 위한 것인가? 자신을 위한 것인가, 다른 이들을 위한 것인가? 이런 것이 본질적인 문제인 것이다. 과거에 내가 진리를 지킨다고 자부하였지만 그 바탕에 자신의 영성을 위한 성분이 많았던 것을 시인하지 않을 수 없다. 나는 말씀을 지키는데 다른 사람들은 지키지 않는다고 판단했다. 그러니 자동적으로 바리새인 같은 신앙을 갖게 될 수밖에 없었다. 사실 진리란 교리나 자구(字句)가 아닌 주님 자신이요 인격이신 그리스도이시다(요 14:6). 오늘날 가장 대하기 어려운 그리스도인들이 소위 진리를 잘 안다 하고 나름대로 지킨다고 하는 사람들이다. 이들의 진리를 나름대로 지키려는 열정을 나무라고 싶지는 않다. 그러나 사탄은 교묘하게도 그러한 신자들을 교만과 편협의 벽 안에 가둔다. 그들은 나름대로 진리를 지킨다고 생각할 것이지만 사역의 문은 열리지 않는다. 왜 열린 문이 없는가? 그러한 것들이 실상은 주의 말씀을 지키는 것이 아니기 때문이다. 진리를 지킨다고 하는 망상일 뿐 실상 주님 자신인 진리는 저 멀리 있는 것이다. 그들은 옳다는 것을 진리로 착각한 것이다. 이 세상에 옳다는 것을 붙잡은 사람들처럼 대하기 어려운 사람들이 없다. 말씀을 지키는 것은 옳다는 것을 지키는 자들이 아니요 말씀이신 주님을 따르는 자들이다.

교회가 진리를 가지고 있는가 없는가만 보아서는 안되고 계급화와 조직화된 것을 주의 해야 한다. 발람과 니골라당은 교회가 조직화 될 때 생겨나는 현상이다. 말씀에 의하면 "예수께서 제자들을 불러다가 이르시되 이방인의 집권자들이 그들을 임의로 주관하고 그 고관들이 그들에게 권세를 부리는 줄을 너희가 알거니와 너희 중에는 그렇지 않아야 하나니 너희 중에 누구든지 크고자 하는 자는 너희를 섬기는 자가 되고 너희 중에 누구든지 으뜸이 되고자 하는 자는 너희의 종이 되어야 하리라 인자가 온 것은 섬김을 받으려 함이 아니라 도리어 섬기려 하고 자기 목숨을 많은 사람의 대속물로 주려 함이니라"(마 20:25-28) 라고 하신다. 주님 말씀은 교회는 세상 조직과 그 자체가 다르다는 것을 말씀하신다. "너희 중에는 그렇지 않아야 하나니"가 그 말씀이다. 이 세상 조직에서는 다스리는 사람이 위에 있어야하고 고관이 되어야 다스리는데 편리하다. 그래야 아랫사람들에게 권세를 부리고 편하게 다스리는 것이다. 그러나 하나님의 나라는 이와 반대라는 말이다. 주님은 "누구든지 크고자 하는 자는 섬기는 자가 되어야 하고 으뜸이 되고자 하는 자는 종이 되어야 한다"고 말씀하신다.

교회가 조직화 되면 자연 계급이 생겨나고(이것을 니골라당이라 하고 이들의 이득을 취하려는 습관과 의도를 발람이라 하는 것이다) 사람들은 그 조직속에서 어찌하든지 사람들위에 오르려 하고 높은 지위를 추구하는 것이다. 이것은 주님의 말씀을 지키는 것과 정 반대의 길이다. 이러한 조직안에서는 아무리 순수한 마음을 갖고 사역을 한다 해도 이미 그들의 위치와 지위 자체가 말씀을 위반한 상태에 있는 것이다. 따라서 성도들은 하나님의 말씀을 온전히 지킨다는 것이 간단한 문제가 아니라는 것을 반드시 깨달아야 한다.

사도 바울은 이러한 주의 말씀을 순종한 사람이다. 그는 결코 성도들 위에 군림하면서 사역한 사람이 아니다. 그는 고린도 성도들에게 이렇게 말한 적이 있다. "내가 모든 사람에게서 자유로우나 스스로 모든 사람에게 종이 된 것은 더 많은 사람을 얻고자 함이라"(고전 9:19). 그는 진실로 모든 사람에게 자신을 낮추고 종이 되는 길을 갔다. 바울 자신으로서는 다른 사람들에게 하등의 종이 될 필요가 없는, 사람들 아래로 가며 묶일 필요가 없는 사람이었다. 그러기에 그는 자신을 모든 사람에게 자유하였다고 말한다. 그러나 그는 사람들을 섬길수 있기 위해 모든 사람에게 종이 되었다고 말한다. 그는 이미 유대인의 신분이나 율법의 굴레를 벗어난 사람이다. 그러나 그는 자신을 미워하고 오해하며 핍박하는 사람들 아래로 기꺼이 내려갔다. 이것은 주 예수를 닮은 것이다. 그러기에 주님은 바울에게 유대인과 이방인을 섬길 수 있는 은혜를 주실 수 있었던 것이다. 오늘날 얼마나 많은 사람들이 교회 안에서 이방인의 풍습을 따라 성도들 위에 올라가 높은 지위를 얻고 사람들을 다스릴 수 있어야 사역할 수 있다고 생각하는지!

우리가 만일 진정으로 주님이 기뻐하시는 교회를 건축하는 사역을 하려면 반드시 사도들의 섬김의 본을 따라야 한다. 그것은 곧 우리가 섬기려는 사람들 아래로 내려가야 하고 그들의 느낌과 생각을 경청할 수 있어야 한다. 이것은 마치 가정에서 좋은 부모가 자녀들 아래로 내려가 그들을 잘 양육하는 것과 같다. 위에서 군림하고 가부장적인 관념으로 자녀들을 대하는 부모는 그렇게 좋은 양육을 자녀들에게 줄 수 없다. "앉아서 먹는 자가 크냐 섬기는 자가 크냐 앉아 먹는 자가 아니냐 그러나 나는 섬기는 자로 너희 중에 있노라"(눅 22:27). 주님은 부모와 같이 자녀를 위해 물질을 준비하고 식사를 준비하는 등 모든 면에서 자녀들의 종노릇을 하는 것 처럼 우리를 섬기시는 분이라고 말씀하신다. 우리는 이러한 주님을 과연 닮았는가? 그리고 우리는 이러한 그리스도의 진리를 순종하여왔다고 자부할 수 있는가? 우리가 한 진리 한 진리 지키는 그리스도인들이 아니라면 결코 빌라델비아 교회라고 말할 수 없다.

어떤 일에서 우리는 성경에서 말씀이 어떻게 되어 있는가만 피상적으로 보아서는 안 되고 깊이 상고하며 특정한 일에서 하나하나 주님이 어떻게 행하시는가를 보아야 한다. 어떤 일을 할때마다 '주님은 과연 이 일을 어떻게 하실까?'를 항상 물어야 한다. 또한 '내가 이 일에서 어떻게 다른 이를 위해 살 수 있는가?'를 물어야 한다. 왜냐하면 주님이 남을 위해 사신 분이기 때문이다(롬 15:1-3). 이것이 본질적으로 주님의 이름을 배반치 않는 것이요 주님의 말씀을 지키는 것이다. 성경의 본질은 목숨을 다하고 힘을 다해 주님을 사랑하는 것이요 이웃을 내 몸과 같이 사랑하는 것이다. 이는 주관적이고 인격적인 면에서 주님의 이름을 붙잡는 것이요 그 말씀을 지키는 것이다. 주님은 이렇게 말씀대로 사는 이에게 열린 문을 주셨다고 말씀하셨다.

내가 네 행위를 아노니

앞에서 말한 문이 열리는 조건을 살펴보자. 8절이 한글 개역 성경에는 "볼지어다 내가 네 앞에 열린 문을 두었으되…내가 네 행위를 아노니"라고 되어 있지만 영문 성경에는 "볼지어다 내가 네 앞에 열린 문을 두었으되" 라는 구(句) 앞에 "내가 네 행위를 아노니"라는 구(句)가 먼저 언급되어 있다. 이것은 주님이 그들에게 열린 문을 주신 것은 그들의 행위가 그러했기 때문임을 가리킨다. 그것은 어떤 행위인가? 적은 능력을 가지고도 주님의 말씀을 지키고 주님의 이름을 배반치 않은 것이다. 그들은 주님께서 열린 문을 주실 만한 행위를 가지고 있었다.

주님께서 '네 행위를 안다'고 하시는 말씀은 참으로 귀하다. 한 번 생각해 보자. 주님의 말씀을 지키고 그분의 이름을 배반치 않는 외로운 길을 가는 사람들은, 때로 사람들이 다 그들을 향해 이상하다고 말하면 '내가 잘못된 것은 아닌가' 하는 생각에 빠져 혼돈될 수 있다. 그러므로 주님의 격려의 말씀이 필요한 것이다. 주님은 내가 네 행위를 안다고 말씀하신다. 주님의 말씀을 지키고 그분의 이름을 배반치 않는 것이 참 좋다고 하신다. 다른 교회에는 사업도 있고 열심히 일도 했으며 많은 행위도 있었다. 그러나 그러한 것들보다 주님이 기뻐하시는 것은 그분의 말씀을 지키고 그분의 이름을 배반치 않는 것이다. 주님께서는 믿는이들의 충성된 행위를 아신다. 그러므로 그들 앞에 열린 문을 두셨다고 하신 것이다.

적은 능력을 가지고도

빌라델비아 교회의 또 다른 특징은 '적은' 데 있다. 빌라델비아는 적은 능력을 가진 교회였다. 오늘날 많은 인수의 증가가 있는 교회는 오순절 교회이다. 은사주의, 성령 운동을 가진 이들에게 인수의 증가가 많다. 그들은 병을 고치고 방언을 하며 능력 행하는 것을 매우 강조한다. 그러므로 만일 우리가 병을 고치거나 능력을 행하지 못하면 성령 침례를 받지 않았다거나 주님을 섬기는 능력을 받지 않았다고 말한다. 그들이 하는 것을 보니 정말 능력이 있는 것처럼 보였다.

그런데 내가 간증할 수 있는 것은 하나님께서 우리에게 큰 능력을 주시지 않았다는 것이다. 여러분 중에 큰 능력을 원하는 이들이 혹 있을 수도 있다. 그러나 주님의 예언의 말씀에 의하면 빌라델비아 교회가 나타나는 마지막 시대에는 초기 오순절 때에 나타났던 강한 능력과 은사가 많지 않다는 것이다. 그러므로 그러한 것을 그렇게 기대할 필요가 없다. 주님이 칭찬하신 교회는 그리 큰 능력을 갖지 않았다. 빌라델비아 교회는 주님이 칭찬만 받은 유일한 교회임을 기억하자! 마지막 시대에 주님이 칭찬하시는 교회는 적은 능력으로 그분의 말씀을 지키는 교회이다. 그러한 교회가 나타날 때 주님은 재림하신다. 그러한 교회는 큰 능력을 실행하는 것이 아니라 적은 능력으로 주님의 말씀을 지키고 그분의 이름을 배반치 않는 교회이다. 그러한 무리가 일어나는 것이 마지막 시대에 있는 일이다. 그러므로 나는 오늘 우리가 가져야 할 본성은 바로 빌라델비아의 본성이라고 말한다.

우리나라에 손양원이라는 목사님이 있었다. 그분은 순교했는데 이러한 내적인 생명을 알았던 분이다. 한 번은 그분이 부산 모 교회에서 집회를 인도하는데 뒤에서 어떤 사람이 "목사님, 제 눈이 떠졌습니다!"라고 외쳤다. 손목사님은 설교를 하다가 그 말을 듣고 "하나님께서 당신의 눈을 뜨게 하신 것이지 나의 능력 때문이 아닙니다."라고 말했다 한다. 나는 그 말을 참 감명 깊게 들었다. 오늘날의 어떤 일꾼 같으면 "내가 누구누구의 눈을 뜨게 했다! 내가 누구누구의 다리를 고쳤다!" 하면서 광고할 것이다.

나는 이 시대에도 필요하면 주님이 그러한 큰 능력을 행사하실 것임을 부인하지 않는다. 주님은 어제나 오늘이나 동일하시기 때문에 필요하면 역사하신다. 그러나 마지막 시대에 예언된 교회는 단지 적은 능력을 소유했을 뿐이다. 지금은 적은 능력으로 믿음을 지키는 믿는이들이 일어날 때이다. 오히려 성경에는 이렇게 믿음이 약하고 능력이 적은 자들 속에서 생명이 더 풍성해진다는 사실이 계시되어 있다.

사도 바울은 고린도 전서 13장에서 산을 옮길 만한 믿음이 있고 모든 비밀과 계시를 알지라도 사랑이 없으면 아무것도 아니라고 말했다. 사랑은 생명에서 나오는 것이다. 고린도 후서 12장에서 사도 바울은 셋째 하늘까지 다녀오는 놀라운 체험을 했을지라도 자신의 육신에 가시, 약함이 있을 때 주님의 능력이 그에게 임했다고 말한다. 이와 같이 우리의 약함 가운데서 임하는 주님의 능력이 바로 생명의 능력이다. 구약의 삼손과 같이 외적인 성령의 능력이 있는 자들 속에 오히려 도덕성이 부족하고 주님의 거룩하심과 진실하심이 부족하다. 그들에게는 생명의 변화와 생명의 능력이 부족한 것이다. 그러나 사사 시대에 생명의 노선에 있는 소수의 사람들이 있었다. 그들은 바로 보아스와 룻과 같은 자들이다. 이들은 그 큰 능력자들이 나타난 시대에 작은 능력, 생명의 능력으로 경건함을 유지하며 그리스도의 간증을 지켜나간 자들이다. 이러한 작은 자들의 순종과 사랑과 경건이 주 예수님을 태어나게 하는 족보를 이어간 것이다.

빌라델비아의 속성은 큰 것이 아니고 '적은' 것이다. 그러므로 만일 우리가 '적은' 속성을 잃어버린다면 빌라델비아의 속성을 잃어버리는 것이다. 우리가 마지막 시대에 휴거되고 칭찬받는 그리스도인들이 되고자 한다면 커지려고 노력해서는 안 된다. 거룩한 '적음'을 유지하는 것은 매우 중요한 일이다. "적은 무리여 무서워 말라 너희 아버지께서 그 나라를 너희에게 주시기를 기뻐하시느니라"(눅 12:32). 천국의 본질은 모든 것보다 작은 겨자씨 같은 것이요 고운 가루 서 말과 같은 것이다. 우리는 이러한 본질을 큰 나무나, 누룩으로 전부 부풀게 된 밀가루로 변질시키지 말아야 한다. 처음 적은 무리일 때 순수하게 지켜지던 신앙의 본질이 커질 때 변질된 예는 허다하다. 우리는 이것을 경계해야 한다.

내 말을 지키며

주님은 빌라델비아가 이러한 적은 능력으로 '내 말'을 지켰다고 말씀하셨다. '내 말'이란 주님의 말씀, 성경 말씀을 뜻한다. 디모데 후서 3장은 말세에 고통하는 때가 있을 것이라고 말한다. 그때 많은 사람들이 돈을 사랑하고 자기를 사랑하고 타락의 길을 걸어간다. 바울은 디모데에게 그가 어려서부터 성경을 알았다고 말한다(딤후 3:15). 하락의 때에 믿는이들이 주목해야 할 것은 성경이다. 우리는 성경 말씀 자체로 돌아가야 한다. 여기의 '내 말'은 어떤 사역자의 말이나 어떤 교회의 말이 아니고 어떤 신조나 개요도 아니다. 그것들은 다 사람의 말이다. 어떤 사역자들의 말씀 해설을 받아들일 때에도 우리는 조심해야 한다. 사람의 말을 받아들이면 우리는 결국 해설과 신조와 개요 자체에 남게 된다. 거기에 떨어져서는 안 된다. 언제든지 우리는 성경 자체의 말씀으로 돌아가서 주님의 말씀을 귀하게 여겨야 한다.

'내 말을 지키며'라는 말은 매우 중요하다. 주님을 사랑하는 자의 특징은 그분의 말씀을 귀하게 여기는 것이다. "나를 사랑하는 자는 내 말을 지키리니". 주님의 작은 한 말씀이라도 지키는 것이 '내 말'을 지키는 것이다. 어떤 말씀은 지키고 어떤 말씀은 지키지 않는 것은 주님의 말씀을 지키는 것이 아니다. 그렇지만 주님의 모든 말씀을 지키기란 쉽지 않은 일이다. 그분의 말씀에 대치되는 것들과 그 미혹에서 벗어나 주님의 말씀으로 돌아와서 그분의 말씀만을 지키는 것은 쉬운 일이 아니다. 그렇게 하면 많은 사람들에게 외면당하게 되어 있기 때문이다. 오직 말씀만 지키는 길을 걸어가는 것을 사람들은 환영하지 않는다. 대세에 타협해야 사람들의 환영을 받는다. 그러나 주님의 한 말씀 한 말씀을 지키며 살아가려는 사람들에게는 주님의 형상이 새겨져 그분을 닮게 된다.

주님의 말씀을 지키는 것의 허(虛)와 실(實)

먼저 알아야 할 것은 빌라델비아 교회는 주님이 오실 때까지 존재한다는 것이다. 이는 10절과 11절로 알 수 있다. 그러한 교회는 주님의 재림시까지 이 땅에 존재할 것이다. 라오디게아도 주님의 재림시까지 존재하는 교회이다. 두아디라와 사데도 마찬가지이다. 빌라델비아의 특징은 말씀을 지키는 것인데, 실상 1800년대에 일어난 다비와 한 무리의 형제들은 빌라델비아의 일어남이라고 말할 수도 있을 것이다. 그들은 전적으로 말씀을 지키려는 영을 가지고 일어난 무리이다. 다비의 전기에서 한 부분을 인용하겠다. 이 부분의 글은 다비와 교분이 있던 윌리암 뉴먼이 쓴 것이다.

"나는 그처럼 신약 성경의 한 마디도 그저 죽은 문자로 남겨두지 않는 확고한 믿음의 사람을 일찍이 본 적이 없습니다. 한 번은 내가 이렇게 물었습니다. "자네는 정말 신약 성경의 어떤 부분도 목적에 있어서 일시적일 수 없다고 생각하나? 가령 사도 바울이 '네가 올 때에 내가 드로아 가보의 집에 둔 겉옷을 가지고 오고 또 책은 특별히 가죽 종이에 쓴 것을 가져오라'는 말을 적지 않았다면 우리가 어떤 손실을 당했을 거라고 생각하나?' 그러자 그는 말이 떨어지기가 무섭게 대답했습니다. '물론 손실을 당했을 걸세. 왜냐하면 바로 그 구절 덕택에 내 조그만 서재를 팔아치우지 않게 되었거든. 모든 말씀은 필연코 성령으로부터 온 거야. 그리고 영원한 가치가 있지.' "

다비는 그리스도를 아는 지식이 가장 고상하다 하여 경제학이나 철학이나 과학이나 그 밖의 모든 학문들을 배설물로 여기는 식으로 행하였고 가난한 길을 자원하여 걸었으며 절대적인 영으로 말씀을 지키려고 힘썼다. 그러한 무리들이 19세기에 나타났다. 그 이전에는 그러한 영을 가진 무리를 보지 못한다. 그러나 그 후 성경의 모든 말씀을 하나님의 말씀으로 귀히 여겨 지키려는 무리들이 이곳저곳에서 일어났다. 그럼에도 모든 영적인 일에 위험이 있듯이 말씀을 지키는 것도 조심하지 않으면 거기에 위험이 도사리고 있으며 그 함정에 빠지고 만다는 것을 알아야 한다. 즉 율법과 자구에 빠지게 되는 것이다. 그들은 모든 성직자 계급을 정죄하고 서로를 형제자매로 불렀다. 그리고 교회 가운데 일체의 계급주의를 배격하였다. 이것은 매우 큰 개혁을 가져왔다.

그렇지만 나는 이런 경우 성경 진리를 지키는 것은 말씀의 자구를 지키거나 율법을 지키듯이 문자적으로 지키는 것이 아니라 그 말씀의 영(the spirit of the word)을 지키는 것이 참으로 말씀을 지키는 것이라고 말하고자한다. 말씀을 지키는 것의 실제란 무엇인가? 자구(字句)인가, 아니면 그 말씀의 원래 정신인가? 주님은 "너희는 랍비라 칭함을 받지 말라 너희 선생은 하나요 너희는 다 형제니라"고 하셨다(마 23:8). 이 말씀은 모세의 자리에 앉아 있는 바리새인들에게 하신 것이다. 그들은 행위가 없이 말만 하는 외식하는 지도자들이었다. 그러면서도 그들은 사람들에게 랍비라 칭함받기를 원했다. 오늘날도 하나님의 백성들 가운데는 사람들에게 랍비라 칭함받기를 원하는 심리로 목사가 되고 장로가 되려 하는 자들이 있을 것이다. 그러한 자들에게는 이 말씀이 그들의 심판이 될 것이다.

상석에 앉기를 좋아하며 인사받기를 좋아하는 기질은 주님의 성품과 맞지 않는다. 그들은 시장에서 문안받는 것을 좋아하고 랍비라 칭함받는 것을 좋아한다. 이런 육신적인 욕망이 사람들 속에 있다. 그러므로 주님은 이러한 자들에게 성도들 가운데서 높아지지 말라고 가르치신 것이다. 이 구절들의 맨 마지막 말씀 "누구든지 자기를 높이는 자는 낮아지고 누구든지 자기를 낮추는 자는 높아지리라"(마 23:12)에서 그 말씀의 본래 정신을 알 수 있다. 우리가 '형제,자매'라고 부르느냐 '목사님, 장로님'이라고 부르느냐의 문제보다 더 근본적인 문제가 있다. 이는 말씀의 외적인 자구의 문제보다 그 원래의 정신을 지키느냐 아니냐에 있는 것이다.

우리 주님도 이 땅에 오셔서 사역하실 때 사람들의 눈으로 볼 때 말씀을 지키지 않는 것 같은 행동을 하신 적이 있다. 그분은 안식일에 병자를 고치셨고 제자들이 안식일에 이삭을 잘라 비벼서 먹어도 책망하지 않으셨다. 바리새인들은 주님이 외적으로 안식일을 범하는 것이라 하여 비난했지만, 그때 주님은 기회를 잡아 오히려 그들을 가르치셨다. 그 뜻은 이러하다. "너희들은 문자적으로, 자구로 안식일을 지키고자 하는구나. 안식일이란 본래 사람을 위하여 있는 것이지 사람이 안식일을 위하여 있는 것이 아니다. 나는 이런 식으로 지금 안식일을 지키고 있다. 안식일에 사람을 살리는 것이 아니라면 그것이 무슨 안식이 되는가? 지금 내 앞에 있는 이 사람은 38년 동안 안식을 못 누렸다. 그러나 오늘 내가 치료함으로 안식을 누리게 되었다. 내 제자들을 보라! 배고픈 상태는 안식이 없는 상태이다. 그들이 이삭을 잘라먹는 것은 내가 허락한 안식을 누리는 것이다." 주님은 안식일의 실제를 지키는 분이셨고 바리새인들은 자구적으로 안식일을 지킨 자들이었다.

진정으로 말씀을 지키는 사람들은 어떠한 사람들인가? 그것은 말할 것도 없이 형제를 사랑하는 것이다. 누가 하나님의 계명을 지키는 자들인가? 주 예수를 사랑하는 자들이다. 주 예수를 사랑하는 자들이 하나님의 계명을 지킬 수 있다. 주 예수를 사랑하지 않으면 그분의 계명을 지킬 수 없다. 그러면 우리가 지켜야 할 그분의 새 계명은 무엇인가? 서로 사랑하는 것이다(요 15:12-14, 17, 요일 2:7-9, 3:23, 5:1-2). 앞에서 말한 19세기의 다비와 함께 한 형제들이 말씀을 지키는 것에 좋은 모본이 되어준 부분이 있으나 나중에 그들의 모습은 자구와 문자에 치우친 모습을 보이기도 하였다. 진정한 형제 사랑의 상황이 아니게 되면 빌라델비아와 거리가 멀다. 빌라델비아라는 뜻이 형제 사랑이라는 뜻이듯이 빌라델비아의 일어남은 형제들이 서로 사랑하는 교회가 일어난 것이다. 그러나 우리가 알아야 할 것은 형제 사랑이 단순히 그저 사랑하는 것이 아니라는 점이다. 그것은 그야말로 모든 말씀을 지키는 결과라는 말이다. 사도 바울은 "사랑은 이웃에게 악을 행치 아니하나니 그러므로 사랑은 율법의 완성이니라"고 하였다(롬 13:10). 과연 우리는 참된 빌라델비아의 출현을 보고 있는가?

내 이름을 배반치 아니하였도다

이름을 배반치 않는다는 것에는 여러 가지 의미가 있다. 모일 때 우리는 주님의 인격으로 모여야 한다. 그 이름은 인격을 의미한다. 자칫하면 어떤 사람의 이름으로, 그의 인격으로 모일 수 있다. 우리는 모임을 가질 때마다 주님의 이름으로 모여야 한다. 주님의 이름을 배반치 않는다는 것은 쉬운 일이 아니다. 주님이 빌라델비아를 칭찬하신 이유는 그들이 그분의 이름을 배반치 않았기 때문이다. 그것은 빌라델비아가 특별히 주님의 이름을 높였다는 말이 아니다. 그 당시 주된 분위기는 주의 이름을 배반하는 분위기였다. 바알에게 무릎 꿇지 않은 칠천 명이 남겨졌다는 말은 많은 사람들이 바알에게 무릎을 꿇었다는 것을 의미한다. 마찬가지로 당시에 많은 사람들이 주 예수의 이름을 부인했기 때문에 주님은 그 중에서 부인하지 않은 사람들을 칭찬하셨던 것이다. 주님을 기쁘시게 하기 위해 많은 일을 하는 것도 좋지만 이렇게 많은 사람들이 진리를 순종하지 않을 때 진리에 서 있는 것은 더욱 중요하다.

주의 이름을 배반치 않는 것에 대하여 간단히 말하겠다. 주님의 이름은 그분의 인격을 말하는 것이므로 성도들이 모일 때 그분의 인격의 권위를 인정하는 식으로 모이는 것이다. 오늘날 많은 무리 가운데의 문제는 그들 가운데서 성령님이 권위를 갖지 못하신다는 것이다. 그 대신 어떤 사람이나 조직, 이념이나 슬로건이 그들의 권위가 되어 있다. 주님의 이름을 배반치 않는다는 것은 그 모임 가운데 그분의 이름과 말씀이 유일한 권위가 되는 것이다. 이는 모든 성도들이 합심하여 그분의 말씀의 권위 아래 순종하고자 모이는 것을 말한다. 그분이 무슨 인도를 주시든지, 어떤 말씀을 주시든지 순종코자 준비된 것이다. 이것이 그분의 이름을 배반치 않는 것이다. 가령 어떤 단체를 내가 인도하고 운영하였는데 어느 날 그들이 여기저기에 있던 내 이름을 지워버리고 내 서적과 교훈으로 써 놓은 것을 제해버리며 다른 어떤 사람의 것들로 대치한다면, 그들은 나의 이름을 배반한 것이다. 그러나 빌라델비아 교회에서 주님의 이름은 높임을 받고 있었고 주님은 그들을 칭찬하셨다. 오늘 우리가 빌라델비아라면 주님의 이름이 우리 가운데 높임과 영광을 받으시는 것이다.

9절, 보라 사단의 회 곧 자칭 유대인이라 하나 그렇지 않고 거짓말하는 자들 중에서 몇을 네게 주어 저희로 와서 네 발 앞에 절하게 하고 내가 너를 사랑하는 줄을 알게 하리라

사단의 회, 곧 자칭 유대인

빌라델비아 교회에서도 서머나 교회에서 언급되었던 유대인들이 또 다시 언급된다. 주님은 그들을 유대인이 아니라 사단의 회라고 하셨다. 그들은 자신들을 자칭 유대인이라고 했다. 유대인이 누구인가? 유대인들은 자신들만이 하나님의 선민이요 아브라함의 자손이라고 말하는 자들이다. 오늘날로 말하면 자신들만이 가장 정통적인 기독교인들이요 선택된 자들이요 교회라고 말하는 사람들이다. 만일 어떤 단체가 스스로 자신들만이 유일한 교회(유대인이 자신들을 유일한 선민이라고 하는 것과 같이)라고 한다면 그것은 유대인의 음조를 띤 말이다. 유대인의 특징이 바로 여기에 있다.

천주교는 자신들을 공교회(카톨릭)라고 말했는데, 그것은 자신들만이 정통적인 교회이고 나머지는 다 분열이라는 의미이다. 이렇게 말하는 것은 자신들만이 특별한 사람들이요 선민이요 하나님의 유일한 백성, 유대인이라고 하는 것과 같은 것이다. 주님은 이들을 사단의 회, 즉 거짓말하는 자들이라고 하셨다. 자칭 유대인이라고 하는 것, 즉 우리만 교회라 하고 우리만 그리스도의 몸이라고 하는 것은 다 거짓말하는 것이다. 그 말 자체가 진리가 아니기 때문이다. 우리 그리스도인들은 거짓말을 하지 말아야 한다. "보라 사단의 회 곧 자칭 유대인이라 하나 그렇지 않고 거짓말하는 자들 중에서"(계 3:9) 오늘 날의 이단은 거의가 성경의 어떤 사실을 자신들에 대입하여 자신들이 바로 그것이라고 수상하는 자들 가운데서 발견된다. 어떤 이들은 자신들이 계시록의 십사만 사천이라고 하고 또 어떤 이는 자신들의 교주가 일곱 영으로 말하는 자라고 하며 또 어떤 이는 자신이 두 증인 중 하나라고 말했다. 이 모든 말들은 다 거짓말들이다.

여기서 우리는 개인이 충성스럽게 하나님과 동행하는 것과 이미 성립된 조직을 따르는 것의 차이를 본다. 오래 되었든 최근에 일어난 것이든 이미 성립된 조직을 따르는 것은 원칙상 유대교의 원칙을 따르는 것임을 주의해야 한다. 조직 안에는 한때 하나님의 백성의 외형이었던 것을 회복하려는 것들, 즉 육체로 자랑할 만한 많은 부분들과 많은 의식들과 많은 계획들이 있다. 그러나 그러한 조직 안에 있는 사람들은 하나님이 새로 일으키신 것을 보지 못한다. 이것은 주님을 따르는 사람에게 있어서 의외의 시험이다.

그들은 비록 하나님의 말씀을 버리지는 않았지만(유대인들도 그러했다), 그들의 행위는 결코 하나님의 말씀의 지배를 받지 않았다. 유대인들은 성경을 받아들였지만 성경의 주인이신 그리스도를 버렸고 더 나아가 그분을 살해했다. 그리스도의 제자들도 동일한 대우를 받았는데 주님은 그들에게 '사람들이 너희를 출회할 것이라'고 하셨다. 그러나 유대인들은 그들을 출회하는 동기가 하나님을 섬기기 위한 것이라고 여겼다. "때가 이르면 무릇 너희를 죽이는 자들이 생각하기를 이것이 하나님을 섬기는 예라 하리라" (요 16:2).

구약의 진리는 세상에서 이미 오래되었고, 정통적인 것이 되었기 때문에 사람들에게 시험을 받지 않는다. 오늘날에도 이미 시험되고 공인된 진리를 따라가기는 쉽다. 아무런 대가 지불을 필요로 하지 않는다. 이미 조상들이 대가를 지불해 놓았기 때문이다. 후에 따르는 자들은 다만 그것을 배우고 말하면 된다. 구약의 선지자들은 당시에 그런 예언을 하다가 돌로 맞고 칼로 켜는 죽임을 당했지만, 후의 유대인들은 조상들이 피와 눈물로 인친 진리들을 다만 머리로 받아들이고 입으로 말하면 되었다. 이렇게 이미 공인된 진리를 받아들이는 사람들에게는 핍박과 환난이 없고 도리어 사람들의 존경을 받는다. 만일 우리가 그리스도인으로서 한 가지 한 가지 일을 해 나갈 때 그 일로 인해 사람들의 사랑을 받을 수 있고 우리 마음이 결코 시험을 받을 필요가 없고 또한 믿음을 사용할 필요가 없다면, 우리는 틀림없이 그 일이 하나님께로서 온 것이 아님을 알 수 있다. 비록 진리라 하더라도 불로 연단하여 얻는 믿음이 필요치 않다면 이것은 유대인의 행위이다. 그들은 외적인 진리를 소유하고 말하지만 참된 그리스도의 말씀과 이름을 버렸는데 이것은 그들에게 진정으로 그리스도를 위하는 마음이 없었기 때문이다. 유대인들이 전에는 참으로 하나님의 백성이었지만, 지금 그들은 하나님의 아들을 짓밟고 있다. 그들이 사랑하는 것은 그들의 머릿속에 이미 있는 진리이다. 이런 사람들이 본질상 자칭 유대인 곧 '사단의 회'인 것이다.

그러한 유대교적 단체의 음성은 이러하다. 그들 단체 외에는 더 이상 교회가 없고 그들을 떠나는 것이 바로 참 교회를 떠나는 것이라고 한다. 그러나 그러한 말은 다 거짓이다. 이러한 상황 중에서 가장 해를 입는 자들이 빌라델비아의 믿는이들인데, 그들은 그리스도의 이름 외에 또 다른 이름이 없고 하나님의 말씀 외에 또 다른 신조나 헌장이 없기 때문이다. 그들은 늘 사람들에게 경멸을 당하고 진리가 부족하다고 업신여김을 받는다. 전에 그리스도의 제자들이 유대교의 큰 조직 앞에서 멸시와 비웃음을 당한 것처럼 현재 빌라델비아의 믿는이들 또한 유대교적인 그리스도인 단체들로부터 업신여김을 당한다. 이 한 구절의 말씀은 서머나와 빌라델비아를 연결시킨다. 하나님이 이전에 설립하셨다가 지금은 버리신 유대교는 대적의 가장 좋은 병기가 되었다. 빌라델비아의 사람들은 성경이 이렇게 말한다고 말할 뿐 자신들이 성경에 있는 바로 그것이라고 말하지 않는다. 심지어 자신들이 빌라델비아라고 말하지도 않아야 한다. 주님의 긍휼로 은혜가 주어질 수 있지만 그것을 높여 말해서는 안된다. 어떤 분은 진정 이기는 자는 자기의 얼굴이 빛나는 것을 알지 못한다고 말했다.

물론 오늘날 어떤 기독교 단체들이 로마 천주교같이 자칭 유일한 교회, 공교회라고 칭하지는 않지만, 그들의 각종 신조는 그들만이 올바른 정통교회임을 주장하고자 하는 것 같다. 성경 외에 어떤 신조를 세우는 것은 그것이 성경에 얼마나 부합되었는지를 막론하고 다 스스로 세운 울타리이기에 의견이 다른 사람을 밖으로 밀어내는 것이다. 만일 이 단체와 마음을 합할 수 없다면 다른 곳으로 가라는 식의 태노는 종파적인 태도이다. 만일 하나님의 교회가 모든 거듭난 사람들을 기꺼이 받지 않고 성경 외에 어떤 신조(특별한 주장과 교리)를 더 갖는다면 하나의 종파가 된다. 어떤 이들은 특별한 성경 번역본을 사용하지 않는 자들을 교회 밖에 둔다. 그들과 교제하지도 않는다. 하나님께 감사하는 것은 그분이 우리를 불러내어 그분의 말씀을 지키게 하셨다는 것이다. 우리가 존중하고 따르는 것은 그분의 말씀(성경)이지 교회의 말이 나 교주의 말이 아니다. 무릇 그리스도의 말씀을 지키는 사람은 성경 외에 누구의 속박도 받지 말아야 한다. 그의 양심은 오직 한 분 그분을 향하여 책임을 진다. 그는 마치 이 땅에서 혼자만 그리스도인인 것처럼 그분을 따라야 한다. 주님의 말씀을 지키는 사람들은 이 땅에 주님과 나밖에 없는 것처럼 주님의 말씀을 따라야 한다. 사람들의 말을 따르고 시세를 따르고 다른 사람들의 양심을 따라서는 안 된다. 우리의 양심으로 주님의 말씀을 따를 때 그분의 말씀을 지킬 수 있다. 그런데 이러한 말씀을 신실하게 따르는 자들의 대적자는 자칭 유대인들, 거짓말하는 자들이다. 주님은 그들을 '사단의 회'라고 하셨다. 주님은 이 빌라델비아 교회를 위로하시기 위해 그들 중 몇몇을 빌라델비아 성도들 앞에 절하게 하고 주님께서 빌라델비아를 사랑하시는 줄 알게 하시겠다고 말씀하셨다. 이것은 특히 왕국에서 일어날 상황이다. 신실한 성도들은 오늘 자칭 유대교라는 것이 어떠한 악(惡)인지를 분별할 수 있어야 한다.

어떤 사람들은 계시록의 일곱 교회중에서 빌라델비아가 제일 좋은 교회임을 알면서도 서머나와의 차이를 구분하지 못한다. 간단하게 말하면 빌라델비아는 주님이 칭찬만 하신 교회이다. 빌라델비아와 서머나를 제외한 다섯교회들에게는 책망이 들어있다. 그러나 서머나는 책망은 없지만 구체적인 칭찬을 발견할 수 없다. 따라서 우리는 일곱 교회중 우리가 사모하고 본 받아야 할 교회가 빌라델비아임을 인식해야한다. 빌라델비아는 적은 능력으로 말씀을 지키고 주의 이름을 배반치 않는 등 이미 면류관을 가지고 있다고 칭찬 하신다. 그들에게 '내가 속히 오리니'라고 말씀 하신다. 이것은 주님의 눈에 빌라델비아가 사랑스러운 교회임을 느끼게 한다.

서머나 교회는 핍박을 당하는 교회이지만 그들 가운데 있는 유대인들의 훼방이 있었는데 그들은 그 유대인들의 진상을 파악하지 못했다. 그것에 대하여 주님은 친히 알려주셔야 했다. "그들은 실상 유대인이 아니요 사단의 회라"고 한것이다. 이것은 매우 심각한 말씀이다. 어쩌면 서머나 성도들은 자신들과 함께하는 유대인들이 나쁜것은 좀 알았겠지만 그들이 '사단의 회'라고까지 분별하지는 못했을 것이다. 우리는 서머나에 대하여 조금 부족한 부분이 있음을 발견하게 된다.

우리는 이 시대에 교회 생활을 하면서 아가서에 말씀하시는 비둘기 눈을 가질 필요가 있음을 느낀다. 많은 사람들은 자신들이 신실하고 충성을 다하면 된다고 생각한다. 어쩌면 서머나교회가 그랬을 것이다. 그들은 큰 핍박을 당했고 충성을 다했다. 그러나 그들과 함께 한 '자칭 유대인이라 하는 자들'의 본체를 파악하지 못하고 있었다. 쉬운 말로 해서 모든 사람이 다 자기같을 것이라고 순진하게 생각한 것이다. 그러나 주님은 그분의 자녀들이 사람들에 대하여 분별력 있는 눈을 갖기를 바라시고 특히 그들 속에있는 사단의 간계를 알수 있기 원하신다. 우리는 사람들의 두마음을 품고 있으면서도 입술로 '주를 사랑한다 말씀을 지킨다 목숨을 버릴것이다' 하는 말을 쉽게 믿어서는 안된다. 주님은 바리새인과 사두개인의 누룩을 주의하라고 경고히신 적이 있다(마 16:6). 우리는 여러분들이 함께하는 사랑하는 사람들을 무조건 의심하라는 말이 아니다. 여기에 상당한 분별력이 요구된다는 말을 하는 것이다(고전 2:12-15). 분별력이 없음으로 인해 성도들이 헛된 일에 종사하고 인생을 낭비하는 일이 허다하다는 것을 기억해야 한다.

10절, 네가 나의 인내의 말씀을 지켰은즉 내가 또한 너를 지키어 시험의 때를 면하게 하리니

나의 인내의 말씀을 지켰은즉

주님은 그분의 말씀을 인내의 말씀이라고 하셨다. 주님께서 그렇게 말씀하신 이유는 이 시대에 주님의 말씀을 따르는 것이 쉽지 않기 때문이다. 우리는 지금까지 주님의 말씀을 지켜보려고 힘써 왔지만 많은 사람들이 우리를 멸시하고 무시하면서 떠나고 심지어 쫓아내기도 했다. 이 모든 것은 주님의 말씀을 지키는 것이 쉽지 않다는 것을 증명한다. 조금만 타협해도 쉬워지지만 진실하게 말씀을 지키는 길을 가려다 보니 많은 대가를 지불해야 하고 참으로 쉽지 않음을 느낀다. 그러므로 주님은 그분의 말씀을 인내의 말씀이라고 하신다. 주님은 인내하는 분이시다. 오늘 우리도 인내의 말씀을 지키는 길을 가야 한다.

시험의 때

주님은 그분의 인내의 말씀을 지킨 빌라델비아에게 시험의 때를 면하게 해주시겠다고 말씀하셨다. 여기에 언급된 시험의 때는 시대 말에 있을 대환난의 때이다. 구약 이사야서와 예레미야서(30:7), 다니엘서(12:1) 등 여러 곳에 이 환난에 대한 언급이 있다. 주님께서 다시 오실 무렵 창세 이후로 본 적이 없는 끔찍한 환난이 있게 된다. 계시록 13장에 그 대환난의 참상이 예언되어 있다.

계시록 13장을 보자. “내가 보니 바다에서 한 짐승이 나오는데”(1절). 바다에서 나오는 짐승이 바로 적 그리스도이다. “또 권세를 받아 성도들과 싸워 이기게 되고 각 족속과 백성과 방언과 나라를 다스리는 권세를 받으니”(7절). 적 그리스도는 중동, 유럽만이 아니라 각 족속과 백성과 방언과 나라를 다스리는 권세를 받게 된다. 대환난이 온 땅에 임하게 되는 것이다. “죽임을 당한 어린양의 생명책에 창세 이후로 녹명되지 못하고 이 땅에 사는 자들은 다 짐승에게 경배하리라”(8절). 이 구절은 이 땅에 사는 사람들이 다 짐승에게 경배한다고 말한다. “또 내가 보매 다른 짐승이 땅에서 올라오니 새끼 양같이 두 뿔이 있고 용처럼 말하더라”(11절). “저가 권세를 받아 그 짐승의 우상에게 생기를 주어 그 짐승의 우상으로 말하게 하고 또 짐승의 우상에게 경배하지 아니하는 자는 몇이든지 다 죽이게 하더라”(15절). 이때 많은 사람들이 죽임을 당한다. 그때 그리스도인이 신앙 때문에 우상에게 경배하지 않는다면 다 죽임을 당하게 된다. “저가 모든 자 곧 작은 자나 큰 자나 부자나 빈궁한 자나 자유한 자나 종들로 그 오른손에나 이마에 표를 받게 하고, 누구든지 이 표를 가진 자 외에는 매매를 못하게 하니 이 표는 곧 짐승의 이름이나 그 이름의 수라”(16-17절). 18절에서 이 수는 666으로서 적 그리스도는 이 숫자를 사람들의 손이나 이마에 받게 한다. 이 숫자를 표로 받지 못하면 매매를 할 수 없게 되는 것이다.

14장 11절, “그 고난의 연기가 세세토록 올라가리로다 짐승과 그의 우상에게 경배하고 그 이름의 표를 받는 자는 누구든지 밤낮 쉼을 얻지 못하리라 하더라”. 대 환난 때 표를 받지 않는 사람은 많은 고생을 하게 된다. 그러나 표를 받는 사람 또한 끔찍한 심판을 받게 된다.

이제 오늘날 유럽의 상황을 살펴보자. 유럽에 EU 공동체가 성립되었고 유로화가 통용되고 있다. 결국 조만간에 열 나라의 통합이 이루어지고 거기에서 한 통치자가 나올 것인데, 그가 적 그리스도일 것이다. 주님이 다시 오실 때인 시대 말에 그가 전쟁을 일으켜 예루살렘을 포위하고 공격할 것이다. 그때로부터 3년 반 동안 이 땅에는 끔찍한 환난이 있게 될 것이다. 지금 상황이 그렇게 되어 가고 있다. 지금 이스라엘과 아랍 사이에 전쟁이 벌어지고 있다. 그 전쟁의 뿌리는 회교와 기독교로서 종교적인 것이다. 아랍인들은 이스라엘에게 빼앗긴 팔레스타인 땅을 찾으려 하고 이스라엘인들은 하나님에게서 물려받은 조상의 땅을 지키기 위해 싸우고 있다. 이스라엘인들에 대한 아랍인들의 증오심은 말할 수 없이 크다. 마치 우리 나라가 과거에 일제 식민지가 되었을 때 우리 나라 사람들이 일본에 대해 증오심을 갖는 것과 같다. 그들의 민족적인 증오심은 아무도 해결할 수 없다. 전쟁의 힘으로 그 증오심을 해결하는 것은 불가능하다. 이스라엘은 그 땅을 양보하지 않을 것이고 결국 전쟁은 거기서 발발하여 마지막이 오게 될 것이다. 그때 적 그리스도가 나타나 평화 조약을 맺고 3년 반 동안 그것을 시행하다가 3년 반이 지난 뒤에 그 조약을 깨면서 대환난은 시작된다. 이것이 다 성경에 예언되어 있다. 지금 모든 세계는 성경의 예언을 이루는 방향으로 가고 있다.

이러한 시대의 흐름과 더불어서 빌라델비아 교회가 일어난다. 주님은 약속하시기를 그들이 인내의 말씀을 지켰기 때문에 그분께서 그들을 지키어서 시험의 때를 면하게 해주시겠다고 하셨다. 주님께서 이렇게 시험의 때를 면하게 해주실 수 있는가? 그때 이 땅은 적 그리스도 아래서 다 시험을 당하게 될 것이다. 주님께서 그 시험을 면하게 하시려면 우리로 그 영역을 피하게 해주셔야 하는데 그것이 바로 휴거의 일이다(마 24:40-41 참조).

누가복음 21장 36절, "이러므로 너희는 장차 올 이 모든 일을 능히 피하고 인자 앞에 서도록 항상 기도하며 깨어 있으라 하시니라". 이 구절은 우리가 깨어 있어야 하는 이유를 설명한다. 35절, "이 날은 온 지구상에 거하는 모든 사람에게 임하리라". 이것이 대환난이다. 대 환난을 피해 휴거되려면 항상 기도하고 깨어있는 것 외에는 다른 길이 없다. 여러분은 여러분 생전에 휴거의 일이 일어나리라고 생각하는가? 우리는 휴거가 일어날 가능성이 매우 많은 시대에 살고 있다. 그러므로 우리는 이 마지막 시대에 빌라델비아의 성질을 잃어버려서는 안 된다. 이것이 가장 중요한 것이다. 능력이나 은사는 그리 크지 않아도 된다. 주의 말씀을 한 말씀이라도 그대로 지키려는 마음을 갖고 절대로 주의 이름을 배반하는 행위를 갖지 말아야 한다.

11a절, 내가 속히 임하리니

빌라델비아 교회에게 주님은 속히 임하시겠다고 말씀하셨다. 주님께서 이렇게 말씀하실 수 있는 교회가 일어나야 그분이 다시 오실 수 있는 것이다. 주님의 말씀을 지키고 그분의 이름을 배반치 아니하는 무리는 주님을 맞이할 준비가 되어 있다. 그들은 그 길을 걷는 것이 힘들어서 지금 인내하고 있기 때문에 주님께서 '내가 속히 오겠다'는 위로의 말씀을 하신 것이다. 사데 교회의 많은 죽어있는 자들에게는 주님의 속히 오시겠다는 말씀이 심판의 말로 들릴 것이다. 아직 할 일이 많고 이생도 좀 더 누리려는 마음이 있기 때문에 주님께서 속히 오시겠다는 말이 달콤한 말로 들리지 않는 것이다. 우리가 지금 주님의 말씀을 지키고 그분의 이름을 붙잡는 것은 그분을 기다리고 있다는 표시이다. 이러한 이들에 대해서 주님은 '내가 속히 오리니'라고 말씀하신다. 이것은 그들을 위로하는 말씀이다. 이 마지막 시대에 이러한 무리가 있어야 주님께서 오실 수 있다. 나는 해외의 각 나라에 가서 사역하면서 순수하게 주님을 사랑하는 이들이 일어나는 것을 볼 때마다 이제 주님이 다시 오실 길이 있겠다는 생각을 했다. 그러한 무리가 반드시 이 땅 이곳저곳에서 일어나야 한다.

주님께서 이 땅에 오실 때에는 그분을 사랑하는 자들을 만나러 오시는 것이다. 그러므로 이 땅에 그분을 사랑하는 자들이 예비되어 있어야 한다. 진정으로 주님을 사랑하는 자들이 일어나는 일은 보통 일이 아니다. 이는 그야말로 주님의 재림을 예비하는 일이다. 따라서 그리스도인들이 이 세상에 흠뻑 빠져 세상과 짝하고 있다면 그들은 온 세상을 심판하는 대환난을 거치게 될 것이다. 그리스도인들이 환난의 때까지 이 땅에 남아 있는 이유는 세상과 짝하여 세상의 일부가 되었기 때문이다. 그러므로 세상이 받는 심판을 그들도 받지 않을 수 없다. 그들도 하나님의 자녀이므로 결국 휴거되기는 하겠지만 세상의 색깔과 세상의 음조와 세상의 본성을 띠고 있기 때문에 삼 년 반 동안 세상의 찌꺼기를 걸러내는 징계를 받아야만 한다. 빌라델비아 성도들이 말씀을 지키며 주의 이름을 배반치 않는다는 것은 무슨 의미인가? 그것은 빌라델비아 성도들이 세상의 색깔을 제한 사람들, 즉 이미 세상과 구분된 사람들이라는 의미이다. 그들이 이러한 사람들이므로 휴거될 수 있는 것이다. 이미 그들의 마음은 하늘에 있지 이 땅에 없다. 그들은 주님의 말씀을 지키느라 애쓰고 인내하는 사람들로서 휴거되기를 기다리는 자들이고 결국 휴거될 것이며, 세상적인 그리스도인들은 이 땅에 남아 심판받는 것이 당연하다. 이것이 바로 하나님의 공의이다.

11b절, 네가 가진 것을 굳게 잡아 아무나 네 면류관을 빼앗지 못하게 하라

네 면류관을 빼앗지 못하게 하라

주님께서는 빌라델비아 성도들에게 "새로운 일을 해라. 더 충성스럽게 해라. 더 열심을 내라."는 말씀을 하지 않으셨다. 빌라델비아는 이미 좋은 것을 가지고 있었기 때문에 굳게 붙잡기만 하면 된다고 말씀하신다. 여러분들은 빌라델비아의 길을 걷고 있는가? 빌라델비아의 성질을 가지고 있는가? 만약 그렇다면 여러분에게 이미 면류관이 있는 것이다. 그리스도의 이름을 최고도로 귀하게 여기며 그분의 말씀이 그들 가운데 세력을 얻게 되는 것이다. 세상과 절대 분별되어 주님의 말씀을 지키고 서로 사랑하며 주님을 인내로 기다리는 무리인 것이다. 그러나 그것을 계속 붙잡고 놓지 않는 것은 쉬운 일이 아니다.

주님은 굳게 잡아 아무나 그들의 면류관을 빼앗지 못하게 하라고 하셨다. 이 말은 빌라델비아의 길을 가고 있는 사람들은 이미 면류관을 가지고 있다는 뜻이다. 그런데 주의해야 할 것은 자칫 잘못하면 이 면류관을 빼앗길 수도 있다는 것이다. 그러한 사실은 구약 성경 여러 곳에서 볼 수 있다.

에서는 부주의함으로 장자의 직분을 야곱에게 빼앗겼고, 사울은 다윗에게 왕권을 빼앗겼으며 르우벤은 죄를 지음으로 장자의 직분을 유다에게 빼앗겼다. 오늘 우리도 이와 같을 수 있다. 우리가 얻은 면류관이 다른 이들 머리 위에 씌워질 뻔하다가 우리에게 온 것일 수도 있고 우리 머리 위에 씌워질 뻔하다가 남에게 옮겨갈 수도 있다. 이것은 참으로 심각한 문제이다.

빌라델비아는 주님이 원하시는 수준에 있는 교회임

일곱 교회 중에 주님의 적극적인 칭찬만 있는 교회는 빌라델비아 교회이다. 이는 주님이 만족하시는 교회라는 뜻이다. 오늘날 교회의 길을 잘 가려는 사람들이 빌라델비아 교회가 어떤 교회인지를 알아야 하는 이유가 여기에 있다. 다른 교회들은 칭찬이 일부 있지만 또한 책망이 있다. 회개하지 않으면 징계가 있다고 하셨다. 서머나 교회는 칭찬만 있고 책망이 없는 것 같지만 그들은 고난받는 것 외에 적극적으로 주님께 드릴 열매나 업적이 없다. 그들은 다만 소극적으로 궁핍과 환난을 견디고 참는 것으로 주님의 인정을 받았다. 그들에게는 빌라델비아 교회처럼 말씀을 지킨다든지 형제가 서로 사랑한다든지 하는 적극적인 모습이 없다. 다만 고난을 견딤으로 칭찬받은 것이다. 그러나 빌라델비아는 적극적으로 주님을 위한 열매가 있고 그분의 목적과 뜻을 이루는 동역이 있다.

교회에 대한 예언인 일곱 교회의 예언에서 빌라델비아만이 초대교회 노선에 있는 교회이다. 이들이야 말로 주의 말씀을 지키는 교회인 것이다. 주님의 말씀을 지킨다는 이것은 과연 무슨 말인가? 성경의 모든 말씀을 지킨다는 의미이다. 실상 초대교회는 성경을 기록한 당시의 교회이다. 그들에게 보낸 서신이 성경이 되었다. 그들의 교회 생활의 내용이 성경에 기록되어 있는 내용과 같은 것이다.

오늘날 사람들은 어떤 그리스도인 무리가 순수하게 주님을 사랑하는 것을 보면 초대교회 같다고 말한다. 그들이 초대교회를 보았는가? 보지 않았지만 다만 성경을 읽어볼 때 그들의 내용이 그러하다고 느끼는 것이다. 성경을 보면 초대교회의 그림을 볼 수 있는데 그것이 신약의 말씀이 되었다.

즉 초대교회는 주님과 사도들의 말씀을 그대로 따르면서 생활한 것이다. 그러나 그 교회는 에베소로, 버가모로, 두아디라로 점차적으로 타락해갔다. 에베소만 하더라도 처음 사랑을 잃었지만 거짓 사도를 분별할 수 있었다. 그러나 교회가 버가모로 올 때 세상과 연합하였다. 그리고 니골라 당과 발람의 교훈이 그 안에서 자리를 잡았다. 즉 물질로 고용한 사역자들이 생겨난 것이다. 그리고 일반 신자들과 다스리는 계층의 구별이 있게 되었다. 두아디라에 와서는 교회의 말이 완전히 하나님의 말씀을 압도하게 되었다. 성경 말씀의 지위는 약화되고 이세벨의 말이 교회를 음행에 빠뜨리게 된 것이다. 이것은 조직화되고 카톨릭화된 모습을 예언한 것이다.

주님은 사데로부터 개혁을 시작하셨다. 그들의 개혁은 훌륭했지만 그러나 사데는 완전한 개혁이 아니니다. 그들은 살았다 하는 이름은 있지만 죽어있다고 하신다. 그들의 영적 상태는 하나님 앞에 완전한 것이 하나도 없다. 그럼에도 그들은 개혁의 시발이 되었다. 그 다음 나타난 것이 빌라델비아이며 빌라델비아는 초대교회의 노선을 온전히 회복한 교회이다. 빌라델비아에서 성경의 모든 말씀은 온전히 존중을 받으며 그 말씀만이 그들의 경전이 된다. 성경 각권의 모든 구절들이 그들의 교회 생활 가운데 적용가능한 것들이며 그 말씀에 있는 사도들과 같은 영을 갖고 사랑을 가진 사역자들이 있고 그 가르침에 순종하는 장로들과 성도들과 교회가 있다. 성경의 한 구절도 적용할 수 없는 것이 없나. 우리는 빌라델비아에서 초대교회의 모습 그대로를 본다. 주님께서 이러한 교회를 회복함이 마지막 교회의 경륜이다. 물론 빌라델비아에서 라오디게아로 타락하는 자들이 있지만 주님은 여전히 다시 오실 때 이 땅에 빌라델비아의 무리를 가지고 계신다. 이는 "내가 속히 오리니"라는 말씀으로 증명할 수 있다. 이들은 주님에게서 이미 면류관을 받은 자들이며 빼앗기지만 않으면 그들의 상급은 맡아놓은 것이다.

빌라델비아 교회의 특징

빌라델비아 교회는 주님이 다시 오시기 위해 지상에 나타나야 할 매우 중요한 교회의 모습이니 조금 자세히 보기로 하자.

1. 형제 사랑

빌라델비아라는 단어 자체가 형제 사랑이라는 뜻이다. 빌라델비아 교회는 형제들이 동거하며 연합하는 교회이다(시 133편). 마태복음 23장에는 일반적으로 종교인들이나 세상 사람들이 상석에 앉기를 좋아하고 사람들로부터 높임받기를 좋아하는 것이 나온다. 그러면서 주님은 "너희는 랍비라, 혹은 지도자라 칭함받기를 좋아하지 말라, 너희는 다 형제니라" 고 하셨다. 마태복음 20장 25절 이하는 이방 집권자들의 풍습이 나온다. 그들은 대인(大人)이 되어 임의로 사람들을 주관하고 권세를 부린다. 그러나 주님께서 말씀하시기를 "너희는 그렇지 아니하니 너희 중에 누구든지 크고자 하는 자는 너희를 섬기는 자가 되고"라고 하셨다. 또한 "너희 중에 누구든지 으뜸이 되고자 하는 자는 너희 종이 되어야 하리라"고 하셨다.

그리스도의 몸은 지체들로 구성되어 있다. 지체들 가운데는 서로 높낮이가 중요한 것이 아니라 받은 은사와 기능대로 서로를 섬기며 몸을 전체로 섬기는데 특징이 있다. 몸의 모든 지체가 다 맡은 바대로 섬기는 일을 하는 것이다. 그러나 이방인이나 종교조직은 높낮이와 계급제도가 분명하다. 계급제도가 이루어지지 않으면 조직은 이루어지지 않는다. 빌라델비아 교회는 형제들이 서로 연합하여 동거하는 교회가 나타난 교회이다. 지위감이나 삯군의 의식으로 섬기는 광경이 없고 모든 지체가 받은 은사와 직분에 따라 힘을 다해 섬기는 교회이다.

2. 작은 능력

빌라델비아는 모든 것이 작다. 그들의 가는 길이 진리의 길이기에 찾는 자가 적을 수 밖에 없다(마 7:13-14). 그러니 자연 물적 인적 힘이 약할 수 밖에 없다. 따라서 큰 일을 할 수 없다. 바벨론은 큰 성이라고 하였다. 즉 큰 것에 특징이 있다. 그러나 새 예루살렘은 거룩한 것에 그 특징이 있다. 정상적인 신약의 교회는 예수의 능욕을 지고 영문 밖으로 나아가는 무리이다. 그들은 사람들에게 비방과 쫓겨남을 당하고 재산의 몰수를 당하기도 하며 징계를 당하는 것 같고 가난하며 수치를 당하며 그러나 그 입술에 찬미의 제사와 서로 나눠주는 제사를 드리는 자들이다(히 10-13장 참조). 당시 유대교는 대세력을 갖고 있었지만 신약의 교회는 매우 작은 능력의 사람들이었고 늘 핍박과 능욕 아래 있었다.

3. 주님의 말씀을 지킴

그러나 빌라델비아 교회는 주님의 말씀을 지켰다. 주님의 말씀을 지키려면 교회 중에 말씀의 지위가 회복이 되어야 한다. 에베소나 두아디라 등 다른 교회는 활동이 많고 일들이 많았다. 일이 많은 곳에서는 일을 잘하고 크게 하는 사람들이 돋보이고 말씀은 뒷전으로 밀린다. 마리아와 마르다는 이에 대하여 좋은 교훈을 주고 있다. 마리아는 주님의 발 밑에서 주의 말씀을 들었지만 마르다는 일에 분주하여 말씀을 소홀히 하고 있었다. 우리는 한 등에 두 짐을 질 수 없음을 알아야 한다. 주님이 칭찬하시며 표준에 도달한 교회의 모습은 무엇인가? 말씀을 중심삼는 교회이다. 그들 가운데는 말씀의 지위가 가장 높다. 그들은 주님을 사랑하며 말씀을 지킨다. 주님 자신을 사랑하지 않는다면 그분의 말씀을 지키지 않는다(요 14:21-24). 교회는 그리스도의 충만이다. 그분의 말씀이 그들 가운데 충만되지 않는다면 어떻게 그리스도의 충만인 교회가 될 수 있는가? 교회는 진리의 기둥과 터이다. 진리가 없으면 교회의 기둥이 없고 교회의 터가 없다. 주의 말씀을 가장 귀한 것으로 여겨 지키는 무리가 아니면 빌라델비아의 간증이 아니다.

최근에 남미의 큰 집회에 참여하여 유익을 얻었다는 사람들의 대화를 전해 들었다. 그들의 교회는 인수가 20만명에 달하는 큰 무리였고 재력도 상당했다. 그런 자들에 대하여 기성교회는 이단시하고 있는 현실이다. 남미에 다녀온 젊은 형제들은 그곳에 가서 대단히 유익하고 해방되는 말씀을 들었다고 하며 "하나님과 재물은 겸하여 섬길 수 있다!"고 주장하는 말을 들었다고 했다. 돈이 없으면 사역을 할 수 없는데 그들은 물질을 대단히 많이 갖고 있는 것을 자랑하며 그 물질로 인하여 세계적인 사역을 하는 것을 자랑스러워하고 있었다는 말이다. 그들은 그들의 체험을 통하여 말씀을 바꾸어버렸다. 말씀보다 그들의 체험이 맞다고 느낀 것이다. 즉 교회 생활과 사역의 길에서 겪고 배운 것이 성경과 다르다 할 때 과감히 성경의 진리의 말씀을 땅에 던져버리고 변개하는 것이다. 이러한 영은 결코 빌라델비아가 아니며 주님의 이름을 높이는 것이 아니다. 나는 그들의 사역이 주님의 참 진리를 전하는 참 사역이 아니라는 것을 잘 알고 있다. 그들은 돈을 가지고 그들의 사역이 확장되는 것을 보고 이것이 주님의 축복이 아니냐고 확신하게 된 것이다. 이 땅에 이단적인 단체가 물질적으로 세계적인 자신들의 영역을 확장하는 사례는 매우 많다. 발전한다해서 다 하나님의 진리의 역사인 것은 아니고 축복도 아니다. 당시 사도들의 "내게 은과 금은 없거니와"라고 했다. 그들은 돈으로 사역한 것이 아니라 성령으로 사역을 했다.

4. 주의 이름을 배반하지 않음

주님의 이름은 그분의 인격이다. 그분의 이름 외에 다른 이름을 높이지 않는 것은 매우 중요한 일이다. 우리는 훌륭한 주의 종들이라 하더라도 그들의 이름을 높이지 않기를 주의해야 한다. 루터나 칼빈이나 심지어 바울이나 게바나 아볼로가 아무리 훌륭하다해도 그들의 이름을 높여 다른 이들과 분리하지 말아야 한다. 당시 고린도 교회가 그러한 실수를 하였다(고전 1:13절 이하 참조). 아무리 훌륭한 종이라해도 그들은 다 같은 형제요 사람일 뿐이다. 사람을 높이는 나머지 형제들을 그 이름 아래 두려고 해서는 안된다. 주님은 오직 한 분 주 예수 그리스도 뿐이다.

마태복음 17장의 변화산상에서 베드로는 영광 중에 주 예수께서 모세와 엘리야와 함께 대화하시는 것을 보고 주님과 엘리야와 모세를 위하여 각각 초막 셋을 짓겠다고 하였다. 그 때 하늘의 음성은 "이는 내 사랑하는 아들이요 기뻐하는 자니 너희는 저희 말을 들으라"고 하였다. 여기서 베드로는 주의 종들을 주님과 동등하게 두고자 하는 실수를 저질렀다. 이것은 히브리서의 주제이기도 하다. 당시 히브리 그리스도인들은 아들이신 주 예수와 천사들, 모세, 아론 등을 동등하게 두고자하는 실수를 하였다. 히브리서는 하나님의 아들과 천사들, 모세, 아론 등을 비교하여 그분이 얼마나 우월하신가를 증명하였다. 오늘 날도 훌륭한 주의 종들의 이름을 높이는 것은 흔히 볼 수 있는데 이는 매우 경계해야 할 일이다. 어떤 사람의 이름이 높여지면 그의 가르침이 주님의 말씀의 가르침을 대치하게 되거나 동등하게 된다. 이것을 우리는 이단이라고 한다.

5. 그분의 인격을 닮음

빌라델비아의 교회는 그분의 모습이 그분의 인격이요, 본질을 나타낸다(거룩하고 진실하신 분). 빌라델비아가 나타날 때 교회는 온전히 주님의 모습을 닮게 된다. 그분의 겸손과 온유, 거룩과 진실 등이다. 오늘 날 말씀을 지킨다는 교회는 겸손과 온유가 부족하고 겸손과 온유를 지키는 교회들은 말씀의 깊이가 없게 되는 것이 통상이다. 그것은 온전히 그분을 닮은 것이 간단한 일이 아님을 느끼게 해준다. 당시 바리새인들이 말씀을 지키는 것에는 매우 열심이었지만 의와 인과 신을 버렸다. 교만하고 독선적인 성질을 벗어나지 못했다. 소위 말씀을 지킨다는 교회들이 있다. 그들은 제법 말씀을 깊이 연구하고 힘을 다해 말씀을 지키려는 노력을 보인다. 그러나 그렇게 말씀을 지킨다고 자부하는 무리들 가운데는 한결같이 편협하고 교만함을 볼 수 있는데 이는 주 예수를 닮은 것이 아니다. 오늘 날 보편적인 교회 안에서 보편적인 사랑과 겸손을 볼 수 있으나 깊은 십자가의 진리와 자아 부인, 내적인 생명을 체험하는 것들을 보기 어렵다. 빌라델비아는 모든 면에서 실패가 없이 그리스도의 인격을 닮은 교회이다.

6. 이미 면류관을 가지고 있음

그들은 이미 면류관을 가지고 있었다. 그들은 이미 주님의 충분한 사랑을 받고 있었다. 그들은 가지고 있는 귀한 것들을 굳게 잡아 빼앗기지 않게 해야 했다. 귀한 것을 가지고 있으면서도 자신의 좋은 점들을 알지 못하는 것이 빌라델비아이다. 라오디게아는 그들 스스로 충분히 좋은 것을 다 가지고 있다고 확신했다. 그러기에 빌라델비아는 그들이 귀한 점을 갖고 있으며 주님이 그들을 진정 사랑하고 계시다는 것을 주님이 알려주셔야 했던 것이다.

7. 세상 끝이 임하게 됨

10절은 빌라델비아가 나타날 때 환난의 때가 임할 것을 예시한다. 주님은 그들이 인내의 말씀을 지켰으므로 시험의 때를 면하게 해주겠다고 하셨다. 대환난을 면하게 해주시는 길은 성경의 예언을 연구할 때 휴거이다. 그 때 환난 전의 휴거의 일이 일어날 것이다. 온 세상에 임하는 대 재앙에서 휴거가 아니면 그 시험을 피할 길이 없다.

8. 내가 속히 오리니

참된 빌라델비아의 간증이 나타날 때 주님은 재림하시게 될 것이다. 빌라델비아 교회의 상태가 이루어질 때 주님은 이 땅에 강림하실 준비를 하신다. 일곱 교회를 볼 때 두아디라부터 주님의 재림이 언급된다. 따라서 두아디라 사데 빌라델비아 라오디게아는 주님의 재림 시까지 존재하는 교회이다. 두아디라는 교회 전체가 아닌 이기는 자들에게 새벽별을 주리라고 하셨다. 사데 역시 주님의 재림에 대하여 교회 전체가 유익을 얻지 못한다. 사데 교회에게는 주님이 도적같이 임하실 것이므로 모든 교회가 다 주님의 재림의 유익을 얻지 못한다. 라오디게아의 경우는 그들 안에 주님이 계시지 않고 밖에서 문을 두드리고 계신 형국이다. 그러나 빌라델비아에 대하여 주님은 교회에게 "내가 속히 오리니"라고 하신다. 이는 그들의 상태가 주님의 다시 오심을 이끌어내고 있음을 말해준다.

9. 성전의 기둥이 되게 하리니

빌라델비아의 길은 가기가 어렵다. 그 길이 좁고 협착하며 작은 능력을 갖고 있기 때문이다. 핍박과 비방과 가난은 늘 따라다닐 것이다. 가는 길이 힘들고 어렵다. 따라서 길을 가다가 변하고 돌아서며 떠나가기가 쉽다. 그러니 빌라델비아의 길을 굳게 서서 끝까지 견디는 자들은 그 보상으로 성전의 기둥이 된다고 하신 것이다.

12-13절, 이기는 자는 내 하나님 성전에 기둥이 되게 하리니 그가 결코 다시 나가지 아니하리라 내가 하나님의 이름과 하나님의 성

곧 하늘에서 내 하나님께로부터 내려오는 새 예루살렘의 이름과 나의 새 이름을 그의 위에 기록하리라 귀 있는 자는 성령이 교회들에게 하시는 말씀을 들을지어다

이기는 자

"이기는 자는 내 하나님 성전에 기둥이 되게 하리니". 빌라델비아 교회는 전체가 좋은 교회인데도 여전히 이기는 자가 있다. 이것은 무엇을 뜻하는가? 빌라델비아 교회는 물론 모든 교회의 이기는 자는 개인, 즉 단수라는 것이다. 아무리 좋은 교회라 하더라도 이기는 자는 단수이다. 영적인 무리와 함께 있다고 해서 그 사람이 반드시 영적인 사람이 될 수 있는 것은 아니다. 공부 잘 하는 학교에 다닌다고 해서 아무 노력도 하지 않았는데 똑같이 공부 잘 할 수 있는 것이 아닌 것과 같다. 자신이 빌라델비아 교회에 있으므로 이기는 자가 될 수 있는 것이 아니다. 우리는 예레미야 7장의 경고처럼 성전 중심주의 사상을 경계해야 한다. 당시에 유대인들은 자신들이 성전을 가지고 있기 때문에 어떻게 하더라도 구원받고 열납될 것으로 기대했다. 그러나 하나님은 그들이 거짓되다고 정죄하셨다.

오늘날에도 교회 중심주의 사고가 있다. 이는 이스라엘이 마음은 하나님에게서 멀면서 성전만 중심 삼으면 된다고 하던 시대와 같은 사고이다. 자신들이 너무나 정통적인 교회, 성경적인 외형을 가진 교회에 있기 때문에 그 안에 남아 있기만 한다면 휴거되고 승리하며 모든 것이 다 좋을 것이라는 착각에 빠져 있는 사람들이 그들이다. 이것도 일종의 우상숭배이다. 실제이신 하나님이 아니라 성전을 붙들고 있는 것이다. 교회 중심주의도 그러한 위험이 있다. 그러나 성경에서 보여주는 계시는 이기는 자는 단수의 문제라는 것이다. 어떤 사람들은 자신이 소위 몸 된 교회 안에, 빌라델비아 교회 안에 있으므로 그곳에 있기만 하면 다 좋은 것이라고 말한다. 이들은 진리를 모르는 자들이다. 이기는 자는 어디까지나 개별적인 문제이다. 교회 성도들은 교회를 사랑하고 그 안에서 귀한 신앙생활을 영위하되 모두 하나님 앞에서 하나님 중심주의를 가져야 한다. 신앙은 어디까지나

신자마다 하나님과 개별적인 관계성의 기초를 갖고 있어야 함을 잊지 말아야 한다.

이기는 자는 하나님 성전에 기둥이 될 것이다. 구약 시대에 솔로몬 성전을 지으면서 보아스와 야긴이라는 두 기둥을 세웠는데, 그 기둥에는 장식이 많았다. 이 두 기둥은 떠받치는 역할을 하기도 했지만 성전의 장식이기도 했다. 주님은 빌라델비아의 이기는 자에게 성전의 기둥이 되는 축복을 주신다. 이기는 자에 대한 보상은 공의의 보상이다. 그가 이 땅에 사는 동안 어떠한 삶을 살았기 때문에 그에 상응하는 어떠한 보상을 주는 것이다. 빌라델비아의 길을 걸어가는 이기는 자들은 이 땅에 있을 때 사람들에게 멸시와 천대와 버림을 받기 때문에 왕국에서 기둥이 되는 보상을 받는 것이다. 오늘날은 그러한 길을 걸어가는 사람들이 대단하게 대우받지 못한다. 그러나 주님이 다시 오실 때에는 기둥과 같은 존재들로 여겨질 것이다. 이것이 빌라델비아 교회의 이기는 자들에 대한 주님의 보상이다.

"그가 결코 다시 나가지 아니하리라". 나가지 아니한다는 말은 무슨 의미인가? 빌라델비아는 멸시와 쫓겨남을 많이 당한 사람들이므로 주님께서는 그들에게 결코 다시는 나가지 않으리라는 보장을 주시는 것이다. 그러므로 진리를 고수하고 하나님의 말씀을 지키는 사람들은 이 땅에서 나그네와 같이 사는 길 외에 다른 길이 없다. 사람들에게 버림받을 것을 각오하지 않으면 안 된다. 그러나 그 날에는 여기저기 이사 다니며 세(貰) 사는 사람이 아니라 붙박이 집의 주인과 같이 결코 쫓겨나는 일이 없을 것이다. 이것은 빌라델비아 사람들이 이 땅에서 어떤 삶을 살았는가에 대한 대비적인 보상일 것이다.

"내가 하나님의 이름과 하나님의 성 곧 하늘에서 내 하나님께로부터 내려오는 새 예루살렘의 이름과 나의 새 이름을 그의 위에 기록하리라". 주님은 이기는 자는 성전의 기둥이 되게 하시고 세 가지 이름을 그 위에 새기겠다고 하셨다. 하나님의 이름, 하나님께로부터 내려오는 새 예루살렘의 이름, 그리고 나의 새 이름—이 세 가지를 기록하시는 것이 빌라델비아의 이기는 자들에 대한 보상이다. 이기는 자는 하나님의 이름을 갖게 되는데, 그것은 가장 귀한 것이다. 지금도 그러하지만 그 날에는 하나님보다 귀한 것이 없을 것이므로 하나님의 이름을 갖는 사람이 된다면 그것은 가장 존귀한 것이다. 한 나라의 왕이 어떤 사람에게 그 왕의 이름을 부여한다면 그것이 그에게 최고의 명예요 그보다 더 귀한 것이 없다.

이기는 자가 갖게 될 또 하나의 이름은 하나님께로부터 내려오는 새 예루살렘의 이름으로서, 그것은 장래와 관계된 문제이다. 새 예루살렘이란 무엇인가? 하나님께서 장래 최종적으로 이루시는 성이다. 새 예루살렘의 이름을 이기는 자들 위에 기록한다는 것은 빌라델비아의 이기는 자들이 새 예루살렘의 노선에 있는 무리라는 것이며(즉, 왕국 시대에는 그들이 새 예루살렘이다), 그들로 말미암아 결국 새 예루살렘이 임하게 된다는 뜻도 되고, 또 한 면으로는 그 사실을 통해 우리는 그들이 얼마나 맑고 투명하고 깨끗한 자들이었는가도 알 수 있는 것이다.

이외에도 이기는 자 위에 기록될 이름은 주 예수님의 새 이름이다. 오늘 주 예수님은 그리스도와 임마누엘이라는 이름을 가지고 계시는데, 장래 왕국에서 그분은 또 다른 새 이름을 가지실 것이다. 우리는 주님께서 새로운 왕권을 갖게 되실 그날 얻으실 새 이름이 무엇인지 모르지만 빌라델비아의 이기는 자들은 그 이름에 참여하게 된다. 이는 그날 그리스도께서 얻으신 특별하고 귀한 영예에 다 참여할 사람들이 바로 빌라델비아의 이기는 자들이라는 말이다. 아버지는 그리스도께서 이 땅에서 죽기까지 순종하시고 충성하신 것을 보상하실 것인데 그 보상이 되는 이름 안에 이기는 자들이 참여한다는 뜻이다. 그 시대 그들은 다 주와 함께 왕 노릇할 자들이요 그리스도의 모든 것을 함께 공유할 자들이다.

하나님의 성 곧 내 하나님께로부터 내려오는 새 예루살렘의 이름

이러한 새 예루살렘의 이름은 빌라델비아 교회의 성질을 말해준다. 그것은 빌라델비아의 교회가 건축되는 성질이 있음을 말해준다. 새 예루살렘은 기초가 있는 성이요 건축된 성이기 때문이다. 신약의 그리스도의 몸은 구약의 성전처럼 건축되어지는 것이다. 오늘 날 많은 교회들은 조직은 있어도 생명의 유기적인 건축을 보지 못한다. 그저 많은 신자들이 교회에 다니는 것이다. 실제적으로 교회는 성도들이 하나 하나 변화되고 거룩케 되어 산돌들로서 건축되어지는 것이지 그저 왔다 갔다 다니는 것이 아니다. 그리스도의 몸은 생명의 연결이 있는 유기적인 건축이다(엡4:12, 16). 그리스도의 몸은 성장하면서 건축된다. 하나님께로부터 내려온다는 것은 그 건축이 세상 조직과 다르다는 것을 뜻한다. 모든 것이 하늘로부터 온 것이요 하늘의 질서가 이 땅에 임하는 방식으로 건축되는 것이다. 하늘의 성질을 잃은 교회는 빌라델비아가 아니다. 하늘의 분위기, 하늘의 질서, 하늘의 음성을 듣고 순종하는 성분이 없다면 빌라델비아가 아니다. 에스겔서 1장에 보면 하늘에는 네 생물과 그 동역이 나온다. 각각 다른 생물이지만 하나님의 경륜을 위하여 온전히 하나로 움직인다. 이것이 빌라델비아의 특징이다. 오늘 날 빌라델비아란 유기적인 그리스도의 몸의 건축의 성분이 있는 교회이다. 모든 지체들이 받은 은사대로 섬기며 함께 연락하고 상합하는 실제가 없다면 어떻게 새 예루살렘의 특징을 지니겠는가!

덧붙이는 말씀

빌라델비아 교회에 대한 말을 마치면서 마지막으로 한 가지만 덧붙이겠다. 빌라델비아의 첫 번째 특징은 형제 사랑이다. '빌라델비아'라는 말 자체가 '형제 사랑'이라는 뜻이다. 형제 사랑은 결코 사소한 것이 아니다. 오늘날 자신들이 굉장히 영적이라고 생각하면서도 형제 사랑을 그리 중요하지 않게 여기는 단체들이 있다. 그들은 형제 사랑을 지식보다 열등한 것으로 여긴다. 그들은 사랑은 덕을 세우고 지식은 교만하게 한다는 사실을 간과한 것이다. 그러나 형제 사랑은 가장 상위 단계에 있는 것이다. 베드로 후서 1장에 영적 단계가 있음을 알 수 있다. 5절부터 8절은 믿음으로 시작하여 믿음에 덕을, 덕에 지식을, 지식에 절제를, 절제에 인내를, 인내에 경건을, 경건에 형제 우애를, 형제 우애에 사랑을 공급하라고 하면서 이런 것이 있어 흡족한즉 그 나라에 들어감을 넉넉히 주시리라고 말한다. 이곳에서 말하는 '형제 사랑'이 헬라어로 '빌라델비아'이다. 사랑이야말로 온전케 된 것이요 최고의 단계에 있는 것이다. 그렇다면 빌라델비아 성도들이 휴거되는 것은 자연스러운 것이 아니겠는가? 오늘 이 시대에 성도들은 이 말씀을 신중하게 받기 바란다.

우리는 목표를 가지고 그리스도인 생활을 해야 한다. 허공을 치는 것같이 생활하지 말아야 한다. 이것은 주님의 엄중한 말씀이다. 이러한 시대가 오고 이러한 무리가 일어날 때 주님께서 이 땅에 다시 오신다. 오늘 우리가 이 땅에서 소원하는 바는 주님의 말씀을 신실하게 지키고 그분의 이름을 배반치 않는 무리가 일어나는 것이다. 우리는 주님의 모든 말씀을 지키면서 길을 걸어가고자 애쓰고 분투하는 무리여야 한다. 이것이 우리의 웅지(雄志)이다. 절대로 주의 이름을 배반하지 않고 그분의 이름만 끝까지 붙잡는다면 반드시 그러한 무리 가운데 휴거가 일어날 것이다. 주님께서 이러한 마음을 가지고 있는 무리를 긍휼히 여겨주시고 축복해 주시기 바란다.

라오디게아 교회

계시록 2장과 3장에는 일곱 교회에 대한 예언이 있다. 구약에는 예언이 많은 반면 신약에는 구약처럼 예언이 그렇게 많지 않다. 복음서에 약간의 예언이 있고 계시록 2장과 3장에 교회에 대한 예언이 있을 뿐이다. 구약에서 하나님은 이스라엘 백성에 대한 예언을 하심으로 그분의 백성들에게 미리 될 일을 알려주신다. 그러나 신약에서는 그분의 백성들인 교회에 대해서 구약에서와 같이 그렇게 자세하게 예언하지 않으셨다. 마태복음과 계시록 2장과 3장에서 교회에 대한 예언을 약간 볼 수 있지만 유감스럽게도 구약부터 신약에 이르기까지 하나님의 백성들의 결과는 다 좋지 않다. 하나님께서 선택하신 백성인 이스라엘도 결국 타락했고 다시 부르심 받은 믿는이들인 교회 또한 그 마지막이 바람직하지 않다. 계시록 2장과 3장에 언급된 예언에 따르면 라오디게아 교회는 시대적으로 신약의 마지막 때의 교회이다. 신약의 교회가 빌라델비아로 끝나지 않고 라오디게아로 끝나는 것은 매우 의미심장하다. 교회조차도 타락하여 그 마지막 결과가 비참하기 때문이다. 라오디게아는 타락한 교회이다.

이렇게 교회마저도 라오디게아 교회와 같이 타락했을 때 시대가 끝나고 주님이 재림하신다. 우리가 한 가지 기억해야 할 것은 라오디게아 교회의 현상이 나타날 때가 교회 시대의 마지막이라는 것이다. 우리는 두아디라 교회 시대에 살고 있지 않고 더욱이 사데 교회의 시대에 살고 있지도 않다. 지금의 시기는 천주교 시대, 종교 개혁 시대, 빌라델비아 교회 시대를 지나서 사실상 라오디게아 교회 시대이다. 지금이 라오디게아 교회 시대라는 말은 사데 교회나 빌라델비아 교회가 주님 오실 때까지 존재하지 않는다는 뜻이 아니라 시대 말에 나타날 교회의 상태가 라오디게아 교회의 상태로 대표된다는 것이다.

'라오디게아'는 '백성'을 뜻하는 '라오스'와 '의견', '풍속', '권리'를 뜻하는 '디케아'의 합성어로서 '백성들의 의견', '백성들의 권리', '백성들의 풍속'이라는 뜻을 지니고 있다. '빌라델비아'는 '형제 사랑'의 의미를 담고 있다. 하나님께서 기뻐하시는 교회의 모습은 형제 사랑이 가득한 것이다. 그러나 라오디게아 교회에는 더 이상 형제가 아니라 많은 백성들이 있다. 거기에 많은 사랑이 있는 대신 많은 의견과 자신의 권리를 주장하는 것이 있다. 마지막 시대에 교회는 타락해서 형제들이 서로 사랑하는 것이 아니라 많은 백성들의 의견이 충만한 상태에 처하게 된다. 그러한 상태에 이르게 되면 우리는 바짝 깨어있을 필요가 있는데, 그것은 그때가 바로 시대의 말이고 그리스도의 재림이 가까운 시기이기 때문이다. 오늘날은 성경 지식이 편만하게 되어 누구든지 어느 정도는 성경을 알고 있는 듯하다. 머리만 커지는 시대인 것이다. 그러한 속에서는 믿음과 순종은 줄어들고 지식에 따른 의견이 많아진다. 이러한 시대가 벌써 왔다. 이전에 성도들이 아무것도 모를 때에는 순종도 잘 하고 충성스러웠다. 그러나 지금은 아니다. 머리만 커져 있는 성도들이 너무나 많은 시대이다.

두아디라 교회에는 이세벨의 교훈이 있다. 두아디라로 대표된 카톨릭은 교황이 다스린다. 종교 개혁으로 말미암아 두아디라에서 회복된 교회인 사데로 대표된 개혁 교회는 교황 대신 성직자 그룹이 그 권위를 대신했다. 그러나 빌라델비아에 올 때 우리는 권위를 온전히 주님께 드린 것을 볼 수 있다. 빌라델비아 교회의 형제들은 다 주님을 사랑하고 그분의 이름을 배반치 않고 그분의 말씀을 지켰다. 적은 능력으로 주님의 말씀을 지킨다는 것은 주님께 온전히 권위를 드렸다는 것을 의미하는 것이다. 빌라델비아는 주의 성령께서 권위를 갖고 계신다. 주님께 권위를 드리지 않은 단체는 그분의 말씀을 지키지 않는다. 주님을 진정으로 높이는 사람들, 주님을 귀하게 생각하는 사람들, 주님을 사랑하는 사람들, 주님의 이름을 배반치 않는 사람들 가운데 그분의 말씀을 지키지 않는 사람들은 하나도 없다. 그러나 라오디게아 교회에 이르러서는 교회의 권위를 일반 백성이 가지게 되었다. 라오디게아 교회에는 교황의 권세도 없고 성직자의 권세도 없고 성령의 권위도 없고, 다만 일반 백성의 권세만이 있다.

라오디게아 교회는 그리스도께서 다스리지 않는다. 성령께서 주권을 가지고 계신 것이 아니라 많은 무리들, 많은 백성들이 교회에서 권리를 주장하고 있다. 그저 많은 무리들의 의견으로 다스려지고 있는 것이 바로 라오디게아의 특징이다. 머리가 몸을 다스리는 것이 아니라 지체들이 몸을 다스리는 시대, 많은 의견들이 교회를 다스리는 시대가 라오디게아 교회의 시대인 것이다.

우리는 지금 도처에서 라오디게아 교회의 경향과 그 사조를 볼 수 있다. 어디서든 라오디게아의 음성을 들을 수 있고 그 조류를 볼 수 있는데, 이러한 것들이 마지막 시대를 재촉하는 흐름들이다. 라오디게아가 나타나면 이제 주님의 다시 오심의 발걸음은 멀지 않았다고 보아야 한다. 빌라델비아도 이미 이 지구상에 나타났다. 우리는 1820년대 영국의 다비와 함께한 형제단(Brethren)에 의해서 빌라델비아가 일어난 것으로 생각한다. 그 때 윌리암 켈리, D.M 팬턴 등 수많은 성경교사들이 일어났다. 우리는 그 이전에도 하나님의 말씀대로 지키며 살려는 무리가 있었음을 시인하지만 이들의 일어남은 매우 특별했다고 말할 수 있다. 그들만큼 작은 말씀 하나라도 생활 가운데 그대로 지키며 살려고 한 사람들을 그 이전에는 찾을 수 없다.

그러나 그들은 유감스럽게도 그들의 교회를 그들 자신이 특별하게 깊이 연구하고 깨달은 진리를 찬동하고 따르는 작은 무리의 그릇 안에 두었다. 따라서 자신들만이 유일하게 정당한 교회요 다른 이들을 다 틀렸고 자신들만이 가장 올바른 길을 걸어간다고 하는 편협하고 교만한 올무에 빠지고 말았다. 진리는 보편 속에 두어야 한다. 주님은 믿는 자녀들이 세상의 빛이라고 하셨다. 교회는 세상의 본질을 본받지 말아야 하되, 세상 속에서 소금과 빛이 되어야 한다. 그러나 한 무리의 사람들이 제 아무리 주님을 사랑하고 말씀을 깊이 이해한다고 하더라도 옳은 것을 주장하는 사람들의 별도의 무리를 만들어 버리면 그 옳다는 주장과 사상으로 인하여 세상만이 아니라 그리스도인들 간에도 분리의 담과 경계가 생겨버리는 것이다. 다음의 사도의 말씀은 매우 참고가 된다. "내가 너희에게 쓴 것에 음행하는 자들을 사귀지 말라 하였거니와 이 말은 이 세상의 음행하는 자들이나 탐하는 자들과 토색하는 자들이나 우상 숭배하는 자들을 도무지 사귀지 말라 하는 것이 아니니 만일 그리 하려면 세상 밖으로 나가야 할 것이라"(고전 5:9-10)

우리는 주님께서 예언하신 일곱 교회 중 에베소로부터 시작하여 서머나를 거쳐 버가모와 두아디라와 사데와 빌라델비아를 지나서 이제 라오디게아에 이르렀다. 이제 해는 저물어 주님께서 다시 오실 때가 되었다. 그러므로 우리는 시대 말의 교회인 라오디게아가 어떠한 상태에 있는지 분명히 알아야 한다. 라오디게아에서는 주님께서 주권을 가지고 계시지 않다. 그 교회는 성령께서 다스리지 않는다. 그곳에서는 많은 무리들, 소위 지체들이 몸을 다스린다. 성령이 다스리시는 것이 아니라 많은 사람들의 의견이 다스리는 이것이 교회가 가장 타락한 상태이다.

14절, 라오디게아 교회의 사자에게 편지하기를 아멘이시요 충성되고 참된 증인이시요 하나님의 창조의 근본이신 이가 가라사대

주님은 라오디게아 교회에게 그분 자신을 '아멘'이라고 말씀하신다. '아멘'이란 무엇인가? 아멘은 정말 그렇기 때문에 그에 대해 더 이상 할 말이 없다는 뜻이다. 가장 정확하고 진실한 것임을 나타내는 것이 곧 아멘이다. 그리스도는 아멘이시다. 세상에서 연설을 들을 때 동감이 되면 '옳소!'라고 외친다. 그리스도인은 하나님의 말씀을 들을 때 깊은 내면의 영으로부터 동감과 화답이 있게 된다. 그것이 '아멘!'이다. 구약에 하나님의 약속과 그분의 말씀과 예언이 있다. 이러한 하나님의 모든 말씀에 대해서 아멘이신 분이 바로 그리스도이시다. 그리스도는 하나님의 모든 말씀에 대해서 아멘이신 분이시다.

고린도 후서 1장 19-20절, "우리 곧 나와 실루아노와 디모데로 말미암아 너희 가운데 전파된 하나님의 아들 예수 그리스도는 예하고 아니라 함이 되지 아니하였으니 저에게는 예만 되었느니라 하나님의 약속은 얼마든지 그리스도 안에서 예가 되니 그런즉 그로 말미암아 우리가 아멘하여 하나님께 영광을 돌리게 되느니라".

주님은 배도한 교회, 의견이 충만한 타락한 교회에 대해서 그분 자신을 아멘이라고 하신다. 주님이 자신을 이렇게 제시하신 것은 라오디게아 교회의 상태가 하나님에 대해서 아멘이 아니라는 의미가 포함되어 있다. 주님은 이렇게 타락한 교회에 대해서 자신이 어떠한 분인지 분명하게 제시하고 계신다. 다시 말해서 그분이 "나는 하나님께 아멘이다."라고 하신 것은 교회가 응당 그리스도께 '아멘'해야 한다는 것을 말하는 것이다. 이것은 매우 중요한 말이다.

하나님에 대해서 그리스도는 아멘이시다. 하나님의 모든 약속과 말씀이 그리스도 안에서 아멘이 되기 때문에 우리는 하나님에 대한 모든 것을 그리스도 안에서 볼 수 있고 하나님에 대한 모든 물음의 답변을 그리스도에게서 얻을 수 있다. 그러므로 그분은 아멘이시다. 그런데 교회는 어떠한가? 교회는 그리스도와 하나로서 그분과 조금도 다르지 않다. 그러므로 교회는 그리스도에 대해서 아멘이라고 답해야 한다. 하나님의 모든 약속에 대해서 그리스도는 아멘하셨고 교회는 그분께 아멘하여 하나님께 영광을 돌려야 한다.

그러나 교회는 어떠한가? 이 타락한 교회인 라오디게아는 그 상태가 많이 어긋나 있었다. 그들은 많은 지식과 의견은 가지고 있었지만 그들의 상태는 참으로 그리스도께 대하여 아멘이 아니었다. 즉, 라오디게아는 그리스도의 어떠하심에 반응하여 그것을 반사해내는 교회가 아니었다는 뜻이다. 그러한 교회에 대해서 주님은 그분 자신을 아멘이라고 하셨다. 교회는 그리스도를 완전히 반사해내는 단체여야 한다. 교회가 그리스도를 완전히 반사해내는 것이 그리스도께 대한 아멘이다. 오늘날 많은 그리스도인들은 그리스도께 대하여 아멘의 상태에 있지 않다.

그리스도께서는 자신을 낮추어 사람이 되어 이 땅에 오사 메마른 인생을 사시면서 사람들에게 조롱과 핍박을 받고 버림을 당하신 후 십자가에 달려 죽으셨다. 그러한 슬픔의 사람이요 겸손하신 분이신 예수, 그러면서도 자비롭고 온유하셨던 그리스도가 바로 하나님께 예가 되셨던 분이다. 그런 분에 대한 아멘이 교회이다.

그러나 오늘날 많은 그리스도인들의 행함과 삶은 그리스도께 대한 아멘이 아니다. 그들은 그리스도를 다른 방식으로 반사한다. 그분은 슬픔의 사람이요 겸손한 분이신데, 또 십자가에 죽기까지 순종하신 분인데, 교회는 그러한 가난하고 슬프고 겸손한 주님을 반사해내지 않는다. 그분은 입으로 말만 하시는 것이 아니라 친히 행하시며, 모든 선한 행실과 사랑을 모본으로 보이신 분이다. 그러나 교회들은 이론과 지식은 많으나 실제로는 사람들을 사랑하지 않는다. 또 어떤 사람들 중에는 성경에서 우리에게 말해주고 있는 원래의 그 그리스도를 말하지 않고 그리스도께서 더 진보하고 개량되신 것처럼 비추어내는 사람도 있다. 그리스도는 성경에 기록된 것보다 더 진보되고 개량된 분이 아니다. 우리가 돌아가야 할 곳은 개선되고 개량된 그리스도가 아니라 바로 성경에서 계시하는 그리스도 자신이다. 오늘날 많은 사람들이 이점을 오해하고 있다.

이에 대한 예를 하나 들어보자. 내 옷 중에는 개량 한복이 있다. 사람들은 개량 한복이 더 좋다고 생각한다. 나도 편리해서 그것을 입곤 하지만 그것은 원래의 한복이 아니다. 사람들은 원래의 한복에서 더 발전되었다는 의미로 개량 한복이라 부른다. 다른 예로 컴퓨터를 들어보겠다. 컴퓨터는 계속 발전하고 있다. 가령 컴퓨터 사양으로 말해서 성경에 기록된 그리스도가 586이라고 한다면 우리는 그리스도를 그렇게 알면 된다. 그러나 계속 개량해서 나가다 보면 원래 성경에 있는 그리스도가 아니라 개량되고 진보된 그리스도로 나갈 수 있다. 이러한 것은 미치지 못하는 잘못이 아니라 지나쳐 나아간 잘못이다(요이9). 나귀를 타시고 집도 없으셨던 가난하고 초라한 나사렛 사람이 주님이신데 오늘 날의 구주 예수께 사람들은 너무나 고급 승용차를 타게 하고 너무나 크고 사치스럽게 지은 건물에 호화롭고 비싼 옷을 입게 하였다. 초기에 사도들은 '은과 금은 내게 없거니와'라고 하였는데 오늘 날의 소위 그리스도의 종들이 너무나 많은 황금으로 치장하였다.

이 모든 것이 라오디게아의 실수이다. 그리스도께서 라오디게아 교회에게 그분 자신을 아멘이라고 말씀하신 것에서 우리는 교회가 그분에 대해 아멘해야 한다는 것을 깨닫는다. 우리는 교회에서 그리스도만 찾으면 된다. 문화와 시대가 변천됨에 따라 그리스도도 개량되었다고 말하지 말라. 우리는 성경에 기록된, 이 땅에 사셨던 원래의 예수님께로 향해야지 시대의 발전으로 산출된 개량되고 진보되신 그리스도께로 향하는 것이 아니다. 고대의 그리스도, 고대의 십자가, 고대의 신앙, 성경에 기록된 그것이 바로 우리가 가야 할 곳이다.

원래의 주님, 원래의 그리스도, 그분께만 나아가고 그분만 닮으면 된다. 그분이 십자가의 길을 가셨듯이 우리도 십자가의 좁은 오솔길을 가면 된다. 그러나 어떤 사람들이 지금은 시대가 발전했으므로 십자가의 좁은 오솔길이 아니라 고속도로로 가야 한다고 말한다면, 그러한 말은 거짓말이요 속임수이다. 고대의 그리스도인도 십자가의 좁은 길을 가야 하고 현 시대의 그리스도인도 십자가의 좁은 길을 가야 한다. "이 시대에는 누림과 은혜만을 말해야지, 십자가와 고난을 말하지 말라."는 말들은 라오디게아의 사조를 띤 말들이다. 그러한 교회에 대해서 주님은 "나는 아멘이요 충성되고 참된 증인이다."라고 하신다.

주님께서 어떠하시다는 말씀은 교회 또한 그러해야 한다는 의미를 포함한다. 주님과 교회는 하나이며 또 반드시 하나여야 하기 때문이다. 주님은 증인의 특징을 잃고 증거의 기능을 상실해 버린 변질된 라오디게아에게 그분 자신을 충성되고 참된 증인이라고 선포하신다. 교회는 금등대로서 그리스도를 증거하는 단체이다. 그리스도의 어떠함을 증거하는 것이 교회이다. 그러나 라오디게아 교회는 그러한 참된 그리스도에 대한 증거의 영을 잃어버렸다. 그러한 교회에 대해서 주님은 그분 자신을 충성되고 참된 증인이라고 말씀하신다. 스웨트(Swete)는 "그분의 증거는 결코 진리에 미치지 못한 적이 없다."고 하였다. 라오디게아는 그리스도에 대하여 참된 증인이 되는 모습을 잃어버린 교회였다. 그러한 교회에 대하여 주님은 자신만이 하나님께 아멘이신 분이요 참되고 충성된 증인이심을 증거하신다.

이어서 그분은 자신을 하나님의 창조의 근본이라고 말씀하셨다. 근본은 시작이라는 말과 같다. 그분은 하나님의 창조의 근본 또는 시작이시다. 성경은 창조의 근본이 아담이라고 말한다. 사람의 면에서 볼 때 아담이 창조의 시작이다. 그러나 하나님께서는 그리스도를 창조의 근본이라고 말씀하신다. 그것은 하나님께서 아담으로 말미암은 옛 창조는 계산하시지 않고 새 창조만을 계산하신다는 것을 뜻한다. 라오디게아 교회는 새 창조로 시작했지만 거기에 옛 창조가 있었기 때문에 주님께서 자신이 창조의 시작이라고 말씀하신 것이다.

많은 그리스도인들이 생명을 얻고 빛과 계시를 얻은 후에 육체도 그때부터 개량될 수 있다고 생각하는 오류에 빠지는 듯하다. 라오디게아 교회는 빌라델비아 다음에 나타나는 교회로서 빌라델비아가 타락함으로 출현한다. 많은 진리가 해방되고 지식이 많아졌지만 대가 지불과 충성과 헌신이 없어지고 진리의 실제가 없어지면 라오디게아가 된다. 그럴지라도 그들에게는 여전히 성경 지식이 많다. 그들은 일단 아는 것으로 만족하고 손과 발을 움직이려 하지 않는다. 이것이 바로 라오디게아이다. 라오디게아는 다 알고 있다고 말하는 상태이다. 라오디게아 교회를 인도하는 자들은 사람들을 이끌어서 뭔가를 하게 한다. 그러나 그렇게 하는 것은 율법을 행하는 것이다. 지식을 많이 가진 사람들은 행하는 것의 위험성을 모른다. 다 안다고 생각하여 자만하므로 자신들이 다시 율법에 사로잡힐 것이라고 생각지 않는 것이다.

여기에서 그리스도 자신을 하나님의 창조의 시작이라고 말한 이유는 라오디게아 교회에는 주님으로 말미암지 않은 시작(始作)이 있었기 때문이다. 그러한 인간의 시작이 있는 것은 많이 안다고 생각하는 데에서 온 것이었다. 그들은 다 알기 때문에 그저 하면 된다고 생각한다. 이렇게 행하는 것은 온전한 순종이나 헌신이 아니다. 바리새인들처럼 할례를 행한다든지 약간의 십일조나 박하나 회향이나 등 규정을 조금 행하고 안심하는 형태로 생활하는 것이다. 이것이 누가복음 18장이 젊은 관원의 영이다. 그는 이것 저것 주님을 따르고 순종하며 그분을 위해 한다고 했지만 온 존재와 인생 전체를 드리는 영은 없었다. 이것이 율법주의자들이 택하는 길이다. 참으로 이것이 문제이다. 라오디게아 교회가 치료받으려면 이것을 알아야 한다. 주님은 자신을 하나님의 창조의 근본이라고 하심으로 새 창조가 아닌 것, 그리스도로 시작하지 않은 것은 전혀 계산하지 않으신다는 뜻을 표명하신다.

우리는 성경을 다 알기 때문에 이제 행하기만 하면 된다는 식의 사단의 간교한 속임수를 알아야 한다. 영적으로 가장 좋은 길은 무엇을 안다 하더라도 다 비우고 아무것도 모르는 사람처럼 주님께 나아가는 것이다. 모든 시작을 주님께 드리고 온전히 순종해야 한다. 이것이 라오디게아에서 벗어나는 길이다. 자신이 안다고 할 때 라오디게아에 빠지게 된다. 많은 것을 알지라도 아무것도 모르는 자처럼, 어떻게 해야 할지 모르는 사람처럼 주님께 나아가야 한다. 사도 바울처럼 "내가 어떻게 해야 합니까?"라는 자세로 주님께 나아갈 때 시작을 그분께 드릴 수 있다. 젊은 관원에게 말씀하신 것처럼 다 버리라고 하면 다 버려야 한다. 창조의 시작은 그리스도이시다. 모든 역사의 시작이 그리스도이시므로 그분으로 말미암아 범사를 시작할 때 우리는 라오디게아에서 벗어날 수 있다.

15절, 내가 네 행위를 아노니 네가 차지도 아니하고 더웁지도 아니하도다 네가 차든지 더웁든지 하기를 원하노라

주님은 라오디게아 교회에게 네 행위를 안다고 하셨다. 라오디게아의 상태는 차지도 않고 더웁지도 않고 미지근했다. 사람이 죽으면 시체가 된다. 시체를 만져본 적이 있는가? 시체는 차디차고, 살아 있는 사람은 뜨겁다. 라오디게아의 상태는 그 중간이다. 사데는 거의 시체이다. 그러므로 주님은 사데에게 살았다하는 이름은 가졌으나 죽은 자라고 말씀하셨다. 반면 빌라델비아는 살아 있으므로 뜨겁다. 그런데 라오디게아는 사데도 아니고 빌라델비아도 아니고 그 중간 상태에 있었다. 중간 상태는 살아 있는 것인가 죽은 것인가? 죽었다 하자니 죽은 것도 아니고 살았다 하자니 산 것도 아니다. 죽은 쪽에서도 좋은 죽은 것을 취하고 살아 있는 쪽에서도 살아 있는 좋은 것을 좀 갖다 붙이면 된다. 그렇다보니 이쪽저쪽의 장점을 다 갖고 있는 것 같다. 육신적으로 편한 것은 사데에서 가져다 행하고 지식적으로 감동적이고 높은 것은 빌라델비아에서 차용한다. 그러한 상태가 바로 라오디게아이다. 라오디게아의 사람들에게 아무것도 없다고 말하면 이것 저것 보이며 다 있지 않느냐고 주장할 것이다. 그들에게는 온기가 있다. 약간의 체험도 있고 약간의 형제 사랑도 있다. 약간의 회개도 있고 눈물도 있다. 모든 것이 어느 정도 있다 보니 전혀 없다고는 생각 되지 않는다. 그렇다고 해서 살아 있다거나 주님을 향해 뜨거운 마음이 있다고 담대하게 말할 수도 없다. 그렇다고 해서 주님을 전혀 사랑하지 않는 것도 아니다. 구원을 받고 진리의 지식을 많이 알고 있으며 이런 저런 체험도 있지만, 뜨겁게 주님을 사랑하고 고난받으며 주님께 충성을 다할 마음은 없이 그저 약간의 원함만 있을 뿐이다. 원하지만 순종하거나 대가를 지불하지 못하는 그것이 바로 미지근한 라오디게아의 상태이다. 주님은 이러한 상태를 기뻐하지 않으신다. 이것은 외식이고 가식이기 때문이다. 사람들을 속이는 것이다. 그분은 차라리 차든지 더웁든지 하라고 하셨다.

어떤 가르침은 그렇게 좋은 것도 없고 그렇게 나쁜 것도 없고 그렇게 옳은 것도 없고 그렇게 틀린 것도 없다. 두루뭉실하게 선악과를 만지지 말라고 하면서 그저 좋은 것이 좋은 것이라는 식의 가르침은 다 라오디게아의 악한 가르침이다. 우리가 가는 길이 바르지 않다면 바르지 않다고 말하면서 그곳을 떠나야 하는 것이고, 바르다면 어렵다 하더라도 주님의 긍휼을 힘입어서 대가를 지불하며 가야 하는 것이다. 가는 길이 이미 벗어났고 틀렸다고 말하면서도 그곳에 그대로 남아 있는 것은 분석할 여지없이 라오디게아의 상황이다. 주님은 그런 상태를 얼마나 싫어하시는지 입에서 토하여 내치겠다고 말씀하신다. 주님은 인격이 없는 분이 아니므로 좋은 것은 좋고 나쁜 것은 나쁘다고 하신다. 주님은 라오디게아를 향해서 차든지 더웁든지 하라고 요구하신다.

16절, 네가 이같이 미지근하여 더웁지도 아니하고 차지도 아니하니 내 입에서 너를 토하여 내치리라

주님은 미지근한 것을 가장 싫어하신다. 교회는 주님과 하나인데, 이 말은 교회가 원래 주님의 입에 있다는 의미이다. 교회는 주님의 음식과 같아서 그분을 기쁘시게 하고 그분의 입을 시원케 한다. 교회는 이렇게 영광스런 존재이다. 교회는 목마른 주님을 시원케 할 수 있는 물과 같아서 그분의 생수가 되어 드릴 수 있다.

주님이 기뻐하시는 것은 두 가지, 차거나 뜨거운 것이다. 주님은 때로 시원한 생수를 원하시고 때로는 뜨거운 음식을 원하신다. 미지근한 것은 주님이 원하시는 것이 아니다. 만일 차갑다면 주님이 회개케 하실 방도가 있지만 미지근하다면 길이 없다. 미지근한 사람은 찬 편에도 속할 수 있고 뜨거운 편에도 속할 수 있다. 실제로는 그렇지 않지만 이리저리 가장(假裝)을 잘하기 때문이다. 미지근한 사람은 세상과 온도가 비슷해서 세상을 접하기가 매우 쉽고 또 진리대로 순종하며 걸어가는 뜨거운 무리와도 접하기가 쉽다. 이러한 무리를 회개시키는 것이 가장 어려운 일이다. 이러한 자들은 머리로 아는 것이 너무 많기 때문에 어떤 무리와도 어울리기에 편하다. 융통성이 너무 많은 것이다. 이들은 차가운 곳에 갖다 놓으면 너무 차다고 하고 또 뜨거운 데 갖다 놓으면 너무 뜨겁다고 한다. 이들은 차가운 것을 정죄할 줄 알고 뜨거운 것을 이해할 줄 안다. 그러나 그들은 뜨거운 자들의 헌신과 충성은 따라가지 않는다. 융통성 있게 이곳저곳 다 어울릴 수는 있지만 결국 온도가 맞지 않으므로 자신의 온도를 유지하는 길로 가는 것이다. 그 온도는 뜨겁거나 찬 것이 아니라 미지근한 것이다. 주님께서는 이런 무리를 가장 싫어하신다.

입에서 토하여 내치시겠다는 말씀은 그분의 비위에 가장 맞지 않다는 뜻이다. 당신은 이들이 참된 교회였다는 것을 인정할 것이다. 이 라오디게아 교회는 골로새서 4장에 나온다. 바울이 사역했던 지역이다. 이들은 어떤 이단이나 종파 단체가 아니었다. 주님이 세우셨고 그 이름도 분명히 지역의 이름으로, 성경적인 교회 명칭을 따랐다. 그들은 원래 주님의 입 안에 있었다. 주님께 드실 음식으로서 매우 좋았다. 그러므로 그분은 음식으로 드실 수 있었다. 그러나 이들의 미지근함이 주님의 입 안으로부터 내침을 당할 위험에 처하게 했다. 구역질이 날 정도에 이르렀다. 이것은 특별히 대환난 때 일어날 일이다. 주님이 재림하실 때 빌라델비아 교회는 휴거될 것이다. 그러나 라오디게아는 대환난을 통과하게 되는데, 이것이 바로 주님께서 그분의 입에서 토하여 내치신다는 말의 의미이다. 주님은 빌라델비아 교회에게는 "네가 나의 인내의 말씀을 지켰은즉 환난의 때를 면하게 해주겠다"고 하셨지만 라오디게아 교회에게는 "내가 너를 토하여 내치겠다"고 하셨다. 교회가 라오디게아 상태에 머무는 것은 매우 위험한 것이다. 주님께서 라오디게아를 토하여 내치신다는 것은 라오디게아가 대환난 때뿐만 아니라 왕국에서 징계받을 것까지 포함하는 것이다.

그러므로 라오디게아의 믿는이들이 회개치 아니하면 왕국에 들어가지 못하게 되는 것은 분명한 일이다. 오늘 어떤 사람들이 교회가 라오디게아 상태에 있어도 그냥 거기에 남아 있는 것이 옳다고 하는 것은 진리를 모르기 때문이다. 그들은 라오디게아가 미지근하다는 것만 알 뿐 주님의 입에서 내쳐진다는 것은 생각지 못한다. 당신이 만일 그 상태에 그냥 머문다면 어느 날 주님의 입에서 내팽개쳐지는 절망스런 상황을 당하게 될 것이다. 얼마 안 가서 절벽으로 굴러 떨어질 차에 타고 있는 사람이 그 미래를 안다면 그냥 그 차에 타고 있겠는가? 태평스럽게 아직도 그대로 타고 있다는 말은 그 예보를 제대로 알아듣지 못하거나 그 경고에 대하여 알지 못한 사람이다. 오늘 날 경계와 두려움이 없이 라오디게아에 편안하게 자리잡고 있으면서, 자신만이라도 이기는 자가 되겠다고 하는 사람들은 그 위험스런 경고를 제대로 듣지 못한 사람들이다!

교회의 세 종류의 온도

주님은 교회가 세 종류의 온도를 지닐 수 있다고 말씀하시는 듯하다. 하나는 가장 좋은 것으로서 뜨거운 것이다. 둘째는 차라리 차가운 것인데 차가운 것은 언젠가 뜨거운 것으로 화하기가 쉽기 때문이다. '차든지 더웁든지'라는 말씀은 그런 뜻이다. 뜨거운 것과 차가운 것은 사람의 성품으로 말하면 소위 화끈한 것이다. 하면 하고 말면 마는 것이다. 그러나 미지근한 것은 하는 것도 아니고 안 하는 것도 아니다. 주님이 가장 싫어하시는 상태가 미지근한 것이다. 미지근한 상태는 뜨겁게 되거나 차게 될 가능성이 희박하다. 늘 적당 온도를 유지하기 때문이다. 그리스도인 가운데 적당주의가 가장 치료하기 어려운 병이다. 나는 젊었을 때 우리를 가르친 선교사님에게서 "화장실 갈 힘이 있으면 교회 집회에 가야 한다."고 가르침을 받았다. 일사각오의 정신으로 교회 생활을 하라는 말씀이다. 우리가 주님을 따라가려면 절대적으로 따라가야 한다. 적당한 온도를 유지하면서 타협하는 길을 가는 것은 미지근한 것이며 종국에는 주님께 내침을 당하게 된다.

오늘날 많은 성도들의 문제가 실상은 온도에 있다. 나는 많은 그리스도인들이 결국은 자기의 온도에 맞는 교회를 택하는 것을 보았다. 이는 물고기들이 자기 체온에 알맞은 물에서 사는 것과 같다. 주님은 성도들이 뜨거운 물에서 살기를 원하신다. 중간치기는 자기를 속이고 남을 속이는 행위이므로 가장 나쁘다. 이는 성도들을 그럴 듯하게 속이고 미혹하기 때문이다. 차가운 것은 모든 사람이 분별하므로 미혹되지 않는다. 주님에 대하여 관심이 없는 것, 세상을 끊어버리지 못하는 것, 주님의 일에 냉담한 반응을 보이는 것을 누가 알아차리지 못하겠는가? 그러나 미지근한 것은 적당주의로 흐른 신앙이므로 많은 사람들에게 그럴 듯하고 매혹적으로 보인다. 오히려 미지근한 사람들이 뜨거운 사람들보다 더 객관적이고 냉철하고 바른 신앙을 갖고 있는 것처럼 보일 수도 있다. 그들은 세상도 적당히 취하며 주님도 적당히 사랑하고 치우치지 않고 균형을 잡으며 세상과 주님의 뜻을 적절하게 조화하여 생활하기 때문이다. 머릿속으로는 성경 지식이나 영적인 길을 잘 알고 있지만 주님을 위해 대가 지불이나 철저한 자기 부인이나 고난의 길을 가려 하지 않는다. 절대적인 헌신이나 순종도 없고 충성도 없다. 그저 높은 진리와 성경지식을 아는 것으로 만족하며 세상의 부와 명예와 쾌락을 누리며 부담 없는 범위에서 형식적인 신앙생활을 영위하는 것이다.

17절, 네가 말하기를 나는 부자라 부요하여 부족한 것이 없다 하나 네 곤고한 것과 가련한 것과 가난한 것과 눈 먼 것과 벌거벗은 것을 알지 못하도다

라오디게아는 자신이 부자라고 말한다. 이것은 물질적으로만이 아니라 특히 영적인 면에서 부자라는 의미이다. "이 지구상에 우리보다 진리를 많이 아는 사람은 없을 것이다."라는 태도를 갖는다. 이들은 부자라 부요하여 부족함이 없다고 생각하는 자들이다. 당신은 자신이 부요하다고 생각하는가? 만일 자신이 부자라 부요하여 부족한 것이 없다라고 생각하면 라오디게아에 있는 것이다. 정상적인 그리스도인들은 빌라델비아의 믿는이들이다. 빌라델비아의 믿는이들은 자신의 능력이 적다고 느껴 적은 능력을 가졌음을 고백한다. 그리고 그 적은 능력에도 불구하고 말씀을 지켜보고자 하는 영으로 충만하다. 그들은 대가 지불을 두려워하지 않는다. 고난을 피하지 않으며 가난의 길도 자원한다. 주님을 닮는 일에 있어서는 무엇이든지 순종하고자 한다. 그러나 라오디게아의 믿는이들은 성경에 있는 것은 무엇이든지 다 알고 있다고 생각한다. 그들은 자신들이 다 안다고 여기기 때문에 남에게 배우는 것을 수치스럽게 생각한다. 그리고 그들이 아는 길을 가지 않는다. 아는 것으로 충분하다고 느낀다. 그러나 주님은 "네 곤고한 것과 가련한 것과 가난한 것과 눈먼 것과 벌거벗은 것을 알지 못하도다"라고 말씀하신다.

여기에서 문제는 성도 개개인이 스스로 느끼고 있는 것과 주님이 말씀하시는 것에 차이가 있다는 것이다. 성도들은 "이 정도면 됐다. 나는 부요하여 부족한 것이 없다."고 생각하지만 주님은 그들의 생각과는 달리 "너는 지금 곤고한 상태에 있다. 너는 지금 왕국 밖에 있다. 너에게는 아무것도 없다."라고 말씀하신다. 가장 다루기 어려운 그리스도인이 라오디게아의 그리스도인이다. 그들은 자신이 다 가지고 있다고 생각하지만 주님이 보시기에 그들은 곤고한 자요 가련한 자요 가난한 자요 눈먼 자요 벌거벗은 자이다. 그들은 눈이 멀어 아무것도 보지 못하고 많이 가지고 있다고 여기지만 실제로는 벌거벗었다.

18절, 내가 너를 권하노니 내게서 불로 연단한 금을 사서 부요하게 하고 흰 옷을 사서 입어 벌거벗은 수치를 보이지 않게 하고 안약을 사서 눈에 발라 보게 하라

주님은 이러한 상태에 있는 라오디게아 사람들을 권하신다. 그분은 '내게서' 사라고 하신다. 라오디게아 성도들의 가장 큰 실수는 주님을 잊어버린 것이다. 그들은 주님에 대한 많은 이론과 지식을 가졌지만 주님은 없었다. 그들은 주님 없이도 많은 것을 얻을 수 있었다. 이러한 상태의 라오디게아 성도들이 회복되려면 주님께로 가야 한다. 주님이 부흥의 근원이시다. 오늘날 많은 사람들은 책대로 하면 부흥된다고 생각하고, 좋은 실행을 따라 하면 부흥된다고 생각하면서 결코 주님께 직접 나아가지 않는다. 그들은 주님께 엎드려서 자신이 처한 상황에서 구원해달라고 간구하지도 않는다. 주님께 가는 대신 많은 방법을 고안해 내고, 좋은 책들을 사서 읽고, 성공한 교회의 사례를 따른다. 그들은 물론 주님이 필요하다고는 생각하지만 주님을 기름으로만 취하려 할 뿐 운전은 자신이 하려고 한다. 주님의 축복이 있는 자들은 자신의 곤고함과 가련함과 가난함과 벌거벗었음과 눈멀었음을 아는 자들이다.

부요하다고 생각하지만 실상은 아무것도 없는 라오디게아 믿는이들에게 주님은 불로 연단된 금을 사라고 권하신다. 불로 연단되었다는 것은 시험을 거쳤다는 것을 뜻한다. 이러한 주님의 말씀에 근거해서 우리는 라오디게아 사람들이 가졌다고 생각하는 것이 시험을 거치지 않은 것, 불로 연단되지 않은 것임을 알 수 있다. 그들이 가진 것은 연단을 거치지 않은 것, 즉 대가를 지불하여 사지 않은 것, 머리에서 머리로 전수된 지식이다. 라오디게아 믿는이들은 단지 소유하고 있는 지식으로 자신을 부자라고 여겼던 것이다. 그들이 가진 것은 어떤 대가도 지불할 필요 없이 얻어지는 것, 들으면 얻어지고 읽으면 얻어지는 것들이었다. 만일 우리가 이런 식으로 어떤 것을 얻었다면 그것은 태우면 다 태워지는 검불에 불과하다. 진정으로 부요해지기 위해서는 주님께 나아가서 하나하나 대가를 지불하고 시험을 거쳐서 사야 한다. 물론 영적 지식이 필요치 않다는 것이 아니다. 그러나 그러한 지식은 그냥 얻어지지 않고 주님께서 주시는 것이므로 우리는 주님께 나아가서 아무것도 없는 자와 같이 하나하나 시험을 거치면서 새로 배워야 한다.

우리는 마태복음 13장의 씨 뿌리는 비유를 통해 이 말씀을 이해할 수 있다. 땅에 씨가 뿌려진다고 해서 곧바로 열매가 맺히는 것이 아니라 반드시 시험과 핍박과 환난을 통과해야만 열매가 맺힌다. 시험과 환난과 핍박을 거쳐서 삼십 배, 육십 배, 백 배의 결실을 하는 것이다. 기쁨으로 말씀을 들었다고 해서 그 말씀이 자신의 소유가 되는 것이 아니라 과정이 필요하다. 말씀으로 인하여 핍박과 고난이 일어날 때 견디지 못하면 받은 것이 무효로 돌아가게 된다. 들은 말씀을 잘 지켜 그 말씀으로 뿌리를 내리게 하기 위해서는 시험을 이기는 인내와 고난이 요구되는데, 이러한 실제적인 시험을 통해서 말씀을 얻어낼 때 우리는 부요하게 되는 것이다. 불을 통과하여 얻어낸 것이 아니라면 다 공허한 지식에 불과하다.

어떤 교사들은 사람들을 가르칠 때 남의 체험을 가지고 가르친다. 그에게 진리도 있고 체험도 있는 것 같지만 그 체험은 자신이 거친 것이 아니다. 그가 말하는 계시도 남의 것이요, 체험도 남의 것이요, 예화도 남의 것이요, 오직 그의 머릿속에만 있는 것이다. 이런 식으로 사람들을 미혹하면서 자신도 속고 남도 속인다. 이러한 사람들은 반드시 주님에게서 불로 연단한 금을 사야 한다.

주님은 또한 벌거벗은 상태에 있는 라오디게아 믿는이들에게 흰옷을 사서 입으라고 권하신다. 흰옷은 우리의 옳은 행실을 말한다. 주님은 소자에게 냉수 한 그릇 준 것도 기억하신다고 하셨다. 주님을 위해서 물질을 드리고 복음을 전하고 가난한 자를 구제하는 모든 것이 우리의 선행이다. 성령으로 말미암아 선한 행실을 하는 것이 흰옷을 입는 것이다(계 19장). 그러나 라오디게아 믿는이들은 흰옷을 상징하는 이러한 선행이 없이 벌거벗었다. 그들은 머리로만 알고 가르치기만 좋아할 뿐 선행을 할 필요를 느끼지 못한다. 그들의 머릿속에 풍부하게 가득 들어 있는 것은 지식이다.

구약, 특히 예레미야 시대에 유다 백성들은 바로 이러한 상태에 있었다. 그들은 하나님을 최고로 잘 섬긴다고 했지만 행실은 아무것도 없었다. 고

아와 이방인과 과부들을 압제하며 돌보지 않았다. 그러면서도 그들은 성전을 최고로 높였던 것이다. 더욱이 그들은 눈이 멀어 자신의 상황을 제대로 볼 수 없었다. 그러한 그들에게 주님은 안약을 사서 눈에 발라 보게 하라고 하신다. 이것 또한 사는 것이다. 흰옷도 사야 하고 안약도 사야 한다. 사는 것은 대가를 지불하는 것을 뜻한다. 무언가를 살 때 돈을 지불하는 것은 우리의 희생의 대가, 가장 귀한 대가가 지불되는 것이다. 우리가 구원받을 때에는 아무 대가 없이 구원받지만 구원받은 후 영적인 체험을 얻기 위해서는 반드시 우리의 대가가 지불되어야 한다. 대가를 지불할 때 눈이 열려 보게 된다.

심지어 가족을 부양하고 가족의 생계를 책임지려해도 온 힘을 다 드려야 한다. 라오디게아의 병이 깊으면 추상적이고 지식적인 사람이 되어 손 하나도 까딱하지 않고 머리에 있는 지식을 이용하여 쉽게 먹고 살려고 하는 질병에 걸리게 된다. 이러한 병은 사람에게 지병이나 고질병처럼 되어 치료하기가 쉽지 않다.

19절, 무릇 내가 사랑하는 자를 책망하여 징계하노니 그러므로 네가 열심을 내라 회개하라

주님은 라오디게아 사람들도 사랑하신다. 라오디게아의 행위는 미워하되 사람은 사랑하시는 것이다. 사람까지 미워하는 것은 주님의 마음과 다른 것이다. 미지근한 것은 미워해야 하지만 무지하여 그러한 상태에 떨어진 형제자매들은 불쌍히 여기고 사랑할 줄 알아야 한다.

주님은 라오디게아 성도들에 대해서 먼저 책망하시고 그 다음 징계하신다. 라오디게아의 상태에 머물면 징계를 당할 처지에 놓이게 된다. 그러한 징계는 고린도 전서 11장에서 고린도 교회 가운데 있었던 약함, 병듦, 잠자는 것 등이다. 히브리서 12장에서는 주님께서 사랑하시는 자를 징계하신다고 말한다. 고린도 전서 11장에 있는 육신의 질병이나 사망은 반드시 잘못한 사람만 당하는 것은 아니다. 라오디게아 상태에 떨어져 있으면 매우 위험한 일들이 발생할 수 있다는 것을 알아야 한다. 혹 우리 가운데 그런 일들이 있다면 일종의 주님의 책망과 징계이다. 그러나 완악한 사람은 주님이 그렇게까지 책망하시고 징계하셔도 알아듣지 못하고 오히려 사람이 많다 보니 병드는 사람도 있고 죽는 사람도 있겠거니 생각한다. 우리는 구약에서도 하나님이 그들의 외식에 대하여 책망하고 징계하셔도 그들이 알지 못한다고 말씀하시는 것을 읽는다. 그러한 자들은 교만이 가득하므로 절대 하나님이 자신들의 단체를 징계할 리가 없다고 확신한다. 그러나 수없는 징계는 임하게 된다(사 1:4-17).

예외적인 사망과 깜짝 놀랄 만한 사고가 발생한다는 것은 거기에 어떤 징계가 있음을 암시하는 것이다. 시편 133편에서는 "형제들이 연합하여 동거함이 어찌 그리 선하고 아름다운고"라고 말한다. 그것은 빌라델비아의 상황이다. 빌라델비아에게 하나님은 영생의 복을 명하신다. 거기에는 생명의 소생함의 축복이 있다. 약하고 병들고 죽는 것은 심판과 징계의 표시이다. 고린도 전서 11장에 징계를 당하는 사례가 발생하는 것은 그들로 세상과 함께 죄 정함을 당치 않게 하기 위한 것이다. 그들 가운데 편당과 분쟁이 있기 때문에 하나님은 그들을 심판하셨다. 하나님의 집에서부터 심판이 시작된 것이다. 하나님께서 그렇게 징계하실지라도 그 징계는 사랑함으로 인한 것이다. 그분은 사랑하시는 자를 징계하신다.

"그러므로 네가 열심을 내라 회개하라". 주님은 라오디게아의 사랑하는 자를 책망하시고 징계하시겠다고 말씀하신 후 열심을 내라고 하셨다. 라오디게아가 회개할 수 있는 길은 열심을 내는 것이다. 열심을 내는 것이 라오디게아에서 벗어나는 길이다. 더 많은 진리를 추구하는 것이 아니라 작은 말씀일지라도 아는 만큼 순종해야 한다. 다시 한 번 더 말하거니와 더 알려고 하기보다 아는 말씀을 순종하고 지키라! 우리가 진리를 더 많이 알고자 하는 것은 진리에 순종하고 더 정확하게 길을 가기 원해서이다.

'회개'는 헬라어로 '메타노이아'로서 우리의 생각을 바꾸는 것이다. 어떻게 바꾸는가? 과거 잘못 알았던 것에 대해 생각을 바꾸는 것이다. 라오디게아는 "내게 아무것도 없구나. 과거에 많은 것을 가지고 있다고 생각했던 것이 틀린 것이었구나!" 하고 생각을 바꾸어야 한다. 나의 간증을 하자면 나 또한 과거에 라오디게아 상태에 있었다. 이렇게 말하는 것이 정직할 것이다. 나는 상당한 지식을 가지고 있다고 자부했었다. 그러면서도 나는 자신이 정상이 아니라는 것을 알았는데, 왜냐하면 마음이 만족하거나 기쁘지 않고 답답한 적이 많았기 때문이다. 그러한 마음을 해소하기 위해 여기저기에 가서 열심을 내며 충성을 다하고 싶었다. 나의 지난 20년을 회고해 볼 때 어떻게 하면 내가 그러한 상태에서 벗어날 수 있을까 하고 진정으로 몸부림쳐 왔다고 간증할 수 있다. 그런데 어느 날 주님이 내 눈을 열어 주셔서 나에게 아무것도 없다는 것을 알게 하셨다. 자신이 아무것도 없는 공허한 사람이요, 왕국 밖으로 쫓겨나 슬피 울며 이를 갈 사람이었음을 알았다. 이러한 다급한 마음이 나의 선교의 동력이 되었을 것이며 큰 전환 중의 하나이다.

"네가 열심을 내라 회개하라". 우리가 타락하여 입에서 토해내쳐질 지경에 있는 라오디게아에 있을지라도 회개할 기회가 있다. 내가 라오디게아 상태에서 구원받을 수 있었다면 여러분도 구원받을 수 있다. 우리가 주님께서 그분의 입에서 토해내칠 라오디게아 상태에 있을지라도 우리가 원하면 주님께서는 우리를 회개케 하실 수 있다. 우리는 거기서 돌이키고 구원받을 수 있다. 이것이 얼마나 감사한지! 나는 이를 인해 하나님께 너무나 감사드린다. 왜냐하면 나보다 낫고 갈망이 있는 사람이 수없이 많을 텐데 나 같은 자에게 긍휼을 베풀어주셨기 때문이다. 내가 가지고 있던 것은 다만 한 다발의 지식이었다. 한 말씀이라도 경외함으로 순종하고 지키며 체험하는 것이 부족했다. 이것을 깨닫는 순간 마음이 다급해져서 절실하게 주님께 기회를 구했다. 우리는 이러한 상태에서 구원받고 참되게 이 시대에 빌라델비아의 길을 가고자 여기에 있다. 빌라델비아는 다른 것이 아니라 그리스도께만 권위를 드리는 무리이다. 개인적으로 권위를 드릴 뿐 아니라 단체적으로 그렇게 함으로 그리스도께서 그 단체를 주관하실 수 있는 무리가 빌라델비아이다.

20절, 볼지어다 내가 문 밖에 서서 두드리노니 누구든지 내 음성을 듣고 문을 열면 내가 그에게로 들어가 그로 더불어 먹고 그는 나로 더불어 먹으리라

라오디게아는 주님을 문 밖에 세워놓았다. 교회라는 이름을 가지고 있다고 해서 주님께서 그 안에 계시는 것은 아니다. 주님께서는 빌라델비아 교회 안에 계신다. 그러나 라오디게아 교회 안에는 주님이 계실 수가 없어 문 밖에 서 계신다. 그들은 많은 의견을 가지고 사람들의 권리를 주장함으로 지체들이 몸을 다스리는 지경에 이른 나머지 교회의 머리 되신 주님을 문 밖에 세워놓게 되었다. 모든 사람이 다 의견을 제출하고 권리를 주장하는데 어떻게 주님이 거기 계시겠는가? 주님은 왕이시고 그분만이 유일하게 의견을 내시고 다스리셔야 하는 분인데 라오디게아는 모든 사람이 그 권리를 주장한다. 사람마다 한 마디씩 하고 싶어한다. 또 주장을 내고 싶어한다. 그러니 주님은 그분의 주 되심과 다스릴 권리를 포기하셔야 하고 그분의 입을 닫으셔야 한다. 그래서 결국 그분은 라오디게아 교회 안에 계실 자리가 없게 된 것이다. 그러면서도 그들은 전혀 주님을 사랑하는 마음이지 절대 몰아낼 의도가 없다고 할 것이다. 그렇지만 또 한 편으로는 자신들의 의견과 권리 주장을 내려놓을 마음도 없는 것이다. 주님은 그런 자리에 계실 수 없다. 이는 마치 얌전한 손님을 한 분 모셔다 놓고 서로 헐뜯고 싸우며 소리를 지르는 것과 같다. 한참 싸우다 보니 그 손님은 가버리고 계시지 않는다.

여러분은 주님께서 계시지 않는 라오디게아 안에 소위 이기는 자로 있을 것인가, 아니면 주님과 함께 문 밖에서 간절한 심령으로 문을 두드릴 것인가? 문밖에 계신 주님과 함께 할 것인가, 주님을 문밖에 세워놓은 교회 안에 있을 것인가? 주님이 계시지 않아도 어찌하든 그 안에서 라오디게아의 교회 이름으로 하나만 지키면 되는가?

주님은 라오디게아 교회의 문 밖에 서서 두드리신다. 주님은 그 안에서는 역사하실 길을 잃으셨다. 라오디게아 교회가 주님을 그 안에 계시지 못하게 했기 때문이다. 이제 주님이 하실 수 있는 것은 문 밖에서 두드리는 길 외에는 없다. 지금도 주님은 라오디게아의 문 밖에서 두드리고 계신다. 여러분은 라오디게아의 사람들을 사랑하는 마음으로 눈물로 애태우며 문을 두드리시는 주님과 함께할 것인가, 아니면 그 안에서 죽은 상태로 그들과 함께할 것인가? 주님은 그들을 아직 버리신 것은 아니다. 그분의 활기

찬 부활의 사역을 그들 안에서 하실 수 없는 것뿐이다. 그분은 사랑하는 라오디게아 성도들을 위하여 그들 밖에서 사역하시는 것이다. 오늘날에도 주님의 사역 중에는 문 밖에서 그들을 향하여 간절한 음성으로 두드리는 사역이 있다.

우리는 반드시 주님이 지금 교회의 조직—혹은 조직화된 교회—의 밖에 계시다는 것을 알아야 한다. 교회 대다수 사람들의 의견으로 만들어 놓은 행동규범을 높일 때 주님의 지위는 문 밖에 있게 된다. 믿는이들이 어떻게 활동하고 어떻게 사역하든지 간에 만일 주님의 이름을 버리고 주님의 말씀을 지키지 않는다면 그리스도는 그들 가운데 지위를 갖지 못하실 것이다. 주님은 말씀의 지위가 있는 교회에서만 지위를 갖고 함께하신다. 조직화된 교회 밖에서 모이는 성도들이라 할지라도 만일 그들이 사람들의 의견의 영역에 빠지면 주님의 임재가 없어지고 그들도 주님의 이름으로 모였다고 말할 수 없게 된다.

주님께서 우리 가운데 거처하시지 못하게 하는 길은 인간의 의견을 많이 제출하는 것이다. 나도 한 마디, 너도 한 마디 할 수 있다는 식의 태도는 주님이 필요치 않다는 태도이다. 의견은 매우 무서운 것이다. 교회에서 "이렇게 해야 한다. 저렇게 해야 한다." 하면서 육체의 의견을 내세우는 것은 교회 안에서 그리스도를 몰아내는 것이다. 그러면 어떻게 해야 주님을 우리 안에 거하시게 하실 수 있는가? 모든 지체가 다 주님을 기다리면서 그분께 머리되심의 위치를 드리고 우리를 인도하시도록 그분 앞에 두려워 떨어야 한다. 교회 생활을 오래했기 때문에 권리가 있고, 장로이기 때문에, 사역자이기 때문에 한 마디 할 수 있다고 여긴다면 어떤 무리라 할지라도 라오디게아 상태를 피할 길이 없다. 우리는 일생 주님께 무릎을 꿇고 "주님, 우리는 주님 앞에 엎드립니다. 우리는 과연 어떻게 해야 합니까? 주님이 인도하시면 우리는 따릅니다."라는 자세를 견지해야 한다. 우리는 주님의 인도만을 기다리고 사람의 의견과 견해를 두려워하는 무리가 되어야 한다. 이렇게 하는 것이 주님으로 하여금 언제나 우리 무리 가운데 거하시게 하는 길이다.

만일 마음에 품은 것이 라오디게아라면 모이는 인수가 많아질 때 결단코 라오디게아의 정치를 피할 수 없다. 허영은 라오디게아 교회의 부분이다. 좋은 명칭과 슬로건이 많은 것도 라오디게아로 이끌 수 있다. 자신의 단체를 칭하는 좋은 이름을 많이 갖게 될 경우 라오디게아로 가는 넓은 문과 지름길을 갖게 된다. 하나님의 자녀들은 자신의 상태가 라오디게아는 아닌지, 과연 자신이 그리스도를 위하여 살고 있는지, 혹은 다만 그 성경적이고 좋은 이름을 이용만 하고 있는 것은 아닌지 주님께 답변해야 한다.

'누구든지…열면'. 비록 단체적으로는 이미 주님을 거절했지만 주님은 아직 그로 인해 절망하지 않으신다. 한두 사람일지라도 누구든 주님께 문을 열어드리는 사람을 찾으신다. 우리는 헛되이 라오디게아 교회 전체의 부흥을 바라지 않는데, 그것은 불가능한 일이기 때문이다. 그러나 개개인으로 여전히 주님께 돌아오는 사람은 있다. "누구든지 내 음성을 듣고 문을 열면". 주님이 문 밖에 서서 두드리실 때 문을 열기 전에 음성을 듣는 것이 먼저이다. 오늘도 우리에게 라오디게아의 모습을 벗어나라는 주님의 음성이 들릴 수 있다. 주님의 음성을 듣고 문을 연다는 것은 교회의 문을 여는 것이 아니라 개인의 마음의 문을 여는 것이다.

"내가 그에게로 들어가 그로 더불어 먹고 그는 나로 더불어 먹으리라". 이 말씀은 참으로 깊다. 주님께서 그냥 같이 먹을 것이라고 말씀하시지 않고 "그에게로 들어가 그로 더불어 먹고 그는 나로 더불어 먹으리라"고 하신 이유는 무엇인가? 그분의 말씀은 한 마디도 공허하게 반복되지 않는다. 이것은 주님께서 만찬의 주인이 되셔서 우리를 초대하시면 우리가 주님과 함께 먹게 되고 그 후에 우리가 만찬의 주인이 되어 주님을 초대하면 주님께서 우리와 함께 드신다는 의미로 해석할 수 있다. 다시 말해서 우리가 베푸는 만찬에 주님께서 오셔서 함께 드시고 주님이 베푸시는 만찬에 우리가 주님과 함께 먹음으로 우리는 주님의 손님이 되고 주님 또한 우리의 손님이 되신다는 것이다. 주님은 만일 네가 마음을 열면 너와 나는 함께 이런 만찬을 누릴 수 있다고 말씀하시는 것 같다. 이 말씀을 영적으로 더 깊이 해석하자면 우리가 문을 열 때 주님께서 우리 마음속에 있는 모든 것을 함께하시겠다는 뜻으로 풀이할 수 있다.

"내가 너에게로 들어가서 너의 고통과 갈망, 외로움, 염려, 모든 것을 너와 함께 나누고 나의 깊은 갈망, 마음의 원함, 선한 뜻, 모든 것을 너에게 열어 보여주겠다. 나의 깊은 것을 너와 나누고 나 또한 너의 깊은 것을 나누겠다." 이러한 주님의 말씀보다 더 깊은 것은 없다. 여러분은 주님의 깊은 마음을 알고자 하는 갈망이 있는가? 나는 우리 가운데 많은 이들의 마음 상태가 주님의 마음속에 있는 깊은 것들을 서로 상의하고 교제할 수 있도록 준비되지 못한 것으로 인해 안타까움을 느낀다. 여러분의 깊은 마음속에는 무엇이 들어 있는가? 주님께서 여러분의 깊은 마음을 만지고 여러분이 주님의 깊은 마음을 만질 수 있는 상태에 이르려면 결코 라오디게아에 머물러서는 안 되고 그 상태에서 회개하여 그분의 음성을 듣고 마음문을 여는 반응을 보여야 한다. 기묘하게도 라오디게아에서 회개한 심령에게 주님은 더욱 깊이 함께 하여주시는 듯하다.

21절, 이기는 그에게는 내가 내 보좌에 앉게 하여주기를 내가 이기고 아버지 보좌에 함께 앉은 것과 같이 하리라

일곱 교회의 이기는 자들 중 라오디게아의 이기는 자에게 주님이 주시는 상은 결코 작지 않다. 주님께서는 두아디라에게 철장을 가지고 만국을 다스리는 권세를 주시겠다고 약속하셨고, 사데에게는 흰돌을 주시겠다고 약속하셨으며, 빌라델비아에게는 하나님의 이름을 주시겠다는 약속을 하셨다. 주님께서 다른 교회들에게 많은 약속을 주셨을지라도 라오디게아에게 하신 것같이 강하고 직접적으로 보좌에 앉게 해주시겠다는 약속은 하지 않으셨다. 이기는 자를 보좌에 앉게 해주시겠다는 것은 매우 큰 약속이다. 주님은 라오디게아의 이기는 자들을 매우 우대하시는 것 같다. 우리 생각에는 주님이 라오디게아와 같이 미지근한 상태에 있는 교회는 한쪽에 제쳐두실 것 같은데, 주님은 특별히 그 가운데 이기는 자들을 매우 기뻐하시는 듯하다.

주님은 왜 라오디게아의 믿는이들에게 이러한 큰 축복을 주시는가? 라오디게아에게 이런 큰 축복을 주시는 것은 그곳에서 이기기가 그만큼 어렵다는 것을 암시한다. 그러므로 그들의 상 또한 현저하고 큰 것이다. 사데에서 이기는 자가 되기란 쉬운 일이다. 그들은 모두 죽었으므로 살면 된다. 그러나 라오디게아의 상태는 옳은 것 같기도 하고 틀린 것 같기도 하고, 살아 있는 것 같기도 하고 죽어 있는 것 같기도 하여 자신의 상태를 제대로 알기가 어렵다. 또 조금만 타협하고 변명하면 다 옳게 보이기 때문에 전연 잘못되어 있는 것 같지 않다. 뜨거운 것만은 못하지만 온기가 없는 것이 아니고 더욱이 차가운 것은 아니기 때문이다. 체험이 전혀 없는 것도 아니고 진리가 없는 것도 아니다. 지식은 넘치도록 있다. 다른 차가운 성도들을 볼 때 자신은 그래도 온기가 있다고 느낀다. 그러므로 그러한 상태에서 일어나려고 하는 사람이 매우 적은 것이다. 주님은 이러한 교활한 사탄의 속임수를 이긴 성도들을 귀히 여기신다.

이 구절은 이기는 자에 대한 상을 언급하면서 주님께서 이기신 것을 말한다. 주님은 이 땅에 오셨을 때 바리새인과 서기관, 사탄의 시험, 세상 등 많은 것을 이기셨다. 주님은 많은 대적들을 이기시면서 교활한 대적들, 특히 바리새인처럼 신앙이 좋아 보이는 자들의 대적을 성도들이 이기기가 어렵다는 것을 아셨다. 그러므로 주님은 마태복음 16장에서 바리새인과 사두개인의 누룩을 주의하라고 하신 것이다. 분명한 대적은 분별하기가 쉽고 이기기가 어렵지 않다. 그러나 라오디게아의 상황은 벗어나기가 가장 어려운 것이다. 사실상, 일곱 교회의 이기는 자들은 세상과 마귀 사탄을 이긴 자들이다. 주님께서 보좌에 앉으신 것도 그분이 이 땅에서 모든 대적을 다 이기셨기 때문이다.

지금 그분은 아버지 보좌에 앉아 계신다. 그런데 교회 시대에 이기는 자는 하나님의 아들, 예수 그리스도의 보좌에 앉게 된다. 하나님은 라오디게아의 이기는 자들을 위해 아들의 보좌를 비워놓고 계신다. 왕국 시대에는 모든 이기는 자들이 아들의 보좌에 함께 앉게 된다. 새 예루살렘에서는 아들의 보좌와 아버지의 보좌가 하나가 된다. 지금은 아들이 아버지의 보좌에 앉아 계신다. 그분이 보좌에 앉아 계시는 것은 이기셨기 때문이다. 여러분은 주님의 보좌의 이 세 가지 과정을 이해하기 바란다. 지금은 아들이 아버지 보좌에 앉아 계신다. 그러나 왕국에서는 아들의 보좌에 이기는 자들을 앉게 하여 주신다. 영세에 갈 때 아들의 보좌와 아버지의 보좌는 하나가 된다.

이기는 자에게 왕국에서 보좌에 앉게 해주시겠다는 것은 하나의 보상이다. 당신이 만일 구원을 받았기 때문에 아무 문제가 없다고 생각한다면 큰 착오임을 이해하기 바란다. 특별히 계시록 2, 3장은 이 사실을 분명히 말해준다. 계시록 2, 3장은 교회가 있지만 또 교회 안에 이기는 자들이 있음을 말한다. 교회 안에 있다고 다 이기는 자들이 되는 것이 아니고 다 보좌를 얻고 왕이 되는 것이 아니다. 그들 가운데서 이기는 자들이 얻는다. 바울은 고린도 전서 9장과 디모데 후서 2장과 4장에서도 같은 것을 말했다. 달음질해서 이기지 않으면 면류관을 얻지 못한다. 법대로 경기하지 않아도 면류관을 얻지 못한다. 구원받은 신자이면서도 법대로 경기하지 않는 사람이 있다는 말이다. 교회 안에 있는 것이 중요한 한 가지 일이지만 그 가운데 이기는 자들이 되는 것이 또 하나의 중요한 일이다. 계시록 2, 3장을 읽은 후에는 교회가 있고 이기는 자가 있다는 것에 대하여 분명해야 한다. 우리는 먼저 교회 안에 있어야 하고 다음에는 이기는 자가 되어야 한다. 당신이 교회 안에 있지 않다면 이기는 자가 될 수 없을 것이다. 그러나 교회 안에 있다 해서 다 이기는 자들이 되는 것은 결코 아니다. 에베소 교회의 이기는 자들은 에베소의 처음 사랑을 잃은 상태를 이겨야 한다. 사데의 이기는 자들은 사데의 죽어 있는 데서 이겨야 한다. 서머나의 이기는 자들은 끝까지 견디는 자이다. 빌라델비아의 이기는 자들은 면류관을 잃지 않고 끝까지 붙잡은 자이다. 라오디게아의 이기는 자들은 미지근한 것을 이기고 주님의 음성을 듣고 불로 연단한 금을 사고 안약을 사서 바른 사람들이며 모든 교만과 의견에서 구원받은 사람들이다. 이들은 주님의 음성을 듣고 회개한 사람들이다. 이들이 결국 계시록 12장의 사내아이를 이룬다.

22절, 귀 있는 자는 성령이 교회들에게 하시는 말씀을 들을지어다

주님은 마지막까지 귀 있는 자를 부르시면서 성령이 교회들에게 하시는 말씀을 들으라고 하신다. 만일 우리가 그분의 말씀을 들었다면 길을 가야 한다. 말씀에 순종하여 길을 갈 때 우리는 계시록에 기록된 "이 말씀을 듣고 지키는 자가 복이 있도다"라는 말씀대로 반드시 복을 얻을 것이다.

사데와 빌라델비아와 라오디게아에 대한 경고

사데는 거반 죽어있는 상태이나 그들이 온전한 지식이 없으므로 교만하지는 않았다. 그러므로 사데는 빌라델비아로 전진할 수 있었던 것이다. 그러나 빌라델비아는 말씀을 사랑하고 나름대로 체험이 있다보니 교만할 위험이 있다. 그러므로 사데가 회개하면 빌라델비아로 가기 쉬우나 빌라델비아는 조심하지 않을 때 교만하여 라오디게아로 갈 위험이 있었던 것이다. 사데는 회개해야 나아갈 길이 있고 빌라델비아는 조심하고 경계해야 전진할 길이 있는 것이다. 라오디게아는 회개하여 열심을 내며 돌이켜 길을 가기 위해서 가장 큰 대가를 지불해야 한다. 그러므로 '사라'는 말이 그들에게는 세 번이나 있는 것이다(3:18). 그렇지만 그들도 열심을 내고 대가를 지불한다면 여전히 나아갈 길이 있다. 그러나 대가를 지불하여 사는 것은 그리 쉬운 일이 아니므로 큰 은혜가 필요하며 일생을 다 드리는 헌신과 일사각오의 영이 필요하다. 어쨌든 주님은 모든 교회의 성도들을 향하여 이길 수 있는 길을 열어주시고 있다. 이를 인해 주님께 감사하고 찬미한다.

4 장

1장에서는 예수 그리스도의 승천하신 후의 영광스러운 모습을 보았고, 2장과 3장에서는 일곱 교회에 대한 말씀, 즉 이 땅의 교회들이 앞으로 어떻게 될 것이며 또 어떻게 나아가야 하는가에 대한 말씀을 보았다. 이제 4장에서 요한은 또 다른 이상을 보게 된다.

1절, 이 일 후에 내가 보니 하늘에 열린 문이 있는데 내가 들은바 처음에 내게 말하던 나팔 소리 같은 그 음성이 가로되 이리로 올라오라 이후에 마땅히 될 일을 내가 네게 보이리라 하시더라

'이 일 후에'란 1장의 광경을 본 후를 말한다. 1장에서 요한은 영광스러운 주님의 모습을 보았다. 일곱 촛대 사이에서 다니시는 인자이신 예수 그리스도를 본 것이다. 이제 4장에서는 하늘의 열린 문을 보았다. 그러므로 4장은 2, 3장에 이어진 것이라기보다는 1장을 이은 것으로 보아야 한다. 1장은 영 안에서 이상을 본 것이고 2, 3장은 교회의 사자에게 쓴 편지이다. 4장은 다시 본 것이다. 어떤 학자들은 4장을 2, 3장에 연결시킨다. 4장은 3장 마지막 일곱 교회 시대를 지난 후, 즉 라오디게아 시대를 지난 후를 가리킨다고 하여, '이 후의 될 일'은 심판과 대환난일 것이라고 말한다. 그러나 이 말씀은 그렇게 해석해서는 안 된다. 요한이 밧모섬에서 주의 날에 나팔 소리 같은 음성을 듣고 금촛대를 보고 그 사이에 다니시는 그분의 놀라운 모습을 보고 또 일곱 교회에 편지를 보내라 하신 것과 그 편지의 내용을 다 받아 기록한 사건 후라고 보는 것이 합당하다.

계시록 1장 19절에 "그러므로 네 본 것과 이제 있는 일과 장차 될 일을 기록하라"고 하는데 네 본 것은 "내 오른 손의 일곱 별의 비밀과 일곱 금

촛대"라고 주님이 친히 말씀하셨다. 이제 있는 일은 무엇을 말하는가? 내 해석으로는 2, 3장일 것이라고 믿는다. 왜 이제 있는 일이라고 하였는가? 그리스도는 당시 촛대 사이를 다니시고 계셨다. 그리고 보시며 사자들에게 말씀하신 것이다. 그리고 4장 1절 하반절에 "이 후에 마땅히 될 일을 기록하라"고 하였으니 4장부터 후반 전체는 이후에 될 일을 말하고자 하는 것이다.

세대주의 성경학자들과 스코필드(S.C Scofield)는 4장 1절의 "이리로 올라오라"는 말씀이 교회의 휴거를 가리킨다고 해석했는데, 그 영향으로 오늘날 많은 성경학도들이 교회가 일시에 휴거된다는 사상을 갖고 있다. 그러나 만일 4장 1절이 휴거를 말한다면 2절의 "내가 곧 성령에 감동하였더니"는 무엇을 말하는가? 이것은 1장의 밧모섬에 있을 때의 경우와 같다(10절). 1장에서 주님은 금촛대의 이상과 주님의 모습을 보이시기 위해 요한을 성령에 감동하게 하신 것이다. 주님은 다시 4장에서 하늘의 이상을 보이시기 위해 그를 성령으로 감동케 하셨다. 따라서 이 장은 다만 주님이 요한에게 하늘의 광경을 보여주신 것으로 이해하면 된다. 요한만이 아니라 구약에서 선지자도 하늘의 광경을 본 적이 있고 신약의 제자들도 본 적이 있다(겔 1:1, 행 7:56, 10:11). '이리로 올라오라'는 말씀은 요한 개인에게 하신 말씀이지 교회에게 하신 말씀으로 해석해서는 안 된다. 스코필드와 그 해석을 지지하는 사람들은 2, 3장에 교회가 나오고 4장에서는 자연히 교회 시대가 끝나며 "이리로 올라오라"고 한 것은 교회의 휴거를 의미하는 것이라고 순서적으로 해석하지만, 사실상 4장의 내용은 1장의 일곱 금 촛대의 이상에 연결되는 것이다.

요한이 1장에서 본 예수 그리스도는 일곱 교회 사이에 다니시는 인자이시며 대제사장이신 그리스도였다. 그리스도는 교회를 위하시며 교회 사이에 왕래하고 계시는 분이시다. 그분은 교회를 살피시고 공급하시고 치료하시며 교회에게 말씀하신다. 이것이 2, 3장의 내용이요 '이제 있는 일'이며 4장부터 이 후에 될 일을 말하고 있다. 이제 4장에서는 하늘 문을 보여 주고 하늘에서 보좌에 앉아 계시는 그 하나님을 보여 준다. "하늘에 열린 문이 있는데". 요한은 하늘 문을 보았다. 그러므로 성도들은 교회를 주의하면서 동시에 하늘을 주목해야 한다. 교회를 위하여 이 땅의 일만 관심하는 자들은 치우친 것이다. 교회는 하늘과 연결된 실체이므로 하늘을 주목해야 하는 것이다. 주님은 이 땅에 교회들을 두시고 교회를 다스리는 보좌를 보여 주신다. 교회를 다스리는 본부는 하늘 보좌이다(행 1장 참조).

여기서 요한이 본 하늘 보좌는 이 후 나타날 모든 이상(理想)의 중심이다. 히브리서 4장의 보좌는 은혜의 보좌이지만 여기의 보좌는 심판의 보좌이다. 우리는 이러한 환상을 직접 보지 못했지만 요한은 보았다. 그리고 우리는 그가 본 것을 통해서 볼 수밖에 없다. 우리가 성경 이곳저곳을 볼 때 분명히 하늘에 문이 있다. 예수 그리스도께서 승천하실 때에도 하늘 문을 통하여 들어가셨다(시 24편 참조).

우리는 사도행전 1장에서 그리스도께서 하늘로 승천하시는 광경을 보았다. 거기서는 승천하여 하늘 보좌에 앉아 계시는 그리스도가 하늘 문을 통하여 들어가시는 것을 보여주지는 않는다. 그런데 여기서 요한은 하늘 문이 열려 있는 것을 보았다고 말한다. 시편 24편 7절은 이 승리하신 그리스도, 승천하신 예수 그리스도가 하늘로 올라가시는 광경을 묘사한다. 시편 24편 7절, "문들아, 너희 머리를 들지어다 영원한 문들아 들릴지어다 영광의 왕이 들어가시리로다". 영광의 왕은 여기서 그리스도를 가리킨다. 영광의 왕이 들어가시므로 시편 기자는 "문들아 너희 머리를 들지어다 영원한 문들아 들릴지어다"라고 외친다. 8절, "영광의 왕이 뉘시뇨 강하고 능한 여호와시요 전쟁에 능한 여호와시로다". 9절, "문들아 너희 머리를 들지어다 영원한 문들아 들릴지어다 영광의 왕이 들어 가시리로다". 시편 기자는 한 번 더 반복해서 외쳤다. 10절, "영광의 왕이 뉘시뇨 만군의 여호와께서 곧 영광의 왕이시로다".

계시록 4장 1절에서 사도 요한이 본 이상은 하늘의 열린 문이다. 주님은 진실로 사랑하는 자들에게는 이런 이상을 보여 주셨다. 야곱이 그 하늘 문을 보았고 에스겔도 하늘의 이상을 보았다. 신약에서는 예수님에게 하늘이 열린 적이 있고 또 스데반에게도 하늘 문이 열린 적이 있다. 그리고 여기 밧모섬에 있는 요한에게도 하늘 문이 열렸다. 우리 모두는 그들이 본 하늘의 광경을 알려 주는 대로 깨닫고 알면 된다. 모든 사람이 다 볼 수 없을지라도 본 사람이 우리에게 알려줄 때 그렇게 생겼구나, 그렇구나 하고 깨달으면 된다. 그래서 주의 말씀의 증거가 있는 것이다. 요한은 그가 본 것을 우리에게 알려 주어서 그가 본 것을 우리도 같이 볼 수 있게 하는 것이다.

이 말씀을 통해서 우리는 하늘에 열린 문이 있음을 알 수 있다. 인간에게는 누구나 자기가 보지 않은 것은 믿지 않으려 하는 불신의 마음이 있다. 그러나 우리가 보지 않았다 하더라도 이렇게 참된 증거자들이 말해 줄 때 단순한 마음으로 믿는 것이 복된 것이다. 오늘 여러분 모두가 요한이 보고 말해준 하늘의 열린 문을 다시 한 번 보기 바란다. 여러분이 요한처럼 직접 보지는 못했지만 그가 본 것을 알려 줄 때 믿을 수 있다. 우리가 오늘 이 말씀을 듣기 전에는 하늘에 대해서 별로 생각하지 않았을 수 있다. 더욱이 하늘에 열린 문이 있다는 것은 전혀 생각해보지 않았을 수 있다. 그러나 우리가 이러한 말씀을 들을 때 우리는 눈으로 볼 수는 없지만 하늘에 열린 문이 있다는 것을 알 수 있다. 그럴 때 우리는 이 하늘 문을 사모하게 되고 하늘 보좌를 사모하게 된다. 그리고 우리는 장래 요한이 알려준 하늘 문을 통해서 들어올려질 것이고 그때 요한이 말해준 것이 사실임을 알게 될 것이다.

하나님께서 그의 종을 통해서 우리에게 계시해주시는 데에는 분명히 목적이 있다. 우리가 이 땅에 살고 있지만 마땅히 그 하늘 보좌를 생각하고 그 보좌를 중심 삼아 이 땅에서 생활할 필요가 있기 때문이다. 또 우리는 하늘에 열린 문이 있어서 우리 주 예수님이 이 땅에 오실 때 하늘 문을 통해 오셨으며 그분이 승천하여 올라가실 때에도 하늘의 열린 문을 통해서 올라가셨다는 것을 생각해 볼 수 있다. 하늘 문으로 들어가실 때 천사들이 환호하고 찬미하면서 그리스도의 승천을 반기는 장면이 시편 24편에 기록되어 있다. "문들아 들릴지어다 영원한 문들아 들릴지어다 영광의 왕이 들어가시리로다". 오늘 우리가 기도할 때 우리의 기도도 보좌로 향하게 된다. 여러분이 인식하지 못하는 중에 여러분의 어떤 기도는 하늘 문을 통하여 보좌에 열납되었을 것이다. 그러므로 여러분은 이 하늘의 열린 문을 한 번 더 주목하기 바란다.

"내가 들은 바 처음에 내게 말하던 나팔 소리 같은 그 음성이". 이 음성은 1장에서 금촛대 사이에 다니시던 인자이신 예수 그리스도를 보여 주실 때 들린 음성이다. 음성이 다시 들려지면서 "이리로 올라오라"고 했다. 이것은 4장이 1장의 연속임을 말해주는 또 하나의 증거이다. 4장은 교회의 휴거를 가리키는 것이 아니고 밧모섬에 있던 요한이 하늘 보좌의 이상을 볼 수 있도록 그를 이끌어 올리는 것을 말한다. 사도 바울은 고린도 후서 12장에서 셋째 하늘의 이상을 보았다. 그가 하늘로 이끌려 올라가서 그 이상을 보았는데 그는 고백하기를 "내가 몸 안에 있었는지 몸 밖에 있었는지 모른다"고 했다. 우리는 우리가 가보지 않았다고 해서 없다고 해서는 안 된다. 우리 눈으로 보지 않았다고 해서 없다고 해서는 안 된다. 이러한 증인들은 분명히 하늘의 이상을 보고 그것을 우리에게 전달해 준다. 그리고 우리는 하나님께서 기록하신 이 말씀, 신실하고 거짓이 없는 이 말씀을 통해서 그것을 믿고 주목한다.

"이 후에 마땅히 될 일을 내가 네게 보이리라". 요한을 하늘로 이끌어 올리신 목적은 '마땅히 될 일'을 보이시기 위해서이다. 이제 있는 일은 무엇인가? 발에 끌리는 옷을 입으신 멜기세덱의 반차를 좇은 대제사장이신 그리스도께서 교회들을 돌보시는 것이다. 그러면 마땅히 될 일이란 무엇인가? 이것은 4장 이후에 나오는 말씀들로서 주로 세상에 대한 하나님의 심판을 말한다. 이제 4장에서 하나님이 요한에게 보여 주시고자 하는 것은 심판이다. 2장과 3장에서 우리는 교회에 대해 보았다. 하나님의 마음에서 가장 중요시하는 것은 이 땅의 교회이다. 주님은 그들을 돌보시고 계신다. 그분은 당신의 교회를 위해 세상을 심판하시게 된다. 지금 그분은 하늘 보좌를 보여 주시면서 그분이 심판주로서 이 세상을 심판하실 것을 알려 주신다. 하나님은 복음을 통해서만 그분의 영원한 뜻을 이루시는 것이 아니다. 그분은 심판을 통해서도 이루신다. 그리스도는 구주이실 뿐 아니라 심판주이시다. 복음은 세상의 모든 불의와 불법을 다 해결하지 못한다. 그것은 복음의 능력이 없어서가 아니라 복음을 받지 않고 순종치 않는 자들로 인한 것이다.

2절, 내가 곧 성령에 감동하였더니 보라 하늘에 보좌를 베풀었고 그 보좌 위에 앉으신 이가 있는데

요한은 1장에서도 성령에 감동하였고 4장에서도 성령에 감동하였다. 이렇게 하나님께서 이상 가운데서 무엇을 보여주시려면—물론 요한이 그 이전에는 성령 안에 있지 않았다는 뜻은 아니다—그의 온 존재가 성령 안에 잠기지 않으면 안 된다. 이런 상태의 성령 충만은 뭔가 특별한 체험임에 분명하다. 그 상태가 어떤 것인지 상상하기 어려울지라도 온 존재가 영 안에 있었다는 것은 엑스타시(ecstasy) 같은 놀라운 영적 감동의 상태 안에 있었음이 분명하다. 그런 상태가 아니면 하늘의 이상을 볼 수 없을 것이다. 물론 여러분 가운데 이러한 상태를 체험적으로 어느 정도 이해하는 분도 있을 것이다.

1장에서도 그는 나팔 소리 같은 음성을 들었을 때 성령의 감동이 있었다. "주의 날에 내가 성령에 감동하여 내 뒤에서 나는 나팔소리 같은 큰 음성을 들으니"(10절). 일곱 금 촛대의 이상을 보여 주실 때 성령의 감동이 있었고, 4장에서 또 다른 하늘 보좌의 이상을 보여 주실 때에도 성령의 감동이 있었다.

"보라 하늘에 보좌를 베풀었고". 하늘의 열린 문을 볼 때 '이리로 올라오라'는 음성이 있었고 요한은 하늘 문을 통해서 들어가 하늘 보좌를 보았다. 하늘의 중심은 보좌이다. 오늘 우리가 이 4장에서 중심 삼아야 할 것은 보좌이다. 여기에 "보라!"는 말이 있다. 이 말은 감탄사이기도 하지만 무엇인가를 분명히 본 사람만이 할 수 있는 말이기도 하다. 그 이전에 보지 못한 기묘한 어떤 것을 보았을 때 감탄사가 나오는 것은 당연하다. 요한은 하늘에 보좌가 있는 것을 보았다. 하늘에서 가장 먼저 눈에 띄는 것이 보좌였다. 그는 물론 영으로 충만하여 영의 눈으로 보았을 것이다.

"그 보좌 위에 앉으신 이가 있는데". 보좌가 있고 보좌 위에 앉으신 이가 보였다. 그분이 누구인가? 하나님이시다. 그 보좌는 의심할 여지없이 하나님의 보좌이다. 오늘 이 땅에서 그리스도인인 우리는 하늘 보좌를 인식하고 인정하면서 생활하는 것이 마땅하다. 그럼에도 불구하고 오늘날 하늘 보좌를 전혀 의식하지 못한 채 살고 행하는 자들이 많다. 하늘 보좌에 앉으신 분이 있다는 것을 알고 행하는 자와 그것을 의식하지 못하고 행하는 자와 그 행함이 같겠는가? 절대 같을 수가 없다.

우리는 찬양을 할 때 '보좌에 앉으신 어린양'께 찬양을 한다. 보좌에 계신 분이 있다는 것을 알고 찬양을 드리는 것과 하늘과 보좌에 대한 감각이 전혀 없이 서로 그저 즐기듯이 찬송하는 것과는 엄청난 차이가 있다. 그런 인본주의적인 찬양은 엄밀한 의미에서 찬양이라고 말할 수 없다.

3절, 앉으신 이의 모양이 벽옥과 홍보석 같고 또 무지개가 있어 보좌에 둘렸는데 그 모양이 녹보석 같더라

요한은 앉으신 이의 모양이 벽옥과 홍보석 같다고 했다. 요한만 하늘의 인자이신 하나님을 본 것이 아니다. 구약 성경에서 이사야나 에스겔도 뭔가 하늘에서 본 것을 말했다. 에스겔 1장 26절, "그 머리 위에 있는 궁창 위에 보좌의 형상이 있는데 그 모양이 남보석 같고 그 보좌의 형상 위에 한 형상이 있어 사람의 모양 같더라". 이 말씀에 의하면 에스겔 선지자도 하늘의 이상을 보았고 보좌를 보았다. 그리고 그 모양이 뭔가 보석 같다고 했다. 요한은 그 모양이 벽옥과 홍보석 같고 또 녹보석 같다고 했는데, 어쨌든 우리가 성경에서 하늘 보좌에 계신 하나님을 본 선지자들의 말을 종합해 볼 때 뭔가 보석 같은 모양을 지니신 것은 분명하다.

우리 하나님이 어떠한 모습을 가지고 있는가? 벽옥 같다는 것이 가장 근사한 말이다. 우리가 다른 보석은 연구하지 않더라도 이 벽옥(jaspher)은 연구해 볼 필요가 있다. 왜냐하면 이 벽옥은 하나님의 색깔이고 하나님의 모습을 가장 근사하게 우리에게 설명해주기 때문이다. 그러면 이 벽옥은 어떻게 생겼는가? 짙은 녹색의 금강석이다.

보석의 특징은 빛에 있는데, 가장 투명하고 순수한 빛을 발하는 것이 바로 벽옥이다. 하나님을 볼 때 다른 것이 아니라 가장 찬란한 빛이시라는 것이다. 요한은 하나님에 대하여 뭐라고 말했는가? "하나님은 빛이시라 그에게는 어두움이 조금도 없으시니라"(요일 1:5). 요한은 완전한 빛의 실체를 본 것이다. 그는 3년 반 동안 주 예수님을 따라다니면서 체험을 통해 주님에게서 받은 인상은 벽옥이었다. 즉 너무나 투명한 빛이었던 것이다. 계시록 21장 11절에서도 "하나님의 영광이 있으매 그 성의 빛이 지극히 귀한 보석 같고 벽옥과 수정같이 맑더라"고 말한다. 여기 지극히 귀한 보석이 바로 벽옥이다. '수정같이 맑은' 것도 벽옥을 묘사하는 말이다. 결국 하나님이 벽옥 같다는 것은 그분이 투명한 보석 같은 빛이시라는 것을 말해주고 있다. 그 빛은 단순한 빛이 아니고 보석같이 찬란하게 비추어 내는 빛이다. 그러한 하나님을 달리 어떻게 설명할 수 있겠는가? 그래서 그냥 벽옥 같다고 말한 것이리라! 요한은 지금 그 모습을 보고 우리에게 이런저런 보석으로 설명하는 것이다. 얼마나 휘황찬란하고 얼마나 투명하기에 이렇게 표현할 수밖에 없었겠는가! 요한은 그러한 하나님의 모습을 하늘에서 본 것이다.

18절, "그 성곽은 벽옥으로 쌓였고 그 성은 정금인데 맑은 유리 같더라". 19절, "그 성의 성곽의 기초석은 각색 보석으로 꾸몄는데 첫째 기초석은 벽옥이요". 새 예루살렘에는 벽옥이 많이 나온다. 새 예루살렘 전체가 벽옥이고 성곽이 벽옥이고 첫째 기초석도 벽옥이다. 첫째 기초석이 맨 먼저 시야에 들어오게 되는데, 새 예루살렘을 볼 때 전체적인 인상이 벽옥으로 된 성이라는 것이다. 계시록 4장에서 요한이 첫 번째로 본 이상은 하늘 보좌의 하나님이신데 그분은 벽옥 같은 분이시다. 하나님께서 최종적으로 모든 심판과 역사를 다 끝내신 다음 거듭난 하나님의 자녀들은 다 벽옥같이 되어 버렸다. 그러한 커다란 한 실체를 얻어내는 것으로 성경은 마쳐진다. 하나님이 벽옥이시면 그의 자녀들도 벽옥 자녀들이 된다. 그런데 그렇게 벽옥 같은 보배로운 자녀들을 얻으려다 보니까 과정이 필요한데, 계시록 중간 부분에 있는 많은 심판과 많은 일들이 바로 그것을 위한 것들이다. 2장과 3장의 교회들은 문제가 많다. 거기에 벽옥은 조금 있고 진흙이 많다. 그런데 많은 심판과 역사들을 거쳐서 최종적으로 얻어지는 교회의 모습은 곧 벽옥인 새 예루살렘이다. 벽옥은 하나님의 영광 빛이며 계시록 21장에서 우리는 그 영광 빛을 본다.

요한복음 17장 5절, "아버지여 창세 전에 내가 아버지와 함께 가졌던 영화로써 지금도 아버지와 함께 나를 영화롭게 하옵소서". 여기에 하나님 아버지와 하나님의 아들 그리스도의 영광이 있다. 22절, "내게 주신 영광을 내가 저희에게 주었사오니…". 우리는 주님이 창세 전부터 가지고 계시던 영광을 그분을 믿는 자에게 전달해 주는 것을 요한복음 17장에서 볼 수 있다. 하나님이 우리를 거듭나게 하신 것은 다만 멸망치 않고 영생을 얻게 하려는 것만이 아니고, 그분이 창세 전부터 가지고 계신 그 놀라운 영광을 우리도 갖게 하려는 것이다. 그러므로 벽옥은 본래 하나님에게만 해당되었는데 결국 새 예루살렘으로 전이(轉移)된 것을 볼 수 있다. 그러므로 이 벽옥은 하나님의 영광 빛인데 '전달할 수 있는 영광'이라고도 말할 수 있다. 지금 우리는 이 벽옥의 영광을 전달받는 과정에 있다. 이것이 완성되는 것이 바로 새 예루살렘이다.

요한이 하늘 보좌의 하나님을 뵈었을 때 첫 번째 그 모습이 벽옥이고 그 다음이 홍보석이었다. 벽옥은 짙은 녹색이고 홍보석은 짙은 붉은 색이다. 벽옥의 색깔은 생명의 인상을 준다. 짙은 녹색을 볼 때마다 우리는 거기서 생명을 느낀다. 그리고 짙은 붉은 색깔을 볼 때에는 피, 곧 그리스도의 보혈을 생각하게 된다. 붉은 색은 구속의 색이다. 하나님은 생명의 색깔인 녹색을 가지고 계시며 따라서 우리 하나님은 생명의 근원이시다. 생명의 근원이신 하나님은 또한 죄인을 구원하는 구속의 하나님이시다. 그래서 그분은 홍보석 하나님이신 것이다.

"또 무지개가 있어 보좌에 둘렀는데". 이 무지개는 창세기 9장에서 처음 언급된다. 노아의 홍수 뒤에 하나님은 다시는 이 세상을 물로 심판하지 않으시겠다는 언약의 표로 무지개를 보여 주셨다. 그러므로 우리 하나님은 무지개 하나님, 곧 약속의 하나님이시다. 약속을 하시면 그것을 지키시는데 신실하신 하나님이라는 뜻이다. 다시는 물로 멸망시키지 않겠다고 일단 약속하셨으면 그 약속을 신실하게 지키시는 하나님이시다. 그분은 새 언약을 피로 보증하셨다. 따라서 우리는 그분의 언약의 말씀을 믿을 수 있고 구원의 확신을 가질 수 있다. 그분은 그분의 말씀에 신실하시기 때문이다. 그러나 사람은 그렇지 않다. 오랜 시간이 지나면 자신이 했던 약속을 다 잊어버리고 지키지 않는다. 그리스도인은 하나님이 무지개 하나님이시므로, 신실하게 언약을 지키는 하나님이시므로 하나님을 닮아 약속을 지키는 데 신실해야 한다. 벽옥 하나님에 벽옥 자녀이어야 하고, 홍보석 하나님에 홍보석 자녀이어야 하며, 무지개 하나님에 무지개 자녀이어야 한다.

"그 모양이 녹보석 같더라". 무지개가 녹보석 같다는 것이다. 녹보석은 초록색이다. 녹보석은 이 땅에 있는 식물, 푸릇푸릇한 생명체를 뜻하는데, 이것은 하나님이 이 땅을 심판하시되 푸른 생명체를 다 멸하지는 않으신다는 것을 의미한다. 무지개 하나님은 물로는 심판하지 않으시지만 불로 심판하신다. 그 이후의 심판은 다 불로 행해졌다. 그렇다 하더라도 완전히 다 끝내 버리는 것이 아니고 생명체를 여전히 보존해 두신다는 것이다. "그(무지개) 모양이 녹보석 같더라". 그 언약을 지키시는 무지개의 모습도 생명을 상징한다. 그분의 언약의 중점이 생명에 있음을 아는 것이 중요하다. 또한 그분은 세세토록 살아계시니 그분의 약속의 말씀은 변치 않고 영원하다.

4절, 또 보좌에 둘려 이십사 보좌들이 있고 그 보좌들 위에 이십사 장로들이 흰 옷을 입고 머리에 금 면류관을 쓰고 앉았더라

요한은 먼저 보좌를 보고 그 다음 보좌 주위를 보았다. 기록한 순서를 보더라도 그가 실제로 본 것임에 틀림없다. 보좌에 둘려 "이십사 보좌들이 있고 그 보좌들 위에 이십사 장로들이 흰 옷을 입고 머리에 금 면류관을 쓰고 앉았더라". 보좌 주위에 어떤 존재들이 있었다. 요한은 그들을 이십사 장로들이라고 했다. 하늘의 광경을 볼 때 거기 이십사 보좌들 위에 앉은 장로들의 모습이 굉장히 오래된 존재들이라는 말이다. 어떤 사본에는 '굉장히 오래된 존재들'이라고 되어 있다. 이 장로들은 교회 대표들이 아니다. 오늘날 일부 신학자들은 이들이 교회의 대표를 의미한다고 말한다. 유명한 설교자 스펄전도 이들을 교회의 대표로 보았는데, 그것은 성경을 바르게 본 것이 아니다.

여기 이십사 장로들은 천사 장로들이다. 천사 중 장로가 있는가? 이스라엘에도 장로가 있고 신약의 교회에도 장로가 있다. 이사야 24장 21-23절을 읽어 보면 거기에 장로들이 나오는데, 그 장로들은 이스라엘 백성의 장로들이 아니고 천사들의 장로들이다. 21절, "그날에 여호와께서 높은 데서 높은 군대를 벌하시며". 이 높은 데가 보좌이다. 23절, "그때에 달이 무색하고 해가 부끄러워하리니 이는 만군의 여호와께서 시온 산과 예루살렘에서 왕이 되시고 그 장로들 앞에서 영광을 나타내실 것임이니라". 여기의 장로들은 분명 천사들의 장로들이다. 이사야 때에 하늘 보좌에 교회의 장로들이 있을 리 없다.

다시 4장으로 가서, 여기 이십사 보좌들 위에 있는 이십사 장로들은 교회의 장로들과 다르다고 보아야 한다. 이것은 여러 가지로 증명할 수 있지만 몇 군데만 보겠다. 5장 8절, "책을 취하시매 네 생물과 이십사 장로들이". 여기 이십사 장로들이 나온다. "어린양 앞에 엎드려 각각 거문고와 향이 가득한 금 대접을 가졌으니 이 향은 성도의 기도들이라". 하나님께 성도의 기도들을 바치는 일을 하는 것이 바로 이십사 장로들이다. 성도들은 기도를 하고 장로들은 그 기도를 하나님 앞에 가져다 드리는 일을 한다는 것이다. 이것을 교회의 장로들이 하는 일이라고 보기는 어렵다. 교회의 장로들도 성도들의 일부이지 별다른 존재들이 아니다.

9절, "새 노래를 노래하여 가로되 책을 가지시고 그 인봉을 떼기에 합당하시도다 일찍 죽임을 당하사 각 족속과 방언과 백성과 나라 가운데서 사람들을 피로 사서 하나님께 드리시고". 이들이 누구인가? "각 족속과 방언과 백성과 나라 가운데서 사람들을 피로 사서 하나님께 드리시고". 이들은 교회이다. 그리고 10절은 '저희로'라고 했다. 이렇게 말한 자들은 이십사 장로들이다. 만일 이십사 장로들이 교회의 대표라면 '우리로'라고 했을 것이다. '저희로(them)'라고 한 것은 그 무리가 자신들과는 다른 무리임을 가리킨다.

7장 13절, "장로 중에 하나가 응답하여 내게 이르되" 여기에도 장로가 있다. 이십사 장로 중 한 천사이다. "장로 중에 하나가 응답하여 내게 이르되 이 흰 옷 입은 자들이 누구며 또 어디서 왔느뇨". 그는 이 흰옷 입은 자들이 누구며 어디서 왔느냐고 물었다. 14절, "내가 가로되 내 주여 당신이 알리이다…" 사도 요한은 그래도 교회의 대표가 될 만한 사람이다. 열두 사도 중 하나이기 때문이다. 이십사 장로들이 만일 교회의 대표라면 신약의 열두 사도 중에 대표가 나와야 할 것이다. 그런데 요한은 이십사 장로 중 하나에게 '내 주여'라고 했다. 그들이 교회의 대표 중 한 사람이라면 요한이 그렇게 말했을까? 요한이 베드로에게 '내 주여'라고 했을 리 없다. 그렇다면 과연 누구에게 '내 주여' 라고 했겠는가?

그러므로 여기의 이십사 장로들은 틀림없이 천사들 중의 장로들을 말하는 것이다. 천사들 중의 장로들은 천사들 중 가장 오래된 천사들이고 하나님께서 첫 번째 창조 때—창세기 1장의 창조는 재창조이다—하나님을 섬기도록 택하신 자들일 것이다. 하나님은 천사들을 중심으로 첫 창조를 하시고 그들의 섬김을 받고자 하셨다. 그런데 천사들이 타락하자 하나님께서는 그들을 심판하시고 그 다음 재창조에서 더 뛰어난 존재인 인간을 지으신 것이다. 그 인간도 타락하자 하나님은, 천사들이 타락했을 때에는 구속하시지 않았지만, 그분의 형상과 모양대로 지으신 사람은 구속하시고 회복하셨다. 따라서 구속된 사람들—하나님의 자녀들—이 일어나서 이 천사 장로들의 왕권을 대신 차지하기까지 하나님의 보좌 주위에는 천사들이 호위하고 있다고 보아야 한다. 이들의 왕권을 하나님의 자녀들이 대신 차지하기까지 천사들의 대표인 이십사 장로들이 우주를 다스리는 권세를 가지고 있는 것이다.

이십사 장로들은 첫째로 흰옷을 입었다. 만일 이들이 구속된 자들이라면 피로 씻어서 희게 되었다는 말을 썼을 것이다. 그런데 이들이 입고 있는 흰 옷은 피로 씻어서 희게 된 것이 아니라 원래부터 희다. 이 천사들은 타락한 적이 없는 천사들이기 때문에 원래부터 죄가 없고 깨끗한 것이다. 그리고 이들은 원래부터 금 면류관을 쓰고 있다. 면류관을 쓰고 있다는 것은 그들이 왕이라는 것을 뜻한다. 그들은 왕권을 가지고 있는 것이다. 하나님은 이 우주를 다스리시는 데 있어서 그분과 함께 우주를 다스릴 부하 왕들을 두고 계시는데, 그들이 장래 우리로 대치되는 것이다. 천사들은 부리는 종으로서 왕노릇하고 있지만 장래 성도들은 그분의 친 자녀들로 왕노릇을 하게 된다. 우리가 이기는 자가 될 때 왕국에서 그리스도와 함께 왕 노릇 한다. 그 이전에 이 우주는 천사들에 의해서 지배되었다. 그리고 그들 가운데 장로들은 왕들이다. 왕이기 때문에 보좌가 있고 면류관이 있는 것이다. 그 면류관은 금 면류관이다.

또한 이 보좌는 심판의 보좌이다. 하나님의 보좌는 더 이상 은혜의 보좌가 아니고 심판의 보좌이다. 어떻게 심판의 보좌라는 것을 알 수 있는가? 번개가 나는 것을 보면 알 수 있다(5절). 하나님은 모든 미덕을 갖추신 사랑의 하나님이시지만 심판의 광경에서 그 보좌는 이렇게 두려운 것이 된다.

5절, 보좌로부터 번개와 음성과 뇌성이 나고 보좌 앞에 일곱 등불 켠 것이 있으니 이는 하나님의 일곱 영이라

"보좌로부터 번개와 음성과 뇌성이 나고". 보좌로부터 나오는 음성은 부드러운 음성이 아니고 많은 물소리 같은 전능자의 음성이요 두려움을 자아내는 번개와 뇌성과 함께 나는 심판자의 음성이다. 뇌성이란 천둥 번개와 함께 나는 소리이다. 보좌로부터 번개와 함께 음성과 뇌성이 있었다. 요한에게 이러한 모습들은 경외함을 자아내기에 충분했다.

"보좌 앞에 일곱 등불 켠 것이 있으니 이는 하나님의 일곱 영이라". 스가랴도 같은 것을 보았다. 그는 이상 가운데 일곱 눈, 곧 일곱 영을 보았다. 스가랴, 다니엘, 에스겔, 이사야 등의 선지자들이 하늘을 본 광경은 거의 일치된다. 여러 사람이 보았지만 그 광경을 묘사하는 것이 거의 유사하다. 우리는 이런 증인들의 증언을 듣고 하나님의 말씀을 부인해서는 안 된다. 그들이 본 것은 다 우리를 위한 것이기 때문이다. 여기 일곱 등불을 켠 것은 심판을 나타내는 것이다. 일곱 영 또한 교회에게 생명을 공급하기 위한 영이라기보다 일곱 등불로서 온 세상을 심판하기 위한 것이다.

6절, 보좌 앞에 수정과 같은 유리 바다가 있고 보좌 가운데와 보좌 주위에 네 생물이 있는데 앞뒤에 눈이 가득하더라

요한이 보좌 앞의 광경을 보니 수정과 같은 유리 바다가 있었다. 수정은 지극히 맑고 투명한 것이다. 영어로도 아주 맑고 투명한 것을 말할 때 '크리스탈 클리어(crystal clear)', 즉 수정같이 맑다고 한다. 그런데 이 유리 바다에 대해서는 조금 더 설명을 해야 할 것 같다. 결국 이 유리 바다가 나중에 불못이 된다. 뒤에 보면 불이 섞인 유리 바다가 나온다. "또 내가 보니 불이 섞인 유리 바다 같은 것이 있고…"(15:2). 유리 바다가 있는데 거기에 불이 섞였다는 것이다. 이해할 수 있는가? 우리는 이렇게 생각해야 한다. 하나님은 장래 바다를 다 사라지게 하시는데 그 대신 유리 바다가 있게 된다. "땅이 없어졌고 바다도 다시 있지 않더라"(계 22:1)

지금은 바다 속에 뭐가 들어 있는지 아무도 모른다. 과거의 물의 심판은 그렇게 해서 그 속에 귀신이 어떻게 우굴거리는지 잘 모르게 되어 있다. 그런데 장래 하나님 앞에는 그런 바다가 없다. 유리로 된 바다라서 속이 다 들여다보인다. 그 유리 바다에는 불이 섞여 있는데 불은 심판을 의미한다. 하나님께서 노아 시대에 물로 세상을 심판하신 후 다시는 물로 심판하지 않으신다. 무지개가 그 언약의 표이다. 그러나 대신 불로 심판하신다. 레위기 10장 1-2절을 보자. "아론의 아들 나답과 아비후가 각기 향로를 가져다가 여호와가 명하시지 않은 다른 불을 담아 여호와 앞에 분향하였더니 불이 여호와 앞에서 나와 그들을 삼키매 그들이 여호와 앞에서 죽은지라". 불이 여호와 앞에서 나왔다고 했다. 민수기 11장 1-2절, "백성이 여호와의 들으시기에 악한 말로 원망하매 여호와께서 들으시고 진노하사 여호와의 불로 그들 중에 붙어서 진 끝을 사르게 하시매 백성이 모세에게 부르짖으므로 모세가 여호와께 기도하니 불이 꺼졌더라". 민수기 16장 35절, "여호와께로서 불이 나와서 분향하는 이백 오십 인을 소멸하였더라". 하나님이 배역한 고라와 아비람 일당을 불로 멸하신 것이다.

다시 계시록 4장을 보자. 수정과 같은 유리 바다는 15장에서 불이 섞인 유리 바다이다. 약속의 하나님은 노아의 홍수 이후 모든 심판을 불로 행하신다. 불로 심판한 모든 것들이 다 유리 바다 속에 있는 것이다. 이는 바다 또한 심판이 있은 연후에 불이 섞인 유리 바다가 되는 것을 연상하게 한다. 옛 하늘과 옛 땅은 새 하늘과 새 땅이 될 것인데, 불로 심판을 받은 바다(하나님은 바다를 불로 심판하실 것이다)는 어디에 있게 되겠는가? 불이 섞인 유리 바다가 될 것이다. 하나님의 보좌, 곧 심판의 보좌 앞에 펼쳐진 광경은 모든 심판받은 것들이 다 거기 유리 바다 속에 있게 되는 것이다. 그러므로 오늘날 우리는 죄 짓는 형제들, 길을 잘못 가는 형제들을 구원하되 불에서 구원해내야 한다. 유다서 23절, "또 어떤 자를 불에서 끌어내어 구원하라". 죄 짓는 사람들은 다 불 가운데 있는 사람들이다. 심판받은 모든 일들이 유리 바다 속에서 다 드러나는 것이다. 고벳이란 성경학자는 이 유리 바다가 결국 불못이 된다고 말했다. 얼마나 두려운 일인지... 심판을 통해 이루어진 모든 일들이 영원히 다 보이도록 되어 있다!

"보좌 가운데와 보좌 주위에 네 생물이 있는데 앞뒤에 눈이 가득하더라". 요한이 보았던 네 생물을 에스겔도 보았다. 하늘을 본 사람들은 이 네 생물을 본다. 네 생물의 특징은 눈이 가득하다는 것이다. 에스겔도 그렇게 묘사했다(겔 1장). 네 생물은 눈이 많은 것이 특징이다. 눈이 많아서 모든 것을 투명하게 보는 것이다. 이는 지혜와 통찰력을 말한다. 네 생물은 충만한 지혜와 통찰력으로 하나님의 심판을 돕는다. 오늘날 그리스도인들은 어두운 일을 행하면서 아무도 모를 것이라고 생각하지만 눈이 많은 네 생물은 모든 것을 본다. 하나님은 물론 아시지만 네 생물도 안다. 하나님을 섬기는 이 네 생물은 밝은 눈으로 가득하여 주로 심판을 돕는 존재들이다. 모든 죄악들은 하나님의 밝은 눈만이 아니라 네 생물의 가득한 눈 앞에서 피할 수 없다.

우리는 계시록 6장부터 네 생물이 하나님의 심판에 참여하는 것을 본다. 1절, "내가 보매 어린양이 일곱 인 중에 하나를 떼시는 그때에 내가 들으니 네 생물 중에 하나가 우레 소리같이 말하되 오라 하기로". 흰 말이 나오고 붉은 말이 나오고 하는 것은 다 심판의 광경들이다. 3절, "둘째 인을 떼실 때에 내가 들으니 둘째 생물이 말하되 오라 하더니". 그리고 셋째 인을 뗄 때에는 셋째 생물이 나오고 넷째 인을 떼실 때에는 넷째 생물이 나왔다. 그러므로 우리는 네 생물이 가만히 앉아서 찬송만 하는 것이 아니라 뭔가를 계속 하고 있는 것을 본다. 네 생물은 아무 할 일 없는 존재가 아닌 것이 분명하다. 그렇게 통찰력 있는 존재가 아무것도 하지 않고 있을 리 없다. 분명히 하나님을 보좌하기 위해 뭔가를 하고 있다.

또 네 생물은 앞뒤에 눈이 가득하기 때문에 뭔가를 보기 위해 뒤돌아볼 필요도 없다. 이 네 생물은 분명 심판을 돕는 존재이다. 그 절대적인 빛 앞에서 드러나지 않을 것이 없다. 결코 하나님을 속이려 하지 말라! 하나님은 만홀히 여김을 받지 않으신다. 하나님은 요한에게 교회를 보살피도록 하시고 난 후에 하늘에서 심판이 시작될 것을 보여주고 계신다. 하나님은 이 세상을 구원하시기 위해 구주를 보내셨고 마지막은 심판하시기 위해 심판주를 보내신다. 이것은 하나님께서 이 땅에서 환난당하고 있는 교회를 격려하시는 방법이기도 하다. 복음은 이 세상의 모든 문제를 다 해결하지 않는다. 복음의 은혜와 축복은 순종하는 자들의 것이고 불순종하는 모든 것들은 최종적으로 심판으로 해결하신다.

7절, 그 첫째 생물은 사자 같고 그 둘째 생물은 송아지 같고 그 셋째 생물은 얼굴이 사람 같고 그 넷째 생물은 날아가는 독수리 같은데

에스겔이 본 것도 이 네 종류의 생물이다. 우리는 일 천 년 가량 시간의 간격이 있는 사람들이 본 것이 너무 똑같은 것에 인상을 받게 된다. 에스겔 1장 10절, "그 얼굴들의 모양은 넷의 앞은 사람의 얼굴이요 넷의 우편은 사자의 얼굴이요 넷의 좌편은 소의 얼굴이요 넷의 뒤는 독수리의 얼굴이니". 그리고 "그 얼굴은 이러하며 그 날개를 들어 펴서 각기 둘씩 연하였고 또 둘은 몸을 가리웠으며"(11절).

계시록으로 돌아와서, "그 첫째 생물은 사자 같고". 사자는 짐승의 왕이다. 그 다음 둘째 생물은 송아지 같은데 이것은 가축의 대표이다. 그리고 사람은 인류의 대표이고, 독수리는 조류의 대표이다. 이 네 생물은 하나님이 창조하신 이 땅의 생물의 대표들이다. 사람, 독수리, 사자, 송아지—이러한 피조물의 대표가 거기 있는 것이다. 여기 두 종류가 빠졌는데, 첫째는 어류이다. 왜 물고기의 대표는 없는가? 바다는 아직 심판을 거치지 않았기 때문이다. 하나님은 노아 때 물로 세상을 심판을 하셨지만 그때 물고기는 다 살았다. 물로 심판하시니 물로 된 바다는 끄떡 없이 존재한 것이다. 그런데 언젠가 불로 심판하실 때 바다는 다시 있지 않게 되고 물고기도 다 끝난다. 물고기는 영원토록 살 수 있는 존재가 아니다. 심판이 임할 때 물고기는 다 없어질 것이다.

또 한 종류 없는 것이 있다. 곤충, 기어다니는 것이다. 창세기 1장에 의하면 기어다니는 것도 일종의 창조물인데 뱀 종류가 하나도 없다. 왜 그런가? 그것은 사탄과 관계되기 때문이다. 그것들은 이미 심판을 받았다. 그래서 하나님이 창조하신 여섯 종류 중에서 두 종류가 빠져 있는 것이다. 그런 것들은 거기에 낄 필요가 없다. 결국 모든 피조물의 대표인 송아지, 사자, 독수리, 사람이 네 생물을 구성하고 이들이 보좌에 있게 되는 것이다. 거기서 무엇을 하는가? 거기서 하나님의 심판을 돕고 하나님을 찬미하는 일을 한다. 항상 하나님을 경배하고 찬미하는 것이다. 이것으로 보아 우리 피조물이 해야 할 일이 가장 먼저는 하나님을 경배하고 찬양하는 것임을 알 수 있다. 하나님을 경배하고 찬미하는 것이 피조물로서 해야 할 가장 큰 일이다. 또한 우리는 하나님의 심판하시는 일이 큰 일임을 보아야 한다.

그런데 자세하게 살펴보면 에스겔에서는 그 생물의 이름을 그룹이라고 했다. 영어로는 '체루빔(cherubim)'이다. 성경이 아니면 어느 책에서 피조물의 대표가 네 종류라고 말할 수 있겠는가? 전능자, 창조주의 책에서 이를 분명하게 정의하고 있다. 이들은 영원히 하나님의 피조물로서 창조주 하나님을 찬미해야 한다. 이사야 선지자가 본 것도 같다. 이사야 6장에서 웃시야 왕 때 이사야가 보니 보좌에서 천사들이 "창화하여 가로되 거룩하다, 거룩하다, 거룩하다"라고 하였다. 거기에도 뭔가 네 생물과 같은 것이 나오는데 그것을 스랍이라고 칭했다. 그런데 두 군데 묘사 중 차이가 있는 것은 에스겔의 그룹은 날개가 넷이고, 이사야의 스랍은 날개가 여섯이라는 것이다. 스랍은 날개가 여섯이고 그룹은 넷이다. 계시록에서 요한이 본 네 생물도 날개가 여섯이다. 이사야가 본 스랍과 같은 것이다.

8절, 네 생물이 각각 여섯 날개가 있고 그 안과 주위에 눈이 가득하더라 그들이 밤낮 쉬지 않고 이르기를 거룩하다, 거룩하다, 거룩하다, 주 하나님 곧 전능하신 이여 전에도 계셨고 이제도 계시고

장차 오실 자라 하고

네 생물은 각각 여섯 날개가 있다. 성경학자들은 이에 대해 스랍과 그룹이 합해진 것이라고 보기도 한다. "그 안과 주위에 눈이 가득하더라". 눈이 앞뒤에 있을 뿐 아니라 안과 주위에도 가득하다고 했으니 그 네 생물은 참으로 눈으로 가득한 존재이다. 따라서 속에 있는 것도 다 알고 밖에 있는 것도 다 알 수 있는 것이다. 하나님의 보좌 앞에서는 숨길 수 있는 것이 하나도 없다. 물고기나 곤충까지도 눈을 지으신 하나님께서 보좌에 있는 네 생물은 눈으로 가득한 존재로 지으셨다.

"그들이 밤낮 쉬지 않고 이르기를 거룩하다, 거룩하다, 거룩하다". 이사야 6장 1-2절, "웃시야 왕의 죽던 해에 내가 본즉 주께서 높이 들린 보좌에 앉으셨는데 그 옷자락은 성전에 가득하였고 스랍들은 모셔섰는데 각기 여섯 날개가 있어…". 이사야가 본 것도 같다. 보좌가 있고 스랍들이 있고 여섯 날개가 있다. 이 말씀들을 볼 때 틀림없이 하늘에는 보좌가 있고 보좌의 광경이 어떠한가를 알 수 있다. 하늘에는 분명 여섯 날개를 가진 이런 존재가 있는 것이다. "…그 둘로는 그 얼굴을 가리었고 그 둘로는 그 발을 가리었고 그 둘로는 날며". 각 날개가 기능이 있다.

이 네 생물은 가리는 특징이 있다. 하나님의 자녀들은 가리는 것이 있어야 한다. 다 노출시키는 사람은 네 생물과 같지 않다. 발도 가리고 얼굴도 가리고 나는 것이다. 3절, "서로 창화하여 가로되 거룩하다, 거룩하다, 거룩하다, 만군의 여호와여 그 영광이 온 땅에 충만하도다". 이사야 선지자가 보좌를 보니 이 여섯 날개를 가진 스랍들이 "거룩하다, 거룩하다, 거룩하다"고 외쳤다. 요한이 본 것도 같다. 하늘에는 이러한 찬미가 있다는 것이다. 왜 교회가 이 땅에 있는가? 교회는 하나님의 영광과 찬송을 위해 지으심을 받았다(엡 1장). 교회는 이 땅에 있지만 실상은 하늘에 있는 무리이다. 그러니 하늘의 광경이 이 땅에도 있으려면 교회도 네 생물과 같이 '거룩하다, 거룩하다, 거룩하다'라고 찬미해야 하는 것이다. 그것이 이 땅의 불신하는 사람들과 믿는이들을 구분되게 한다. "거룩하다, 거룩하다, 거룩하다, 주 하나님 곧 전능하신 이여". 여기서 '거룩하다'는 말을 왜 세 번 했을까? 삼위 하나님이시기 때문이다. 아버지 하나님, 아들 하나님, 성령 하나님이시니 세 번을 외친 것이다.

하나님을 대할 때 첫 번째로 나오는 감탄이 무엇인가? 거룩하다는 것이다. 그러면 아버지의 자녀들인 성도들은 어떻게 되어야 하겠는가? "내가 거룩하니 너희도 거룩하라". 지극히 거룩한 하나님을 닮은 것이 거룩한 성도들이다. "거룩하다, 거룩하다, 거룩하다, 주 하나님 곧 전능하신이여". 이사야나 요한이 하나님을 대할 때 그 하나님은 전능하신 분이셨다. 네 생물은 하나님의 전능하심을 찬미했다. 전능하다는 것은 모든 것을 다 할 수 있다는 뜻이다.

"전에도 계셨고 이제도 계시고 장차 오실 자라". 우리가 찬양해야 할 첫 번째 항목은 그분이 거룩한 분이시라는 것이고, 그 다음은 전능한 하나님이시라는 것이다. 또한 그분이 전에도 계시고 이제도 계시고 장차 오실 분이시라는 것도 찬양해야 한다. 이것은 하나님이 영원하신 분이라는 것이다. 하나님은 그분이 영원한 하나님이시라는 것을 우리가 알기 원하신다. 나는 나의 자녀들에게 직접 복음을 전했다. 나의 자녀들이 있기 전부터도 주님의 구속은 있었다. 나의 자녀들은 고사하고 내가 존재하기 전에도 복음이 있었고 은혜가 있었고 하나님의 구속 역사가 있었다. 우리 하나님은 전부터 계신 분이다. 그리고 이제도 계신 분이며 장차 오실 분이다.

오늘날 그리스도인들은 반드시 이 세 가지를 알아야 한다. 우리 하나님은 전부터 계신 분이고, 이제도 계신 분이다. 즉 현재 우리가 관계를 맺어야 하는 분이다. 하나님은 현재 우리의 모든 일 가운데 존재하시는 분이다. 특히 교회 중에 함께 하신다(엡 2:22). 전에는 하나님이 나와 함께하셨는데 지금은 나 혼자 모든 것을 한다면 그것은 타락한 것이다. 전에도 하나님이 우리와 함께하셨고 지금도 우리 하나님은 우리와 함께하셔야 한다. 하나님이 우리의 일거수일투족과 모든 환경을 주관하시는 분이셔야 한다. 그리고 하나님은 장차 오실 분이시다.

어떤 그리스도인들은 '이제도 계신 하나님'은 모르고 장차 오실 주님, 장래의 주님만 기다리는 것 같다. 소위 재림파들이다. 그들의 신앙은 확실히 치우쳤다. 그들은 장차 오실 주님만 관심하지 이제도 계신 주님은 주의하지 않는다. 현재는 실생활에 대하여, 자녀나 남편의 어려움에 대하여 무관심하고 아무렇게나 행하면서 장래의 주님의 재림만 관심하는 것은 옳지 않은 것이다. 하나님은 전에도 계시고, 이제도 계시고, 장차 오실 분이시다.

9절, 그 생물들이 영광과 존귀와 감사를 보좌에 앉으사 세세토록 사시는 이에게 돌릴 때에

그 생물들이 이제 '보좌에 앉으사 세세토록 사시는 이에게' 영광을 돌린다. 하나님께는 죽음이 없다. 세세토록 사신다. 우리 사람의 아쉬움은 이것이다. 나이가 들어가면서 유감스럽게도 10년, 20년이 지날 때 하나 둘씩 떠나야 한다는 것이다. 그런데 우리 하나님은 세세토록 살아 계신다. 그리고 우리 하나님의 자녀들도 결국 영원히 존재하게 된다. 실망할 필요가 없다. 우리 인생에 이렇게 죽음과 이별과 끝남과 슬픈 일들이 있기에 세세토록 사시는 주님이 귀하다는 것을 알고 찬송을 드리는 것이다. 우리가 원래부터 영원한 존재라면 과연 깊은 인식을 가진 찬미를 드릴 수 있겠는가? 일시적인 것 때문에 가슴 아픈 추억을 가지고 있는 인간이기에 세세토록 존재하시는 하나님을 대할 때 너무나 감사하고 놀라운 것이다.

네 생물이 감사를 드리는 이유는 그들이 구속된 존재들이기 때문이다. 이들은 다 그리스도의 구속의 은혜를 맛본 존재들이기 때문에 감사가 나오는 것이다. 타락한 피조물인 그들이 구속되지 않았다면 결코 하나님 앞에 있지 못한다. 그렇기 때문에 그들에게는 감사가 있다. 레위기 11장을 읽으면 부정한 것들은 하나님 앞에 있을 수 없다. 독수리, 사자 같은 존재들이 다 함께 그곳에 있을 수 있는 것은 구속받았기 때문이다.

10절, 이십사 장로들이 보좌에 앉으신 이 앞에 엎드려 세세토록 사시는 이에게 경배하고 자기의 면류관을 보좌 앞에 던지며 가로되

찬송곡 중에 "그 날에 주의 보좌 향해서 면류관 던질 때"라는 가사가 있는데, 이것은 이십사 장로들을 교회의 대표들로 보는 데서 나온 것이다. 이것은 특히 1800년대 형제회 교사들의 영향이다. 그런데 여기서 면류관을 던지며 찬송하는 이들은 천사라는 것을 잊지 말기 바란다. 천사 장로들이 그렇게 했다. 이십사 장로들이 보좌에 앉으신 이 앞에 엎드려서 세세토록 사시는 이에게 경배를 드리고 자기의 면류관을 보좌 앞에 던진 것이다. 어쨌든 피조된 점에서 천사와 사람은 같은 면이 있고 그 모든 영광은 다 하나님께 돌아가야 하기 때문에 그들이 면류관을 벗어서 보좌 앞에 던지는 것은 마땅한 일인 것이다. 참된 경배는 이렇게 면류관을 보좌 앞에 드리는 것이다. 면류관을 던진다는 것을 한번 음미해 보자. 이 면류관은 누가 준 것인가? 생각해 보라! 하나님께서 주신 것이다. 하나님이 주신 것이라 하더라도 다시 그분께 돌려 드리는 마음이 참된 경배이다.

두 종류의 교만이 있을 수 있는데, 원래 자기가 가지고 있는 것, 타고난 장점을 자랑하는 것이 그 하나이고, 두 번째는 주님이 주신 것으로 자랑하는 것이다. 하나님이 주신 것이라 할지라도 다시 하나님께 드리는 것이 경배이다. 독자 이삭일지라도 하나님께 드리는 것이 경배이다. 우리는 예배 때에만 경배 드리는 것이 아니고 항상 경배의 태도를 가지고 있어야 한다. 하나님 앞에 설 때 모든 피조물은 면류관을 그 보좌 앞에 던질 수밖에 없다. 그렇지 않다면 그는 참된 경배자가 아니다. 우리는 앞에서 빌라델비아 교회에 대해서 보았다. 빌라델비아 성도들은 이미 면류관을 가지고 있었다. 그들은 이미 귀한 것을 가지고 있었고 상급을 가지고 있었다. 주님이 주신 아주 보배로운 것들을 가지고 있었다. 그들은 지혜와 은사를 가지고 있었고 능력을 가지고 있었다. 그렇다 하더라도 경배자들은 그 모든 것을 하나님께 돌려 드리는 사람들이다. "하나님, 이 모든 것들은 당신이 우리에게 주신 것이지만, 모든 영광과 존귀는 당신만이 받으시기에 합당하십니다." 이런 자세가 참된 겸손이요 참된 경배인 것이다. 참된 겸손과 엎드림이 없는 것은 경배가 아니다. 경배란 모든 것의 근원이신 전능자 앞에 엎드리는 것이다.

11절, 우리 주 하나님이여 영광과 존귀와 능력을 받으시는 것이

합당하오니 주께서 만물을 지으신지라 만물이 주의 뜻대로 있었고 또 지으심을 받았나이다 하더라

천사 장로들도 "우리 주 하나님이여"라고 말한다. 그분은 만유의 주이시다. 사람의 주만이 아니고 천사들의 주도 되신다. 하나님은 땅 위의 피조물인 사람의 주이실 뿐 아니라 하늘의 피조물의 대표인 천사들의 주이시므로 만유의 주이신 것이다. 네 생물—사자, 독수리, 송아지, 사람—에게도 하나님은 주이시고, 천사 장로들에게도 하나님은 주이시다. 그분은 주(主) 하나님이시다. 우리가 그날 하늘에 가면 사람들만 찬양을 하는 것이 아니라 온 천사들도 찬양하는 것을 볼 것이다. 그럴 때 우리는 우리 하나님이 만유의 주시라는 것을 알게 된다. "온 천지 만물들아 주님을 찬양하라! 천군 천사들아 하나님을 찬양하라!" 물론 우리 구속받은 사람들은 은혜를 받은 가장 귀한 존재들이므로 더욱더 찬양을 해야 한다.

"우리 주 하나님이여 영광과 존귀와 능력을 받으시는 것이 합당하오니". 여기 이십사 장로들의 찬양에는 감사가 없다. 왜 그런가? 그들은 구속받은 적이 없기 때문이다. 그들은 피조되었을 뿐 구속의 은혜는 체험하지 못한 존재들이다. 그들은 원래부터 천사이다. 원래 흰 옷을 입었고 원래 금 면류관을 썼다. 그러므로 이들은 하나님의 능력만을 찬양하는 것이다. 네 생물은 하나님께 영광과 존귀와 감사를 드렸다. 그런데 이십사 장로들은 영광과 존귀와 능력(감사가 아닌)을 하나님께 드렸다. "능력을 받으시는 것이 합당하오니 주께서 만물을 지으신지라". 이들이 찬양하는 것은 구속에 대한 감사가 아니고 창조의 능력에 대한 것이다.

"주께서 만물을 지으신지라 만물이 주의 뜻대로 있었고 또 지으심을 받았나이다 하더라". 만물이 주님의 뜻대로 있었고 또 지으심을 받았다. 천사들은 창조에 대하여는 전문가들이다. 그들은 구속에 대하여는 잘 알지 못하지만 창조에 대하여는 옆에서 보고 찬양한 적이 있기 때문에 그에 대한 감상이 풍부한 것이다(욥 38:4-7). 그들만큼 창조에 대한 감상력을 가진 피조물은 없다. 사람은 하나님의 창조의 능력은 보지 못하고 맨 나중에 피조되었다. 다만 안식을 누리는 존재로 태어난 것이다. 맨 먼저 출생한 맏이는 어머니의 산고를 안다. 그러나 맨 나중 태어난 막내는 그런 것을 잘 모른다.

여러분은 하나님의 창조가 작은 일이 아님을 알기 바란다. 그분은 그분의 능력을 창조로 나타내신 것이다. 그러므로 그분은 능력에 있어서 반드시 찬양을 받으셔야 마땅하다. 천사들은 그분의 능력을 찬양하도록 지어졌다. 그러나 사람은 그분의 사랑과 은혜를 감사하고 찬양하기 위해 지어졌다.

또 천사들은 그분의 창조에 대하여 능력만이 아니라 뜻이 있게 창조하셨다고 찬양한다. 천사들은 하나님께서 온 만물을 지으실 때 목적을 두시고 지으시는 것을 보았다. 그들은 하나님이 주신 지혜로 하나님의 창조의 목적을 보면서 감탄한 것이다. 목적이 없이 창조된 것은 하나도 없다. 온 천지 만물이 다 목적이 있다. 당신이 존재하는 것도 목적이 있고 뜻이 있다. 하나님은 목적이 있는 하나님이시다. 하나님은 2장과 3장에서 교회들을 돌보셨다. 4장에서 보좌를 보이시고 심판을 집행하신다. 다음 5장에서 일곱 인을 떼시고 심판을 시작하시는데, 거기에 다 목적이 있는 것이다. 그 목적은 결국 무엇인가? 19장 이후에 가면 보게 된다. 하나님과 사람이 영원히 함께 거하는 것이다. 그것은 새 하늘과 새 땅에서 완전히 이루어진다. 이러한 하나님의 목적을 천사 장로들은 다 알고 있다. 만물이 주의 뜻대로 창조된 것을 알고 있다. 그것을 지금 찬양하고 있는 것이다. 나는 여러분이 이 보좌를 중심으로 살 수 있기를 바란다.

5장

4장에서 우리는 하늘 보좌의 광경을 보았다. 우리는 이 땅에 있지만 하늘 보좌의 광경을 보아야 한다. 우리가 하늘 보좌를 볼 때에 그곳에 이십사 보좌들이 있고 이십사 장로들이 있고 그 중심에 하나님이 계시는 것을 보았다. 하나님의 모습이 벽옥과 홍보석 같고 무지개가 둘려 있는 것을 보았다. 그리고 보좌 앞에 수정 같은 유리 바다가 있는 것을 보았고 또 거기에 네 생물이 있는 것을 보았다. 그들은 앞뒤에 눈이 가득하고 여섯 날개가 있으며 밤낮 찬송을 하고 있었다. 이제 요한은 5장에서 좀 더 전진된 이상을 본다.

1절, 내가 보매 보좌에 앉으신 이의 오른손에 책이 있으니 안팎으로 썼고 일곱 인으로 봉하였더라

지금 밧모섬에서 요한은 계속해서 이상을 보고 있는데, 여기서 그는 보좌에 앉으신 분의 오른손에 책이 들려져 있는 것을 보았다. 보좌에 앉으신 분이란 물론 성부 하나님이시다. 아버지 하나님의 오른손에는 책이 들려져 있었다. 우리는 보좌에 앉으신 하나님께서 책을 가지고 계시다는 것을 계시록에서만 보는 것이 아니다. 구약의 에스겔 선지자도 동일한 이상을 보았다. 하나님은 보좌에 앉아서 책을 들고 계신다. 여러분은 하나님께서 책을 가지고 계시다는 것을 생각해 보기 바란다! 그분은 모든 인류의 역사와 모든 일을 진행하시는 데 있어서 임기응변적으로 하시는 것이 아니고 책에 기록된 대로 집행하신다.

우리 하나님은 계획과 경륜과 목적이 있으시며 그 모든 것을 시행할 책을 가지고 계신다. 뭔가 그분이 우주 가운데서 하실 일을 기록해서 손에 가지고 계신다. 여러분은 하나님에 대해 먼저 그런 인상을 가져야 한다. 에스겔 선지자가 본 것을 보겠다. 에스겔 2장 9절, "내가 보니 한 손이 나를 향하여 펴지고 그 손에 두루마리 책이 있더라". 물론 요한이 본 책도 두루마리 책이다. 10절, "그가 그것을 내 앞에 펴시니 안팎에 글이 있는데". 다시 계시록을 보자. 사도 요한이 본 것도 동일하다. "내가 보매 보좌에 앉으신 이의 오른손에 책이 있으니". 우리는 보좌에 앉으신 하나님은 책을 가지신 하나님이시라는 것을 생각해 보아야 한다. 계시록 20장에서도 보겠지만 하나님은 심판하실 때 대충 사람들의 얼굴을 보시고 '너는 지옥에 가거라.' 하지 않으시고 책을 가지고 심판하신다. 그분의 오른손에 책이 있다. 오른손은 힘이 있는 손이기 때문에 그 오른손으로 붙잡은 것은 아무도 빼앗지 못한다. 또한 오른손은 책임감이 있는 손이다. 한번 왼손으로 식사를 해보라!(물론 왼손잡이는 빼놓고 말이다. 왼손잡이는 원칙상 그 왼손이 오른손이다) 왼손으로 뭔가를 잡으면 힘이 없다. 그러나 오른손으로 무엇을 잡으면 힘이 있다. 하나님께서 오른손으로 책을 가지고 계신다는 것은 뭔가 그분에게 뜻이 있고 강력한 의지도 있고 책임감도 있고 힘도 있다는 것을 뜻한다.

"안팎으로 썼고". 에스겔이 본 책도 안팎으로 씌어졌다고 말한다. 일반적으로 두루마리 양피지 책은 한 면만 쓰고 뒷면은 쓰지 않았다. 그런데 여기 요한이 본 하나님의 오른손에 있는 책(두루마리 책)은 안에 쓰고 밖에도 썼다. 안팎에 글이 가득하다는 뜻이다. 그것은 무엇을 뜻하는가? 넓은 종이에 글씨가 조금밖에 없는 것이 아니고 그 책 안팎에 글이 가득하다는 것은 내용이 자세하게 기록되지 않은 것이 하나도 없다는 것이다. 이 책은 새 언약의 책이다. 새 언약은 하나님이 장래 교회와 이스라엘과 세상과 우주를 어떻게 구원하시고 심판하실 것인가를 담고 있다. 이 책은 어린양이 피로써 세운 언약이며 이 책 안에 하나님의 모든 계획과 경륜이 다 들어있다.

6장에서부터 그 내용이 하나하나 밝혀지는데, 주로 이 책 속에 기록된 것은 심판이다. 하나님은 그분의 경륜을 심판을 통해서 완결하신다. 그분은 복음으로 사람들을 구원하시지만 심판으로 그 경륜을 완결하시는 것이다. 십자가는 한 면에서 복음이지만 다른 면에서는 심판이다. 우리가 십자가를 먼저 체험하여 우리 육체를 심판한다면 장래 심판에서 처리할 육체가 없게 되는 것이다. 장래 십자가로 처리되지 않은 모든 것은 심판으로 정리하신다. 오늘 우리는 복음으로 주님의 십자가를 받아들이지만 장래 많은 사람들과 세상은 십자가의 역사를 심판으로 받게 될 것이다. 십자가를 복음으로 받은 사람들은 은혜를 얻지만 심판으로 처리되는 것은 그야말로 저주인 셈이다. 주님은 계시록에 이를 때 심판으로 경륜을 마무리하심을 나타내신다. 6장에 나오는 네 필의 말은 복음과 심판의 말들이다. 복음이 다 이루지 못한 역사를 심판으로 마무리하시는 것이다. 주님의 초림에서 재림까지는 복음의 기간이나 재림 시로 다가가면서 심판이 있게 된다. 거기에 전쟁이 있고 사망이 있고 또 기근이 있다. 이러한 것들이 이 책의 내용들이다. 하나님은 심판하실 것인데, 과연 어떻게 심판하실 것인가를 자세하게 기록한 것이다. 예를 들어 '북한은 악의 축이다. 그러니 심판을 받아야 한다.'는 식으로 간단하게 기록한 것이 아니라 '그 집권자 아무개가 어떻게 죄를 지었으며 그 함께하는 지도자들은 어떻게 악을 행하였고 백성들의 피를 흘리게 했고 그런가 하면 백성들도 많은 죄가 있다.' 하는 식으로 자세하게 기록한 것이다. 이러한 일들을 기록하시는 하나님의 성품은 이사야서, 예레미야, 에스겔 등의 선지서들을 볼 때 알 수 있다. 하나님은 당시 이스라엘의 모든 악행들을 하나하나 다 기록해 놓으셨고 그것을 심판의 이유로 삼으셨다.

오늘날 중동에서 전쟁이 일어나고 또 이곳저곳에서 전쟁이 일어난다. 이런 전쟁들은 엄격한 의미에서 하나님의 심판이다. 전쟁으로 말미암은 기근과 사망 또한 엄격한 의미에서 심판이고 또 그분의 책 속에 기록되어 있는 것들이다. 만일 이러한 책이 없다면 우리는 당시 이스라엘이 왜 앗수르에게 멸망했으며 유다 또한 왜 앗수르의 공격을 받았는지 그 이유를 알 수 없을 것이다. 그러나 그 책들이 있기에 우리는 그 이유들을 알 수 있는 것이다. 이런 책들이 기록되지 않았다면 우리는 그 전쟁이 산헤립이나 랍사게가 유다 나라를 정복하기 위해 일으킨 전쟁이라고만 생각할 것이고 유다가 바벨론에게 멸망한 이유도 알 수 없을 것이다. 그러나 이사야서가 있음으로 우리는 그 이면에 하나님을 떠난 이스라엘에 대한 하나님의 징계와 심판이 있음을 자세히 알 수 있는 것이다. 구약의 이사야서나 예레미야서를 쓰신 분이 하나님이시라는 것을 안다면 그분이 우주를 끝내기 위한 경륜을 기록하신 책을 갖고 계시다는 사실은 전혀 새로운 게 아니다. 그분은 여러 선지자들에게 책에 기록하라고 하신 분이다. 하나님은 책을 쓰시고 보관하시는 분이다. 그 내용이 무엇인가? 이것은 보통 궁금한 일이 아니다. 그 안에 하나님의 모든 경륜과 역사, 하실 일들이 다 들어 있다. 우리는 그 안팎에 써 있는 내용을 알아야 한다.

그 책은 일곱 인으로 봉하였다고 했다. 어떻게 인으로 봉하였는지 모르지만 한 번 봉하고 두 번 봉하고 세 번 봉하고…일곱 번 봉하였는데, 봉한 것을 하나씩 열 때마다 어떤 내용이 펼쳐지게 된다. 첫째 인을 뗄 때 어떤 일들이 일어나고 둘째 인을 뗄 때 또 어떤 일이 전개되면서 그 안에 들어 있는 내용들이 점진적으로 펼쳐지는 것이다. 그러므로 한 번 인을 떼었다고 해서 모든 것을 볼 수 있는 것이 아니다. 두 번, 세 번, 네 번…일곱 번 뗄 때에야 비로소 그 내용을 전체적으로 알 수 있게 된다.

이와 같이 일곱 인으로 봉해져 있는 책을 하나님은 오른손에 가지고 계신다. 그 속에는 이 우주에 대한 심판의 내용과 하나님의 계획, 섭리가 다 들어 있다. 우리 인간은 일 년 후에 이 지구에 어떤 일이 발생할지, 10년 후에는 어떤 일이 생길지 전혀 알 수 없다. 심지어 내일 무슨 일이 생길지도 모른다. 우리는 2001년 9월 11일, 텔레비전에서 비행기가 뉴욕의 쌍둥이 빌딩을 들이받는 것을 보고 꿈을 꾸는 것 같았다. 무슨 공상 영화에서나 있을 법한 일이 눈앞에서 일어난 것이다! 그런데 조금 후에 또 한 대가 나머지 빌딩을 들이받았다. 이러한 믿기 어려운 일들이 이 시대에 벌어지고 있다. 이러한 일이 생길 줄은 한 시간 전에도 몰랐다. 만일 미국 펜타곤에서(미 국방부, 국가 기밀 정보를 가장 잘 아는 곳) 한 시간 전에만 이 일을 알았더라도 얼마든지 모든 상황에 대처했을 것이다. 그러나 그들은 속수무책으로 당하고 말았다. 우리도 내일 무슨 일이 생길지 모른다. 이 지구상에 어떤 변동이 생길지 모른다. 그런데 이 지구상의 모든 비밀과 모든 역사가 담긴 책이 한 권 있다고 한다면 여러분은 그 내용을 알고 싶지 않겠는가? 오늘 세계 모든 정세를 움직이는 것이 미국 대통령이라고 생각하지 말라! 러시아의 지도자라고 생각하지 말라! 그렇지 않다. 모든 것은 하나님의 손에 있고 하나님의 오른손에 있는 책 내용에 기록된 대로 집행되고 있다. 이것이 지금 인으로 봉해져 있는 것이다.

2절, 또 보매 힘 있는 천사가 큰 음성으로 외치기를 누가 책을 펴며 그 인을 떼기에 합당하냐 하니

'힘 있는 천사'가 나왔다. 요한은 여러 천사를 보았는데 이제는 힘 있는 천사가 나타난 것이다. 계시록에는 이 힘 있는 천사가 몇 번 나온다. 10장 1절, "내가 또 보니 힘센 다른 천사가". 18장 21절, "이에 한 힘센 천사가 큰 맷돌 같은 돌을 들어 바다에 던져 가로되 큰 성 바벨론이 이같이 몹시 떨어져 결코 다시 보이지 아니하리로다". 요한이 보좌에 앉아 인으로 봉해진 책을 가지고 계신 하나님의 모습을 보고 있는데 힘 있는 천사가 나타나서 큰 소리로 외쳤다. 힘 있지 않으면 큰 음성이 나오지 않는다. 이 천사는 어느 정도로 힘이 있는가? 그 목소리가 하늘에도 들려야 하고 땅에도 들려야 하고 땅 아래까지 다 들려야 한다. 그렇게 힘 있는 소리로 외쳐야 하기 때문에 이 천사는 아주 힘이 있는 것이다. 이 천사가 "누가 책을 펴며 그 인을 떼기에 합당하냐"고 했다. 하나님 손에 들려져 있는 책, 하나님의 온 우주에 대한 행정과 계획과 섭리와 이 세상에 대한 심판이 담겨져 있는 그 책을 누가 펴겠느냐, 그 인을 떼기에 과연 누가 자격이 있느냐고 외친 것이다.

3절, 하늘 위에나 땅 위에나 땅 아래에 능히 책을 펴거나 보거나 할 이가 없더라

지금 요한은 이상 가운데 하나님의 손에 있는 책을 보고 있다. 그때 한 힘센 천사가 외쳤다. "누가 이 책을 펴고 그 인을 떼겠느냐? 누가 과연 이 책을 펴고 인을 떼기에 합당하냐?" 이 책을 펴기 위해서는 합당한 사람이 있어야 한다. 이것은 자격의 문제이지 능력의 문제가 아니다. 합당한 자격을 가진 사람이 있어야 한다. 하늘 위에나 땅 위에나 땅 아래에 누가 이 책을 펴거나 보거나 할 자가 있는가?

4절, 이 책을 펴거나 보거나 하기에 합당한 자가 보이지 않기로 내가 크게 울었더니

지금 요한은 보고 있다. 하늘 위에 천사들이 얼마나 많겠는가? 그런데 하늘 위에 자격 있는 자가 없었다. 땅 위에 얼마나 많은 사람들이 있는가! 그러나 아무도 그 책을 펴거나 보거나 하기에 합당한 사람이 없었다. 그리고 땅 아래도 보았다. 이 정도 영적인 상태에 들어가면 모든 세계를 다 볼 수 있다. 오늘 우리는 이 말씀을 하나의 전설 같은 이야기로 들으면 안 된다. 다 영 안에서 볼 수 있는 것이다. 그런데 그가 땅 아래를 볼 때에 거기에는 타락한 천사도 있겠고 죽은 영혼들도 있겠고 많은 존재들이 있었을 것이지만 아무도 자격 있는 자가 없었다. "합당한 자가 보이지 않기로 내가 크게 울었더니". 요한은 그 책에 들어 있는 내용이 어떤 것인지 보고 싶었을 것이다. 그는 당시 모든 성도와 교회의 대표로 모든 상황을 보고 있기에 더욱 알고자 하는 마음이 강했다. 그런데 그는 그것을 볼 수 없어서 크게 울었다.

온 우주에 적막함이 흐르고 있다. 하늘 위에도 자격이 있는 자가 없고 땅 위에도, 땅 아래에도 자격 있는 자가 없다. 천사의 외치는 소리가 있을 뿐 온 우주는 적막함 가운데 있는 것이다. 요한은 하나님 편에 있었으므로 하나님의 경륜과 뜻을 펼칠 수 있는 그 책을 펴거나 그 인봉을 뗄 존재가 없자 그는 매우 슬펐다. 아무리 영적인 사람이라도 모든 것을 다 알지는 못한다. 만일 요한이 곧 이어서 어린양-사자이신 분이 자격 있는 분으로 나타나신다는 것을 안다면 울 필요가 없었을 것이다. 그러나 그는 사람이다. 크게 우는 사람은 아직 모든 것을 다 알지 못하는 사람이다. 그러나 또한 그렇게 크게 우는 것이 때로는 합당한 태도일 수 있다.

5절, 장로 중에 하나가 내게 말하되 울지 말라 유다 지파의 사자 다윗의 뿌리가 이기었으니 이 책과 그 일곱 인을 떼시리라 하더라

이 장로는 이십사 장로 중 하나일 것이다. "내게 말하되 울지 말라 유다 지파의 사자 다윗의 뿌리가 이기었으니 이 책과 그 일곱 인을 떼시리라 하더라". 이 장로는 그 책의 내용은 모른다. 힘 있는 천사도 외치지만 그 내용은 모른다. 그 내용을 아시는 분은 오직 하나님이시다. 하나님이 기록하셨기 때문이다. 그러나 적어도 여기의 장로는 하나님의 행정하심을 보았고 그리스도가 죽임당하시고 부활하시고 승천하시는 모든 광경도 보았다. 그래서 이 장로는 자격 있는 한 분을 알고 있는 것이다. 그리고 그분이 바로 유다 지파의 사자라고 한 것이다. 그분이 이기었으므로 자격이 있다는 것이다. 여기서 다윗을 언급했다. 다윗의 뿌리라고 한 것이다. 다윗과 전쟁, 사자, 승리는 다 관계있는 말들이다. 나는 여기서 예수께서 자격 있으신 것이 다윗의 승리와 관계가 있으리라고 본다. 실상 다윗이 왕위에 오른 것은 그의 고난과 싸움에 있다. 그는 주 예수님처럼 피 흘리는 싸움을 하지는 않았지만 고난받으면서 대적과 싸워 이겨 이스라엘을 구출함에 있어서 그리스도의 예표가 되었다. 따라서 그는 이스라엘을 다스리고 열국을 심판할 왕이 될 수 있었던 것이다. 예수 그리스도는 사탄과 싸워 이겨 하나님께 속한 백성들을 속량했고 자유케 하였다. 그리고 그들로 하나님의 나라와 제사장들로 삼으셨다. 그러므로 그분이 인을 떼실 자격이 있으신 것이다.

이사야나 예레미야서를 보면 그리스도는 다윗의 의로운 가지이시다(사 11:1, 렘 23:5, 33:15). 그리스도는 다윗 왕가의 그루터기에서 나온 싹이시다. 그런데 이 구절에서는 다윗의 가지가 아닌 다윗의 뿌리라고 했다. 다윗의 근본이라는 것이다. 그렇다면 다윗은 누구에게서 나왔는가? 바로 그리스도에게서 나왔다. 그러므로 그리스도는 다윗의 뿌리이시기도 하고 다윗의 가지이시기도 하다. 다윗의 뿌리는 그리스도의 신성을 말하고 유다 지파의 사자는 그리스도의 인성을 말하는 것이다. 예수 그리스도는 성육신되신 하나님이시다. 그분은 한 면으로 유다 지파에서 나오셨고 유다 지파에서 가장 강한 자, 유다 지파의 사자이시다. 그리고 그분은 또한 다윗의

양을 보았다.

그리고 그 어린양에게는 일곱 뿔이 있었다. 이것은 다 상징이라고 볼 수 있다. 뿔이란 능력을 상징한다. 구약 성경에서는 뿔을 많이 말한다. 뿔은 힘이 있다는 말이다. 또 명예도 상징한다. "내 뿔을 높이시리라". 능력과 명예를 상징하는 것이 바로 뿔이다. 그런데 여기 일곱이라는 숫자는 완전 숫자이다. 예수 그리스도는 어린양의 모습이시지만 그 능력과 명예는 강하고 완전하시다.

또 어린양에게 일곱 눈이 있다고 했다. 일곱 눈에 대해서는 앞에서 해석을 했는데, 눈이란 통찰력과 지혜를 나타낸다. 주 예수님은 아름다움과 힘과 지혜와 영광, 이 모든 것을 가지신 분이다. "일곱 눈은 온 땅에 보내심을 받은 일곱 영이라". 여기에서 우리는 아들 예수 그리스도와 성령을 나눌 수 없음을 본다. 하나님과 성령도 나눌 수 없다. 4장에서 이미 일곱 영을 말했지만 그곳에는 어린양에 대한 언급은 없다. "보좌 앞에 일곱 등불 켠 것이 있으니 이는 하나님의 일곱 영이라"(4:5). 그러면 하나님의 일곱 등불은 무엇이며 어린양의 일곱 눈은 무엇인가? 이는 삼위 일체 하나님이 나눌 수 없는 분임을 암시하고 있다. 삼위일체 하나님은 구분은 되나 본질에 있어서는 나눌 수 없다.

온 땅에 보내심을 입은 일곱 영, 우리가 오늘 체험하는 성령은 승천하신 그리스도의 눈이다. 그리스도의 눈과 그분 자신을 분리할 수 있겠는가? 그럴 수 없다. 여러분의 눈을 몸에서 분리할 수 있는가? 마찬가지로 그리스도는 일곱 눈을 가진 어린양이신데, 그 일곱 눈이 온 땅에 보내심을 받은 일곱 영이다. 왜 일곱인가? 그 역사가 완전하고 은사가 풍성하다는 것이다. 모든 역사를 다 이룰 수 있는 역량을 가지신 영이라는 말이다. 요한이 이것을 본 것이다. 오늘 이 땅에서 우리에게 역사하시는 영은 보좌 앞에 있는 일곱 영이다. 어린양 예수 그리스도의 눈이다. 그분의 지혜와 능력이신 그 영을 우리가 이 땅에서 체험하고 누리고 있다는 것은 얼마나 놀랍고 비밀스러운지!

7절, 어린양이 나아와서 보좌에 앉으신 이의 오른손에서 책을 취

하시니라

이 구절은 요한 계시록에서 가장 중요한 부분이다. "어린양이 나아와서 보좌에 앉으신 이의 오른손에서 책을 취하시니라". 이 한 절 때문에 계시록의 나머지 부분이 있다. 이것이 하나의 우주적인 전환이다. 가장 놀랍고 큰 역사이다. 나는 많은 그리스도인들이 계시록 5장 7절의 내용을 과연 얼마나 인식하고 있는지 모르겠다. 여기서 '취하다'의 헬라어 뜻은 잠시 가지고 있는 것이 아니라 영원히 가지고 있는 것을 의미한다. 완전히 주권이 이양되는 것이다. 우주적인 행정을 담고 있는 책이 어린양의 손으로 이관되는 순간이다. 그 모든 우주 행정의 권리가 그리스도께 이양되는 순간이다. 그렇기 때문에 5장 후반부부터는 찬양과 경배가 있는 것이다. 우주가 찬양을 하는 광경이 나온다. 왜 우주가 찬양하는가? 어린양이 우주의 행정을 집행하는 집행관으로 취임하시기 때문이다. 모든 것이 그분의 손으로 넘어가고 있다. 우리는 이 구절을 보면서 빌립보서 2장을 생각하지 않을 수 없다. 빌립보서 2장 9절, "이러므로 하나님이 그를 지극히 높여 모든 이름 위에 뛰어난 이름을 주사 하늘에 있는 자들과 땅에 있는 자들과 땅 아래 있는 자들로 모든 무릎을 예수의 이름에 꿇게 하시고". 이제 하나님 아버지는 영광과 권위를 예수 그리스도께 주시는 것이다. 11절, "모든 입으로 예수 그리스도를 주라 시인하여 하나님 아버지께 영광을 돌리게 하셨느니라". 사도행전 2장 36절, "그런즉 이스라엘 온 집이 정녕 알지니 너희가 십자가에 못 박은 이 예수를 하나님이 주와 그리스도가 되게 하셨느니라 하니라".

사도행전이나 서신서에는 그리스도께서 만유의 주가 되신 그 사실이 있지만 계시록에는 그 취임식의 장면이 있다. 하나님께서는 승천하신 그리스도를 지극히 높이셨다. 하나님은 그에게 모든 것을 맡기셨다. 사도 요한이 지금 보고 있는 것은 막 승천하신 예수 그리스도에게 일어나는 상황이다. 승천하신 구주 예수 그리스도에게 발생하는 모든 일을 보고 있는 것이다. "어린양이 나아와서 보좌에 앉으신 이의 오른손에서 책을 취하시니라!" 이 분이 바로 전에 예루살렘 성문 밖에서 십자가에 죽임당하신 그분이다. 이것은 엄청난 일이다. 그분은 온 인류와 모든 피조물의 죄와 원수됨과 타락으로 인한 모든 문제를 해결하시고 구속하시고 이기시고 승천하셨다. 그렇게 모든 것을 이루신 예수 그리스도야말로 보좌에 앉으신 이의 오른 손에서 책을 취하시고 그 인을 떼실 수 있는 온전한 자격을 완전히 갖추신 분이다. 하나님은 그리스도의 12사도 중 가장 늦게까지 살아남은 요한에게 그리스도의 승천 후 하늘에서 일어난 사건을 눈을 열어 보여주신 것이다. 모든 정사와 권세와 능력과 경륜은 그리스도의 손에 주어진 것이다!

8절, 책을 취하시매 네 생물과 이십사 장로들이 어린양 앞에 엎드려 각각 거문고와 향이 가득한 금 대접을 가졌으니 이 향은 성도의 기도들이라

요한은 지금 우주적인 대관식(戴冠式)을 보고 있는 것이다. 이 모든 말씀을 하시기 전에 하나님은 먼저 그분이 교회를 사랑하심을 말씀하셨다. 하나님께서는 우주의 심판을 집행하시면 될텐데 왜 이런 내용을 자세하게 알려 주시면서 일곱 교회에 말해주라고 하셨는가? 이 모든 내용은 주님이 교회에게 알려 주고 싶으신 것들이다. 하나님은 소돔과 고모라를 심판하려 하실 때 먼저 사랑하는 아브라함에게 나타나 말씀하셨다. 내가 하려는 것을 아브라함에게 숨기겠느냐고 하셨다. 하나님은 그분이 하고자 하시는 일을 사랑하는 자들에게는 알려 주고 싶어하신다. 여기에 교회의 특권이 있다. 그래서 그의 종 요한이 밧모섬에 있을 때에 이 모든 이상들을 보여 주신 것이다. 교회를 위해 이 모든 역사를 집행할 자격이 있는 분이 바로 그리스도이시며, 그분이 그 책을 소유하고 있고 그분만이 이것을 여실 수 있다고 알려주시는 것이다.

6장 1절에서 그 일곱 인 중 하나를 떼시는 분은 누구인가? 어린양이시다. 이제 모든 우주적인 행정과 심판을 어린양이 집행하시는 것이다. 우주적인 행정이 이제 그리스도의 손으로 넘어갔다는 것을 하나님께서는 교회에 알려 주고자 하신다. 이러한 일을 할 만한 다른 존재가 없다는 것이다. 하늘 위의 천사들 중 막강한 힘을 가진 천사들이라 할지라도, 이 땅 위에 수많은 역량 있는 존재들이라 할지라도 그들은 자격이 없다. 땅 아래 음부에노 그런 자가 없나. 온 우주에 적막함이 흐르고 있을 때 유다 지파의 사자이며 다윗의 뿌리이신 분이 이기었으니 그가 이 인을 떼실 수 있다고 했다. 그리고 그 어린양께서 하나님의 오른손에서 이 책을 취하신 것이다.

"책을 취하시매". 이 일은 이미 발생한 사실이다. "네 생물과 이십사 장로들이 어린양 앞에 엎드려 각각 거문고와 향이 가득한 금 대접을 가졌으니 이 향은 성도의 기도들이라". 위대한 이관(移管), 하나님의 위대한 행정과 경륜을 집행하실 분이 새로 세워지는 순간이다! 그 큰 역사가 일어나는 순간 찬양이 있었다. 우주적인 찬양이다. 거문고는 찬양을 위한 악기이다(내가 생각하기에 거문고는 악기 중에서 가장 아름다운 소리를 내는 악기이다). 그리고 거기에 금 대접이 있다. 이 금 대접에 있는 향은 성도의 기도들이다. 가장 아름다운 찬양 속에서 그분의 보좌가 세워지며 또한 기도로 그분의 보좌가 세워지는 것이다. 이 기도는 어떤 종류의 기도이겠는가? 분명 아들이 시험에 합격하게 해달라는 기도, 사업이 잘 되게 해달라는 기도, 결혼을 잘 하게 해달라는 기도, 병의 치료를 위한 기도는 여기에 없을 것이다. 하나님께서 그러한 기도에 전혀 응답하지 않으신다는 말이 아니다. 그러나 적어도 우주적인 행사에 향으로 드려지는 기도들은 그런 기도는 아닐 것이다. 그러면 주 예수님의 대관식에 향으로 드려진 기도는 어떤 기도들이겠는가? 하늘로 수직상승하는 기도는 어떤 기도들이겠는가? 어떤 향기가 하나님 앞으로 잘 올라가겠는가? 나는 그것이 적어도 하나님의 영원한 뜻을 위한 기도라고 믿는다. 즉 하나님의 행정과 관련된 기도일 것이다. 그분의 이름이 거룩하게 여김받기를 원하는 기도, 원수가 멸절되기를 원하는 기도, 그분의 나라가 속히 임하기를 원하는 기도, 주님의 다시 오심을 재촉하는 기도, 그분의 이름이 높여지기를 원하는 기도 등일 것이다. 그분의 위대한 대관식에는 이러한 기도의 향과 아울러 아름다운 찬양이 있어야 할 것이다. 오늘 우리가 사용하는 피아노가 사실은 거문고와 비슷하다. 거문고는 영어로 하프(harp)이다. 그 소리가 피아노 소리와 가장 흡사하면서도 피아노보다 부드럽고 아름답다. 그러한 수준 높은 기도들과 아름다운 찬양 속에서 그리스도는 온 우주를 통치할 전권을 이양받으셨다.

9절, 새 노래를 노래하여 가로되 책을 가지시고 그 인봉을 떼기에 합당하시도다 일찍 죽임을 당하사 각 족속과 방언과 백성과 나라 가운데서 사람들을 피로 사서 하나님께 드리시고

여기에 새 노래가 있다. 구약 성경에도 '새 노래'라는 표현이 있다. 특히 시편에 많다. 여러분도 이왕 노래를 하려면 새 노래를 하기 바란다. 여기의 '새'는 최신을 의미하는 것이 아니다. 헬라어에 '새로운'을 의미하는 말로 '네오스(νεος)'가 있고 '카이스(χαις)'가 있다. '네오스'는 시간적으로 새로운 것을 뜻한다. 그러나 여기서 사용된 '카이스(χαις)'는 시간적으로 새로운 것이 아닌 질적으로 새로운 것을 의미한다. 말하자면 그 속성이 새로운 것이다. 새 예루살렘, 새 하늘, 새 땅 등은 질적으로 새로운 것이다. 그래서 구약 성경에도 새 노래가 있을 수 있는 것이다. 성경 말씀의 의미를 깨닫고 주님의 영으로 부를 때 그것이 새 노래이다.

"새 노래를 노래하여 가로되 책을 가지시고 그 인봉을 떼기에 합당하시도다". 이전에는 이러한 노래가 없었을 것이다. 그것은 아직 그리스도의 죽음과 부활과 승천의 사건이 발생하지 않았기 때문이다. 그러나 이제는 그러한 일이 이루어졌고 따라서 새 노래로 노래할 수 있다. 그런데 구약은 이런 일이 발생하지는 않았지만 장래 그리스도의 구속을 바라보고 노래하기 때문에 그것도 속성상 새로운 것이다. 여기 계시록은 이제 이미 이루어진 일을 노래하고 그 본질이 그리스도께 속했고 그분의 역사를 찬미하는 것이기 때문에 그 노래가 새로운 것이다. 오늘 우리가 말하는 것은 2000년 전에 사도들이 말한 것과 똑같은 것이다. 그 성분과 내용이 그러하다. 여러분이 이 말씀을 들을 때 새로울 것이라 믿는다. 그것이 여기서 말하는 바 질적으로 새로운 것이다.

내가 5년 전에 인도 마드라스에 가서 말씀을 전한 적이 있는데, 말씀을 들은 나이든 한 그리스도인이 뜨거운 뙤약볕 아래 걸으면서 나에게 말했다. "당신이 전하는 말씀은 일세기에 전하던 말씀과 같습니다." 일세기에 전해진 사도들의 말씀과 같다는 것이다. 그가 우리의 가르침을 들을 때 매우 새롭게 들린 것이다. 그렇지만 그 내용은 굉장히 오래된 것이다. 이것이 빌라델비아 교회의 원칙이다. 빌라델비아는 초대 교회의 회복이다. 그들의 상황이 성경에 기록되어 있고 오늘날 그 말씀과 그 삶이 재현되는 것이 빌라델비아인 것이다. 그러므로 빌라델비아는 매우 오래된 교회이자 또 새로운 교회이다. 시간상으로는 이 천 년 전의 것이지만 질적으로는 새로운 것이다. 그리스도께 속한 것은 다 새로운 것이다. 참된 진리는 다 새로운 것이다. 성령과 생명에 속한 것은 다 새로운 것이다. 그것이 정말 진리라면 '저 말씀은 전에 많이 들어본 것 같다.'라는 느낌과 동시에 새로운 느낌을 주는 것이다. 우리의 고향이 하늘이기 때문에 여러분은 하나님의 말씀을 창세 전에 들어본 적이 있다. 지금 여러분은 그러한 주님의 말씀, 주님의 음성을 듣고 있는 것이다.

"책을 가지시고 그 인봉을 떼기에 합당하시도다 일찍 죽임을 당하사 각 족속과 방언과 백성과 나라 가운데서 사람들을 피로 사서 하나님께 드리시고". 그리스도께서 십자가에서 이루신 역사를 찬미하고 있는 것이다. 이 찬양에서 그분이 왜 인봉을 떼기에 합당하신가를 말하는 것 같다. 그것은 그분이 죽임을 당하셨고 각 족속과 방언과 백성과 나라 가운데서 사람들을 피로 사서 하나님께 드리셨기 때문이다. 그분은 온 우주의 행정을 맡아 주관할 수 있는 자격을 어떻게 해서 부여받으셨는가? 온 인류 가운데서 사람들을 피로 사서 하나님께 드리셨기 때문이다. 각 족속, 방언, 백성, 나라들, 이 네 가지는 모든 인류를 다 포함하는 것이다. 각 족속이란 몽골족, 앵글로색슨족, 한족 등을 말하고, 방언은 한국어, 영어, 중국어, 몽골어 등 여러 종류의 언어들을 말한다. 한국말을 쓰는 사람들은 어디가도 한국말을 쓰고 몽골어를 쓰는 사람들은 어디를 가든 몽골어를 쓴다. 외몽골, 내몽골은 나라로는 구분이 되지만 언어로는 구분이 되지 않는다. 그렇기 때문에 각종 방언이 있는 것이다. 그리고 백성과 나라가 있다. 이 네 가지는 이 땅에 사는 온 인류를 다 포함한다. 예수 그리스도는 그들 가운데서 하나님의 택하신 자들을 피로 사서 하나님께 드리셨다.

우리가 1991년도에 처음 몽골에 갔는데, 당시 그곳에는 참되게 주님을 믿는 사람이 거의 없었다. 우리가 복음을 전해서 예수 믿는 사람들이 생겼을 때 우리는 이렇게 기도했다. "하나님, 감사합니다. 그리스도께서 이 땅 모든 족속과 방언 중에서 사람들을 피로 사서 하나님께 드리신다고 했는데 적어도 이 몽골어를 하는 사람들은 저희를 통해 얻어졌습니다." 사실 한국말로 어린양을 찬양하는 무리가 생긴 것도 그리 오래되지 않은 일이다. 아마 백여 년 되었을 것이다. 장차 보좌 앞에 갈 때 한국말로 찬미하는 무리가 있을 것이다. 이와 같이 몽골족에게 하나님을 경배하고 찬미하는 문화가 들어간 것도 불과 10여 년 전이다. 왜 하나님은 이렇게 한 민족 한 민족 얻지 않으시면 안 되는가? 그날에 어떤 방언, 어떤 민족이라도 다 하늘에 있어야 하기 때문이다.

우리가 몽골에 복음을 전하여 주님을 믿는 무리가 일어난 뒤, 몽골말을 하는 몽골 사람들이 하나님께 경배하고 감사하고 찬미하는 것을 볼 때 너무나 신기하고 감사했다. 그런데 그날 하늘에서 신기한 방언이 몽골어뿐이겠는가? 우리는 다시 하나님께 기도하였다. "하나님, 우리를 통해 다른 족속도 더 얻으시옵소서." 그리고나서 간 곳이 베트남이었다.

"사람들을 피로 사서 하나님께 드리시고". 우리는 다 예수님의 피로 사신 바 된 존재들이고 하나님께 드려진 존재들이다. 그리스도께서 우리를 그분의 피값으로 사신 것은 매우 기묘한 일이다. 어떤 사람은 우리가 얼마나 귀한 존재인가에 대하여 설명하면서, 물건을 사기 위해 지불하는 값을 보면 그 물건의 가치를 알 수 있는데, 우리는 예수님, 창조주이시며 하나님 자신이신 그분의 피를 지불하여 사신 존재들이라고 말한다. 그뿐 아니라 우리는 하나님께 드려진 존재들이다. 하나님의 소유가 된 것이다. 하나님을 찬양하자!

그리스도는 이러한 분이시기에 그 인봉을 떼시기에 합당하시다. 우리로 이러한 일에 동참케 하신 하나님께 감사드린다. 우리는 오늘도 그날 주님 앞에서 찬양할 각 족속과 민족과 방언과 나라들을 얻는 일에 힘을 다하여 수고하기 원한다.

10절, 저희로 우리 하나님 앞에서 나라와 제사장을 삼으셨으니 저희가 땅에서 왕 노릇 하리로다 하더라

'저희'란 누구를 가리키는가? 그 피로 구속된 무리인 우리를 가리킨다. 그리스도의 피로 사신 바 된 우리는 하나님 앞에서 나라와 제사장이 되었다. 하나님을 섬기는 제사장이 되었으며 하나님의 나라의 구성 존재가 되었다는 말이다. 하나님의 나라는 어떤 사람들로 이루어지는가? 그분의 피로 사신 바 된, 구속받은 자들로 이루어진다. 영원한 하나님의 나라, 영원히 하나님을 섬길 자들은 바로 구속된 우리들이다. 구약에서 제사장이 되기란 얼마나 어려운가? 레위 지파가 아니면 안 되었다. 더욱이 하나님의 존전에 나아가 섬기는 특권은 레위 지파 중에서도 아론의 가족에게만 있었다. 그러한 특권을 오늘 우리는 그리스도의 십자가의 구속 역사로 말미암아 얻었고 또한 그분의 나라가 되었다. 그분의 선민 이스라엘만이 누리는 영예를 우리가 얻은 것이다. 더 나아가 "저희가 땅에서 왕 노릇 하리로다"라고 하셨다. 나라의 백성이 되는 것만이 아니라 왕들이 되는 것이다. 우리는 다 왕 노릇 할 사람들이다. 왕노릇한다는 말은 매우 감동적인 말씀이다. 이 말을 소홀히 읽고 넘어가서는 안된다.

원래 우리는 어떤 존재였는가? 죄와 허물로 죽은 자들이었고 심판받고 불못에 떨어질 수밖에 없는 자들이었다. 불못이란 불로 된 호수이다. 상상해 보라! 불이 가득한 못이라는 것이다. 쉽게 말해서 불못은 대단한 쓰레기통이다. 구약에서 예루살렘은 하나님의 성이었다. 하나님의 성은 모든 것이 거룩해야 하는데 그렇다고 쓰레기가 나오지 않을 수 없다(프랑스 사람들은 그런 쓰레기가 없는 성을 꿈꾸었던 것 같다. 파리에 가서 고생을 한 적이 있는데, 고궁에 가서 아무리 찾아도 화장실이 없었다. 그들은 너무 고상하게 살고 싶어서 화장실을 보이지 않게 만들었던 것이다. 공원에도 가보면 화장실을 지하에다 두어서 우리 같은 외국인들은 도저히 찾을 수가 없다). 그래서 예루살렘 성 곁에는 도벳의 골짜기가 있어서 시체, 썩은 것, 더러운 것들을 거기다 버렸다. 그곳은 쓰레기를 태우기 위해 항상 불이 타오르고 있었다. 그것을 게헨나 불이라고 했다. 바로 불못의 예표이다.

하나님께서는 우주 가운데 그분의 행정을 수행하기 위해서 거룩한 성을 예비하고 계시는데, 그 옆에 커다란 쓰레기통이 있다. 그것이 바로 불못이다. 불못은 어떻게 생겼는가? 호수인데 거기에 물 대신 불이 타오르고 있다. 말하자면 우주 가운데 불필요한 것들을 치우는 곳이다. 깨끗하게 청소하기 위해서는 참 유용한 곳이다. 그런데 그 밑은 끝이 없다. 불못 바닥에 떨어지는 데에 얼마나 많은 시간이 걸릴지 모른다. 끝이 없는 불구덩이가 불못이다. 이런 이야기를 하는 이유는 우리 불쌍한 영혼들이 죄로 인해 갈 곳이 바로 그곳이었기 때문이다. 그곳에서는 구더기도 죽지 않고 사람마다 소금 치듯 함을 얻는다고 했다. 그 고통이 이루 말할 수 없는 곳이다. 또 목이 마르지만 고통 속에서 물 한 방울도 마실 수 없다. 우리는 그런 곳에 갈 수밖에 없는 존재들인데 예수 그리스도의 십자가의 공로로 구원받았다. 그분이 찬양과 경배를 받기에 합당하신 이유는 그러한 비참하고도 의지할 데 없는 존재들인 우리를 피로 사서 하나님께 나라와 제사장으로 드리셨을 뿐 아니라 세세토록 왕 노릇 하게 만드셨기 때문이다. 8절의 네 생물과 이십사 장로들이 이것을 찬양했다. 사실 이 네 생물과 이십사 장로들은 교회의 대표라고 해도 틀리지 않다. 네 생물이 모든 피조물의 대표이기 때문이다. 또 이십사 장로들은 장래 이기는 자들로 대치될 것이므로 그 찬미는 교회가 불러야 할 찬미라고 볼 수도 있다.

11절, 내가 또 보고 들으매 보좌와 생물들과 장로들을 둘러선 많은 천사의 음성이 있으니 그 수가 만만이요 천천이라

보라! "보좌와 생물들과 장로들을 둘러선 많은 천사의 음성이 있으니 그 수가 만만이요 천천이라!" 이 장로들은 그 천사들 가운데 장로들일 것이며 그들을 둘러선 수많은 천사들이 있다. 그들이 함께 찬양을 한 것이다. 하늘에는 이와 같이 뇌성과 같은 찬양이 있다.

12절, 큰 음성으로 가로되 죽임을 당하신 어린양이 능력과 부와 지혜와 힘과 존귀와 영광과 찬송을 받으시기에 합당하도다 하더라

이것은 천사들의 찬송이다. 천사들은 무엇을 찬양했는가? 죽임을 당하신 어린양을 찬양했다. 먼저 죽임을 당하신 어린양이 능력이 있다고 했다.

오늘날 소위 능력 있는 사람을 말하는데, 능력은 그리스도에게만 있다. 하나님의 능력은 오직 그리스도이시다. 그 다음에 부(富)가 있다고 했다. 금과 은, 수천수만의 양과 소떼, 모든 것이 다 그리스도의 것이다. 그분은 원래 부요하신 분이다. 부요하신 자로서 우리를 위해 이 땅에 가난하게 되어 오신 것이다. 말할 수 없는 부와 풍성을 가지신 분이 가난한 목수의 아들로 태어나셨다.

오늘날 하나님께서 우리에게 뭔가를 주시려면 그분의 부요하신 대로 주신다. 바울이 빌립보서 4장에서 기도했다. "나의 하나님이 그리스도 예수 안에서 영광 가운데 그 풍성한 대로 너희 모든 쓸 것을 채우시리라"(19절). 가난한 사람들은 무엇을 줄 때 아주 인색하고 빈궁한 방식으로 준다. 그러나 부한 자들은 그 베푸는 손이 넉넉하다. 또 지혜가 그분께 있다. 그리스도가 지혜이시다. 그리고 힘도 그리스도께 있다. 마귀와 싸워 이길 수 있는 힘, 그것이 바로 여기에서 말하는 힘이다. 그러므로 그분을 의지하는 자는 결코 쇠하지 않는다. 또한 존귀가 그분께 있다. 그분보다 존귀한 분이 없다는 것이다.

더 나아가 우주 가운데 그분보다 영광스러운 분이 없다. 그분보다 찬양을 받으시기에 합당한 분이 없다. 여러분은 누구를 찬송하겠는가? 우리 죄를 위해서 죽으시고 부활하신, 구속을 성취하신 그리스도 외에 누가 찬송을 받을 자격이 있는가? 이 땅에서 아름다운 것을 보면 감탄사가 절로 나온다. 십여 년 전 그랜드 캐년에 가보았는데 절로 탄성이 흘러나왔다. 그런데 이 땅의 것은 아무리 아름다워도 조금 지나면 다 일반적이 되어버린다. 한번은 말레이시아를 간 적이 있는데, 어느 해변에서 '아, 세상에 이렇게 아름다운 곳이 있나!'하고 생각했다. 그 풍경이 그림 같았다. 꿈속에서나 볼 수 있는 경치였다. 그런데 더 놀라운 것은 그 이튿날 아침에 일어나서 그곳을 바라보니 이게 웬일인가? 나는 눈을 의심했다. 전혀 아름답지가 않은 것이다.

나는 두어 번 뉴질랜드에 갔다. 뉴질랜드도 경치가 아름다운 나라에 속한다. 그래서 뉴질랜드로 이민 가는 사람들은 뉴질랜드가 천국은 아닐지라도 999국은 된다고 말한다. 그런데 기묘한 사실이 있었다. 뉴질랜드의 수도가 오클랜드인데, 어떤 곳을 지나가다 보니 큰 거리마다 십자가가 서 있었다. 그 이유를 물어보니 젊은 이들이 차를 과속으로 몰아 목숨을 던지는 곳이라고 했다. 사람이 죽은 곳마다 십자가를 하나씩 세워 놓았으니 십자가가 많았던 것이다. 세계적으로 젊은 층의 자살률이 가장 높은 나라 중 하나가 뉴질랜드이다. 그렇게 살기가 좋은데 목숨을 끊는 사람들이 많다. 한국인 이민자들과 대화를 나누어보았다. 그들은 고민이 참 많았다. 처음 왔을 때에는 경치가 그렇게 아름다워 보이더니 조금 살다 보니까 '아, 이곳은 아니야!'라는 느낌이 들었다고 했다. 뉴질랜드는 초원이 정말 아름답다. 꽃도 아름답다. 그런데 한국인 이민자들이 말하기를 조금 시간이 지나니까 양 떼가 풀을 먹는 모습도 구더기가 꾸물거리는 것처럼 보이더라고 했다. 그렇게 아름다운 경치가 변하고 그 모든 것이 스트레스로 다가 오더라는 것이다.

이 세상 만물은 우리 눈을 계속적으로 만족시키지 않는다. 그런데 우주 가운데 존귀, 영광, 찬송이라는 단어를 그대로 드릴 수 있는 분이 있다. 예수 그리스도이시다. 예수밖에 없다. 그분을 대할수록 찬송이 나온다. 역대로 성도들이 수천수만의 찬송을 지었다. 나도 몇십 곡을 썼지만 수천수만의 찬양이 드려져도 부족한 분이 그리스도이다. 그분만이 능력과 부와 지혜와 힘과 존귀와 영광과 찬송을 받으시기에 합당하시다. 할렐루야!

13절, 내가 또 들으니 하늘 위에와 땅 위에와 땅 아래와 바다 위에와 또 그 가운데 모든 만물이 가로되 보좌에 앉으신 이와 어린 양에게 찬송과 존귀와 영광과 능력을 세세토록 돌릴지어다 하니

만물이 찬송한다. 땅 아래 음부에서도 찬송한다. 구약 시편에서 다윗은 "사망 중에는 주를 기억함이 없나니 음부에서 주께 감사할 자 누구오리이까"라고 했다. 그런데 여기서 예수 그리스도의 구속 이후에는 땅 아래서도 찬미가 있다. 모든 만물이 찬미하는 것이다. "바다 위에와 또 그 가운데 모든 만물이 가로되". 여러분은 만물이 찬양할 수 있다고 믿는가? 새와 짐승들이 찬미할 수 있는가? 말씀에 따르면 다 가능한 일이다. 주님이 말씀하시기를, "너희가 잠잠하면 돌들이 소리 지르리라"고 하셨다. 장차 돌이 소리 지를 수도 있다. 예수님이 하시는 말씀은 하나도 헛된 것이 없다. 사람은 자기가 체험한 것, 본 것, 들은 것이 아니면 믿지 않으려 한다. 그러나 요한은 이상 중에서 만물이 찬양하는 것을 보았다. 구약 민수기를 보면 나귀도 말했다. 발람의 행동을 책망하기 위해 말한 것이다. 하나님께는 모든 것이 가능하다. 여러분은 어떠한가? 입도 있고, 마음도 있고, 계시도 있고, 깨달음도 있는데 찬양을 하지 않으면 되겠는가? 우리 구속받은 사람들은 앞서서 찬양하고 큰 소리로 찬양해야 한다.

이 만물의 찬양하는 내용은 이것이다. "보좌에 앉으신 이와 어린양에게 찬송과 존귀와 영광과 능력을 세세토록 돌릴지어다". 만물은 이십사 장로들이나 네 생물을 찬양하지 않고 보좌에 앉으신 이와 어린양을 찬양했다. 하나님께서 모든 것을 지으셨기 때문이다. 그분이 창조자시며 또 구속자시다. 그런데 이 만물의 찬양은 천사들의 찬송의 내용과 순서가 바뀌었다. 찬송이 먼저이고 다음 존귀가 있고 그리고 영광이 있고 능력이 있다. 왜 그런가? 이십사 장로들의 찬송과 네 생물의 찬송이 조금 다르고, 수천수만의 천사들의 찬송도 조금 다르다. 그것은 그들의 감상이 서로 조금씩 다르기 때문이다. 내가 느끼고 감상한 것을 찬양하는 것이 진정한 찬송이라 할 수 있다.

14절, 네 생물이 가로되 아멘 하고 장로들은 엎드려 경배하더라

수천수만의 천사들이 둘러서서 찬양을 하는데 그들이 가장 외곽에 있다. 그 안에 이십사 장로들과 네 생물이 있고 그 가운데 보좌와 어린양이 있다. 온 우주를 보니 그 중심에 보좌가 있고 거기에 어린양이 계셨다. 그분이 능력과 부와 지혜와 힘과 존귀와 영광을 가지고 모든 행정을 집행하고 계셨다. 그리고 모든 천사와 만물들은 다 하나님과 어린양을 찬양하고 있었다. 이러한 그림을 우리가 보고 있는 것이다. 나는 계시록 5장을 마치면서 오늘 이 땅에 있는 그리스도인들이 이 한 폭의 그림을 보기 바란다. 과연 우주의 중심이 누구인가? 하나님이시다. 그리고 그의 구속된 백성들이다. 하나님과 어린양, 그리고 그의 구속된 백성들이다. 오늘 우리가 알아야 할 것은 천지 만물의 중심이 그리스도시라는 것이다. 그분이 모든 것을 하신다. 모든 경륜을 집행하는 분이 그리스도시다. 그래서 우리는 마땅히 그분께 찬양을 돌려야 하고 그분께 영광을 돌려야 한다. 우리는 시선과 관심과 주의를 오직 그분께만 집중하자.

오늘날 어떤 사람들은 자신들이 경륜을 집행하는 사람들인 것처럼 생각하고 자신들이 힘과 능력을 가지고 있는 사람처럼 생각하고 자신들이 어떤 목적을 가지고 있는 사람들인 것처럼 생각하면서 일하고 움직인다. 그들은 마치 자신들이 우주의 중심인 것처럼 생각한다. 나는 이 말씀, 이러한 이상을 보면서 우리의 모든 시선의 초점이 그리스도께 집중되기 바란다. 사탄이 하는 일이 무엇인가? 그 중심을 그리스도에게서 다른 것으로 돌리는 것이다. 성도들의 시야에서 중심이신 그리스도가 흐려지게 만드는 것이다. 그래서 온 땅의 그리스도인들 가운데 분열이 있는 것이다. 종파가 있고 분열이 있고 여러 문제가 있다. 왜 그러한가? 하나님이 세우신 그리스도를 중심 삼지 않기 때문이다. 많은 이들이 주님을 사랑한다, 섬긴다 하지만 그 중심이 자신이요, 자기의 일이지 그리스도가 아닌 것을 본다. 이는 매우 유감스러운 일이다. 나는 여러분이 이 말을 어떻게 이해하는지 모르겠다. 나는 이 마지막 구절, "보좌에 앉으신 이와 어린양에게 찬송과 존귀와 영광과 능력을 세세토록 돌릴지어다". 이 얼마나 좋은지 모르겠다. 세세토록이라는 말은 일시적이 아니라 영원토록 그분께 이 모든 것을 돌리는 것을 말한다.

이때의 화답을 보라! "네 생물이 가로되 아멘 하고 장로들은 엎드려 경배하더라". 만물의 찬미에 대해서 네 생물은 "아멘!" 하고 장로들은 엎드려 경배했다. 보좌에 앉으신 이와 어린양께 아멘하고 그분께 엎드려 경배를 드린 것이다. 하나님의 종된 우리는 모두 그분의 보좌 앞에 엎드리는 것이 필요하다.

6장

1-4절, 내가 보매 어린양이 일곱 인 중에 하나를 떼시는 그때에 내가 들으니 네 생물 중에 하나가 우뢰 소리 같이 말하되 오라 하기로 2내가 이에 보니 흰 말이 있는데 그 탄 자가 활을 가졌고 면류관을 받고 나가서 이기고 또 이기려고 하더라 3 둘째 인을 떼실 때에 내가 들으니 둘째 생물이 말하되 오라 하더니 4 이에 붉은 다른 말이 나오더라 그 탄 자가 허락을 받아 땅에서 화평을 제하여 버리며 서로 죽이게 하고 또 큰 칼을 받았더라

4장과 5장에서 하나님은 요한에게 하늘의 이상을 보여주셨는데, 거기서 중심 되시는 분은 하나님과 어린양이셨다. 거기에서 예수 그리스도는 여전히 어린양이시다. 5장에서 예수 그리스도가 갓 죽임을 당한 어린양으로 묘사되는데, 우리가 영원토록 잊을 수 없는 것은 예수 그리스도께서 죄인을 위해 십자가에서 죽으셨다는 것이다. 하나님의 아들이 이 땅에 오셔서 십자가에서 고난당하시고 죽으신 사건보다 우주 가운데 큰 일은 없다. 존귀하고 높으신 하나님의 아들이 이 땅에 오셔서 죄인을 위해 골고다 언덕에서 십자가에 높이 달리사 죽으셨다는 사실, 피를 흘리시고 그 수치와 모욕을 당하시고 죽으셨다는 사실, 이보다 큰 일이 없다! 그 피로 우리는 의롭다함을 받았다(롬 5:9). 그러므로 하늘 보좌의 광경에서 어린양은 가장 인상적인 장면으로 묘사되어 있다. 오늘날 교회가 이 땅에서 절대 잊어서는 안 되는 것이 있다. 그것은 죄인을 위하여 십자가에 돌아가신 예수 그리스도이다. 계시록 4, 5, 6장에서 하늘의 광경을 볼 때 요한은 예수 그리스도가 다름 아닌 어린양의 모습을 지니신 것을 보았다.

사도 요한은 계시록에서 자주 예수 그리스도를 어린양이라고 표현하는데, 이는 어린양에 대한 인상이 강했기 때문일 것이다. "어린양이 일곱 인 중에 하나를 떼시는 그때에 내가 들으니 네 생물 중에 하나가 우레 소리 같이 말하되 오라 하기로 내가 이에 보니 흰 말이 있는데". 어린양이 일곱 인 중에 하나를 떼실 때에 네 생물 중에 하나가 우레 소리 같이 말하기를 "오라!"고 하였다. 그리고 흰 말이 나왔다. 네 마리 말 중 첫 번째 말이다. 기묘하게도 일곱 인 중 앞의 네 인을 뗄 때에 각기 색깔이 다른 네 마리의 말이 나온다. 그리고 다섯 째 인부터는 네 생물의 음성이 없다. 이는 앞의 네 인이 무언가 특별한 위치를 갖고 있음을 뜻한다. 네 마리 말이 달리는 것은 시대를 종결짓는 것과 관련되는 듯하다. 달린다는 것은 뭔가 시작점이 있고 종결점이 있는 것을 말한다. 무조건 달리는 것은 없기 때문이다. 따라서 처음 네 인의 말은 전 시대를 통해 역사하는 어떤 것을 암시하고 있다. 이는 2, 3장의 일곱 교회가 앞의 세 교회와 뒤의 네 교회로 구분할 수 있는 것과 같다. 그 교회들은 귀 있는 자와 이기는 자를 말하는 순서가 바뀐 것으로 구분된다. 앞의 세 교회는 지나간 교회들이고 뒤의 네 교회는 주님 재림시까지 존재하는 교회들인 것이다. 여기서도 앞의 네 인은 전체적인 시대를 망라하는 것이며, 다섯째 인부터는 네 말이 다 달리고 난 후 마지막 시대에 있을 일들이다.

첫 번째 등장하는 말은 흰 말이다. 우리가 텔레비젼에서 역사 드라마를 보면 흰 말은 다 왕들이 탄다. 또 여자들이 이성형의 남자를 밀힐 때 소위 백마를 탄 왕자라고 한다. 백마를 타는 것은 존귀와 위엄을 상징한다. 그런데 그 말을 탄 자가 활을 가졌다고 할 뿐, 탄 자의 이름은 말하지 않았다. 다음 세 마리 말에 대해서는 해석이 있는데 첫 번째 말은 해석이 없다. 그래서 이 흰 말에 대한 해석이 분분하다. 성경학자마다 주장하는 것을 들어보면 나름대로 일리가 있다. 그렇다면 흰 말은 도대체 무엇을 말하는가? 어떤 사람은 그리스도라 하고 어떤 사람은 반대로 적 그리스도라고 한다. 또 어떤 사람들은 그냥 군대의 힘이라고 하고 또 어떤 사람은 복음이라고 한다. 주로 네 가지이다. 복음이냐, 그리스도냐, 아니면 적 그리스도냐, 단순히 군대의 힘이냐? 윌리엄 바클레이는 활이란 군대의 힘을 말하고 또 전쟁, 사망, 기근 등이 재앙과 관계있기 때문에 첫 번째 말은 군사의 힘이라고 말했다. 이 흰 말을 복음이라고 보는 사람들도 있다. 매튜 헨리, 렌스키, 죠지 래드, 박윤선 박사 등이 그렇게 보았다. 또 승리하신 그리스도라고 보는 사람들도 있다.

그런데 둘째 말부터는 그에 대한 설명이 나온다. 둘째는 붉은 말이고 그 하는 일이 "그 탄 자가 허락을 받아 땅에서 화평을 제하여 버리며 서로 죽이게 하고 또 큰 칼을 받았더라". 이것은 틀림없이 전쟁을 의미하는 것이다. 굳이 별다른 해석을 가하지 않더라도 이해할 수 있다. 그리고 성경학자들마다 이것을 전쟁이라고 하는 데에 이의가 없다. 8절에서는 또 한 마디로 '검'이라고 표현했는데, 이것은 무기를 뜻한다. 그러므로 둘째 말은 전쟁인 것이다.

그러나 첫 번째 말에 대해서는 "내가 이에 보니 흰 말이 있는데 그 탄 자가 활을 가졌고 면류관을 받고 나가서 이기고 또 이기려고 하더라"고 한다. 여기서 흰 말은 활을 가졌다고 말하고 면류관을 받았다고 말한다. 또 계속해서 이긴다고 말한다. 면류관을 받았으니 그리스도가 아니냐, 이기고 또 이겼으니 그리스도가 아니냐 하는 사람들의 말은 상당히 설득력 있어 보인다. 그런데 이 흰 말이 그리스도라고 하는 것을 반대하는 사람들은 여기의 면류관이 계시록 19장에 나오는 백마를 탄 그리스도, 면류관을 쓰신 그리스도의 면류관과 헬라어가 다르다고 하면서 수긍하지 않으려 한다. 여기의 면류관은 '스테파노스(στεφανος)'인데 19장 12절의 면류관은 '디아데마(διαδημα)'로 되어 있다. 그러나 13장 1절의 적 그리스도의 면류관도 '디아데마'로 되어 있다. 그러므로 면류관의 헬라어 용법으로 그리스도인가 아닌가를 구분할 수 있는 것은 아니다. 나도 이에 대해 많이 고심해보았다.

내 관점으로는 여기의 흰 말을 탄 자는 분명 적 그리스도는 아닌 것 같다. 만일 흰 말이 적 그리스도라면 봉인된 일곱 인 즉 인류 역사의 비밀을 가장 앞서 이끄는 존재가 적 그리스도가 된다는 말이 되는데 그렇게 해석하는 것은 무리가 있다. 그래 요한이 일곱 인을 뗄 자가 없다고 울던 일곱 인의 비밀 중 앞선 네 마리의 말(통전적인 인류 역사)이 결국 알고 보니 적 그리스도가 인도하는 네 필의 말이라니 말이 되는가? 유다지파의 사자-어린 양 그리스도께서 승리하신 후 성부로부터 받으신 비밀의 책 안에 기록된 것이 결국 적 그리스도의 이야기란 말인가? 전쟁이나 흉년이나 사망이 심판의 일종이라 하더라도 그 모든 심판을 주도하는 것이 적 그리스도가 될 수는 없는 일이다. 모든 심판은 적 그리스도가 아닌 그리스도에게 맡겨진 것이다(심판을 다 아들에게 맡기셨으니, 요 5:22).

적 그리스도는 마지막 대환난 전에 잠시 나와서 주님과 교회를 대적하는 일을 하다가 무저갱에 갇힐 존재일 뿐이다. 가장 설득력 있어 보이는 해석은 그 흰 말이 복음이라는 것이다. 복음은 영광의 복음이므로 영광의 면류관과 같은 본질을 갖고 있다. 그리고 복음은 이기고 또 이긴다. 복음은 가는 곳마다 반대를 당하지만 결국은 이긴다. 계속적인 승리를 쟁취하는 것이 복음이다. 그리스도와 복음은 굳이 나눌 필요가 없다. 복음은 그리스도 그분 자신이기 때문이다(이 복음은.. 그의 아들에 관하여.. 롬 1:2). 그래서 이것을 복음이라고 볼 수도 있고 그리스도라고 볼 수도 있다. 따라서 흰 말에 대하여 계시록에서 굳이 설명하거나 규정하지 않은 것은 너무나 당연한 것이기 때문일 수도 있다. 그것이 만일 적 그리스도라면 굳이 감출 필요가 없었을 것이다. 후에 나오는 적 그리스도에 대하여 요한은 굳이 그의 정체를 감추지 않았다. 나머지 세 말에 대하여 그것이 무엇인지 알 수 있도록 다 설명을 가한 것을 보면 더욱 그러하다. 주님이 다시 오실 때까지 계속해서 달리는 것은 복음이다. 달음질과 복음은 매우 관계가 깊다(행 20:24, 고전 9:23-27, 딤후 4:7 참조). 그러므로 여기 흰 말은 복음의 그리스도인 것이다. 이는 구약의 선지서에서 여러 번 계시되었다.

"내가 이에 보니 흰 말이 있는데 그 탄 자가 활을 가졌고". 그 탄 자는 활을 가졌는데 화살이 없다. 이것에 대해 성경학자들은 이미 화살이 활 시위를 떠났기 때문이라고 말한다. 그러면 화살은 누구에게 쏘아졌는가? 대적 사탄 마귀에게 쏘아진 것이다. 그리스도는 이미 화살을 쏘셨기 때문에 활만 가지고 계신 것이다. 그분은 이미 적을 패배시키셨고 면류관을 받으셨다. 그리고 여전히 나가서 이기고 또 이기려고 하신다. 그러므로 흰말을 예수 그리스도의 복음이라고 하는 것은 매우 타당하다.

여기서 잠시 생각해볼 것이 있다. 일곱 인 중에 하나를 떼실 때에 첫 번째로 나온 것이 바로 이 흰 말이다. 우리는 5장에서 어린양이신 그리스도를 보았다. 그분은 갓 죽임을 당하신 어린양으로서 구속을 성취하셨고 하늘에 오르셨다. 따라서 이 흰 말을 그리스도라고 하는 것도 무리가 있다. 그러면 그 그리스도께서 자신이 흰 말을 타고 달리는 것을 말씀하시는 것이 되는데 그것도 무리가 있는 해석이 아닐 수 없다. 따라서 복음이라는 것이 가장 받을만한 해석이다. 그리스도가 승천하신 후부터 이 지구상에는 흰 말인 복음이 달린다. 이것이 신약의 성경 사상과 맥을 같이 한다(마 28:18-20). 그런 다음 이 세 마리 말의 역사가 뒤 따른다. 승천하신 그리스도께서 복음을 위하여 이 땅의 역사를 주장하고 계신다. 그분은 이 땅에 오셔서 십자가의 죽음과 부활을 통하여 복음을 성취하신 그리스도이시며 하늘에 오르사 복음의 전파를 통해 만민을 구원하려 하신다.

따라서 온 인류 역사를 통해서 지구상에 일어나는 가장 중요한 일은 복음이 전파되는 일이다. 지금 온 세상에 복음이 전파되고 있다. 복음이 승리를 얻기 위해 계속 달리고 있다. 이와 같이 인류의 역사는 네 마리의 말로 대표되는데, 다른 것이 아니라 결국은 복음의 역사인 것이다. 복음이 없으면 어떤 것도 의미가 없다. 당신의 역사 속에 복음이 없다면 의미가 없다. 내 역사 속에도 복음이 없으면 의미가 없다. 우리나라에 왜 이러한 격동의 역사가 있어 왔는가? 오직 한 가지, 이 복음의 역사 때문이다. 하늘은 왜 의미가 있는가? 어린양 그리스도가 보좌에 계시기 때문이다. 땅은 왜 의미가 있는가? 그 어린양 그리스도께서 이루신 일을 전파하기 위해서이다. 그것이 바로 복음이다. 주님이 승천하신 후로부터(4장과 5장 이후) 적 그리스도가 달리기 시작했다는 해석은 믿을 수 없다. 그리고 적 그리스도와 모든 전쟁을 연결시키는 것 또한 무리가 있다. 또한 이 구절(네 필의 말)을 시대 말에 있을 대환난의 현상으로만 설명하는 것은 매우 모순이 된다. 그러면 주님이 승천하셔서 성부로부터 책을 받으시고 일곱 인을 떼시는 것이 겨우 적 그리스도의 역사를 위한 것이란 말인가?

이어서 3-4절은 이렇게 말한다. "둘째 인을 떼실 때에 내가 들으니 둘째 생물이 말하되 오라 하더니 이에 붉은 다른 말이 나오더라 그 탄 자가 허락을 받아 땅에서 화평을 제하여 버리며 서로 죽이게 하고 또 큰 칼을 받았더라". 두 번째로 나오는 말은 붉은 말인데 붉은 색은 피를 의미한다. 붉은 색은 우리에게 피를 연상하게 한다. 이 붉은 말을 탄 자가 허락을 받아서 땅에서 화평을 제한다. 이 땅에서 전쟁이 많이 일어나는 것은 하나님의 허락하심이다. 허락이 있기 때문에 전쟁이 있는 것이고 화평이 없어지는 것이다. 복음의 역사와 전쟁의 역사는 연결되어 있다. 인류 역사는 복음의 역사와 전쟁의 역사이다.

우리나라의 삼국시대에 많은 전쟁이 있었다. 그리고 후삼국시대에도 전쟁이 있었다. 또 고려시대에도 전쟁이 있었다. 1900년대에는 청일 전쟁과 러일 전쟁이 있었고 또 우리나라에는 동족상잔의 6·25 전쟁이 있었다. 이러한 모든 전쟁이 복음과 관계된다. 지금의 여러분들은 축복된 세대이다. 여러분이 지금으로부터 200년 전에만 태어났어도 예수 믿기 힘들었을 것이다. 우리나라는 1950년까지 전쟁에 시달렸다. 그 이전에 태어나신 분도 계시겠지만 그 이후에 출생하신 분들이 많을 것이다. 그래서 여러분은 복음을 받을 수 있었던 것이다. 만일 여러분이 고종 황제 시절에 태어났던가 아니면 영조, 정조 시대에 태어났더라면 노론 서론, 동인 서인 당파 싸움에 시달렸을지도 모른다. 그리고 복음도 모르고 그리스도도 모르고 특히 여인네들은 죽도록 고생하다가 끝날 뻔했다. 그런데 복된 시대에 태어나셔서 그리스도를 알고 복음을 알게 되었다. 그것에 대해서 여러분은 감사해본 적 있는가? 이러한 시대에 태어났다는 것을 정말 감사드려야 한다. 인류 역사는 복음과 관련이 있다. 복음이 있고 전쟁이 있다. 그 다음에는 기근이 있고 사망이 있다. 이러한 역사가 인류의 역사이다. 결국 다섯째 인에서 순교자들이 산출된다. 순교자들이 발생하는 것도 복음의 말이 달리는 가운데 발생한 것이다. 순교자들의 수가 차는 그때, 그리스도께서 재림하신다.

베드로 후서 3장 8-14절, "사랑하는 자들아 주께는 하루가 천 년 같고 천 년이 하루 같은 이 한 가지를 잊지 말라 주의 약속은 어떤 이의 더디다고 생각하는 것같이 더딘 것이 아니라 오직 너희를 대하여 오래 참으사 아무도 멸망치 않고 다 회개하기에 이르기를 원하시느니라 그러나 주의 날이 도적같이 오리니 그날에는 하늘이 큰 소리로 떠나가고 체질이 뜨거운 불에 풀어지고 땅과 그 중에 있는 모든 일이 드러나리로다 이 모든 것이 이렇게 풀어지리니 너희가 어떠한 사람이 되어야 마땅하뇨 거룩한 행실과 경건함으로 하나님의 날이 임하기를 바라보고 간절히 사모하라 그날에 하늘이 불에 타서 풀어지고 체질이 뜨거운 불에 녹아지려니와 우리는 그의 약속대로 의의 거하는바 새 하늘과 새 땅을 바라보도다 그러므로 사랑하는 자들아 너희가 이것을 바라보나니 주 앞에서 점 없고 흠도 없이 평강 가운데서 나타나기를 힘쓰라".

계시록 1장은 승천하신 후 그리스도의 이상을 보여 주고 2장과 3장은 일곱 교회에 대한 이상을 보여 준다. 그리고 4장에서부터 5장까지는 승천하신 그리스도의 하늘 보좌의 광경을 보여 준다. 6장에서는 일곱 인 중 첫째 인부터 여섯째 인까지 떼는 것을 말한다. 7장은 일곱째 인과 여섯째 인 사이에 삽입된 장이다. 6장은 첫째 인부터 여섯째 인까지 여섯 인을 떼는 광경이다. 5장에서 보좌에 계신 하나님의 오른손에 일곱 인으로 봉한 책이 들려져 있는 것과 어린양이 그 손에서 책을 취하는 것을 보여 주는데, 이제 우주와 이 땅 가운데서의 모든 역사와 행정은 어린양 예수 그리스도의 손에 있음을 말해 주는 것이다. 그 모든 역사의 주인공은 적 그리스도가 아니다. 그분의 승천 후 모든 민족에게 전파될 복음인 것이다. 이것이 비밀이다. 결국 요한계시록도 복음을 강조하고 있으며 복음으로 끝맺는다(계 22:17).

우리는 앞에서 6장 1절부터 2절까지를 보았는데, 첫 번째 인이 떼어질 때 네 생물 중 하나가 우레 소리같이 말하기를 '오라' 하자 흰 말이 나왔다. 이 흰 말은 그 탄 자가 활을 가졌는데 화살은 없었다. 그래서 나는 이것을 복음 또는 그리스도라고 말했다. 말하자면 '복음이신 그리스도(the Christ as the Gospel)'이다. 그리스도는 승리하신 분이다. 그분은 승리하셨기 때문에 면류관을 받으셨다. 그러므로 우리는 이 복음을 영광의 복음이라고 한다(고후 4:4, 딤전 1:11). 승리가 없다면 영광은 없는 것이다. 복음의 특징은 승리요 영광이다. "나가서 이기고 또 이기려고 하더라". 그러므로 누구든지 복음을 대적하면 망한다. 당시에 헤롯은 이 복음을 반대하다가 충이 먹어 죽었다. 역대로 복음을 반대한 제왕들, 제국들의 최후는 멸망이었다. 복음은 승리이다. 이기고 이기는 것이 바로 복음 전파의 광경이다.

그러므로 그리스도가 승천하시고 나서 이 땅 위에 재림하실 때까지 일곱 인이 떼어지는 가운데 이 세상에는 복음의 말이 달리며 결국 이 세상 나라는 주와 그리스도의 나라가 된다. 그리스도께서 다시 오실 때 까지 이 땅의 모든 역사가 일곱 인 안에 포함되어 있는데 그 가운데 가장 의미 있는 일이 복음이다. 나는 여러분이 복음의 전사가 된다면 달리는 흰말과 관계있는 것이라고 말하겠다. 복음이신 주님은 여러분과 함께 달리신다. 우주의 행정이 여러분과 함께 움직인다고 해도 과언이 아니다. 그러나 복음을 전하지 않는 자들이라면 아무 의미도 없고 역사도 없고 오직 복음전하는 자들을 통해서 우주의 역사는 전진해 나가는 것이다. 사도 바울은 바로 이런 흰 말의 달리는 말과 함께 달린 복음의 전사였다.

1장에서 주님은 일곱 촛대 사이를 다니시며 이 땅의 교회를 돌보시고, 2장과 3장은 교회에 대한 예언이며, 4장은 승천하신 그리스도가 계신 하늘 보좌의 광경이며, 5장에서부터 복음과 세계 정세를 주관하시는 주님은 어린양-사자로서 하늘에 계시며, 6장에서 그분은 책을 취하시고 일곱 인을 떼신다. 지금 세계정세에서 하나님 보시기에 가장 의미 있는 일은 복음이 이 땅에서 전파되는 것이다. 경제 동향이 어떻고 정세가 어떻고 하지만 하나님 보시기에 이 지구상에 발생하는 일 중 가장 의미 있는 일이 복음 전파라는 것이다. 하늘의 이상에서 우리는 어린양을 보았다. 지금 하늘 보좌에 어린양이 계신다. 어린양은 우리를 위해 십자가에서 죽으신 분이다. 우리는 멸망할 수밖에 없는 사람들이요 죄와 허물로 죽었던 사람들이다. 그런데 하나님께서 우리를 위한 화목제물로 어린양을 준비하시고 우리가 죄의 대가로 받을 심판과 저주와 형벌을 어린양 위에 쏟아부으셨다. 그렇게 해서 죽임을 당한 어린양이 바로 우리의 복음이신 그리스도이다. 인류 역사상 이보다 큰 일은 없다. 또한 그리스도의 승천 후 이 땅에서 복음 전파보다 큰 일은 없다. 이렇게 해석해야 성경의 모든 사상과 일치되게 일곱 인을 이해할 수 있다.

하늘이 의미 있는 것은 어린양이 계시기 때문이고, 이 땅이 의미가 있는 것은 복음이 전파되는 것이다. 그리고 복음이 온 땅에 전파될 때 그리스도께서 다시 오신다(롬 11장 참조). 그리스도의 승천에서부터 재림까지 펼쳐질 일들이 이 일곱 인 안에 포함되어 있다. 그런데 그 중 가장 중요한 것이 첫 번째 말, 즉 복음이 달리는 것이다. 사도 바울은 주의 말씀이 달음질한다고 말했다(살후 3:1). 만일 오늘 이 땅에서 예수 그리스도의 재림을 위해 동역하는 사람들이 있다면 그들은 틀림없이 복음 전파에 힘쓸 것이다. 참되게 복음을 위하는 사람들이 그리스도의 재림을 재촉하는 사람들이다. 왜냐하면 사두경마 중 첫 번째 말이 복음이기 때문이다.

그 다음 둘째 인을 떼자 붉은 말이 나오는데 "그 탄 자가 활을 받아 그 땅에서 화평을 제하여 버리고 서로 죽이게 하고 또 큰 칼을 받았더라"고 말한다. 활은 멀리서 쏘는 것이고 칼은 가까이서 싸우는 것이다. "서로 죽이게 하고". 이것은 전쟁이다. 두 번째 붉은 말은 전쟁을 의미한다. 복음 전파와 전쟁은 관계가 있다. 이 땅에 많은 전쟁이 일어나고 있는데 전쟁이 일어나는 것은 반드시 복음 전파를 가져온다. 근래 일어난 전쟁을 생각해보자. 얼마 전에 아프간 전쟁이 막 끝났다. 밖에서 볼 때는 전쟁이다. 신문지상에는 몇 명이 죽고 피난민들이 얼마나 고생하는가만 나온다. 그런데 그 안에서 전개되고 있는 상황은 복음 전파이다. 만일 여러분이 지금 아프카니스탄에 가본다면 그 안에서 활발하게 복음 역사가 이루어지고 있는 것을 볼 것이다. 얼마 전에 한 형제에게 들었는데, 파키스탄의 아프간 접경 지역에서는 많은 한국인 선교사들이 전쟁이 끝나면 바로 복음을 가지고 들어갈 수 있도록 준비하고 있다고 들었다.

이와 같이 밖으로는 전쟁이 일어났지만 이것은 복음의 말이 달리기 위한 것이다. 이것은 사실이다. 그 나라에 전쟁이 일어나지 않았다면 탈레반 정권이 붙잡고 있기 때문에(우리가 잘 알다시피 탈레반 정권은 회교 정권이다) 성경을 절대로 읽지 못하게 한다. 기독교를 전파하지 못하게 한다. 그러한 상황에서 우리는 전쟁이 일어난 것을 보게 되었는데, 전쟁 앞에는 흰 말이 보이지 않게 달리고 있다. 여기서 기묘하게도 흰 말은 그 탄 자가 누구라고 명시하지 않고 다만 그가 활을 가졌다고만 했다. 그러나 그 뒤부터는 의인화된 명칭을 사용한다. 붉은 말은 금방 전쟁을 연상시킨다. 큰 칼을 가지고 서로 죽였다고 한 것은 의심할 여지없이 전쟁을 말한다. 그리고 셋째 말인 기근도 다 알아볼 수 있는 검은 말이다. 그 다음 넷째 청황색 말이 사망이라는 것도 알아볼 수 있다. 그런데 유독 첫 번째 말은 알아보기가 어렵다. 그것이 성경의 서술 방식일 것이다. 주님은 때로 성경에서 중요한 어떤 사항에 대해서는 분명하게 말씀하지 않고 그분을 간절히 찾고 사랑하는 자들에게만 알게 하신다. 우리는 씨 뿌리는 비유를 통해서 복음의 씨인 말씀이 뿌려지면 기묘하게도 환난과 핍박이 온다는 것을 알 수 있다(마13:21, 말씀을 인하여 환난이나 핍박이 일어나는 때에는).

지금 아프간에서도 전쟁과 기근은 모든 사람이 다 볼 수 있다. 사망도 볼 수 있다. 그런데 복음은 볼 수가 없다. 그러나 보이지 않게 흰 말이 달리고 있는 것은 사실이다. 우리나라를 생각해 보라! 우리나라도 대원군 시절에 병인양요, 신미양요 등의 전쟁이 일어나곤 했다. 특히 일제 침략과 6·25 사변이 있었다. 그 모든 전쟁의 의미는 무엇인가? 공산당의 잔악함과 일제의 만행인가? 물론 그렇지 않다고 말할 수 없다. 그러나 사실은 이 모든 일들이 복음과 관계된다는 것을 아는가? 당시 외국의 많은 사람들이 무역을 하러 온 것 같지만 사실 그 배에는 선교사들이 타고 있었다. 어떤 선교사들은 우리나라에 들어와서 복음도 전하지 못하고 죽었다. 서울의 한강 양화대교 쪽에 '절두산 공원'이 있다. 목이 잘렸다는 뜻이다. 많은 사람이 목 잘려 죽었다. 이북에서도 죽었고 이남에서도 죽었다. 우리가 알듯이 결국 일제 침략과 6·25 사변의 전란을 틈타서 복음이 우리나라에 들어왔다. 1950년대에, 또 그 이전의 전쟁을 통해 우리나라에 들어온 기독교는 상당한 부흥을 가져왔다. 평양에 신학교가 세워지고 교회가 많이 확장되었다. 그리고 6·25 전쟁이 끝난 뒤에는 이남에도 복음이 전파되었다. 주기철, 손양원 같은 훌륭한 순교자들이 배출되었고, 한경직, 이성봉, 이명직 등 남은 복음 전도자들은 힘을 다하여 복음을 전했다.

우리는 한국의 60년대의 부흥을 안다. 나는 그때 주일학교에 다녔고 이성봉 목사님의 설교를 들어보았다. 나는 어렸지만 매우 신선한 느낌을 받았다. 장로교와 성결교의 부흥이 있었다. 감리교도 적지 않게 복음을 전했다. 복음 전도대가 북을 두드리며 사방 거리거리를 누볐다. 그때 수많은 사람들이 구원을 받았다. 이 나라에 복음이 가장 많이 전파된 시기가 아마도 1950-60년대일 것이다. 오늘날 많은 나라에서 이 대한민국의 복음 전파 역사를 기적 같은 눈으로 바라본다. 그것은 다 전쟁과 관계가 있다. 6·25 전쟁 후에 우리나라 백성들은 너나 할 것 없이 굶주렸다. 1950년은 내가 태어난 해이다. 먹을 것도 없고 너무나 가난했다. 그때 외국에서 많은 선교사들이 들어와서 이 불쌍한 민족, 가난한 나라에 복음을 전파해주었다. 가난에 허덕이던 사람들은 마음도 한없이 비워져 있었다. 그때 수많은 사람들이 예수 그리스도를 믿었다. 우리는 고종 때 이미 천주교가 우리나라에 들어 온 것을 알고 있다. 당시 높은 지위에 있던 사람들까지도 천주교를 믿었다. 그리고 어떤 사람들은 죽임을 당했다. 어떤 방식으로든 우리나라에 성경이 들어오고 예수를 믿는 신앙이 들어온 것은 전쟁과 난리를 통해서였다. 서로 죽이고 큰 칼을 휘두르는 전쟁은 사람들이 볼 수 있고 알 수 있다. 그러나 흰말의 정체는 사람들의 눈에 알려지지 않는다.

5절, 셋째 인을 떼실 때에 내가 들으니 셋째 생물이 말하되 오라 하기로 내가 보니 검은 말이 나오는데 그 탄 자가 손에 저울을 가졌더라

셋째 말을 보니 검은 말이다. 이 말은 그 탄 자가 손에 저울을 가졌다고 했다. 여기에 '기근'이라고 명시되지는 않았지만 누구나 읽으면 기근을 말한다는 것을 알 수 있다. 검은 말, 저울, 먹는 것이 매우 귀하다는 표현 등은 기근을 가리키는 것이다. 이 말의 색깔은 검은데, 구약 성경을 보면 굶주린 사람들의 얼굴이 검다고 되어 있다. 예레미야 애가 4장 7-8절, "전에는 존귀한 자의 몸이 눈보다 깨끗하고 젖보다 희며 산호보다 붉어 그 윤택함이 마광한 청옥 같더니 이제는 그 얼굴이 숯보다 검고 그 가죽이 뼈에 붙어 막대기같이 말랐으니 거리에서 알 사람이 없도다". 5장 10절, "주림의 열기로 인하여 우리의 피부가 아궁이처럼 검으니이다". 이처럼 검은 것은 바로 기근을 상징한다. 어느 전쟁이든지 전쟁 다음에는 기근이 온다. 우리가 지금 아프카니스탄에서도 볼 수 있는 것처럼 전쟁이 있은 다음에는 굶주림이 있다. 수많은 사람들이 굶고 있다. 우리 나라에도 일제 침략과 6.25 전쟁 후 극심한 굶주림에 시달렸다. 그런데 굶주림에는 또한 복음 전파가 수반된다. 복음은 가난한 자들에게 전파되는 것이다(눅 4:18). 뒤의 세 말은 앞에서 흰말이 달리도록 돕는다. 전쟁과 기근은 사람들이 복음을 받아들일 수 있도록 예비하는 말들이다. 그리고 검은 말의 탄 자는 저울을 가졌다.

6절, 내가 네 생물 사이로서 나는 듯 하는 음성을 들으니 가로되 한 데나리온에 밀 한 되요 한 데나리온에 보리 석 되로다 또 감람유와 포도주는 해치 말라 하더라

여기의 말 탄 자는 손에 저울을 가졌고 또 음성을 들으니 "한 데나리온에 밀 한 되요"라고 한다. 그 음성은 말 탄 자의 음성 같지 않다. 네 생물 사이에서 나는 듯 하다고 했다. 한 데나리온은 일꾼이 하루 일해서 받는 품삯이다(마 20장). 그런데 하루 품삯으로 밀 한 되를 살 수 있다는 말이다. 하루 종일 일해서 그저 밀 한 되를 살 수 있을 뿐이다. 한 식구가 끼니를 근근이 이어갈 정도의 음식이다. 오늘날 우리나라에서 막일을 하는 인부들도 하루 일하면 오만 원, 많으면 팔만 원을 받는다. 팔만 원이면 아마 밀을 한 가마니 이상 살 수 있을 것이다. 그런데 여기서는 한 데나리온에 밀 한 되이다. 그리고 한 데나리온에 보리가 석 되이다. 보리는 주식이 아니다. 원래 이스라엘의 밀과 보리의 가격비가 1:2인데, 여기서는 1:3이나. 그러니까 주식인 밀의 값어치가 높아진 것이다. 밀이 비싸져서 다른 때보다 사기가 어렵게 되었다. 보리 석 되를 팔아야 밀 한 되를 얻는다. 이것이 바로 기근의 상황이다. 먹고 살기가 힘든 것이다. 여기서 저울은 이 기근의 상태에서 밀 같은 것을 저울로 재서 팔았다는 말이다. 넉넉하게 담아서 파는 것이 아니라 조금도 착오가 없도록 저울로 재는 것이다. 그만큼 곡식이 귀하다는 말이다.

"또 감람유와 포도주는 해치 말라 하더라". 감람나무나 포도나무는 굉장히 생명력이 강한 나무이다. 그런데 그 나무를 해치지 말라고 했다. 왜냐하면 그러한 기근의 때에는 감람나무나 포도나무라도 있어야 하기 때문이다. 기근이라고 해서 음식이 전혀 없는 것이 아니라 약간은 남겨 두어진 상태이다. 첫째 인이나 둘째 인이나 셋째 인이나 완전히 살 수가 없게 된 것이 아니라 살기가 아주 힘들게 된 것이다. 그것은 복음을 받기에 가장 알맞도록 상황이 만들어진 것이다. 어렵게라도 살 수 있도록 감람유와 포도주는 해치지 말라고 했고 기근이 있을지라도 여전히 한 데나리온에 밀 한 되는 살 수 있다고 했다. 우리가 회상하건대 처음 몽골이나 베트남에 복음을 전하러 갔을 때 그들의 상태가 바로 이런 상태였다. 먹을 것이 있기는 하지만 매우 적었다. 그런 가난한 상황은 복음을 받기에 매우 적합했던 것이다. 경제적 여건이 점점 나아지면서 복음의 문이 닫히기 시작하는 것을 보았다.

7-8절, 넷째 인을 떼실 때에 내가 넷째 생물의 음성을 들으니 가로되 오라 하기로 내가 보매 청황색 말이 나오는데 그 탄 자의 이름은 사망이니 음부가 그 뒤를 따르더라 저희가 땅 사분 일의 권세를 얻어 검과 흉년과 사망과 땅의 짐승으로써 죽이더라

이 청황색은 야채의 색으로 연상하면 된다. 말하자면 매우 창백한 색이다. 그러한 창백한 색은 사망의 색이다. "그 탄 자의 이름은 사망이니". 여기 그 말을 탄 자의 이름을 밝혔다. "음부가 그 뒤를 따르더라". 음부는 죽은 시체를 담아 치우기 위해서 따라 다니는 것이다. "저희가 땅 사분의 일의 권세를 얻어 검과 흉년과 사망과 땅의 짐승으로써 죽이더라". 죽이는 것도 다 죽이는 것이 아니라 거기에 어떤 제한이 있다. 그 사망은 땅 사분의 일의 권세를 얻어 죽였다. 주권자이신 어린양 하나님으로부터 권세를 얻은 것이다. 둘째 말의 경우도 큰 칼을 받았는데 그의 마음대로 전쟁을 하는 것이 아니라 허락을 받아서 전쟁을 한다. 이 모든 주권이 어린양에게 있다. 오늘날 온 세상을 미국 대통령 부시가 좌지우지하는 것이 아니다. 하늘에서 어린양이신 그리스도께서 권세를 주시지 않으면 어떤 전쟁도 일어나지 않는다. 이러한 일을 결제하고 허락해주시는 분은 하늘에 계신 어린양 그리스도이시다.

오늘날 이 땅 도처에 전쟁과 사망이 있는 것을 볼 때 우리는 주님을 생각해야 한다. 이것은 이 땅에 있는 사람들로 하여금 하나님께 돌이킬 수 있도록 기회를 주시는 것이다. 전쟁과 기근과 사망은 첫 번째 흰 말이 달리기 위한 것이다. 첫 번째 말이 앞서 달릴 수 있도록 뒤의 세 마리 말이 달리고 있다. 그래서 도합 네 마리 말이 있는 것이다. 여기 흰 말, 붉은 말, 검은 말, 청황색 말은 뒤를 이어서 달리는 것이 아니라 틀림없이 함께 달릴 것이다. 여기 보라! 네 번째 말은 청황색인데 검과 흉년과 사망과 땅의 짐승으로써 죽이더라고 했다. 두 번째 붉은 말은 전쟁을 의미하며 칼을 받았다. 셋째 검은 말은 흉년, 기근을 의미한다. 넷째 말은 사망이다. 이들이 땅의 짐승과 더불어서 사람들을 죽이는 일을 하고 있다. 첫 번째 말인 복음은 명시되어 있지는 않지만 함께 달리고 있다. 그러므로 특히 8절 말씀을 통해서 우리는 이 네 말이 연결된 말임을 알 수 있다. 네 인이 하나하나 떼어질 때마다 각각의 말이 나오지만 8절에서 그 모두가 한 가지 활동으로 묶여져 있다. 특히 세 마리의 말은 함께 땅 사분의 일을 망하게 하는 데 협력한다(검과 흉년과 사망과 땅의 짐승). 이로 보건대 첫째 말인 복음도 따로 떨어졌다고 보기 어렵다.

복음, 전쟁, 기근, 사망—이 모든 것들은 함께 역사한다. 우리는 이것을 주님이 승천하신 후부터 지금까지의 역사로 보고 있다. 복음이 가는 곳에 전쟁이 간다. 그리고 기근이 있고 사망이 있다. 역사는 이렇게 전개되고 있다. 이것이 네 마리의 말이다. 이 네 마리 말이 사두경마(四頭競馬)로 달리고 있다. 첫 번째 말인 복음의 승리를 위해서이다. 언제까지인가? 주님 재림 때까지이다. 주님이 다시 오실 때까지는 전쟁이 끝이 없을 것이다. 그리고 기근도 계속되며 사망도 끊이지 않을 것이다. 특히 맨 나중 언급된 땅의 짐승은 적 그리스도를 가리키는 것 같다. 이 땅의 짐승을 문자적으로 민수기의 불뱀 같은 것으로 보는 견해가 있으나(민 21:6, 왕하 2:24), 여기에 장래 적 그리스도의 출현을 포함시켰다고도 볼 수 있다. 여기의 짐승이 복수이므로 적 그리스도 개인을 말하기보다는 적 그리스도와 그 군대로 보는 것이 타당할 것이다(계 9:1-11). 주님이 승천하신 후부터 다시 오실 때까지 이 지구상의 사분지 일의 사람들은 이러한 것들에 의해서 죽임당할 것이 예언되어 있다고 보면 된다.

주님이 다시 오실 때까지 이 네 마리 말은 달릴 것이고 그 인은 이미 떼어졌다. 네 마리 말의 역사를 한 마디로 말한다면 주님이 승천하신 후로부터 다시 오실 때까지 이 땅에 복음과 심판이 함께 역사하는 것이다. 주님의 승천 후로 전쟁과 기근과 땅의 짐승으로 인하여 땅 사분지 일의 인구가 심판을 받아 죽임당할 것이 기록되어 있다. 거기에는 적 그리스도가 단기간에 당시 인류의 삼분지 일을 죽이는 것이 포함될 것이다(계 9:13-18). 따라서 흰말이 적 그리스도라고 한다면 여기의 짐승은 또 다르게 해석을 해야 한다. 8절의 짐승을 적 그리스도로 보는 것이 계시록 전체의 흐름에 매우 합당하다.

9절, 다섯째 인을 떼실 때에 내가 보니 하나님의 말씀과 저희의 가진 증거를 인하여 죽임을 당한 영혼들이 제단 아래 있어

앞의 네 인은 함께 역사하고 다섯째 인부터는 뭔가 구분이 있다. 더 이상 말(馬)이 나오지 않는다. 여기는 순교자들이 나온다. 죽임을 당한 영혼들, 곧 순교자들이다. 무엇 때문에 죽임을 당했는가? 하나님의 말씀과 저희의 가진 증거 때문이다. 주님의 승천 후로부터 주님의 다시 오심까지 인류의 주된 역사는 복음전파의 말이 달리는 가운데 전쟁의 역사이고 굶주림의 역사이다. 그리고 많은 사람들이 죽는다. 그리고 거기에 또 하나의 커다란 역사가 있는데, 곧 순교자들이 산출되는 것이다. 복음의 역사가 펼쳐지는 동안 많은 순교자들이 생겨난다. 12사도부터 사도 바울의 일행들이 거의 다 순교했다. 그 후 로마시대를 거쳐 종교개혁의 시대를 거쳐 수많은 사람들이 주의 복음을 위해 목숨을 잃었다. 다섯째 인에 순교자들이 나오는 것도 매우 의미가 있다. 결국 이 순교자들이 주님이 다시 오실 때에 왕국에서 그리스도와 함께 왕 노릇 할 자들이다. 우리는 계시록에서 주님과 함께 왕 노릇 하는 자들이 누구인가를 보여준다. 우리는 계시록을 통해 이기는 자들, 왕노릇하는 자들이 과연 어떤 사람들인가를 잘 보아야 한다. 이것이 바로 우리의 소망이기 때문이다. 이 문제가 계시록 전체에 걸쳐 보여지고 있다.

사실 2장과 3장에서 우리는 이미 이것을 보았다. 누가 장차 왕국에서 왕 노릇 할 자들인가? 바로 이기는 자들이다. 교회의 하락 가운데서 이기는 자들이 왕 노릇 할 사람들인 것이다. 3장 21절, "이기는 그에게는 내가 내 보좌에 함께 앉게 하여 주기를 내가 이기고 아버지 보좌에 함께 앉은 것과 같이 하리라".

이기는 그에게는 내가 내 보좌에 함께 앉게 해 주겠다고 약속하셨다. 이는 분명히 이기는 자들이며 왕 노릇 할 자들이다. 라오디게아에서 이기는 자들은 왕 노릇 한다고 되어 있다. 물론 다른 교회의 이기는 자들도 똑같이 다 왕 노릇 할 자들이다. 우리는 두아디라 교회에게 하신 말씀 "이기는 자와 끝까지 내 일을 지키는 그에게 만국을 다스리는 권세를 주리니"(2:26)에서도 같은 내용을 볼 수 있다. 이것도 왕 노릇 하는 것이다. 두아디라의 이기는 자들도 왕 노릇한다. "그가 철장을 가지고 저희를 다스려 질그릇 깨뜨리는 것같이 하리라". 2장과 3장을 볼 때 교회의 이기는 자들이 왕 노릇 하는 것을 본다. 또한 6장의 순교자들이 이기는 자들이다. 역대의 순교자들이 왕 노릇 할 자들이다. 그런데 이 순교자들은 무엇 때문에 순교를 당했는가? 실상은 복음인 것이다. 우리는 빌라델비아의 이기는 자들이 주님의 말씀을 지키는 자들이라고 들었다. 그런데 여기 순교당한 사람들도 하나님의 말씀 때문에 죽임을 당한 것이다.

오늘날 그리스도인들 가운데 하나님의 말씀과 관계를 맺지 않고 사는 사람들이 많다. 그러나 이기는 자들은 하나님의 말씀 때문에 고난도 당하고 핍박도 당한다. 계시록 3장에서는 그분의 말씀을 인내의 말씀이라고 했다. "네가 나의 인내의 말씀을 지켰은즉 나도 너를 지키어 환난의 때를 면하게 해 주겠다". 말씀을 지키는 것이 이렇게 중요한 것이다. 이 사람들은 왜 순교를 당했는가? 왜 핍박과 고난을 당했는가? 복음 곧 하나님의 말씀 때문이다. 하나님의 말씀에 순종치 않을 수 없어서이다. 하나님의 말씀을 지키기 위해서 고난의 길을 가는 것이고 하나님의 말씀 때문에 핍박받는 길을 가다가 결국 순교하는 것이다.

이 시대에 우리의 삶은 반드시 말씀인 복음과 관계를 맺어야 한다. 하나님의 말씀이 철저하게 여러분을 주장하도록 해야 한다. 하나님의 말씀이 여러분의 길에 빛과 등이 되어야 한다. 말씀을 위해서, 말씀에 통제를 받으면서 길을 걸어가야 한다.

스데반이 당시 그가 받은 복음의 말씀에 따라 증거하지 않았다면 순교를 당하지 않았을 것이다. 자기가 깨달은 것, 자기가 가진 진리를 증거하니까 돌을 던진 것이다. 우리는 진리의 말씀대로 길을 걸어갈 뿐 아니라 필요할 때는 복음을 증거해야 한다. 가만히 있으면 핍박을 당하지 않는다. 진리의 말씀에 따라 증거하니까 핍박을 당하는 것이다. 사람들은 진리를 알면서도 왜 증거를 하지 않는가? 밥줄이 끊어질까봐, 자기의 명예가 손상될까봐, 지위가 사라질까봐 그러는 것이다. 지금까지 쌓아온 지위, 명예, 그리고 많은 따르는 자들, 수고로 쌓아온 역사—이런 것들이 무(無)로 돌아갈까봐 증거를 하지 않는 것이다.

그러나 충성된 증인들은 계속 증거하는 삶을 살아야 한다. '저희의 가진 증거'가 영문 성경에는 '저희가 항상 유지하고 있는(maintained)증거'로 되어 있다. 이들의 삶은 항상 복음이신 예수 그리스도를 증거하는 것이다. 어쩌다 한 번 그리스도를 증거하는 것이 아니라 항상 증거를 지닌 삶을 산다. 우리 그리스도인의 발걸음은 항상 그리스도를 증거하는 것이어야 한다. 진리에 비추어 아니면 아니라고 분명히 증거해야 한다. 이것이 복음의 변명이요 확정이다(빌 1장 참조). 성경에서 증인들은 분명한 증거를 지녔다. 스데반, 베드로, 바울, 히브리서 11장에 있는 많은 증인들…. 이들은 분명한 예수의 증거를 지니고 있었다. 그들은 하나님의 말씀을 가지고 있었고 증거를 가지고 있었다. 그들은 항상 증거하는 삶을 살았기 때문에 핍박을 당한 것이다,

다섯째 인은 바로 순교자들에 관한 것이다. "하나님의 말씀과 저희의 가진 증거를 인하여 죽임을 당한 영혼들이 제단 아래 있어". 이들은 분명 순교자들이다. 어떤 성경학자가 말했다. "순교는 하나님의 선물, 하나님의 은사이다." 그러면서 그는 또 이렇게 말했다. "순교자를 숭배하지 말라, 순교의 선물을 주신 하나님을 칭송하라. 이 땅에서 증거를 짊어질 수 있는 용기와 능력을 주신 하나님이 필요한 자들에게는 순교의 능력과 은사도 주신다, 순교자가 대단한 것이 아니라 순교의 은사와 능력을 주신 하나님이

대단하다. 어떤 사람이라도 필요하다면 하나님께서 순교할 수 있도록 은혜를 주신다." 여기서 요한은 죽임을 당한 영혼들이 제단 아래 있다고 했다. 이 제단은 번제단이다.

제단 아래 있다는 것은 땅 아래 있다는 것이다. 제단은 성전에서 성소 안에 있지 않고 바깥마당에 있다. 바깥마당은 땅을 의미한다. 이들이 '제단 아래' 있다고 말한 것은 그들의 죽음이 제단에서 제물로 드려진 것을 의미하고, 하나님이 그 제물을 열납하신 것을 의미하며, 또 그 피가 제단 아래에 흘려진 것을 의미한다. 제단 아래란 죽은 영혼들이 부활 때까지 머무는 곳인 음부를 가리킨다. 오늘날 이 진리에 대해서 분명치 않은 사람들이 참 많다. 그리스도인이 잠들면(죽으면) 어떻게 되는가, 어디로 가는가? 그들은 먼저 음부로 간다. 음부는 땅 아래에 있으며 죽은 영혼들의 대기 장소이다. 이것에 대해서 오늘날 사람들이 이견(異見)을 가지고 있다.

성경 몇 구절을 통해 확인하겠다. 마태복음 12장 40절, "요나가 밤낮 사흘을 큰 물고기 뱃속에 있었던 것같이 인자도 밤낮 사흘을 땅 속에 있으리라". 이 사흘은 언제를 말하는가? 주님이 부활하시기 전 사흘 동안을 말한다. 그때 땅 속 음부에 계셨다는 말이다. 다음은 사도행전 2장 27절이다. "이는 내 영혼을 음부에 버리지 아니하시며 주의 거룩한 자로 썩음을 당치 않게 하실 것임이로다". 이 말씀은 그리스도의 부활을 의미한다. 음부에 버리지 않으신다는 것은 무슨 뜻인가? 그리스도를 음부에서 부활시키신다는 것이다. 그러므로 그리스도께서는 죽으신 다음 사흘 간 음부에 계신 것이다. 31절, "미리 보는 고로 그리스도의 부활하심을 말하되 저가 음부에 버림이 되지 않고 육신이 썩음을 당하지 아니하시리라 하더니". 음부에 버림이 되었다면 음부에서 못 일어날 것이다. 그러나 그분은 사흘 만에 음부에서 나오셨다.

그리스도께서 죽으신 후 사흘 동안 계셨던 곳이 음부이다. 성경은 그곳을 땅 속이라고 말한다. 죽은 영혼들이 부활하기까지 머무는 곳은 땅 속, 음부이다. 이것을 증명할 수 있는 성경 구절을 두 군데만 찾아보겠다. 첫째는 사도행전 2장 34절, "다윗은 하늘에 올라가지 못하였으나 친히 말하여…" 다윗은 하늘에 올라가지 못하였다고 한다. 이때는 오순절 때이다. 예수 그리스도의 부활 후인 오순절 때에도 아직 다윗을 포함한 성도들은 하늘에 올라가지 못했다고 한다. 그 다음 또 한 곳은 누가복음 16장 23절이다. "저가 음부에서 고통 중에 눈을 들어 멀리 아브라함과 그의 품에 있는 나사로를 보고". 당시 나사로와 부자가 어디에 있었는가? 음부에 있었다. 그리고 거기서 나사로는 아브라함의 품에 있었다. 우리는 누가복음 16장 19절부터 31절까지의 내용을 죽 읽어보면 죽은 부자나 나사로가 다 음부에 있었다는 것을 알게 된다.

계시록 6장을 볼 때 이들은 아직 부활하지 않았다. 부활하기까지 음부에서 대기하고 있다. 음부에는 두 구역이 있는데, 하나는 낙원이다. 그곳에서 그리스도의 믿는이들이 대기한다. 그곳은 좋은 곳이고 기쁨의 곳이며 편히 쉴 수 있는 곳이다. 그러면 우리가 대기하고 있는 동안 주님과 함께 있지 않은가? 주님과 함께 있다. 이것은 성경 여러 곳에서 말해준다. 우리가 낙원에 있을지라도 주와 함께 있게 된다. 오늘 우리는 이 땅에서도 사실 주님과 함께 있는 것이다. 그리고 낙원에 있을 때도 주님과 함께 있는 것이다. 빌립보서 1장에서 사도 바울은 자기가 떠나서 주와 함께 있을 욕망이 더 크다고 했다. 떠나면 즉시 주와 함께 있게 된다는 것이다. 지금 우리가 주님과 함께 있지만 음부에 있는 동안에도 우리는 주님과 함께 있다(누가복음에서는 아브라함의 품에 있다고 했지만 사실상 주님 품에 있는 것이다). 그런 다음 부활해서 정말로 주님과 함께 있게 되는데, 그때에는 더욱더 뚜렷하고 완전하게 그리스도와 함께 있게 된다. 그러므로 무소부재하신 주님과 함께 있게 되는 것은 상대적인 것으로 보아야 한다. 점점 더 강하고 분명하게 주님과 함께 있게 되는 것이다.

10절, 큰 소리로 불러 가로되 거룩하고 참되신 대주재여 땅에 거하는 자들을 심판하여 우리 피를 신원하여 주지 아니하시기를 어느 때까지 하시려나이까 하니

이 순교당한 영혼들이 땅 속 음부, 제단 아래에서 기도하는데, 큰 소리로 "거룩하고 참되신 대주재여, 땅에 거하는 자들을 심판하여 우리의 원수를 갚아 주소서."라고 말한다. 이 10절의 순교자들의 기도에 대하여 성경학자들은 이 기도가 신약의 순교자들의 기도가 아니라고 했다. 왜냐하면 신약의 순교자들은 많은 경우 죽어가면서 "저들의 죄를 용서하여 주옵소서."라고는 했어도 "내 원수를 갚아 주소서."라고 하지는 않았기 때문이라는 것이다. 그리고 그 부르는 호칭이 "거룩하고 참 되신 대주재여"라고 한 것도 그러하다. 신약의 믿는이들은 그렇게 부르지 않는다는 것이다. 그런 논조가 일리가 있는 것 같지만 자세히 살펴보면 신약에도 '거룩하시고 진실하신 분'이라는 말이 없는 것이 아니다. 사도행전에도 '천지의 주재'라는 말이 있다. 이것으로 그들이 구약의 순교자들이라고 확정할 수는 없다.

그러면 이 신원, 원수를 갚아 달라는 기도는 무엇인가? 구약의 성도들이라고 해서 무조건 다 원수를 갚아 달라고 기도하지는 않았다. 신약에서도 사도 바울의 서신을 보면 어떤 때는 바울도 "저들을 하나님이 심판하시기를 바라노라."고 했다. 구약이나 신약이나 한 가지 원칙은 자신의 억울함 때문에 원수 갚아 달라고 하지는 않는다는 것이다. 언제나 그들이 하나님의 대적으로 분명하게 나타날 때 심판해 달라고 했다. 하나님의 일을 대적할 때 그들을 심판해 달라는 것이다. 그렇기 때문에 우리는 이렇게 생각할 수 있다. 이들은 이미 육신을 벗었고 영적인 세계 안에 들어가 있다. 그래서 영적 통찰력이 투명한 것이다. 그들은 이미 신약의 은혜 시대를 벗어나 주님과 함께 있다. 그래서 그들은 하나님이 심판하기 원하시는 자들이 어떤 자들인가를 알고 하나님의 대적이 누구인가를 알기 때문에 그렇게 담대한 기도를 올릴 수 있는 것이다.

또 여기서 이 땅에 거하는 자들이란 누구인가? 땅에 거(居)한다는 것은 땅에 뿌리를 박았다는 뜻이다. 누가 그리스도인들을 핍박하는가? 바로 이 땅에 뿌리를 박고 잘 살아보려고 하는 사람들이다. 누가 하나님의 말씀을 지키고 그리스도의 증거를 가진 사람들을 핍박하는가? 땅에 뿌리를 박고 땅에 정착하는 사람들이다. 그들이 참된 그리스도인들을 핍박하고 죽이는 것이다.

그리스도인은 이 땅에서 외국인과 나그네 같은 삶을 사는 것이지 뿌리를 박는 방식으로 사는 것이 아니다. 그것은 믿음의 조상 아브라함, 이삭,

야곱에서 볼 수 있다. 그들은 장막에 거하면서 나그네처럼 살았다. 우리는 히브리서 11장에서도 증인들의 삶을 볼 수 있다. 그들은 결코 이 땅에서 정착하는 삶을 살지 않았다. 이 땅에서 정말로 이기는 그리스도인이 되려면 나그네의 표를 지녀야 한다. 이 땅에서 안주하고 편안하게 잘 먹고 잘 살려고 하는 사람은 이기는 자가 될 수 없다.

11절, 각각 저희에게 흰 두루마기를 주시며 가라사대 아직 잠시 동안 쉬되 저희 동무 종들과 형제들도 자기처럼 죽임을 받아 그 수가 차기까지 하라 하시더라

흰 두루마기는 그들의 순교와 그들의 핍박받음, 그 모든 행위가 의롭다는 것을 하나님이 인정하신다는 뜻이다. 흰 두루마기는 잠시 입을 옷이다. 그들은 장래 영광 가운데서 면류관을 얻고 빛나고 아름다운 옷을 입을 것이다. 그리고 아직 잠시 동안 쉬라고 하셨다. 왜 잠시 동안인가? 동무 종들과 형제들도 자기처럼 죽임을 당해서 그 수가 차야 하기 때문이다. 즉 순교자들의 수가 차야 하는 것이다. 왕국에서 왕 노릇 할 자들은 첫째, 교회 시대의 이기는 자들이고, 둘째는 순교자들이고, 셋째는 여기의 대환난 때 죽임을 당하는 자들이다. 많은 순교자들이 나오는 시기가 있는데, 그때가 바로 대환난 시대이다. 결국 여기서 '잠시 쉬는 동안'과 '그 수가 차기까지'는 같은 기간으로 보면 된다. 바로 대환난 때이다. 그때 이미 순교한 자들은 쉬어야 한다. 그리고 많은 순교자들이 대환난 기간에 산출되어서 그 수가 채워질 것이다. 이에 대해서는 뒤에 또 말할 것이므로 생략하겠다. 우리는 계시록에 세 종류의 왕 노릇 할 자들이 있다는 것을 알면 된다. 첫째 하락한 교회의 이기는 자들, 둘째 교회시대의 순교자들, 셋째 대환난 시대에 목 베임을 받는 자들이다. 이 세 종류의 사람들이 그리스도의 왕국에서 왕 노릇 할 사람들이다. 지금 우리는 그리스도의 재림을 향하여 달려가고 있다. 순교자들의 수가 채워져 가고 있다. 네 마리의 말은 복음을 선두로 해서 달리는데 그 목표는 무엇인가? 그리스도의 재림이다.

12-13절, 내가 보니 여섯째 인을 떼실 때에 큰 지진이 나며 해가 총담같이 검어지고 온 달이 피같이 되며 하늘의 별들이 무화과나무가 대풍에 흔들려 선 과실이 떨어지는 것같이 땅에 떨어지며

이제 여섯째 인이다. 여섯째 인은 천체의 변동이다. 이것은 다섯째 인의 순교자들의 기도에 대한 응답의 일부로 보아야 한다. 주님은 구약에서도 선지자들의 순교에 대하여 매우 진지하게 보응하셨다. 그분은 그분의 선지자들을 죽이고 핍박한 것에 대하여 묵과하시지 않는다. 예레미야도 하나님께 보응을 간청하는 기도를 드린 적이 있다(렘 18:21-23). 여기서 주님은 순교자들의 기도에 응답하시되 완전한 응답이 아닌 그렇게 해주겠다는 약속의 표시로 응답하신 것이라고 볼 수 있다. 주님이 이 땅을 심판하신다는 표시로 첫 번째는 지진이 있다. 그리고 해가 총담같이 검어지고 온 달이 피같이 되었다. 요엘 선지자도 같은 것을 예언했다. 요엘 2장 31절, "여호와 크고 두려운 날이 이르기 전에 해가 어두워지고 달이 핏빛 같이 변하려니와". 여호와의 크고 두려운 날은 대환난을 말한다. 대환난 전에 특별한 징조가 있게 된다. "크고 두려운 날이 이르기 전에 해가 어두워지고 달이 핏빛 같이 변하려니와". 이는 환난 전의 이야기이다. 이 초자연적인 재앙은 순교자들의 기도로 말미암는다.

다시 계시록을 보겠다. 첫째는 지진이 나고 해가 검어지며 달이 피같이 된다고 했다. 같은 내용이다. 우리는 이 시대에 이런 광경을 아직 보지 못했다. 우리는 이러한 말씀을 읽을 때 '설마 저렇게 붉게 타오르는 해가 검어지겠는가?' 지금도 태양을 연구하는 과학사들은 태양의 흑점의 감소라든가 태양의 이상 현상 등을 알아내고 있다. 최근 들어 태양의 폭발로 인한 흑점의 숫자가 현저히 감소했다고 말한다. '달이 피같이 되다니 어찌 그런 일이 있겠는가?' 할 것이다. 그러나 지금까지 성경에 기록된 것이 이루어지지 않은 예는 한 가지도 없다. 다 성경의 예언대로 이루어졌다. 그리고 "하늘의 별들이 무화과나무가 대풍에 흔들려 선 과실(익지 않은 과실)이 떨어지는 것같이 땅에 떨어지며". 어느 날 별들이 하늘에서 마구 떨어진다는 것이다. 지금은 지구에 운석 하나만 떨어져도 난리법석이 벌어지는데 마지막 때 행성들이 수없이 지구상에 떨어진다는 말씀이다. 천재지변의 역사가 인류의 종말시기에 예고되어 있다.

14절, 하늘은 종이축이 말리는 것같이 떠나가고 각 산과 섬이 제자리에서 옮기우매

과연 이런 일이 있겠는가? 이사야 34장 4절을 보자. "하늘의 만상이 사라지고 하늘들이 두루마리같이 말리되 그 만상의 쇠잔함이 포도나무 잎이 마름 같고 무화과나무 잎이 마름 같으리라". 하늘의 만상이 사라지고 하늘들이 두루마리같이 말린다고 했다. 요한만 보고 말한 것이 아니다. 이사야 선지자도 똑같이 말했다. 그리고 산과 섬이 제자리에서 옮기운다고 했다.

15절, 땅의 임금들과 왕족들과 장군들과 부자들과 강한 자들과 각 종과 자주자가 굴과 산 바위틈에 숨어

여기서 왜 임금들, 장군들, 부자들이 나오는가? 아마 그런 사람들이 죄를 많이 짓기 때문일 것이다. 권세가 많을수록 죄를 많이 짓는다. 그래서 두려운 일이 일어나면 그런 사람들이 먼저 도망가는 것이다. 그리고 부유한 그들이 삶에 대한 애착이 더욱 클 것이다.

16-17절, 산과 바위에게 이르되 우리 위에 떨어져 보좌에 앉으신 이의 낯에서와 어린양의 진노에서 우리를 가리우라 그들의 진노의 큰 날이 이르렀으니 누가 능히 서리요 하더라

여호와의 큰 날이 아직 이르지 않았다. 그런데 그들은 이런 재앙이 대환난의 서곡인 것을 알았다. 그래서 이렇게 말하는 것이다. "그들의 진노의 큰 날이 이르렀으니 누가 능히 서리요". 이런 재앙은 서곡에 불과하다. 정작 힘든 상황은 아직 시작되지도 않았다. 이제 일곱째 인의 일곱 나팔이 나오는데, 그때가 정말 대환난이다. 아직 이르지 않았고 시작만 하는데도 벌벌 떨면서 '산아, 바위야, 나를 가려달라!' 하면서 두려워하는 것이다. 그렇지만 그들은 회개하지 않는다. '그들의 진노의 큰 날'이란 보좌의 앉으신 이와 어린양의 진노의 큰 날이다. 이렇게 천체가 흔들리는 것을 볼 때 전혀 하나님을 알지 못하는 사람도 '아, 이것은 보좌에 계신 하나님과 어린양의 진노로다!' 하고 아는 것이다.

고린도 전서 4장에는 사람의 날이 있고 주의 날이 있다. 성경 이곳저곳에 여호와의 날이 많이 나온다. 언젠가 여호와의 날이 임할 것이다. 이사야 13장 6절, "너희는 애곡할지어다 여호와의 날이 가까웠으니 전능자에게서 멸망이 임할 것임이로다". 여기 '여호와의 날'이 가까웠다고 한다. 9절, "여호와의 날 곧 잔혹히 분냄과 맹렬히 노하는 날이 임하여 땅을 황무케 하면 그 중에서 죄인을 멸하리니". 10절, "하늘의 별들과 별 떨기가 그 빛을 내지 아니하며 해가 돋아도 어두우며 달이 그 빛을 비취지 아니할 것이로다". 구약 성경에도 '여호와의 날'이 기록되어 있다. 이사야 선지자가 이것을 예언했다. 또 신약 데살로니가 전서, 후서에도 주의 날이 있다. "주의 날이 밤에 도적 같이 이를 줄을 너희 자신이 자세히 앎이라"(살전 5:2). "주의 날이 이르렀다고 쉬 동심하거나 두려워하거나 하지 아니할 그것이라"(살후 2:2). 지금은 사람의 날이다. 지금은 사람들이 맘대로 죄 짓고 맘대로 떠들고 판단하는 시대이다. 그러나 성경에는 주의 날, 두렵고 또 두려운 날이 있다.

하나님은 그분의 자녀들에게 장래 나타날 일을 다 알려 주고 계신다. 그러나 이 세상 사람들은 전혀 모르고 있다. 지금 인이 떼어지고 있는지, 네 필의 말이 달리는지 전혀 모른다. 그저 주식이 오르나 내리나만 관심하고 쌀값이 오르나 내리나, 택시 요금이 오르나 내리나만 관심한다. 그러나 전쟁이 무엇 때문에 터지는지 모르고 왜 기근이 있고 왜 사람들이 죽는지 모른다. 거기에 흰말이 달리고 있다는 것을 모른다. 순교자들의 영혼이 부르짖고 있다는 것도 모른다. 여호와의 크고 두려운 날이 임한다는 것도 모른다. 그러면 하나님께서는 왜 이 모든 역사를 하시는가? 베드로 후서 3장에서 볼 수 있듯이 한 사람도 멸망치 않고 회개함에 이르게 하시려는 것이다. 이 악한 인류는 전쟁을 통하지 않으면 그리스도를 받아들이지 않는다. 굶어 보지 않으면, 공허하고 배고프지 않으면 그리스도를 받아들이지 않는다. 죽는 것을 보지 않으면 두려운 것을 모른다. 해가 흔들리고 달이 흔들리고 별이 떨어지고 난리가 나야 비로소 여호와를 생각한다. 이 모든 것이 순교자들의 기도에 의한 것임을 잊지 말라! 이 모든 역사는 이 땅에 있는 사람들이 깨닫고 주님을 믿고 회개하고 구원받게 하려는 것이다. 우리는 이러한 상황을 보고 회개하고 깨어 있으면서 주의 날이 오기를 간절히 기다림으로 점도 없고 흠도 없이 거룩하게 보전되어야 한다.

7장

6장에서 일곱 인 중 여섯 인을 떼며, 8장에서 일곱째 인을 떼는 것이 나온다. 그리고 여섯 째 인과 일곱째 인 사이에 삽입된 7장이 있다. 우리가 이미 보았지만 일곱 인은 이 세상에 대한 심판을 다 포함하고 있다. 이것은 적어도 이 천 년의 기간을 망라한다. 이천 년 이래 네 필의 말이 달리고 있다. 인이 쳐져 있다는 것은 비밀스럽게 인봉되어 있다는 것이다. 그러므로 말씀에서 계시를 받은 자들 외에는 알 수 없다.

이 인을 뗄 때 주로 복음 전파의 흰 말이 달리고 있다. 흰 말을 따라서 붉은 색, 검은 색, 청황색 말이 따라서 달리고 있다. 앞의 말이 중요한 말인 것이다. 앞의 말을 위하여 뒤의 말들은 따라 달린다고 보아야 한다. 복음과 더불어 전쟁이 있고, 기근이 있으며, 사망도 있다. 이 네 필의 말은 시대 말까지 달리며, 시대 말에 이르러 다섯째 인이 떼어진다. 다섯째 인에는 순교자들의 신원해달라는 기도가 있다. 그리고 여섯째 인은 순교자들의 기도에 대한 응답으로 심판의 서곡이 있다. 하나님의 역사는 성도들의 기도와 더불어 역사한다. 하나님의 역사는 사람들의 기도없이 수행되지 않는다. 시대 말에 있는 순교자들의 기도는 세상의 심판을 가져온다. 천체군의 흔들림이 있고 초자연적인 재앙이 시작된다. 그렇다고 해서 아직 본격적인 환난은 아니다. 여섯째 인은 음악으로 말하면 하나의 서곡에 불과하다. 이것이 6장의 내용이다.

8장부터 시작되는 일곱째 인은 일곱 나팔로 구성된다. 일곱째 인의 내용은 결국 일곱 나팔인 것이다. 인(印)은 뭔가 비밀스런 것이지만 나팔은 공개적인 것이다. 일곱 나팔은 참혹한 재앙을 포함하고 있다. 특히 다섯째 나팔부터 일곱째 나팔까지는 소위 우리가 말하는 대환난이고 시대 말에 있을 일들을 포함하며, 예수 그리스도께서 재림하실 때쯤(공중 재림시) 이 땅에서 벌어질 상황이다. 대환난 이전에 충성스런 믿는 자들은 보좌로 휴거된다. 이 휴거에 대하여는 그 시점에 관한 논란이 많지만 성경을 자세히 읽어보면 이해하기가 그리 어렵지 않다. 어쨌든 참혹한 환난이 일곱째 인 안에 포함되어 있다. 여섯째 인은 환난의 서곡과 같고, 일곱째 인은 일곱 나팔을 포함하는데 그 중 다섯째 나팔부터가 특히 대환난의 기간이다. 그런데 그 사이에 7장이 있다. 이 7장은 하나의 삽입과 같다. 7장의 내용을 간단하게 말하면 그러한 끔찍한 환난 전에 순교자들의 기도에 대한 응답으로 재앙의 서곡을 보이신 뒤에 이스라엘의 택한 자들을 구원하시는 상황을 말한다. 그리고 이방 교회 중에서 그분이 약속하신 대로 인내의 말씀을 지키고 충성되게 그리스도를 따르는 성도들을 보호하시기 위한 역사를 기록한 부분이라고 보면 된다. 이를 환난 전의 교회의 전체적인 휴거로 볼 필요는 없다. 교회가 대환난 전에 모두 휴거되는 것은 아니지만 분명 대환난 전에 휴거될 사람들이 있기 때문에 휴거 문제를 대체적으로 보여주는 것이다.

7장의 내용은 하나님의 약속에 따라 유대인들 중 남은 자들의 이마에 인을 쳐서 대환난에서 보호하고 지켜주시는 장면과 교회가 대환난을 피하고 하나님의 보좌 앞에 휴거된 장면을 보여 주는 것이라고 말할 수 있다. 이는 구약 성경의 많은 말씀에서 주님이 언약하신 바이다. 또한 주님은 신약의 교회에게 약속하신 바를 지키신다. 우리는 요한 계시록 3장에서 빌라델비아 교회의 이기는 자들에게 주님이 "너희가 인내의 말씀을 지켰은즉 내가 너희로 환난의 때를 면하게 해주겠다"고 약속하신 것을 안다. 그리고 누가복음에서도 깨어 쉬지 않고 기도하는 사람들은 환난의 때를 면하고 보좌 앞으로 들림받을 것이라고 하신 말씀을 읽을 수 있다. 이제 8장부터는 주로 환난과 재앙의 일곱 나팔이 있게 되는데, 나팔은 첫째 나팔부터 진노이다. 그렇다 하더라도 본격적인 환난은 다섯째 나팔부터이다. 다섯째 나팔부터는 그야말로 인류에 대한 직접적인 재앙이 시작된다. 그러한 하나님의 진노가 쏟아부어지기 전에 그분의 선택한 백성들(유대인) 일부는 약속대로 인을 쳐서 보호하시고, 이방인 교회의 일부는 들어올리셔서 보호하신다. 이것은 이방인들의 숫자가 채워진 시대 말을 언급하는 것임에 틀림없다(롬 11:25).

1절, 이 일 후에 내가 네 천사가 땅 네 모퉁이에 선 것을 보니 땅의 사방의 바람을 붙잡아 바람으로 하여금 땅에나 바다에나 각종 나무에 불지 못하게 하더라

이것은 영의 눈이 열린 사람들이 아니면 볼 수 없다. "네 천사가 땅 네 모퉁이에 선 것을 보니 땅의 사방의 바람을 붙잡아 바람으로 하여금 땅에나 바다에나 각종 나무에 불지 못하게 하더라". 네 천사, 네 모퉁이, 사방(四方)—이 넷이라는 숫자는 특히 사람과 관계된다. 네 생물은 이 땅에 있는 피조물을 상징한다. 삼(3)은 하나님을 나타내는 수이다. 하나님은 아버지, 아들, 성령의 삼위일체이시다. 그러나 사(4)라는 숫자는 특히 인간 피조물과 관계된다. 네 천사가 땅 네 모퉁이에 서 있고 땅의 사방의 바람을 붙잡고 있다고 하는데, 바람은 심판을 의미한다. 마태복음 7장에서 주님은 어리석은 자는 모래 위에 집을 짓고 지혜로운 자는 반석 위에 집을 짓는데, 언젠가 바람이 불고 창수가 날 때 모래 위에 지은 집은 심하게 무너진다고 하셨다. 이와 같이 바람이 분다는 것은 시험과 심판을 의미한다.

"바람을 붙잡아 바람으로 하여금 땅에나 바다에나 각종 나무에 불지 못하게 하더라". 땅은 불신자의 영역이고 바다는 이방 나라들을 뜻한다. 그리고 각종 나무란 사람을 뜻한다. 그러한 인류에게, 열국에게 심판이 임할 것이라는 말이다. 이것은 장래 있을 초자연적인 재앙들을 가리킬 것이다. 어떤 형태로든지 이 땅에 심판이 임하게 될 것은 분명하다. 이러한 재앙과 심판을 초래하는 가장 효력적인 기도는 하나님의 순교자들의 기도이다. 그들의 음부에서의 기도가 가장 효력이 있다. 이것이 다섯째 인의 내용이다. 하나님에게 역대 순교자들의 위치는 그만큼 크고 중요하다. 그런데 그러한 재앙이 있기 전에, 일곱 나팔들이 불려지기 전에, 그러한 심판의 바람이 불기 전에 뭔가 바람이 불지 못하게 붙잡는 힘이 있더라는 말이다. 요한은 이것을 보았다.

2절, 또 보매 다른 천사가 살아 계신 하나님의 인을 가지고 해 돋는 데로부터 올라와서 땅과 바다를 해롭게 할 권세를 얻은 네 천사를 향하여 큰 소리로 외쳐

여기 '다른 천사'는 많은 성경학자들이 그리스도라고 한다. 왜냐하면 구약에서 그리스도를 종종 다른 천사라고 부르기 때문이다. 이 시점에 왔을 때 우리는 시대를 어떻게 보아야 하는가? 은혜 시대는 끝나고 잠시 동안 구약 시대로 되돌려진다. 구약 성경에는 유대인을 위한 많은 예언들이 있다. 이방인의 수가 차면 구속자이신 그리스도가 돌아와서 시온에서 그분의 남은 자들을 구원하실 것이라는 예언이 있는데, 특히 이사야서에 많이 기록되어 있다. 지금 이 7장의 시점은 이방인의 수가 찰 때이다. 주님이 오시기 직전에 은혜 시대는 마감된다. 그리고 주님은 그분의 약속을 지키시러 구약의 위치로 돌아가서 그분의 택한 이스라엘 백성을 구원하는 역사를 하신다. 그러므로 그분의 이름을 인자, 어린양, 예수 그리스도라 칭하지 않고 구약적인 칭호인 '다른 천사'라고 하는 것이다. 여기서 첫 번째로 구원하시는 사람들은 이스라엘 백성이다. 주님은 약속대로 이스라엘 백성을 구원하시기 위해 다른 천사로 임하셔서 살아계신 하나님의 인을 가지고 해 돋는 곳으로부터(해 돋는 곳이란 하나님의 긍휼과 자비와 사랑의 방향이다) 올라오셔서 땅과 바다를 해롭게 할 권세를 얻은 네 천사를 향하여 큰 소리로 외치신다. 우리는 계시록 말씀이 시대 말에 일어날 일들에 관하여 특별히 기록한 것이라는 것을 명심하면서 계시록을 읽어야 한다.

3절, 가로되 우리가 우리 하나님의 종들의 이마에 인치기까지 땅이나 바다나 나무나 해하지 말라 하더라

하나님의 종들이란 누구인가? 바로 이스라엘 백성들이다. 구약 사무엘상 8장 17절, 열왕기상 10장 5-8절 등을 보면 이스라엘 백성을 그분의 종이라고 말한다. 여기서 하나님은 이스라엘 백성을 그분의 종들이라고 하시면서 그들의 이마에 인을 칠 때까지 땅이나 바다나 나무나 해하지 말라고 외치신다. 신약의 믿는이들은 예수를 믿을 때 성령의 인침을 받는다. 은혜 시대에는 성령으로 인침을 받으며 그 인(印)은 우리 마음속에 영원히 남아 있게 된다. 신약의 성도들은 그 인치심이 내적인 것이고 그 마음에 있는 것이다(롬 2:29, 히 8:10). 그러나 주님이 마지막 시대에 구원할 이스라엘 백성은 이마에 인을 치게 된다. 분명 신약의 구원받은 믿는이들과는 다른 방식으로 구원받는 것이다.

4절, 내가 인 맞은 자의 수를 들으니 이스라엘 자손의 각 지파 중에서 인 맞은 자들이 십사만 사천이니

'십사만 사천'이라는 숫자는 실제의 숫자라고 보아야 한다. 십사만 사천 명의 이스라엘 사람들이 마지막 시대에 인침을 받는다. 그렇게 해서 그들은 구원을 받는다. 성경에서 이들이 누구인지 보겠다. 이들은 마태복음 25장 30-40절에 나오는 소자들이다. 거기에 양과 염소가 나오는데, 양이란 다름 아닌 대환난 시대에 그 소자들을 잘 대우해준 사람들이다. 그때 거기에 소자들이 있다. 대환난시에 고난당하는 유대인들을 잘 돌보아준 사람들을 양으로 분류한 것이다. 마태복음 24장 13절을 보자. 24장은 예수님이 감람산에서 하신 말씀으로서 그 앞부분은 유대인들에게 하신 말씀이다. 주님은 세상 끝에 있을 징조를 말씀하시면서 "끝까지 견디는 자는 구원을 얻으리라"(13절)고 하셨다. 그렇다면 '끝까지 견디는 자'란 누구인가? 유대인들이다. 이 유대인들은 많은 환난을 겪게 되는데 끝까지 견디는 자들은 구원을 받게 된다. 그들이 바로 십사만 사천 명이다.

그리고 세 번째는 요엘 2장 28-29절이다. "그 후에 내가 내 신을 만민에게 부어주리니…그때에 내가 또 내 영으로 남종과 여종에게 부어줄 것이며". 이 말씀이 다 유대인들에게 해당되는 것이다. 30절, "내가 이적을 하늘과 땅에 베풀리니 곧 피와 불과 연기 기둥이라". 32절, "누구든지 여호와의 이름을 부르는 자는 구원을 얻으리니 이는 나 여호와의 말대로 시온 산과 예루살렘에서 피할 자가 있을 것이며 남은 자 중에 나 여호와의 부름을 받을 자가 있을 것임이니라". 이 말씀을 보니 그때에 피할 자가 있고 남은 자, 곧 구원받을 자가 있다. 여호와의 부름을 받을 자, 바로 그들이 여기 계시록 7장의 십사만 사천이다.

또 예레미야 31장 31절을 보자. "나 여호와가 말하노라 보라 날이 이르리니 내가 이스라엘 집과 유다 집에 새 언약을 세우리라". 33-34절, "나 여호와가 말하노라 그러나 그 날 후에 내가 이스라엘 집에 세울 언약은 이러하니 곧 내가 나의 법을 그들의 속에 두며 그 마음에 기록하여 나는 그들의 하나님이 되고 그들은 내 백성이 될 것이라 그들이 다시는 각기 이웃과 형제를 가리켜 이르기를 너는 여호와를 알라 하지 아니하리니 이는 작은 자로부터 큰 자까지 다 나를 앎이니라 내가 그들의 죄악을 사하고 다시는 그 죄를 기억지 아니하리라 여호와의 말이니라". 우리는 구약 성경에서 하나님이 이스라엘 백성들을 구원하시는 경륜을 읽을 수 있다. 이것은 로마서 11장에도 있다(26-27절 참조). 신구약 곳곳에 이런 말씀이 있다. 이러한 말씀의 약속대로 주님은 은혜 시대가 끝나고 대환난이 있기 전에 유대인 가운데 한 무리를 구원하신다. 그것이 바로 계시록 7장의 내용이다. 이것은 구약에서 이스라엘 백성들에게 하신 주님의 약속을 신실하게 지키시는 것으로 이해해야 한다. 주님은 교회를 얻으셨지만 결코 이스라엘을 버리신 것이 아니다. 이에 대하여 사도 바울은 로마서 11장에서 분명하게 말한다.

이렇게 말하면 어떤 이들은 물을 것이다. "그러면 왜 베드로는 이 구절을 신약의 오순절에 적용하였으며, 바울은 왜 히브리서에서 새 언약의 사람들에게 적용하였는가?" 그것은 교회가 비밀의 경륜에 속하기 때문이라는 것이 그 답이다. 교회는 이스라엘에게 이루실 일들을 성령 안에서 미리 얻는 사람들이다. 이는 구약의 예언들이 먼저 신약의 영적인 실제 안에서 다 이루어지고, 장래 그리스도의 재림 시에 문자적으로 이루어진다는 것으로 답할 수 있다. 이에 대하여는 예레미야서, 에스겔서, 히브리서 강해에서 자세히 다룰 것이다.

5-8절, 유다 지파 중에 인 맞은 자가 일만 이천이요 르우벤 지파 중에 일만 이천이요 갓 지파 중에 일만 이천이요 6 아셀 지파 중에 일만 이천이요 납달리 지파 중에 일만 이천이요 므낫세 지파 중

에 일만 이천이요 7 시므온 지파 중에 일만 이천이요 레위 지파 중에 일만 이천이요 잇사갈 지파 중에 일만 이천이요 8스불론 지파 중에 일만 이천이요 요셉 지파 중에 일만 이천이요 베냐민 지파 중에 인 맞은 자가 일만 이천이라

여기에 열두 지파의 이름이 나와 있다. 이것을 신약의 교회가 분열되어 이루어진 각 교파로 해석할 수 없다. 오늘날 어떤 학파는 이를 영적인 이스라엘로 해석하는데, 그렇게 해석할 수도 없다. 그렇다면 5장에서 주 예수님을 유다 지파의 사자라고 했는데 그 유다 지파와 이곳의 유다 지파가 다르다는 말인가? 그런 성경해석법은 있을 수 없다. 성경유비(analogia Scripturae)라는 말이 있다. 성경은 성경을 떠나서 다른 방식으로 너무 풍유적으로 해석하는 것을 조심해야 한다. 또 이것을 실제적인 이스라엘로 해석하지 않는다면 구약에서부터 신약의 사도 바울까지 이스라엘에게로 돌아오신다는 메시아의 이스라엘 구원의 역사를 다루는 말씀이 없게 된다. 그 부분은 너무나 중요한 약속의 말씀이기에 성취의 말씀이 없어서는 안 된다. 계시록의 이 말씀이 바로 그 이스라엘의 구원의 말씀으로 여겨져야 한다. 이스라엘의 구원받은 사람들의 숫자가 나오는데, 어떤 지파도 인수가 더하지도 않고 덜하지도 않고 일만 이천씩이다. 12×12,000=144,000이다. 구약에는 야곱의 열두 아들들의 순서가 나와 있는데, 열둘이라는 수는 이스라엘의 수와 관계가 깊다.

창세기에서는 장자 르우벤이 먼저 나오고 그 다음 태어난 순서대로 거명되는데, 여기서는 유다를 앞세웠다. 유다가 첫 번째이다. 그 순서가 바뀐 것이다. 우리는 하나님의 경륜에 있어서 이와 같이 순서가 바뀔 수도 있음을 알아야 한다. 나중 된 자가 먼저 될 수 있다는 사실을 반드시 기억해야 한다. 무엇이 사람을 뒤로 밀려나게 했는가? 범죄이다. 르우벤은 간음을 범했고 그 결과 장자의 축복을 잃었다. 유다는 구약에서 가장 충성스러우며 싸우고 승리하는 지파인 것이다. 특별히 그 지파를 통해서 그리스도가 출생되었다. 왕의 지파요 그리스도를 출생시킨 지파인 것이다. 그러므로 유다 지파가 구원받는 데 첫 번째로 언급되는 것은 매우 합당하다.

하나님의 기뻐하시는 무리가 되고 첫째 가는 무리가 되려면 무엇보다도 싸우는 자들이 되어야 한다. 싸워 이기는 것이다. 그렇게 될 수 있다면 첫 번째가 될 것이다. 바울은 그렇게 선한 싸움을 싸운 자이다. 다윗이 싸우러 나갈 때 "주여, 누가 먼저 나갑니까?"라고 묻자 주님은 "유다가 먼저일지니라"고 하셨다. 왜 유다가 앞서는가? 대적을 두려워하지 않았기 때문이다. 그들은 하나님의 대적 사탄을 두려워하지 않았다. 그리고 언제나 주의 권익을 위해서 앞으로 나아가 싸웠다. 따라서 구원하시고 보호하시는 이 시점에 하나님이 그들을 먼저 기억하신 것은 당연하다 할 것이다. 그 다음은 주님과의 관계를 보아야 한다. 유다는 주 예수님을 출생시키는 족보에 관련되었다. 주 예수님이 유다에게서 나오신 것이다. 그러므로 그들은 출중할 수밖에 없다.

여기서 유다 지파가 먼저 언급된 것 외에 나머지 순서에는 그리 중요한 내용이 없다. 특기할 만한 것이 있다면 단 지파가 빠진 것이다. 단 지파가 빠져 있고 요셉과 그 아들 므낫세가 들어가 있다. 요셉이 들어간 것은 당연하지만 거기에 요셉의 아들 므낫세가 들어간 것은 주목할 만하다. 그러면 므낫세와 에브라임은 형제인데 왜 에브라임은 빠졌는가?

단에 대해서 한 마디 하겠다. 에스겔서를 보면 단은 왕국을 예표하는 위치도(位置圖)에서 맨 북쪽에 있다. 그리고 단에 대해 연구한 학자들은 단이 대환난 시대에 적 그리스도와 연합할 가능성이 있다고 본다. 창세기 49장 17절의 야곱의 예언에서 "단은 길의 뱀이요 첩경의 독사로다 말굽을 물어서 그 탄 자를 뒤로 떨어지게 하리로다"라고 했다. 그리 좋지 않은 일을 하게 된다는 것이다. 야곱은 이 예언을 하다가 곧 이어서 "여호와여 나는 주의 구원을 가다리나이다"(18절)라고 했다. 야곱은 그가 예언하는 가운데 이 단이 언젠가 사탄의 세력과 결합할 것임을 본 것이다. 이렇게 단 지파는 대환난시에 적 그리스도의 세력에 종속되어 보호를 받지 못한다. 그러므로 오늘도 우리는 그리스도인이 되었다고 해서 아무 문제가 없을 것이라고 방심하면 안 된다. 오늘날에도 마귀의 세력과 악한 세력은 성령의 역사에 대항하고 있다. 조심하지 않고 그들에게 동조하거나 그들과 연합하게 되면 주님의 보호하심을 받을 수 없다. 이는 계시록 3장의 빌라델비아 교회에게 하신 말씀을 통해서도 이해할 수 있다. 그들이 인내의 말씀을 지켰기에 주님은 그들을 시험의 때에 보호하시겠다고 했다.

또한 왜 므낫세는 들어가고 에브라임은 빠졌는가? 창세기에서 야곱이 임종시에 요셉에게 한 말을 보면 에브라임과 므낫세가 유사시에 이스라엘 지파 중 하나로 인정받을 것이 암시되어 있다. 그런데 사사기를 읽어보면 에브라임 지파는 시기가 많은 지파이다. 시기가 많고 교만하다. 따라서 시기가 많고 교만한 사람들 또한 위험하고 복을 잃게 됨을 알 수 있다. 여기서 이스라엘 열두 지파를 하나하나 다 볼 수 없고 다만 거기서 빠진 지파는 어떻게 해서 빠졌는지, 더해진 지파는 어떻게 해서 더해졌는지를 살펴보고 도움을 받기 바란다.

9절, 이 일 후에 내가 보니 각 나라와 족속과 백성과 방언에서 아무라도 능히 셀 수 없는 큰 무리가 흰 옷을 입고 손에 종려 가지를 들고 보좌 앞과 어린양 앞에 서서

하나님께서는 약속하신 대로 이스라엘 백성 십사만 사천을 인을 쳐서 보호하신다. 바람을 더 이상 불지 못하게 하신 다음, 즉 심판을 저지하신 다음 그 사이에 이들을 인치신다. 이들이 결국 다윗 왕국에서 그리스도와 함께 다스릴 이스라엘 백성이 될 것이다. 그런네 9절에서 "이 일 후에 내가 보니 각 나라와 족속과 백성과 방언에서 아무라도 능히 셀 수 없는 큰 무리가 흰 옷을 입고 손에 종려 가지를 들고 보좌 앞과 어린양 앞에 서서"라고 말한다. 이들은 누구인가? 이때 요한이 보니까 교파의 분별은 없지만 족속의 분별은 있었다. 그리고 나라의 분별도 있었다. '아, 이 사람들은 몽골 사람들이구나! 이 사람들은 한국 사람들이고, 이 사람들은 아메리카 사람들이고, 이 사람들은 중국 사람들이구나!' 하고 분별할 수 있는 것이다.

"큰 무리가 흰 옷을 입고". 성경에서 흰 옷은 좋은 것이다. 하나님께 인정되고 의롭다 하심을 받은 칭의(稱義)의 옷이다. "손에 종려 가지를 들고". 종려나무 가지는 구약에서 초막절 때 이스라엘 백성이 손에 들고 있는 것으로서 승리의 상징이다. 승리한 자들이 손에 종려 가지를 든다. 또 그것은 기쁨의 상징이기도 하다. 그것을 들고 큰 무리가 보좌 앞과 어린양 앞에 서 있다. 그러므로 틀림없이 이들은 보좌 앞으로 휴거된 사람들이다. 이로써 우리는 무엇을 알 수 있는가? 6장과 8장 사이에 휴거가 있게 된다는 것이다. 대환난 전, 일곱 째 인의 대환난이 시작되기 전에 휴거가 있을 것이라는 암시이다. 그때 보좌 앞에 서 있는 무리가 있을 것이다. 이것은 이 구절에만 암시되어 있는 것이 아니다. 여러 곳의 구절들을 종합해 볼 때 성경은 동일한 사상을 전달한다. 즉 환난을 피하고 보좌 앞에 서 있는 무리가 반드시 있게 된다는 것이다(눅 21:35-36, 계 3:10). 대환난이 있기 전에 하나님은 약속하신 대로 이스라엘 민족을 구원하시고(그들이 인 맞은 십사만 사천이다) 또한 충성된 자들을 휴거를 통해 구원하신다. 지금은 유대인이나 헬라인이나 종이나 자유자나 차별이 없는 시대이다.

10절, 큰 소리로 외쳐 가로되 구원하심이 보좌에 앉으신 우리 하나님과 어린양에게 있도다 하니

큰 소리로 외치는 것은 찬양을 하는 것이다. 하늘에서 일어나는 일을 살펴보니 다른 것이 아니라 찬양이 있다. 누구에게 찬양하는가? 무엇을 찬양하는가? 이것을 생각해보는 것은 중요하다. 이는 오늘 우리의 찬양의 성질이 하늘의 것과 같아야 하기 때문이다. 그들은 보좌에 앉으신 분을 향했다. 그리고 그들이 얻은 구원을 인해 찬양했다.

오늘날 그리스도인들 가운데 구원받은 것을 무슨 시냇물 하나 건넌 것 같이 가볍게 생각하는 사람들이 있다. 이는 구원받은 것을 너무 경히 여기는 것이며 크게 잘못 인식하는 것이다. 그날 하늘에 가보면 그 모든 흰 옷을 입은 무리가 손에 종려 가지를 들고 찬양할 것이다. 그들은 그들이 얻은 구원에 대해 찬양한다. 그 구원이 너무 크기 때문이다. 그들이 구원받은 것은 큰 영광이요 승리이다. 이스라엘 백성이 홍해를 건넜을 때 그들은 모세와 함께 어린양의 노래를 불렀다. 쫓아오던 애굽 병사들이 다 홍해 바다에 빠져죽고 그들은 거기서 구출된 것을 생각하면서 하나님께 노래하고 찬양했다. 모세의 노래, 어린양의 노래를 부른 것이다. 생각해보라! 어떤 사람들은 죄와 허물로 인하여 영원한 불못에 떨어지고 어떤 사람들은 구원받아 영원한 하나님의 나라로 옮겨져 영생 복락을 누리게 되었다. 이보다 더 큰 일이 어디 있겠는가? 하늘에 갔을 때 성도들이 부르는 찬송은 다름아닌 구원에 관한 것임을 잊지 말라! 오늘 하나님의 자녀들이 구원에 관해 감사드리는 것이 너무 적다. 그것은 잘못된 것이다. 그리고 찬양의 대상이 정확해야 하는데, 보좌에 앉으신 우리 하나님과 어린양이 곧 찬송받으실 분이다. 오늘날 하나님과 어린양을 향하지 않는 찬송이 많다. 서로 노래하며 즐거워할 뿐 찬양의 대상이 분명하지 않다. 그들은 보좌를 향하지도, 주님을 향하지도 않는다. 그러한 노래는 엄격히 말해서 찬양이 아니라 우상숭배이다(출 32:17-18). 그러나 여기서는 흰 옷을 입은 큰 무리가 보좌에 앉으신 하나님과 어린양 앞에서 찬양하고 있다.

11-12절, 모든 천사가 보좌와 장로들과 네 생물의 주위에 섰다가 보좌 앞에 엎드려 얼굴을 대고 하나님께 경배하여 12 가로되 아멘 찬송과 영광과 지혜와 감사와 존귀와 능력과 힘이 우리 하나님께 세세토록 있을지로다 아멘 하더라

이제 수천수만의 천사들이 보좌 앞에 엎드려 얼굴을 대고 경배한다. 첫째 그들은 엎드렸다. 하나님과 어린양 앞에 엎드린 것이다. 그리고 얼굴을 대고 경배하면서 '아멘' 했다. 천사들이 아멘을 했다는 것은 성도들의 찬양을 듣고 화답한 것이다. 오늘날은 교회 집회에서 성도들만 찬양하지만 그날 하늘에 가면 수천수만의 성도들과 수천수만의 천사들이 화답하며 찬미한다. 천사들은 오랫동안 하나님을 보아 왔고 하나님의 역사를 보아 왔기 때문에 구속받은 무리가 그 구원을 찬양하면서 하나님과 어린양에게 공로를 돌리고 감사할 때 함께 아멘을 하게 된다. 우리가 오늘 '아멘' 하는 것은 사실 천상의 언어이다. 오늘 우리는 적어도 하늘의 방언을 한 마디 할 줄 아는데, '아멘, 할렐루야'이다. 이것은 어느 나라에 가든 통일된 언어이다. 하늘에 가서도 동일하다.

천사들은 우리가 구원받는 일에 있어서 객관적이지 않다. 그들은 구원언을 후사들을 여러 가지로 도왔다. 차량 사고로 죽을 위험에 처한 순간 천사가 도왔을 수 있다. 형제들이 구원받도록 위험한 순간에 도와서 살려 준 것이다. 내가 초등학교 3학년 때 쯤 일이다. 수영하다가 친구와 죽을 뻔 했다. 지나가는 할아버지가 지팡이를 내밀어서 붙잡고 나와 살게 되었다. 기차에서 뛰어 내리다가다도 죽을 뻔했다. 여러 번 죽을 고비가 있었는데 그때마다 천사들이 동원되었을 것이다. 그런 일은 많다. 천사들은 하나님을 수종들면서 하나님의 구원의 역사를 보아 왔고, 여기 그 역사를 마치신 하나님은 보좌에 앉아 계시고 그 역사를 수행하신 어린양 그리스도 또한 보좌에 앉아 계신다. 수천수만의 성도들이 흰 옷을 입고 종려가지를 들고 찬양을 한다. 천사들이 첫 번째로 그 찬양을 듣고 아멘 했다. 그리고 "찬송과 영광과 지혜와 감사와 존귀와 능력과 힘이 우리 하나님께 세세토록 있을지로다 아멘"이라고 화답했다. 시작이 아멘이고 끝이 아멘이다.

여러분의 찬송도 하나님을 향해 세세토록 드려져야 한다. 영광도 하나님께, 지혜도 하나님께, 감사도 하나님께, 존귀도 하나님께, 능력과 힘도 하나님께 돌려야 한다. 나는 오늘날 많은 사람들이 존귀와 능력, 감사와 지혜를 하나님께 돌리지 않는 것을 보았다. 오늘날 이렇게 많은 종파가 생기는 것은 존귀와 지혜와 능력을 인간에게 돌리기 때문이다. 오직 하나님께만 존귀와 지위를 돌렸다면 이렇게 많은 분열을 피할 수 있었을 것이다. 왜 성령께서 계시록 7장에 이런 말을 써 놓으셨겠는가? 왜 이런 찬송을 써 넣으셨겠는가? 왜 이런 찬송을 우리에게 알려 주시겠는가? 사실상 모든 영광과 지혜와 능력과 존귀가 하나님께 있기 때문이다. 이 땅에는 참되게 감사 받을 단체도, 감사 받을 인물도 없다. 세세토록 감사를 받으셔야 할 분은 오직 하나님과 어린양이시다.

13절, 장로 중에 하나가 응답하여 내게 이르되 이 흰 옷 입은 자들이 누구며 또 어디서 왔느뇨

장로 중에 하나란 이십사 장로 중에 하나이다. "응답하여 내게 이르되". 응답한다는 것은 뭔가를 물었기 때문에 대답한다는 것인데, 여기에 요한

이 물어본 내용은 없고 장로 중 하나가 대답했다는 말만 있다. 아마도 요한이 어리둥절하여 '이 사람들이 어디서 왔을까?' 하고 의아해하니까 장로 중 하나가 대답했을 것이다. "이 흰 옷 입은 자들이 누구며 또 어디서 왔느뇨?" 이것은 요한이 묻고 싶은 말이다.

14절, 내가 가로되 내 주여 당신이 알리이다 하니 그가 나더러 이르되 이는 큰 환난에서 나오는 자들인데 어린양의 피에 그 옷을 씻어 희게 하였느니라

여기 '내 주여'라는 말은 이 장로를 굉장히 경외하는 마음으로 대하는 표현이다. 이들이 큰 환난에서 나왔다고 했는데, 이 환난은 대환난이 아니다. 대환난은 아직 시작도 되지 않았다. 그러므로 이 큰 환난은 그리스도인들이 거친 일반적인 환난을 말한다. 그리스도인은 반드시 이 땅에서 환난을 거치게 되어 있다. 요한복음 16장 33절, "이것을 너희에게 이름은 너희로 내 안에서 평안을 누리게 하려 함이라 세상에서는 너희가 환난을 당하나 담대하라 내가 세상을 이기었노라 하시니라". 주 예수님이 친히 세상에서는 우리가 환난을 당한다고 하셨다. 그러므로 환난을 당하는 것은 당연한 일이다. 예수를 믿으면 항상 기쁘고 평안하다고 했는데 왜 이렇게 환난이 많으냐고 물을지 모른다. 그러나 환난을 당하는 것이 그리스도인의 길이다. 사도행전 14장 22절, "제자들의 마음을 굳게 하여 이 믿음에 거하라 권하고 또 우리가 하나님 나라에 들어가려면 많은 환난을 겪어야 할 것이라 하고".

7장의 이 사람들은 어디서 나왔는가? 이 땅에서 환난을 거쳐 나왔다. 그리스도인은 이 땅에서 환난을 당하게 되어 있다. 무엇 때문인가? 보좌 앞에 서기 위해서이다. 왜 하나님은 우리에게 이 계시록을 주셨는가? 담대하게 이겨서 보좌 앞에 서라고 격려하기 위해서이다. 그냥 '세상에서 나온 자들'이라고만 하면 별 위로가 되지 않는다. 우리의 일생은 환난의 일생이다. 나는 그리스도인 생활 초기에는 그리스도인이 환난을 당한다는 것을 잘 몰랐다. 그런데 세월이 가면서 참 어렵다는 것을 느끼게 되었다. 그러나 환난을 통과하지 않은 사람들은 보좌 앞에 설 수 없다. 이 구절들은 계시록 3장 10절의 시험의 때를 면하게 해주겠다고 약속하신 말씀과 일치하며 누가복음 21장 36절의 '장차 올 이 모든 일을 피하고 인자 앞에 서도록 항상 기도하며 깨어있으라'의 구절들과 일치한다. 즉 그들은 일반적인 환난은 받았지만 마지막 대 환난으로부터는 보호받는 장면이다.

"어린양의 피에 그 옷을 씻어 희게 하였느니라". 그 옷이 왜 흰가? 어린양의 피에 씻었기 때문이다. 원래는 더러웠는데 씻은 것이다. 우리는 본디 더러운 사람들이었다. 그런데 보좌 앞에 서 있는 것을 보니 다 어린양의 피로 씻음을 받았다. 이것은 교회가 휴거된 후 하늘의 광경이다. 우리는 이것을 미리 보고 있다. 오늘 어떤 그리스도인들은 어떻게 자신이 깨끗하게 씻겨지는지를 모른다. 그러나 피가 없이는 씻을 수 없다. "피 흘림이 없은즉 사함이 없느니라(히 9:22)". 어떤 신비스런 영적 체험이 죄를 씻어주는 게 아니라 어린양의 보혈이 사람의 죄를 씻어주는 것이다. 우리는 이미 보혈의 씻음을 받은 자들임을 주님께 감사하고 찬미한다. 그러므로 오직 예수 그리스도의 피를 의지하는 사람이 복된 사람이다. 오늘도 혹 죄를 범한 자가 있다면 죄를 자백함으로 그 아들의 피로 씻음을 받아야 한다(요일 1:9).

15절, 그러므로 그들이 하나님의 보좌 앞에 있고 또 그의 성전에서 밤낮 하나님을 섬기매 보좌에 앉으신 이가 그들 위에 장막을 치시리니

'그러므로'라는 말은 그들이 어린양의 피로 옷을 씻었기 때문이라는 것이다. "그들이 보좌 앞에 있고 또 그의 성전에서 밤낮 하나님을 섬기매". 성전에서 하나님을 섬길 수 있는 것도 그 피로 옷을 씻었기 때문이다. 예수의 피로 사람의 양심이 씻어지지 않았다면 하나님을 섬길 수 없다(히 9:14). "보좌에 앉으신 이가 그들 위에 장막을 치시리니". 하나님 자신이 그들의 장막이시다. 이 '장막을 치다(tabernacle)'라는 말은 원문에서 요한복음 1장 14절의 "말씀이 육신이 되어 저희 가운데 거하시매"의 '거하시매'와 같은 단어이다. 그날에는 하나님께서 그분의 성도들 위에 친히 장막을 치실 것이다. 성도들은 영원히 그분의 장막 아래 편안히 거하게 된다.

16절, 저희가 다시 주리지도 아니하며 목마르지도 아니하고 해나 아무 뜨거운 기운에 상하지 아니할지니

주리지도 않고 목마르지도 않다는 것은 우리에게 아무런 불만족이 없다는 뜻이다. 오늘날은 모든 사람들이 다 불만족하다. 욕구가 채워지지 않기 때문에 항상 부족함을 느낀다. 그런데 그 날에는 주리지도 않고 목마르지도 않는다. 해나 아무 뜨거운 기운에 상하지도 않는다. 오늘날은 상처를 당하는 일이 많다. 아무리 강건한 사람도 불시에 공격을 당하면 며칠 마음 고생을 한다. 그런 상처받은 마음을 얼싸안고 잠을 못 이루면서 며칠을 보내야 한다. 이것이 우리의 일생이다. 그런데 그날에는 해나 아무 뜨거운 기운에도 우리가 상하지 않는다.

17절, 이는 보좌 가운데 계신 어린양이 저희의 목자가 되사 생명수 샘으로 인도하시고 하나님께서 저희 눈에서 모든 눈물을 씻어 주실 것임이러라

이제 어린양이 우리의 목자가 되신다. 그리고 우리를 이끌어서 생명수 샘으로 인도하신다. 지금은 어떤 사람들이 목자 노릇을 하는 것 같다. 그래서 잘못 먹이기도 하고 잘못 인도하기도 한다. 그가 인도하는 곳은 생명수 샘이 아닌 것이다. 오늘날은 아무리 잘 목양한다 해도 부족함이 있게 마련이다. 그러나 그날에는 우리 목자장이 친히 모든 성도들을 이끄실 것이기 때문에 문제가 없다. "하나님께서 저희 눈에서 모든 눈물을 씻어주실 것임이러라". 이 땅에서는 눈물을 흘리게 마련이다. 많은 괴로움과 상처를 받을 때마다 우리는 눈물을 흘리게 된다. 그런데 그날에는 우리 목자이신 어린양 예수께서 모든 사람의 눈물을 씻어주신다. 주님의 한 마디가 우리의 눈물을 그치게 한다. 모든 고통이 예수님의 한 마디로 끝나버린다.

8장에 이르러 일곱째 인을 뗄 때에 일곱 나팔이 울리기 시작하기에 앞서

7장에 두 무리가 있는데, 하나는 이스라엘 백성이고(십사만 사천으로서 열두 지파의 매 지파마다 일만 이천 명씩이다. 그들의 이마에 인을 쳐서 보호하시는 것이다.) 또 한 무리는 교회 시대에 이방인 가운데서 어린양의 피로 구속받은 사람들이다. 그들은 각 족속과 백성과 방언에서 나온 무리들이며, 흰 옷을 입고 손에 종려 가지를 들고 있다. 간략하게 말해서 유대인들은 시대 말에 인을 쳐서 보호하시고 교회는 들어올리심으로 보호하신다는 것이다. 성경 전체에 걸쳐 이런 사상이 있다.

그런 다음 8장부터 일곱째 인을 떼시고 일곱 나팔을 불기 시작한다. 이것이 하나님의 자비로운 손길이다. 오늘 우리는 주님의 긍휼을 입어 사역을 하는데, 어떤 사역을 하는가? 일곱 째 인을 떼시기 전에 각 족속과 백성과 나라와 방언 가운데서 보좌 앞에 설 사람들을 준비시키는 사역이다.

우리가 처음으로 몽골에 가서 사역을 시작했을 때 이런 생각을 했다. '우리가 들어간, 1990년 이전에는 몽골에서 보좌 앞에 흰옷을 입고 종려가지를 들고 하나님을 찬송할 사람이 없었을 것이다'라고. 인구는 적지만 몽골도 엄연히 한 나라이다. 하나의 방언이 있다. 우리는 그 나라에서 사역을 시작할 때 몽골 사람들을 보좌 앞에 세우고자 하는 마음을 가졌다. 우리는 몽골 족속이 하나님께 드려지기를 간절히 바랐다. 그런 다음 또 우리는 기도했다. "하나님, 왜 몽골뿐입니까? 다른 족속에게도 보내 주시면 가겠습니다." 그리고서 베트남으로 갔고 캄보디아에도 갔다. 우리가 오늘 여러 나라와 족속을 향해 나아가는 것은 그날 하나님 보좌 앞에 각 족속과 나라와 방언 중에서 어린양을 찬미하는 무리가 있게 하려는 것이다.

7장 후반부의 사람들에 대하여 한 가지 더 비밀을 말한다면, 이들이 12장의 사내아이와 비슷하다는 것이다. 7장의 후반부에서 보좌 앞에 서 있는 무리는 대부분 이기는 자들이다. 2장과 3장의 교회 시대에 이기는 자들이라는 말이다. 그런데 계시록 12장의 그 사내아이와 이들은 공통점이 있다. 이들의 성향과 12장의 사내아이의 성향이 같다. 그래서 결론적으로 오늘날 성도들이 대환난 전에 들림받아서 보좌의 지키심을 받으려면 이기는 자들이 되어야 한다는 것이다. 이기는 것에서 중요한 것은 어린양의 피이며 또한 그 입의 증거하는 말이다. 그 피와 입의 증거하는 말로 원수의 참소를 이기는 것이다.

또 이들은 21장 3절과 4절에 있는 새 예루살렘의 상황과도 비슷하다. "내가 들으니 보좌에서 큰 음성이 나서 가로되 보라 하나님의 장막이 사람들과 함께 있으매". 하나님이 그들 위에 장막을 치신다. "하나님이 저희와 함께 거하시리니 저희는 하나님의 백성이 되고 하나님은 친히 저희와 함께 계셔서 모든 눈물을 그 눈에서 씻기시매 다시 사망이 없고 애통하는 것이나 곡하는 것이나 아픈 것이 다시 있지 아니하리니 처음 것들이 다 지나감이러라". 그렇기 때문에 7장 후반의 사람들은 또한 영세의 상태를 보여준다. 그들이 교회인가, 이기는 자인가는 한 마디로 정의하기 어렵다. 그러나 성경의 계시를 통해 볼 때 대환난 전에 모든 성도들이 다 보호받는 것은 아니다. 분명한 것은 이기는 자들은 교회의 대표들이며, 하나님은 이기는 자들로서가 아니라 교회로서 그들을 들어올려 보호하신다는 것이다. 즉 하나님께서 시대 말에 있을 대환난 전에 이스라엘과 교회를 보호하신다는 것을 보여주고 있다.

대환난과 휴거에 대하여

실제적으로 대 환난은 여섯째 인 후 일곱째 인의 내용 속에 포함된다. 이제 8장 1절에서 일곱째 인을 떼면서 첫째 나팔을 부는데 넷째 나팔까시는 재앙에 불과하지만 다섯째 나팔부터는 화(禍)가 시작된다. 이것이 대환난의 시작이다. 그렇지만 실제로는 일곱째 나팔이 울릴 때 대환난이 있게 된다. 이때에 일곱 대접이 부어지는데 이것이 곧 대환난의 내용이다. 7장에서 이 휴거의 일을 기록한 것은 일곱째 인 이전에 휴거의 일이 발생할 것임을 암시하는 것이다.

대환난은 사탄이 땅에 떨어진 후에 발생한다. 사탄이 땅으로 쫓겨난 것은 사내아이가 보좌 앞으로 휴거된 후의 일이다. 12장에서 사내아이가 들려올라간 후 이 땅에 대환난의 상황이 벌어지는데, 그것은 큰 용이 하늘에서 땅으로 내어쫓겼기 때문이다. 그때부터 한 때와 두 때와 반 때가 있게 되는데 그때가 바로 대환난이다. 이 7장 9절의 큰 무리의 대부분은 12

장의 사내아이가 차지할 것이라고 본다. 14절은 그들에 대하여 큰 환난을 거쳐 나온 자들이라고 말하는데, 이들을 대환난을 거쳐 나온 자들이라고 볼 수 없는 것은 대환난에서 나온 자들이 그렇게 많을 리 없기 때문이다. 다시 말하지만 이 환난은 그리스도인이 이 땅에서 당하는 일반적인 환난이다. 그러므로 7장 9절의 큰 무리는 이기는 자들로 보는 것이 맞다. 그들이 입은 흰 옷은 사데에서 자기 옷을 더럽히지 않은 자들에게 주신 것이고, 큰 시험을 피하는 것은 빌라델비아 교회의 성도들에게 주신 약속이다. 주님은 그들이 인내의 말씀을 지켰기에 큰 시험을 면하게 해주시겠다고 하셨다.

대환난의 끝은 일곱 대접이 부어진 후인데, 그때 왕국이 임한다(11:15). 7장의 큰 무리의 사람들은 2, 3장과 12장의 이기는 자들의 특성을 갖고 있는 동시에 21장과 22장의 영세의 새 예루살렘의 모습을 갖고 있다. 그러므로 요한이 본 것은 대환난 직전에 있을 휴거의 광경이지만 그 하늘의 광경은 영세의 특성과 함께 보여진 것이라고 할 수 있다. 이들은 분명 이기는 자들이지만 영세에 갈 때 결국 모든 성도들이 함께하게 된다는 말이다. 7장은 이기는 자들의 휴거를 말하지만 동시에 영세에 새 예루살렘에 동참할 모든 성도들을 보여주는 것이기도 한다. 대환난 전의 이기는 자들의 휴거란 장래 모든 믿는이들이 새 하늘 새 땅에서 누릴 것을 미리 누리기 시작하는 것이다. 여기에 시간의 문제가 있을 뿐이다. 그러므로 7장은 전반적인 휴거의 상황을 보여주는 것이라고 할 수 있다. 이것은 바울이 말한 데살로니가 전서 4장 17절의 '우리 살아남은 자도 저희와 함께 구름 속으로 끌어올려 공중에서 주를 영접하게 하시리니'의 구절과 일치한다. 사도 바울은 이기는 자들의 휴거와 일반적인 성도의 휴거를 구분하여 말하지 않았다. 이기는 자들은 자기를 모든 성도들과 구분하지 않는 자들 가운데서 발견된다. 7장의 휴거의 시점은 분명 대환난 전의 이기는 자의 휴거이다. 그러나 그 특별한 휴거를 말하면서 모든 성도의 일반적 휴거의 상황도 함께 말하고 있다.

인(印)과 나팔과 대접에 관하여

일곱 인이 떼어지는 데에는 이천 년이 걸린다. 그러나 나팔은 다섯째 나팔까지 5개월 정도 걸리고 여섯째 나팔까지 적어도 13개월이 걸리며 일곱째 나팔까지는 적어도 3년 반이 걸린다. 11장 15절의 일곱째 나팔 때 왕국이 임하게 된다. 일곱 째 나팔이 울릴 때 선지자들의 말한 복음의 비밀이 이루어진다(10:7). 그때 하나님이 선지자들을 통하여 선포하신 새 언약의 비밀이 성취될 것이다. 신약에서 마지막 나팔이 울릴 때를 언급하는데, 이것이 바로 일곱째 나팔이다. 이 나팔소리와 함께 우리는 홀연히 변화된다. 또 그리스도의 재림은 이 나팔소리와 함께 시작된다.

인과 나팔은 연속적인 것인데 인은 긴 역사를 통하여 땅의 사분지 일을 해칠 것이고(6:8), 나팔은 짧은 기간 내에 땅의 삼분지 일을 해칠 것이다(8:7). 인은 하늘 위에서 떼어지는 비밀스러운 것이고 나팔 소리는 땅을 향하여 선포되는 것으로서 모든 사람이 들을 수 있다. 대접은 실제적인 재앙이다. 인을 떼는 것은 기근, 지진, 무기 등과 함께 복음 시대를 종결짓는 심판이다. 그러므로 이는 아무나 알 수가 없다. 나팔 소리는 일곱 인이 마무리되는 시점에서 울리기 시작하며 시대의 전환을 나타낸다. 즉 복음 시대의 마침을 의미하는 것이다.

7장의 내용은 이스라엘 백성의 인침을 받는 것과 이기는 자들의 휴거로 보아야 하고, 8장에서 나팔이 울려 퍼지는 것은 무언가 전쟁이 선포되는 성질을 갖고 있으며, 대접은 하나님의 진노가 쏟아부어지는 것을 의미한다. 구약 성경에는 진노의 잔(cup)이 있는데(렘 25:15) 대접(bowl)은 잔(cup)보다 훨씬 크고 엄중한 심판이다. 마태복음 24장 21-28절의 환난은 이스라엘에 대한 것인데, 이것은 아무리 일찍 발생해도 다섯째 나팔 때이며 실지로는 일곱째 나팔에 일어날 것이다. 계시록 3장 10절의 시험은 온 세상 사람에 대한 것이고 마태복음 24장의 큰 환난은 이스라엘에 대한 것인데, 이 큰 환난은 엄밀히 말하면 다섯째 나팔을 불 때 시작해서 본격적으로는 일곱째 나팔을 불 때 있게 될 것이다.

8 장

1절, 일곱째 인을 떼실 때에 하늘이 반 시 동안쯤 고요하더니

7장에서 일곱 인 중 여섯 개의 인을 떼었다. 이제 8장에서 일곱째 인을 떼실 때에 하늘이 반 시 동안쯤 고요했다. '반 시(about half an hour)'란 반(半) 시간 정도이다. 잠시 고요했다는 것은 여섯째 인까지는 연달아서 떼어졌지만 일곱째 인을 뗄 때에는 뭔가 중대한 일이 발생할 것임을 암시한다. 일종의 긴장감을 주는 듯하다. 이것은 마치 폭풍 전야와 같다. 우리는 여섯째 인까지는 어느 정도 이 시대에 이루어지는 것들임을 말했다. 그 중 어떤 것들은 이미 이루어졌고 어떤 것들은 아직 이루어지지 않았다. 특히 다섯째와 여섯째 인에서 일어날 일들 가운데 아직 이루어지지 않은 것들이 있다. 그런데 이 일곱째 인은 일곱 나팔로 구성되는데 그것은 분명히 아직 오지 않았다. 그러므로 8장의 일들은 아직 이 땅에서 이루어지지 않은 것들이다. 즉 장래 있을 일들에 대한 예언들인 것이다.

2절, 내가 보매 하나님 앞에 시위한 일곱 천사가 있어 일곱 나팔을 받았더라

일곱 천사가 하나님 앞에 시위하고 있다는 것은 하나님 앞에 대기하고 있는 상태를 말한다. 반 시쯤 고요함이 흐르더니 하나님 앞에 일곱 천사가 시위하고 있다. 명령을 받고자 대기하고 있는 것이다. 일곱 천사가 누구인지는 말하지 않았지만 심판을 집행하기 위해서 대기하고 있는 것이 분명하다. 이후 계시록 후반부에서도 이 일곱 천사가 등장한다. 그런데 이 일곱 천사는 일곱 나팔을 가지고 있었다. 나팔이란 구약 시대에 이스라엘 백성들을 소집할 때 사용한 것으로서 절기가 있을 때, 또는 전쟁이 있을 때 나팔을 불었다. 물론 여기서 일곱 나팔은 전쟁의 분위기를 암시한다. 모든 지상의 일들을 집행하는 본부는 하늘이라는 것을 우리는 알 수 있다. 사람들은 모든 것을 우연히 발생하는 것으로 알겠지만 모든 일을 행정하는 곳은 하늘 보좌에서이다.

여기서 일곱 천사가 하나님을 시위하고 있다고 했는데, 천사들 중에서도 하나님 가까이에 있는 이 일곱 천사들은 좀 특별한 것 같다. 수많은 천군 천사들 중에서 여기의 일곱 천사들은 하나님의 명령을 가장 가까이서 들을 수 있고 또 그 명령을 집행하도록 보내심받을 수 있는 존재들이다. 우리도 이런 존재가 되어야 한다. 언제나 하나님의 음성을 듣고 집행할 수 있도록 하나님 앞에 대기하고 있어야 하는 것이다. 언제나 하나님 앞에 대기하고 서 있으면서 하나님의 음성을 듣고 그분의 뜻을 성취하려는 의지를 가지고 있어야 한다. 구약 시대에 엘리야나 엘리사가 그러하였다. 엘리야와 엘리사는 종종 그들이 하나님을 모셔 섬기고 있다고 말했다. 당시 많은 이스라엘 사람들은 하나님에게서 멀리 떨어져 있었다. 그러나 몇몇 선지자들은 하나님께 바짝 나아가 보좌 앞에서 하나님의 음성을 듣고 그 명령을 집행하고자 대기하고 있다.

말씀을 몇 구절 보겠다. 열왕기 상 17장 1절, "…디셉 사람 엘리야가 아합에게 고하되 나의 섬기는 이스라엘 하나님 여호와의 사심을 가리켜 맹세하노니…" 여기서 엘리야는 '나의 섬기는 하나님'이라고 했다. 18장 15절, "엘리야가 이르되 내가 모시는 만군의 여호와의 사심을 가리켜 맹세하노니 내가 오늘날 아합에게 보이리라". 엘리야는 그가 여호와 하나님을 모시고 있다고 말했다. 이것은 마치 일곱 천사들이 하나님을 시위하여 선 것과 같은 자세이다. 다음 엘리사에 대해서는 열왕기 하 3장 14절에 있다. "엘리사가 가로되 내가 섬기는 만군의 여호와의 사심을 가리켜 맹세하노니". '내가 섬기는(before whom I stand)'이란 '그분 앞에 내가 서 있다'라는 말이다. 계시록 8장의 일곱 천사들의 태도와 구약의 엘리야나 엘리사의 태도는 같은 것이다. 이러한 말씀들을 통해서 하나님을 충성스럽게 섬기는 사람들은 그분의 보좌 앞에서 대기하고 있는 사람들이어야 함을 알 수 있다.

언제나 하나님 편에 서 있어야 하고 하나님의 음성을 듣고자 하며 하나님의 명령이 주어지면 언제라도 집행할 준비가 되어 있어야 한다.

3절, 또 다른 천사가 와서 제단 곁에 서서 금향로를 가지고 많은 향을 받았으니 이는 모든 성도의 기도들과 합하여 보좌 앞 금단에 드리고자 함이라

여기에 또 다른 천사(another angel)가 있다. 이 천사는 다른 많은 천사들과 구분된다. 그는 좀 특별한 천사인데, 많은 신학자들이 여기의 '또 다른 천사'를 그리스도라고 말한다. 또 어떤 신학자는 그냥 특별한 천사라고 말한다. 여러 문헌을 참고하면서 이 말씀을 생각할 때 그리스도라고 하는 것이 바르다고 본다.

이 시점에서 시대가 바뀌었다. 이제 시대가 바뀌면서 심판의 나팔이 울리려고 한다. 이를 위해서는 성도들의 기도가 필요하다. 우리가 계시록을 볼 때 한 가지 인상적인 것은 하나님께서는 성도들의 기도가 없이는 절대로 심판을 집행하지 않으신다는 것이다. 이 기도의 향은 특별히 다섯째 인의 순교자들의 기도와 일치되는 부분이 있다.

앞에서도 말했지만, 이제 은혜 시대가 끝나고 주님은 구약의 약속들을 지키시기 위해 구약 시대로 다시 돌아가셨다. 예수 그리스도는 인자로서가 아니라 더 높으신 위치의 또 다른 천사로서 계신다. 그러므로 여기서 그분이 '또 다른 천사'로 호칭되시는 것이다. "제단 곁에 서서 금향로를 가지고 많은 향을 받았으니". 여기에 금향로가 있다. 주님만이 우리의 기도를 받으시고 보관하실 수 있다. 어떤 중개자가 필요 없다. 그분의 자녀들의 일을 그분이 직접 받으신다. 여기에 제단도 있다. 여기서 우리는 주님이 우리의 모든 기도들을 향로에 담아 가지고 계신다는 매우 인상적인 그림을 본다. 우리는 구약 성경에서도 선지자들이 하늘의 이상을 보았을 때 제단을 보았다는 것을 읽는다. 모세가 성막을 지을 때 하늘에 있는 것의 식양을 따라 지었다는 것을 생각해 볼 때 분명히 하늘에는 제단이 있다.

또 다른 천사는 제단 곁에 서 있고 또 거기에 금향로가 있다. 그리고 금

향로 안에 많은 향이 들어 있다. 이것은 무엇인가? 성도들의 기도들이다. "모든 성도들의 기도들과 합하여 보좌 앞 금단에 드리고자 함이라". 여기서 우리가 알 수 있는 것은 모든 성도들의 기도는 다 보좌 앞에 드려지게 된다는 것이다. "보좌 앞 금단에 드리고자 함이라". 오늘날 많은 성도들이 기도를 하고 있고 우리도 기도를 하고 있다. 나는 특별히 성도들이라면 마땅히 기도에 대해서 진지하게 배울 필요가 있다고 생각한다. 여러분은 어떻게 기도하는가? 어디를 향하여 기도하는가? 이 모든 것은 우리 그리스도인이 잘 배워야 할 것들이다. 어떤 사람들은 허공에다 대고 하듯이 기도한다. 나는 그러한 성질의 기도를 많이 들어 보았다. 그런 사람들의 기도는 목표도 없고 방향도 없이 그저 한 번 외치고 끝난다. 자신도 기도하고서 무슨 기도를 했는지 잊어버린다. 그러한 기도는 허공을 치는 기도이고 또 주님이 말씀하신 바에 따르면 중언부언하는 기도이다. 우리는 기도하는 말보다 그 기도자의 마음이 중요하다고 생각한다. 진실한 마음을 주님께 토하는 것이 매우 중요하다. 외식적인 기도는 주님이 기뻐하시지 않는다. 진정한 마음의 소원을 주님께 고하라! 주님이 들으신다!

우리는 이왕 기도를 하려면 주님께 열납되는 기도다운 기도를 해야 한다. 하늘의 하나님께 도달되는 기도를 하려면 첫째, 향이 필요하다. 기도는 향이 있어야 금단에 드려질 수 있다.

4절, 향연이 성도의 기도와 함께 천사의 손으로부터 하나님 앞으로 올라가는지라

여기 향연이 있다. 이 향연은 기도가 아니다. 기도와 향연은 엄연히 구분되어 있다. 오늘 많은 사람들은 기도하면 응당 하늘로 올라가리라고 생각한다. 기도가 곧 향연이라고 생각하기 때문이다. 그러나 이 말씀을 보면 향연과 성도의 기도는 별개이다. 기도가 있는데 거기에 향연이 없는 경우 그 기도를 하늘로 올라가게 할 힘이 없는 것이다. 오늘날 그리스도인들 가운데 기도는 있는데 향연이 없는 경우가 있다.

우리는 기도할 때 향연과 함께 드리지 않으면 하늘로 올라갈 수 없다는 것을 배워야 한다. 여러분은 과연 향이 더해진 기도를 얼마나 드렸는가? 다른 말로 하면, 하나님 보좌 앞에 올라갈 수 있는 기도가 얼마나 되는가? 물론 하나님의 보좌 앞에 드려지지 않은 기도는 응답되지 않는다. 그저 허공에 퍼지는 하나의 소리에 불과할 뿐 보좌를 움직이지 못한다. 그러므로 이 시간 기도에 대해 잘 배움으로 기도에 대한 일대 혁명이 일어나기를 바란다. 그리고 참되게 기도할 줄 아는 그리스도인이 되기 바란다.

이 말씀을 보니까 금향로에 많은 향이 있는데 이 향은 성도의 기도와 합하여 보좌에 드려진다. 우리의 기도 속에는 향이 있는가? 향이 없는 기도 소리는 우리도 느낄 수 있다. 때로 우리는 마구 소리를 지르며 기도하는 것을 듣는데, 이는 향이 느껴지지 않는 기도이다. 우리가 먼저 점검해야 할 것이 있다. 나의 기도에는 과연 향이 있는가? 소리를 고래고래 지르면서 기도하는데 거기에 어떤 향이 느껴지지 않는다면 그 기도는 분명 하늘로 올라갈 힘이 없는 기도이다. 우리의 기도가 이렇게 되지 않기를 바란다.

"향연이 성도의 기도와 함께 천사의 손으로부터 하나님 앞으로 올라가는지라". 여기서 향연은 간단히 말해서 그리스도의 십자가의 공로이다. 그리스도의 십자가의 역사와 화합하지 않는 기도가 바로 향이 없는 기도이다. 어떤 사람의 기도 속에는 그리스도의 십자가의 공로의 성분이 없다. 뭔가 자기 의(義)의 성분이 가득하고 노력의 성분이 가득하며 육체의 성분이 가득하다. 그것은 향이 없는 기도이다. 그러면 향이 더해진 기도가 되려면 어떠해야 하는가? 다만 기도를 마칠 때 '그리스도의 십자가 공로에 의지해 기도합니다.'라고 하면 되는가? 그렇지 않다. 기도 자체에 십자가의 공로의 성분이 들어 있어야 한다. 거기에는 자아를 부인하는 것이 있어야 하고 십자가에 못 박힘이 있어야 하고 그리스도의 십자가를 받아들이는 것이 있어야 하고 부활이 있어야 하며 하나님의 뜻에 순복하는 성분이 있어야 한다. 그럴 때 그 기도는 향이 더해진 기도로 화하는 것이다.

요한복음 14장 13-14절과 15장 16절 말씀에서 예수님이 우리에게 기도를 가르치실 때, "너희가 내 이름으로 구하면 아버지께서 이를 시행하실 것이라"고 하셨다. '내 이름으로 기도하라'는 것은 무슨 의미인가? 기도 끝에 "예수님의 이름으로 기도합니다."는 말을 붙이는 것을 의미하는가? 그렇지 않다. 그것은 우리의 기도가 그분의 인격과 연합되어 있어야 함을 의미한다. 이는 그 이름 안에서 기도하는 것을 말하는데, 우리가 기도할 때 우리를 위해서 구속을 성취하신 예수 그리스도와의 주관적인 연합 안에서 기도해야 한다는 것이다. 그분과의 연합 안에서 드려지는 기도를 하려면 그리스도를 모셔야 하고 더욱이 그분의 십자가를 받아들여야 한다. 그분의 죽음 안에서 그분과 연합해야 하고 그분의 부활 안에서 그분과 연합해야 한다. 이것이야말로 실제적으로 그분의 이름으로 기도하는 것이다. 그러므로 기도할 때에는 언제나 자기를 의지해서 하지 말고 오직 예수 그리스도의 이름을 의지해서 해야 한다. 그럴 때 그의 기도가 하늘로 올라간다.

둘째로, 그렇게 주님과 깊이 연합하기 위해서는 반드시 죄와 우상을 떠나야 한다. 죄와 우상을 떠나지 않으면 주님과 깊이 연합할 수 없다. 따라서 주님 이름으로 기도할 수 없다. 죄란 하나님과 우리 사이에 간격을 만든다. 죄는 하나님과 우리 사이의 절연체 노릇을 한다. 시편 66편 18절, "내가 내 마음에 죄악을 품으면 주께서 듣지 아니하시리라". 죄가 있으면 하나님이 기도를 듣지 않으신다. 또 에스겔 14장에는 "만일 사람이 우상을 받아들여 놓으면 내가 조금인들 용납하겠느냐"라는 말씀이 있다(3절 참조). 우상이란 무엇인가? 하나님 외에 다른 것을 마음에 두는 것이다. 돈을 벌려는 욕심이 가득한 사람은 그저 사업이 잘되게 해 달라고 기도한다. 그런 사람은 마음속에 금전 우상이 있기 때문에 거룩하신 하나님과 연합할 수 없다. 주 예수님과 하나로 연합하여 그분의 이름 안에서 기도 드릴 수 없는 것이다. 온전히 주와 연합한 자만이 주 예수의 이름으로 기도할 수 있다.

죠지 뮬러는 그의 자서전에서 항상 이런 원칙을 가지고 기도했기 때문에 수많은 응답을 받았다고 기록했다. 그는 말하기를, 죄악을 품으면 하나님께서 듣지 않으시는데, 그것은 우리가 인지할 수 있는 죄, 즉 우리가 아는 죄라고 했다. 우리가 모르는 죄가 있어도 주님이 듣지 않으시는 것이 아니라, 우리가 분명 어떤 것을 죄라고 생각하면서도 그것을 처리하지 않을 때 주님이 듣지 않으신다는 것이다. "내가 내 마음에 죄악을 품으면 주께서 듣지 아니하시리로다". 이러한 종류의 말씀은 요한 서신에도 있다. 요한일서 3장 21-22절, "사랑하는 자들아 만일 우리 마음이 우리를 책망할 것이 없으면 하나님 앞에서 담대함을 얻고 무엇이든지 구하는 바를 그에게 받나니 이는 우리가 그의 계명들을 지키고 그 앞에서 기뻐하시는 것을 행함이라". 이 말씀을 보라! 우리 마음이 우리를 책망할 것이 없으면 하나님께 담대함을 얻고 하나님께 구하는 것을 받을 수 있다고 했다.

우리와 하나님 사이에 간격을 만드는 죄는 자기 스스로도 그것이 죄라는 것을 인지하는 죄이다. 우리는 자신이 죄라고 인지하는 그 죄는 반드시 버려야 한다. 그것을 두고서 하나님께 간구하면 하나님은 듣지 않으신다. 만일 내게 죄가 있다는 것을 안다면 반드시 회개해야 한다. 즉 죄를 자복하는 것이다. 자복하고 회개하지 않으면 절대로 하나님이 듣지 않으신다. 이사야 59장 1-2절, "여호와의 손이 짧아 구원치 못하심도 아니요 귀가 둔하여 듣지 못하심도 아니라 오직 너희 죄악이 너희와 너희 하나님 사이를 내었고 너희 죄가 그 얼굴을 가리워서 너희를 듣지 않으시게 함이니". 여호와의 손이 짧아서 구원치 못하는 것이 아니다. 그분의 귀가 듣는 것이 둔해서 듣지 못하는 것도 아니다. 우리의 죄가 그 얼굴을 가려서 듣지 않으시게 하는 것이다. 그렇기 때문에 우리의 기도가 응답되려면 반드시 우리의 죄악을 회개해야 한다. 자백하고 회개함으로 죄를 처리해야 한다. 어떤 성도가 계속해서 기도에 응답을 얻지 못한다는 것은 그에게 죄가 있음을 증명한다. 죄를 처리하지 않았기 때문이다. 우리 기도가 응답되려면 죄를 자백하고 예수의 피로 씻음받아야 한다.

토레이(R. A. Torrey)라는 사람도 기도를 많이 했는데, 응답을 받지 못하자 매우 근심했다고 말했다. 그런데 어느 날 이 말씀을 읽고 자기의 죄를 자백하고 회개했으며, 그런 다음에야 하나님께서 그의 기도를 들어주셨다고 간증했다. 그때 그는 사역을 위한 물질—전도 자금—부족으로 어려움을 겪으면서 주님께 구했는데 받지 못했다. 그때 이 말씀을 읽고 여호와의 손이 짧은 것이 아니라 나의 죄 때문에 주님이 들으시지 않는 것을 알고 죄를 자백하고 회개했다. 그런 다음 기도의 응답을 받았다는 것이다. 또한 가지, 기도를 효과적으로 잘 드릴 수 있으려면 반드시 하나님의 약속을 믿고 기도해야 한다. 이것도 그리스도의 이름으로 기도하는 비결 중 하나이다. 말씀을 믿고 기도한다고 할 때 믿음이라는 것 자체가 주님과의 연합을 의미한다. 믿지 않는 것은 이미 주님과의 분리를 뜻한다. 기도하는 사람은 주님의 말씀에 대한 확신 가운데서 기도해야 한다. 그러한 확신 가운데서 기도할 때 그 사람은 예수의 이름으로 기도하는 것이 된다. 그렇기 때문에 주님의 이름으로 기도한다는 이 말은 그리 간단한 것이 아니다.

약속을 믿는 것에 대해서 히브리서 6장 13-15절에 말씀이 있다. "하나님이 아브라함에게 약속하실 때에 가리켜 맹세할 자가 자기보다 더 큰 이가 없으므로 자기를 가리켜 맹세하여 가라사대 내가 반드시 너를 복 주고 복 주며 너를 번성케 하고 번성케 하리라 하셨더니 저가 이같이 오래 참아 약속을 받았느니라". 이 말씀을 볼 때 하나님은 맹세하셨다. "가라사대 내가 반드시 너를 복 주고 복 주며 너를 번성케 하고 번성케 하리라 하셨더니". 하나님은 우리에게 복 주시는 분이다. 우리를 번성케 하시는 분이다. 그런데 믿음이 없는 사람은 '하나님은 너무 인색해서 복을 잘 주시지 않는다. 그리고 번성케 하지도 않으신다.'고 생각한다. 그래서 하나님을 믿지 않는다. 너무나 오랫동안 기도를 해도—잘못 기도한 것인데—잘 안 들어주시자 기도해도 소용이 없는 하나님으로 생각하는 것이다. 그래서 알지 못하는 사이에 그 속에 불신이 잠재해 있는 것이다. 그러한 악심과 불신을 회개하지 않으면 기도가 응답되지 않는다. 그리고 주님의 이러한 약속을 단순한 마음으로 믿어야 한다. "내가 너를 복 주고 복주리라, 번성케 하리라". 하나님이 맹세하시면서 하신 이러한 말씀을 감사한 마음으로 받고 기도로 아뢰는 마음이 믿는 마음이다.

그런 다음에는 반드시 하나님의 뜻을 따라서 기도해야 한다. 자기의 뜻대로가 아닌 하나님의 뜻대로 기도해야 하는 것이다. 그러므로 우리는 하나님의 말씀을 잘 읽어야 한다. 요한 일서 5장 14절, "그를 향하여 우리의 가진바 담대한 것이 이것이니 그의 뜻대로 무엇을 구하면 들으심이라". 무조건 아무것이나 구할 게 아니라 그의 뜻대로 구해야 한다. 하나님께서 기도를 들으시지 않는 이유 중에 하나는 정욕으로 쓰려고 잘못 구하는 것 때문이다. 하나님의 뜻대로 구하면 들으신다.

오늘날 그리스도인들 가운데 기도를 다만 영적 수양으로 생각하는 사람들이 있다. '기도는 하나님과의 교통이요 하나님과 대화하는 것이다. 그로써 우리는 거룩케 된다.'는 것이다. 물론 그것은 옳은 말이다. 기도는 주님과 대화하는 것이고 영적인 호흡이다. 그러나 또 한편 성경을 볼 때 기도에는 응답의 개념이 있다. 믿음이 없는 사람들이 응답받는 것을 도외시하고 또 그런 믿음이 없기 때문에 다만 영적 수양을 위해 기도하는 것이라고 핑계를 대는 것이다. 그러나 기도는 반드시 하나님의 응답을 가져와야 한다. 이 구절을 보면 결국 일곱째 인이 나오는데, 그것의 재앙은 기도의 결과이다. 기도는 반드시 응답되는 것이다. 그러나 그렇게 응답되는 기도를 하려면 어떻게 해야 하는가? 기도의 법대로, 하나님의 뜻대로 기도해야 한다.

또 하나님의 뜻을 알려면 말씀을 읽고 묵상하고 기도하는 습관을 가져야 한다. 내가 기도하는 이것이 하나님의 뜻에 맞는 것인지 말씀을 읽어보아야 하고 말씀의 빛 가운데서 하나님의 뜻을 구해야 한다. 그럴 때 하나님의 뜻이 어디 있는지 알게 되고 그 뜻을 따라서 기도하게 된다. 내가 이번에 몽골에 다녀왔는데 몽골에 어려운 상황이 있었다. 이 일을 어떻게 처리할 것인가? 그것도 기도 제목이었다. 그러면 어떻게 기도할 것인가? 하나님의 말씀의 빛 가운데서 하나님의 원하시는 역사를 알아내는 것이 첫 번째 일이었다. 그래서 우리가 하나님의 뜻을 알고 기도하여 주님과 동역할 때 사탄이 물러가는 것을 보았다.

반드시 하나님의 뜻대로 구하기를 배워야 하고 그런 다음 간절히 기도하기를 배워야 한다. 야고보서에서도 엘리야는 우리와 성정이 같은 사람이로되 간절히 기도함으로 응답을 받았다고 했다. 기도함으로 3년 6개월 동안 비가 안 오게 하고 또 기도함으로 다시 비가 오게 했다. 누가복음 18장에서 주님이 친히 주신 비유에서 한 과부가 재판관에게 가서 자기의 원수를 갚아 달라고 간청했다. 또 다른 곳에서 주 예수님은 어떤 사람이 간청할 때 그 부탁을 들어주지 않을 수 없다고 하셨다. 간절히 구하는 사람이 응답받을 수 있다. 성도들의 기도 소리를 들어볼 때, 많은 경우 그렇게 간절해 보이지 않는다. '주시면 좋고 주시지 않아도 할 수 없습니다. 그저 기도해봅니다.'라는 식으로 기도한다. 거기에 간절함이 없다. 그러면 간절한 것이 믿음과 관계가 있는가? 분명히 관계가 있다. 주님은 과부의 간청하는 기도를 말씀하시면서 그분이 오실 때 세상에서 믿음을 보겠느냐고 하셨다. 주님을 향해서 그 마음속에 들어주시지 않으면 안 된다는 간절함이 있어야 기도가 응답된다는 말이다.

기도가 응답을 얻기 위해서는 한 가지 더 필요한 것이 있다. 첫째는 가난한 사람들이나 불쌍한 사람들을 보고도 구제하는 마음을 닫으면 하나님이 그의 기도를 듣지 않으신다. 이것은 잠언서에 있다. 잠언 21장 13절, "귀를 막아 가난한 자의 부르짖는 소리를 듣지 아니하면 자기의 부르짖을 때에도 듣는 자가 없으리로다". 곁에 가난한 자들이 있고 궁핍한 자들이 있고 먹을 것이 없어 너무나 힘들어하고 있는 자들이 있는데 자기는 그래도 먹을 것이 있고 살만하면서도 "주여, 더 축복해 주소서. 아들 용돈을 더 주어야겠습니다. 외국에 언어 연수도 보내야겠습니다. 물질을 더 주소서."라고 한다면 이러한 기도를 들으시겠는가? 주님이 이렇게 말씀하실 것이다. "네 곁에 가난한 사람을 보라. 그는 먹을 것이 없어서 굶주리고 있다. 그를 먼저 돌봐야 하지 않겠나?"

죠지 뮬러라는 사람이 기도를 잘해서만 주님이 들어주셨을까? 나는 그렇지 않다고 생각한다. 그가 한 일이 하나님의 성품과 맞기 때문이다. 하나님은 고아와 과부의 하나님이시다. 불쌍한 사람들을 긍휼히 여기는 것이 하나님의 성품이다. 오늘 얼마나 많은 사람들이 자신들의 교회를 부흥시켜달라고 기도하는가? 자신들의 예배당을 수천억 원씩 들여 짓겠다고 기도하는가? 나는 그 일 자체를 말하고자 함이 아니다. 그들은 나름대로 대답을 갖고 있을 것이다. 그러나 옆에 죽어가는 사람들은 어찌할 것인가? 과연 그들에게 연민의 마음이 있는가? 주님은 분명히 말씀하신다. "귀를 막아 가난한 자들의 소리를 듣지 아니하면 자기의 부르짖을 때에도 듣는 자가 없으리로다."

또 한 가지, 마가복음 11장 25절을 읽어 보면 다른 사람을 용서해야 자기의 죄도 용서받는다고 말씀하신다. 이것은 주님이 가르쳐 주신 기도에도 있다. 주님이 친히 말씀하시기를 "우리가 우리에게 죄 지은 자를 사해준 것같이 우리 죄를 사해주옵소서." 라고 기도하라고 하셨다. 다른 사람의 작은 죄를 용서해주지 않으면서 "주님, 용서해 주십시오." 라고 해도 들어주시지 않는다. "너에게 죄 지은 자들을 용서해 주어라. 그리고 너의 죄를 자복하라. 그러면 용서해줄 것이다." 라고 하신다. 또 부부 간에 반목과 불화가 있어도 기도가 제한을 받는다. 형제 된 남편과 아내가 피차 말도 안 하면서 간절히 기도한들 그 기도를 들으시겠는가? 그런 기도는 들어주시지 않는다. 베드로 전서 3장 7절, "남편 된 자들아 이와 같이 지식을 따라 너희 아내와 동거하고 저는 더 연약한 그릇이요 또 생명의 은혜를 유업으로 함께 받을 자로 알아 귀히 여기라 이는 너희 기도가 막히지 아니하게 하려 함이라". 기도가 막히는 수가 있다. 형제들도 마찬가지고 자매들도 마찬가지이다. 부부 간에 화목해야 하나님이 기도를 들으신다.

마지막으로, 야고보서 1장 6-7절을 보겠다. "오직 믿음으로 구하고 조금도 의심하지 말라 의심하는 자는 마치 바람에 밀려 요동하는 바다 물결 같으니 이런 사람은 무엇이든지 주께 얻기를 생각하지 말라". 기도에 있어서 또 한 가지 중요한 것은 의심하지 않는 것이다. 의심하면서 기도하면 응답받지 못한다. 그러므로 기도할 때에는 주님이 들어주신다는 확신을 가져야 한다. 주님께 기도한 것은 받은 줄로 믿으라고 했다. 주님께 기도하고서 확신과 평강 가운데 의심하지 않을 때 주님은 우리에게 응답을 주신다. 나는 성도들이 기도에서 성장이 있기를 바란다.

5절, 천사가 향로를 가지고 단 위의 불을 담아다가 땅에 쏟으매 뇌성과 음성과 번개와 지진이 나더라

단 위에 불이 있다. 하늘 보좌에 제단이 있고 제단 위에서 불이 타고 있다. 이사야 6장에서도 이사야는 하늘 광경을 보았고 거기 제단에 숯불이 있다고 말했다. 그러므로 확실히 하늘 보좌에는 제단이 있고 그 위에 불이 타오르고 있는 것이 분명하다.

"천사가 향로를 가지고 불을 담아다가 땅에 쏟으매". 하나님께 기도가 올라갈 때에는 달콤한 향인데 그 향로에 불을 담아 이 땅에 쏟을 때에는 하나의 심판이다. 결국 천사가 단 위의 불을 담아다가 이 땅에 쏟은 것은 성도들이 하나님께 드린 기도에 대한 응답이다. 이 기도는 어떤 성질의 기도이겠는가? 원수를 갚아 달라는 것이다. 이것은 6장에서 순교자들이 제단 아래서 드린 기도와 같다.

오늘날 신실한 성도들의 기도 속에는 원수를 대적하는 성분이 있다. 오늘날 하나님의 백성 가운데 슬픈 일이 많이 있는 것은 다 원수의 장난이다. 악한 자의 공격이요, 궤계이다. 누가복음 18장의 과부의 기도는 무엇인가? 원수를 갚아 달라고 신원하는 것이다. 오늘날 이 땅에서 하나님의 역사가 진행되지 못하는 이유, 복음 진리가 왕성하게 달리지 못하는 이유, 젊은이들이 주님께 드려지지 못하는 이유, 교회가 이렇게 부패하고 타락하는 이유, 성도들이 서로 나누어지는 이유, 하나 되지 못하고 반목하는 이유, 미워하고 공격하고 싸우는 이유는 다 원수의 훼방 때문이다. 그리고 실상 성도들은 이 원수에게 속임을 당하고 있는 것이다. 그렇기 때문에 신실한 성도들은 반드시 기도해야 한다. "주여, 이 원수를 갚아주시옵소서." 그럴 때 하나님은 그러한 기도를 담은 향로에 불을 담아 가지고 땅에 쏟으라고 하신다. 그러자 뇌성과 음성과 번개와 지진이 났다. 네 가지가 한꺼번에 일어난 것이다. 천둥 번개가 치고 어떤 소리가 들리고 지진이 나는 상황은 매우 무시무시하다. 왜 이런 일이 일어나는가? 이것은 회개하라는 주님의 경고인 것이다. 그런데 여기 이 상황은 아직 일곱째 인의 내용이 시행되기 전에 벌어진 것이다.

일곱째 인 안에 첫째 나팔, 둘째 나팔, 셋째 나팔…일곱째 나팔이 있는데, 일곱째 나팔까지 시행되기 위해서는 성도들의 기도가 있고, 기도에 대한 응답으로 이 향로의 불이 쏟아지는 일이 있는 것이다. 하나님이 이 땅을 심판하실 때 필요한 것은 성도들의 기도이다. 이 땅을 심판하시는 것이 하나님의 뜻이지만 성도들의 기도가 없으면 안 된다. 하나님은 전능하신 분이지만 그분의 백성의 동의가 없이는 어떤 일도 하시지 않는다. 그러기에 기도가 필요한 것이다. 주님은 모든 역사를 그분의 백성과 함께 하기를 원하신다. 어쨌든 심판은 성도들의 기도가 기초가 되는 것을 아는 것이 중요하며 기도는 결국 시대의 종말과 왕국을 가져온다.

6절, 일곱 나팔 가진 일곱 천사가 나팔 불기를 예비하더라

그런 다음 나팔을 불기 시작한다. 이 모든 일은 이 땅에 거하는 사람들에게 마지막으로 기회를 주는 것이다. 어떤 기회인가? 회개할 기회이다. 뇌성과 음성과 번개와 지진이 있는 무시무시한 상황은 다 사람들로 회개하도록 기회를 주려는 것이다.

7절, 첫째 천사가 나팔을 부니 피 섞인 우박과 불이 나서 땅에 쏟아지매 땅에 삼분의 일이 타서 사위고 수목의 삼분의 일도 타서 사위고 각종 푸른 풀도 타서 사위더라

첫째 천사가 나팔을 부니 피 섞인 우박이 쏟아졌다. 출애굽기에 열 가지 재앙이 있는데 그 가운데 우박의 재앙이 있다. 여기의 피, 우박 등의 재앙은 출애굽기의 모세 시대에 있었던 재앙과 유사하다. 하나님께서 이 땅을 치실 때에 내리시는 재앙은 구약 시대나 마지막 시대나 비슷하다. 피는 사람들이 가장 두려워하는 공포의 대상이다. 사람들은 피를 보면 가장 무서워한다. 그런데 여기서 피가 섞인 우박이 떨어지는 것이다. 얼마나 무시무시한가! 왜 하나님께서는 그렇게 무서운 일을 하시는가? '설마 하늘에서 피 섞인 우박이 떨어지겠어?' 하면서 믿지 않을지라도 그날 이런 일이 발생한다. 또 불이 있다. 이 모든 것들은 다 이 땅에 있는 거민들로 회개하게 하려고 임하는 것이다. 아직 이런 상황이 발생하지는 않았지만 장래 일어날 것이다. 그러면 왜 미리 알려주는가? 그런 것들이 임하면 하나님의 말씀대로 되는 것인줄 알라는 말이다.

예를 들어, 성경에는 이스라엘 나라가 다시 회복된다고 예언되어 있다. 사람들은 그것을 믿지 않았다. 1800년대만 해도 믿지 않았다. 2000년 가까이 이 지구상에 존재하지 않던 나라가 어떻게 재건될 수 있다는 말인가? 그러나 지금 복구되어 존재하고 있다. 기적과 같은 일이다. 그리고 성경에는 열 나라가 통합된다고 하였는데 지금 유로화가 통용되고 있다. 하나의 화폐 제도를 통용하고 있는 것이다. 그리고 장차 거기서 한 통치자가 나올 것이다. 100년 전만 해도, 50년 전만 해도 그런 말들을 믿기가 어려웠다. 그러나 지금은 믿기가 쉽다. '아, 이러다가 세계가 전반적으로 성경대로 되어 가겠는데…' 할 것이다. 지금도 점점 이루어져 가고 있다. 시대가 마지막으로 가면 갈수록 은혜 시대가 마감되고 결국 심판의 시대, 환난의 시대가 도래할 것이다. 환난의 시대가 이르면 이러한 초자연적인 재앙이 이 땅에 발생하게 된다. 이런 말씀들이 다 성경에 예언되어 있다. 이러한 말이 거짓되다면 성경은 거짓된 책일 것이다. 그렇지만 지금까지 성경에서 말하고 있는 것이 이루어지지 않은 것이 없다. 모든 것이 다 이루어질 것이고, 말씀대로 피 섞인 우박이 내릴 것이다. 그리고 불이 나서 많은 것들을 사르게 될 것이다. "불이 나서 땅에 쏟아지매 땅의 삼분의 일이 타서 사위고 수목의 삼분의 일도 타서 사위고 각종 푸른 풀도 타서 사위더라".

첫째 나팔은 무엇을 심판하는가? 세 가지, 땅의 삼분의 일, 수목의 삼분의 일, 그리고 푸른 풀이다. 죄 없는 땅, 죄 없는 나무, 푸른 풀부터 재앙을 내리는 것은 회개하라고 신호를 보내시는 것이다. 아직은 우박이 사람은 다치지 않게 내린다. 그때 사람들은 '아, 어제 피 섞인 우박이 내렸대. 불이 나서 나무가 타버렸대.' 하며 놀랄 것이다. 신문지상이나 매스컴에서도 크게 보도될 것이다.

이것을 영적인 표징으로 해석하는 이도 있다. 이사야 28장 17절을 보면 우박이 때려 거짓을 파괴시킨다. 그래서 그는 이 성도들의 원수를 갚아 달라는 기도가 그리스도인 세계의 거짓 때문에 임한다고 하였다. 그는 이 땅의 종교적인 거짓을 우박으로 친다고 해석하였다. 또 여기의 땅이나 수목이나 풀을 다 사람으로 보았다. 다니엘서를 보면 느부갓네살 왕을 큰 나무에 비유한다. 그래서 어떤 사람들은 지위가 높은 사람들은 수목으로, 평민들은 푸른 풀로 보았다. 매튜 헨리라는 성경 주석가는 성직자들은 수목(樹木)으로, 평신도들은 푸른 풀로 해석했다. 그리고 그 가운데 모든 거짓된 것들이 우박으로 침을 당한다고 하였다.

8-9절, 둘째 천사가 나팔을 부니 불붙는 큰 산과 같은 것이 바다에 던지우매 바다의 삼분의 일이 피가 되고 바다 가운데 생명 가

진 피조물들의 삼분의 일이 죽고 배들의 삼분의 일이 깨어지더라

바다가 피가 되는 것도 모세의 재앙 중에 들어 있다(나일의 하수가 피가 되었다). 그러므로 이 모든 일들이 하나님께서 내리시는 하늘의 재앙임에 분명하다. 어찌 이런 일이 있을 수 있겠는가? 바다가 피가 되다니… 여러분은 하나님이 모든 만물을 창조하신 분임을 잊지 말기 바란다. 왜 하나님께서 이러한 일들을 하시는가? 아직 사람에게 직접적인 타격이 오지는 않았다. 직접 사람에게 임하는 재앙은 다섯째 나팔부터이다. 사실 이것을 대환난이라고 하는 것이다. 심판의 환난은 언제나 먼 데서부터 오기 시작한다. 지금 바다로부터 오고 있다. 불붙는 산이 바다에 떨어지니 바다의 삼분의 일이 피가 되었다. 그리고 "바다 가운데 생명 가진 피조물들의 삼분의 일이 죽고 배들의 삼분의 일이 깨어지더라". 이 일도 영적으로 보는 사람들이 있다. 예레미야 51장 25절 "나 여호와가 말하노라 온 세계를 멸한 멸망의 산아 보라 나는 네 대적이라 나의 손을 네 위에 펴서 너를 바위에서 굴리고 너로 불 탄 산이 되게 할 것이니". 바벨론에 대하여 이렇게 말한다. 그래서 그들은 바벨론의 거대한 조직을 산에 비유한다. 하나님께서 그 거짓된 종교 조직을 심판하신다는 것이다. 이 모든 예언들은 물질적으로 이루어질 가능성도 있고 영적으로 이루어질 가능성도 배제할 수는 없다.

10-11절, 셋째 천사가 나팔을 부니 횃불같이 타는 큰 별이 하늘에서 떨어져 강들의 삼분의 일과 여러 물 샘에 떨어지니 이 별 이름은 쑥이라 물들의 삼분의 일이 쑥이 되매 그 물들이 쓰게 됨을 인하여 많은 사람이 죽더라

셋째 천사가 나팔을 부니 횃불같이 타는 큰 별이 하늘에서 떨어져 강들의 삼분의 일과 여러 물 샘에 떨어졌다. 이제 재앙은 점점 사람에게 가까이 오고 있다. 이제 바다가 아니라 강이다. 그래서 물이 쓰게 되었고 "그 물들이 쓰게 됨을 인하여 많은 사람이 죽더라". 이것에 대하여도 영적으로 해석하는 사람들이 있다. 횃불같이 타는 큰 별은 이단주의자라는 것이다.

과거에 아리우스라든가 펠라기우스라든가 하는 이단자들이 있었다. 하나님의 역사는 쓴물을 달게 하는데 이단자들은 단물을 쓰게 한다. 결국 이단주의자들은 그들이 만들어낸 교리를 가르쳐 사람들을 죽게 한다. 말하자면 이 일이 배도의 상황이라는 것이다.

12절, 넷째 천사가 나팔을 부니 해 삼분의 일과 달 삼분의 일과 별들의 삼분의 일이 침을 받아 그 삼분의 일이 어두워지니 낮 삼분의 일은 비침이 없고 밤도 그러하더라

이것도 마찬가지로 모세의 재앙시의 흑암의 재앙과 비슷하다. 하나님께서 내리시는 재앙은 오래 전 구약 시대나 시대 종말에나 그 성질이 비슷하다. 그래서 우리는 더욱더 계시록의 정경성(正經性)을 믿을 수 있다. "해 삼분의 일, 달 삼분의 일, 별 삼분의 일이 침을 받아 그 삼분의 일이 어두워지니 낮 삼분의 일은 비춰이 없고 밤도 그러하더라". 이사야 13장 10절, "하늘의 별들과 별 떨기가 그 빛을 내지 아니하며 해가 돋아도 어두우며 달이 그 빛을 비취지 아니할 것이로다". 이사야 선지자도 같은 말을 한 것이다. "너희는 애곡할지어다 여호와의 날이 가까웠으니 전능자에게서 멸망이 임할 것임이로다"(6절). 이와 같이 여호와의 날이 임하기 전 광명한 해나 별들이 빛을 잃게 될 때가 온다.

13절, 내가 또 보고 들으니 공중에 날아가는 독수리가 큰 소리로 이르되 땅에 거하는 자들에게 화, 화, 화가 있으리로다 이 외에도 세 천사의 불 나팔 소리를 인함이로다 하더라

넷째 천사가 나팔을 불고 재앙이 있은 다음, 독수리가 날아가면서 큰 소리로 "땅에 거하는 자들에게 화, 화, 화가 있으리로다"라고 했다. 우리는 계시록 8장에서 자연적인 일들이 아닌 어떤 초자연적인 일들을 보게 된다. 초자연적이기 때문에 믿기가 어렵지만 성경은 이런 일들이 발생한다는 것을 알려 주고 있다.

앞의 네 나팔은 재앙의 전주곡과 같다. 아직 본격적인 환난이 아니다. 네 나팔은 앞으로 끔찍한 환난이 온다는 것을 예고해주는 것이다. 이 네 나팔의 내용은 여섯째 인의 내용과 비슷한 부분들이 있다. 그리고 네 나팔 전에 있었던 기도 또한 다섯째 인의 순교자들의 기도와 일맥상통한다. 이것들은 비밀스럽기에 다 이해하기가 어렵다. 다만 다소 겹쳐 있는 것으로 이해할 수 있으며, 이 모든 일들은 주님의 재림이 임박했음을 알려준다. 그리스도께서 이 땅에 재림하실 때 이러한 상황이 발생한다는 것이다. 주님은 다시 오시기 직전에 사람들이 회개하도록 마지막으로 가장 강력한 메시지를 보내신다. 천지가 이렇게 초자연적인 재앙을 맞게 되는데, 이것은 다름 아닌 끝까지 긍휼을 베풀고자 하시는 하나님의 역사이다. 다시 강조하지만 이렇게 하시는 이유는 이런 재앙들을 보고 대환난을 예상하며 회개하라는 것이다.

다섯째, 여섯째, 일곱째 나팔을 불기 전에 독수리가 공중을 날아가면서 화, 화, 화가 있다고 외치는데, 이것은 세 번의 화가 있다는 것을 말한다. 그리고서 이제 9장은 대환난이다. 9장 1절에서 다섯째 천사가 나팔을 부니 하늘에서 땅에 떨어지는 별 하나가 있는데 그가 무저갱의 열쇠를 받았다. 이 자가 바로 사탄이다. 사탄 마귀가 본격적으로 활동하기 시작하는 것은 다섯째 나팔부터이다.

이 세상의 장래는 없다. 이 세상의 장래는 심판이다. 이 세상의 장래는 참혹한 재앙이 기다리고 있다. 성경에서 우리에게 알려 주는 것은 이 세상이 결코 좋아지지 않는다는 것이다. 결국 이 세상의 말(末)에는 이러한 재앙들이 있다. 해와 달과 별들이 빛을 잃을 날이 온다. 바다가 피로 변할 날이 온다. 많은 생물들이 죽을 날이 온다. 강물도 더 이상 사람에게 좋은 물을 공급하지 않는다. 경기도 북한강 팔당댐 물도 더 이상 마실 수 없게 될 것이다. 다 쓰게 되어 그 물을 마시면 죽게 된다. 이런 일들이 발생한다는 것이 성경의 예언이다.

어떤 사람들은 이 땅이 좋아질 것이고 살기 좋은 낙원이 될 것이라고 하지만, 그런 일은 없다. 이 지구는 그렇지 않아도 환경 공해로 점점 못 쓰게 되어 가고 있다. 조금 더 있으면 쓰레기 때문에도 살 수가 없게 될 것이다.

그리고 대기 오염도 심각하다. 지구는 몸살을 앓고 있다. 온난화로 여름에는 장마가 잦아서 수해의 규모도 점점 커진다. 더위로 죽는 사람도 많아지고 있다. 사방이 난리다. 지구는 지금 만기가 되어가고 있다. 아무리 좋은 자동차도 시간이 가면 낡아져서 폐차시켜야 하듯이 이 지구도 지금 나이를 먹어 고물이 되어 가고 있다. 더 이상 사람이 살기에 적합하지 않게 되어 가고 있는 것이다. 그러한 이 지구상에서 무슨 소망을 갖고 살겠는가? 새 하늘과 새 땅이 온다. 성경은 우리에게 그것을 알려준다. 낡은 옷을 벗듯이 옛 하늘과 옛 땅은 사라지고 새 하늘과 새 땅이 도래하게 되는 것이다(히 1:11-12). 그렇기 때문에 우리는 주님의 날이 임하기를 간절히 기다리면서 흠 없고 점 없고 거룩하게 되도록 깨어 기도해야 한다.

9 장

계시록 9장에는 다섯째 나팔과 여섯째 나팔이 나온다. 계시록은 사도 요한이 밧모섬에서 본 이상이다. 이 계시록에는 물론 다른 책처럼 예수 그리스도에 대한 계시가 기록되어 있지만 특별히 마지막 시대에 일어날 일들을 자세히 알려주고 있다. 이것은 예언의 책이다. 하나님께서 천사를 시켜서 그 종 요한에게 앞으로 될 일들을 이상으로 보여주신 것이다. 그것을 기록했기 때문에 어떤 것들은 이해하기가 좀 어렵다. 요한도 그것을 보면서 기이하게 여겼지만 다만 본 대로 기록한 것이다. 그런데 기묘하게도 계시록이 기록된 지 이천 년이 지난 오늘에 사는 우리는 이 말씀에 기록된 것이 하나하나 그대로 성취되어 가는 것을 보고 있다. 이는 천지만물을 지으신 하나님, 그 가운데 인간을 지으신 하나님께서 우리를 위해 예고해 주시고 우리가 이 마지막 시대에 어떻게 살아야 하는지를 알려주는 책이기 때문이다.

1절, 다섯째 천사가 나팔을 불매 내가 보니 하늘에서 땅에 떨어진 별 하나가 있는데 저가 무저갱의 열쇠를 받았더라

여기에 다섯째 천사, 나팔, 하늘에서 땅에 떨어지는 별 등은 무엇을 이야기하는가? 앞장에서 네 천사가 나팔을 분 것을 이미 말했다. 이제 9장에서는 다섯째 천사가 나오는데, 다섯째 천사의 나팔부터는 매우 심각하다. 소위 많은 그리스도인들이 말하는 대환난이 다섯째 나팔부터 시작되는 것이다. 시대 말 주님이 재림하실 때쯤 이 땅에는 창세 이후로 없었던 아주 혹독한 상황이 닥치게 된다. 그것이 대환난인데 이 대환난을 예고하는 나팔이 다섯째 나팔이다. 이것은 아직 시작되지 않았다.

여기서 요한이 볼 때 하늘에서 땅에 떨어진 별 하나가 있었다. 이 별은 타락한 천사를 말한다. 욥기 38장 7절에는 하나님이 천지를 창조하실 때 새벽별들이 아주 기뻐하며 환호하며 찬양했다는 기록이 있다. 이 말씀에 있는 새벽별들은 밤하늘에 반짝이는 그런 별들이 아니고 하늘의 천사들이다. 오늘날 TV에 나오는 연예인들을 '스타(star, 별)'라고 한다. 또 군의 장성들도 스타라고 한다. 여기의 별도 천체군에 속한 별이 아니라 천사이다. 그런데 그는 타락하여 사탄이 되었다. 이 별이 하늘에서 땅으로 떨어졌다.

구약 이사야 14장, 에스겔 28장을 읽어보면 왜 이 천사가 하늘에서 떨어졌는가에 대한 기록이 있다. 그는 굉장한 지위에 있던 천사였다. 수많은 천사들 중 장(長)이었다. 그런데 그가 그런 지위로 인해 교만해지고 하나님의 보좌와 자기를 비기려다가 그만 하나님의 심판을 받고 구덩이에 떨어졌다. 계시록 12장 7-9절을 읽어보자. "하늘에 전쟁이 있으니 미가엘과 그의 사자들이 용으로 더불어 싸울새 용과 그의 사자들도 싸우나 이기지 못하여 다시 하늘에서 저희의 있을 곳을 얻지 못한지라 큰 용이 내어쫓기니 옛 뱀 곧 마귀라고도 하고 사단이라고도 하는 온 천하를 꾀는 자라 땅으로 내어쫓기니 그의 사자들도 저와 함께 내어쫓기니라". 12장에 나오는 큰 용이 이 구절의 별이다. 실상 다섯째 나팔과 함께 별이 떨어지는 것과 12장에서 용이 하늘에서 내어쫓기는 상황은 같은 것이다. 이 땅에서도 참된 그리스도인들을 꾀는 자는 다 이 사탄, 용의 사주를 받은 자들이다. 미혹하는 일은 큰 용, 사탄이 하는 일이다. 그러므로 그리스도인들은 깨어서 꾀임을 받지 말아야 한다. 어떤 사람들이 하나님의 말씀을 전한다고 해서 분별없이 따라가다가는 사탄의 미혹에 떨어진다는 것을 알아야 한다. 하나님의 말씀을 해설하고 정의하는 것은 아무나 하는 일이 아니다. 그것은 성령의 은사가 주어진 자라야 한다(엡 4:11-12, 고전 12:10, 28, 14:1-25). 성령의 은사를 받은 자들의 말씀 공급이 교회를 온전케 하고 성도들을 세운다. 거짓 교사들도 있고 속이는 자들도 있으니 성도들은 마귀의 술책에 넘어가지 않도록 주의해야 한다.

여기서 별이 무저갱의 열쇠를 받았다는 것도 그 자가 분명 인격체임을 증명한다. 하늘에 떠 있는 별이라면 어떻게 열쇠를 받겠는가? 그러므로 타락한 천사인 사탄이 무저갱의 열쇠를 받은 것이다. 하나님은 무저갱의 열쇠를 친히 여시는 것이 아니고 그런 일 하기 좋아하는 무저갱 책임자인 사탄으로 열게 하신다. '무저갱'은 영어로 애비스(abyss)인데 바닥이 없다는 뜻이다. 끝이 없는 구덩이이다. 한 번 빠지면 아무리 오랜 시간을 떨어져도 바닥에 닿지 않는다.

창세기 1장 2절에 '흑암이 깊음 위에 있고'라는 표현이 있다. 그 '깊음'이 바로 심연(深淵), 무저갱과 같은 말이다. 이 무저갱은 땅 속에 존재하며 그 입구는 바다이다. 하나님께서 둘째 날에 위의 물과 아래 물로 나뉘게 하셨는데, 그때 궁창이 생겼다(그런데 물을 위 아래로 나누다 보니까 한 무리의 마귀들이 공중에 뜨게 되어 공중 권세 잡은 자가 되어 버렸다). 그 궁창이 바로 공중(air, expanse)이고 그때 궁창 아래의 물, 심연 속에 거처하게 된 것이 귀신이다.

귀신은 주로 물속에 산다. 물속이 귀신의 거처이다. 누가복음 8장 30-31절을 보자. "예수께서 네 이름이 무엇이냐 물으신즉 가로되 군대라 하니 이는 많은 귀신이 들렸음이라 무저갱으로 들어가라 하지 마시기를 간구하더니…" 무저갱으로 들어가면 괴로움을 당하기 때문이다. 28절 하반절을 보면 귀신이 "하나님의 아들 예수여 나와 당신과 무슨 상관이 있나이까 당신께 구하노니 나를 괴롭게 마옵소서"라고 한다. 이 귀신은 사람의 몸 속에 있기를 가장 원한다. 사람의 몸 속이 그의 안식처이다. 그러나 무저갱은 귀신이 매우 고통을 당하는 장소이다. 즉 귀신의 감옥인 셈이다. 결국 주 예수님은 귀신들로 하여금 돼지 떼에 들어가는 것을 허락하셨고, 귀신 들린 돼지 떼는 호수에 들어가 몰사하게 되었다.

구약 아모스 9장 3절과 이사야 24장 21-22절, 시편 74장 13절 등의 구절들을 종합해보면 무저갱이 귀신들을 가둬놓는 곳임을 알 수 있다. 그리고 그것이 바다 속에 있다는 것을 알 수 있다. 땅 아래라는 말과 음부라는 말은 같다. 예수 그리스도께서는 죽으신 후에 잠시 음부에 들르셨다. 그러나 주님은 영원한 생명을 가지신 분이기 때문에 음부가 주님을 잡아둘 수 없었다. 사도행전 2장에 그렇게 기록되어 있다(31절). 누가복음 16장을 보면 음부는 죽은 영혼들의 대기소와 같은데 거기에 두 구역이 있다. 구원받은 믿는 자들은 나사로와 같이 음부의 좋은 곳에 가게 된다. 편안하고 안락한 곳으로서 낙원이라고 한다. 그러나 부자는 목이 타지만 물 한 방울도 마실 수 없는 고통받는 구역에 있었다. 그리고 그 두 구역 사이에는 큰 구렁이 있어서 서로 오고갈 수 없었다. 낙원에 있는 사람이 그리로 갈 수 없고 또 고통받는 곳에서 낙원으로 갈 수도 없다. 부자는 자기 친척들이 복음을 듣고 그 고통받는 곳에 오지 않기를 바랐다. 그런데 그 무저갱, 고통받는 곳, 귀신의 처소를 열쇠로 여는 날이 온다는 것이다. 다섯째 나팔을 불 때 공중 권세 잡은 자가 땅에 떨어져 무저갱의 열쇠를 가지고 무저갱을 열었다. 이것이 대환난의 시작이다. 대환난은 이렇게 타락한 천사인 사탄이 무저갱의 열쇠를 가지고 무저갱을 열면서 시작된다.[무저갱(無低坑, abyss)은 헬라어로 '아뷔쏘스'라 하여 본래 '밑 없는 곳', '끝없는 곳', '깊은 곳'을 의미한다.]

무저갱은 마지막 형벌이 있기 전까지 일시적으로 사단을 가두는 곳이다. 요한 계시록 20장 1-3절에 "천사가 무저갱 열쇠와 큰 쇠사슬을 그 손에 가지고 하늘로서 내려와 용을 잡으니 곧 옛 뱀이요 마귀요 사단이라 잡아 일천 년 동안 결박하여 무저갱에 던져 잠그고 그 위에 인봉하여 천 년이 차도록 다시는 만국을 미혹하지 못하게 하였다가 그 후에는 반드시 잠깐 놓이리라"고 했다. 이렇게 무저갱은 사단의 활동을 제한하는 곳이다.

그런데 20장 7-8절에서는 이 무저갱을 옥(獄)이라 했다. "천 년이 차매 사단이 그 옥에서 놓여 나와서 땅의 사방 백성 곧 곡과 마곡을 미혹하고 모아 싸움을 붙이리니"라고 한다. 본래 성경에서 옥은 일반적인 감옥(監獄)을 의미하나 위에서처럼 특정된 곳을 의미하기도 했다. 즉 사도행전 12장의 "옥에 가두어"(4절), "옥에 갇혔고"(5절), "옥을 지키더니"(6절), "파수를"(10절) 등 일반적으로 결박을 의미했다. 그런데 옥은 영들을 가둘 때도 사용된다. 베드로 전서 3장 19절의 "옥에 있는 영들에게 전파하시니라"나, 요한 계시록 18장 2절의 "귀신의 처소와 각종 더러운 영이 모이는 곳"에서의 '처소'와 '곳'이 바로 그 예다.

무저갱은 귀신이 가기를 두려워하는 곳이다. 예수님이 복음을 전하고자 하여 배로 갈릴리 거라사인의 땅에 이르러 육지에 내리시자 그곳에서 귀신

들린 자 하나를 만나셨다. 그는 오랫동안 옷을 입지 않고 집에도 거하지 않고 무덤 사이에 거하는 자였다. 그런데 귀신이 그에게서 나가면서 예수님께 '우리를 무저갱에 들어가라 하지 마소서'(눅 8:31) 한다. 이렇게 귀신들은 무저갱 속으로 들어가는 것을 가장 무서워한다.

무저갱은 죽은 자가 머무는 곳이다. 로마서 10장 7절에서 "혹 누가 음부에 내려가겠느냐 하지 말라 하니 내려가겠느냐 함은 그리스도를 죽은 자 가운데서 모셔 올리려는 것이라"고 하였다. 여기 음부는 본래 무저갱으로 되어 있다. 즉 죽은 자가 머무는 곳이 무저갱이라는 말이다.

2-3절, 저가 무저갱을 여니 그 구멍에서 큰 풀무의 연기 같은 연기가 올라오매 해와 공기가 그 구멍의 연기로 인하여 어두워지며 또 황충이 연기 가운데로부터 땅 위에 나오매 저희가 땅에 있는 전갈의 권세와 같은 권세를 받았더라

요한이 볼 때 무저갱을 여니 거기서 나오는 연기 때문에 해와 공기가 다 어두워졌다.

황충은 영어로 '로커스트(locust)', 즉 메뚜기 종류이다. 이 메뚜기는 구약 성경에 여러 번 나오는데, 요엘 1장에 나오는 각기 다른 메뚜기 종류는 각기 다른 나라의 군대를 가리킨다. 요한은 황충이 연기 가운데로부터 땅 위에 올라오는 것을 보았다. 마지막 대환난 때에는 인간을 괴롭히기 위해서 무저갱에서 어떤 군대들이 나온다는 뜻이다. 그 황충은 전갈의 권세와 같은 권세를 받았다고 했는데, 전갈이란 독침으로 쏘는 매우 독성이 강한 곤충이다. 마귀 사탄이 하는 짓은 독침을 쏘아 사람을 해하고 괴롭게 하는 것이다. 사탄 마귀를 대표하는 곤충들이 뱀과 전갈 등인데 다 독성이 강하다. 누가복음 10장 19절에서는 예수님이 제자들을 보내시면서 뱀과 전갈을 밟고 원수의 모든 능력을 제어할 권세를 주셨다고 했다.

4절, 저희에게 이르시되 땅의 풀이나 푸른 것이나 각종 수목은 해하지 말고 오직 이마에 하나님의 인 맞지 아니한 사람들만 해하라

하시더라

우리가 앞에서 네 나팔의 재앙을 보았는데 그때까지만 해도 직접 사람을 괴롭히지는 않았다. 수목이나 푸른 풀이나 바다 등을 해할 뿐이었다. 그런데 여기 다섯째 나팔부터는 오히려 땅의 풀이나 푸른 것이나 각종 수목은 그냥 두고 직접 사람을 해하는 일이 시작된다. 누구를 해하는가? 이마에 하나님의 인을 맞지 않은 사람들이다. 이스라엘 열두 지파 가운데 인 맞은 자들이 있다는 것을 7장에서 이미 보았다. 이스라엘 자손의 각 지파 중에서 인 맞은 자들이 십사만 사천이라고 했는데 여기 9장에서는 그들을 제외한 나머지 인 맞지 않은 사람들이 괴롭힘을 당하게 되는 것이다. 그러므로 대환난의 중심부는 이스라엘 나라가 될 것이다. 그러나 이방인들도 대환난에서 결코 예외가 되지 않는다.

5절, 그러나 그들을 죽이지는 못하게 하시고 다섯 달 동안 괴롭게만 하게 하시는데 그 괴롭게 함은 전갈이 사람을 쏠 때에 괴롭게 함과 같더라

여기서 5개월 동안의 괴로움이 있다. 다섯째 나팔 때에 이 황충들이 나와서 사람들을 괴롭게 하는 기간은 5개월뿐이다. 그리고 괴롭게만 할 뿐 죽이지는 못하게 하신다. 그 괴롭게 함은 전갈이 사람을 쏠 때의 괴로움과 같다고 했다. '그들을 죽이지는 못하게 하시고' 욥기에서도 볼 수 있듯이 사람이 살고 죽는 것은 하나님의 권한에 달려 있음을 알 수 있다.

6절, 그날에는 사람들이 죽기를 구하여도 얻지 못하고 죽고 싶으나 죽음이 저희를 피하리로다

그 황충에게 쏘이면 독이 우리 몸 속에 남아 5개월 간을 괴롭힌다. 그런데 그 괴로움이 어느 정도인가? 차라리 죽는 게 낫다는 것이다. 오늘날에도 암에 걸리거나 해서 극도로 고통스러우면 환자들이 죽기를 원한다. 너무 고통스럽기 때문이다. 최근에 영국의 사십대 환자가 자기를 편안하게 죽게 해달라고 요청했다는 뉴스를 들었다. 이렇게 사느니 차라리 죽는 게 낫다는 것이다. 그래서 의회에서 죽을 권리를 인정해 주었다고 한다. 암의 고통이란 상상할 수 없는 고통이라고 한다. 그런데 대환난 때에는 사람들이 황충에게 그 이상의 고통을 당하게 된다. 더구나 죽으려 해도 죽음이 피한다. 마음대로 죽지도 못한다는 것이다.

그런데 하나님은 왜 대환난 때에 이런 상황을 허락하시는가? 하늘에서 별이 떨어진 것도 하나님께서 하신 일이고 그 별이 무저갱의 열쇠를 받은 것도 하나님의 주권에 따른 것이다. 무저갱에서 황충이 나와 사람들을 쏘고 괴롭히는 것도 하나님께서 허락하신 것이다. 왜 그렇게 하시는가? 시간이 얼마 안 남았으니 회개하라고 마지막 기회를 주시는 것이다. 사람들은 여간 고통스럽지 않으면 회개하지 않는다. 오늘 아침에 전화를 한 통 받았는데 우리 친척 한 분이 회개를 했다고 했다. 왜 그랬을까? 내가 들은 바로는 집안 환경이 어려워졌기 때문이다. 독침에 쏘여 5개월 동안 죽을 정도로 고통스럽다 보면 회개하는 사람이 나올 수도 있다. 아무리 강한 시련이 와도 끝까지 회개하지 않은 사람도 있다.

7절, 황충들의 모양은 전쟁을 위하여 예비한 말들 같고 그 머리에 금 같은 면류관 비슷한 것을 썼으며 그 얼굴은 사람의 얼굴 같고

이 메뚜기는 들에서 볼 수 있는 보통 메뚜기 종류가 아니다. 언뜻 보기에 메뚜기 같을 뿐이다. 한참 데모를 많이 할 때 텔레비젼에서 전경들이 헬멧을 쓰고 서 있는 것을 보면 메뚜기 비슷하지 않은가? 얼굴은 사람 같고 전쟁을 예비한 말들 같고 머리에는 금 같은 면류관을 썼다. 말하자면 기괴한 모습을 갖고 있는 것이다.

8-10절, 또 여자의 머리털 같은 머리털이 있고 그 이는 사자의 이 같으며 또 철 흉갑 같은 흉갑이 있고 그 날개들의 소리는 병거와 많은 말들이 전장으로 달려들어가는 소리 같으며 또 전갈과 같은 꼬

리와 쏘는 살이 있어 그 꼬리에는 다섯 달 동안 사람들을 해하는 권세가 있더라

정리되지 않은 여자의 긴 머리는 보기에 무섭고 흉측하다. 또 이가 사자의 이 같다는 것은 매우 잔인하게 생겼다는 것이다. 철 흉갑은 갑옷이다. 황충들이 갑옷을 입고 있다는 것은 사람들이 이런 존재에 대해서도 공격한다는 것이다. 그러기에 황충들도 대비하여 철 흉갑 같은 갑옷을 입었다. 인간들은 어떻게 해서든지 싸워보려 하는데 철 흉갑을 입었기 때문에 이길 수는 없는 것이다. 또한 어떤 성경학자는 그 꼬리 속에 독이 가득 차 있어서 쏘면 그 독이 사람의 몸 속에 들어가게 된다고 설명했다. 그것이 5개월 동안 사람들을 괴롭힌다는 것이다.

11절, 저희에게 임금이 있으니 무저갱의 사자라 히브리 음으로 이름은 아바돈이요 헬라 음으로 이름은 아볼루온이더라

잠언 30장 27절을 읽어보면 메뚜기는 원래 임금이 없다. 즉 인도자가 없는 것이 메뚜기이다. 그저 함께 몰려다닌다. 그런데 여기에 나오는 황충은 임금이 있는데 곧 무저갱의 사자이다. 이 자가 바로 적 그리스도이다. 다시 말해서, 다섯째 나팔의 대환난은 사탄이 하늘에서 땅으로 떨어지고 그 다음 그가 열쇠를 가지고 무저갱을 열어 거기서 황충들이 나오는데 그때에 적 그리스도가 나옴으로 시작되는 것이다. 또 계시록을 전체적으로 읽어보면 이 무저갱에서 나오는 영은 곧 네로의 영이다.

열 나라가 통합되어 한 사람에게 그 모든 실권을 주게 되는데(유럽공동체의 대통령일 것이라고도 한다) 그가 왕이 되는 것이다. 그런데 그가 칼에 상하였다가 일어난다고 했다. 즉 죽었다가 살아나는 것이다. 그가 바로 적 그리스도이다. 그리스도가 부활하신 것처럼 이 자도 누군가에 의해 암살을 당하거나 해서 죽었다가 다시 살아나는 것이다. 그런데 다시 살아날 때 무저갱에서 나온 그 적 그리스도의 영이 그와 결합하는 것이다. 그래서 온 땅이 칼에 죽었다가 살아난 자를 따르게 된다. 그리고서 조금 있다가 여섯째 나팔 때 전쟁이 벌어지는 것이다. 이 여섯째 나팔 때에 대환난은 본격적으로 시작된다. 그래서 그 이름이 히브리 이름으로는 '아바돈', 헬라 이름으로는 '아볼루온'이며, 그 뜻은 파괴자이다. 그러므로 적 그리스도는 아주 잔인한 파괴자이다. 뭐든지 다 부수고 망치고 짓밟는 일을 하는 자가 바로 적 그리스도이다.

12-14절, 첫째 화는 지나갔으나 보라 아직도 이 후에 화 둘이 이르리로다 여섯째 천사가 나팔을 불매 내가 들으니 하나님 앞 금단 네 뿔에서 한 음성이 나서 나팔 가진 여섯째 천사에게 말하기를 큰 강 유브라데에 결박한 네 천사를 놓아 주라 하매

유브라데의 네 천사는 아직 결박된 상태에 있다. 그들은 악한 일을 저지르는 천사들인데 지금 결박당한 채 있는 것이다. 그러다가 여섯째 천사가 나팔을 불 때 그 네 천사를 놓아주게 된다. 네 천사의 역할은 그 년 월 일 시에 사람 삼분의 일을 죽이는 것이다. 이것은 먼저 유대인에게 응한다. 그 때 유대인의 인구 삼분의 일이 죽게 된다. 그 연월일시에 대해 어떤 사람은 그것이 일 년 일 개월 하루 한 시간을 말한다고 하면서 도합 13개월 하루 한 시간이라고 계산한다. 또 어떤 사람은 그 연월일시가 어떤 특정한 모년 모월 모일 모시라고 생각한다. 이 두 견해는 너무 팽팽해서 뭐라고 단정짓기가 참으로 어렵다. 사람 삼분의 일을 죽이는 시간이 13개월 하루 한 시간일지 아니면 어떤 특정한 시간일지 말하기는 어렵지만 짧은 기간에 그 많은 사람이 죽는 것은 사실이다. 13개월 하루 한 시간으로 해석하는 것이 가능한 해석이다. 한 때와 두 때와 반 때도 결국 더해서 삼년 반을 의미하기 때문이다.

13절을 보자. "여섯째 천사가 나팔을 불매 내가 들으니 하나님 앞 금단 네 뿔에서 한 음성이 나서". 여섯째 천사가 나팔을 불자 하나님 앞 금단 네 뿔에서 한 음성이 났다. 성막으로 말하자면 제물이 드려지는 제단에서 음성이 난 것이다. 하나님의 심판과 징계는 왜 임하는가? 우리 죄를 위해서 하나님께서 어린양을 보내사 죽임을 당하게 하셨는데 사람들이 그 사실을 믿지 않고 돌이키지 않기 때문이다. 그래서 음성이 제단에서 나는 것이라고 보아야 한다. 제단 네 뿔은 피를 바르는 곳이다. 이 땅에서 사람들이 그렇게 큰 환난을 당하는 것은 다른 이유가 아니고 죄인을 위해 이 땅에 오셔서 고난당하시고 피 흘리신 예수님을 믿지 않고 그 복음을 받아들이지 않기 때문이다.

다섯째 천사가 나팔을 불 때 적 그리스도가 나오고 여섯째 천사가 나팔을 불 때 전쟁이 발생한다. 유브라데는 이스라엘이 가장 강할 때의 경계이며(신 1:7) 장래 이스라엘은 강화되어 그 지경이 유브라데까지 이를 것이다. 그런데 그 네 천사는 큰 강 유브라데에 결박되어 있었다. 장래 적 그리스도는 이스라엘을 대항하여 전쟁을 벌이고 처음에는 수많은 사람을 죽이고 승리할 것이나 그리스도의 강림하심으로 결국 패망하게 된다(16-17장). 이 9장의 내용은 처음 적 그리스도가 나와서 이스라엘을 이기고 수많은 사람을 죽일 것에 대한 예언이다. 이것은 대환난의 한 면이다.

그렇다면 대환난은 이스라엘을 중심으로 해서 일어나는 것이 분명하다. 이는 대환난의 시기가 이스라엘 칠십 이레(다니엘 9장의 예언)의 연속으로서 구약으로 돌아간 것에서도 그 사실을 찾을 수 있다. 즉 환난기인 7년은 하나님이 이스라엘을 위해 정하신 70이레의 마지막 한 이레인 것이다. 그리고 그 이레의 후 3년 반이 대환난의 절정인 것이다. 그러나 환난이 이스라엘을 중심으로 일어난다고 해서 일국에는 그 영향이 미치지 않을 거라고 생각해서는 안 된다.

예레미야 25장에는 대환난의 예표가 되는 구절들이 있다. 이 구절들에서 대환난에 대해 "보라 내가 내 이름으로 일컬음을 받는 성에서부터 재앙 내리기를 시작하였은즉 너희가 어찌 능히 형벌을 면할 수 있느냐 면치 못하리니 이는 내가 칼을 불러 세상의 모든 거민을 칠 것임이니라 하셨다 하라 만군의 여호와의 말이니라"(29절)고 하며, "나 만군의 여호와가 말하노라 보라 재앙이 나서 나라에서 나라에 미칠 것이며 대풍이 땅 끝에서 일어날 것이라"(32절), "그날에 나 여호와에게 살육을 당한 자가 땅 이 끝에서 저 끝에 미칠 것이나 그들이 슬퍼함을 받지 못하며 염습함을 입지 못하며 매장함을 얻지 못하고 지면에서 분토가 되리로다"(33절)고 한다. 이는 분명 대환난의 상황이다. 오늘날도 중동전의 영향은 온 세상에 위협이 되고 있다. 테러가 발생하면 중동만이 아니라 온 땅을 긴장시킨다. 장래 대환난은 이스라엘을 중심으로 일어나겠지만 온 땅에도 영향을 미칠 것이다. 이는 계시록 3장 10절에서도 분명히 말하고 있다. "네가 나의 인내의 말씀을 지켰은즉 내가 또한 너를 지키어 시험의 때를 면하게 하리니 이는 장차 온 세상에 임하여 땅에 거하는 자들을 시험할 때라". 또한 누가복음 21장 34-35절 말씀도 "…뜻밖에 그날이 덫과 같이 너희에게 임하리라 이 날은 온 지구상에 거하는 모든 사람에게 임하리라"고 말한다. 그러면서 36절에서 주님은 "너희는 장차 올 이 모든 일을 능히 피하고 인자 앞에 서도록 항상 기도하며 깨어 있으라"고 하신다.

15-16절, 네 천사가 놓였으니 그들은 그 년 월 일 시에 이르러 사람 삼분의 일을 죽이기로 예비한 자들이더라 마병대의 수는 이만만이니 내가 그들의 수를 들었노라

여기서 네 천사는 사람을 죽이기로 예비된 천사들이다. 일단 그들이 놓이면 사람들을 죽이게 된다. 하나님은 그들에게 사람을 죽이라고 할 필요가 없이 다만 놓아주시기만 하신다. 그러면 그들의 본성과 일이 사람을 죽이는 것이므로 죽이게 된다. '이만만'이란 이억이다. 엄청나게 많은 수이다. 유사 이래 말을 탄 이억의 군대가 동원되어 전쟁을 벌인 적은 없었다. 지금 우리나라 남북 인구를 다 합해도 1억이 안 된다. 일본 인구도 2억이 안 된다. 미국 인구가 3억 정도 될 것이다. 여기 동원되는 말은 아마도 러시아나 몽골이나 중국에서 나올 것이다. 최후의 전쟁은 기마부대의 전쟁이 될 것이라는 예언이다. 장래 기름이 떨어져서 기갑부대나 차량을 운행하지 못할 때가 올 것이다. 그때 말들은 뛰어난 전쟁 수단이 될 것이다. 말은 전쟁에 능하고 총이나 대포를 무서워하지 않는다. 중국을 생각해보라! 나는 10여 년 전에 중국 어느 성(省)에서 수많은 말을 키운다는 이야기를 들었다.

최근에 중국 티벳 지방에서 대규모 기마부대가 훈련을 가졌다는 이야기가 신문에 났다. 현대에 들어서는 매우 희귀한 일이다. 중국이야말로 장기적으로 미래를 내다보며 미래지향적 정책을 펴는 나라로 유명하다. 그들이 홍콩을 영국으로부터 환수받는 것이 그러하고 대만을 받아들여 통일하기 위한 포석도 그러하다. 그들은 절대 서두르지 않으며 백년대계를 내다보며 정치를 한다. 그들은 아마 우리 한국에 대한 포석도 이미 두고 있을 것이다. 북한도 자기들의 영토라고 생각할 것이다. 이러한 통합적 사고를 가진 기민한 정치인들의 견해가 장차 석유 에너지가 고갈되는 것을 예비하지 않을 리 없다. 그들은 말을 준비하여 기병대를 훈련시키고 있을지도 모른다. 그들은 오랜 세월 몽골 기마부대에게 공격을 받다가 만리장성을 쌓은 사람들이다. 그들이 현 시대에 몽골과 합작하여 수많은 말을 준비할 가능성은 얼마든지 있다. 그리고 온 세계의 강자가 되기 위해 이억의 대군을 만들 수 있는 것도 중국이다. 그들은 장래 온 세계를 중화민국의 통치 아래 넣을 생각을 하고 있을지도 모른다.

그러나 그들의 뜻은 이루어지지 않을 것이다. 그러기 전에 신성 로마제국이 온 세계의 제패자로 등장할 것이고 중국의 대단한 군사력도 그 적 그리스도의 정권 아래 들어갈 것이다. 이 마병대는 적 그리스도의 지휘를 받아 단시간에 수많은 사람을 죽일 것이다. 하나님의 예언은 예비되었다가 때가 찰 때 집행된다. 이때 삼분지 일의 사람들이 죽임을 당한다. 넷째 인까지 사분지 일의 사람들이 죽는 것은 이천 년 동안에 걸쳐 일어나지만 여섯째 나팔에 당시의 인류 삼분지 일이 죽는 것은 단시간에 일어난다.

17절, 이같이 이상한 가운데 그 말들과 그 탄 자들을 보니 불빛과 자주빛과 유황빛 흉갑이 있고 또 말들의 머리는 사자 머리 같고 그 입에서는 불과 연기와 유황이 나오더라

예사로운 인간 군대의 모습 같지 않다는 것이다. 어쩌면 이것은 현 시대 무기들로 장비한 군대 상태를 이천 년 전에 미리 본 것이 아니겠는가? 그리고 여기에 자줏빛과 유황빛 흉갑이 있다. 이런 모든 것은 당시에는 이해할 수 없는 것들이다. 유황은 화학물질이다. 불빛과 자주빛은 당시의 말로 표현하기 어려운 어떤 무기들이나 장비들로 무장했기 때문에 요한이 이렇게밖에 기록할 수 없었으리라 추측할 수도 있다. 이것은 어쩌면 화학물질이나 핵에 대한 것을 기록한 것일 수도 있다. 여기에 현대적인 것과 고대적인 것이 어우러져 있다. 말을 타고 전쟁하는 것은 고대적이지만 불과 연기, 유황 등의 화학 물질들은 현대적이다. 불빛과 자주빛과 유황빛 흉갑도 현대적이다. 이것은 이천 년 전에 쓰여진 성경이 얼마나 놀라운 일들을 담고 있나 하는 것을 생각하게 한다. 그런데 여기서 불과 연기와 유황은 다 지옥에 있는 것들, 무저갱에 있는 것들이다. 오늘날 첨단 무기 산업이 만들어낸 화학물질들과 핵 무기들은 결국 지옥의 내용물과 유사한 것이라는 얘기도 된다. 이것은 또한 다섯째 나팔의 무저갱의 분위기와 비슷하다. 지옥은 불과 유황으로 타는 못이다. 그 무저갱에서 연기가 많이 나온다. 그런데 이억의 마병대의 말들의 입에서도 불과 연기와 유황이 나오는 것이다. 그러므로 황충들이나 마병들이나 다 마귀의 군대라고 볼 수 있다. 그 악한 자에게 완전히 사로잡힌 군대인 것이다.

18절, 이 세 재앙 곧 저희 입에서 나오는 불과 연기와 유황을 인하여 사람 삼분의 일이 죽임을 당하니라

여기서 사람 삼분의 일이 불과 연기와 유황으로 죽임을 당했다고 했는데, 이것이 핵 전쟁이 아니겠는가? 당시로는 핵 구름을 연기라고 말하지 않겠는가? 히로시마에 투하된 원자탄도 우리가 보기에는 일종의 연기이다. 당시 무기라고는 활이나 칼밖에 없었는데 사람들이 연기로 죽고 유황으로 죽고 불로 죽는다는 것은 생각해본 적이 없었을 것이다. 오늘날 세계 곳곳에서 핵무기를 만들려고 혈안이 되어 있다. 미국에서는 핵을 감축해야 한다고 난리지만 일단 만들어놓은 핵을 어떻게 제하겠는가? 또 핵이란 자국의 세력과 관계가 있으니 과연 쉽게 없애겠는가? 일단 만들어진 핵이 사용되지 않고 그냥 소멸되리라고 보는가? 이것들이 다 이 시대를 마지막으로 몰고 가는 것이다. 그때에 이 일로 전 세계가 멸망하는 것은 아니고 사람 삼분의 일이 죽임을 당하게 된다. 지금 북한의 핵문제는 정말 심각한 문제가 아닐 수 없다.

19절, 이 말들의 힘은 그 입과 그 꼬리에 있으니 그 꼬리는 뱀 같고 또 꼬리에 머리가 있어 이것으로 해하더라

이들은 일반 병사들의 군사력만이 아닌 무언가 마귀적인 힘을 갖고 있다. 어쩌면 초자연적인 존재들일 것이다. 우리는 꼬리에 머리가 달린 존재를 본 적이 없기 때문에 상상하기가 어렵다. 나는 20년 전에 요한 계시록을 읽으면서 이것이 어떻게 생긴 것인지 한 번 그려보려고 했는데 잘 그릴 수가 없었다.

이 상황을 좀 더 이해하고 싶으면 신명기 28장 49-57절을 읽어보라. 거기 묘사된 상황이 바로 이때에 일어날 일을 보충 설명하는 듯하다. 그 부분은 모세가 예언한 것으로서 이스라엘 백성들이 당할 처참한 광경을 그리고 있다. 그것이 만일 핵을 사용하는 병사들의 그림이라면 후에 군대는 개개의 병사들이 핵으로 무장한다는 말이 된다. 즉 총이나 칼이 아닌 소형 핵 무기로 완전무장한다는 것이다. 결국 사람을 죽이는 것은 말을 탄 사람들이 아니라 말들의 입과 꼬리이다.

20-21절, 이 재앙에 죽지 않고 남은 사람들은 그 손으로 행하는 일을 회개치 아니하고 오히려 여러 귀신과 또는 보거나 듣거나 다니거나 하지 못하는 금, 은, 동과 목석의 우상에게 절하고 또 그 살인과 복술과 음행과 도적질을 회개치 아니하더라

20절과 21절을 볼 때 하나님께서 사람들에게 재앙을 내리시고 환난을 겪게 하시는 이유가 회개케 하시려는 것임이 분명하다. 베드로 후서 3장 8-9절을 읽어보자. “사랑하는 자들아 주께는 하루가 천 년 같고 천 년이 하루 같은 이 한 가지를 잊지 말라 주의 약속은 어떤 이의 더디다고 생각하는 것같이 더딘 것이 아니라 오직 너희를 대하여 오래 참으사 아무도 멸망치 않고 다 회개하기에 이르기를 원하시느니라”.

여기서 삼분의 일이 죽었는데 이들은 다섯째 나팔 때 회개를 했어야 했다. 다섯 달 동안 죽고 싶을 정도로 고통을 당했으면 회개를 할만도 한데 여전히 회개하지 않았다. 그래서 하나님은 할 수 없이 삼분의 일을 죽게 하셨다. 그렇게 하시고서 나머지 삼분의 이가 어떻게 하기를 바라시겠는가? 회개하기를 바라신다. 그런데 나머지 삼분의 이의 사람들도 회개를 하지 않는다. 그 손으로 행한 일이 무엇이었는가? 죄짓는 것이다. 사람들이 죽어 나자빠지는데 그런 상황에서도 하나님께 회개하는 것이 아니라 우상에게 절하고 귀신을 경배하더라는 것이다. 사실 우상은 천주교 속에도 가득하다.

나는 이탈리아를 여러 번 가보았는데, 거기는 천주교가 단연 우세하다. 그곳의 성당 안에는 각종 우상이 자리잡고 있다. 그 앞에 가서 향을 피우고 절한다. 이것이 다 우상숭배이다. 더 본질적으로 말하자면 맹목적인 복종, 맹목적인 신뢰는 다 우상숭배이다. 스펄전이 한 말이다. 설교자도 맹목적으로 믿지 말라. 성직자도 맹목적으로 믿지 말라. 그렇게 맹목적으로 따라가다가는 영원한 손실을 당할 것이라고 경고했다. 맹목적 신뢰는 악한 것이라는 말이다. 하나님을 따르는 것은 결코 맹목적으로 사람을 따르는 것이 아님을 알기 바란다. 나는 과거에 이러한 폐해를 많이 보았다.

또 21절에서는 그들이 살인과 복술과 음행과 도적질을 회개치 않는다고 했다. 복술은 일종의 귀신놀이이다. 어떤 사람들은 이 단어를 연구하고서 마약하는 것을 가리킨다고 말했다. 상당히 일리 있다고 생각했다. 마지막 때에 이 땅에서 굉장히 문제 되는 것이 마약일 것이다. 요즘 신문을 보면 우리나라 청소년들도 마약 때문에 문제가 심각하다. 인기 연예인들도 마약 때문에 아주 곤욕을 치른다.

또 도적질이 있는데, 오늘날 어떤 사업은 내가 볼 때 도적질하는 것이다. 가장 좋은 것은 자기 손으로 일해서 깨끗하게 밥 한 그릇 먹는 것이다. 남에게 사기치는 일은 결코 하지 말아야 한다. 심지어 사역을 하더라도 직업을 갖는 것이 좋다. 왜 그런가? 남의 것을 불로소득하면 그것도 도적질의 일종이기 때문이다. 예수님은 그러한 자들에 대해 뭐라고 하셨는가? 강도라고 하셨다(마 21:13 참조). 우리는 성도로서 직업의 대전환을 갖기 바란다. 우리 일에 도적질의 성분이 있다고 생각되면 지금부터 처리하기 바란다. 성도들은 모든 것이 깨끗해야 한다.

10 장

1절, 내가 또 보니 힘센 다른 천사가 구름을 입고 하늘에서 내려 오는데 그 머리 위에 무지개가 있고 그 얼굴은 해 같고 그 발은 불 기둥 같으며

사실 말씀의 순서로 보면 10장에서는 일곱째 나팔을 부는 것이 나와야 하는데 다른 장면이 나온다. 우리는 7장에서도 여섯째 인과 일곱째 인 사이에 삽입되는 어떤 상황을 보았다. 여기 여섯째 나팔과 일곱째 나팔 사이에도 뭔가 조금 설명하는 것이 있는데, 그것이 10장과 11장 전반부의 내용이다.

"내가 또 보니 힘센 다른 천사가". 이 힘센 다른 천사는 모습이 1장에 나오는 인자이신 예수 그리스도와 유사한 점이 많다. "그 얼굴이 해 같고 그 발은 불기둥 같으며"는 1장 13-16절의 "촛대 사이에 인자 같은 이가…그의 발은 풀무에 단련한 빛난 주석 같고…그 얼굴은 해가 힘 있게 비취는 것 같더라"에서 묘사된 예수님의 모습과 흡사하다. 또 여기 나오는 힘센 다른 천사는 그 머리 위에 무지개가 있는데 무지개는 하나님의 보좌에서 볼 수 있는 것이다(4:3).

그러면 왜 그리스도를 각각 다른 이름으로 칭했을까? 그것은 그 하시는 일에 따른 것이다. 1장에 나오시는 예수 그리스도는 교회를 돌보는 분이시다. 에베소 교회 시대부터 라오디게아 교회 시대까지, 즉 교회 시작부터 주님의 재림 직전까지 교회를 돌보시는 그리스도는 인자이시다. 오늘 교회인 우리는 대제사장이신 인자 예수의 돌봄을 받고 있다. 그런데 여섯째 나팔의 재앙이 마쳐진 뒤, 이제 곧 일곱째 나팔을 불려고 하는 이때는 교회 시대, 은혜 시대가 마감되고 왕국 시대가 막 개시되려는 때이다. 다시 구약 시대로 돌아간 것이다. 이때는 공의의 시대요 심판의 시대이다.

그러므로 이때 예수 그리스도는 교회를 돌보고 공급하시는 인자 예수로 오시는 것이 아니라 죄인을 심판하고 세상을 심판하고 모든 악을 징벌하시고 선한 자들에게 상을 주시는 심판자로 오시는 것이다. 그렇기 때문에 그분의 이름이 다른 천사 곧 하나님의 보내신 자이다. 그분은 천사는 천사인데 다른 천사이다. 일반 천사들과는 다른, 힘 있는 천사로서 그분은 분명 그리스도시다. 그 위에 무지개가 있다는 것은 그분이 심판주로 이 땅에 오실 때에도 그분의 언약을 기억하신다는 것이다. 그분은 그분의 언약을 신실하게 지키시는 가운데 심판을 집행하실 것이다. 그분은 심판을 행하실 때 그분의 피로 세운 언약을 결코 무효화하지 않으신다. 그분은 그분의 입으로 하신 언약의 말씀을 기억하시고 그 말씀대로 심판하시는 신실한 하나님이시다.

또 여기 '다른 천사'가 구름을 입었다고 했는데, 그리스도께서 이 땅에 지상 재림하실 때 구름을 타고 오신다고 기록되어 있다. 그러나 이때까지는 아직 공개적으로 구름을 타고 계시지는 않고 아직 구름에 가리워져 계신다. 공중 재림 시점이지 지상재림의 시점은 아니라고 본다. 따라서 주님의 재림의 시점은 마태복음 24장 29-30절에 "그 날 환난 후에 즉시 해가 어두워지며 … 그 때에 인자의 징조가 하늘에서 보이겠고"라고 하는데 이 시점과 계시록 10장의 시점은 일치하는 점이 있다. 이제 11장 15절에 마지막 나팔이 울려퍼지기 직전이며 주님의 지상재림은 임박하였다. 아직은 구름을 탄 것이 아니라 구름을 입은 모습이다. 또 '다른 천사'가 하늘에서 내려온다고 했는데, 그분은 하늘에서 보내심받은 분으로 심판하기 위해 내려오고 계신다. "그 머리 위에 무지개가 있고 그 얼굴은 해 같고 그 발은 불기둥 같으며". 기둥은 견고한 것을 말하고, 불은 공의롭고 거룩한 것을 말한다. 그리스도는 공의롭고 거룩하고 견고한 그 발로 바다와 땅을 밟으신다.

2절, 그 손에 펴 놓인 작은 책을 들고 그 오른발은 바다를 밟고 왼발은 땅을 밟고

'작은 책'이 어떤 책인가에 대해서는 학자들 간에 의견이 분분하다. 그러나 이 작은 책이 중요한 책임에는 분명하다. 이 책이 중요하지 않다면 왜 주님이 오시기 직전에 이 책을 요한에게 주시면서 먹으라 하시고 예언하라고 하셨겠는가? 이 책은 5장 1절에서 하나님이 가지셨던 책이다('보좌에 앉으신 이의 오른손에 책이 있으니 안팎으로 썼고 일곱 인으로 봉하였더라'). 왜냐하면 요한이 그 책을 먹고 예언한 내용이 5장 1절의 책 내용과 일치하기 때문이다. 요한은 그 책을 받아먹고 예언하였으며 그 예언의 내용은 이후의 계시록의 내용이다. 그러므로 이 작은 책은 5장의 책과 동일한 것이라고 보아야 한다. 동일한 책인데 왜 작은 책이라고 하였는가? 그것은 일곱 인 중 대부분이 거의 다 이루어졌기 때문이다. 이제는 작은 부분만 남아 있다는 말도 된다.

일곱째 인이 떼어졌고 그것의 내용인 일곱 나팔 중 이미 여섯째 나팔까지는 이루어졌다. 이제 마지막 부분인 일곱째 나팔만 남아 있다. 그래서 일곱째 나팔부터 마지막까지의 부분이 지금 작은 책으로 언급된 것이라고 보아야 한다. 즉 작은 책은 일곱째 나팔의 내용이 적힌 것이라고 본다. 그러면 그 작은 책, 즉 일곱째 나팔에 포함된 내용은 무엇인가? 계시록 12장부터 22장까지, 새 예루살렘까지라는 것이 그 답이다. 12장 이후부터 이루어질 모든 역사가 예수님이 가지신 작은 책 속에 포함되어 있다. 주님은 지금 그 책을 들고 계신다. 그 책 속에 모든 복음의 비밀이 완성되는 내용이 들어 있다.

"그 손에 펴 놓인"이란 책이 펼쳐져 있다는 말이다. 인을 다 떼셨으므로 펼쳐져 있는 것이다. 또 펼쳐져 있다는 것은 누구든지 알 수 있다는 의미이다. 일곱째 인 전까지는 아직 책이 다 펴지지 않았다. 일곱째 인은 일곱 나팔을 포함하고 있는데, 마지막 일곱째 나팔을 불어야 비밀이 완전히 나타나는 것이다. 다니엘서 당시에는 이 비밀이 인봉되어 있었다(단 12:9). 이제 재림하실 주님은 이 책을 더 이상 인봉하지 말라고 하신다(계 22:10).

그 '다른 천사'는 오른발로는 바다를 밟고 왼발로는 땅을 밟았다. 얼마나 크신 분인가? 그리스도는 크신 분이다. 그 어떤 사람이 한 발로는 바다를 밟고 또 한 발로는 땅을 밟고 서 있을 수 있겠는가? 머리는 하늘을 향하여 있고, 두 발로는 바다와 땅을 밟고 서 있다. 오늘날 사람들은 이 땅의 사물들을 볼 뿐이지만 사도 요한은 영적인 눈이 열려서 우리 육신적인 사람들이 보지 못하는 영적 세계의 신기한 모습을 보았다. 어떠한 모습인가? 이 땅에는 주인이 있다는 것이다.

사람들은 이 땅의 실제적인 주인이 있다는 것을 보지 못한다. 땅을 발로 밟았다는 것은 그 땅이 그 밟은 사람의 소유라는 뜻이다. 여호수아서를 보면 이스라엘이 가나안 땅에 들어갔을 때 주님이 여호수아에게 너희가 발로 밟은 곳마다 너희 소유가 될 것이라고 하셨다. 여기에 한 발로는 바다를 밟고 또 한 발로는 땅을 밟고 서 있는 분이 있다. 그런데 그분의 발이 불기둥 같다. 불기둥 같은 발로 밟았다는 것은 먼저는 심판을 의미한다. 그분은 다만 소유하시는 것이 아니라 심판하신 후에 소유하시는 것이다.

11장 15절에 가면 일곱째 나팔이 울려 퍼진다. 12장부터는 이 땅에서 대환난이 어떻게 이루어지는가가 나온다. 어떻게 이 땅에 일곱 대접, 하나님의 진노의 대접이 부어지는가, 어떻게 이 땅이 심판을 받으며, 특히 그 가운데 바벨론이 어떻게 심판을 받으며, 그런 다음 사탄과 거짓 선지자와 적그리스도가 어떻게 심판을 받으며, 어떻게 왕국과 영원한 나라가 임하는가를 보여준다. 그 내용이 여기 예수 그리스도께서 가지신 작은 책의 내용이다. 우리는 이 작은 책을 신비롭게 다른 방법으로 해석하는 것을 찬성하지 않는다. 성경은 성경으로 해석하는 것이 가장 안전하다(성경유비, analogia scriptura). 주님은 이러한 상황에서 손에 작은 책을 들고 바다와 땅을 발로 밟고 계신다. 하늘과 땅을 소유하기 위해 심판하실 것을 예고하시는 것이다. 그리고 더 많은 사람들이 회개하고 그분의 영원한 나라에 들어오기를 기대하신다.

3절, 사자의 부르짖는 것같이 큰 소리로 외치니 외칠 때에 일곱 우레가 그 소리를 발하더라

전능자의 목소리이다. 사자의 표호하는 소리를 들어보았는가? 짐승 중에 가장 위엄이 있고 강한 음성이다. 시편 29편을 보면 전능자의 목소리가 나온다. "여호와의 소리가 물 위에 있도다 영광의 하나님이 뇌성을 발하시니 여호와는 많은 물 위에 계시도다 여호와의 소리가 힘 있음이여 여호와의 소리가 위엄차도다 여호와의 소리가 백향목을 꺾으심이여 여호와께서 레바논 백향목을 꺾어 부수시도다 … 여호와의 소리가 화염을 가르시도다 여호와의 소리가 광야를 진동하심이여 여호와께서 가데스 광야를 진동하시도다 여호와의 소리가 암사슴으로 낙태케 하시고 삼림을 말갛게 벗기시니 그 전에서 모든 것이 말하기를 영광이라 하도다"(3-9절).

여기서 '여호와의 소리'가 일곱 번 나온다. "사자의 부르짖는 것같이 큰 소리로 외치니 외칠 때에 일곱 우레가 그 소리를 발하더라". 이것은 전능자의 음성이다. 요한복음 12장 29절, "곁에 서서 들은 무리는 우레가 울었다고도 하며 또 어떤 이들은 천사가 저에게 말하였다고도 하니". 하늘에서 나는 아버지 하나님의 소리가 우레가 우는 것 같다고 했다. 이것을 보아서도 그리스도께서 곧 하나님이심을 알 수 있다. "외칠 때에 일곱 우레가 그 소리를 발하더라". 외침에 대한 응답으로 일곱 우레가 소리를 발한 것이다.

4절, 일곱 우레가 발할 때에 내가 기록하려고 하다가 곧 들으니 하늘에서 소리 나서 말하기를 일곱 우레가 발한 것을 인봉하고 기록하지 말라 하더라

여기서 일곱 우레가 발할 때에 그 소리는 우레가 울리는 것 같으면서도 거기에 뜻이 있었다. 주 예수께서도 우레가 우는 것 같은 기도를 하셨고 그 의미는 "아버지의 이름을 영광스럽게 하옵소서"라고 기도하셨는데 하늘에서 소리가 났다. "내가 이미 영광스럽게 하였고 또 다시 영광스럽게 하리라" 한 내용이다. 당시 제자들은 그 우레같은 소리만이 아니라 그 말소리도 안 것이다. 요한은 하늘에서 우레같은 소리를 듣고 그것을 기록하려고 했다. 그때 하늘에서 소리가 났다. "일곱 우레가 발한 것을 인봉하고 기록하지 말라". 그러므로 그것이 무슨 내용인지는 요한밖에 모른다. 그러나 일곱째 나팔이 울릴 때 모든 비밀이 다 나타나게 되므로 그때는 다 알게 된다.

"인봉하고 기록하지 말라"고 하신 것은 하나님이 보여주셨지만 기록하지 말아야 할 것이 있다는 말이다. 또 하나님이 보여주셨지만 말해서는 안 될 것도 있다. 사도 바울은 고린도 후서 12장의 체험을 14년간이나 말하지 않고 있었다. 아무것이나 보았다고 곧바로 말하고, 들었다고 곧 말하는 사람은 주의 종이 될 자격이 없다. 무엇이든지 주님이 시키시는 대로 하는 사람이 가장 충성된 종이다.

5-6절, 내가 본바 바다와 땅을 밟고 섰는 천사가 하늘을 향하여 오른손을 들고 세세토록 살아계신 자 곧 하늘과 그 가운데 있는 물건이며 땅과 그 가운데 있는 물건이며 바다와 그 가운데 있는 물건을 창조하신 이를 가리켜 맹세하여 가로되 지체하지 아니하리니

여기에 커다란 맹세 선서식이 있다. 그리스도께서는 마치 선서하시듯이 오른손을 들고 하늘을 향하여 맹세하신다. '맹세'라는 말은 신약에서는 사용하지 않는 말이다. 신약에서는 도리어 주님이 맹세를 하지 말라고 하셨다(마 5:33-37 참조). 그러므로 다시 한 번 말하지만 이때는 이미 은혜 시대가 끝나고 구약의 이스라엘 시대로 돌아온 때이다. 그렇기 때문에 여기 맹세가 있는 것이다.

하나님 아버지(성부)에 대해서 "세세토록 살아계신 자 곧 하늘과 그 가운데 있는 물건이며 땅과 그 가운데 있는 물건이며 바다와 그 가운데 있는 물건을 창조하신 이"라고 묘사한다. 하나님은 하늘에 있는 창조물들과(주로 천사들을 가리킬 것이다) 땅에 있는 모든 피조물들(그 중심은 사람이다), 그리고 바다와 그 가운데 있는 것들(그 중심은 귀신들인데 원래의 피조물이 타락하여 된 존재이다)을 지으신 분이다. 하나님은 영원 전부터 삼위일체이시다. 어떤 이단들은 하나님께서 오직 이 땅에 세상의 구원을 위해 오시기 위해 삼위가 구분되었다고 하는데 이것은 잘못된 말이다. 그분은 창세전에도 영원 후에도 여전히 성 삼위의 구분이 있으시다.

그리스도께서 손을 들고 말씀하시는 내용은 무엇인가? 간단하게 "지체하지 아니하리라(Delay no longer)!"는 것이다. 무엇을 지체하지 않으시겠다는 말인가? 심판과 재림이다. 그분은 이제 곧 오시겠다고 하신다. 이것은 신약에서 가장 큰 예언이요 가장 중요한 일이다! 일곱째 나팔이 울리기 전 그리스도는 성부를 향하여 큰 맹세를 하신다—"지체하지 않겠습니다!" 우리는 이 말씀을 보면서 깊은 인상을 받게 되는데, 그것은 하나님께서 이 세상을 그렇게까지 사랑하시는가 하는 것이다. 그렇게 오래 참으셨으면 이제 오셔서 그냥 심판하시면 된다. 그런데 말씀하시고 또 말씀하시고 또 말씀하신다. 이제는 막판에는 하늘을 향하여 손을 들고 맹세까지 하시면서 성부이신 창조자 하나님께 "더 이상 지체하지 않겠습니다!"라고 하시는 것이다. 아들이 아버지를 향하여 보내심받은 위치에서, 그 사자(the angel)의 위치에서 말씀하시는 것이다. 그런데 그것을 요한에게 보여 주셔서 사람들로 하여금, 성도들로 하여금, 특히 주를 사랑하는 자들로 하여금 알게 하고자 하신다. 왜인가? 우리를 너무나 사랑하시기 때문이다. 이제 더 이상 시간이 없으니 너희가 어떻게 할 것인지 생각해보라는 것이다. '지체하지 않으리라'는 말이 원문에서 '더 이상 시간이 없다'라는 뜻이다. '이제 곧 모든 것은 끝난다. 그럼 너희는 어떻게 해야 되겠느냐?'고 알려주시는 것이다. "지체하지 않으리라"는 말씀은 그분의 크신 사랑의 표시이다. 그분은 지금까지 수천 년 간 기다리셨다. 하나님께서는 그분에 대한 공격, 반대, 거역, 비방을 다 참으셨다. 그분의 뜻을 좌절시키는 수많은 궤휼들을 참으셨다. 그분의 위대한 인내의 능력으로 참으신 것이다. 그러나 이제 그분은 우주를 향해 선포하신다. "지체하지 않으리라!"

7절, 일곱째 천사가 소리 내는 날 그 나팔을 불게 될 때에 하나님의 복음의 비밀이 그 종 선지자들에게 전하신 복음과 같이 이루리라

'일곱째 천사가 나팔을 부는 날'에서 이 '날(days)'은 복수이다. 즉 일곱째 천사가 나팔을 부는 날은 하루가 아니라 여러 날로서 그 행위가 계속되는 것을 가리킨다.

"하나님의 비밀이 그 종 선지자들에게 전하신 복음과 같이 이루리라". 하나님의 비밀이란 사실 복음이다. 하나님께서는 이미 선지자들을 통해서 그분의 비밀을 말씀하셨다. 구약의 내용, 많은 선지자들이 한 말이 사실 그분의 복음의 비밀이다. 그리고 신약에도 '하나님의 비밀인 그리스도', '영광의 비밀 곧 너희 안에 계시는 그리스도', '이 비밀이 크도다 내가 그리스도와 교회에 대하여 말하노라' 등의 표현이 있다. 이와 같이 하나님께서 일곱째 나팔이 울릴 때 성취하시는 일들은 다 선지자들을 통해서 이미 말씀하신 것들이다. 이 모든 사실을 생각할 때 우리는 성경에 기록된 말씀이 너무나 중요하다는 것을 새삼스레 깨닫는다.

11장 15절을 보면 일곱째 천사가 나팔을 부니 하늘에 큰 음성이 났다고 말했다. 일곱째 천사가 나팔을 불면 선지자들로 하여금 말해낸 모든 비밀이 더 이상 비밀이 아니게 된다. 요한 계시록은 감추어졌던 복음의 비밀들을 드러내는 책이다. 이 작은 책을 통해서 하나님의 마지막 계획이 다 드러난다. 모든 사람이 다 알게 되는 것이다. 그 중에서도 가장 큰 비밀은 그리스도의 재림이요 그분의 왕국의 임함이다. 이 시대에는 아직도 감추인 일들이 많이 있다. 그러나 언젠가는 더 이상 비밀이 없이 다 펼쳐지게 되는데, 이를 위해 심판(일곱 인과 일곱 나팔)이 필요한 것이다. 이 세상이 참혹한 심판을 거쳐서 결국 주와 그리스도의 나라가 되는 것은 비밀이 온전히 이루어지는 것과 관계있다. 오늘 날 온 세계의 전쟁과 온갖 어려움과 혼란의 이유를 우리는 다 이해할 수 없다. 그러나 한 가지 분명히 말해주는 말씀이 있다. 그것은 성경이다. 모든 것은 결국 하나님의 심판과 그리스도의 재림으로 귀결된다.

8절, 하늘에서 나서 내게 들리던 음성이 또 내게 말하여 가로되 네가 가서 바다와 땅을 밟고 섰는 천사의 손에 펴놓인 책을 가지라 하기로

요한과 같이 주님의 말씀을 들을 수 있는 위치에 있는 사람은 말씀을 듣고 또 듣게 되어 있다. 여러분이 만일 주 안에서 변함없이 치우치지 않고 길을 가면, 또 주님이 정하신 위치에 있고 올바른 각도에 서 있으면 주님이 한 번 음성을 들려주시고 그치는 것이 아니라 계속 들려주시게 된다. 요한은 1장에서 음성을 들었을 뿐 아니라 계속해서 듣고 있다.

"하늘에서 나서 내게 들리던 음성이 또 내게 가로되 네가 가서 바다와 땅을 밟고 섰는 천사의 손에 펴 놓인 책을 가지라 하기로". 이런 말씀을 읽을 때 우리는 이해하기가 어렵다. 그 중요한 책을, 아무리 요한 사도가 특권을 얻었다 하기로 그에게 주다니! 그렇게 위대하신, 힘센 다른 천사로 오신 그리스도께서 작은 사람 요한에게 그 책을 주다니! 또 요한은 감히 가서 달라고 하다니! 그런 것을 생각하면 하나님은 사람에게 참 친밀하신 분임을 느낄 수 있다. 또한 하나님은 사람을 우대하신다. 그분의 종에게 모든 비밀을 알려주시고 전하게 하신다.

9절, 내가 천사에게 나아가 작은 책을 달라 한즉 천사가 가로되 갖다 먹어버리라 네 배에는 쓰나 네 입에는 꿀같이 달리라 하거늘

"내가 천사에게 나아가". 밧모섬에서 고독하게 있는 요한이 바다와 땅을 밟고 서 있는 분에게 어떻게 나아갔을까? 고린도 후서 12장의 바울처럼 몸 안에 있었는지 몸 밖에 있었는지 알 수 없는 상태일 것이라고 생각된다.

"작은 책을 달라한즉 천사가 가로되 갖다 먹어 버리라". 이해하기 어렵다. 그냥 주시는 것이 아니라 갖다 먹어버리라고 하셨다. 그러시면서 "네 배에는 쓰나 네 입에는 꿀같이 달리라"고 하셨다.

10절, 내가 천사의 손에서 작은 책을 갖다 먹어버리니 내 입에는 꿀같이 다나 먹은 후에 내 배에서는 쓰게 되더라

요한은 주님께서 하라시는 대로 했다. 이 책은 먹는 책이다. "작은 책을 먹으니 내 입에는 꿀같이 다나 먹은 후에 내 배에서는 쓰게 되더라". 이것은 모두 영적인 세계에서 이루어진 일들이기 때문에 단지 문자적으로만 해석할 수는 없다. 그러나 이 세상 사물들이나 사건들이 사실이듯이 이것도 사실이다. 이는 분명 요한이 그 책의 내용을 계시받았다는 것을 의미한다. 그런데 그 맛이 입에는 꿀같이 달지만 배에서는 썼다. 이것은 특히 요한 계시록의 말씀이다. 12장부터의 말씀은 정말로 잘 먹으면 꿀같이 달다. 그러나 거기 있는 심판은 참혹한 것이므로 쓰다.

11절, 저가 내게 말하기를 네가 많은 백성과 나라와 방언과 임금에게 다시 예언하여야 하리라 하더라

"다시 예언하여야 하리라". 지금까지 예언했는데 다시 예언해야 한다는 뜻이다. 그러면 어떤 내용을 예언하는가? 그 작은 책에 들어 있는 내용, 그가 먹은 내용이다. 그 맛이 어떠한가? 입에는 꿀같이 달지만 배에 들어가서는 아주 쓰다. 바로 그 내용을 다시 예언해야 한다는 것이다 그 내용은 주로 일곱째 나팔의 내용으로서 12장부터 계시록 마지막까지를 포함하는데, 거기에는 참혹한 심판이 들어 있다.

이 말로 보아 계시록이 두 단락으로 되어 있음을 알 수 있다. 지금까지 예언한 것이 한 단락이고, 지금부터 다시 예언하는 것이 또 하나의 단락이다. 1장부터 11장까지가 한 단락이고 12장부터 22장까지가 또 하나의 단락인 것이다. 두 번째 단락인 12장부터의 내용 속에는 큰 심판들이 들어있다. 일곱 인과 일곱 나팔의 심판은 책을 펴기 위한 수단으로써 왕국과 영원 세계를 이끌어온다.

하나님의 말씀을 받을 때에는 달다. 그러나 그것을 실행할 때에는 엄청난 괴로움이 따른다. 그래서 배에서는 쓰다고 한 것이다.

여기서 나는 예언에 대해서 조금 이야기하겠다. 고린도 전서 14장에서 사도 바울은 고린도 성도들에게 예언하기를 사모하라고 했다. 예언은 교회의 덕을 세운다고 했다. 그래서 신약의 믿는이들은 그리스도의 몸을 건축하기 위해서 예언의 은사를 사모해야 한다는 것이다. 예언한다는 것은 다만 미래에 이루어질 것들을 미리 말하는 것만이 아니라(그것도 물론 예언이다) 하나님의 말씀을 말해내는 것이다. 신약의 예언은 하나님의 뜻, 하나님의 말씀을 말해 내는 것을 중심 삼는다. 하나님의 뜻을 말하는 것이며, 하나님을 대신해서 말하는 것이다. 이것이 바로 예언의 성격이다. 그런데 우리는 여기서 사도 요한이 어떻게 예언했는가를 보면서 그 예언하는 길에 대해 도움을 받을 수 있다.

첫째로, 예언자는 하나님의 말씀에 대해서 수동적이어서는 안 되고 적극적이어야 한다. 주님은 요한에게 그 책을 달라고 하라고 하셨다. 주님은 은혜로우시기 때문에 그냥 우리에게 말씀을 주시면 될 텐데 그렇게 하지 않고 천사의 손에 있는 작은 책을 달라고 하라고 하셨다. 그래서 요한은 가서 "그 책을 주십시오."라고 했다. 그러므로 예언자가 되고 싶으면, 예언의 은사를 사모한다면 적극적으로 주님의 말씀을 달라고 해야 한다. 이것은 중요한 것이다. 하나님의 말씀이 있지만 수동적인 자세를 취하고 있으면 얻지 못한다. 이 말씀을 달라고 하는 능동적인 영이 있어야 한다. 그러한 영을 가지고 있는 자는 책을 많이 읽을 것이다. 그리고 그 말씀 속에서 주님이 하시고자 하는 것을 알려 달라고 기도할 것이다. "하나님, 저는 알아야 합니다. 저에게 알려 주십시오." 그렇게 하지 않으면 좋은 예언자가 될 수 없다.

둘째는 반드시 그것을 가져다 먹어야 한다. 이것은 남이 먹여주는 것과 다르다. 자신이 갖다가 먹는 것이다. 또 어떤 음식물을 먹었다는 것은 그 음식이 나의 존재가 되는 것이다. 우리 속에서 소화되고 흡수되어 우리 존재가 되는 것이다. 이와 같이 하나님의 말씀을 먹는 것은 그 말씀이 우리의 존재가 되고 우리의 조성 성분이 되는 것이다. 그렇게 말씀을 취하지 않으면 예언하는 사람으로서 자격이 구비되지 못한다.

루터와 칼빈의 이야기를 좀 하겠다. 마틴 루터는 종교 개혁을 일으킨 사람으로 하나님께 귀히 쓰임받은 종이다. 그는 1507년 5월 2일에 신부로 세워졌는데 당시에는 말씀을 잘 몰랐다. 하나님의 진리를 잘 몰랐기에 당시 로마를 지성소와 같이 거룩한 성으로 여겼다. 그래서 그곳에 한 번 가는 것만으로도 커다란 축복이라고 생각하고 1511년에 알프스 산을 거쳐(그는 독일에 살았다) 롬발디 평원을 지나 로마로 갔다. 그때는 차도 없고 비행기도 없으니 얼마나 힘들었겠는가? 그럼에도 그는 로마에 가야, 즉 지성소에 가야 하나님의 임재를 얻을 수 있다고 생각하여 강한 뜻을 품고 갔는데 도중에 볼루기아에서 병이 들고 말았다. 그곳에서 치료를 받다가 "의인은 믿음으로 말미암아 살리라"는 말씀을 듣고 깨닫게 되었다. 이전에 비텐부르크 대학에서 로마서를 가르치다가 동일한 구절에 대해 강한 느낌을 받은 적이 있었지만 그때만 해도 그 말씀이 그리 분명하게 다가오지 않았었다. 그 후 '거룩한 사다리'를 올라가게 되었는데(그것은 당시 천주교가 그렇게 하면 15년 간 지은 죄가 사해진다고 했기 때문이었다) 그가 그 사다리를 올라가는 도중 다시 이 말씀—"의인은 믿음으로 말미암아 살리라"—이 강하게 느껴졌다. 그때부터 그는 로마 천주교의 유전을 버리고 하나님의 말씀대로 예수 그리스도를 올바로 믿기 시작했다.

이 한 구절 말씀이 루터라는 사람 속에 조금씩 조금씩 새겨져서 그의 존재가 된 것이다. 그리고 그는 이 진리를 선포하기 시작했다. 당시 예언자 루터는 그렇게 해서 종교 개혁의 도화선이 되었던 것이다.

칼빈은 1527년 경, 어느 날 파리에서 어떤 곳을 지나가다가 신부(神父)들과 병정들과 시민들이 모여서 신교도 한 사람을 불태워 죽이는 것을 보았다. 그는 그 화형당하는 성도가 너무나 평안하고 기쁘게 죽는 것을 보고 혼자 마음에 생각하기를 '불에 타 죽는 저 성도는 어떻게 저리도 평화를 가졌는가! 나는 그런 평화가 없는데… 그는 용감하게 불에 태워지는구나. 그는 어떻게 그토록 무서운 일 가운데서도 담대한가? 그렇다! 내 친척 올리베탕의 충고대로 성경을 상고하자. 나도 새 길을 찾아보자!' 하고 성경을 펴보았다. 그는 성경을 읽는 중 너무도 두려움을 느꼈다. 그는 자신의 죄감(罪感)에 부딪혀 견딜 수 없었다. 그의 주위에 헤아릴 수 없이 깊은 구덩이가 열리는 듯했다. 너무 두려워서 읽기를 중지하려다가 계속하여 읽을 때 그리스도께서 고난당하신 광경을 절실히 깨닫게 되었다. 그리고서 마음에 평안을 얻었다. 그가 성경에서 복음을 깨닫고도 마음에 아직 걱정이 되는 것은 로마 교회에서 떠나는 문제였다. 로마 교회에서 떠나는 것은 마치 자기 이름을 책에서 갉아내버리는 것처럼 무서웠다. 그는 고심했다. '어떻게 저 굉장한 교회를 떠나서 내던져진 몇 사람들과 함께 가지?' 그러나 그는 결국 성경으로 그 문제를 해결하였다. 그는 이렇게 결론을 지었다. "진리가 없는 곳에는 교회가 없다. 로마 교회에는 어리석은 발명과 거짓과 우상의 의식(儀式)을 기초로 하는 단체이기에 교회라고 할 수 없다." 그는 결국 종교 개혁의 선봉이 되었다. 그는 한 평생 성경을 유일한 신앙 근거로 가지는 신학자로서 주님을 위하여 충성하였다.

그가 세상을 떠나기 전 8일 동안 계속 기도했으며 또 임종시 거듭거듭 외운 구절이 "생각건대 현재의 고난은 장차 우리에게 나타날 영광과 족히 비교할 수 없도다"였는데, 마지막으로 외울 때 채 마치지 못하고 숨을 거두었다고 한다.

여기서 우리는 루터나 칼빈 같은 사람들이 어떻게 해서 하나님께 크게 쓰임을 받았으며 하나님의 말씀을 말해 내는 선지자의 기능을 했는지를 보게 된다. 그것은 종교와 전통에 찌든 시대에라도 그들이 오직 하나님의 말씀만을 받아들였기 때문이다. 그들은 그것을 받아먹었다. 즉 그 말씀들을 자기 몸의 성분처럼 되게 한 것이다. 그 결과 그들은 그러한 말씀을 사람들에게 말해내는 도구로 하나님께 사용되었다.

오늘날도 동일하다. 어떻게 우리가 선지자의 기능을 할 수 있는가? 다른 길이 없다. 말씀을 먹어야 한다. 발씀을 지키려고 하는 사람, 순종하려고 하는 사람, 말씀의 권위를 최고도에 두는 사람들이 결국 예언자가 되는 것이다. 말씀대로 사는 사람, 말씀을 지키고자 하는 사람들이 말씀을 먹는 자이다. 그리고 그러한 사람들이 결국 예언을 하게 된다. 그 말씀이 자기의 존재가 되었기 때문에 그러한 사람들이 하는 말은 사람들에게 영향력을 주어 사람을 바꾼다. 나의 간증을 하겠다. 결코 말씀을 하루 아침에 깊이 이해하게 되지 않는다. 수년을 계속해서 보고 또 보고 먹고 또 먹고 할 때 나의 조성이 됨을 느꼈다. 많은 세월이 필요하다. 나는 성도들에게 말씀을 위해 시간을 더 내어야 할 필요를 강조하고 싶다. 열 번 스무 번 읽고 또 읽고 묵상하고 또 묵상할 때 어느 새 말씀은 내 속의 성분과 내용이 된다.

셋째로, 선지자는 그 말씀의 맛을 먼저 보게 되어 있다. "네 입에는 달지만 네 배에서는 쓰게 되리라". 하나님께서 어떤 사람들을 세워서 선지자로 사용하시려면 그 말씀이 그의 조성이 되게 하실 뿐 아니라 먼저 말씀의 맛을 보게 하신다. 그런 다음에 그로 하여금 말해내게 하신다. 나는 여러분이 이렇게 말씀을 중심 삼는 성도들이 되기를 바란다. 주님의 한 말씀을 깨닫는 것이 천하보다 귀하다. "네가 많은 백성과 나라와 방언과 임금에게 다시 예언하여야 하리라". 주님은 이렇게 말씀을 소화해서 체험한 성도로 하여금 많은 사람에게 예언하게 하신다.

9장 14절을 강해할 때 이미 말했지만 그리스도의 마지막 심판은 유대인만이 아니라 많은 백성과 나라와 방언과 임금에게 미치게 된다. 어떤 사람들은 계시록에 기록된 환난이 오직 유대인에게만 해당된다고 생각한다. 그러나 그렇지 않다는 증거가 이 한 절에도 있다. 여기서 요한이 작은 책을 받아먹은 후에 하게 될 예언은 분명 일곱째 나팔의 대접의 내용이 되는 재앙을 포함한다. 요한은 이 예언을 많은 백성과 나라와 방언과 임금에게 해야 했다(네가 많은 백성과 나라와 방언과 임금에게 다시 예언하여야 하리라). 이 말씀을 오늘날 모든 나라, 모든 백성에게 들려주어야 할 이유가 여기에 있다.

11 장

11장은 계시록 전체 22장 중에서 가장 중요하고 또 이해하기가 쉽지 않은 장이다. 그러나 여러분이 말씀을 경청하고 주목한다면 이해할 수 있을 것이다. 이 부분도 거룩한 하나님의 말씀이요 우리의 양식이므로 이해하고 받는다면 축복이 될 것이다.

1-2절, 또 내게 지팡이 같은 갈대를 주며 말하기를 일어나서 하나님의 성전과 제단과 그 안에서 경배하는 자들을 척량하되 성전 밖 마당은 척량하지 말고 그냥 두라 이것을 이방인에게 주었은즉 저희가 거룩한 성을 마흔 두 달 동안 짓밟으리라

이것은 무슨 말씀인가? 이 두 구절의 말씀은 이해하기가 쉽지 않다. 한 구절에 하늘과 땅의 두 다른 영역이 포함되어 있다. 계시록 중반부에 이를 때 가장 많이 나오는 말씀이 마지막 대 환난에 관한 것이다. 주님은 십자가에서 죽으시기 전에 제자들에게 이 세상 끝에 있을 일들을 많이 말씀하셨다. 계시록에도 동일하게 이 시대 끝에 일어날 가장 참혹한 환난—3년 반 동안 있게 될 대 환난—때의 일을 많이 기록하고 있다. 또 대환난이 있은 후에 예수 그리스도께서 재림하실 것도 기록하고 있다. 주님은 대 환난을 말씀하시면서 그분의 재림을 반복해서 말씀하신다. 여러분도 느끼겠지만 오늘 우리가 사는 이 시대는 거의 시대 말에 와 있다. 이 세상은 하나님의 말씀대로 마지막을 향해 달려가고 있다. 성경을 읽어본 사람은 알겠지만 마지막 전쟁은 이스라엘을 중심으로 일어난다. 그리고 예루살렘이 이방 열국들에게 포위당하고 공격당하는 상황으로 이 세상은 끝이 난다. 20년 전만 해도 우리는 이런 이야기를 먼 이야기로 들었을 것이다. 그러나 요즘 신문이나 여러 가지 매스컴을 통해서 중동에서 일어나는 상황을 접할 때마다 심상치 않다는 것을 느끼게 된다. 이스라엘은 아주 작은 나라인데 이 작은 나라를 둘러싸고 있는 중동에서 일어날 일들이 이미 성경에 기록되어 2000년 이상 내려오고 있다는 사실을 여러분은 어떻게 생각하는가?

주 예수님은 약 2000년 전 이 땅에 오셨을 때 예루살렘은 포위될 것이고 하나님께서는 그 거룩한 성을 이방인들에게 내어주실 것이고 이방인들은 그 성을 짓밟을 것이라고 이미 말씀하셨다. 그 예언의 말씀이 바로 여기 11장에 들어있다.

누가복음 21장 22절, "이 날들은 기록된 모든 것을 이루는 형벌의 날이니라". 23절, "그날에는 아이 밴 자들과 젖먹이는 자들에게 화가 있으리니 이는 땅에 큰 환난과 이 백성에게 진노가 있겠음이로다". 이 백성에게 진노를 쏟아붓는 때가 바로 대환난 때이다. 24절, "저희가 칼날에 죽임을 당하며 모든 이방에 사로잡혀 가겠고 예루살렘은 이방인의 때가 차기까지 이방인들에게 밟히리라". 예루살렘이 이방인들에게 밟히리라고 말씀하고 있다. 이것은 예수님이 친히 하신 말씀이다. 다시 계시록으로 가겠다.

"성전 밖 마당은 척량하지 말고 그냥 두라". 이 성전 밖 마당은 바로 예루살렘 성전이다. 척량하지 않는 것은 좋은 것이 아니다. 그냥 버려두는 것이다. 하나님은 그분이 소유하시거나 그분의 손으로 친히 하시는 일마다 척량하신다. 하지만 하나님이 필요없다고 하시는 것, 심판과 징계에 내어주는 것은 척량하지 않으신다. "이것을 이방인에게 주었은즉 저희가 거룩한 성을 마흔 두 달 동안 짓밟으리라". 거룩한 성이란 예루살렘 성을 말한다. 그 성을 짓밟는 기간이 정해져 있는데, 마흔 두 달이다. 햇수로 꼭 삼 년 반이다. 그래서 이 시대 말에 있을 대환난은 햇수로는 삼 년 반이다. 이것은 구약 다니엘서 9장에 이미 예언되어 있다. 다니엘 선지자가 70이레를 예언했는데, 역사적으로 마지막 한 이레가 남아 있다. 한 이레는 7년이고 그 중간이 3년 반이며, 적 그리스도는 그 마지막 한 이레의 시작에 이스라엘과 평화조약을 맺는다.

현재는 분쟁이 계속되고 있다. 그 민족적인 갈등은 아무도 해소할 수 없다. 아무리 평화를 말해도 아랍인들은 자폭 테러를 계속하고 있다. 오늘도 그들 가운데 수천수만 명이 테러 훈련을 받고 있는데, 이스라엘에 대한 적개심이 뼛속에 박혀 있기 때문에 아무도 그들을 말리지 못한다. 그렇기 때문에 이스라엘에 대한 테러는 앞으로도 계속 진행될 것이다. 그리고 이스라엘도 주변 국가들에 대해서 대응하고 공격할 것이다. 이스라엘의 힘이 어디서 나오는지 아무도 모른다. 그러나 어떤 나라도 이스라엘을 함부로 하지 못한다. 그 재력과 무기와 힘은 어느 나라도 감당치 못할 만큼 무한한 잠재력을 갖고 있다. 그 분쟁을 잠재울 수 있는 사람은 아무도 없다. 그런데 어느 날 갑자기 한 사람이 나타나는데, 그가 바로 적 그리스도이다. 그는 아주 영웅적인 인물로서 이스라엘과 평화조약을 맺는다. 그것이 7년 평화조약이다. 그것은 다니엘이 예언한 바 마지막 이레에 있을 일들이다. 그런데 그 적 그리스도는 7년의 중간에(3년 반이 되었을 때) 이스라엘과 맺은 평화조약을 깨버린다. 그 시점 이전에 예루살렘 성전은 재건되는데 적 그리스도는 재건된 예루살렘 성전에다가 자기의 우상을 세우고 이스라엘 백성들로 하여금 그것에 절하게 하는데, 그것이 바로 대환난의 시작이다. 그때로부터 42개월 간(그 기간이 바로 대환난 시기이다) 예루살렘 성전이 이방인들에게 짓밟힌다는 것이다.

다시 1절을 보자. "또 내게 지팡이 같은 갈대를 주며 말하기를 일어나서 하나님의 성전과 제단과 그 안에서 경배하는 자들을 척량하되". 이들을 척량하라고 하셨다. 헬라어에서 성전은 두 가지 단어로 표현되는데, 하나는 '히에론'으로서 성전, 성소, 지성소 등을 일반적으로 가리키는 말이다. 또 하나는 특별히 지성소를 가리키는 데 쓰이는 '나오스'이다. 여기서 하나님의 성전은 '나오스'로 되어 있다. 그러므로 이것은 지성소, 즉 이 땅에 있는 성전이 아닌 하늘에 있는 성전을 말한다. 이 장 19절에서도 하나님의 성전이 열렸다고 말하는데, 이 성전이 하늘에 있는 것이라고 했다. 16장 17절에서도 일곱째 대접을 쏟을 때 하늘의 성전에서 음성이 났다고 말한다. 그러므로 이 구절의 성전도 분명 하늘에 있는 것이다. 모세가 광야에서 성막을 지을 때 하늘에 있는 것의 식양에 따라 지었다. 하늘에 있는 성전을 따라 지은 것이다. 따라서 여기 성전은 하늘에 있는 성전이고 제단도 하늘에 있는 제단이다. 이 제단은 짐승을 잡아 드리는 번제단이 아닌 분향단을 의미한다. 지성소에 있기 때문이다.

또 그 안에서 경배하는 자들이 있다. 이들이 누구인가? 이들은 대환난 전에 휴거된 자들로서 신실하게 주님을 사랑하는 자들, 깨어 기도하며 예비한 자들, 생명이 성숙한 자들, 이 세상에서 온전히 거룩하고 흠 없게 분별된 자들, 주님께 충성을 다한 자들이다. 대환난 전, 적 그리스도가 자기의 형상을 성전에 세우고 성도들을 핍박하기 전에 신실한 성도들은 이 땅에 있지 않고 들림받아 하늘에 있게 되는 데, 그것을 가리켜서 휴거라고 한다. 이들은 이미 휴거되어 하늘의 성전에서 하나님을 경배하며 섬기고 있다. 이와 같이 우리는 대환난 전에 충성된 자들이 먼저 하늘로 휴거된 것을 본다. 놀라운 일이다! 그렇지 않다면 이런 말씀을 기록하여 충성된 성도들을 격려할 이유가 없을 것이다. 예루살렘이 짓밟히는 3년 반 이전에 적어도 충성된 한 무리의 사람들은 하늘 성전에서 하나님을 섬기고 있다는 사실을 보여주신 것이다. 우리 시대에 이 휴거가 발생할 가능성은 너무 크다.

여기서 주님은 요한에게 갈대를 주면서 척량하라고 하셨다. 척량(measure)은 문자 그대로 재는 것이다. 갈대는 지팡이 같은 막대기인데 척량하기 위해서 사용된다. 이것은 구약에서도 사용된 적이 있고 계시록 21장에서도 새 예루살렘을 금 갈대로 척량한다고 했다. 척량한다는 것은 어떤 구역을 소유하거나 보호하기 위한 것이다(겔 42:15, 20, 45:1-3, 48:8, 12, 15). 하나님이 어떤 것들을 소유하시려면 척량을 하신다. 구약에서 여호수아가 가나안 땅을 열두 지파에게 분배할 때 그냥 나눠가지게 한 것이 아니라 척량을 해서 소유하게 했다. 여기서도 하나님께서는 동일하게 사람들을 척량해서 그들을 보호하시고 또 소유하신다. 그런데 지팡이(rod)로 척량한다는 말 속에는 심판이 암시되어 있다(잠 10:13, 시 89:32). 지팡이는 사람들을 징계할 때 사용하는 것이다. 징계를 거친 곳은 다 거룩하고 하나님의 보호하심 아래 있지만 그렇지 않은 곳들은 다 위험하고 세속적인 상태에 남아 있다. 1절에는 하나님께서 보호하시는 한 무리가 있는데 이들은 이미 하늘로 휴거되었고, 2절에는 이 땅에 남겨진 무리가 있는데 그들은 이 땅에서 이방인들에게 짓밟힘을 당한다(눅 21:24). 이기는 자들은 이미 하늘로 휴거되었으며, 이 땅에 남아 있는 사람들은 이방인들에게 42개월 동안 고통당하고 징계를 당한다는 것이다. 여기에 환난 전에 휴거될 무리가 있음을 분명히 보여주고 있으며 남겨질 무리도 분명히 있음을 본다. "성전 밖 마당은 척량하지 말고 그냥 두라 이것을 이방인에게 주었은즉 저희가 거룩한 성을 마흔 두 달 동안 짓밟으리라". 이 부분의 말씀은 아직 성취되지 않았지만 요한은 이상 가운데서 장차 될 일들을 보고 예언하고 있는 것이다.

3절, 내가 나의 두 증인에게 권세를 주리니 저희가 굵은 베옷을 입고 일천 이백 육십 일을 예언하리라

하나님은 긍휼의 하나님이시다. 그분은 아직 이 땅에 남겨진 그분의 자녀들을 여전히 돌보려 하신다. 이 대환난의 마지막 때 하나님은 이 세상에 남아 있는 그리스도인들과 그분의 선택한 백성들인 유대인들을 돌보기 위해서, 그들에게 여전히 하나님의 진리의 말씀을 증거해 주시기 위해서 증인들을 두신다. "나의 두 증인에게 권세를 주리니 저희가 굵은 베옷을 입고". 두 증인은 굵은 베옷을 입었다. 구약에서 굵은 베옷을 입는 것은 대개 아주 슬픈 일이 있거나 사람이 죽었을 때이다. 그러므로 이때 이들이 굵은 베옷을 입고 예언을 하는 모습은 일반적인 것이 아니었다(물론 구약의 선지자들이나 세례 요한도 특이한 모양을 한 바 있다). 그들이 굵은 베옷을 입었다는 것은 당시 하나님의 백성들의 상황이 아주 황폐하고 처참하고 아무것도 없으며 심지어 죽었다는 표시이다. 구약에서 니느웨 백성이 회개할 때 베옷을 입은 적이 있다. 그만큼 대환난의 상황은 처참하고 슬프다는 것을 나타낸다. 사십이 개월이라고 하지 않고 일천 이백 육십 일이라고 한 것은 그 증인들이 삼 년 반 동안 매일매일 예언했음을 암시하는 듯하다.

4절, 이는 이 땅의 주 앞에 섰는 두 감람나무와 두 촛대니

그래도 그들은 여전히 주 앞에 서 있었다. 아무리 시대가 악하고 또 많은 사람들이 주님을 떠나고 세상과 연합하고 믿음을 저버리고 있지만 몇몇 사람들은 여전히 주님 앞에 서 있다. 적어도 하나님의 선지자 노릇을 하고 증인이 되려면 주님 앞에 굳게 서 있어야 한다. 이 사람들은 당시 땅의 주 앞에 서 있었다. 그래서 그들은 감람나무이고 촛대인 것이다. 이 감람나무와 촛대는 스가랴에서 언급된 바 있다. 그때는 그것들이 스룹바벨과 여호수아를 가리켰다. 스가랴서의 감람나무가 금 기름을 흘려 보냈듯이 이 두 감람나무와 두 촛대도 대환난의 황폐하고 척박한 시기에 그야말로 기름을 풍성히 흘려 보낼 수 있는 사람들이다. 마태복음 25장에서 밤중에 신랑이 오셨을 때 많은 사람들이 죽은 자 가운데서 일어났다. 이들을 대표하는 열 처녀 가운데 지혜로운 다섯 처녀는 그릇에 기름을 가지고 있었기 때문에 혼인잔치에 들어갔고 미련한 다섯 처녀는 그릇에 기름을 예비하지 않았기 때문에 혼인잔치에 들어가지 못했다. 미련한 처녀들이 지혜로운 처녀들에게 기름을 좀 달라고 할 때 '우리 쓸 것도 부족하니 차라리 파는 자들에게 가서 사라'고 했다. 그때 기름을 파는 사람들이 바로 이 두 감람나무일 것이다. 또한 다니엘서에도 대환난시에 핍박받는 성도들을 약간 도와주는 사람들이 있다고 하였는데 아마도 이들일 것이다(그들이 쇠패할 때에 도움을 조금 얻을 것이나, 단 11:34).

그리고 촛대란 어두운 데서 빛을 비추는 역할을 한다. 오늘 이 시대에는 교회가 금 촛대이다. 그러므로 오늘 빛을 얻으려면 교회로 가야 한다. 문제는 교회가 오늘 날 금촛대의 역할을 하는가에 있다. 부활 승천하신 그리스도께서 가장 관심하시고 돌아보는 것이 금촛대인 교회이다. 그런데 대 환난 때는 이제 더 이상 교회 시대가 아니다. 환난 시대의 영적 상태는 매우 어둡다. 그러므로 촛대가 필요한 것이다. 이때에 어둔 세상을 비추는 것은 바로 두 증인이다. 둘(2)이라는 숫자는 증거를 의미한다. 우리가 이 시대에도 주님을 증거하려면 적어도 두 사람이 함께하는 것이 필요하다. 또 한 면으로 이 둘이라는 수는 주님을 신실하게 증거하는 사람들이 극히 소수라는 것을 뜻하기도 한다.

5절, 만일 누구든지 저희를 해하고자 한즉 저희 입에서 불이 나서

그 원수를 소멸할지니 누구든지 해하려 하면 반드시 이와 같이 죽임을 당하리라

그때의 두 증인은 이 시대의 증인들과 다르다. 이 시대의 증인들은 핍박을 하면 당하고 때리면 맞고 또 쫓아내면 도망가고 죽이면 순교한다. 그런데 대환난 때의 증인들은 일천이백육십 일을 예언해야 하기 때문에 그 안에 죽으면 안 된다. 그래서 하나님은 그들에게 권세를 주셨다. 만일 어떤 사람들이 그를 해하고자 하면 입에서 불이 나와서 그들을 소멸한다. 그것을 보고 사람들은 이렇게 할 수 있는 사람은 구약의 엘리야라고 말한다. 말하자면 두 증인들 중 한 사람이 엘리야일 거라는 것이다. 구약에서 아합 왕이 엘리야를 잡으려고 오십부장과 오십 인을 첫 번째 보냈을 때 불이 나와서 다 죽였다. 두 번째 보냈을 때에도 불이 나와서 다 죽였다. 세 번째 보냈을 때 오십부장이 엘리야에게 간청을 했다. "나의 생명과 당신의 종인 이 오십 인의 생명을 당신은 귀히 보소서."(왕하 1장). 그래서 마지막 오십부장과 오십 인은 살았다. 그때 대적들을 향해 불이 나오게 한 선지자가 바로 엘리야이다. 그래서 두 증인 중 한 사람이 엘리야일 것이라고 하는 것이다.

6절, 저희가 권세를 가지고 하늘을 닫아 그 예언을 하는 날 동안 비 오지 못하게 하고 또 권세를 가지고 물을 변하여 피 되게 하고 아무 때든지 원하는 대로 여러 가지 재앙으로 땅을 치리로다

"저희가 권세를 가지고 하늘을 닫아 그 예언을 하는 날 동안 비 오지 못하게 하고". 이것도 엘리야가 한 일이다. 엘리야가 간절히 기도한즉 3년 반 동안 비가 오지 않았다. 그가 했던 일과 기간까지 똑같다. 그래서 많은 성경학자들이 두 증인 중 한 사람은 분명 엘리야라고 생각한다.

"또 권세를 가지고 물을 변하여 피 되게 하고". 이것은 출애굽 당시에 모세가 한 일이다. 또 여러 재앙으로 땅을 칠 것이라고 했는데, 이 또한 모세가 행한 일과 비슷하다. 그래서 두 증인 중 다른 한 사람을 모세로 보는 사람들이 있다. 그런데 어떤 학자는 히브리서 9장 27절 말씀—"한 번 죽는 것은 사람에게 정하신 것이요"—을 인용하면서 모세는 한 번 죽은 적이 있는 사람이기 때문에 그가 모세일 리 없고, 오히려 에녹일 것이라고 말한다. 구약에서 죽음을 보지 않고 들려 올라갔던 두 사람이 나타난 것이라고 보는 것이다. 그렇다면 엘리야는 그럴 듯한데 에녹은 많은 면에서 일치하지 않는다. [성경에서 한 번 죽는 것은 사람에게 정하신 것이라고 했기 때문에 에녹이 마지막에 다시 나타나서 죽어야 한다는 견해는 납득하기 어렵다. 이는 그가 휴거의 표본이기 때문이다. 마지막 시기에 살아있는 많은 믿는이들이 휴거될 것이다(살전 4:17). 이들은 사망을 맛보지 않고 홀연히 변화될 것인데(고전 15:51-52) 이들 모두도 이 '한 번 죽음'의 원칙에서 제외된 사람들이다. 주님도 요한복음 11장 25-26절에 "나를 믿는 자는 죽어도 살겠고 무릇 살아서 나를 믿는 자는 영원히 죽지 아니하리라"고 하셨기 때문에 죽음을 맛보지 않고 영원히 사는 자들이 있을 것임을 시사하셨다. 그러므로 이 두 증인들이 구약에서 죽지 않은 자들 가운데 나타날 것이라고 하는 견해는 그렇게 큰 설득력을 가지지 않는다.]

혹자는 이들을 실제로 모세와 엘리야가 아니라 모세와 엘리야의 정신을 가진 사람들이라고 보는 견해를 갖고 있는데 나는 이러한 견해에 대하여 상당한 공감을 표한다. 우리는 신약 성경에서 주 예수님이 세례 요한을 장차 올 엘리야라고 말씀하신 것을 안다. 그러므로 이 두 증인에 대하여 구약의 모세와 엘리야 같은 위대한 하나님의 종들의 영을 가진 자들로 마지막에 다시 나타날 것이라고 보는 것이 타당할 것이다. 구약의 위대한 종 모세가 그때 다시 나타난다는 것은 무리한 해석이라고 하지 않을 수 없다. 그리고 그들이 만일 과거의 위대했던 하나님의 종 모세나 엘리야라고 할진대 그들에 대하여 최고의 존경심을 품고 있는 이스라엘 백성들이나 세상 모든 사람들이 그들을 미워하고 그들이 죽는 것을 기뻐한다는 것도 쉽게 이해가 가지 않는다. 이미 인정된 선지자에 대해서는 기정화하는 것이 세상의 정서이기 때문이다. 만일 '오리라 한 엘리야'도 실제 그 인물이 다시 나타났었더라면 이스라엘은 요한을 받아들이기가 쉬웠을 것이다. 그러나 세례 요한은 엘리야의 능력과 영으로 온 자이지 엘리야 자신은 아니었다.

그러므로 사람들은 요한을 임의로 대우하고 죽음에 처하게 만들었던 것이다(마 17:12).

우리는 이들이 예언하는 장소가 예루살렘일 것이며 이스라엘을 중심으로 하여 예언하는 것이기 때문에 적어도 이들 선지자는 이스라엘 사람 중에서 나올 것이라는 것을 생각해볼 수 있다. 이는 대환난 시기가 다니엘의 마지막 한 이레에 속하기 때문에 이스라엘의 경륜으로 돌아간 시대이기 때문이다. 다니엘은 이스라엘의 역사에 대하여 70이레로 모든 것이 마쳐질 것이라는 예언을 한 바 있다(단 9:24). 오늘날 어떤 이들은 이방인 가운데 두 감람나무인 두 증인이 나올 것이라는 생각을 갖고 있는데 그렇게 될 가능성은 매우 희박하다. 이러한 성경 해석의 무지때문에 과거 이곳저곳에 이단이 발흥하는 경우도 있었다. 계시록 11장 8절은 그들이 예언한 장소가 "우리 주께서 십자가에 못박힌 것이니라"(영문 성경 참조)고 그 장소를 분명히 지시하고 있다. 그 장소는 구약의 이스라엘 시대의 선지자들이 주로 예언했던 장소인 예루살렘을 암시하고 있다. 그리고 구약시대의 선지자들은 주로 유대인에게서 나왔다.

따라서 마지막 시대의 두 증인은 유대인 가운데서 엘리야와 모세의 영으로 온 자들이라고 하는 것이 가장 타당할 것 같다. 모세와 엘리야는 마태복음의 변화산상에서도 주 예수님과 함께 나타난 적이 있다. 베드로, 요한, 야고보는 주님과 더불어 내화를 나누는 모세와 엘리야를 보았다. 마지막 시대에는 이들의 영을 가진 자들이 다시 나타나서 당시에 살아 남아 있는 유대인들이나 그리스도인들을 보호하고 그들을 강화하기 위해서 예언할 것이다. 그러나 마지막 시대에 이스라엘 사람들은 다시 한번 하나님의 선지자인 그들을 모세와 엘리야의 영으로 온 것을 이해하지 못하고 그들의 죽음을 기뻐하게 될 것이다.

7절, 저희가 그 증거를 마칠 때에 무저갱으로부터 올라오는 짐승이 저희로 더불어 전쟁을 일으켜 저희를 이기고 저희를 죽일터인즉

두 증인은 대환난의 때에 하나님께서 이 땅에 남겨진 자들을 위해 증거를 하고 마치는 날에 적 그리스도에게 죽임을 당하게 되어 있다는 예언이다. 이 무저갱으로부터 올라오는 짐승이 바로 적 그리스도이다. 앞에서 말했듯이 이스라엘 나라와 평화 협정을 맺고 열 나라의 권세를 갖고 있는 실권자가 적 그리스도가 되는데 그가 무저갱으로부터 올라오는 짐승이라는 것이다. 그는 칼에 죽었다가 놀랍게도 다시 살아난다. 그것은 마치 그리스도의 부활을 연상케 한다. 그래서 온 세상 사람들이 그것을 이상하게 생각하고 그 사람을 따른다. 그가 바로 적 그리스도이다. 대부분의 주석가들이 이 무저갱에서 올라오는 자가 적 그리스도라는 데에 동의한다. 그런데 이 적 그리스도는 두 증인으로 더불어 전쟁을 일으켜서 그들을 이기고 죽인다. 결국 두 증인은 적 그리스도에게 죽임을 당하는 것이다. 이것이 대환난 기간에 일어날 또 한 가지 큰 일이다.

8절, 저희 시체가 큰 성 길에 있으리니 그 성은 영적으로 하면 소돔이라고도 하고 애굽이라고도 하니 곧 저희 주께서 십자가에 못 박히신 곳이니라

주님이 십자가에 못 박히신 곳은 바로 예루살렘이다. 주 예수님은 예루살렘 성문 밖에서 십자가에 못 박혀 죽으셨다. 그런데 이 두 증인이 적 그리스도에게 죽임을 당하는 장소도 바로 예루살렘이다. 그들은 예루살렘 성 길가에서 죽임을 당한다. 이 일은 대환난 마지막에, 1260일 동안의 예언을 마쳤을 때 일어날 것이다.

나는 이런 말씀을 읽고 있는 여러분이 신문 지상에서 이 사건을 접하지 않게 되기를 바란다. 여러분이 이 일을 신문을 통해 본다는 것은 대환난을 이 땅에서 맞는다는 것을 뜻하고 휴거되지 못했다는 것을 뜻한다. 신실한 성도들은 이때에 하늘에 있어야 한다. 이것은 신실한 성도들이 하늘로 휴거된 이후의 일이기 때문이다. 이 예루살렘을 영적으로 말하면 소돔이라고 했다. 예루살렘이 그렇게 음란한 도시, 더러운 도시가 되어버린 것이다. 또 애굽이라고 했는데 세상적이라는 것이다. 원래 하나님의 거룩한 성이었던 예루살렘은 더러운 죄악으로 인하여 불로 멸망한 도시같이 되어버렸고 애굽과 같이 세상적인 도시가 되어 버렸다. 그곳은 바로 주님께서 십자가에 못 박히신 곳이다. 오늘 날의 예루살렘을 보면 그곳이 소돔화되고 애굽화되어 가고 있음을 알게 된다. 결국 주님은 이 땅의 예루살렘을 포기하시고 새 예루살렘을 얻으신다(21장 참조).

9절, 백성들과 족속과 방언과 나라 중에서 사람들이 그 시체를 사흘 반 동안을 목도하며 무덤에 장사하지 못하게 하리로다

두 증인들이 죽을 때 백성과 족속과 방언과 나라 중에서 사람들이 그 광경을 보려고 장사 지내지 못하게 했다는 것이다. 대환난 마지막에는 열국이 예루살렘에 모이게 된다(슥 12:3, 14:2). 아마겟돈 전쟁을 위해 열국 대표들이 예루살렘에 오는 것이다. 기묘한 것은 당시 이스라엘을 대항하여 싸우는 열국 군대들도 두 증인을 싫어한다는 것이다.

10절, 이 두 선지자가 땅에 거하는 자들을 괴롭게 한 고로 땅에 거하는 자들이 저희의 죽음을 즐거워하고 기뻐하여 서로 예물을 보내리라 하더라

'땅에 거하는 자들'가운데는 이스라엘 백성도 포함된다. 이 구절에서 거하는 자들이라는 말은 땅에 뿌리를 박고 정착하여 사는 자들을 의미한다. 그들은 모두 두 증인이 죽자 기뻐하였다. 우리가 어렸을 때 성탄절이 되면 서로 선물을 교환했는데, 그것은 즐겁다는 뜻이다. 두 증인이 죽자 사람들이 기뻐하며 서로 선물을 교환한다. 이 두 증인이 얼마나 사람들의 양심을 일깨우는 증거를 했기에 이러한 반응이 있는가? 그 땅에 거하는 많은 사람들이 그들이 죽었으면 좋겠다고 생각한 것이다. 오늘날도 동일하다. 참된 진리를 전하는 사람들은 심하게 미움을 받는다. 사람들은 참된 진리를 말하는 사람들이 없었으면 좋겠다고 생각한다. 그런 사람들이 죽으면 너무 시원해 할 것이다. 왜 그런가? 이 세상에 이렇게 종교가 많고 또 예수 믿고 하나님을 섬긴다고 하는 사람들도 많지만 실상은 그 속에 주님에 대한 순수한 사랑보다는 자기의 지위와 권력과 생계를 위한 활동이 더 많기 때문이다. 그래서 그들은 하나의 큰 조직을 형성하고 거기에 자신의 장래와 생계를 건다. 그런 사람들에게 진리를 제시하면 그러한 입지가 흔들리게 된다. 그렇기 때문에 참된 선지자들을 싫어하는 것이다. 그들은 진리를 원하지 않는다. 그러나 하나님은 어느 때든지 선지자들, 참된 증인들을 일으켜서 진리를 증거하게 하신다.

진리를 증거하는 사람들은 반드시 "너희는 때를 얻든지 못 얻든지 말씀을 전파하라"는 사도들의 말씀을 기억해야 한다. 우리가 말씀을 전하면 사람들이 구원을 받지만 또 구원을 받지 못하는 경우도 있다. 그래도 전파해야 한다. 왜 그런가? 우리가 진리를 전파하는 것은 반드시 사람들을 얻고자 함만이 아니라 하나님의 영광을 나타내는 것이기 때문이다. 그 말씀을 받지 않는 사람들은 심판과 사망에 이르게 된다.

엘리야가 아합 왕 때에 계속 하나님의 말씀을 선포하니까 아합 왕이 이렇게 말했다. "너는 이스라엘을 괴롭히는 자다." 그가 계속 참된 것을 말하기 때문에 양심이 편하지 않은 것이다. 엘리야가 입을 닫으면 양심을 깨울 사람이 없고 양심을 괴롭게 할 사람이 없었다. 그런데 당시 아합 왕이나 이스라엘 백성이나 땅에 뿌리를 박고 편하게 종교생활 하는데 그가 참된 말을 하니까 괴로운 것이다.

마지막 때 예루살렘의 상태는 아합 당시 못지않게 부패할 것이다. 영적으로 말하면 소돔과 같고 애굽과 같을 것이다. 그러한 상황에서 진리를 증거하니 사람들이 괴로워하고 또 그들을 심히 미워하는 것이다. 엘리야의 영을 가진 사람이라면 아합 같은 위정자들에게 미움을 받는 것이 당연하다. 이때 이스라엘과 예루살렘을 오늘날 교회 전체로 본다면 마지막 때 기독교의 부패한 상태에 비할 수 있다. 그러한 상태에서 엘리야의 영으로 진리를 증거하는 증거자들은 많은 사람들로부터 미움을 받는다. 참되지 않은 것, 진리가 아닌 것을 지적하기 때문이다. 어쨌든 그들은 증거를 다 마칠 때에 순교를 당한다.

11절, 삼 일 반 후에 하나님께로부터 생기가 저희 속에 들어가매

저희가 발로 일어서니 구경하는 자들이 크게 두려워하더라

두 증인은 분명히 죽임을 당했는데 삼 일 반 후에 다시 일어났다. 하나님께서 생기를 그들 속에 불어넣으신 것이다. 그러자 구경하던 사람들이 크게 두려워했다. 이런 일이 대환난 마지막 때에 있다. 이런 사실이 지금은 이해가 가지 않겠지만, 대환난 때에는 다시 구약 시대로 돌아간다는 것을 기억하라. 구약 시대에 얼마나 많은 기적이 있었는가?

12절, 하늘로부터 큰 음성이 있어 이리로 올라오라 함을 저희가 듣고 구름을 타고 하늘로 올라가니 저희 원수들도 구경하더라

이제 이들은 휴거된다. 예루살렘 거리에서 사람들이 다 보는 가운데 구름을 타고 하늘로 올라가는 것이다. "저희 원수들도 구경하더라". 이 두 증인들에게 괴로움을 당하다가 그들이 죽으니 기뻐하며 선물을 주고받던 사람들은 다 그들의 원수이다. 이 구절만 보더라도 휴거는 한 번 만 있는 것은 아니다. 휴거의 사건을 단 1회 사건으로 말하는 분들이 많다. 그러나 두 증인인 이들의 휴거는 사내아이의 휴거나 교회의 휴거와 다른 것이 분명하다.

13절, 그 시에 큰 지진이 나서 성 십분의 일이 무너지고 지진에 죽은 사람이 칠천이라 그 남은 자들이 두려워하여 영광을 하늘의 하나님께 돌리더라

"그 시에 큰 지진이 나서 성 십분의 일이 무너지고 지진에 죽은 사람이 칠천이라". 두 증인의 휴거 사건이 있을 때 쯤 지진이 나서 성 십분의 일이 무너지고 그 지진에 칠천 명이 죽는 사건이 일어난다. 대환난 마지막에 있을 일이다. 아마 이때 죽은 칠천이란 이름을 확인할 수 있는 칠천일 것이다. 당시 예루살렘의 저명한 사람들이 많이 죽임을 당할 것이다. 주 예수님이 십자가에서 죽으실 때에도 지진이 일어났다. 이는 하나님의 진노의 표징이다. 그러자 "그 남은 자들이 두려워하여 영광을 하늘의 하나님께 돌리더라". 대환난 끝무렵의 큰 재앙을 통해 사람들이 하나님을 두려워하고 영광을 하나님께 돌리게 되었다. 이는 두 증인의 증거의 열매이기도 할 것이다.

14절, 둘째 화는 지나갔으나 보라 세째 화가 속히 이르는도다

사실 대 환난은 다섯째 나팔부터 일곱째 나팔까지이다. 다섯째 나팔은 9장 1절부터이다. "다섯째 천사가 나팔을 불매 내가 보니 하늘에서 땅에 떨어진 별 하나가 있는데 저가 무저갱의 열쇠를 받았더라". 다섯째 나팔이 첫째 화이다. 9장 12절, "첫째 화는 지나갔으나 보라 아직도 이 후에 화 둘이 이르리로다". 대환난의 다섯째 나팔부터는 한 나팔이 불 때마다 하나의 화가 지나간다. 첫째 화가 지나갔고 그 다음 둘째 화는 유브라데의 천사들이 놓이고 이억의 마병대가 그 년 월 일 시에 사람 삼분지 일을 죽이는 사건이다. 첫째 화는 5개월 정도, 둘째 화는 13개월 정도되니 셋째 화(일곱번째 나팔)는 2년 기간 동안 일곱 대접이 부어질 것이다.

이제 이 구절에 셋째 화가 이른다는 선포가 있다. 그러면서 다음 15절에서 일곱째 나팔을 부는데 겉으로 보기에는 화가 없는 것 같다. 그만큼 일곱째 나팔은 많은 적극적인 것들도 포함하고 있기 때문이다. 결국 셋째 화는 16장에 나오는 일곱 대접이다.

15절에서 일곱 째 천사가 나팔을 불어 셋째 화가 이르기 전에 일어나는 대단한 일들이 있다. 사실 일곱째 나팔은 마지막 나팔로서 굉장히 중요한 나팔이다. 하나님의 경륜에서 이 일곱째 나팔보다 중요한 것이 없다. 온 천지 만물이(무덤까지 포함해서) 지금 일곱째 나팔 소리를 기다리고 있는 중이다. 우리 몸이 부활의 몸으로 변하는 것도 마지막 나팔 때이다(고전 15:51). 주님이 다시 오시는 것도 큰 나팔 소리와 함께 오신다고 했는데 그 일곱 번 째 큰 나팔 소리는 필경 마지막 나팔 소리이리라(살전 4:16). 또한 택하신 자들을 하늘 이 끝에서 저 끝까지 모으시는 때에도 나팔 소리가 있다고 했다(마 24:31). 계시록 10장 7절, "일곱째 천사가 소리 내는 날 그 나팔을 불게 될 때에 하나님의 비밀이 그 종 선지자들에게 전하신 복음과 같이 이루리라". 일곱째 나팔을 불면 이제 더 이상 나팔 소리가 없고 펼쳐져야 할 비밀도 없다. 그때 하나님의 경륜의 비밀스런 일들이 다 펼쳐질 것이다. 즉 하나님의 뜻이 다 이루어지는 것이다.

15절, 일곱째 천사가 나팔을 불매 하늘에 큰 음성들이 나서 가로되 세상 나라가 우리 주와 그 그리스도의 나라가 되어 그가 세세토록 왕 노릇 하시리로다 하니

여러분은 다른 것은 몰라도 이 사실만은 알아야 한다. 그것은 이 세상 나라가 주와 그리스도의 나라가 된다는 것이다. 그날은 반드시 오고야 만다. 10장 7절에서는 일곱째 천사가 나팔을 불 때 하나님의 비밀이 그 종 선지자들에게 이르신 복음처럼 이룬다고 하였다. 다니엘서 2장 44-45절, "이 열 왕의 때에 하늘의 하나님이 한 나라를 세우시리니 이것은 영원히 망하지도 아니할 것이요 그 국권이 다른 백성에게로 돌아가지도 아니할 것이요 도리어 이 모든 나라를 쳐서 멸하고 영원히 설 것이라 왕이 사람의 손으로 아니하고 산에서 뜨인 돌이 철과 놋과 진흙과 은과 금을 부숴뜨린 것을 보신 것은 크신 하나님이 장래 일을 왕께 알게 하신 것이라 이 꿈이 참되고 이 해석이 확실하니이다". 이 다니엘의 예언에도 장차 영원히 멸망당하지 아니할 나라가 설 것이라고 했다.

여러분은 이 말씀을 믿는가? 다니엘 7장 13-14절, "내가 또 밤 이상 중에 보았는데 인자 같은 이가 하늘 구름을 타고 와서 옛적부터 항상 계신 자에게 나아와 그 앞에 인도되매 그에게 권세와 영광과 나라를 주고 모든 백성과 나라들과 각 방언하는 자로 그를 섬기게 하였으니 그 권세는 영원한 권세라 옮기지 아니할 것이요 그 나라는 폐하지 아니할 것이니라". 여기서도 결국 이 땅의 진정한 왕은 하늘로부터 온다. 인자 같은 이가 하늘 구름을 타고 와서 권세와 영광과 나라를 하나님께로부터 받는다. 그 권세는 영원한 권세이고 그 나라는 폐하지 않는다.

그런데 이것이 일곱째 천사가 나팔을 불 때 이루어진다. 대환난은 아직 마무리가 되지 않았다. 일곱째 나팔을 불 때 대환난의 일곱 대접이 부어진다. 이것이 마지막 하나님의 진노이며 계시록 16장에 나오는 내용이다. 이 마지막 나팔에는 셋째 화인 일곱 대접만 있는 것이 아니다. 이 나팔이 불 때는 모든 것이 다 이루어지게 된다. "이 세상 나라가 주와 그 그리스도의 나라가 되어 그가 세세토록 왕 노릇 하시리로다". 지금은 주님이 왕 노릇 하시지 못하고 있다. 진리가 왕이 되지 못하고 있다. 지금은 다만 진리가 사람들에게 증거되기 위해서만 있다. 그리고 진리대신 거짓과 비진리가 왕 노릇 하며 거짓된 무리들이 오히려 세력을 잡고 있다. 진리는 핍박을 당하고 패배하는 것 같다. 그러나 진리가 영원히 패배하는가? 아니다. 결국은 진리가 선다. 오늘 진리는 사람들에게 증거되어 회개하게 하고 구원받게 한다. 참된 무리를 찾고 참으로 순종하는 무리를 찾는다. 그러나 밖으로는 거짓이 다스리고 거짓이 왕 노릇 하고 거짓된 자들이 더 힘을 갖고 있다. 지금 이 시대는 흑암이 다스리고 있다. 그러나 일곱째 나팔이 울리면 그때는 세상 나라가 주와 그리스도의 나라가 되고 진리가 다스릴 것이다. 그때가 반드시 온다. 그리고 그리스도께서는 세세토록 왕 노릇 하신다.

찬송시

주 하나님의 그리스도 왕 중 왕일세
다 엎드려 경배해 높이 주 찬양해
주 왕국 무궁하며 주 보좌 견고해
주 다스림 공평해 그 영광 뛰어나

하나님 주를 세웠네 거룩한 시온서
만국을 기업으로 당신께 주었네
권위 다 맡기셨네 온전히 당신께
끝없이 영원토록 만국을 다스려

아직은 때가 안 차 흑암이 다스려도

주님께 충성하는 성도들 많다네
바다 이편 저편서 주 향해 노래해
그들의 왕인 주를 경배해 섬기네

예정된 그날 올 때 주 강림하시리
온 땅과 열국 모두 주님께 돌아가
위엄과 빛 가득한 왕 되어 다스려
각 민족 나라들이 주 찬양하리라

결국 이 세상 나라는 다 주와 그리스도의 나라가 된다. 오늘날 교회는 먼저 주님을 왕으로 삼고 굴복하며 순종하는 무리이다. 누가복음 19장에서 주님은 어떤 귀인이 왕위를 얻으려고 먼 나라에 간 것에 비유하여 말씀하신다. 주 예수님은 언젠가 오셔서 그분의 왕 되심, 그분의 왕국을 세우기 위해 수고한 종들에게 상 주실 것이다. 또한 그분이 왕이 되시는 것을 원치 않았던 원수들을 끌어다가 죽이라고 하실 것이다(27절). 과연 어떤 자들이 주님으로 왕 되시도록 수고한 자들인가? 그것은 먼저 주님의 왕권에 굴복할 뿐 아니라 그분이 주신 은(므나)을 가지고 장사를 잘 해서 남긴 자들이다. 그들은 복음을 잘 전해서 열매를 많이 거둔 자들이고 주의 일에 힘써 열매를 많이 거둔 자들일 것이다. 그들이 결국 주님의 왕국에서 함께 다스리는 영광을 얻을 것이다. 오늘 우리가 주님을 섬기며 복음을 전하는 것은 사람들로 다만 예수 믿고 멸망당하지 않게 하려는 것이 아니라 그리스도의 왕권을 회복하기 위한 것임을 잊어서는 안 된다.

16절, 하나님 앞에 자기 보좌에 앉은 이십 사 장로들이 엎드려 얼굴을 대고 하나님께 경배하여

이십사 장로들이 하나님 보좌 앞에 앉아 있는데 이들은 사람들 중의 장로들이 아니고 천사들 중의 장로들이다. 천사 장로들이 현재 하나님이 우주를 다스리시는 데 보좌하고 있다. 그러나 마지막 나팔 소리가 울리면 이들이 마지막으로 하나님을 찬미하고 경배한 뒤, 이들의 모든 지위와 역할을 하나님의 자녀들에게 양도한다. 그러므로 이 구절 다음부터는 더 이상 이십사 장로들이 나오지 않는다. 이기는 자들이 하나님 앞에 휴거되어 그분을 보좌하기 때문이다. 그들은 어린양과 하나님으로 더불어 온 우주를 다스리는 주인들이 된다. 그렇기 때문에 이십 사 장로들은 여기서 마지막으로 찬미한다. 그들은 하나님의 뜻을 찬미하며 주님의 계획하신 영광의 사람들에게 자리를 내어주고 물러가게 된다. 그리고 19장 4절에 다시 한 번 엎드려서 '할렐루야!' 하는 장면이 나온다. 이것은 혼인잔치 이전이다. 그것은 아마도 시점으로 미루어보아 이 말씀의 때와 거의 같을 것이다. 지금은 마지막 나팔 소리와 더불어 이미 그리스도께서 오셔서 왕 노릇 하시는 시점이다. 즉 일곱째 나팔 때는 주님이 이미 오신 때인 것이다. 그리고서 그들은 장면에서 사라지고 모든 것을 하나님의 택하신 자들, 하나님의 자녀들에게 완전히 넘겨주게 된다. 그런데 여기에서 이십사 장로들이 엎드려 얼굴을 대고 하나님을 경배하며 찬양한 내용은 굉장히 중요하다. 그 내용이 일곱 나팔의 모든 내용을 구성한다.

17절, 가로되 감사하옵나니 옛적에도 계셨고 시방도 계신 주 하나님 곧 전능하신 이여 친히 큰 권능을 잡으시고 왕 노릇 하시도다

이십사 장로들이 경배하는 내용이다. 전에도 계셨고 지금도 계신 주 하나님이 친히 큰 권능을 잡으시고 왕 노릇 하신다는 것이다. 그런데 이 찬미에는 다른 구절에 항상 나오는 '장차 오실 자'라는 말이 없다. 이미 주님이 오셔서 왕 노릇 하시기 때문이다. 요한은 이 사실이 이미 이루어진 것처럼 기록하고 있다. 환상 중에 그것을 볼 때 너무 실감나기 때문이다. 그러므로 그 시제를 장래로 기록하지 않고 과거로 기록했다. 영문에서는 왕 노릇하기 시작하셨다(hast begun to reign)고 말한다.

18절, 이방들이 분노하매 주의 진노가 임하여 죽은 자를 심판하시며 종 선지자들과 성도들과 또 무론대소하고 주의 이름을 경외하

는 자들에게 상 주시며 또 땅을 망하게 하는 자들을 멸망시키실 때로소이다 하더라

"이방들이 분노하매 주의 진노가 임하여". 주님이 오시기 직전의 상황은 어떠한가? 이 땅에 마지막 전쟁, 곧 아마겟돈 전쟁이 있다. 열국이 예루살렘을 포위하고 다 죽이려고 할 그 순간에 그리스도께서 강림하여 적 그리스도를 파하신다. 시편 2편에도 이 내용이 있다. "어찌하여 열방이 분노하며 민족들이 허사를 경영하는고 세상의 군왕들이 나서며 관원들이 서로 꾀하여 여호와와 그 기름받은 자를 대적하며 우리가 그 맨 것을 끊고 그 결박을 벗어버리자 하도다 하늘에 계신 자가 웃으심이여 주께서 저희를 비웃으시리로다…네가 철장으로 저희를 깨뜨림이여 질그릇같이 부수리라 하시도다". 이와 같이 주님이 다시 오시는 때는 이 땅에서 열방들이 일어나서 주님을 최고도로 거스르는 때이다. 그때 적 그리스도는 예루살렘을 포위할 뿐 아니라 하늘의 그리스도를 대항한다. 그 자가 하늘의 그리스도의 군대에 대항하여 전쟁을 일으키는 것이 마지막 전쟁인 아마겟돈 전쟁이다. 그때 그리스도께서 오셔서 그 입의 검으로 적 그리스도와 그 군대를 치시고 이기신다.

"이방들이 분노하매 주의 진노가 임하여". 이 진노의 임함은 결국 앞으로 나올 일곱 대접을 쏟아붓는 것이다. 이것은 마치 원자탄 같은 것을 하나, 둘, 셋… 일곱 개를 쏟아붓는 것과 같다. 장래 그러한 일이 있다. 그리고서 마지막 재앙이 종결된다. 이것이 모두 16장에 나온다. 그리고 하나님께서는 죽은 자들을 심판하신다. 심판에는 여러 가지가 있는데, 이 죽은 자를 심판하는 것은 요한복음 5장 29절에도 있다. "선한 일을 행한 자는 생명의 부활로, 악한 일을 행한 자는 심판의 부활로 나오리라". 또 25절은 "죽은 자들이 하나님의 아들의 음성을 들을 때가 오나니 곧 이 때라"고 말한다. 이때는 곧 일곱 나팔이 울려 퍼질 때이다.

여기서 죽은 자들을 심판하신다는 말씀은 계시록 20장 14절에 있는 천년왕국 뒤에 있을 믿지 않는 자들에 대한 심판, 곧 불못에 던지는 그 심판을 가리키는 것이 아니다. 이 심판은 천년왕국 전의 첫째 부활 때에 있다.

죽음도 첫째 죽음, 둘째 죽음이 있듯이 부활도 첫째 부활이 있다. 첫째 부활에 참여하는 사람들이 복이 있다. 누가 첫째 부활에 참여할 자들인가? 천년왕국 전에 부활하는 사람들이다. 그것이 바로 생명의 부활이요 선한 일을 행한 자들의 부활이다. 주님이 일곱째 나팔이 울려 퍼질 때 곧 대환난 끝인 왕국 바로 전에 오셔서 죽은 자들을 심판하신다는 말은 왕국 전에 부활하게 될 사람들을 심판하신다는 것이다. 누가 첫째 부활에 참여하는가? 간단하게 말하면 주님을 믿는 자들이다. 그런데 요한복음 5장 29절에서는 그들을 '선한 일을 행한 자들'이라고 했다. 그들이 행한 첫 번째 선한 일은 주님을 믿은 것이다. 성도들은 선한 일을 하도록 지으심받고 예비된 자들이다(엡 2:10). 믿는 사람들의 특징은 선한 일을 하는 것이다. 믿는 사람들이 선한 일을 행하지 않는다면 믿는 자들의 표시가 없게 된다.

천년왕국 후에 부활할 자들은 악한 자들인데, 그들은 믿지 않는 자들이다. 믿지 않는 자들은 악한 일을 하는 자들이다. 이들은 천년왕국 후에 부활하여 자기 행위대로 심판받고 불못에 떨어지게 된다. 그러므로 여기서 죽은 자들을 심판한다는 것은 왕국 전에 부활할 것인지 왕국 후에 부활할 것인지, 생명의 부활인지 심판의 부활인지를 가리는 심판이라고 보아야 한다.

일곱째 나팔이 울릴 때 죽은 자들을 심판하시는 일만이 아니라 또 한 가지 하시는 일이 있다. 이는 '주의 종 선지자들과 성도들과 또 무론대소하고 주의 이름을 경외하는 자들에게 상 주시는' 일이다. 이제 일곱째 나팔이 울릴 때 상 주시는 일이 있게 된다. 일곱째 나팔이 울릴 때 우주적인 결산이 있게 되는 것이다. 이것은 보통일이 아니다. 이때 누가 상을 받는가? 선지자들이다. 결국 두 증인도 선지자이다. 선지자들은 언제든지 하나님의 진리를 말하기 때문에 사람들에게 핍박을 당하고 괴로움을 당하고 순교를 당한다. 하나님께서 그분의 뜻을 선포하기 위하여 사용하시는 그릇들이 선지자들이다. 이 시대에도 가장 좋은 은사는 선지자의 은사이다(고전 14장 참조). 나는 이 글을 읽는 여러분도 이런 일을 할 수 있기 바란다. 여러분이 갖고 있는 만큼 진리를 증거하는 사람들이 되면 그것이 바로 선지자 노릇 하는 것이다. 그럴 때 사람들에게 미움을 받을 것이다. 그리고 여러분도 상을 받게 될 것이다. 성도들 가운데에도 상을 받는 자들이 있다. 은사가 크게 없더라도 충성되고 신실한 자들은 상을 받을 것이다. 또 주의 이름을 경외하는 자들도 상을 받는다. 이 '경외하는 자들'이란 특히 대환난 시대에 영원한 복음을 듣고 적 그리스도의 형상에게 경배하지 않고 하나님을 경외하는 이방인들을 가리킨다. 즉 영원한 복음을 받은 자들이다. 그러한 자들은 다 상을 받게 된다.

그 다음에 있을 일은 '땅을 망하게 하는 자들을 멸망시키시는 것'이다. 땅을 망하게 하는 자들은 바벨론이며 또 대환난시에 짐승의 형상에게 경배하고 짐승을 좇는 자들과 믿지 않는 자들, 흉악자들, 거짓말하는 자들, 우상숭배자들일 것이다. 선지자들은 이 땅을 깨끗하게 하고 사람들을 하나님께로 돌아가게 하는 귀한 일을 하는 자들인 반면, 땅을 망하게 하는 자들은 하나님의 백성과 사람들을 부패케 하는 자들이다. 그래서 그들은 땅을 망하게 하는 자들로 분류된다. 오늘날 우리는 생각해 보아야 한다. 우리가 이 땅에서 소금으로서 깨끗케 하는 사람들인지, 아니면 부패케 해서 망하게 하는 자들인지…. 땅을 망하게 하는 자들은 일곱째 나팔 때 다 멸망당하게 된다.

우리는 이후 계시록 17-18장에서 하나님이 바벨론을 어떻게 심판하시는가를 보게 된다. 땅을 망하게 하는 바벨론에 속한 자들도 모두 심판을 받게 된다. 그들은 이 땅의 음녀로서 많은 사람들을 미혹하고 또 음행의 포도주를 마시게 하고 결국은 망하게 하는 자들인 것이다. 그렇기 때문에 이 바벨론적인 로마 천주교의 실행이라든가 그러한 원칙을 따르는 자들은 땅을 망하게 하는 범주에 속하므로 그들 역시 심판을 피할 수 없다. 그러한 사람들이 다 멸망당할 때가 곧 일곱째 나팔이 울려 퍼질 때이다. 이러한 모든 심판과 멸망의 항목들이 일곱째 나팔에 포함된다.

19절, 이에 하늘에 있는 하나님의 성전이 열리니 성전 안에 하나님의 언약궤가 보이며 또 번개와 음성들과 뇌성과 지진과 큰 우박이 있더라

"이에 하늘에 있는 하나님의 성전이 열리니". 이 일곱째 나팔이 울리고 이십사 장로들이 경배하면서 찬미할 때 하늘에 있는 하나님의 성전이 열렸다. 그리고 성전 안에 하나님의 언약궤가 보이며 또 번개와 음성들과 뇌성과 지진과 큰 우박이 있었다. 이제 더 이상 감추인 것이 없다. 하나님의 성전이 열리고 언약궤가 보인다는 것은 이제 하나님께서 언약하신 모든 것들이 다 이루어졌다는 것을 확증하는 것이다. 구약에서부터 우리는 성막의 언약궤도 함부로 사람들이 볼 수 있는 것이 아니라는 것을 안다. 그것은 깊이 지성소 안에 그룹 아래 감취어져 있다. 그러나 이제 하늘의 진짜 지성소의 언약궤가 모습을 드러낸다. 결국 일곱째 나팔이 울려 퍼진다는 것은 하나님의 영원한 뜻이 다 이루어진다는 것을 보장하는 것이다. 어떻게 보장하는가? 성전 안의 언약궤를 보여줌으로써 보장하신다. 결국 이 땅에 그리스도의 왕국이 이루어지고 새 하늘과 새 땅이 임하고 새 예루살렘이 완성되는 것까지도 다 일곱째 나팔의 내용이라고 이해해야 한다. 그러니 이 일곱째 나팔은 얼마나 중요한가? 이 11장의 내용은 얼마나 중요한가? 그래서 계시록을 크게 두 단락으로 나누면 1-11장과 12-22장이 된다.

덧붙이는 말씀

18절에서 선지자들과 성도들과 주의 이름을 경외하는 자들에게 상 주신다고 했다. 이것은 주님이 공중에 재림하셨을 때에 모든 성도들을 모으신 후 하실 일이다. 그런데 이때 우리가 상을 받으려면, 또 이 땅의 환난과 심판을 받지 않고 휴거되려면 적어도 몇 구절의 말씀을 기억해야 한다.

첫째는 누가복음 21장 36절이다. 깨어 기도하고 생활의 염려로 마음이 둔하여지지 말아야 한다. 왜냐하면 그날이 덫과 같이 임하기 때문이다. 덫이란 예기치 않은 때에 덮쳐지는 것이다. 그때 항상 경계하고 깨어 있는 자는 후다닥 뛰쳐나갈 것이고 둔하게 졸고 있는 자는 그 덫에 걸릴 것이다. 우리는 생계를 위해서 열심히 일해야 한다. 그러나 거기에 빠지면 생활의 염려로 마음이 둔해진다. 우리의 삶을 위해 열심히 일할지라도 우리의 영은 주님을 향해 항상 깨어 있어야 한다.

다음 마태복음 24장 40-44절을 보자. 여기서 형제 둘은 밭을 갈고 있고 자매 둘은 매를 갈고 있다. 그 두 편 다 하나는 데려감을 당하고 하나는 버려둠을 당한다. 주님이 말씀하시기를 인자는 생각지 않은 때에 올 것이니 예비하고 있으라고 하셨다. 여러분은 예비하고 있는가? 전에 말한 바 있지만 할부로 뭔가를 잔뜩 사 놓는 것은 예비하는 자세가 아니다. 빚이 많으면 들어올리려고 해도 올려지지 않을 것이다. 자신을 가볍게 만들어 놓아야 한다. 주님이 '이리 올라오라!' 하시면 한시라도 올라갈 수 있어야 한다. 이 땅의 너무 많은 것들에 자신을 연루시켜 놓고 살지 말아야 한다. 언제든지 사뿐히 올라갈 수 있도록 예비해야 한다. 그것이 예비하는 삶이다.

또 디모데 후서 4장 8절을 보자. "이제 후로는 나를 위하여 의의 면류관이 예비되었으므로 주 곧 의로우신 재판장이 그날에 내게 주실 것이니 내게만 아니라 주의 나타나심을 사모하는 모든 자에게니라". 바울은 자기뿐 아니라 주님의 나타나심을 사모하는 모든 자에게도 상을 주신다고 했다. 그러므로 주님의 상을 얻기 위해서 주님의 나타나심을 사모해야 한다.

계시록 3장 10절, "네가 나의 인내의 말씀을 지켰은즉 내가 또한 너를 지키어 시험의 때를 면하게 하리니". 주님의 인내의 말씀을 지키는 것이다. 성경을 잘 이해하는 것만으로는 소용이 없다. 그 한 말씀 한 말씀을 지켜야 한다.

끝으로 계시록 2장 26절에서는 주님의 일을 지키는 자를 말한다. 주님의 일이란 무엇인가? 주님의 이 땅에서의 역사, 그분의 고난받으심, 십자가에 죽으심, 부활 등이다. 이러한 주님의 일을 지키는 자들이 그날 왕 노릇 하게 된다.

우리는 오늘 이 시대에 척량을 받아야 한다. 우리에게는 아직도 하늘의 성전과 제단에 맞지 않은 요소들이 많다. 여러분이 생활하다 보면 문득문득 나타날 것이다. 말하고 나면 죄이고, 행동하고 나면 잘못된 것이다. 다 갈대와 지팡이로 척량받아야 한다. 만일 한 가지라도 척량을 받지 않은 것이 있다면 "이방인에게 짓밟히게 버려두라!"고 하실 것이다. 그러나 오늘 우리가 매일매일 척량을 받는다면 우리는 주님께 보호를 받고 주님의 소유가 된다. 우리 매일의 삶은 우리의 육체와 자아와 죄악을 처리받는 삶이어야 한다. 주님의 십자가의 심판을 받는 삶이어야 한다. 그럴 때 우리는 11장 1절에 속하여 그 안에서 경배하는 자들이 된다. 그 안에서 경배하는 자들은 7장 9절에 있는 경배하는 자들과 동일한 자들이다. 즉 '아무라도 셀 수 없는 큰 무리, 흰 옷을 입고 손에 종려 가지를 든 무리'가 되는 것이다. 그들은 보좌 앞에 들림받아서 주님을 찬미하는 무리이다. 그러기 위해 우리는 오늘 이 시대에 참으로 척량을 받아야 하고 우리 각 부분이 심판받아야 한다. 그리고 깨어 예비하며 두 증인처럼 진리를 증거하는 삶을 살아야 한다. 진리의 증거를 받고 괴로워하는 사람들이 되지 말고 진리를 증거하는 사람들이 되어야 한다. 그럴 때 주님은 우리도 그날 주님 앞으로 들어올리실 것이다. 우리 모두 이러한 축복을 얻자. 이 땅에 조금도 미련을 두지 말고 세상에 속한 물이 매일매일 마르고 말라서 더욱 성숙에 이르기 바란다.

12 장

요한 계시록을 크게 두 단락으로 나누면 1장부터 11장까지가 한 단락이고 12장부터 22장까지가 또 한 단락이다. 굳이 예언적인 말씀으로 나눈다면 6장부터 11장까지가 한 부분이고, 그 자세한 설명이 12장부터 22장까지이다. 전반부는 창세기 1장과 같고 후반부는 2장과 같다(천지를 창조한 대략을 1장에서 말하고 2장에서는 세부적이고 중요한 사건들을 하나하나 자세하게 말하고 있기 때문이다). 6장부터 11장까지가 하나의 대략적인 예언의 내용이고, 12장부터 22장까지는 중요한 것들을 좀 더 자세하게 설명하는 말씀이다.

1절, 하늘에 큰 이적이 보이니 해를 입은 한 여자가 있는데 그 발 아래는 달이 있고 그 머리에는 열두 별의 면류관을 썼더라

여기의 '이적(sign)'은 헬라어로 '세메이온(shmeion)'인데 상징이라고도 할 수 있다. 그러므로 이것은 문자적으로 해석할 수 없고 상징을 통해서 그 뜻을 알 수 있어야 한다. "해를 입은 한 여자가 있는데 그 발 아래는 달이 있고 그 머리에는 열두 별의 면류관을 썼더라". 이 여인이 누구인가? 성경학자마다 서로 의견을 달리한다. 그 해석 방법이 네댓 가지 이상 된다. 오늘날 나와 있는 계시록 주석서들을 보면 이 여인이 교회를 가리킨다고 해석하는 사람들이 많다. 그러한 해석도 일리가 있다. 어떤 사람들은 이 여인을 마리아로 해석한다. 왜냐하면 해산해서 사내아이를 낳기 때문이다. 그 사내아이가 예수 그리스도라고 해석하는 사람들은 이 여인을 마리아로 해석하게 된다. 그러나 이 여인은 마리아가 아니다. 어떤 사람들은 이 여인을 예루살렘으로 해석한다. 교회가 예루살렘으로부터 나왔고 복음이 예루살렘으로부터, 유대인으로부터 나왔기 때문에 모체(母體)는 어머니 같은 존재이기 때문에 이 여인을 예루살렘이라고 해석하는 것이다.

나는 과거에 이 여인이 교회를 가리킨다고 배웠다. 그리고 그 해석이 상당히 일리가 있다고 여겼다. 그러나 후에 성경을 더 연구한 결과 이 여인을 구약과 신약의 우주적인 교회로만 해석했을 때 문제가 되는 부분이 있다는 것을 발견했다. 그것은 왜 여기서 우주적인 교회가 갑작스런 해산의 고통을 겪는가 하는 점이다. 나는 과거 족장 시대로부터 율법 시대와 은혜 시대가 다 남자 아이를 해산하기 위한 것이라고 배웠다. 그러나 그렇게 볼 때 계시록 12장에서 말하는 마지막 때의 해산, 곧 아파서 부르짖더라는 말이 열조 시대부터 교회 시대까지 해당된다는 것은 무리가 있다고 보았다. 그런 해석은 계시록의 흐름상 맞지 않은 것이 있다. 여기 12장의 여인의 해산의 고통은 결국 대 환난으로 해석되어야 하는데, 이 아파서 부르짖는 여인을 다만 우주적인 교회라고 본다면 대 환난 때 족장들이나 구약의 성도들도 환난을 받는 것이 되므로 잘 맞지 않게 된다.

따라서 이 여인을 예루살렘을 중심으로 한 이스라엘로 보는 것이 가장 타당한 듯하다. 창세기 37장 9-10절에서 해는 아버지인 야곱을 가리키며, 달은 요셉의 어머니, 열두 별은 이스라엘 열두 지파를 가리켰다. 갈라디아서 4장 26절은 "오직 위에 있는 예루살렘은 자유자니 곧 우리 어머니라"고 말한다. 또한 구원이 유대인에게서 난다고 하였으므로(요 4:22) 모든 하나님의 백성의 근원을 예루살렘으로 보는 것이 타당하다. 그가 바로 어머니 같은 존재라는 것이다. 이 우주적인 어머니는 모든 하나님의 백성을 포함하는 여인으로 보아야 한다. 이는 사내아이가 단체적인 사람인 것과 같은 원리이다. 그러므로 단순히 예루살렘이라고만 보는 것도 무리가 있다고 본다. 그렇다면 17절의 여자의 남은 자손이 두 무리로 나뉘는 것을 해석하기가 어렵다. 즉 구원받은 신구약의 모든 성도들이 다 그 여인 속에 포함되어야 하는 것이다. 그러므로 이 여인은 모체로서 예루살렘을 가리키며 또 한편 거기서 나온 총체적인 교회를 가리켜야 맞다. 그렇다면 마지막 때 유대인들이 대환난의 중심에 위치한 것을 이해할 수 있으며 또 그들이 마지막 때 해산의 고통을 겪는다는 것도 이해할 수 있다. 무엇을 위한 해산의 수고인가? 결국 우주적인 사내아이를 낳기 위한 것이다. 여기에 환난의 의미가 있다.

이 여자는 실상 교회의 모체로서의 여자일 뿐 아니라 하나님의 아내, 배필로서의 여자이다. 하나님은 사람을 창조하실 때에 그분의 아내가 되게 하려고 하셨다. 이사야 54장 5절은 "이는 너를 지으신 자는 네 남편이시라…"고 말한다. 하나님의 말씀에서 우리를 창조하신 분이 우리의 남편이라고 했다. 그리고 피조된 존재인 우리는 그의 아내인 것이다. 이것이 분명해야 한다. 하나님은 사람을 그분의 배필로 창조하셨다. 이것은 비밀이다.

오늘날 타락한 사람은 남편이시며 홀로 한 분이신 전능한 하나님, 창조자 하나님을 떠났기 때문에 하나님의 아내의 위치를 잃어버렸다. 그리고 자기가 주인인 것처럼, 자기가 남편인 것처럼 살고 있다. 그러므로 성경에서 타락한 사람을 말할 때 '옛 사람(old man, 남자)'이라고 한다. 여자라도 주님께 돌아오지 않은 사람은 다 '옛 사람(old man)', 즉 못 생긴 남자이다. 그러나 우리는 유일하신 남편에게 돌아온 자들로서 남자라도 여인의 위치에 서 있다. 이와 같이 하나님은 사람을 지으실 때 여자가 되도록 지으셨다. 우리 사람에게는 주인이 있고 머리가 있다. 우리나라에서는 남편을 '주인 양반'이라고 말한다. 하나님은 우주의 주인이시다. 오늘날 타락한 인간은 자기 자신이 주인인줄 알고 있다. 다시 말하지만 그런 사람은 옛 사람이다. 그러나 그런 사람들이 하나님을 믿을 때에 신분이 바뀐다. 하나님 앞에서 여자로 바뀌는 것이다. 여자가 되는 것은 참으로 복된 것이다. 결혼만 잘하면 팔자를 고친다. 이제까지 우리의 삶은 그리 행복하지 않았을 것이다. 이 옛 사람(old man)이 주인이 되어 살았기 때문이다. 그러나 주님을 믿은 즉시 우리는 여자가 된다. 주님을 믿는 것은 바로 결혼하는 것이다. 남편이신 하나님께 돌아오는 것이다.

또 여기의 '해'는 신약 시대의 믿는이들을 말하는데, 주 예수님이 오심으로 신약이 열리게 된다. (물론 교리적으로 더 자세하게 말하면 요한부터 시작된다고 할 수 있다. 그리스도는 태양이시고 침례자 요한은 이 태양이신 그리스도를 소개하는 일을 맡았기 때문이다.) 누가복음 1장 78절과 79절을 보자. "이는 우리 하나님의 긍휼을 인함이라 이로써 돋는 해가 위로부터 우리에게 임하여 어두움과 죽음의 그늘에 앉은 자에게 비취고 우리 발을 평강의 길로 인도하시리로다 하니라". 이것은 우리 주 예수님의 출생에 대하여 사가랴(세례 요한의 아버지)가 예언한 것이다. 그는 예수 그리스도가 돋는 해라고 했다. 이로써 우리는 그리스도의 오심이 흑암의 땅에 빛을 비추기 위해 큰 빛으로 오신 것임을 알 수 있다.

따라서 12장의 여자가 해를 입었다는 것은 그 여자가 신약의 성도들을 포함하고 있음을 의미한다. 그리고 그 발 아래 달이 있다고 했는데 달은 어두운 밤을 비추는 존재이다. 태양은 낮을 주관하고 달은 밤을 주관한다(창 1:16 참조). 주님이 이 땅에 오시기 전은 어둡고 캄캄한 밤이었다. 그때 사람들은 율법에서 빛을 얻었다. 모세로 말미암아 주신 율법은 마치 어두운 밤에 태양을 반사하는 달과 같이 그리스도를 반사하는 역할을 하였다. 그러므로 우리는 구약 시대의 성도들을 달이라고 할 수 있으며, 이 여자는 구약 시대의 성도들도 포함한다. 또 이 여자는 머리에 열두 별의 면류관을 썼다고 했는데, 이것은 요셉의 꿈을 생각나게 한다. 요셉은 꿈에 열한 별이 자기에게 절을 했다고 말했다(창 37:9). 요셉을 포함해서 야곱의 아들들은 열두 명이고 열두 별은 모세 이전의 족장들을 의미한다. 그들은 모세 이전 시대의 이스라엘 백성 가운데 족장들이었다. 그렇다면 이 여자는 족장들도 포함한다. 성경의 시대를 크게 나누면 족장 시대, 율법 시대, 신약 시대이다. 이 세 시대가 모든 시대를 망라한다. 따라서 이 여자는 예루살렘을 근본으로 한 족장 시대를 시작으로 해서 율법 시대를 거쳐 신약 시대에 이르는 하나님의 모든 백성들을 의미한다. 즉 해를 입은 여자는 하나님의 백성의 모체일 뿐 아니라 거기서 나온 하나님의 모든 백성을 포함한다. 이렇게 해석하는 것이 온전한 것이다. 사실 이렇게 온전한 방식으로 이 여자를 해석하는 데에는 많은 시간이 걸렸다. 오늘날에 와서야 비로소 이러한 온전한 해석과 정의를 내릴 수 있게 된 것이다. 다시 말해서, 이 여자는 예루살렘을 모체로 하여 거기서 나온 동서고금의 모든 하나님의 백성들을 의미한다고 해석하는 것이 가장 올바르고 합당하다고 믿는다.

2절, 이 여자가 아이를 배어 해산하게 되매 아파서 애써 부르짖더라

이 여자가 하는 일은 한 가지, 해산하는 것이다. 이것이 이 여자의 운명이다. 이 여자가 해산의 고통을 겪는 것은 이사야 26장 17-18절, 예레미야 6장 22-25절 등에 나오는 바, 장차 예루살렘에 있을 환난을 가리킨다. 이렇게 말하는 것이 성경의 흐름과 맞는다. 주님도 마태복음 24장 8절에서 재난의 시작을 말씀하셨다. 이때 이스라엘에는 대환난이 시작되며, 주님은 이것을 해산의 시작이라고 말씀하신다. 그러므로 이 여자는 이스라엘을 포함하는 예루살렘인 것이다. 구약의 선지자들은 장래 예루살렘에 임하는 고난이 해산하는 것과 같을 것이라고 말했다(미 4:8-10, 5:1-3, 렘 13:19-21, 30:6-7). 다니엘 12장 1절에는 천사 미가엘이 대환난 때 이스라엘을 돕는 것이 나오는데, 이는 계시록 12장에서 미가엘이 그 여자를 돕는 것과 흡사하다. 그러므로 이 여자가 잉태하고 해산하는 것은 문자적으로 해석해서는 안 된다. 갈라디아서 4장 26절은, "오직 위에 있는 예루살렘은 자유자니 곧 우리 어머니라"고 말하는데, 이 구절 또한 여자가 예루살렘이라고 말할 담력을 준다. 이 여자는 우주적인 사내아이를 낳기 위해 해산의 진통을 하게 된다. 이것이 대환난의 내재적인 뜻이다. 예루살렘과 모든 하나님의 백성들은 사내아이를 낳기 위해 마지막 시대에 우주적인 산고를 겪게 된다. '아파서 애써 부르짖더라'는 바로 대환난 때 예루살렘의 부르짖는 소리이다.

이 여인은 이스라엘 나라의 예루살렘을 대표하며 하나님은 그녀를 이끌어 광야로 도망가게 하신다(교회는 예루살렘으로부터 시작되었다). 마태복음 24장 16-21절까지에서 그들이 도피하는 것을 말하는데, 이는 계시록 12장 6절과 14절의 도망하는 것과 일치한다. 여기서 '해산'은 부활로 해석할 수 있다. 이는 사도행전 13장 33절과 로마서 1장 4절에 근거한다. 그러므로 이기는 성도들이 부활하는 시점은 예루살렘이 대환난을 통과하는 시점이다. 대환난을 맞은 그들의 고통의 부르짖음은 여인이 해산할 때의 부르짖음과 같다. 구원이 유대인에게서 나오기 때문에 예루살렘은 어머니같이 해산하는 역할을 한다고 볼 수 있다. 그러면 역대의 교회도 해산하는 일에 관여하는가? 당연히 관여한다. 역대의 교회도 이기는 자들을 산출하는 유일한 목표를 향해 나아가기 때문이다.

이 여자는 결국 예루살렘으로부터 나온 하나님의 백성인데, 하나님의 백성의 특징은 무엇인가? 아파서 부르짖는 것이다. 결국 교회, 하나님의 백성의 운명은 뭔가를 해산하기 위해서 아프고 애쓰고 부르짖는 것이다. 그리스도인이 된 여러분은 이 땅에서 행복하고 즐거운 삶을 살기를 기대하는가? 사실 그러한 삶은 그리스도인에게 정해진 삶이 아니다. 그리스도인의 삶은 임산부같이 고달픈 것이다. 교회는 항상 임산부이다. 사내아이를 밴 것이다. "아이를 배어 해산하게 되매 아파서 애써 부르짖더라". 만일 사내아이를 밴 상태가 아니라면 어려움이 임하지 않을 것이다. 그러나 어떤 그리스도인 무리가 충성되게 길을 가려 한다면 그들의 노정에는 핍박과 곤란이 임할 것이다. 그런데 이렇게 아파서 애써 부르짖는 상황이 교회의 초기부터 끝까지 동일하게 이어지는 것이라기보다는 마지막 부분에 가서 특히 심한 것 같다. 왜냐하면 이것은 시대 말에 이르렀기 때문이다. "이 여자가 아이를 배어 해산하게 되매". 여기 '되매'라는 말은 뭔가 완성을 뜻하는 듯하다. 마지막 부분에 가서 완성될 일을 말하는 것이다. 이때 가장 심한 산고를 겪는 곳이 예루살렘, 곧 교회의 모체가 되는 곳이다. 이 우주는 실상 이 한 가지 일을 위해 역사하고 있다고 말해도 과언이 아니다. 교회가 왜 있는가? 왜 구약이 있고 신약이 있는가? 왜 이스라엘이 있고 유대인이 있고 신약의 교회가 있는가? 이 모든 것이 한 가지 목표, 즉 사내아이를 출산하는 일을 위해 있다.

3절, 하늘에 또 다른 이적이 보이니 보라 한 큰 붉은 용이 있어 머리가 일곱이요 뿔이 열이라 그 여러 머리에 일곱 면류관이 있는데

이제 또 한 가지 표적(sign)이 나온다. 바로 붉은 용이다. 우리는 여자와 붉은 용, 이 두 표적을 함께 보아야 한다. 사람들의 눈에는 사람들과 산과 바다와 많은 건물들과 차량들만 보인다. 그러나 하나님의 눈으로 볼 때 이 우주 가운데에는 두 가지 큰 이상이 있다. 하나는 하나님의 백성이고 하나는 마귀 사탄이다. 여기서 용이 '붉다'는 것은 뭔가 잔인한 것, 피를 흘리는 것, 즉 전쟁을 뜻한다. 그런 일을 하는 자가 바로 사탄이요 용이다. "머리가 일곱이요". 사탄은 머리가 없는 존재가 아니다. 사탄은 아무 생각 없이 나쁜 일만 저지르고 다니는 존재 같지만 사실 비상한 머리가 있다. 그러므로 온갖 생각을 다 할 수 있다. 그것도 한 개가 아니고 일곱 개이므로 이 머리로는 이 생각, 저 머리로는 저 생각, 그러다가 안 되면 또 다른 머리를 쓸 것이다. 별별 궁리와 작전을 다 꾀할 수 있는 존재라는 것이다. 그러므로 그 자는 상당히 교활한 존재임에 틀림없다. "뿔이 열이라". 뿔은 남을 공격하고 찌르는 것이다. 여러분은 오늘날까지 많은 종류의 찔림을 당했을 것이다. 어떤 말은 우리 심정을 예리하게 찌르는데, 그런 유의 말은 무조건 사탄인 줄 알면 된다. 그것이 바로 뿔이 하는 일이다. 일곱 머리로는 궤사를 꾀하고 열 뿔로는 찌른다. 아마 머리로 생각하는 것보다 더 많이 찌르는 것 같다. "여러 머리에 일곱 면류관이 있는데". 한 머리에 면류관이 하나씩 있다는 말이다. 그 자는 수많은 궤휼과 공작으로 영예를 얻었다. 13장 1절의 짐승은 뿔이 열이요 머리가 일곱이며 열 뿔에 열 면류관이 있다. 이는 짐승에게는 공격하고 죽이는 뿔에 더 강세가 있다는 뜻인 것 같다. 사탄은 주로 교활하게 공작을 꾸미는 존재이며 일곱 면류관이 있는 일곱 머리를 가지고 있다. 그의 열 머리에 면류관이 있다는 것은 나름대로 그의 공작이 인류 역사에서 번영과 성공을 거두는 것이 있다는 말이다. 하지만 그것은 결국 망하게 된다.

4절, 그 꼬리가 하늘 별 삼분의 일을 끌어다가 땅에 던지더라 용이 해산하려는 여자 앞에서 그가 해산하면 그 아이를 삼키고자 하더니

이 '하늘 별'은 하늘에 떠 있는 실제적인 별이 아니라 천사를 말한다. "하늘 별 삼분의 일을 끌어다가 땅에 던지더라". 사탄이 하나님께 배역할 때(사 14장 참조) 하늘에서 땅으로 내어 쫓기게 되었는데 당시 삼분의 일의 천사가 그를 따랐다. 그는 혼자 쫓겨나지 않고 삼분지 일의 천사들을 이끌고 쫓겨난 것이다. 교회에서도 마귀 노릇을 하는 사람들은 꼭 추종자를 데리고 다닌다. 자기 혼자 망하려고 하지 않고 한 무리의 사람들을 반드시 데리고 다닌다. 여기의 마귀 사탄도 원래는 천사장이었는데 자기를 추종하는 세력 삼분의 일을 데리고 배역했다. "용이 해산하려는 여자 앞에서 그가 해산하면 그 아이를 삼키고자 하더니". 해산하는 여자는 간단히 말해서 교회이다. 교회가 하고 있는 일은 다른 것이 아니라 사내아이를 해산하는 것이다. 그런데 이 일을 가장 대적하는 자가 바로 사탄, 용이다. 사탄이 이 일을 대적한다. 여기서 나는 여러분에게 매우 중요한 말을 하고자 한다. 하나님의 역사는 복음을 전해서 여자를 얻는 것이지만 여자를 얻었다고 다 되는 것이 아니다. 이것은 하나님의 경륜의 최종 목표가 아니다. 여자는 바로 사내아이를 낳기 위해 있다. 교회의 사명은 사내아이를 낳는 것이다. 사내아이란 누구인가? 바로 이기는 자이다. 우리는 계시록 2, 3장에서 이기는 자를 보았다. 이들은 이기고 순교한 성도들일 것이다. 틀림없이 이들은 죽기까지 충성한 서머나 교회의 이기는 자들일 것이고 또 두아디라 교회의 철장으로 만국을 다스리는 자들과 일치할 것이며, 빌라델비아의 이기는 자들과도 일치할 것이다. 마태복음 25장 1-13절의 열 처녀 비유에서 지혜로운 다섯 처녀가 이 사내아이이며, 어리석은 다섯 처녀는 계시록 12장 17절의 남은 자녀들 중 일부분이다(이들 가운데는 살아 있는 자들도 있다).

마귀가 전적으로 하는 일은 이기는 자가 일어나는 것을 막는 것이다. 사탄 마귀가 이 우주 가운데서 가장 첨예하게 대적하는 일은 교회가 이기는 자를 산출하는 일이다. 그 자는 복음을 전하는 일도, 예배당을 크게 짓는 일도 그렇게 반대하지 않지만 이기는 자를 산출하는 일은 기를 쓰고 반대한다.

오늘날 많은 사람들이 이 땅에서 소위 복음을 전하고 교회를 세우는 사역을 한다. 그러나 우리가 한 가지 보기 힘든 것이 있는데 그것은 사내아이를 산출할 목표로 사역하는 광경이다. 하나님의 경륜은 소위 그리스도의 몸을 건축하는 것만이 아니다. 그리스도의 몸인 교회의 가장 중요한 역할은 이기는 자를 산출하는 것이다. 이 목표에 이르지 않았다면 교회는 아직 할 일을 다 하지 않은 것이다.

교회는 하락을 거듭하고 있다. 그러므로 계시록 2, 3장에서 주님은 이기는 자들을 부르고 계신다. 에베소 교회는 처음 사랑을 잃었다. 그럴 때 예수님은 그들 가운데 이기는 자가 있기를 바라셨다. 라오디게아도 마찬가지이다. 주님은 그들이 전체적으로 승리하리라고 기대하시지 않는다. 그들 가운데 이기는 자들이 나오기를 바라신다. 물론 주님은 이기는 자들에게 상급을 약속하셨다.

계시록 12장에는 두 무리가 있다. 이제 곧 해산하여 하늘 보좌로 들림받는 사내아이가 있고, 환난에 남겨져 고난받는 자들이 있다. 이 땅에 남아있는 여자는 교회이다. 이 용 마귀, 사탄은 해산하려는 여자 앞에서 그가 해산하면 아이를 삼키려고 기다린다. 이 용은 그의 적수가 누구인가를 안다. 사탄의 적수는 이기는 자들이다. 이기는 자들이 용, 사탄을 땅으로 내어쫓는다. 오늘 마귀들이 공격하는 존재가 누구인가를 아는 것은 매우 중요한 일이다. 그는 이기는 성도들의 일어남을 극렬히 반대한다. 왜 바울이나 루터와 칼빈 등은 그 어려움이 많았던가? 나는 그들 당대의 크리스천이 다 그렇게 어려웠을거라고 생각하지 않는다. 그들은 이기는 자의 길을 걸었기에 마귀의 반대가 심했던 것이다.

이기는 자들은 소위 자신들의 영성이나 봉사를 위한 자들이 아니다. 그들은 전체의 하나님의 백성들의 유익과 승리를 위하여 싸우는 자들이다. 그들이 전투로 말하자면 최전방에 있는 용사들이요 승리의 깃발을 꽂으려 하는 자들이다.

5절, 여자가 아들을 낳으니 이는 장차 철장으로 만국을 다스릴 남자라 그 아이를 하나님 앞과 그 보좌 앞으로 올려가더라

결국은 이 여자가 아들을 낳는다. 교회가 산고를 겪는 것은 결국 이기는 자를 산출하기 위한 것이다. "아들을 낳으니 이는 장차 철장으로 만국을 다스릴 남자라". 철장으로 만국을 다스린다는 말씀이 계시록 2장 26-27절에도 있다. "이기는 자와 끝까지 내 일을 지키는 그에게 만국을 다스리는 권세를 주리니 그가 철장을 가지고 저희를 깨뜨려 질그릇 깨뜨리는 것같이 하리라". 철장을 가지고 만국을 다스리는 자들이 곧 이기는 자들이다.

여기의 남자를 예수님이라고 해석하는 것은 그릇된 해석이다. 왜냐하면 이 이기는 자들에 대하여 설명하는 11절을 보면 '여러 형제'라고 하기 때문이다. 이 '남자'는 복수의 남자, 곧 이기는 자들이다.

교회는 이 땅에서 마치 바다 위에 떠 있는 배와 같다. 바다 위에 떠 있는 배는 항상 파도와 바람에 시달린다. 거친 풍랑 속에서 노를 젓는 뱃사공의 팔뚝이 자연히 강해질 수밖에 없는 것처럼, 교회가 당하는 핍박과 사탄의 공격 속에서 그에 대항하여 강하게 일어서는 사람들이 나오게 된다. 그런 자들이 이기는 자들이다. 바울 사도는 갈라디아서 4장 19절에서 "나의 자녀들아 너희 속에 그리스도의 형상이 이루기까지 내가 다시 너희를 위하여 해산하는 수고를 하노라"라고 했다. 해산하는 수고는 무엇을 위한 것인가? 사내아이를 산출하기 위한 것이다. 참되게 진리의 길을 가려 하는 사람들에게는 숱한 어려움이 있게 되는데 그러한 어려움을 통해서 강한 영성이 배양된다. 교회의 어려움이 어떤 사람들에게는 도리어 이기는 자로 만들어지는 상황이 되는 것이다. 이들이 결국 장래 철장으로 만국을 다스리게 된다. 갈라디아 성도들이 그저 유대교도들의 유혹에 넘어가고 적당히 신앙생활을 했다면 그들은 절대로 이기는 자들이 될 수 없다. 바울은 그들을 신앙의 표준과 복음의 원래의 목적으로 이끌어주기 원했다. 이는 그들을 이기는 자들로 이끌기 위함이었다. 갈라디아 성도들이 복음을 들었고 성령을 받았지만 그들은 미혹되었고 그리스도의 형상을 이루는 일에 지장을 받게 되었다. 성도들의 최종목표는 그리스도의 형상이 이루어지는 것이다.

어떤 사람들은 성화의 진리를 의심하는 자들이 있다. 주님과 연결되어 생활하는 것이 전부 다 라고 생각한다. 그러나 계란 안에 병아리의 형상이 점점 이루어져 가듯이 우리 안의 그리스도의 생명은 점점 그 형체를 이루어가게 된다. 우리를 통해 그리스도께서 나타나시게 되는 것이다. 사도 바울은 성도들이 온전케 되며 그리스도의 형상이 이루어져가는 일에 해산의 수고를 하듯이 힘을 다했다. 즉 진정한 사역자들의 수고는 이 땅에 이기는 자들을 산출하는 것이다.

"그 아이를 하나님 앞과 그 보좌 앞으로 올려가더라". 이것이 바로 휴거이다. 마지막 때에 이런 일이 발생한다. 이것이 바로 부활의 때이다. 이 사내아이는 이 땅에서 충성스럽게 주님을 간증하다가 죽고 또 주님이 다시 오실 때에 먼저 부활하여 휴거된 사람들이다. 이들은 공중이 아닌 보좌로 들림받은 자들이다. 이들은 살아서 휴거되는 사람들이 아니고(그들은 14장에 나온다) 부활하여 보좌로 이끌려간 사람들이다. 우리는 적어도 마태복음 25장의 슬기로운 처녀들은 사내아이에 포함될 것이라고 여긴다. 그들은 죽었다가 부활한 믿는이들이다. 죽은 다음 부활한 믿는이들 중에 어떤 자들은 주인의 즐거움에 참여하며 혼인잔치에 들어가게 된다.

사내아이에 대하여

성경은 전체적인 맥락에서 볼 때 이기는 자들(사내아이)을 불러내는 책이라고 말해도 과언이 아니다. 구약에서 신약까지 성경은 이기는 자들을 중심으로 씌여졌으며 그들의 삶과 행함과 일을 존중하는 방식으로 기록한 것이다. 사람이 타락하여 에덴에서 쫓겨난 후, 최초의 가정 안에서 아벨은 그의 형 가인의 행동에 대하여 항거했으며 그 결과 살해당하고 말았다. 그가 첫 번째 이기는 자라고 말할 수 있다. 또 에녹은 당시 주위에 있는 사람들이 다 이 세상의 시류를 좇아 행할 때 용감하게 일어서서 독특한 입장을 취하고 하나님과 동행하였다. 그 후에 노아 또한 모든 사람들이 그의 경고를 비웃었지만 견고하게 하나님을 믿고 인내하면서 오랜 시간에 걸쳐 방주를 예비하였다.

아브라함은 하나님의 부르심을 받고 본토 친척 아비 집을 떠났으며 나그네와 순례자로서 홀로 거하였고 다른 사람들과 같이 행동하지 않았다. 모세는 어떠한가! 그는 그리스도를 위하여 치욕당하는 것을 애굽의 모든 보화보다 큰 재물로 여겼으며 이스라엘을 이끌어 광야로 나가게 했다. 그는 하나님의 온 집에서 충성된 자라는 칭찬을 받았다(민 12:7). 그가 없었더라면 하나님은 당시 이스라엘을 애굽의 압제에서 건져낼 길이 없으셨을 것이다. 또 민수기 14장 24절은 갈렙에 대하여 "오직 내 종 갈렙은 그 마음이 그들과 달라서 나를 온전히 좇았은즉 그의 갔던 땅으로 내가 그를 인도하여 들이리니 그 자손이 그 땅을 차지하리라"고 한다. 이 구절에서 '그 마음(영)이 그들과 달라서(he has had a different spirit)'란 말은 매우 중요하다. 여호수아 역시 갈렙과 같은 영을 갖고 있었다. 여호수아 24장 15절을 보면 당시 사람들이 어떤 신을 섬길 것인지 우왕좌왕하고 있을 때 여호수아가 일어나 "만일 여호와를 섬기는 것이 너희에게 좋지 않게 보이거든 너희 열조가 강 저편에서 섬기는 신이든지 혹 너희의 거하는 땅 아모리 사람의 신이든지 너희 섬길 자를 오늘 택하라"고 하면서 "나와 내 집은 여호와를 섬기겠노라"고 선언했다. 이는 그의 전일하고 확정된 영을 보여준다. 시대마다 그 마음이 하나님께 확정된 사람들이 있었다. 그들은 언제나 주님을 신뢰하였으며 그들보다 연약한 성도들이 그들을 보고 방향을 잡을 수 있도록 표지판 노릇을 했다.

사사 시대의 많은 사사들도 이기는 자들에 대한 그림이다. 기드온이나 삼손이나 입다까지도 당시의 많은 사람들과는 다른 면을 갖고 있었다. 그렇기에 그들은 주님의 손에 쓰임받을 수 있었으며 이기는 자들의 대열에 들어갈 수 있었다. 사무엘도 엘리 제사장 때에 타락한 사사 시대를 매듭짓고 새로운 시대를 여는 그릇으로 쓰임받았다. 다윗도 주님께 쓰임받은 그릇이다. 엘리야, 엘리사가 그러하고, 예레미야도 마찬가지다. 다니엘, 에스라, 느헤미야도 동일하다. 성경은 이들의 일을 중심으로 하여 기록된 것이다. 그들은 매 시대에 하나님의 기뻐하시는 일을 위하여 그분의 백성들을 교도하고 하나님의 뜻 안으로 되돌리는 데 쓰임을 받았다. 우리는 이들을 소위 '사내아이'라고 부른다.

신약에서도 우리는 동일하게 이런 인물들의 행렬이 있음을 본다. 주님이 이 땅에 오실 때 세상은 흑암이었다. 그러나 엘리사벳과 사가랴, 요셉과 마리아, 안나와 시므온 등의 신실한 자들이 주님의 오심을 위하여 예비되어 있었다. 그들이 있었기에 우리 주님은 이 땅에 오실 수 있었던 것이다. 주님께서 갈릴리에서부터 사역을 시작하실 때 베드로와 야고보와 요한 등이 주님을 따랐고 그들은 당시에 하나님께 쓰임을 받는 그릇들이 되었다. 그들이 결국 오순절의 주역이 된 것이다. 하나님이 복음을 유대인들만이 아니라 이방 지역으로 전파하고자 하셨을 때 그분에게는 새로운 그릇이 필요했고 그래서 바리새인 가운데 핍박자였던 사울을 그분의 그릇으로 부르셨다. 바울, 디모데, 디도 등 당시 한 무리의 사람들은 신약교회의 전형적인 본을 제시하기 위해 하나님께 쓰임을 받은 종들이다. 이와 같이 하나님은 시대마다 그분의 하시고자 하는 일을 위하여 사람들을 부르셔서 그분의 뜻을 수행하게 하셨다.

성경은 모든 사람이 주님을 믿고 구원을 받으면 왕 노릇 한다고 하지 않고 참으면 왕 노릇 한다고 말한다. "미쁘다 이 말이여, 우리가 주와 함께 죽었으면 또한 함께 살 것이요 참으면 또한 함께 왕 노릇 할 것이요"(딤후 2:11-12上). 또 바울은 운동장에서 달음질하는 자들이 다 상을 받는 것이 아니라 오직 이기기를 다투며 모든 일에 절제하며 향방 있게 달음질하는 자들이 상을 받는다고 말하였다. 주님은 모든 사람이 다 이길 것이라고 기대하지 않으신다. 마지막 시대로 갈수록 사람들은 더욱더 돈을 사랑하고, 자기를 사랑하고, 쾌락 사랑하기를 하나님 사랑하는 것보다 더 할 것이라고 했다. 또한 사람들이 진리에서 돌이켜 가려운 귀를 긁어줄 스승들을 많이 둘 것이라고 했다. 경건의 모양은 있지만 경건의 능력은 부인하는 자들이 있을 것이라고 했다. 그러면서 바울은 그러한 자들에게서 떠나라고 가르친다. 주님은 부패한 교회가 전체적으로 회개하고 좋아지리라고 기대하시지 않는 것 같다. 또 지금까지의 지상의 교회들이 그렇게 되지 않는다는 것을 보여주었다. 그러므로 주님은 그들 가운데서 이기는 자들이 있기를 원하신다.

우리가 아무리 애쓴다 할지라도 이 땅의 축복을 갈구하는 자들을 하늘로 인도하기란 참으로 어렵다. 그러므로 주님은 계시록 마지막 부분에서 불의를 하는 자는 그대로 불의를 하고 더러운 자는 그대로 더럽게 두라고 하신다. 또 의로운 자는 그대로 의롭고 거룩한 자는 그대로 거룩되게 하라고 하신다(22:11). 우리는 청함을 받은 사람들은 많지만 택함을 받은 사람들은 적다. 적은 수의 사람들만이 좁은 문에 들어설 것이며 주님의 왕국 안으로 이끌릴 것이다(눅 12:32). 천국은 침노하는 자들의 것이다. 결코 침노하는 영이 없는 자들에게 천국은 거저 주어지지 않을 것이다. 심지어 주님은 천국을 위하여 고자가 된 자들이 있다고 하셨는데, 이는 천국을 위하여 우리가 얼마나 자신의 정욕을 제어해야 하는지를 말해준다. 주님은 우리의 눈이 우리를 실족케 한다면 그 눈 하나를 뽑아 버리는 것이 두 눈을 가지고 지옥에 던져지는 것보다 낫다고 하셨다. 마태복음 5장의 이러한 말씀들은 다 주님의 자녀들에게 하신 말씀임을 잊어서는 안 된다. 그러므로 시대마다 하나님의 백성들 가운데에는 이기기 위하여 자신을 절제하며 경주하는 자들이 있었다.

초대 교회 이래로 하나님은 역대로 그분의 일을 위하여 사람들을 얻으시곤 했다. 하나님께서는 중세의 암흑시대를 끝내고 성경 진리를 드러내기 위하여 루터라는 그릇을 얻으셨다. 또 칼빈도 일으키셨다. 많은 하나님의 종들이 중세 로마 카톨릭의 어둠을 밝히기 위하여 일으켜졌다. 그로부터 한 세기 후에 하나님은 마담 귀용, 진젠도르프 등 진실한 성도들을 일으키셔서 교회로 하여금 생명의 체험 안으로 들어가게 하셨다. 그 후로 또 한 세기 후에 주님은 영국에서 웨슬레, 휘트필드 등의 한 무리 형제들을 얻으셨다. 그들 또한 매우 충성되게 온 세계의 교회를 향해 크게 빛을 발하였다. 하나님은 오늘날도 여전히 주님이 쓰시는 사람들을 한 무리 한 무리 일으키고 계신다. 어느 시대를 막론하고 교회 안에서 이기는 자들이 일으켜질 필요가 있는 것이다. 하나님은 그들을 통하여 그분의 뜻을 수행하신다. 이와 같이 하나님의 백성 가운데 강하고 모범이 되는 한 무리를 가리켜 '사내아이'라고 하는 것이다. 계시록 12장에서 하나님은 이러한 자들이 환난 전에 휴거될 것이라고 가르치신다. 결국 이들은 19장에 이르러서 어린양의 신부가 된다. 여러분도 이 시대에 주님의 뜻을 온전히 좇는 이기는 자들이 되기를 바란다.

6절, 그 여자가 광야로 도망하매 거기서 일천이백육십 일 동안 저를 양육하기 위하여 하나님의 예비하신 곳이 있더라

이것은 대환난 때 있을 상황이다. 마지막 대 환난 때에는 크게 도망하는 일이 생긴다. 이것은 특히 유대인들 가운데 있을 상황이다. 대 환난은 예루살렘을 중심으로 일어나지만 온 세계에도 영향을 미친다. 이것은 구약에서도 동일하게 예언되고 있다. 모든 성도들이 그때 대단한 핍박을 받는다. 그리고 많은 사람들이 도망하는 일이 있게 된다(마 24:16, 20, 눅 21:20-24 참조). 주님은 제자들에게 안식일에 그런 일이 생기지 않도록 기도하라고 하셨다(유대인들은 안식일에 모세의 율법에 따라 2000규빗(약 1km) 이상 멀리 갈 수가 없다). 또 아이 밴 자들과 젖먹이는 자들은 곤경에 처하게 된다고 하셨다. 그런데 이처럼 대 환난 때에 도망을 다니고 핍박을 당하는 사람들은 휴거되지 못하고 이 땅에 남겨진 믿는 이들이다. 그들은 이 땅에서 환난을 당하게 된다. 그때 그들이 광야로 도망하여 보호를 받게 되는데, 광야가 어디인가에 대해서는 성경학도들 간에 추측이 분분하다. 어떤 사람들은 미국일 것이라고 하는데 이는 미국의 상징이 독수리이기 때문이다. 또 어떤 사람들은 사우디아라비아일 것이라고도 한다. 어쨌든 그 여자는 광야로 피신한다. "일천이백육십 일 동안 저를 양육하기 위하여 하나님의 예비하신 곳이 있더라". '일천이백육십 일'은 정확하게 대환난의 기간이다. 예비하신 곳이 어딘지는 모르지만 특정한 곳이 있는 것은 분명하다. 대 환난 동안 하나님은 그분의 백성들을 광야로 피신시켜서 그 특정한 곳에서 그들을 양육하신다.

7절, 하늘에 전쟁이 있으니 미가엘과 그의 사자들이 용으로 더불어 싸울새 용과 그의 사자들도 싸우나

이제 하늘에 전쟁이 있게 된다. 이기는 자들이 하늘로 올라갔기 때문이다. 이기는 자들은 어떤 자들인가? 그들은 이 땅에 있을 때 이미 대적과 싸우던 사람들이다. 그들이 하늘로 올라갈 때 그곳에서 그들은 대적의 본부를 접하게 된다. 그때 이기는 자들은 단체적이므로 매우 강할 것이다. 역대의 충성된 성도들은 다 거기에 있을 것이다. 역대의 십자가의 군사들이 다 거기에 있을 것이다. 우리는 '성도들의 영적 전쟁(벧엘서원)'이라는 책을 쓴 펜 루이스 여사, 이반 로버츠에게서 영적 전쟁의 사기(士氣)를 본다. 이들은 힘을 다해 사탄의 교묘한 '머리들'을 들추어냈다. 이러한 자들이 하늘에 올라갈 때 반드시 전쟁이 있게 된다. 사탄의 본거지에서 그들과 한판

붙는 것이다. 나도 지극히 부족한 사람이지만 장래 그 싸움에 참여할 수 있기를 희망한다.

"미가엘과 그의 사자들이". 그 전쟁에는 천사들도 함께하게 된다. 천사는 항상 우리를 호위하는 임무를 맡고 있다. 오늘날에도 대단한 인물들이 외국을 방문하거나 할 때에는 건장한 경호원들이 호위한다. 이기는 자들은 그날 천사들의 호위를 받게 된다. '미가엘'이라는 이름의 뜻은 "누가 하나님과 같으냐"이다. 미가엘은 천사장인데 전적으로 사탄 마귀를 대적하는 임무를 띠고 있다. 모세의 시체를 놓고 마귀와 다투었던 천사도 미가엘이다. 그 이름 자체가 사탄을 대항하는 이름인 것이다. 마귀 사탄은 원래 가장 높은 천사장이었는데 하나님과 같아지려 하다가 심판을 받고 마귀가 되었기 때문이다. 여기서 이기는 자들은 명령을 내리는 자들이고 미가엘과 천사들은 명령을 집행하는 자들일 것이다.

"용과 그의 사자들도 싸우나". 마귀도 그의 졸개들이 있다.

8절, 이기지 못하여 다시 하늘에서 저희의 있을 곳을 얻지 못한지라

이기는 자들이 올라간 후 하늘에서 전쟁이 벌어지지만 사탄은 그들의 적수가 되지 못한다. 그러니 하늘에서 거처를 가질 수 없는 것이다. 이기는 자들이 있을 때 마귀 사탄은 존재할 수 없다. 하나님께서는 이기는 자들이 하늘에 올라오기 전까지는 사탄이 공중에서 권세를 잡도록 그냥 두셨다. 그러므로 욥기를 보면 사탄은 때로 하나님의 보좌 앞에까지 나타나곤 한다. 하나님의 보좌 주변을 살살 다니면서 성도들을 참소하기도 하고 시험하는 일을 허락받기도 한다. 이 장 10절에서도 사탄이 밤낮 성도들을 참소한다고 말했다. 그 자는 하늘에서 하나님 앞에 성도들을 고소하고 우리의 양심에도 불화살을 쏜다. 그런 마귀를 하나님은 그냥 두시는데 언제까지인가? 이기는 자들이 하늘에 올라올 때까지이다. 사탄을 하늘에서 완전히 쫓아내는 시점은 바로 이기는 자들이 하늘에 올라온 때이다. 그때 사탄은 하늘에서 자기의 거점을 빼앗긴다. 마귀는 더 이상 하늘에 발붙이고 있을 수 없게 되는 것이다. 그 자리를 결국 이기는 성도들이 접수한다.

원래 하늘은 이기는 자들이 거할 곳이며 그리스도의 나라가 이루어지는 영역이다. 하나님은 사탄을 그분의 거처인 하늘에서 영원히 추방하실 것이다.

9절, 큰 용이 내어쫓기니 옛 뱀 곧 마귀라고도 하고 사단이라고도 하는 온 천하를 꾀는 자라 땅으로 내어쫓기니 그의 사자들도 저와 함께 내어쫓기니라

9장 1절은 하늘에서 땅에 떨어진 별 하나가 있다고 했다. 그것은 다섯째 나팔 때의 일이다. 그때부터 대환난이 시작된다. 9장 1절의 하늘에서 떨어진 별에 대한 자세한 설명이 12장에 있다. 이것은 이기는 자들의 휴거가 있은 후에 생기는 일이다. 여기에서 사탄의 이름은 여러 가지이다. '큰 용'이라고도 했고 '옛 뱀', '마귀' 또는 '사단'이라고도 했다. '큰 용'은 많은 것을 먹어서 커졌을 것이다. 사탄에게 굴복한 모든 사람들은 그의 밥이 되었다. 그래서 용은 이 지점에 왔을 때 너무 배가 부르고 뚱뚱해진 것이다. 큰 것을 좋아하지 말라! 크게 되는 것은 결코 좋은 것이 아니다. 바벨론의 특징은 큰 것이다(큰 성 바벨론, 14:8). 사단 마귀에게 속한 것의 특징은 크다는 것이다.

또 '옛 뱀'이라고 했는데, 이것은 뱀이 오래되었다는 뜻이다. 수천 년 간 온갖 궤휼을 베풀어 왔기 때문에 속이는 데 아주 능수능란한 것이다. 그래서 용이라고 할 때는 잔인한 것을 뜻하고 뱀이라고 할 때는 속이는 것을 뜻한다. 속이고 거짓말하는 것이 뱀이다. 그러나 이기는 자는 용을 이길 뿐 아니라 뱀도 이긴다. 죽음을 두려워하지 않고 또 속임수에 넘어가지 않는 것이다.

서머나 교회의 핍박은 두말할 필요 없이 용으로부터 온 것이다. 그곳에서는 죽음을 무릅쓰는 자들이 이기는 자들이다. 그러나 두아디라나 라오디게아의 이기는 자들은 사탄의 속임수를 간파해야 한다. 뱀의 일을 들추어내는 것이다. 중세에 카톨릭은 면죄부를 만들어 팔았다. 이것은 사탄의 속임수이다. 이 때 루터를 비롯한 한 무리가 진리를 들고 일어났고 사탄의 거짓된 말들을 들추어냈다. 그로 인해 그들은 핍박을 당했고 이기는 자들이 되었다.

사탄에게는 일곱 머리가 있고 열 뿔이 있다고 했는데(3절), 이는 17장의 음녀(여자)가 탄 짐승의 모습과 같다. 이 음녀가 로마 천주교를 암시한다는 데에는 많은 학자들이 동의한다. 17장 3절, "곧 성령으로 나를 데리고 광야로 가니라 내가 보니 여자가 붉은 빛 짐승을 탔는데 그 짐승의 몸에 참람된 이름들이 가득하고 일곱 머리와 열 뿔이 있으며". 이 땅에서 실질적으로 사탄 노릇을 하는 것은 바벨론이다. 종교적인 바벨론이 있고 정치적인 바벨론이 있지만 두 바벨론은 성질상 같다. 그것들의 본산지가 해체되는 날이 올 것인데, 그날은 곧 이기는 자들이 하늘로 올라가는 날이다.

10절, 내가 또 들으니 하늘에 큰 음성이 있어 가로되 이제 우리 하나님의 구원과 능력과 나라와 또 그의 그리스도의 권세가 이루었으니 우리 형제들을 참소하던 자 곧 우리 하나님 앞에서 밤낮 참소하던 자가 쫓겨났고

하늘에서 마귀가 쫓겨나야 그리스도의 권세가 온전히 이루어진다. 하나님은 그의 아들의 나라를 이루기 원하시는데 그것은 먼저 하늘에서 이루어져야 한다. 이것이 하나님의 영원한 목적이다. 이 목적을 이루기 위해서는 그분의 이기는 자들이 일어나야 한다. 그들이 일어나서 사탄 마귀를 쫓아낼 때 비로소 하늘에서 그리스도의 권세가 이루어진다. "그리스도의 권세가 이루었으니 우리 형제들을 참소하던 자 곧 우리 하나님 앞에서 밤낮 참소하던 자가 쫓겨났고". 마태복음 12장 28절에 의하면 마귀가 쫓겨날 때 하나님의 나라가 임한다.

사탄의 가장 큰 전략은 하나님의 백성들을 참소하는 것이다. 마귀의 참소를 이기지 못하면 승리하지 못한다. 마귀는 거짓말을 할 뿐 아니라 성도의 실패를 붙잡고 그를 참소한다.

11절, 또 여러 형제가 어린양의 피와 자기의 증거하는 말을 인하여

저를 이기었으니 그들은 죽기까지 자기 생명을 아끼지 아니하였도다

형제들은 어린양의 피로써만 대적 마귀의 참소를 이긴다. 마귀는 우리가 실수하고 잘못했을 때 그것을 붙잡고 참소하기 시작한다. 어디까지인가? 낙심, 실망, 좌절로 철저히 무력하게 되어 하나님께 나아가지 못할 정도까지이다. 우리는 그리스도의 보혈이 능력 있음을 알아야 한다. 우리의 죄가 크지만 주님의 보혈은 더욱 능력이 있다. 그 피는 하나님이요 사람이신 하나님의 아들의 피이다. 그 피는 우리의 모든 죄를 다 덮고도 남는다. 어떤 죄를 지었다 하더라도 자백함으로 주의 보혈의 씻음을 구하고 그 보혈 아래 숨을 수 있다. 그 피의 영원한 효능을 찬미하자! 우리가 혹 범한 죄가 있을지라도 예수의 피가 있으니 담대함을 가지고 아버지께 나아갈 수 있다. 피의 효능을 모르고 이기는 자가 될 수 있는 사람은 아무도 없다. 아무리 큰 죄를 범하였어도 여전히 하나님 앞에 뿌려진 피가 있기에 담대함을 가질 수 있다. 우리가 지은 죄에 대하여 하나님께 자백해도 참소가 사라지지 않을 때에는 증거하는 말이 필요하다. 그것은 사탄의 참소이기 때문이다.

그때 우리는 우리의 입으로 말씀을 가지고 증거해야 한다. "만일 우리가 우리 죄를 자백하면 저는 미쁘시고 의로우사 우리 죄를 사하시며 모든 불의에서 우리를 깨끗케 하실 것이요"(요일 1:9). 우리가 우리의 지은 죄를 자백한다면 하나님은 미쁘시고 의로우시므로 우리 죄를 사하신다. 우리는 사탄의 계속되는 참소에 대하여 말씀에 입각하여 증거해야 한다. '하나님은 나의 죄를 사하셨다!' '나는 그분의 피로 의롭다함을 받았다' '나는 이미 깨끗케 되었다!' '사탄아, 물러가라! 너는 이미 십자가에서 패한 자니라!' '주 예수님은 십자가에서 나의 옛 사람을 못 박으심으로 나를 죄에서 영원히 해방하셨다!' 많은 일에서 우리는 예수의 승리를 선포하는 것을 잊지 말아야 한다. '예수는 이미 승리하셨다' '예수는 주시라'

우리는 그리스도께서 행하신 일과 그분의 말씀을 입으로 증거하기를 배워야 한다. 오늘도 우리가 그리스도의 진리를 담대하게 증거하지 않으면 승리할 수 없다. 오늘날 사람들은 진리를 모르기 때문만이 아니라 생계와 지위와 체면 때문에도 말하지 못한다. 이는 이기는 자들의 태도가 아니다. 우리는 증인으로서 반드시 진리를 증거하는 삶을 살고 또 입으로 증거해야 한다. 우리의 입은 그분을 증거하기 위해 있다.

그 다음 한 가지는 그들이 죽기까지 자기 생명을 아끼지 않았다는 것이다. 자기의 목숨을 아끼는 사람은 이기는 자가 되지 못한다. 사탄도 성도가 죽음을 무릅쓰면 도리 없이 물러간다. 사람이 죽기를 두려워하면 일생토록 사탄의 종이 된다. 그러므로 사탄을 이기는 길은 세 가지이다. 첫째 보혈을 적용하는 것이며, 둘째 마음속으로 믿을 뿐 아니라 입으로 증거하는 것이며, 셋째 자기 생명을 아끼지 않는 것이다. 역대의 성도들은 죽음으로 신앙을 파수할 수밖에 없는 경우에는 목숨을 걸고 신앙을 지켰다.

역대 순교자들 중에서 사도 요한의 제자 폴리캅은 유명한 말을 남기고 죽었다. 당시 그를 핍박하던 관원들이 "네가 예수를 모른다고만 해라. 그러면 살려 주겠다." 하면서 회유하려 하자 "내가 86년 동안 그분을 섬겨오던 중 한 번도 그분이 내게 해를 끼치지 않았는데 이제 내가 어떻게 그분을 배반하겠느냐?"라고 했다. 그리고서 그는 순교했다.

또 4세기 경 암브로스라는 이탈리아 밀라노의 감독이 있었는데, 그는 참으로 말씀대로 산 사람이었다. 데오도시우스 황제 때 황제가 무죄한 자들의 피를 흘리자 암브로스 감독이 그를 책망했다. 그러자 황제는 암브로스 감독의 말을 듣고 8개월 동안 근신했다고 한다. 당시는 성직자들의 말이 상당히 권위가 있었고 왕들에게도 영향을 끼쳤다. 콘스탄틴 황제 이후에 특히 그랬다. 그 황제가 별세할 때 암브로스 감독의 팔에 안겨서 세상을 떠났다고 기록되어 있다. 이 암브로스는 결코 교권주의로 흐르는 로마 교회의 지배하에 들어가지 않았다. 따라서 밀라노 교구에는 교황의 명령이 미치지 못했다. 암브로스의 영향으로 11세기까지 밀라노 교구는 교황 통치 아래 들어가지 않고 독립해 있었다. 그래서 후세 사람들이 그 교구만큼은 그때 이미 프로테스탄트, 즉 개신교 교구와 같았다고 말했다. 암브로스는 성경만을 유일한 신앙 기준으로 삼았다. 당시에 교황권이 교황 칙서를 내려보내서 다스릴 때 암브로스는 그것을 받지 않고 성경만을 기준 삼고 주님을 사랑했다고 기록은 전한다. 그 후에 루피어스, 라우렌시우스, 만수에

투스(Mansuetus), 클라우스 등이 암브로스 계통을 이어 진리를 고수해 나갔다. 암브로스는 397년에 죽었고 그 후계자들 또한 교황 통치에 절대로 부속되지 않고 항쟁을 계속했다.

다미나너스라는 암브로스파의 한 목사는 이런 말을 했다. "암브로스 교회는 옛날 교부들의 법에 의하여 자유하였고 로마교회법에 절대로 복종하지 않았고 교황의 명령이 그 파에는 들어가지 못했다. 암브로스의 믿음을 전수받은 무리는 순교 정신으로 진리를 파수했다." 암브로스 뒤에 11세기 경에 일어난 왈도 파가 있었다. 그러므로 종교개혁이 일어났던 15세기 이전에도 이러한 무리가 이곳저곳에 존재해 왔다는 것을 역사를 통해 알 수 있다. 그들은 암브로스 파가 해산된 뒤에 남은 자들인데, 알프스 산 아래 근거지를 마련하고 장구한 세월 동안 로마 교권에 대항하여 프로테스탄트적인 신앙 진리를 파수하였다. 이들이 거주한 알프스 산맥에 있는 카스텔루츠 산국에는 일곱 골짜기가 있었는데 매우 아름다웠다고 한다. 기기에서 이 사람들은 신학교도 세우고 안수해서 선교사들을 파송하기도 했다. 그들이 파송하여 전도한 곳이 유럽 남부와 서부, 그리고 독일, 스페인, 보헤미아, 폴란드 등이다. 왈도 파는 로마 천주교를 중심으로 한 서방 천주교의 부패에 참여하지 않았고 집집마다 다니면서 손으로 베낀 성경을 가르쳤다. 그들은 그렇게 성경을 지켰던 것이다.

그 다음, 바울 파라는 무리가 있었는데, 그들은 왈도 파가 서방 교회(로마를 중심으로 한 교회들)의 부패에 합류하지 않은 것처럼 동방교회(안디옥을 중심으로 한 교회들)의 부패에 절대 합류하지 않았다. 이 무리는 콘스탄틴 아메니안이라는 사람에 의해 생겨났는데, 그는 자기 집에 머물렀던 어떤 손님에게서 신약 성경을 한 권 얻어서 읽다가 '아, 동방 교회가 잘못되었구나!' 라고 깨닫고는 그 교회를 떠났다. 그렇게 27년 간 사역하다가 그는 돌에 맞아 죽었다. 그런데 이상한 일이 일어났다. 그때 그를 죽였던 동방 정교의 감독인 시므온(Simeon)이라는 사람이 그 순교 광경을 보고서 회개하고 개혁교회의 지도자가 된 것이다. 그 시므온도 마침내 순교를 했다. 순교자는 순교자를 생산한다. 그 후 이 바울 파에서 순교자들이 십만 명이나 산출되었다. 그리고 남은 사람들은 유럽 각지로 흩어졌다.

네덜란드 순교자들 가운데 존 바커(John Bakker)라는 사람이 있는데, 그는 화형장에 끌려가면서 동지들에게 이런 말을 했다. "내 사랑하는 형제들이여, 나는 순교의 문으로 발을 들여놓습니다. 부디 내 뒤를 이어 불의에 대항하여 복음 진리를 파수하시오." 그때 그 말을 들은 동지들은 박수를 치면서 찬성을 표했다고 한다. 또 존 코넬리우스 윈터라는 사람은 목을 베어 죽이는 참수형을 당할 때 형장에서 끝까지 찬송을 했다고 한다. 그때 그는 '하나님을 찬송하세'라는 찬송을 불렀는데 "모든 순교자들이 당신을 찬송하네" 하면서 힘차게 찬송할 때 참형관이 그의 목을 베었다고 한다. 또, 리차드 웰림슨이라는 사람이 있었는데, 이 사람이 핍박을 당하여 도망가는데 잡으러 오던 사람이 얼음에 미끄러져 물에 빠져 죽게 되었다. 웰림슨은 되돌아가 그 사람을 물에서 건져 주었지만, 그는 기어이 이 웰림슨 형제를 죽였다고 한다.

영국의 몇몇 순교자들의 이야기를 살펴보자. 로저스라는 사람은 붙잡혀서 스미스 필드에 갔는데, 자기 아내가 어린 아이를 젖 먹이며 열 자녀와 함께 기다리고 서 있는 것을 보았다. 로저스는 아내와 열 자녀에게 작별을 고했다. 그는 당시 개혁신앙을 취소하면 놓아주겠다고 회유하는 말을 들었다. 쉽게 말해서 보수 신앙을 지키라는 것이다. 그때 그는 말하기를, "나는 내가 전파한 것을 내 피로 인치겠다.(That which I have preached will I seal with my blood.)" 라고 담대히 선포하고는 죽었다. 리들레이라는 사람 역시 신앙을 지키다가 화형을 당하게 되었는데, 그 전날 밤 동생이 와서 그를 위안하려고 같이 지내려 하자 거절하면서 "아니다, 항상 그랬듯이 나는 오늘밤 조용히 하나님과 함께 평안히 자고 쉬겠다.(No, no I Shall go to bed and God willing shall sleep as quietly tonight as ever I did in my life.)"라고 했다. 그 때 라티머라는 사람이 리들레이와 함께 화형을 당했는데, 그들은 서로 매우 멋있는 말을 남겼다. "안심합시다! 형제 리들레이, 남자답게 행합시다. 우리가 하나님의 은혜로 영원히 끌 수 없는 촛불을 영국에 켭시다.(Be of good comfort, brother Ridley, play the man. We shall this day light such a candle, by God's grace, in England, as I trust shall never be put out.)" 이들은 이처럼 죽기까지 자기의 생명을 아끼지 않았다. 결국 사내아이를 구성하는 자들은 바로 이렇게 죽기까지 자기의 생명을 아끼지 않는 자들인 것이다(박윤선 주석 인용).

12절, 그러므로 하늘과 그 가운데 거하는 자들은 즐거워하라 그러나 땅과 바다는 화있을진저 이는 마귀가 자기의 때가 얼마 못 된 줄을 알므로 크게 분내어 너희에게 내려갔음이라 하더라

두 종류의 사람이 있다. 즐거워해야 할 사람이 있고 환난을 대비해야 할 사람이 있다. 즐거워해야 할 사람들은 이렇게 자기의 목숨을 버려서 이기는 자가 된 사람들이다. 그들은 이제 하늘에 올라가서 즐거워할 일만 남았다. "그러나 땅과 바다는 화 있을진저". 여기 '그러나'가 있다. 땅과 바다는 화가 있는데 이는 마귀가 자기의 때가 얼마 못 된 줄을 알므로 크게 분내어 그들에게 내려갔기 때문이다. 마귀도 자기 때가 얼마 안 남은지를 안다. 그러므로 크게 분내어 그들에게 내려가 그 독으로 최대의 핍박을 하려는 것이다.

13절, 용이 자기가 땅으로 내어쫓긴 것을 보고 남자를 낳은 여자를 핍박하는지라

하늘에서는 정신없이 쫓겨났는데 땅에 와서 보니 자기가 정말로 쫓겨난 것이다. 그래서 분이 나 분풀이 대상을 찾았다. "용이 자기가 땅으로 내어쫓긴 것을 보고 남자를 낳은 여자를 핍박하는지라". 이제 남자는 하늘로 올라갔고 남은 성도들은 땅에 있다. 처음에는 사내아이를 삼키려고 했는데 도리어 그들이 하늘로 올라와 자기를 내쫓았다. 그래서 땅에 남아 있는 여자, 남은 성도들을 핍박하는 것이다.

14절, 그 여자가 큰 독수리의 두 날개를 받아 광야 자기 곳으로 날아가 거기서 그 뱀의 낯을 피하여 한 때와 두 때와 반 때를 양육받으매

여기서 여자를 예루살렘이나 교회로만 해석할 때 난점이 생기는 것이다. 이는 분명 두 무리로 되어 있다. 구약의 성도들을 대표하는 예루살렘과 거기서 나온 신약의 교회이다. 여자는 남은 유대인들과 그리스도인 무리이다. 그들은 독수리의 두 날개를 받았다. 여자가 상징이므로 날개도 상징일 것이다. 초자연적인 능력으로 빨리 날아갈 수 있게 하는 것이다. 성경은 이스라엘이 홍해를 건넌 것에 대하여 하나님께서 독수리 날개로 이스라엘 백성을 품어 애굽에서 나오게 하셨다고 했다(출 19:4, 신 32;11-12). 그것이 무엇인지는 잘 모르지만 하나님의 큰 능력으로 그들을 광야로 데리고 가는 것을 뜻한다. 이스라엘 백성들을 홍해를 건너 광야로 인도하셨을 때 하나님은 독수리 날개로 그들을 인도하셨다고 말씀하셨다. 이 기간 동안 하나님의 백성들은 특별히 양육을 받는 장소가 있다. 그리고 그리로 도망을 가는 사람들도 있다. 거기서 한 때와 두 때와 반 때를 있게 되는 것이다. 삼 년 반이라고도 하고 일천이백육십 일이라고도 하며 한 때와 두 때와 반 때라고도 한다. 이는 정확히 대환난의 기간이다.

15절, 여자의 뒤에서 뱀이 그 입으로 물을 강같이 토하여 여자를 물에 떠내려가게 하려 하되

이 뱀은 사탄 마귀인데 여자의 뒤에서 '그 입으로 물을 강같이' 토했다. 이 물은 예레미야 46장 7-8절, 47장 2-4절 등을 읽어보면 군대를 뜻함을 알 수 있다. 이것은 열국의 군사들이 유대인들을 추격하는 장면을 묘사하는 듯하다. 이 군대가 도망가서 피하여 있는 유대인들과 그리스도인들을 핍박하려 한다는 것이다. 대환난 때에는 유대인들과 그리스도인들이 함께 핍박을 당하는데, 유대인들이 더 심하게 당할 것이다.

16절, 땅이 여자를 도와 그 입을 벌려 용의 입에서 토한 강물을 삼키니

땅이 입을 벌렸다. 이것은 아마 지진일 것이다. 이 지진을 통해 적 그리스도의 군대를 다 처리하는 것이다.

17절, 용이 여자에게 분노하여 돌아가서 그 여자의 남은 자손 곧 하나님의 계명을 지키며 예수의 증거를 가진 자들로 더불어 싸우려고 바다 모래 위에 섰더라

사탄이 더 이상 하나님의 보호를 받는 사람들을 해칠 수 없게 되었다. 왜냐하면 군대를 보냈는데 땅이 갈라져서 그 군대를 다 삼켜버렸기 때문이다. 그러자 이제 분노하여 싸우려 한다. “여자의 남은 자손…더불어 싸우려고 바다 모래 위에 섰더라”. 남은 자손에는 유대인들도 있고 그리스도인들 가운데도 남은 자들이 있다. 하나님의 계명을 지키는 사람은 유대인이고 예수의 증거를 가진 사람들은 그리스도인이다. 이러한 사람들 중에 도망가지 않고 남아 있는 사람들은 사탄과 대치해야 한다. 대환난 기간은 어쨌든 고생스럽다. 마귀가 그러한 자들을 해치려고 바다 모래 위에 서 있다. 이때는 아직 그리스도가 강림하지 않은 때이므로 유대인들에 대해 주님을 믿는 자들이 아닌 하나님의 계명을 지키는 자들이라는 표현을 쓰고 있다.

13장

계시록 13장의 바다에서 나오는 한 짐승에 관한 이야기는 12장 마지막 절, "이 여자에게 분노하여 돌아가서 그 여자의 남은 자손 곧 하나님의 계명을 지키며 예수의 증거를 가진 자들과 싸우려고 바다 모래 위에 섰더라"는 내용에 이어진다. 사탄, 옛 뱀, 큰 용, 마귀가 하나님의 계명을 지키며 예수의 증거를 가진 자들과 싸우려고 바다 모래 위에 서 있는 장면으로 12장이 끝나는데, 13장에서는 바다에서 한 짐승이 나오는 것을 보게 된다. 12장 마지막 절과 13장 1절은 관계가 있다. 12장에는 한 붉은 용이 있고 13장 1절에는 한 짐승이 있다. 용은 사탄 마귀이고 짐승은 적 그리스도이다.

용이 바다 모래 위에 서 있었던 것은 짐승인 적 그리스도가 바다에서 나올 수 있도록 뭔가를 하기 위해서인 것 같다. 성경에서 바다는 이방 열국을 가리킨다. 이제 보겠지만 적 그리스도는 열국 중에서 나오고 11절부터 나오는 또 다른 짐승인 거짓 선지자는 땅에서 나온다. 이 땅은 이스라엘을 가리킨다. 성경에서 땅이라고 하면 주로 이스라엘을 가리키고 바다라고 하면 주로 이방 열국을 가리킨다. 용은 바다 모래 위에 서서(12:17) 바다에서 한 짐승이, 땅에서 또 다른 짐승이 올라오도록 뭔가 작용을 한 것이다. 사탄은 이 둘로 더불어 대환난 때 최고도로 인류를 파괴하고 괴롭히는 일을 하게 된다. 큰 용 마귀와 적 그리스도, 거짓 선지자, 이 셋을 사탄의 삼위일체라고 하는 학자도 있다.

1절, 내가 보니 바다에서 한 짐승이 나오는데 뿔이 열이요 머리가 일곱이라 그 뿔에는 열 면류관이 있고 그 머리들에는 참람된 이름들이 있더라

오늘 나는 여러분이 성경에서 우리에게 알려 주는 적 그리스도의 정체를 볼 수 있기 바란다. 성경을 연구하다 보면 우리 생각 이상으로 적 그리스도, 즉 마지막 시대에 나타날 대적자에 대하여 많은 기록이 있다. 특히 신약 데살로니가서, 구약 다니엘서에 잘 나타나 있다. 다니엘서에는 이 적 그리스도에 대한 모습이 전체적으로 잘 그려져 있다. 그리고 계시록 13장과 17장에도 있다. 여기 계시록 13장에서는 적 그리스도에 대해서 그 뿔이 열이고 머리가 일곱이며 그 뿔에는 열 면류관이 있다고 했다.

적 그리스도

잠시 적 그리스도에 관한 성경 구절들을 나열하며 설명하겠다.

첫째는 다니엘 2장에서 발견된다. 다니엘 2장 31절부터 읽어 보면 바벨론 느부갓네살 왕이 꿈에 금 신상을 보았는데 이 금 신상에 대해서 다니엘이 해몽한 것이 나온다. 31-32절, "왕이여 왕이 한 큰 신상을 보셨나이다 그 신상이 왕의 앞에 섰는데 크고 광채가 특심하며 그 모양이 심히 두려우니 그 우상의 머리는 정금이요". 다니엘이 해몽한 바 금 신상의 머리는 정금인데 이는 당시 느부갓네살이 왕으로 있었던 바벨론 나라를 가리키며, 가슴과 팔은 은으로 되어 있는데 그것은 두 나라가 합동해서 한 나라를 이루었던 메데-바사를 가리킨다. 그리고 배와 넓적다리는 놋으로 되어 있는데 헬라(그리스)를 가리키고, 두 종아리는 철로 되어 있는데 로마를 가리킨다.

철로 된 두 종아리로 상징된 로마는 우리가 알다시피 후에 두 나라, 즉 동로마와 서로마로 나누어졌다. 동로마는 오래 지속되었고(453년 오스만 터키에 의해 멸망), 서로마는 A. D. 476년경에 멸망했다. 다음에 철과 진흙으로 된 열 발가락이 있는데, 그것이 바로 짐승의 나라이다. 느부갓네살 왕이 보았던 그 금 신상은 사실 온 땅의 열국을 다 망라하고 있다. 그런데 로마 제국이 망한 것은 거의 500-1500년 전의 일인데 그 사이는 어디에 있는가? 로마 제국의 멸망으로부터 천여 년이라는 시간이 지나지 않았는가? 마치 그 사이의 시간은 무시되고 있는 것 같다. 앞으로 이것에 대한 비밀도 말할 것이다. 열 발가락의 특징은 얼마는 철이고 얼마는 진흙이라는 것이다. 얼마는 철이니까 강하고 얼마는 진흙이니까 부서지기 쉽고 부드럽다. 열 발가락의 나라는 서로 다른 종족으로 되어 있기 때문에 함께 통합되어 있는 것 같지만 피차 합할 수 없는 나라들이라는 것이다. 적 그리스도의 나라는 유럽의 여러 나라들로 이루어진 통합된 제국일 가능성이 크다. 유럽의 여러 나라들은 인종이 매우 다양하고 복잡하여 서로 합할 수 없는 부분들이 많다. 어떤 종족은 매우 다부지고 강한 반면 어떤 종족은 온순하고 유하다. 다부진 민족의 대표는 독일이 아닐까?

다니엘 7장을 보자. 7절, "내가 밤 이상 가운데 그 다음에 본 넷째 짐승은 무섭고 놀라우며 또 극히 강하며 또 큰 철 이가 있어서 먹고 부서뜨리고 그 나머지를 발로 밟았으며 이 짐승은 전의 모든 짐승과 다르고 또 열 뿔이 있으므로". 여기 열 뿔이 나온다. 계시록 13장에서도 바다에서 나온 짐승에게 열 뿔이 있다고 했다. 요한이 본 바다에서 올라온 짐승과 다니엘이 본 짐승은 똑같이 열 뿔이 있다. 그런데 다니엘 7장 8절에서 "내가 그 뿔을 유심히 보는 중 다른 작은 뿔이 그 사이에서 나더니 먼저 뿔 중에 셋이 그 앞에 뿌리까지 뽑혔으며 이 작은 뿔에는 사람의 눈 같은 눈이 있고 또 입이 있어 큰 말을 하였느니라"고 한다. 계시록 13장에서도 보겠지만 이 적 그리스도인 짐승은 큰 말을 하는 입을 가졌다고 했다. 그러므로 다니엘서 7장에 있는 짐승과 계시록 13장에 있는 짐승은 동일한 존재이다. 9절, "내가 보았는데 왕좌가 놓이고 옛적부터 항상 계신 이가 좌정하였는데". 언제나 성경에서 적 그리스도가 나오면 곧이어 그리스도의 왕권이 나타난다. 적 그리스도가 나타나면 그때가 곧 그리스도의 왕국이 임할 때라고 생각하면 된다.

또한 다니엘 7장에는 네 짐승이 나오는데, 첫째는 사자이며 독수리 날개를 갖고 있다. 이것은 바벨론을 상징한다. 그리고 잇 사이에 세 갈빗대가 있는 곰은 메데-바사를 의미하며, 등에 새의 날개 넷을 가진 표범은 헬라를 상징한다. 계시록 13장에 나오는 짐승은 모양이 표범과 같다고 했다. 이 표범은 헬라 제국을 상징하는데, 헬라 제국과 로마 제국의 적 그리스도는 어떤 관계가 있는 것으로 암시된다. 그 다음에 네 번째, 열 뿔이 있는 짐승은 무섭고 놀라우며 극히 강한 존재이다(7절). 지금은 미국이 강하지만 그 때는 신성로마제국이 강하게 된다. 큰 철 이가 있고 대단한 발을 갖고 있다. 이 짐승은 온 땅을 삼키고 산산이 부서뜨린다. 신성 로마 제국은 열 뿔이 있는 짐승인데 다른 작은 뿔이 그 사이에서 나더니 먼저 있던 뿔 중 세 뿔이 뽑혔다고 했다. 그리고 그 작은 뿔에는 사람의 눈 같은 눈이 있고 또 입이 있다고 했다. 이것은 적 그리스도가 굉장히 통찰력 있고 구변이 좋은 인물임을 나타낸다. 그는 매우 뛰어난 웅변술로 오만방자하게 하나님을 대적하는 모독적인 언사를 할 것이다. 이 자는 성도들을 괴롭게 하고 매우 지치게 할 것이다. 이 자의 외양(appearance)은 매우 건장할 것이다. 장차 그렇게 대단한 인물이 나타난다는 것이다.

그 해석은 7장 23절에 있다. "모신 자가 이처럼 이르되 넷째 짐승은 곧 땅의 넷째 나라인데 이는 모든 나라보다 달라서 천하를 삼키고 밟아 부서뜨릴 것이며". 이것이 곧 적 그리스도의 나라이다. 첫째는 바벨론, 둘째는 메데-바사, 셋째는 헬라, 넷째는 로마이므로 마지막 나타날 나라는 로마이다. 사실 로마 제국은 2000년 전부터 존재해오다가 이미 오래 전에 멸망했다. 그런데 성경에서는 마치 그 시간의 간격이 없는 것처럼 마지막에 나타날 로마가 그 멸망한 로마 제국과 곧바로 연결되어 있다. 말하자면, 하나님 보시기에는 이 세상 나라가 바벨론, 메데-바사, 헬라, 로마(서로마, 동로마), 그리고 열 발가락으로 끝나는 것이다. 열 발가락의 로마 시대가 오면 손으로 뜨이지 않은 돌이 나타나서 신상을 깨뜨리어 태산을 이루는데 그것이 곧 그리스도의 왕국이다. 이것이 성경에서 보여 주는 바이다.

우리는 왜 적 그리스도에 대해서 알 필요가 있는가? 그것은 적 그리스도가 오면 그때가 바로 주님이 오실 때이기 때문이다. 적 그리스도 자체에 대해서 관심이 많은 것이 아니라, 그 자가 올 때쯤이 그리스도의 재림의 시점이요, 성도의 휴거의 시점이요, 그리스도의 왕국이 임하는 시점이기 때문에 적 그리스도에 대해 주시하고 있는 것이다. 그 다음 24절은 "그 열 뿔은 이 나라에서 일어날 열 왕이요"라고 한다. 적 그리스도의 나라는 열 왕의 나라이다. "그 후에 또 하나가 일어나리니 그는 먼저 있던 자들과 다르고 또 세 왕을 복종시킬 것이며". 이것은 20절의 세 뿔이 뽑히게 된다는 것과 같은 표현이다. 이 자는 먼저 있던 자와 다르고 또 세 왕을 복종시킨다고 했다. 굉장히 악독하고 또 역량이 있고 출중한 자이다. 그자는 세 권력자를 복종시키는 능력을 발휘할 것이다.

25절, "그가 장차 말로 지극히 높으신 자를 대적하며". 하나님을 대적하는 것이 적 그리스도의 특징이다. "또 지극히 높으신 자의 성도를 괴롭게 할 것이며". 괴롭게 한다는 말은 간단히 말해서 성도들을 핍박한다는 말이다. 문자적으로는 '아주 지쳐서 못 견디게 하다', '아주 닳아빠지게 하다'라는 뜻이다. "그가 또 때와 법을 변개코자 할 것이며 성도는 그의 손에 붙인 바 되어 한 때와 두 때와 반 때를 지내리라". 성도들은 이자의 손에서 3년 반 동안 말할 수 없이 핍박을 당하게 되어 있는 것이다. 그것이 곧 대환난의 시기이다. 26절, "그러나 심판이 시작된즉 그는 권세를 빼앗기고 끝까지 멸망할 것이요". 27절, "나라와 권세와 온 천하 열국의 위세가 지극히 높으신 자의 성민에게 붙인 바 되리니 그의 나라는 영원한 나라이라". 이것은 곧 그리스도의 나라가 이루어진다는 것이다. 적 그리스도가 나타나 성도들을 핍박하기 시작하면 이 세상은 거의 끝날 때가 된 것이라 생각하면 된다. 이것이 성경의 예언이다. 성경은 이 세상 열국이 끝없이 계속되는 것이 아니라고 말씀한다. 다니엘의 금 신상의 예언이 이를 말하며 계시록도 같은 내용을 말하고 있다. 열국은 바벨론으로 시작해서 로마로 끝난다. 곧 이 땅에 신성 로마 제국이 나타나고 그 왕이 나타나는데 그가 바로 적 그리스도이다. 그가 이 땅 권세의 최후 권력자이다. 하나님을 배역한 인간 세상의 권력은 니므롯으로 시작해서 적 그리스도로 마쳐진다.

다음은 다니엘 8장을 보자. 9절부터 14절까지에 작은 뿔에 대한 내용이 나온다. 8장의 수염소는(5-8절) 헬라(그리스) 제국을 상징한다. 펨버(G. H. Pember)는 그의 저술에서 고대 페르시아 도시에서 수염소의 상징물들이 많이 나왔다고 지적했다. "수염소가 스스로 심히 강대하여 가더니…그 중 한 뿔에서 또 작은 뿔 하나가 나서 남편과 동편과 또 영화로운 땅을 향하여 심히 커지더니"(8-9절). 이 수염소는 헬라 제국과 헬라 제국의 알렉산더 대왕을 상징하고 있다. "강성할 때에 그 큰 뿔이 꺾이고". 알렉산더는 이 예언대로 일찍 죽었다. 하나님의 말씀의 예언은 이루어지지 않은 것이 없다.

"그 큰 뿔이 꺾이고 그 대신에 현저한 뿔 넷이 하늘 사방을 향하여 났더라"(8절). 알렉산더가 죽은 뒤에 헬라 제국은 네 장군에 의해서 넷으로 나누어졌다. 9절, "그 중 한 뿔에서 또 작은 뿔이 나서 남편과 동편과 또 영화로운 땅을 향하여 심히 커지더니". 알렉산더 대제 후 네 장군 중 하나에서 적 그리스도가 나온다는 것을 의미한다. 그러므로 우리는 적 그리스도가 헬라계 사람일 것이라고 예측해볼 수 있다.

팬턴(D. M. Panton)은 나폴레옹이 그리스계라고 말했다. 원래 나폴레옹은 이탈리아 사람인데 이탈리아 남부에는 그리스계 사람이 많이 살고 있다. 그들의 얼굴은 그리스의 조각상 같다. 그런 얼굴들이 바로 그리스계 사람들이다. 나폴레옹이나 고르바초프가 그 계통의 얼굴이다. 우리는 장래 적 그리스도가 그런 모습일 것이라고 추측해볼 수 있다.

예수 그리스도께서 다윗의 자손이신 것도 매우 은밀한 것이다. 아무도 그분을 다윗의 자손이라고 인정하지 않았다. 그런데 그 족보를 파고 들어가 보면 분명 다윗의 자손인 것이다. 마태와 누가가 이것을 기록했다. 마리아나 요셉의 족보를 거슬러 올라가면 분명 다윗의 혈통이다. 마찬가지로 적 그리스도도 성경을 깊이 연구해 보면 그가 헬라계 사람이라는 것을 추측할 수 있다. 어느 날 유럽의 열 왕이 갑자기 한 사람에게 통치권을 다 몰아주고, 그는 강력한 권세를 갖게 된다. 유럽의 열 나라가 하나로 통합되어 한 사람에게 모든 권한을 부여해 주는 것이다. 오늘날로 말하면 대통령격인 그 한 왕이 바로 적 그리스도이다. 그리고 그의 혈통을 조사해보면 반드시 헬라 사람일 것이다. 8장에서 언급된 그 수염소는 헬라 제국을 상징한다.

"그 중 한 뿔에서 작은 뿔이 나와"(9절). 이 작은 뿔이 적 그리스도이다. 처음에는 그 뿔이 작았다. 그도 처음에는 사울 왕처럼 작은 존재였을 것이다. 그런데 "남편과 동편과 영화로운 땅을 향하여 심히 커지더니". 후에는 심히 커졌다. 10절, "그것이 하늘 군대에 미칠 만큼 커져서 그 군대와 별 중에 몇을 땅에 떨어뜨리고 그것을 짓밟고". 이 적 그리스도는 나중에 가서 천체물리학 등 과학 분야에서도 놀라운 재능을 발휘하여 천체를 공략할 수 있는 영향력을 가질 것이다. 지금 경제 강국들의 우주과학의 발전은 이를 가능하게 할 것을 충분히 상상하게 해준다.

11절, "또 스스로 높아져서 군대의 주재를 대적하며 그에게 매일 드리는 제사를 제하여 버렸고 그의 성소를 헐었으며". 이 구절의 성소는 예루살렘 성전이다. 구약이든 신약이든 이스라엘 나라는 성전이 세워진 것을 중심으로 해서 역사가 전개된다. 성경의 예언을 통해서 알 수 있는 것은 적 그리스도가 나타났을 때는 예루살렘 성전이 이미 세워진 때라는 것이다. 현재는 예루살렘에 아직 성전이 세워지지 않았다. 결국 모든 이스라엘의 역사는 성전의 건립과 관계가 있다. 지금도 이스라엘 사람들은 성전 건축을 위해 싸우고 있는 중이다. 지금 회교 사원이 서 있는 그 성전 터에 언제 성전이 세워질지 아무도 모른다. 현재 그들은 성전 건축을 위한 준비를 다 마쳤다고 한다. 그들이 그곳을 탈환하여 성전을 건립한다면 그야말로 마지막 때가 된 것이다.

그런데 이 성전 건축이 완공되고 그 안에서 제사를 드리고 있을 때 적 그리스도가 나타나서 성전에서 매일 드리는 제사를 제하여 버리고 그 성전을 헌다고 했다. 12절, "범죄함을 인하여 백성과 매일 드리는 제사가 그것에게 붙인 바 되었고 그것이 또 진리를 땅에 던지며 자의로 행하여 형통하였더라". 적 그리스도는 무엇이든 자기 임의로 하는데, 하는 일이 아주 잘 되며 형통한다고 했다.

다음은 가브리엘 천사가 다니엘에게 이상을 해설해 주는 말씀이다. 8장 20절, "네가 본바 두 뿔 가진 수양은 곧 메데와 바사 왕들이요". 21절, "털이 많은 수염소는 곧 헬라 왕이요". 수염소가 헬라 왕이라고 했다. "두 눈 사이에 있는 큰 뿔은 곧 첫째 왕이요". 이것이 알렉산더이다. 22절, "이 뿔이 꺾이고 그 대신에 네 뿔이 났은즉 그 나라 가운데서 네 나라가 일어나되 그 권세만 못하리라". 23절, "이 네 나라 마지막 때에 패역자들이 가득할 즈음에 한 왕이 일어나리니 그 얼굴은 엄장하며 궤휼에 능하며". 엄장하다는 것은 사납고(fierce) 건방지게(insolent) 생겼다는 뜻이다. 또 그자는 교활하고 난해한 문장을 잘 독해하는 능력이 있는 존재이다. 그리고 그의 문장 또한 매우 이중적이고 애매모호하며 난해할 것이다. 이것이 적 그리스도이다.

이 말씀에 근거할 때 적 그리스도는 헬라 계통일 것임이 분명하다. 마지막 때에 패역자들이 가득하게 된다. 적 그리스도의 나라를 형성할 열 왕들은 다 패역자들이다. 패역한 자들이 일어날 때 그 중에 한 왕이 일어나는데 그 얼굴이 아주 엄장하다. 굳고 대담한 얼굴이다(신 28:50). 그리고 궤휼과 술수가 능하다. "그 권세가 강할 것이나 자기의 힘으로 말미암은 것이 아니며"(24上). 자기의 힘으로 말미암은 것이 아니라 사탄, 마귀, 용으로 말미암은 것이다. "그가 장차 비상하게 파괴를 행하고"(24中). 여기에 파괴라는 말이 나온다. 그래서 그의 이름이 아바돈, 아볼루온, 곧 파괴자인 것이다. "자의로 행하며 형통하며 강한 자들과 거룩한 백성을 멸하리라"(24下). 25절, "그가 꾀를 베풀어 제 손으로 궤휼을 이루고 마음에 스스로 큰 체하며 또 평화한 때에 많은 무리를 멸하며 또 스스로 서서 만왕의 왕을 대적할 것이나 그가 사람의 손을 말미암지 않고 깨어지리라". 이 말씀은 그대로 다 이루어질 것이다. 어느 곳의 예언이든 공통적으로 적 그리스도는 사람의 손으로 말미암지 않고 죽임을 당하게 될 것이라고 한다.

다음은 9장이다. 9장 25절, "그러므로 너는 깨달아 알지니라 예루살렘을 중건하라는 영이 날 때부터 기름부음 받은 자 곧 왕이 일어나기까지 일곱 이레와 육십이 이레가 지날 것이요 그때 곤란한 동안에 성이 중건되어 거리와 해자가 이룰 것이며". 26절, "육십이 이레 후에 기름부음을 받은 자가 끊어져 없어질 것이며 장차 한 왕의 백성이 와서 그 성읍과 성소를 훼파하려니와 그의 종말은 홍수에 엄몰됨 같을 것이며 또 끝까지 전쟁이 있으리니 황폐할 것이 작정되었느니라". 이것은 모두 적 그리스도에 관한 말씀이다.

적 그리스도가 하는 일을 보자. 27절, "그가 장차 많은 사람으로 더불어 한 이레 동안의 언약을 굳게 정하겠고". 한 이레는 일주일인데 하루를 일 년으로 계산하면 칠 년인 셈이다. 말하자면 칠 년 평화 조약을 세우는 것이다. 지금 중동에서 계속적으로 문제가 생기는데 적 그리스도가 나타나면 열국과 이스라엘 간에 평화 조약을 체결해 준다. 현재 미국의 대통령도 해결하지 못하는 문제를 단번에 해결할 수 있는 실권자가 나타난다는 것이다. 우리는 지금 유럽공동체를 주시한다. 현재 유럽공동체는 열 나라가

넘는데 모두 유로화를 통용하고 있다. 그리고 그들의 대표가 거의 한 나라의 대표자처럼 행세를 하는 상황에 이르렀다. 그들은 EU 군대를 창설할 것이고 그 대표자를 내세울 것이다. 그 사람이 이제 평화 조약을 체결할 것이다. "그가 그 이레의 절반에 제사와 예물을 금지할 것이며 또 잔포하여 미운 물건이 날개를 의지하여 설 것이며 또 이미 정한 종말까지 진노가 황폐케 하는 자에게 쏟아지리라 하였느니라"(27절). 그런데 그자는 그 이레의 절반, 즉 3년 반 만에 자기가 세운 평화 조약을 깨고 예루살렘 성전에 자기 우상을 세우고 사람들로 하여금 그 우상에 경배하게 하며 유대인들을 핍박하고 그리스도인들을 핍박하기 시작한다. 그때가 바로 대환난이다.

칠십 이레

다니엘이 예언한 '칠십 이레(seventy weeks)'는 주님이 이스라엘을 위해서 정하신 기간이다. 먼저 일곱 이레가 있고 그 다음 육십이 이레가 있으며, 마지막에 한 이레가 있다. 도합 칠십 이레이다. 일곱 이레는 예루살렘 성을 중건하라는 명령이 떨어졌을 때부터 성이 재건되기까지 사십구 년이고, 그 다음 육십이 이레는 성의 재건부터 그리스도께서 십자가에 못 박히시기까지 434년이다. 이것은 학자들이 계산한 것으로서 정확하게 맞는다. 그런데 일곱 이레와 육십이 이레 후, 마지막 한 이레가 남는데, 그 마지막 한 이레(7년) 중간에 적 그리스도가 나타나게 된다. 그 이전에도 활동을 하지만 그때 성도들을 핍박하기 위해 본색을 드러낸다는 말이다. 지금은 육십이 이레와 한 이레 사이의 휴지 기간이다. 우리는 칠십 이레가 예루살렘 성의 역사를 중심으로 이루어진 기간이라는 것을 안다. 후에 올 한 이레도 결국은 예루살렘 성이 건축되는 것을 기점으로 할 것이다.

금 신상의 예언이나 네 짐승의 예언이나 칠십 이레의 예언이나 공통적인 것이 한 가지 있는데, 그것은 로마가 멸망하고 난 다음 다시 로마가 일어날 때 적 그리스도가 나타난다는 것이다. 그리고 바로 그리스도의 재림이 이어지며 그리스도의 나라가 이루어진다. 이 모두가 다 연결되어 있다. 다시 재건될 로마는 신성 로마 제국이라고 불릴 것이다. 지금으로 말하면 유럽 열 나라의 통합체라고 할 수 있다. 지금 이 시대는 열 나라가 통합되기 전의 시대이다. 성경에는 그 중간 시대에 관하여는 별다른 기록이 없다. 거의 2000년이 지난 동안의 사건들에 대하여는 침묵하고 있다. 그렇다면 사실 계시록 2, 3장의 일곱 교회에 대한 예언이 그 기간의 역사로 여겨질 수 있다. 그리고 지금은 마지막 한 이레를 남겨 놓고 있다.

성경에서 이 마지막 한 이레는 굉장히 중요하게 계산되고 있다. 2000년이라는 휴지 기간에 대하여 성경에 별다른 기록이 없는 이유는 하나님께서 이스라엘 나라를 기준으로 역사를 쓰시기 때문이다. 성경에서 계산되는 역사는 성전 건축을 중심으로 한 이스라엘 백성의 역사이다. 그런데 왜 그 휴지 기간이 2000년이나 되는가? 사도 바울의 해석에 따르면 이방인의 충만한 수가 채워지기 위한 것이다. 이것이 로마서 11장에 기록되어 있다. "그러므로 내가 말하노니 저희가 넘어지기까지 실족하였느뇨 그럴 수 없느니라 저희의 넘어짐으로 구원이 이방인에게 이르러 이스라엘로 시기나게 함이니라 저희의 넘어짐이 세상의 부요함이 되며 저희의 실패가 이방인의 부요함이 되거든 하물며 저희의 충만함이리요"(11-12절). 25절, "형제들아 너희가 스스로 지혜 있다 함을 면키 위하여 이 비밀을 너희가 모르기를 내가 원치 아니하노니". 이 비밀이란 무엇인가? 바로 "이 비밀은 이방인의 충만한 수가 들어오기까지 이스라엘의 더러는 완악하게 된 것이라 그리하여 온 이스라엘이 구원을 얻으리라"(25下-26上절)는 것이다. 이스라엘은 초림하신 그리스도를 거절했다. 그러자 구원의 역사가 이방인에게로 퍼져 나갔다. 이방인을 구원하는 역사를 하다 보니 2000년이란 세월이 지나간 것이다.

그러나 이제 예루살렘 성전이 세워지면 두 종아리 시대와 열 발가락의 시대가 연결되게 된다. 그러면 이방인의 구원 경륜이 끝나는 것이다. 육십구 이레는 지나갔고 이제 마지막 한 이레가 남아 있는데, 적 그리스도가 나타나 7년 평화 조약을 맺는 시점부터 이스라엘은 다시 역사의 타임머신 속으로 들어가게 된다. 이 조약이 맺어지는 순간부터 육십구 이레와 마지막 한 이레가 그대로 연결되는 것이다. 결론적으로 말해서 우리 이방인들이 구원받을 시간이 그리 많이 남지 않았다. 이스라엘 백성이 무지하고 완악하고 교만하게 되어서 주 그리스도를 거절하고 십자가에 못 박고 완전히 배척했기 때문에(물론 이것은 하나님의 경륜 안에서 허락된 것이다) 구원의 역사가 이방인에게 흘러간 것이다. 그런데 이방인의 충만한 수가 찰 때 이제 구주께서는 시온으로 다시 돌아오신다. 그리고 그들을 위한 역사가 다시 시작되는 것이다.

이 말씀에 의하면 이스라엘 역사 외에는 역사의 초침이 돌아가지 않는 것처럼 보인다. 모든 역사의 중심은 이스라엘에 맞춰져 있다. 지금 우리의 많은 이야기들은 가치 있는 역사 이야기가 아니다. 그러나 적 그리스도가 나타날 때 멈춰졌던 역사는 예전 로마 제국으로 다시 이어지고 마지막 이레가 카운트다운(count-down) 된다.

다니엘 11장에도 이 이야기가 나온다. "이 왕이 자기의 뜻대로 행하며 스스로 높여 모든 신보다 크다 하며 비상한 말로 신들의 신을 대적하며 형통하기를 분노하심이 쉴 때까지 하리니 이는 그 작정된 일이 반드시 이룰 것임이니라 그가 모든 것보다 스스로 크다 하고 그 열조의 신들과 여자의 사모하는 것을 돌아보지 아니하며 아무 신이든지 돌아보지 아니할 것이나 그 대신에 세력의 신을 공경할 것이요 또 그 열조가 알지 못하던 신에게 금 은 보석과 보물을 드려 공경할 것이며 그는 이방 신을 힘입어 크게 견고한 산성들을 취할 것이요 무릇 그를 안다 하는 자에게는 영광을 더하여 여러 백성을 다스리게도 하며 그에게서 뇌물을 받고 땅을 나눠주기도 하리라"(36-39절). 이것이 마지막 때 나타날 적 그리스도가 할 일이다. 41절, "그가 영화로운 땅에 들어갈 것이요". 영화로운 땅은 바로 이스라엘 영토이다. "많은 나라를 패망케 할 것이나 오직 에돔과 모압과 암몬 자손의 존귀한 자들은 그 손에서 벗어나리라"(41下). 그의 손에서 벗어나는 나라도 있다. "그가 장막 궁전을 바다와 영화롭고 거룩한 산 사이에 베풀 것이나 그의 끝이 이르리니 도와줄 자가 없으리라"(45절). 결국 그의 끝은 비참하다. 적 그리스도의 운명은 계시록에 기록되어 있는 대로 산 채로 불못에 떨어지는 것으로 종결된다.

신약 바울 서신에서도 적 그리스도가 언급되는데, 그는 불법의 사람이요 멸망의 아들이다(살후 2:3-10). 그자는 하나님의 성전에 앉아 자기를 보여 이르기를 하나님이라 할 것이다. 또한 그는 주님의 입의 기운으로 소멸될 것이다.

다시 계시록 13장으로 가겠다. "내가 보니 바다에서 한 짐승이 나오는데 뿔이 열이요 머리가 일곱이라"(1절). 열 뿔이란 권세를 잡은 열 왕을 가리킨다. 그리고 머리가 일곱이라는 것은 로마가 일곱 머리를 갖고 있었다는 뜻이다(승계된 일곱 황제들을 가리킨다). 뿔들은 머리보다는 작은 권력을 의미한다(이 열 뿔은 동시대에 존재하게 될 적 그리스도 나라의 왕들이다). 그 각각의 뿔에 면류관이 있다. 이는 그들도 어느 정도 권력을 갖고 있음을 의미한다. 이것은 또한 적 그리스도가 잔인하게 공격하는 뿔로 인하여 얻은 면류관이라는 것을 암시한다. 열 개의 뿔이 모아져서 한 권력을 형성하고 있다.

12장에서는 붉은 용(사탄)의 머리가 일곱이라고 했다. 짐승과 똑같다. 붉은 용의 머리는 일곱인데 일곱 개의 면류관이 있었고 열 뿔에는 아직 면류관이 없었다. 그런데 여기 짐승의 뿔에는 면류관이 있다. 그것은 적 그리스도가 나타날 때 그 열 왕이 다 각각의 권세를 가지고 있다는 뜻이다. 그리고 그 머리들에는 참람한 이름들이 있다고 했다. 참람된 이름이란 하나님을 훼방하고 모독하는 이름이다. 과거 로마 황제(시이저)들은 그 머리 위에 참람된 이름들이 있었다. 거의 모든 황제가 다 자신의 칭호에 '디부스(Divus)', 혹은 '쎄바스토스(Sebastos)'를 붙였는데, 이는 '신격(Divine)'이라는 뜻이다. 그들은 자신들을 신격화했다. 자기를 '하나님' 또는 '하나님의 아들'이라고 했던 황제들도 있었다. 네로는 화폐에다 '세상의 구주'라는 명칭을 새겨 넣었다고 한다. 자기가 바로 세상의 구주라는 것이다. 이와 같이 인간이 자신을 신(神)이라고 하고 하나님의 아들 또는 구원자라고 하는 것이 바로 여기서 말하는 참람된 이름들이다. 그리고 후기의 황제들도 자신에게 라틴어로 '도미누스(Dominius)', 헬라어로 '퀴리오스(Kurios)', 즉 주님이라는 칭호를 붙였다. 이러한 이름들이 짐승의 머리 위에 있었던 것이다.

2절, 내가 본 짐승은 표범과 비슷하고 그 발은 곰의 발 같고 그 입

은 사자의 입 같은데 용이 자기의 능력과 보좌와 큰 권세를 그에게 주었더라

표범은 다니엘서에 나오는 헬라 제국이다. 앞으로 나타날 적 그리스도의 혈통은 헬라계일 것이라고 이미 말한 바 있다. 그리고 곰은 메대-바사를 가리킨다. 사자는 바벨론이다. 바벨론은 전쟁을 잘했고, 메대-바사는 흉포했고, 헬라는 사나웠으며, 로마는 가장 잔인했다. 그러므로 장래 적 그리스도의 나라는 모든 이방 세력의 악한 성질을 총체적으로 다 가지고 있는 결정판과도 같을 것이다. 여기의 짐승은 한 면에서는 적 그리스도의 왕국을 가리키며, 또 한 면에서는 그 적 그리스도라는 인물 자체를 가리킨다. 따라서 새롭게 일어날 로마 제국이 여기에 나오는 짐승이며 동시에 한 통치자 역시 짐승인 적 그리스도이다. 짐승은 이렇게 두 가지를 다 암시한다. 그 발은 곰의 발 같고 그 입은 사자 입 같으며 겉모습은 표범과 같다. 이것은 우리가 본 다니엘서 7장의 네 짐승을 합해 놓은 것이다. 여기 네 번째 짐승은 분명하게 표범이나 곰이나 사자라고 말하지 않고 그냥 무섭고 놀라우며 극히 강한 짐승이라고 했는데, 이것은 적 그리스도가 헬라를 상징하는 표범, 메데-바사를 상징하는 곰, 바벨론을 상징하는 사자의 모든 악한 특징을 다 가지고 있는 종합적인 존재이기 때문일 것이다. 그러므로 인류 마지막에 나타날 로마 제국은 과거 어떤 제국보다도 가장 악랄하고 강력한 나라일 것이다. 그런데 "용이 자기의 능력과 보좌와 큰 권세를 그에게 주었더라". 적 그리스도가 가지고 있는 능력과 보좌와 권세는 다 사탄이 준 것이다. 사탄은 자신의 보좌를 적 그리스도에게 주었으며, 그래서 12장의 붉은 용과 13장의 짐승이 비슷한 것이다.

3절, 그의 머리 하나가 상하여 죽게 된 것 같더니 그 죽게 되었던 상처가 나으매 온 땅이 이상히 여겨 짐승을 따르고

'그의 머리 하나'란 일곱 머리 중 하나를 가리킨다. "그의 머리 하나가 상하여 죽게 된 것 같더니 그 죽게 되었던 상처가 나으매 온 땅이 이상히 여겨 짐승을 따르고". 이것에 대해서 자세히 보려면 17장 9절을 보아야 한다. "지혜 있는 뜻이 여기 있으니 그 일곱 머리는 여자가 앉은 일곱 산이요". 로마라는 나라는 지형적으로 일곱 산 위에 건설되었다. 10절, "또 일곱 왕이라 다섯은 망하였고 하나는 있고 다른 이는 아직 이르지 아니하였으나 이르면 반드시 잠깐 동안 계속하리라".

로마 황제들 가운데 계시록의 일곱 왕에 해당되는 사람들을 열거해보면, 첫 번째는 줄리어스 시저, 두 번째는 티베리우스, 세 번째는 칼리쿨라, 네 번째는 클라디우스, 다섯째는 네로이다. 그 외에도 베스파시안과 티투스, 도미티안 등의 황제들이 있는데, 일곱을 말할 때에는 줄리어스 시저를 빼는 수도 있고 티투스를 빼는 수도 있다. 이들 중 황제 숭배 사상을 실행한 자들을 친다면 줄리어스 시저가 빠져야 할 것이다. 그러므로 도합 일곱 명이다. 17장 10절에서 "일곱 왕이라 다섯은 망하였고"라고 할 때 네로까지가 망한 자들이다. 그들은 다 비극적인 죽음을 맞았다. 그들은 모두 사람들에게 살해당하거나 자살로 생을 마감했다. 모두 일곱인데 다섯은 망하였고 하나는 있다. '하나는 있다'는 말은 요한이 밧모섬에 유배되어 있을 때 존재하고 있었던 도미티안 황제를 가리킨다. 도미티안도 사도 요한 당시에 피살되었다. 그래서 "하나는 있고 다른 이는 아직 이르지 아니하였으나"라고 한 것이다. 다른 이 곧 아직 이르지 아니한 자가 바로 적 그리스도이다. "이르면 반드시 잠깐 동안 계속하리라". 적 그리스도는 요한 당시 아직 이르지 아니하였다. 이자는 장차 나타나겠지만 오랫동안 황제 노릇을 하지는 못한다. 그 역시 잠시 있다가 피살될 것이다.

17장 11절, "전에 있었다가 시방 없어진 짐승은 여덟째 왕이니". 그러면 일곱째 왕은 어떻게 된 것인가? "전에 있었다가 시방 없어진 짐승은 여덟째 왕이니 일곱 중에 속한 자라 저가 멸망으로 들어가리라". 장래 나타날 일곱째 왕은 장차 적 그리스도 나라의 대표로 잠시 왕권을 행사하다가 칼에 죽는다. 피살되는 것이다. 그런데 그가 죽었다가 다시 소생하면서 그의 원래의 영혼이 아닌 일곱 중에 속한 자의 영이 그의 존재에 들어와 여덟번째 왕이 되는데 그가 곧 적 그리스도이다. 그 사건은 온 세계 매스컴의 대대적인 화젯거리가 될 것이다.

12절, "네가 보던 열 뿔은 열 왕이니 아직 나라를 얻지 못하였으나 다만 짐승으로 더불어 임금처럼 권세를 일시 동안 받으리라". 13절, "저희가 한 뜻을 가지고 자기의 능력과 권세를 짐승에게 주더라". 이 열 명의 대표들은 자신들의 능력과 권세를 한 사람에게 모아 준다. 14절, "저희가 어린양으로 더불어 싸우려니와 어린양은 만주의 주시요 만왕의 왕이시므로 저희를 이기실 터이요 또 그와 함께 있는 자들 곧 부르심을 입고 빼내심을 얻고 진실한 자들은 이기리로다". 지금도 빛과 어두움, 진리와 비 진리, 생명과 사망, 그리스도와 마귀의 세력의 싸움이 있는 것이지만 마지막 때의 싸움은 예수 그리스도, 하나님의 아들과 적 그리스도와의 완전히 공개적이고 드러난 싸움이다. 그리고 이 세상의 끝이 온다.

다시 13장으로 가자. "그의 머리 하나가 상하여 죽게 된 것 같더니 그 죽게 되었던 상처가 나으매 온 땅이 이상히 여겨 짐승을 따르고". 적 그리스도는 죽었다가 다시 살아날 것이다. 그가 죽었다가 살아나므로 온 세상 사람들은 놀라면서 그를 신으로 추앙할 것이다. 그가 다시 살아날 때는 일곱째 황제가 아니고 여덟째 황제이다. 일곱째 황제는 죽었다가 기묘하게 되살아났는데, 다시 살아나서는 여덟째가 된 것이다. 그 영이 원래 그 사람의 영이 아니고 네로의 영이기 때문이다. 그러므로 실상은 다른 사람인 것이다. 일곱째와 여덟째는 몸은 같지만 인격이 다르다. 그의 인격은 망한 다섯에 속해 있던 네로의 영인 것이다. 역사적으로 이 세상 열국 가운데서 가장 잔인한 사람이 네로이다. 악명 높았던 히틀러도 잔인하지만 히틀러보다 더 잔인하고 악한 사람이 네로이다. 인류 역사상 네로같이 악한 사람이 없다.

"네로는 그의 부모부터 악하다. 그 아버지는 크네우스 도미티우스 아헤노바아부스(Cnaeus Domitius Ahenobarbus)라는 사람인데, 이름도 복잡하고 사악하기로 아주 유명한 사람이었다. 사악한 품성이 네로에게 유전된 것이다. 그 아버지는 노예에서 해방된 사람을 단지 술을 더 안 마신다는 이유로 죽인 일이 있고, 또 노상에서 자기 마차로 의도적으로 한 어린 아이를 들이받아 즉사시킨 일도 있다. 그리고 언쟁 끝에 공회장에서 서기의 눈 하나를 도려내기도 했다. 그는 결국 주색으로 생긴 수종으로 죽었다. 네로의 어머니 아그립피나(Agrippina) 역시 매우 무서운 여자였다. 네로의 아버지는 자기 아내가 임신했다는 말을 들었을 때 '아마 너에게서 극악무도한 놈이 나올 것이다'라고 예언했다고 한다. 그의 어머니는 네로가 3살 때 칼리쿨라 황제에 의해 유배당한 적도 있었다. 그녀의 유일한 욕망은 아들 네로를 황제가 되게 하는 것이었다. 그래서 아들 네로를 황제로 만들기 위해 점술가에게 상의를 하자 '네로가 황제가 되면 당신에게 비극이 올 것이다.'라고 했다. 그런데 그 말대로 그 어머니는 후에 아들 네로에 의해서 죽었다.

네로의 어머니는 정략적으로 클라디우스 황제의 첩으로 들어가 5년 동안 결혼 생활을 하면서 클라디우스 황제를 독살시킨다. 독약을 넣은 버섯을 먹여서 황제를 죽인 것이다. 그리고는 아들 네로를 황제로 삼았다. 그는 오 년 정도는 정치를 잘 했다. 네로를 가르쳤던 좋은 스승들이 있었기 때문이다. 세계적인 사상가요 철학자인 세네카와 브루스가 있었던 것이 그때이다. 그런데 5년이 지나자 네로는 가장 악한 사람으로 돌변했고 세상에서 가장 포악한 왕이 되었다. 그는 아주 욕정이 강한 자였고 동성연애자였으며 사치와 낭비벽이 심했고 건축에 취미가 있었다. 그래서 그는 로마시에 대화재를 내고 다시 건축을 시작하기도 했다(64년 경). 그리고는 화재의 원인을 그리스도인에게 돌려 수많은 그리스도인들을 무참하게 죽이고 핍박했다. 이때 바울도 그의 칼에 순교했으리라는 것이 전승이다. 네로는 당시 화재의 책임을 그리스도인들에게 돌림으로 그리스도인들 가운데 인도자였던 바울을 죽인 것이다. 그의 악마적인 발광증은 이루 말할 수 없다.

그의 훌륭한 선생이었던 세네카도 자살을 하게 했고 브루스도 목에 병이 났을 때 약이라고 속여서 독약을 먹게 하여 독살시키고 말았다. 그 어머니 아그립피나가 그를 잘 달래 보려고 했더니 어머니에게까지 적의를 갖게 되었다. 그는 몇 차례 어머니를 독약을 먹여 죽이려고 했는데 어머니가 그것을 알고 도망가자 결국 자객을 보내서 죽이고 말았다. 그 어머니는 자객에게 "이 배가 네로란 놈을 배었으니 내 배를 찔러라!"고 했다 한다. 인류 역사상 네로처럼 잔악무도한 황제는 없었다. 그런데 네로가 죽은 뒤에 사람들 사이에 네로가 다시 살아 돌아올 것이라는 말이 퍼졌다. 소위 네로의 부활설(동방의 파르티아로 갔다가 다시 군대를 끌고 올 것이라는 등)이 많았던 것이다."[1]

이 적 그리스도는 네로의 영이 음부에 있다가 일곱 번째 황제가 죽었다가 소생될 때 그 안에 들어와 여덟 번째 황제가 된 것이다. 이렇게 해석하는 것이 학자들의 정설이다. 그런데 이자를 왜 적 그리스도라고 부르는가? 예수 그리스도와 비슷하기 때문이다. 예수 그리스도께서 사흘 만에 부활하신 것처럼 적 그리스도도 죽었다가 살아난다. 그러나 적 그리스도는 결국 불못으로 들어간다. 나중에 그리스도께서 오셔서 그를 쳐부수고 불못에 집어넣으신다.

4절, 용이 짐승에게 권세를 주므로 용에게 경배하며 짐승에게 경배하여 가로되 누가 이 짐승과 같으뇨 누가 능히 이로 더불어 싸우리요 하더라

적 그리스도의 권세는 굉장히 강한 권세이다. 이는 용이 그에게 권세를 주었기 때문이다. 그가 매우 뛰어난 능력과 재능을 갖고 있기 때문에 사람들이 그를 흠모하고 놀라워하는 것이다.

5절, 또 짐승이 큰 말과 참람된 말 하는 입을 받고 또 마흔두 달 일할 권세를 받으니라

이 짐승은 큰 말을 한다. 큰 말을 한다는 것은 자기를 높이는 것이다. 또 참람된 말은 하나님을 훼방하고 모독하는 말이다. 그가 그러한 입을 받았다는 것은 하나님께서 그것을 허락하셨다는 뜻이다. 그자는 마흔두 달, 3년 반 동안 일할 권세를 받았다. 이 적 그리스도가 일하는 삼 년 반 동안에 이 땅에서는 가장 참혹한 일들이 일어난다.

---

1) 성서주석시리즈 17 계시록(하). 기독교문사. William Barclay. pp. 173-176

6절, 짐승이 입을 벌려 하나님을 향하여 훼방하되 그의 이름과 그의 장막 곧 하늘에 거하는 자들을 훼방하더라

여기서 여러분이 유의해야 할 대목이 있다. 그것은 적 그리스도가 하나님을 훼방하고 그분의 이름과 그분의 장막 곧 하늘에 거하는 자들을 훼방했다는 것이다. 이것은 무슨 말인가? 하늘에 거하는 자들은 도대체 누구인가? 다시 말하지만, 이때는 이미 휴거의 일이 일어난 후이다. '그의 장막 곧 하늘에 거하는 자들'은 복수이므로 분명 하나님을 언급하는 것이 아니다. 이것은 11장 1절을 생각나게 한다. 그때 이미 성전과 제단에서 경배하는 자들이 있었던 것이다. 이들은 분명 일찍 휴거된 성도들이다. 적 그리스도가 나타나서 42개월 동안 이 땅을 핍박할 때에는 이미 한 무리의 사람들이 하늘로 휴거된 때라고 보면 된다. 아마 그 소식은 매스컴을 통해서 온 세계에 대대적으로 보도될 것이다. 같이 있던 사람이 없어졌다는 소식이 여기저기서 들리는데 한두 사람이 아니다. 그들이 모두 하늘에 있다. 그래서 짐승은 하늘로 휴거된 성도들을 훼방하는 말을 하는 것이다. 아마도 그자는 휴거된 자들을 인정하지 않는 악한 말을 퍼뜨릴 것이다. 왜냐하면 그의 폭정을 피하도록 하나님께서 신실한 한 무리를 들어올리셨을 것이기 때문이다(계 3:10). 이것은 마치 폭력배들이 조직 폭력 써클에서 벗어난 사람을 저주하는 것이나 이난 그룹에서 벗어나서 진리를 따르려 애쓰는 사람을 욕하는 것과 비슷한 논리이다.

여기 짐승의 훼방하는 말은 분명 오래 전에 죽은 성도들을 향한 것이 아닐 것이다. 그들은 실상 적 그리스도의 활동기에 하늘 보좌에 있을 것이기 때문이다. 이때 그리스도는 아직 재림하지 않으셨다. 그분이 다시 오셔야 바울도, 이미 주님께 간 많은 성도들도 우리와 함께 심판대 앞에 나타나 그분께 상을 받을 것이다(딤후 4:8). 그자가 성도들을 극도로 핍박하고 죽일 때 참다운 성도들, 이기는 성도들은 하늘로 휴거되며, 적 그리스도는 그들을 비방하고 훼방하고 공격하는 내용을 각종 매스컴에 발표할 것이다. 여러분이 만일 성실하게 주님의 길을 걸어가면 이러한 시기에 여러분은 적 그리스도가 활약하는 지상에 존재하지 않고 하늘에 있으면서 적 그리스도의 비방하는 말을 듣게 될 것이다. 그렇게 된 성도들이 성공한 사람들이다. 이 땅에서 적 그리스도의 핍박을 당하고 있다면 불행한 일이다.

7절, 또 권세를 받아 성도들과 싸워 이기게 되고 각 족속과 백성과 방언과 나라를 다스리는 권세를 받으니

그자는 또한 성도들과 싸워 이긴다고 했다. 여기 성도들은 휴거되지 못하고 남겨진 그리스도인들과 하나님을 경외하는 유대인들이다. 이것은 이때까지도 이 땅에 그리스도인들이 있을 것이라는 강력한 증거이다. 이것은 12장 17절에서도 이미 본 바 있다. 하나님의 계명을 지키는 유대인들과 그리스도인들은 이때 적 그리스도와 대치 상황에 있게 된다. 적 그리스도는 사탄의 화신으로서 그리스도의 대적이니 당연히 하나님의 자녀들이 그의 대적이 되는 것이다. "성도들과 싸워 이기게 되고 각 족속과 백성과 방언과 나라를 다스리는 권세를 받으니". 적 그리스도는 그때 성도들과 싸워 이길 것이다. 성도들은 그자를 이길 도리가 없다. 그리고 온 땅을 적 그리스도가 다스리는 것이다. 그가 핍박하고 영향을 주는 범위는 온 세계가 될 것이다. 그 때 온 세상 사람들은 그를 떠받들며 영웅이라고 환호할 것이다. 지금 유럽의 각 나라 사람들은 자기가 프랑스인이다, 독일인이다 하는 것보다 유럽인이라고 말하기를 더 좋아한다. 유럽에 가보면 어느 나라 공항이든지 'EU'라고 써 붙여놓고 그 국적 사람들을 따로 통과시키면서 특권을 누리게 한다. 유럽의 각 나라는 EU에 서로 가입하려고 난리이다. 정치 지도자들도 EU에 자국을 가입시킨다는 것이 선거에서 가장 큰 공약 사항이다.

EU의 통합 화폐를 쓸 뿐 아니라 EU의 군대가 생겨나고 또 명실상부한 통치자가 생겨나면 어느 날 열 대통령이 그들의 권세를 그 한 사람에게 몰아줄 것인데 그가 바로 적 그리스도이다. 그는 이 세상의 마지막 통치자이다. 개인적인 생각으로는 적 그리스도가 나타나기에 적합한 나라가 첫 번째로 프랑스, 두 번째는 독일, 세 번째는 이탈리아일 것 같다. 프랑스는 지금도 그리스도인들을 암암리에 핍박한다. 공적으로 밖에서 복음을 전하지 못하게 한다. 그 음산하고 음울한 분위기는 적 그리스도가 나오기에 아주 적합한 분위기이다. 성경에 따르면 장차 온 세상을 누가 다스리는가? 러시아나 미국이 아닐 것이다. 결국 세계 정세의 중심은 유럽이 될 것이고, 그 열 나라가 강력한 정치 체제를 구축하여 거기서 나오는 집권자가 온 세상을 다스리게 된다. 그리고 성도들은 그로 말미암아 참혹한 핍박을 당하게 된다.

8절, 죽임을 당한 어린양의 생명책에 창세 이후로 녹명되지 못하고 이 땅에 사는 자들은 다 짐승에게 경배하리라

'죽임을 당한 어린양의 생명책에 창세 이후로 녹명되지 못한 자들'이란 누구인가? 불신자들인가? 나는 그렇지 않을 수도 있다고 본다. 이 구절은 7절과 연결해서 읽어야 하고 따라서 성도들 가운데 유감스럽게도 적 그리스도 우상에게 경배하는 자들이 있게 된다는 말이다. 그들은 그리스도인이면서도 생명책에 녹명되지 못하여 어린양의 혼인잔치에 참여치 못할 것이다. '창세 이후'란 '창세 이전'을 말할 때와 다른 용법이다. 원문에 따르면 세상의 기초를 놓기 전, 혹은 그 후를 말한다. 에베소서 1장 4절과 베드로전서 1장 20절은 우리가 창세 전에 이미 예정된 자들임을 말한다. 성도들은 이미 장세 전에 생명책에 그 이름이 기록되어 있는데, 어떤 이들은 창세 이후로도 변함없이 녹명되어 있지 못함을 의미한다. 계시록 3장 5절은 사데 교회의 어떤 자들이 생명책에서 흐려질 위험성이 있음을 암시하고 있다. 결국 적 그리스도에게 굴복하는 자들, 그 우상에게 경배하는 자들은 창세 이후로 어린양의 생명책에 녹명되지 못한 자이다. 이것은 매우 깊은 사상을 전달하고 있다. 창세 전에 선택된 자들이라면 창세 이후로도 그 이름이 여전히 지워지지 않아야 할 텐데, 유감스럽게도 녹명되지 못한 경우를 가리킬 수 있다.

사람들은 그 짐승, 그 대단한 통치자를 추앙하고 경배하게 될 것이다. 그것은 과거 로마 황제들이 자신을 신격화해서 숭배하게 한 것과 같다. 이자가 장차 일어날 마지막 로마 황제이다. 그러므로 성경에서는 적 그리스도

왕국을 로마 제국의 연속으로 보고 있는 것이다. 지금 세계는 마지막 로마 황제가 나타나기를 기다리고 있다. 결국 그가 나타나면 모든 사람이 그를 경배하게 되는데, 성도들 중에도 어떤 사람들은 그 경배에 참여함으로 어린양의 생명책에서 그 이름이 지워지게 될 것이다. 그러면 짐승에게 경배하는 자들의 특징은 무엇인가? '이 땅에 사는 자들', 즉 이 땅에 뿌리를 박고 사는 자들이다. 이 땅에서 먹고 사는 문제에 붙들려 어쩔 수 없는 것이다. 그때는 죽음을 무릅쓰고 자기 생명을 아끼지 않는 증거자들만이 구원을 받게 된다. 그러나 평소에 이 땅에서 생계문제에 전전긍긍하는 사람들은 적 그리스도를 만날 때에도 역시 어떻게든 살아남으려고 그에게 경배하게 될 것이다.

9절, 누구든지 귀가 있거든 들을지어다

이 말씀은 계시록 2, 3장에서 일곱 번이나 나오는 말씀이다. "귀 있는 자는 성령이 교회들에게 하는 말을 들을지어다". 그러나 이때는 교회 시대가 아니다. 교회 시대는 끝났고 이제 '누구든지 귀 있는 자', 즉 성도 개개인이 들어야 한다. 주님은 이제 구약 시대로 돌아가셨다. 여기에 '죽임을 당한 어린양의 생명책에 창세 이후로 녹명되지 못한 자들'이 신자들을 지칭한다는 증명이 있다. 주님이 불신자들에게 "누구든지 귀가 있거든 들을지어다"라고 하실 리 없다. 그들은 아예 들을 귀가 없는 자들이기 때문이다. 이때 신자들은 매우 위험한 상태에 처하게 되는데, 이는 그들이 영원한 생명의 누림을 잃어버릴 수 있기 때문이다. 하나님의 계명을 지키는 유대인들이 이렇게 된다는 것은 이해하기가 쉬운 반면 신약의 성도라 하는 자들이 이렇게 된다는 것은 이해하기가 쉽지 않다.

신약의 믿는이는 한 번 구원받으면 다시는 멸망하는 일이 없다고 했는데, 어찌 여기서는 믿는이들이 다시 멸망할 수 있는 것처럼 말하는가! 그렇지만 한 가지 기억해야 할 것은 이제 은혜 시대가 끝나고 구약 시대로 돌아왔다는 것이다. 은혜의 문은 이미 닫힌 것이다. 그러므로 사도 바울은 은혜 받을 만한 때에 받으라고 말한다(고후 6장). 드디어 마지막 한 이레(7

년)가 시작되었으니 이제는 이방인이 은혜 받는 시대가 아니고 이스라엘에 대한 마지막 경륜의 시대가 된 것이다.

계시록 14장 9-10절에 의하면, 짐승의 표를 받고 우상에게 경배하는 자는 하나님의 진노의 포도주를 마시게 되고 거룩한 천사들과 어린양 앞에서 불과 유황으로 고난을 받으며 그 고난의 연기는 '세세토록' 올라간다고 하였다. 여러분 중에도 그렇게 될 자들이 없다고 말할 근거가 없다. 또한 '세세토록' 이라는 말은 영원히 거기서 나오지 못할 수 있다는 암시가 들어있다. 만일 성도라 하는 자가 적 그리스도 우상에게 경배하고 표를 받으면 영원히 멸망하게 된다고 할 때 이것은 큰 신학적 논란을 일으킬 소지가 있다. 그러나 이 구절의 '어린양의 생명책에 창세 이후로 녹명되지 못한 자들'을 단순히 구원받지 못한 사람이라고 해석하기에는 뭔가 어려움이 있다. 불신자들은 별다른 반발 없이 다 그 우상에게 경배하고 표를 받을 것이다. 그들은 별것 아닌 일에도 돼지머리를 놓고 절하는 자들이 아닌가? 그러나 신자라면 이야기가 다르다. 문맥을 볼 때 이 구절들이 신자들을 향하여 주시는 말씀이라는 암시가 있다. 어쨌든 불신자들은 들을 귀가 없기 때문이다.

이에 대하여 확정된 결론을 내리기는 어려울 것 같다. 우리가 하나님의 하시는 일을 어떻게 다 알겠는가! 다만 성도들이 그때 이 땅에 남아서 우상에게 경배하게 된다면 상당히 큰 해를 입을 것이라고 말하는 것이 옳을 것이다. 이 장과 다음 장을 볼 때 우상에게 경배하고 그 이름의 표를 받는 자는 누구든지 밤낮 쉼을 얻지 못한다고 했다. 엄청난 고통을 당한다는 말이다. 이것은 복음서에서 혼인잔치에 참여하지 못하는 불성실한 신자들에 대한 징계를 말하는 '바깥 어두운 데에서 슬피 울며 이를 가는 것'과는 그 정도가 분명 다르다. 이는 마지막 때 최악의 배도자에게 신앙을 팔아버린 자의 위험한 운명으로서, 주님은 그 일을 매우 심각하게 보신다. 그들이 신자로서 배도자에게 참여했다고 할 때 은혜 시대의 단순한 징계받는 자들처럼 천 년 후에(천년왕국 후에) 거기서 나올 수 있을지 없을지는 주님만 아신다.

10절, 사로잡는 자는 사로잡힐 것이요 칼로 죽이는 자는 자기도 마땅히 칼에 죽으리니 성도들의 인내와 믿음이 여기 있느니라

이 말씀은 주님이 하신 말씀이다. '사로잡는 자'는 적 그리스도를 말하는데, 그때는 적 그리스도가 모든 사람들을 사로잡는다는 말이다. 또 그는 사람들을 칼로 죽인다. 그때 성도들은 어찌해야 하는가? 여기에 인내와 믿음이 필요하다. 인내와 믿음이 없으면 그러한 상황을 이길 수 없다. 이것은 그때 사로잡히게 될 자들에게 주시는 말씀이다. 주님은 휴거되지 않은 성도들도 돌보신다. 그들도 주님께 속한 자들이니 끝까지 돌보시는 것이다. 주님은 그들에게 적 그리스도와 그 군대들을 두려워말라고 하신다. 그들이 성도들을 사로잡았던 것처럼 그들도 그렇게 사로잡히게 된다고 하신다. 그들이 성도들을 칼로 죽였듯이 그들도 칼에 죽을 것이라고 하신다. 그들은 성도들을 사로잡고 칼로 죽인 대가를 치르게 될 것이다. 그러니 성도들은 여전히 인내와 믿음을 가져야 한다. 성도들은 그들과 싸울 수 있는 것이 아니다. 다만 핍박 아래서 견디기 위해 인내와 믿음이 필요한 것이다.

이때 성도들은 매우 위험하고 난처한 상황에 처하게 된다. 적 그리스도의 세력 아래서 예수 믿는 자라 하여, 우상에게 경배하지 않는다 하여 체포 구금되기도 하고 칼로 죽임을 당하기도 한다. 14장 12절에도 같은 말씀이 있다. 이 말씀들은 공히 성도들에게 하신 것이다. "성도들의 인내가 여기 있으니 저희는 하나님의 계명과 예수 믿음을 지키는 자니라". 이는 분명 유대인과 그리스도인을 가리킨다. 인내와 믿음을 지키지 않는 자들은 하나님을 믿으며 계명을 지키는 유대인이라 할지라도 불과 유황 못에 떨어질 위험이 있다는 말씀이다.

이로써 우리는 마태복음 24장 24절에서 주 예수님이 대환난시에 관하여 경고하신 말씀, 곧 택하신 자들이라도 적 그리스도나 거짓 선지자에 의해 미혹될 수 있다는 말씀을 이해할 수 있게 된다.

11절, 내가 보매 또 다른 짐승이 땅에서 올라오니 새끼 양같이 두 뿔이 있고 용처럼 말하더라

또 다른 짐승이 땅에서 올라온다고 했다. 땅은 앞에서 말했듯이 이스라엘을 가리킨다. 이스라엘에서 나오는 또 다른 짐승은 새끼 양같이 두 뿔이 있다. 새끼 양을 다른 말로 하면 어린양이다. 그러므로 그자는 예수님과 아주 비슷한 외양을 갖춘 것이다. 그런데 그 입으로는 예수님처럼 말하는 게 아니라 용처럼 말한다. 마귀의 말을 하는 것이다. 그러면 왜 그 짐승이 새끼 양의 모습으로 나타났을까? 사람들, 특히 믿는 이들을 속이려는 것이다. 짐승은 바다에서 올라왔지만 또 다른 짐승은 땅에서 올라왔다. 이방 세계에서는 표범과 같은 적 그리스도가 나왔고 이스라엘에서는 어린양 같은 존재가 나왔다. 그자가 바로 거짓 선지자이다. 대환난 때에는 한 면으로 정치적인 핍박이 있고 또 한 면으로 종교적인 대 속임수가 펼쳐진다.

계시록에서는 이자에 대하여 세 번이나 거짓 선지자라고 칭하였다(16:13, 19:20, 20:10). 주님께서도 마태복음 24장 24절에서 대환난 때 거짓 선지자가 나타날 것이라고 예언하셨다. 이 세 존재, 용과 짐승과 또 다른 짐승은 삼위일체 하나님을 모방한 사탄의 삼위일체를 이루고 있다. 용은 성부 하나님을 모방하여 그의 보좌를 짐승에게 주었고 또 다른 짐승은 용의 말을 한다. 이는 완전히 성부, 성자, 성령의 삼위일체를 모조한 것이다.

12절, 저가 먼저 나온 짐승의 모든 권세를 그 앞에서 행하고 땅과 땅에 거하는 자들로 처음 짐승에게 경배하게 하니 곧 죽게 되었던 상처가 나은 자니라

이 거짓 선지자가 나타난 목적은 땅에 거하는 자들로 짐승 적 그리스도에게 경배하게 하려는 것이다. 그자는 어린양같이 나타나 많은 사람들을 속임으로 세상과 타협하기 좋아하고 비 진리를 좋아하는 자들로 하여금 적 그리스도를 경배하게 할 것이다. 여러 성경 구절들을 참조할 때 이자는 다름 아닌 가룟 유다이다. 그는 실상 마귀이다(요 13:7). 적 그리스도가 네로라면 이자는 유다일 것이다. 그가 유다일 것이라는 증거는 성경 이곳저곳에 있다. 사도행전 1장 20절과 시편 69편 25절은 다 유다에 대한 것이다. 시편 109편 6-8절에도 유다에 대한 말씀이 있다. 시편 109편 6절은 대적으로 그 우편에 서게 하라고 하였는데, 이는 사탄이 유다의 좌편에 서는 것을 말한다. 사탄은 유다의 마음속에 들어가서 예수를 팔게 했지만 계시록 13장 12절의 때에 그자는 사탄의 우편에 설 것이다.

사도행전 1장 25절에서는 유다가 '자기 곳'으로 갔다고 말한다. 성경 전체에서 이런 표현을 쓴 것은 오직 유다의 경우 뿐이다. 다른 사람들은 다만 열조에게 돌아갔다거나 음부에 내려갔다고 한다. 자기 곳으로 갔다는 것은 어떤 특정한 곳으로 간 것이며, 그곳은 따로 예비된 곳임에 분명하다. 성경에서 두 존재에 대해서만 멸망의 아들(son of perdition)이라고 표현했는데, 하나는 데살로니가 후서 2장 3절에서 적 그리스도에 대해 말한 것이고 다른 하나는 요한복음 17장 12절에서 유다에 대해 말한 것이다. 이들은 둘 다 산 채로 유황불이 타는 못에 던지우게 되므로 이런 끔찍한 이름이 붙여진 것이다(계 19:20, 20:10).

13절, 큰 이적을 행하되 심지어 사람들 앞에서 불이 하늘로부터 땅에 내려오게 하고

그 거짓 선지자는 엘리야처럼 이적을 행한다. 참된 선지자가 하는 일을 그도 따라서 하는 것이다. 그 모양도 어린양 같고 하는 일도 선지자와 같다. 어찌하든 그의 임무는 유대인과 그리스도인들을 미혹하는 것이다. 유대인들처럼 이적과 기사를 좋아하는 신앙은 매우 위험하다는 것을 기억하기 바란다. 주님도 이를 경고하셨다. "거짓 그리스도들과 거짓 선지자들이 일어나 큰 표적과 기사를 보이어 할 수만 있으면 택하신 자들도 미혹하게 하리라"(마 24:24).

14절, 짐승 앞에서 받은바 이적을 행함으로 땅에 거하는 자들을 미혹하며 땅에 거하는 자들에게 이르기를 칼에 상하였다가 살아난 짐승을 위하여 우상을 만들라 하더라

그자는 짐승에게 충성을 다한다. 짐승의 우편에 서서 짐승이 좋아하는 일은 다 하는 것이다. 그자는 땅에 거하는 자들에게 짐승의 우상을 만들라고 한다. 이것은 온갖 우상의 집대성일 것이다. 주님이 부활하신 후에 그분의 상처를 도마에게 보여주어 믿게 하신 적이 있다. 적 그리스도 역시 비슷하게 칼 맞은 자리를 보여주며 사람들로 믿게 할 것이다. 그 상처는 그가 죽음에서 부활했다는 것을 사람들로 믿게 하는 표시가 될 것이다. 거짓 선지자는 이 일에 앞장선다. 그자는 주 예수님을 가장 악랄하게 배신했고 마지막 시대에 마귀를 위하여는 온갖 충성을 표할 것이다.

로마 천주교의 역사에도 교황이 극도로 부패했던 시대가 있었다. 루터가 일어나기 직전인데, 그들은 신자들에게 면죄부—죄를 용서해주는 표—를 팔았다. 그런데 당시 기록을 보면 교황의 면죄부 파는 일을 돕는 많은 추종자들과 전도사들이 있었다. 그들이 앞장서서 교황의 면죄부를 파는 일들을 독려했던 것이다. 그때 그런 자들과 개혁자들 간에 많은 논쟁이 있었다. 같은 원칙으로 대환난 때에는 거짓 선지자가 나타나서 강력한 영향력을 가진 짐승을 위해 일할 것이다.

15절, 저가 권세를 받아 그 짐승의 우상에게 생기를 주어 그 짐승의 우상으로 말하게 하고 또 짐승의 우상에게 경배하지 아니하는 자는 몇이든지 다 죽이게 하더라

이 짐승은 자기 형상의 우상을 만들어 예루살렘 성전에 세울 것이다. 그리고 그것에 경배하도록 촉구하는 일을 맡을 자는 새끼 양 같은 거짓 선지자이다. 이 거짓 선지자는 그 짐승의 우상으로 말을 하게 하고 또 그것에 경배하지 않는 자는 다 죽이게 한다고 했다. 이 우상은 말도 하고 사람에게 죽음의 판결을 내리거나 죽일 수 있는 능력을 행사한다. 그 우상이 어떤 식으로 사람을 죽일지는 알 수 없지만 경배하지 않는 자들은 다 죽일 것이다. 거짓 선지자는 간교해서 자기가 직접 죽이지 않고 우상으로 하여금 죽이게 한다. 인류 역사상 이방인 가운데 가장 악독한 사람은 네로이고, 유대인 가운데 가장 악독한 사람은 유다이다. 그래서 네로는 적 그리스도가 되어버리고 유다는 거짓 선지자가 되어버린 것이다. 유다가 어떻게 새끼 양처럼 감쪽같이 거짓 선지자 노릇을 할 수 있는가? 예수님을 따라다니면서 다 보았기 때문이다. 그(마귀)는 3년 반이나 주님 주위에서 돈 통을 관리하며 주님을 살폈다. 그래서 속일 수 있는 것이다. 최근 유다 복음이 발견되었다고 떠드는데, 그자는 그렇게 끝까지 거짓 선지자 노릇을 할 것이다. 요한복음 17장 12절에서 주님은 유다에 대해 '멸망의 자식'이라고 하셨다. 유다는 단지 유다라는 사람이 아닌 사단이 그 속에 들어간 존재였던 것이다.

16절, 저가 모든 자 곧 작은 자나 큰 자나 부자나 빈궁한 자나 자유한 자나 종들로 그 오른손에나 이마에 표를 받게 하고

이 표를 받게 하는 일에 가장 앞장서는 자는 역시 거짓 선지자이다. 그는 모든 자(작은 자이든 큰 자이든, 부자이든 빈궁한 자이든, 자유한 자이든 종이든)로 하여금 다 이 표를 받게 한다. 누구도 피할 수 없다. 이때 성도들 중에도 이 땅에 남아 있는 자들이 있는데 그들의 속임수에서 벗어나는 자들도 있게 된다. 그러나 혹 성도들 가운데 그자의 미혹을 받아 짐승의 표를 받게 되면 어떻게 되는가? 진노의 포도주를 마시게 되며(14:9-10), 불과 유황으로 고난을 받으며(14:10-11), 밤낮 쉼을 얻지 못한다(14:11). 또한 첫 번째 대접의 재앙의 심판을 받는다(16:2).

반면 믿음과 인내로 그 표를 받지 않고 적 그리스도의 핍박을 이긴 성도들은 유리 바다 위에 서서 찬양하고(15:2), 첫째 부활에 참여하며(20:4-5), 천년왕국에서 그리스도로 더불어 천 년 동안 왕 노릇 한다(20:4).

17절, 누구든지 이 표를 가진 자 외에는 매매를 못하게 하니 이 표는 곧 짐승의 이름이나 그 이름의 수라

마지막 시대에는 표를 받게 하는데, 이 표는 식별되는 것이다. 또 몸에 받는 것이므로 물질적인 것이다. 이마에나 오른손에 있는 표는 그가 적 그리스도에게 속한 자라는 표시이다. 아마도 여자들은 손에 받을 것이고 남자들은 이마에 받을 것이다. 사람들은 이 표가 없으면 물건을 매매하지 못한다. 만일 여러분이 오늘부터 물건을 사지 못한다면 어떻게 살겠는가? 쌀도, 야채도 사지 못하면 결국은 죽게 된다. 그러므로 살기 위해서 표를 받는 것이다. 오늘 적 그리스도가 나타나서 이마에나 오른손에나 표를 받아야 물건을 살 수 있다고 한다면 여러분은 어서 가서 표를 받자고 할 것인가? 그렇게 하면 다 멸망한다. 그런 시기가 오기 전에 속히 우리는 휴거되어야 한다.

18절, 지혜가 여기 있으니 총명 있는 자는 그 짐승의 수를 세어 보라 그 수는 사람의 수니 육백육십육이니라

이 짐승은 바다에서 올라온 짐승 적 그리스도이다. 오늘날 많은 사람들이 흥미를 갖고 있는 '666'이라는 숫자가 여기에서 나온다. 이 숫자는 사람의 수이고 분명 로마 황제 중 하나를 가리키는 수이다. 그래야 계시록 전체 내용과 일치하게 된다(17:8). 그런데 기묘하게도 로마 황제 중에서 그 이름의 수가 666이 되는 사람은 네로이다. 원래 히브리 문자는 그 문자 자체가 또한 숫자를 나타내는데, 히브리어로 '카이사 네로'의 숫자를 세어볼 때 666이다. '코프' 100, '싸멕' 60, '레쉬' 200, '눈' 50, '레쉬' 200, '요드' 6, '눈' 50, 도합 666이다. 니므롯이나 교황이 쓰고 있는 물고기 형의 모자와 허리띠에 새겨진 비카리우스 필리데이(Vicarivs Fileii Dei)의 수치도 666이므로 교황이 적 그리스도라고 말하는 사람들도 있다. 히틀러의 영문식 수치가 666이라고 보는 사람들도 있으나 지금까지 가장 일반적으로 학자들 간에 인정되고 있는 것은 네로이다.

마지막 시대에는 이렇게 통치자의 이름의 숫자가 기록된 표를 이마에나 오른손에 받아야만 매매를 할 수 있다. 그렇게 하지 않으면 다 핍박을 당하고 어려움을 당하고 물건도 살 수 없어서 죽게 된다는 말이다. 그것이 적 그리스도의 핍박의 방식이다. 그에게 부속된 자와 그렇지 않은 자를 가장 극명하게 구분하는 방식이다. 오늘날도 테러 국가들에 대하여 경제 제재를 하는 경우가 있듯이, 그때는 적 그리스도가 그리스도인들 개개인에게 경제적인 제재를 가하는 것이다. 그런 시기에 살아 남으려면 적 그리스도에게 경배해야 하고 그 표를 받아야 하는데 그러다 결국 멸망하는 것이다. 오늘 우리가 매매하는 자같이 살아서는 안 되고 없는 자처럼 죽은 자처럼 살아야 하는 이유가 바로 여기에 있다. 이것이 대환난의 광경이고 대환난에 있을 일들이다. 오늘날 어떤 사람들은 666에 매우 관심을 갖고 그 표를 받지 말아야 한다고 한다. 그러나 그 표를 받는 때는 아직 오지 않았다. 그때가 오면 누구나 그 표가 짐승에게 속하게 하려는 핍박인 것을 다 안다. 그러므로 지금부터 그런 말을 강조할 필요가 없다. 그때가 오면 적 그리스도에게 속할 것인지, 하나님과 어린양에게 속할 것인지를 스스로 결정해야 할 것이다. 그리고 적 그리스도의 명령을 따르지 않으면 죽임을 당할 것이다.

666을 말하면서 현재도 사용되는 바코드 방식이나 지문인식 방법을 다 666이라고 단정하는 것은 의미가 없다. 다만 현대 과학이 발달되어 기술적으로 이런 일이 가능하다고 보는 것은 있을 수 있다. 확실히 이 시대는 이런 일이 가능하도록 기술과 컴퓨터 시스템이 엄청난 속도로 진보하고 있다. 그러나 666은 반드시 신앙과 관련해서 나타날 것이다. 666은 적 그리스도의 등장과 함께 대환난 시기에 적 그리스도의 강력한 경제 통치 체제로 사용될 것이다. 그 표는 그때 매매 수단이 되는 동시에 '누구든지 받아야 할 표'로서 짐승에게 부속되도록 사용될 것이다. 그러므로 오늘날 상업 수단으로 쓰이는 제도들을 짐승의 표로 오인하게 하여 쓸데없는 혼란을 야기시키는 일이 없어야 할 것이다.

14 장

1절, 또 내가 보니 보라 어린양이 시온 산에 섰고 그와 함께 십사만 사천이 섰는데 그 이마에 어린양의 이름과 그 아버지의 이름을 쓴 것이 있도다

14장에는 먼저 첫 열매의 휴거가 있다. 이것은 11장1절부터 조금씩 암시해오고 말해오는 환난 전 휴거된 무리에 대한 구체적인 설명으로 읽을 수 있다(12:5, 13:6 참조). 요한은 어린양이 시온 산에 서 있는 것을 보았다. 이 어린양은 주 예수 그리스도이시다. 주 예수 외에는 어린양이라고 부를 수 있는 분이 없다. 그런데 여기의 시온 산은 이 땅에 있는 시온 산이 아니고 하늘에 있는 시온 산이다. 이것이 땅에 있는 예루살렘에 위치한 시온 산이 아니고 하늘에 있는 시온 산이라는 해석은 많은 성경학자들이 공통적으로 인정하고 있다. 이때 땅에 있는 시온 산은 이방인의 수중에 있을 것이고(11:2), 3절에서는 십사만 사천이 보좌와 네 생물과 장로들 앞에서 새 노래를 부르고 있다고 했으며, 4절에서는 그들이 땅에서 구속함을 받았다고 말한다. 그러므로 그들의 위치가 하늘 보좌임에 틀림없다. 또 이들은 처음 익은 열매인데 이 첫 열매는 이미 구약에 언급되어 있다. 출애굽기 23장 19절을 보면 처음 익은 열매는 하나님의 성전 안으로 들여가는데 하나님의 성전은 바로 하나님의 보좌가 있는 하늘을 의미한다. 따라서 시온 산은 하늘에 있는 시온 산이다.

또 어린양과 함께 십사만 사천이 서 있다. 어떤 사람들은 이 숫자를 영적인 의미로 해석하지만 이것은 문자 그대로 십사만 사천이라고 해야 한다. 기묘하게도 이 숫자는 7장에 있는 이스라엘 백성들 가운데 인 맞은 자의 숫자와 같다. 그래서 어떤 사람들은 7장에서 인 맞은 십사만 사천과 같은 무리라고 말하지만 그것은 옳지 않다. 그 이유는 여러 가지가 있는데, 우선 이들은 하나님과 어린양의 이름을 가지고 있다. 이들은 신약의 교회 사람들이지 이스라엘 백성이 아니다. 그러나 7장에서 인 맞은 사람들은 열두 지파의 이름들이 분명하게 언급되어 있으며 이마에 살아계신 하나님의 인을 맞았다고 했다. '살아계신 하나님의 인'이라는 표현은 구약의 표현이지 신약의 표현이 아니다. 어린양과 아버지라는 칭호는 신약의 믿는이들과 관련된 것이다.

따라서 그들의 이마에 아버지의 이름을 쓴 것이 있다고 한 것으로 보아, 이들은 틀림없이 하나님 아버지의 자녀들이다. 7장 4절의 사람들은 하나님의 종들(3절)이라고 했지만 14장 1절은 하나님의 자녀들인 것이다. 14장의 사람들은 어린양과 관계가 있으므로 구속된 신약의 무리이지만, 7장의 사람들은 다만 천사(여호와의 사자)와 관계를 맺으므로 구약적인 사람들이다. 14장의 사람들은 새 노래를 불렀지만 7장의 사람들은 그저 큰 소리로 외쳤다고 말한다. 그러므로 이들은 신약의 교회에서 나온 사람들이지 결코 이스라엘 사람들이 아니다. 7장의 십사만 사천과 여기 십사만 사천은 별개의 무리임을 기억해야 한다. "십사만 사천이 섰는데". 어떤 학자는 이 '섰는데'라는 말이 승리자답게 힘차게 서 있는 모습을 가리킨다고 해석했다. 사실 이기는 자들은 '서 있는 자들'이다. 에베소서 6장의 영적 전쟁을 말하는 부분에서 바울은 우리가 하나님의 전신갑주를 입는 것이 모든 일을 행한 후에 서기 위함이라고 말했다. 따라서 서 있는 자가 이기는 자이다. 이들이 모든 교회 전체를 다 가리킨다고 볼 수 없는 것은 모든 성도가 다 몸을 더럽히지 않는 일은 없기 때문이다(4절).

오늘도 우리 자신이 이기는 자인가를 확인해 보려면 영적으로 하나님 앞에 서 있는가를 보면 된다. 비 진리이거나 양심적으로 옳지 않은 것을 알면서도 생계나 지위나 장래 때문에 바른 길을 걷지 못하고 바른 말을 하지 못하며 세상적이고 죄악된 일과 타협하고 그런 곳에 눌러 앉아있는 사람은 서 있는 사람이 아니다. 영적 전쟁의 최종 목표는 우리가 싸운 후에 서 있는 것이다.

이렇게 첫 열매는 시온 산에 어린양과 함께 서 있다. 그리고 그 수가 십사만 사천이다. 대환난 전에 보좌 앞에 휴거된 무리가 십사만 사천이라는 것은 결코 적은 수가 아니다. 그런데 이들 십사만 사천은 어린양의 보좌 앞에서 찬송을 했다. 오늘 우리와 함께 길을 걸어가는 사람들이 다 첫 열매가 된다 해도 그 숫자가 얼마 되지 않는다. 그렇다면 십사만 사천은 어디에서 나오겠는가? 그들은 온 땅 이곳저곳에 흩어져 있는, 그야말로 주님을 사랑하는 충성된 자들일 것이다. 이들은 대환난 전에 시온 산으로 휴거된다. 우리는 지금 그들이 다 어디에 있는지 알지 못한다. 다만 우리도 이 십사만 사천의 일부이기를 원할 따름이다. 그렇기 때문에 우리는 겸손해야 하고 마음을 넓혀야 한다. 우리와 함께 있는 자들만 이기는 자들이 아니라 다른 곳에 있어도, 서로 알지 못해도 그들이 진정으로 어린양께 속한 진실한 그리스도인이라면 이 십사만 사천에 포함될 것이기 때문이다.

"그 이마에 어린양의 이름과 그 아버지의 이름을 쓴 것이 있도다". 이것은 그들이 아버지 하나님과 어린양에게 속한 자들이라는 뜻이다. 우리는 13장에서 짐승이 사람들을 자기에게 속하게 하려고 반드시 이마에나 오른손에 표를 받게 하고 그렇지 않으면 매매할 수 없게 한다는 것을 읽었다. 그런데 14장에서 휴거된 첫 열매인 이기는 자들은 이마에 어린양과 그 아버지의 이름이 새겨져 있다. 누가 보아도 그들은 이 세상에 속한 자들이 아니고 하나님 아버지와 어린양에게 속한 자들이라는 것을 알 수 있다. 그래서 오늘 우리가 참으로 이기는 자들이 되려면, 첫 열매로 들림받는 자들이 되려면 우리가 하나님 아버지와 어린양에게 속했다는 표시를 가져야 하는 것이다. 이 표시는 이 땅에서 절대적으로 예수만을 위해 살 때 갖게 된다. 또 우리의 입의 증거도 좋은 표시이다. 우리 입의 증거로 우리의 어떠함을 나타내는 것이 여기 이마에 기록된 것과 같다고도 볼 수 있다. 우리가 만일 그리스도인이 된 것을 숨긴다면 사람들은 우리에게서 아무 표시도 볼 수 없을 것이다. 그러므로 우리는 마음으로 믿고 내적으로 주님을 사랑할 뿐 아니라 반드시 외적인 증거를 가져야 한다. 우리는 우리가 믿은 것을 증거하는 방식으로 살아야 한다. 그럴 때 많은 사람들이 우리가 누구에게 속했는지를 알게 될 것이다.

2절, 내가 하늘에서 나는 소리를 들으니 많은 물소리도 같고 큰 뇌성도 같은데 내게 들리는 소리는 거문고 타는 자들의 그 거문고 타는 것 같더라

그 다음 요한은 그들 가운데서 나는 소리를 들었다. 그 소리는 많은 물소리와도 같고 큰 뇌성과도 같았다. 많은 물소리나 큰 뇌성은 사람들에게 아주 위엄 있고 능력 있게 들리는 소리이다. 그런데 "내게 들리는 소리는 거문고 타는 자들의 그 거문고 타는 것 같더라". 이 거문고는 하프로서 가장 아름다운 소리를 내는 악기이다. 하늘에서 나는 성도들의 찬양 소리는 아주 위엄 있고 능력 있는 많은 물소리와 같고 큰 뇌성과도 같으면서도 하프 소리처럼 섬세하고도 아름다운 소리이기도 하다. 만일 엄청나게 크고 웅장한 소리만 나고 거기에 섬세한 음률이 없다면 듣기에 좋지 않을 것이다. 그런데 그 소리는 크고 웅장할 뿐 아니라 하프 소리 같은 섬세한 아름다움이 있다. 이것은 이기는 자들에게 양면이 있음을 말해준다. 어떤 성도들의 찬송은 매우 웅장하고 강한데 섬세한 감상이 결여되어 있고, 어떤 이들의 찬송은 섬세하기는 하지만 웅장한 맛이 없다. 즉 너무 여리기만 한 것이다. 반면에 이기는 자들의 특징은 강하고 웅장할 뿐 아니라 그들의 주님에 대한 태도가 단호하고 담대하며 남자다운 것이다. 그리고 또한 섬세하고 고운 것이다. 그러기에 그들의 찬양 소리가 거문고 타는 소리 같은 것이다. 참된 성도들은 그들의 생명과 본질 속에 찬양과 찬미가 있으며 그 음률은 매우 섬세하고 아름답다. 그러한 찬송을 부르는 것이 이기는 자들의 특징이다. 그날 수많은 성도들과 함께 우리도 그곳에서 이런 찬송을 부를 것을 기대하자.

3절, 저희가 보좌와 네 생물과 장로들 앞에서 새 노래를 부르니 땅에서 구속함을 얻은 십사만 사천 인밖에는 능히 이 노래를 배울 자가 없더라

이들이 부르는 찬양이 뭔가 특별하다는 것을 암시한다. 오늘날 성도들은 찬송의 중요성을 잘 모르고 부르는 경우가 많다. 그저 은혜스럽고 감동 있게 부르면 좋다고 생각한다. 그러나 찬양의 중요성은 그보다 훨씬 깊다. 하나님은 우리를 영광의 찬송이 되도록 부르셨다(엡 1장 참조). 성도들의 찬양의 수준은 다 다르다. 나는 많은 나라, 많은 그리스도인 무리를 만나보았는데 저마다 부르는 찬양의 수준은 다 다르다. 유치원 아이들의 노래가 다르고 중고등학생의 노래가 다르고 대학생의 노래가 다르듯이 찬양도 영적으로 어린 사람들이 부르는 것과 장성한 사람들이 부르는 것이 다르다. 영적 깊이가 없는 사람들의 찬송과 영적 깊이가 있는 사람들의 찬송은 다를 수밖에 없다. 어린 성도들은 장성한 자들이 부르는 찬송을 이해하지 못한다. 여기 십사만 사천 인들이 부르는 찬송은 새 노래이고 그들 외에는 부를 수 없는 노래이다. 다시 말하지만, 성도들의 찬송은 그들의 수준을 나타낸다. 여기 십사만 사천 인들은 땅에서 구속함을 받은 사람들이고 그 구속받는 과정에서 체험한 것들이 많고 깊다. 그러므로 그들의 주님에 대한 인식이 남들과 다르다. 그들의 부르는 노래는 체험이 없는 사람들은 이해할 수 없는 내용을 담고 있다. 사도 요한이 들을 때 그것은 새 노래인데, 과거에 들어본 적이 없는 새로운 내용을 담고 있는 노래임에 틀림없다. 이것 또한 이들이 신약의 교회이며 믿는이들이라는 증거이다. 특히 성경에서 새 노래를 말할 때에는 주님의 구속과 관련된다(시 98편 참조). 이 새 노래 속에는 어린양의 구속을 노래하는 내용이 많이 들어 있을 것이고 역대로 수많은 성도들이 환난과 시험을 거치면서 배우고 체험한 것들이 포함되어 있을 것이다.

4절, 이 사람들은 여자로 더불어 더럽히지 아니하고 정절이 있는 자라 어린양이 어디로 인도하든지 따라가는 자며 사람 가운데서 구속을 받아 처음 익은 열매로 하나님과 어린양에게 속한 자들이니

이기는 자의 특징

정절을 지킴

원문에는 '이 사람들(these)'이라는 말이 두 번이나 있어서 이들이 특별한 사람들임을 알 수 있다. 4절은 이 기묘하고 축복되고 거룩한 십사만 사천 인에 대해서 설명하고 있다. 첫째로 그들은 여자로 더불어 더럽히지 않은 자들이다. 그러면 이 십사만 사천 인은 다 동정의 남자들이라는 뜻인가? 그것은 아닐 것이다. 남자들이 있지만 또 여자들도 있을 것이기 때문이다. 다만 이들은 12장의 원칙에 따라 남자들인 것이다. 12장의 사내아이에도 여자가 포함되어 있다. 우리는 마담 귀용이나 펜 루이스 같은 자매들의 글을 대할 때 여성이라는 느낌보다 오히려 남성적인 강인한 느낌을 받는다. 그러므로 여기서 여자로 더불어 더럽히지 않았고 정절이 있다는 것은 하나의 원칙을 말하는 것이라고 보아야 한다. 이것은 영적인 순결함을 가리킨다는 것이다. '정절'은 헬라어로 '팔레노이'인데, 이 말 자체가 처녀들이라는 뜻이다. 결국 이 십사만 사천은 하나님 앞에서 '처녀들'이다.

어떤 학자들은 이를 문자적으로 해석해서 이들이 결혼하지 않고 동정으로 남아 있는 사람들일 것이라고 한다. 그렇게 해석하는 사람들은 그날 하늘로 휴거된 자들은 많지만 그 가운데서 동정을 지킨 남녀들, 바울과 같이 결혼하지 않은 사람들이 십사만 사천일 것이라고 본다. 그러나 여기의 '여자로 더불어 더럽히지 않고 정절을 지켰다'는 말은 고린도 후서 11장에서처럼 우리 모든 믿는이들이 하나님 앞에서 정결한 처녀가 되어야 하며 어떤 것에 의해서도 더럽히지 말아야 한다는 뜻으로 해석해야 한다. "내가 하나님의 열심으로 너희를 위하여 열심 내노니 내가 너희를 정결한 처녀로 한 남편인 그리스도께 드리려고 중매함이로다 뱀이 그 간계로 이와를 미혹케 한 것같이 너희 마음이 그리스도를 향하는 진실함과 깨끗함에서 떠나 부패할까 두려워하노라"(2-3절). 사람이 결혼하지 않았다고 해서 깨끗한 것이 아니다. 육신적으로 동정이라 할지라도 얼마든지 다른 방면에서 더럽혀질 수 있다. 진정한 주 예수 그리스도의 처녀가 되려면 우리는 성적인 것만이 아니라 세상적인 것들, 우상들, 악한 가르침으로부터도 정결함을 지켜야 한다. 성경적으로 결혼하는 것 자체는 죄가 아니다. 정상적인 성(性)의 욕구도 죄가 아니다. 결혼을 했더라도 우리가 다른 모든 것들 죄와 우상과 세상과 사망과 온갖 부정한 것들 에서 우리를 지켜 정결케 될 수 있다면 우리는 주님 앞에 처녀이다. 이런 자들은 여자로 더불어 더럽히지 않은 사람이라고 할 수 있다. 결국 이러한 자들이 환난 전에 휴거된다.

어린양의 인도를 따름

이들은 또한 '어린양이 어디로 인도하든지 따라가는 자'이다. 이기는 자의 특징은 좇는 자, 따르는 자이다. 어떤 사람들은 주님을 위해서 열심히 일하는 자들이 이기는 자들일 거라고 생각한다. 그러나 그렇지 않다. 주님을 위해서 일하는 것이 먼저가 아니라 따르는 것이 먼저이다. 주님이 여러분을 어디로 인도하실지 모른다. 하나님께서 아브라함을 불러 인도하실 때에도 가야 할 목적지를 알려 주지 않으신 채, 다만 한 발 한 발 따라오게 하셨다. 그 목적지는 어린양에게 있다. 어디로 인도하시든지 따라가는 자가 되는 것이 이기는 자의 자세이다. 여러분은 여러분이 어디로 갈 것이라고 생각하는가? 편안하고 갈 만하면 가겠지만 어려우면 가지 않겠다고 생각하지는 않는가? 그러나 여기 처음 익은 열매는 주님이 어디로 인도하시든 따라간다. 이들은 주님을 가장 가까이서 따르며 함께하는 자들로서 주님의 호위대와 같다.

나도 짧지 않은 그리스도인 삶을 살았지만, 오늘 이렇게 길을 걸어가리라고는 결코 생각해본 적이 없다. 상상한 적도 없다. 여기까지 온 것은 어린양이신 주님을 따른 결과라고 고백한다. 여러분도 동일할 것이다. 여러분은 왜 여기에 있고 왜 이렇게 길을 가는가? 그것은 여러분이 어린양을 따른 결과일 것이라 믿는다. 앞으로도 주께서 우리를 어떻게 인도하실지 우리는 모른다. 다만 우리는 그분이 어디로 인도하시든지 따라갈 뿐이다.

처음 익은 열매

또 이들은 '사람 가운데서 구속을 받아 처음 익은 열매로 하나님과 어린양에게 속한 자들'이다. 여기서 '사람'은 일반적인 사람들을 뜻한다. 이 땅에 많은 사람들이 있는데 하나님께서 그 중에서 한 무리 사람들을 구속하신 것이다. 이것은 참으로 기묘한 역사이다. 갈대아 우르에 많은 사람들이 있었지만 하나님께서는 한 사람 아브라함을 불러내셨다. 소돔과 고모라에 많은 사람들이 있었지만 그곳에서 하나님은 롯을 구출해 내셨다. 애굽에 많은 사람들이 살고 있었지만 그곳에서 하나님은 이스라엘 백성을 불러내셨다. 요셉은 형들에 의해 이방 사람들에게 팔려가서 고된 삶을 살아야 했다. 남의 집에서 가정 사무를 보는 집사 노릇을 하게 되었고 그러다가 오해를 받아서 감옥에 들어가게 되었다. 이 모든 상황이 겉으로 볼 때는 참으로 좋지 않다. 형들은 편안하게 아버지하고 집에 있는데 동생 요셉은 혼자 너무나 어려운 상황을 겪는 것이다. 왜 이런 일이 발생하는가? 사람 눈으로 볼 때는 축복이 없는 것 같다. 그런데 그 모든 과정이 결국은 요셉이라는 한 사람을 구출해 내기 위한 작업이다. 후에 왕의 두 신하가 요셉이 갇힌 감옥에 들어와 같이 있게 되었고 거기서 그들이 꿈을 꾸었는데 요셉이 해몽해주었고 그로 인해 결국 요셉은 거기서 나오게 되어 총리대신까지 되었다. 또 애굽에 칠 년의 풍년, 칠 년의 흉년이 들어서 가나안 사람들까지 흉년으로 고생을 하게 되는 것도 다 요셉을 통한 하나님의 경륜을 이루기 위한 것이다. 이 모든 과정을 살펴볼 때 하나님은 그분의 사람들을 어떻게 구속하고 어떻게 인도해낼 것인가를 미리 다 아신다. 우리가 그분의 손에 있다면 결국 우리는 이 많은 사람들 가운데서 구출되고 구속될 것이다. 그리고 그날 하나님은 우리로 하여금 새 노래를 부르게 하실 것이다.

이들은 다 땅에서 구속을 받아 처음 익은 열매로 하나님과 어린양에게 속한 자들이다. 처음 익은 열매는 구약 출애굽기에 있다(23:19). 또 레위기 23장에는 첫 요제의 제물이 있고(17절), 추수가 있고(22上), 떨어진 것, 즉 남은 이삭이 있다(22下). 하나님께 제물을 드릴 때에는 첫 열매를 드렸다. 첫 열매는 특별히 하나님의 전에 들이도록 되어 있었다. 첫 열매의 추수가 있은 후 밭의 나머지 모든 곡물의 추수가 있게 된다. 하나님의 농장에는 이와 같이 첫 열매로 먼저 익는 자들이 있고 나중 익는 자들도 있다. 물론 먼저 익은 첫 열매는 주님께 기쁨이 된다. 처음 익은 열매가 되는 것은 시간과 관계있다. 또 같은 시간에도 먼저 익는 곡식이 있는가 하면 더디게 익는 곡식이 있다. 이는 그들이 얼마나 간절하고 적극적인가와 관계있다. 먼저 익는 자들은 다른 사람들보다 순종과 충성이 빠른 자들이다. 보류하는 자들은 첫 열매의 무리에 속하지 못한다. 무릇 하나님의 뜻을 분별하고 순종하는 데 있어서 결코 여러 이유를 대며 보류해서는 안 된다. 순종이 더딘 자들은 게으르고 깨어 있지 않은 자들이다. 이런 자들은 혼인잔치에서 제외된다는 것이 말씀의 경고이다(마 25:12-13). 우리가 이왕 그리스도인이 되었다면 먼저 익어서 하나님께 첫 열매로 드려지는 자들이 되기 원한다.

이들은 교회 가운데 먼저 성숙된 한 무리의 사람이다. 교회 전체가 첫 열매가 되는 것은 아닌데, 이는 모든 성도들이 다 정결하며 어린양이 어디로 인도하든지 따라가는 자들이 되기란 어렵기 때문이다. 14장 1절부터 5절까지는 추수 전에 처음 익은 열매로 하나님께 드려지는 것이 있고, 14절부터 16절까지는 곡식을 추수하는 것이 있다.

이들이 하나님과 어린양에게 속한 자들이라고 하는 것은 그들의 소속을 나타낸다. 어떤 그리스도인들은 그 소속이 어린양이 아니라 세상이고, 가문이며, 또 어떤 종교 조직체인 것처럼 보인다. 우리가 어디에 속하는가는 매우 중요하다. 실제적으로 당신이 어디에 속하는가를 점검해보라! 어떤 그리스도인들은 그들이 소위 대형 교회 조직에 속해 있다고 자부한다. 그런 사람들에게는 자연히 어린양에 대한 의식이 적다. 그날 보좌 앞에 서 있는 사람들은 오직 하나님과 어린양에게만 속한 자들임을 기억하기 바란다. 나는 영원한 나라에서도 그분의 모습이 죽임당하신 어린양으로 특징지어진 것에 대하여 매우 깊은 인상을 받는다. 그분은 이 땅에서 죄인들에게 팔리시고 십자가에 못 박히시고 피를 흘리신 어린양의 모습을 그대로 갖고 계시며, 그날 처음 익은 열매로 드려진 자들은 이러한 어린양과 늘 함께한 자들이다. 나는 언제나 버림당하시고 죽임당하신 어린양과 함께하는 자가 되고 싶다.

5절, 그 입에 거짓말이 없고 흠이 없는 자들이더라

거짓말이 없음

5절 말씀은 그들의 본성의 문제를 말한다. 이 구절은 모든 믿는이들을 묘사하고 있는 것이 아니라 믿는이들 중에서도 뭔가 특별한 사람을 묘사하고 있다. 이들은 온전히 어린양과만 관련이 있는 자들이다. 오늘날 많은 그리스도인들이 전능하신 하나님의 축복만을 원하지 어린양의 인도를 주의하지 않는 듯하다. 그분의 능욕을 지고 영문 밖으로 나가려 하는 자들이 적다. 어린양이란 수치와 능욕을 짊어지고 죽임을 당하신 하나님의 아들의 이름인 것이다.

또 첫 열매인 이들은 진실하다. 우리는 신약 성경에서 그리스도인은 다 거짓말을 하지 않는다는 것을 발견하지 못한다. 아나니아와 삽비라는 분명 거짓말을 한 성도이다. 그러므로 여기 첫 열매인 자들은 특별한 영성을 갖고 있는 사람들이다. 거짓말은 사탄의 특징이고 사탄은 거짓의 아비이다. 그리스도인들은 마귀의 자녀들과 달라야 한다. 이 세상 사람들은 다 사단에게 속해 있고 그들의 말은 믿을 수 없다. 그러나 그리스도인의 특징은 참되어야 한다. 그 입에 거짓말이 없어야 한다. 에베소서 4장 25절은 "그런즉 거짓을 버리고 각각 그 이웃으로 더불어 참된 것을 말하라 이는 우리가 지체가 됨이니라"고 한다. 골로새서 3장 9절은 "너희가 서로 거짓말을 말라"고 한다. 이는 거듭난 성도들, 교회에게 주신 사도의 권면이다. 구원받은 성도가 거짓말하는 것이 없다면 거짓말하지 말라고 권면할 필요가 없다.

요한 일서 1장 6절은 "만일 우리가 하나님과 사귐이 있다 하고 어두운 가운데 행하면 거짓말을 하고 진리를 행치 아니함이거니와"라고 말한다. 어떤 사람들은 자기는 하나님과 사귐이 있고 문제가 없다고 하지만 실제로 행하는 것을 보면 어둠 속에 있다. 그렇다면 그가 하나님과 사귐이 있다고 한 말은 거짓이다. 8절, "만일 우리가 죄 없다 하면 스스로 속이고 또 진리가 우리 속에 있지 아니할 것이요". 이것들은 모두 영적인 세계에서 속고 속이고 하는 일들이다. 교만과 시기와 분쟁적인 육체가 자신이 남보다 나음을 과시하고자 하여 거짓을 양산하는 것이다. 또한 자신들의 교권과 단체를 발전시키고 유지하기 위해 좋다고 거짓말하는 것이다. 자기의 진실한 상태를 말하지 않는 것이 거짓말이다. 실제로는 자신들과 자신들의 단체가 좋지 않다는 것을 알면서 좋다고 말하는 것은 거짓말이다. 이런 종류의 거짓말 하는 사람들은 십사만 사천에 속하지 않는다. 나는 진실로 지난 날 거짓된 신앙에 대하여 심한 좌절을 느낀 적이 있다. 잘못된 것을 알면서도 시인하지 않고 어찌하든 자신의 단체를 옹호하는 자들을 보았다. 그들은 성경의 옳은 진리를 말하면서 자신들이 바로 그런 무리라고 했다. 그것은 심히 거짓된 것이다. 나는 때때로 믿음으로 어떤 진리를 선포할 수 있다는 것을 인정하지만 자신들의 실상을 감추고 거짓된 말로 모든 것을 하려고 하는 것은 참되지 않은 것이다. 주님은 계시록 2, 3장에서 교회의 참된 상태를 그대로 직시하고 회개하라고 촉구하셨다(계 3:17-19). 사도 바울이 말하기를 경건의 모양은 있으나 경건의 능력이 없는 자들에게서 돌아서라고 했다.

흠이 없음

또한 그들은 '흠이 없는 자들'이다. 그들에게서 어떤 흠을 발견할 수 없다. 하나님은 그분의 자녀들이 온전케 되어서 흠이 없기를 바라신다. 에베소서 1장 4절, "곧 창세 전에 그리스도 안에서 우리를 택하사 우리로 사랑 안에서 그 앞에 거룩하고 흠이 없게 하시려고". 데살로니가 전서 5장 23절, "평강의 하나님이 친히 너희로 온전히 거룩하게 하시고 또 너희 온 영과 혼과 몸이 우리 주 예수 그리스도 강림하실 때에 흠 없게 보전되기를 원하노라". 3장 13절 하반절, "하나님 우리 아버지 앞에서 거룩함에 흠이 없게 하시기를 원하노라". 에베소서 5장 26-27절, "이는 곧 물로 씻어 말씀으로 깨끗하게 하사 거룩하게 하시고 자기 앞에 영광스러운 교회로 세우사 티나 주름 잡힌 것이나 이런 것들이 없이 거룩하고 흠이 없게 하려 하심이니라". 이와 같이 하나님께서는 그분의 자녀들이 흠이 없기를 바라신다. 어떻게 사람이 흠이 없을 수 있느냐고 반문할 수도 있다. 그러나 나는 우리 가운데 있는 성도들이 일 년 전보다 흠이 많이 없어진 것을 보고 있다. 우리는 참되게 구원을 받은 수많은 성도들이 모두가 다 흠이 없다고 말할 수 없음을 안다. 그러나 십사만 사천은 흠이 없는 자들로 구성이 되었다.

지금까지 처음 익은 열매 십사만 사천에 대해서 살펴보았다. 이들은 대환난 전에 보좌로 들림받은 자들로 보좌 앞과 네 생물과 장로들 앞에서 새 노래를 부르고 있다. 이들을 교회 전체로 볼 수 없는 것은 모든 교회 성도들이 다 정절을 지키고 어린양을 따르며 거짓말이 없고 흠이 없는 것은 아니기 때문이다. 이들은 교회에서 이기는 자들로 택함받은 자들이다. 계시록을 읽을 때 우리가 볼 수 있는 한 가지는 하나님의 최종적인 원하심이 이기는 자들을 얻으시는 것이라는 점이다. 계시록 2장과 3장의 중점도 이기는 자를 얻으시는 것이고, 12장의 중점도 이기는 자에 있으며, 14장, 15장도 이기는 자들을 언급한다. 교회 시대에 이기는 자들을 얻으시고 대환난 때에도 마지막으로 이기는 자들을 얻으신다. 또 하나님께서는 마지막까지 이기는 자들이 될 수 있는 길을 주시는데 그것이 바로 대환난이다.

계시록은 대환난에 대하여 많은 부분을 할애하고 있다. 이기는 자들은 대환난 전에 보좌로 들림받는다. 12장의 사내아이는 분명 순교한 이기는 자들이고 이미 주님께 간 자들이며, 14장의 첫 열매는 살아 있는 자들 가운데서 들림받은 사람들일 것이다. 그 증거는 그들이 대환난이 임하기 전에 들림받았다는 사실에 있다. 또한 그 증거는 3절의 "땅에서 구속함을 얻은 십사만 사천"이라는 표현이라든가 4절의 "사람 가운데서 구속함을 받아 처음 익은 열매가 되었다"는 표현이 그것이다. 이것은 분명 대환난 전에 살아 있는 믿는 이들이 '땅'으로부터, 당시의 많은 '사람들'로부터 구속을 받은 자들이다. 14장의 첫 부분은 첫 열매의 휴거이고, 둘째 부분(6-11절)은 대환난이고, 그 다음 대환난이 끝날 무렵 대다수 성도들의 추수가 있다. 12장이 죽은 이기는 자들의 휴거를 말한다면(그들의 중점은 하늘에서의 전쟁에 있다), 14장의 중점은 대환난 전에 이루어질 이 땅에서 구속받은 자들의 휴거에 있으며 하나님의 만족에 있다.

그러나 이들 십사만 사천을 살아 있는 성도들 중에서 휴거된 숫자로만 볼 수가 없을 수도 있다. 땅에서 구속함을 받았다는 것만으로는 그 사실을 완전히 증명하지는 못한다. 이미 죽은 성도들도 '땅'에서 구속함을 받은 자들일 수 있기 때문이다. 물론 살아 있는 성도들 중에 휴거된 사람들이 많이 있을 것이다. 14장의 전체적인 흐름과 문맥을 볼 때는 당시 살아있는 성도들의 휴거와 같이 느껴지는 부분이 있다. 그러나 지금까지 이천 년 교회 역사에서 이 땅에서 슬기로운 다섯 처녀와 같이 기름을 예비하고 기다리는 성도들은 다 여기에 포함될 것이다. 이들 가운데에는 베드로, 요한, 바울 등이 포함될 것이다. 베드로는 장모가 있었으니 육신적으로는 결혼을 했지만 영성으로 볼 때 그는 정절 있는 처녀였다. 오늘 우리도 신실하게 길을 간다면 십사만 사천에 포함될 것이다.

십사만 사천에 대해서 한 마디 덧붙이면, 주님이 첫 열매로 거두시는 인수가 우리가 생각한 것보다 많다는 것을 기억해야 한다. 그렇기 때문에 우리는 반드시 마음이 넓어야 한다. 또 우리는 정절을 지키면서 마땅히 진리에 따라 좁은 길을 가야 하지만 결코 '우리만 교회다'라고 해서는 안 된다. 그렇게 하는 자들은 십사만 사천을 잊어버리고 그들과 함께 많은 물소리와 같고 뇌성과 같은 찬양을 하리라는 생각을 하지 않는 것이다. 어떤 학자가 이렇게 말했다. "옳은 사람들이어, 겸손하라!" 옳게 길을 간다고 하면서 잘못되는 경우가 많다. 옳게 길을 가는 것은 좋은 것이고 필요한 것이지만 반드시 마음을 낮추고 넓어져야 한다. 그렇지 않으면 당신은 실수할 것이다.

영국에 올리버 크롬웰이라는 사람이 있었다. 그는 청교도로서 영국 전체를 청교도 신앙으로 덮으려고 시도했던 장군이다. 그는 영국 국교 감독들로 설교하지 못하게 하고, 영국에 있는 카톨릭 신부들을 다 국외로 추방시켜 버렸다. 그리고서 영국의 정권을 잡고 "모든 영국인의 신앙을 청교도화하겠다."라고 선포했다. 청교도가 좋은가? 물론 좋다. 그러나 그렇게 획일화하려는 시도는 결코 옳지 않으며 그렇게 이루어지지도 않았다. 결국 민심이 떠나고 그리스도인들도 좋아하지 않았다. 그때 제임스 왕(카톨릭 교도로 흠정역 성경을 번역한 왕)이 일어나 모든 사람에게 신앙의 자유를 주었다. 이에 따라 영국에 신앙의 자유가 왔고 이곳저곳에서 주님이 원하시는 역사가 일어났다. 크롬웰 방법대로가 아니고 하나님 방법대로 많은 사람들을 곳곳에서 일으키신 것이다. 크롬웰은 영국 전체를 청교도 신앙화시키기 위해 전쟁을 했다. 그들은 총칼로 싸우다가 기도하고 또 싸웠다. 그러나 영국은 결코 청교도 신앙으로 통일되지 않았다. 그 뒤에 영국에서 요한 웨슬레를 비롯한 한 무리가 국교에서 나와(완전히 탈피하지는 못했지만) 큰 부흥의 역사를 일으켰고 그 후로 백 년쯤 지나서 다비, 매킨토시, 윌리암 캐리 등 많은 형제들이 일어나서 진리를 펼쳐내고 그리스도를 간증했다. 우리는 최선을 다해 진리대로 참되게 길을 가야 하지만, 그 태도는 언제나 겸손하고 넓어야 한다. 하나님께는 하나님의 길이 있다.

이기는 자들

계시록은 이기는 자들을 부르는 책이다. 오늘 날 많은 그리스도인들 가운데 이기는 자에 대한 생각이 없다. 예수 믿고 구원받았으면 다 되었다고 생각한다. 그러나 우리는 계시록 2, 3장에서 처음 사랑을 잃은 교회를 책망하는 것을 보며, 살았다 하는 이름은 가졌으나 죽은 자들을 보며, 차지도 않고 덥지도 않은 신앙을 본다. 이러한 교회들 가운데 하나님은 이기는 자들을 부르시고 보상을 약속하신다. 12장의 사내아이도 결국 이기는 자들이다. 그들의 특징을 읽어보라! 그들은 죽기까지 자기 목숨을 아끼지 않은 사람들이다. 결코 모든 구원받은 사람들을 말하는 것이 아니다. 전체의 하나님의 백성 가운데 강한 부분이기에 사내아이라고 하는 것이다(계12:4-5). 그들에게는 특별한 축복이 예언되어 있다(계12:5). 14장의 십 사만 사천도 전체의 그리스도인이라고 볼 수 없다. 그러기에 우리는 계시록에서 이기는 자들의 특별한 축복과 은혜를 본다. 결국 그들은 19장의 어린양의 신부가 되며 전사가 되는 것이며 20장의 천년 왕국의 왕노릇할 자들이다. 사람이라면 구원받고 그리스도인이 되어야 하고(그래야 멸망치 않고 영생을 얻는다), 그리스도인이 되었다면 하나님께 충성되고 인정받는 사람이 되어 이기는 자가 되어야 한다.

휴거와 환난

성경은 휴거의 사상을 말하고 있다. 특히 계시록은 휴거에 대한 말씀을 선명하게 말씀해 놓고 있다. 휴거란 주 예수께서 다시 오시기 전에 성도들을 들어 올린다는 말씀이다. 데살로니가 전서에서 바울은 성도들이 공중으로 들어 올려진다는 것을 말하고 있다. "그 후에 우리 살아 남은 자도 저희와 함께 구름 속으로 끌어 올려 공중에서 주를 영접하게 하시리니 그리하여 우리가 항상 주와 함께 있으리라"(4:17) 우리는 주 예수께서 다시 오실 것을 기다리고 있다. 성경에는 그분이 다시 오시기 전에 우리를 하늘로 들어 올리실 것을 기록하고 있다. 그런 연후에 그리스도는 강림하신다. 이렇게 하늘로 들어 올려지는 것을 휴거라고 한다. 또한 성경에는 시대말 종말에 대 환난이 있을 것을 예언하고 있다. "이는 그 때에 큰 환난이 있겠음이라 창세로부터 지금까지 이런 환난이 없었고 후에도 없으리라"(마 24:21) 그런데 성도들이 시대 말까지 살아남아 있다면 휴거되지 않는다 할 때 환난을 당하게 된다.

학자들은 휴거에 대하여 각각 세 가지 다른 견해를 갖고 있다. 첫째는 모든 성도가 환난 전에 휴거될 거라는 학설이고 두 번째는 온 교회가 환난을 통과한 후에 휴거될 거라는 학설이며 셋째는 구원받은 성도들 가운데 신실한 자들이 먼저 휴거되고 대다수의 성도들은 환난을 통과하여 휴거되리라는 것인데 우리는 이 해석에 동의한다. 첫째 학설은 다비, 윌리암 켈리, 토레이, 무디 등이 주장했다. 두 번째 학설은 죠지 뮬러, 고든(A.J. Gordon), 심슨(A.B.Simpson), 라이트, 뉴톤 등이다. 셋째 학설은 허드슨 테일러, 채프만, 고벳, 펨버, 팬돈, 래더(Paul Rader)등이다.

세 번째의 휴거 즉 소수의 신실한 자들이 먼저 하늘로 휴거된다는 성경 근거 구절들은 다음과 같다. "네가 나의 인내의 말씀을 지켰은즉 내가 또한 너를 지키어 시험의 때를 면하게 하리니 이는 장차 온 세상에 임하여 땅에 거하는 자들을 시험할 때라"(계 3:10) 믿는 사람들이 다 휴거되고 환난을 면한다고 한 것이 아니라 인내의 말씀을 지키는 자들이 환난을 면한다고 하였다. 그들은 특별히 빌라델비아 교회에게 주신 약속이지 모든 교회에게 주신 말씀이 아니다. 휴거의 약속은 빌라델비아 교회에게만 주셨다. 왜 인내의 말씀이라고 하는가? 그리스도의 말씀을 지키기 위해서는 인내와 참음이 필요하다는 말씀이다. 교회가 재물이 있고 사회에서의 지위가 있다면 말씀을 지키기 위해 인내할 필요를 못느낄 것이다. 그리스도께서 세상에 계실 때 사람들의 무시와 천대를 받으신 것은 그분이 작은 예수로 오셨기 때문이다. 빌라델비아의 특징은 작은데 있다. 그러니 사람들의 무시와 멸시를 받게 된다.

또 하나의 근거 구절은 누가복음 21장에 있다. "이 날들은 기록된 모든 것을 이루는 형벌의 날이니라 그 날에는 아이 밴 자들과 젖먹이는 자들에게 화가 있으리니 이는 땅에 큰 환난과 이 백성에게 진노가 있겠음이로다 저희가 칼날에 죽임을 당하며 모든 이방에 사로잡혀 가겠고 예루살렘은 이방인의 때가 차기까지 이방인들에게 밟히리라"(눅 21:22-24) 이 구절에 있는 형벌의 날, 큰 환난, 이방인들에게 밟히는 일이 바로 대환난의 날이다. "너희는 스스로 조심하라 그렇지 않으면 방탕함과 술취함과 생활의 염려로 마음이 둔하여지고 뜻밖에 그 날이 덫과 같이 너희에게 임하리라 이 날은 온 지구상에 거하는 모든 사람에게 임하리라 이러므로 너희는 장차 올 이 모든 일을 능히 피하고 인자 앞에 서도록 항상 기도하며 깨어 있으라 하시니라"(눅 21:34-36) 이 구절들은 분명히 환난을 피하는 휴거를 말하고 있다(이 모든 일을 능히 피하고 인자 앞에 서도록). 믿는 모든 성도가 휴거되는 것이 아니라 항상 깨어 기도하는 자들이다.

소수의 사람들의 휴거는 하늘보좌이며 일반 성도들의 휴거는 공중이다(살전 4:17, 마 25:10, 계 14:14-16). 주님이 오시는 것을 아무도 알지 못한다고 했는데 "그 날과 그 시는 아무도 모르고" "너희가 생각지 못한 때에 인자가 오리니" 성경에는 일곱 째 나팔을 불 때 적 그리스도가 예루살렘에 나타난 때로부터 3년 반 후에 그리스도께서 오신다. 이것은 시점을 알 수 있는 것이다. 그러나 주님이 오시는 것을 알 수 없는 한 가지 일이 있는데 이것은 바로 환난 전 휴거되는 자들이다. 이는 비밀스러운 것이다. 따라서 성경에 주님의 다시오심에 대하여 한 면으로는 아무도 모르게 비밀스럽게 오신다고 하신 것이며 다른 면에서는 공개적으로 오시는 것을 기록한 연유이다. 나는 성도들이 하늘로 들림받는 것을 염두에 두고 사모하며 신앙생활하기를 원한다. 그러려면 이 땅의 일들을 주의하는 것을 경계하고 세상을 사랑하지 말아야 하며 늘 하늘을 바라보며 하늘을 사모해야 한다.

우리는 계시록을 읽으면서 주의 재림과 환난과 휴거의 일들을 깊이 생각할 기회를 갖게 된다. 나는 성도들이 땅의 일들에 빠져 주의 예언의 말씀을 소홀히 하지 않기를 간절히 구한다(벧후 1:19). 주 예수님은 제자들에게 일어나 머리를 들라고 말씀하신다. "이런 일이 되기를 시작하거든 일어나 머리를 들라 너희 구속이 가까왔느니라 하시더라"(눅 21:28) 바울도 빌립보서에서 같은 사상을 전달하고 있다. "저희의 마침은 멸망이요 저희의 신은 배요 그 영광은 저희의 부끄러움에 있고 땅의 일을 생각하는 자라 오직 우리의 시민권은 하늘에 있는지라 거기로서 구원하는 자 곧 주 예수 그리스도를 기다리노니 그가 만물을 자기에게 복종케 하실 수 있는 자의 역사로 우리의 낮은 몸을 자기 영광의 몸의 형체와 같이 변케 하시리라"(빌 3:19-21) 우리는 땅의 일만 생각해서는 안되고 하늘을 우러러 그 날이 임할 것을 간절히 기다려야 한다(벧후 3:12-13). 아멘.

계시록 14장의 십사만 사천은 누구인가?

14장 1절부터 5절에 있는 열매는 첫 번째로 휴거된 사람들 가운데 오직 이들만 있다는 말은 아닐 것이다. 요한은 하늘에 이들만 있다고 말하지는 않았다. 다만 휴거된 무리 가운데 그와 같은 특징을 가진 사람들이 있는 것을 보았다는 뜻으로 해석하는 것이 타당할 것이다. 어쨌든 당시에 요한은 그 십사만 사천에 들어 있지 않았다. 그는 그 이상을 보았을 뿐이지 자신이 그들에게 속해 있다고 말하지 않았다. 나는 십사만 사천이 분명히 살아 있는 성도들 가운데 휴거된 자들이라고 장담할 확신은 없다. 다만 그럴 수 있고 그렇지 않을 수도 있지만 분명한 것은 대환난 전에 휴거된 자들의 특징이 이렇다는 것이다. 우리는 그러한 자들이 될 수 있기를 소망하는 것과 달려가는 것은 분명히 옳다. 하나님의 자녀들 가운데 원망이 있고 시비가 있다면 그들은 흠이 있고 완전하지 않은 것이다(빌 2:14-16).

이미 말한 바 있지만 휴거에 대하여 환난 전 휴거를 주장하는 사람들이 있는가 하면 환난 후 휴거를 주장하는 사람들도 있고 또 여러 번의 휴거가 있다는 것을 반대하는 사람들도 있다. 그렇게 주장하는 것에는 다 나름대로의 논리와 교리가 있지만 사실 그런 논쟁은 매우 무의미한 것이다.

한 가지 분명한 것은 주님께서는 익지 않은 곡식을 거두실 리 없다는 점이다. 휴거의 시점이 언제인가하는 것보다 더 중요한 것이 있다. 그것은 휴거되기 위한 생명의 성숙이다. 어쨌든 추수는 익은 곡식을 거두는 것이다. 우리는 복음서에서도 성도들 중에 차별이 있음을 보게 된다. 슬기로운 다섯 처녀와 미련한 다섯 처녀에서도 그 차이를 본다. 어떤 사람들은 이것을 불신자와 신자의 차이라고 주장하지만 그들은 모두 등을 가지고 신랑을 기다렸다. 불신자들이 등을 갖고 있는가? 불신자들이 신랑인 예수를 기다리는가? 이들은 분명 다 신자들이지만 그들 사이에 어떤 차이점이 있는 것이다.

마태복음 24장에서는 "그때에 두 사람이 밭에 있으매 하나는 데려감을 당하고 하나는 버려둠을 당할 것이요 두 여자가 매를 갈고 있으매 하나는 데려감을 당하고 하나는 버려둠을 당할 것이니라"(40, 41절)고 했는데 이는 분명 휴거를 말한 것이다. 그런데 데려간 자와 버려둔 자의 차이가 신앙이 있고 없음의 차이라고 해석하는 사람도 있다. 그러나 주님이 여기서 불신자와 신자를 두고 하시는 말씀이 아니라는 것을 쉽게 알 수 있다. 그 다음 구절인 42절에서 "그러므로 깨어 있으라 어느 날에 너희 주가 임할는지…" 라고 하시면서 "이러므로 너희도 예비하고 있으라 생각지 않은 때에 인자가 오리라"(44절)고 하셨다. 그 다음 구절들에서는 충성되고 지혜로운 종과 동무들을 때리고 술친구들로 더불어 먹고 마시는 종을 대비해서 말씀하신다. 이는 다 주 안에 있는 성도들에게 해당되는 말씀이다. 그러므로 휴거에 있어서 적어도 첫 열매로 먼저 휴거되는 자들이 있다는 근거는 있다. 그렇더라도 논란은 무익하다. 나는 어떤 사람들이 다른 휴거설을 주장한다 하더라도 그들과 교제할 수 있어야 한다고 믿는다. 중요한 것은 주님을 사랑하는 것이고 그리스도의 형상을 닮도록 성숙하는 것이다. 이렇게 예비된다면 언제 휴거되든 주님은 우리를 기뻐하실 것이다.

6절, 또 보니 다른 천사가 공중에 날아가는데 땅에 거하는 자들 곧 여러 나라와 족속과 방언과 백성에게 전할 영원한 복음을 가졌더라

이 대환난 때는 은혜와 복음의 시대가 끝나고 천년왕국으로 들어가는 관문이 되는 시기이다. 따라서 이때 전해지는 복음은 영원한 복음이다. 신약의 복음은 영원한 복음이라고 하지 않고 은혜의 복음 또는 천국복음이라고 한다. 이 시점에 올 때 이미 은혜 시대는 끝나고 영생을 얻는 복음의 전파는 끝났다. 그러므로 이 영원한 복음이란 은혜 시대에 전하는 바 거듭나서 영생을 얻는 성질의 복음이 아니다. 또 이 복음은 사람들이 전하는 것이 아니라 천사가 공중으로 날아가면서 전하는 복음이다. 믿기지 않는 장면이겠지만 이때는 사탄이나 거짓 선지자도 강력하게 역사하지만 천사들도 적극적으로 역사할 것이다. 역사적으로 중요한 시기에는 천사들의 활동이 강화된다. 주 예수님이 탄생하실 때에도 천사들이 바쁘게 역사했다. 이때도 특별한 때로서 천사들이 복음을 전하게 된다.

7절, 그가 큰 음성으로 가로되 하나님을 두려워하며 그에게 영광을 돌리라 이는 그의 심판하실 시간이 이르렀음이니 하늘과 땅과 바다와 물들의 근원을 만드신 이를 경배하라 하더라

영원한 복음의 내용은 죄 사함을 받고 영생을 얻으라는 것이 아니라 하나님을 두려워하며 그에게 영광을 돌리라는 것이다. 구약 성경에는 하나님을 두려워하는 것(경외함)에 대하여 많이 나온다. 이것은 분명 시대가 바뀌었음을 나타낸다. 이때는 하나님의 구속을 전하는 것이 아니라 하나님의 창조를 전한다. 은혜를 전하는 것이 아니라 하나님의 심판을 전하며 창조주 하나님을 경배하라고 한다. 결국 이 복음을 받은 자들은 마태복음 25장에 나오는 양들로서 환난 때에 어려움당하는 그리스도인들과 유대인들을 잘 대해주는 자들이다. (마태복음 강해서 참고)

8절, 또 다른 천사 곧 둘째가 그 뒤를 따라 말하되 무너졌도다 무너졌도다 큰 성 바벨론이여 모든 나라를 그 음행으로 인하여 진노의 포도주로 먹이던 자로다 하더라

두 번째 천사의 외침은 바벨론 성이 무너졌다는 것이다. 바벨론은 창세기 11장에 처음으로 나오며 후에 유다 나라를 멸망시킨 대제국이다. 다니엘이 꿈에 본 신상에 의하면 바벨론은 금으로 된 머리에 해당한다. 이는 인간 정부와 그 권력을 의미한다. 이 세상 정권은 바벨론으로 대표된다. 현재의 국가들도 바벨론의 연속이라고 보아야 한다. 모든 인간 정부 조직은 시날 평지 바벨에서 시작된 이래로 지금까지 계속되고 있다. 여기서 바벨론에 대하여 큰 성(城)이라고 하였고 모든 나라를 그 음행으로 인하여 진노의 포도주로 먹이던 자라고 했는데, 이것이 누구이겠는가? 물론 물질적인 바벨론도 해당되겠지만, 음행이란 특히 하나님의 백성 가운데의 상황이라고 보아야 한다. 하나님의 백성들이 아니고는 영적 음행을 논할 필요가 없기 때문이다. 오늘날 온 세계에 영향을 끼치면서 진노의 포도주를 마시게 하는 바벨론 조직은 무엇인가? 이는 분명히 기독교 조직을 의미한다. 이 땅에서 단일한 기독교 조직으로서 세계에 가장 큰 영향을 미치는 것은 카톨릭이다. 물론 카톨릭 외에도 온 세계에 영향을 주는 이단적이고 영적인 음행을 퍼뜨리는 종교조직이 있을 것이다. 그런 종교 조직에 대하여 17장은 음녀라고 칭하면서 그 모습을 자세히 묘사한다.

오늘날 대다수의 신실한 성경학자들이 이 바벨론이 카톨릭을 가리킨다는 데 동의한다. 그러나 이것은 카톨릭만을 가리킨다고 보기보다는 그 원칙 아래 있는 모든 종교조직으로 보아야 할 것이다. 즉 성령의 유기체가 아닌 인간의 조직체로 만들어진 거대한 조직체계로서 그 신앙이 순수하지 않은 모든 기독교 조직을 가리키는 것이다. 거대한 것(the Great)을 좋아하지 말라! 바벨론은 거대한 바벨론(the Great Babylon)이라고 불리운다. 오늘날 기독교 조직이든 건물이든 거대해지는 것은 원칙상 바벨론을 따르는 것이다. 진실하게 주님을 따르는 무리의 특징은 거대한 데 있지 않고 거룩한 데 있다. 새 예루살렘은 '거대한 성 새 예루살렘'이라고 하지 않고 '거룩한 성 새 예루살렘'이라고 한다. 바벨론은 음행의 포도주로 많은 나라를 취하게 했다. 그 술을 마시면 그리스도를 중심 삼지 않고 돈이나 지위 같은 다른 우상들을 중심 삼게 된다. 그리고 그런 것을 전파함으로 조직이나 단체를 발전시킨다. 그들은 순수하게 그리스도를 전하지 않는다. 그 속에 진리가 있지만 비진리도 있고, 영적인 것이 있지만 육신적인 것도 있다. 그리스도도 있지만 사탄적인 것도 있다. 이러한 것들을 섞어놓은 것이 바벨론이다. 그들은 어찌하든 크기만 하면 되는 것이다. 그들은 거룩을 주의하지 않고 순수함을 주의하지 않는다. 큰 것만 주의한다. 그러기에 그 속에 각종 음행과 가증한 것이 다 들어있는 것이다(17:5).

마지막 때에는 그러한 바벨론 조직이 무너지게 된다(18:2). 대환난 때에 다 심판을 받게 된다. 그들은 모든 나라들을 그 음행의 포도주에 취하게 한 기관이다. 그러므로 그들은 자신들만 망하는 것이 아니라 그들을 따르던 자들도 함께 망하게 한다. 우리는 계시록 14장에서 순수하게 금촛대의 노선, 새 예루살렘의 노선을 걸어가는 자들이 하늘의 시온으로 휴거됨을 배우며 혼잡한 길을 가는 자들의 운명을 배우게 된다.

9-10절, 또 다른 천사 곧 셋째가 그 뒤를 따라 큰 음성으로 가로되 만일 누구든지 짐승과 그의 우상에게 경배하고 이마에나 손에 표를 받으면 그도 하나님의 진노의 포도주를 마시리니 그 진노의 잔에 섞인 것이 없이 부은 포도주라 거룩한 천사들 앞과 어린양 앞에서 불과 유황으로 고난을 받으리니

얼마나 비참한 일이 일어나는지 보라! 거룩한 천사들 앞과 어린양 앞에서 찬양하는 무리가 있고 복을 누리는 무리가 있는가 하면 불과 유황으로 고난을 받는 무리가 있다. 이들이 누구인가? 짐승과 우상에게 경배하고 이마나 손에 그 표를 받은 자들이다. 우리는 말씀을 읽으면서 주님이 대환난 때를 굉장히 주의하신다는 것을 알 수 있다. 이것은 창세 이후로 가장 큰 환난이다. 지금은 아무리 어렵다 해도 그 전주곡에 불과하다. 주님은 그때의 인류를 걱정하신다. 그때 환난을 통과하게 될 그리스도인과 유대인을 관심하신다. 그러므로 미리 알려주시는 것이다. "그때에 그 표를 받지 말라! 받게 되면 영원히 멸망하게 된다!" 표를 받은 자들은 천사들 앞과 어린양 앞에서 불과 유황이 타오르는 불못에서 고난을 받는다. '거룩한 천사들과 어린양 앞에서'라는 표현은 천사들이 그들을 불못에 던져넣는다는 말이며 은혜를 입을 가능성이 전혀 없다는 말이다. '그 진노의 잔에 섞은 것이 없이 부은 포도주'란 조금도 희석되지 않은 강렬한 하나님의 진노를 묘사한다.

11절, 그 고난의 연기가 세세토록 올라가리로다 짐승과 그의 우상에게 경배하고 그 이름의 표를 받는 자는 누구든지 밤낮 쉼을 얻지 못하리라 하더라

여기서 짐승과 그 우상에게 경배하는 자들은 다 불신자들인가? 그렇다면 다음 구절인 12절에서 왜 성도들의 인내를 말하며 13절에서 주 안에서 죽는 자들이 복이 있다고 하는가? 이는 분명 신약의 믿는이들과 계명을 지키는 이스라엘 백성들을 포함할 것이다. 이때 시대는 구약으로 돌아왔지만 과거의 구약 시대와 다른 것은 이미 예수 믿는 사람들이 생겨났다는 것이다. 구약 시대로 간주한다면 하나님의 계명을 지키는 자들을 하나님의 백성으로 계산하는 것이 마땅하지만, 예수 믿는 믿음을 지키는 자들도 역시 성도로 계산해야 한다(12절). 이 대환난에 돌아온 구약 시대는 이미 그리스도의 복음이 전파된 이후의 구약 시대이므로 예수 믿는 자들도 하나님의 백성으로 간주하지 않을 수 없다. 그런데 이들에 대한 하나님의 행정 방식은 은혜 시대와 전혀 같지 않은 부분이 있는 것 같다. 이것은 시대가 바뀐 것에 기인한다. 하나님의 구원의 일정표에는 은혜시대가 정해져 있다는 느낌을 받으며 그 은혜시대가 끝나면 은혜의 문이 닫히고 만다는 인상을 받게 된다(하나님의 은혜를 헛되이 받지 말라 … 보라 지금은 은혜받을 만한 때요 보라 지금은 구원의 날이로다, 고후 6:1-2).

어쨌든 이때 적 그리스도와 그의 우상에게 경배하고 표를 받는 자들은 밤낮 쉼을 얻지 못하는 고통을 당한다. 쉼을 얻지 못한다는 것은 잠도 자지 못한다는 말이다. 그러니 12절에서 성도들의 인내가 필요하다고 하면서 차라리 주 안에서 죽는 자들이 복이 있다고 말씀하는 것이다. 그들은 저희 수고를 그치고 쉬지만 불못에 떨어진 사람들은 잠도 자지 못한다. 낮에도 밤에도 잘 수가 없다. 고통스런 병을 앓는 환자라 하더라도 밤에 잘

수만 있다면 자는 시간 만큼은 고통을 잊을 수 있다. 그러나 불못의 형벌은 그 뜨거운 불의 열기로 인해 밤낮으로 잠도 못자고 고통받는다. 어떤 사람들은 "아, 지옥도 살만 하겠지, 사람 가는 데인데." 라고 한다. 그러나 지옥(불못)은 원래 사람이 가는 데가 아니다. 그곳은 원래 마귀를 형벌하는 장소이다(마 25:41). 유감스러운 것은 사람들이 이 땅에 사는 동안 마귀를 따라서 죄를 짓다가 마귀가 영원히 형벌받는 처소인 그곳까지 따라 들어간다는 것이다. 그곳에서는 밤낮 쉼을 얻지 못한다. 지옥에 들어가면 더 이상 회개할 기회가 없다. 또 들어가서 소멸되는 것이 아니라 존재하는 가운데 영원한 고통을 느끼게 된다. 13장 8절과 14장 11절, 12절의 해석하기 어려운 부분들은 후의 연구자들이 더욱 자세히 연구하기 바란다.

12절, 성도들의 인내가 여기 있나니 저희는 하나님의 계명과 예수 믿음을 지키는 자니라

이때의 성도들은 인내해야 한다. 그리고 죽음을 불사해야만 길이 있다. 이때 사람들을 구원하는 것은 인내이다. 사실 지금도 신앙의 길을 지키고 승리의 길을 끝까지 가려면 인내를 가져야 한다. '하나님의 계명'을 지키는 자들은 유대인들일 것이고 '예수 믿음을 지키는 자들'은 신약의 믿는이들일 것이다. 결국 대환난 때 유대인들과 휴거되지 못한 신약의 성도들은 인내로 구원을 받아야 한다는 말씀이다.

13절, 또 내가 들으니 하늘에서 음성이 나서 가로되 기록하라 자금 이후로 주 안에서 죽는 자들은 복이 있도다 하시매 성령이 가라사대 그러하다 저희 수고를 그치고 쉬리니 이는 저희의 행한 일이 따름이라 하시더라

지금도 요한은 기록하고 있을 텐데 또 '기록하라'고 하신다. 이 말씀이 너무 중요하기 때문에 강조하여 하시는 말씀이다. '자금 이후로'란 언제부터를 말하는가? 일곱째 천사의 나팔 소리가 있고 대환난이 시작될 때부터이다. 그때 이후로 주 안에서 죽는 자들은 복이 있다고 하신다. '주 안에서 죽는 자들'이란 누구인가? 분명히 그리스도인들이다. 그들은 왜 복이 있는가? 죽는 자들만이 환난을 면할 수 있기 때문이다.

"성령이 가라사대 그러하다 저희 수고를 그치고 쉬리니 이는 저희의 행한 일이 따름이라 하시더라". 이 말씀은 대환난 때 순교당하는 믿는이들을 격려하는 말씀으로 이해하면 된다. 그때 주 안에서 죽는 자들은 복이 있다. 그때 표를 받지 않고 짐승에게 경배하지 않으면 매매할 수 없고 따라서 살기가 어렵게 된다. 신실한 그리스도인들은 그때 다 순교를 당하게 된다. '자금 이후'란 적 그리스도의 형상이 세워진 후를 가리키는데, 이때는 죽음만이 짐승의 핍박을 피할 수 있는 길이다. 그런 자들은 수고를 그치고 쉬며 그의 행한 일이 그를 따른다. 그들은 대환난 이전의 삶에서는 성공하지 못했더라도 환난 이후에 승리를 거두었다. 그리고 그들이 행한 것에 따라 상급을 받게 된다. 12절은 예언하는 자가 격려한 내용이고, 13절은 하늘의 음성과 성령께서 하신 내세의 소망에 대한 격려이다. 이런 삼중 격려는 대환난을 만난 성도들을 강화시키려는 하나님의 배려이다.

14절, 또 내가 보니 흰 구름이 있고 구름 위에 사람의 아들과 같은 이가 앉았는데 그 머리에는 금 면류관이 있고 그 손에는 이한 낫을 가졌더라

14절부터 20절까지는 추수를 말한다. 14장은 간략하게 세 부분으로 나뉜다. 첫 부분은 첫 열매, 둘째 부분은 대환난, 셋째 부분은 추수이다. "또 내가 보니 흰 구름이 있고 구름 위에 사람의 아들과 같은 이가 앉았는데 그 머리에는 금 면류관이 있고 그 손에는 이한 낫을 가졌더라". 이것은 주님을 묘사하는 내용이다. 사람의 아들 같은 이가 앉았는데 머리에는 금 면류관이 있고(즉 그분은 영광을 얻으셨으며 권위가 있는 분이시다) 손에는 이한 낫을 가지셨다(그분은 심판하고 추수하는 분이시다). 여기 흰 구름은 데살로니가 전서 4장 16-17절과 상통한다. 첫 열매가 휴거된 시점은 대환난 전이며 그때 주님은 어린양으로서 시온 산, 하나님 보좌에 계셨다. 그러나 지금 대환난이 마무리되는 시점에서 주님은 공중에 계신다. 대환난 끝 무렵에 주님은 보좌에서 공중으로, 그런 다음 공중에서 지상으로 강림하려 하신다. 마지막 아마겟돈 전쟁에서 포도주틀을 밟기 위해 이기는 자들과 함께 지상으로 강림하시는 것이다. 파루시아는 이 모든 과정을 다 포함하는 개념이다. 여기서 '사람의 아들과 같은 이'라는 표현은 교회와 관련된 주님의 모습이다(1장 참조).

15절, 또 다른 천사가 성전으로부터 나와 구름 위에 앉은 이를 향하여 큰 음성으로 외쳐 가로되 네 낫을 휘둘러 거두라 거둘 때가 이르러 땅에 곡식이 다 익었음이로다 하니

대환난 때까지 하나님께서 하시는 일은 곧 이 땅에서 농작물을 가꾸시는 것이다. 우리 하나님은 이 땅을 하나의 밭으로 여기신다. 그리고 그분은 농부로서 경작을 하신다. 씨는 언제 뿌렸는가? 예수님이 오셨을 때이다. 예수님은 그분의 말씀을 씨로 뿌리셨다. 그리고 경작을 하신 것이다. 여러분은 하나님과 그분의 종들에 의해 경작되고 있다. 그런데 경작을 하다 보니 어느 시점에 이르러 빨리 익혀야 할 때가 된 것이다. 그 시점은 하루 중에도 가장 햇볕이 강렬한 정오이다. 그 강렬한 햇볕은 곡식을 속히 여물게 하는 요소가 된다. 성경에서 햇볕은 환난이나 핍박을 뜻한다. 이는 주 예수님이 친히 해석해주신 것이다.

하나님의 농사에도 결정적인 시기가 있는데 그때가 대환난이다. 대환난 때의 햇볕은 다른 때보다 훨씬 강렬하기에 이 땅의 농작물이 빨리 익는다. 대환난도 하나님의 경륜 안에서 그분의 뜻을 이루는 기간이다. 즉 농작물을 마지막으로 빨리 성숙시키는 기간이다. 이제 낫을 휘둘러 거두라고 한다. 익지 않은 곡식을 벨 수 없듯이 성숙하지 않은 그리스도인들은 휴거될 수 없다. 대환난 때에는 큰 핍박 아래서 순교한 자들도 있고 각종 환난을 당하며 성숙한 성도들도 있을 것이다. 이들은 불과 몇 년 사이에 다른 때 같으면 십 년 이십 년 걸려도 변화받지 못한 부분들을 변화받는다. '익었다'는 것은 '불에 쬐어 말렸다'는 뜻이 있다. 세상을 사랑하여 끌려다니는 그리스도인들은 대환난 때 세상의 불에 쬐어 말려야 세상을 사랑하지 않게 되고 세상 물이 마르게 된다. 대환난의 깊은 의미는 그 강한 핍박의 때에 마지막으로 이기는 자들을 더욱 얻으시는데 있다. 물론 큰 환난으로 악한 자들을 심판하시는 것도 있다.

레위기 23장에는 주요 세 절기가 나오는데, 그 중 초막절은 왕국을 예표한다. 왕국은 대다수 성도들의 추수 후에 임한다. 추수가 있다는 것은 그 다음에 초막절이 있음을 시사하는데, 그것이 곧 왕국이다. 이것이 성경에 나타난 하나님의 백성의 역사이다. 환난이나 추수는 다 왕국을 예고하는 것이다.

16절, 구름 위에 앉으신 이가 낫을 땅에 휘두르매 곡식이 거두어지니라

마가복음 4장에도 곡식이 익으면 추수한다는 말씀이 있다. 곡식이 익을 때 낫을 대는 것이다. 지금 여러분 속에 하나님의 생명이 자라고 있다면 그 목표는 추수에 있다는 것을 알아야 한다. 곡식의 성장은 추수를 위한 것이다. 이와 같이 말씀에는 시작이 있고 과정이 있으며 결과가 있다. 계시록은 특히 하나님의 역사의 최종 결론을 말하는 책이다. 성경에서 곡식의 추수는 다 좋은 것이다. 낫은 천사의 손에 있는 비밀스런 것으로서 추수하는 도구를 가리킨다. 마태복음 3장 12절에는 알곡을 추수하여 곡간에 모아들이는 것이 있고, 출애굽기 23장 19절, 34장 26절에서 첫 열매는 하나님의 전으로 들여진다. 곡간은 밭과 집의 중간에 위치한다. 따라서 일반적인 그리스도인들의 휴거는 공중에서 이루어지며 이기는 자들의 휴거는 하늘 성전으로 올라가는 것이다.

17-18절, 또 다른 천사가 하늘에 있는 성전에서 나오는데 또한 이한 낫을 가졌더라 또 불을 다스리는 다른 천사가 제단으로부터 나와 이한 낫 가진 자 향하여 큰 음성으로 불러 가로되 네 이한 낫을 휘둘러 땅의 포도송이를 거두라 그 포도가 익었느니라 하더라

17절부터는 곡식이 아닌 포도송이를 거두는 것이다. 곡식은 추수하고 포도는 즙을 짠다. 밀이나 보리 같은 곡식은 그 알갱이의 물이 감소되면서 익는다. 그런데 포도는 도리어 물이 많아져야 익는다. 따라서 포도송이를 거두는 것과 곡식을 거두는 것은 정반대의 상황에서 이루어진다. 곡식을 거두는 것은 성숙한 믿는이들을 거두는 것이고 포도송이를 거두는 것은 이 땅에 있는 악한 자들을 심판하는 것이다. 구약에서 포도는 종종 나쁜 의미로 사용되었다(신 32:32). 계시록 19장 15절에는 포도주틀을 밟는 것이 나오는데 아주 무서운 장면이다.

16절까지는 하나님의 자녀들의 추수이지만 17절부터는 이 땅의 악한 자들을 심판하는 것이다. 곡식은 햇볕이 강해져서 속에 있는 물기를 말려야 한다. 그러나 포도는 반대로 물이 더 차올라야 한다. 그래야 즙틀에 넣고 짜는 것이다. 대환난 시기는 시대 말로서, 갈수록 이 땅에 죄와 불법이 더 성행한다. 사람들이 세상을 사랑하는 것도 더 강해진다. 포도나무는 이 땅에 깊이 뿌리를 박고 물을 많이 빨아들여서 포도를 익게 한다. 이 세상 사람들은 포도가 익도록 컴퓨터 게임, 영화, 고급 전자 제품들, 아름답고 보기 좋은 가구들에 심취하여 이 세상 물을 더 많이 빨아들이고 있다. 죄와 불법은 포도송이의 물처럼 달콤한 것이다. 그러한 것이 가득 찰 때 심판이 임하게 된다. 즉 곡식이 익는 것(물이 마름)도 결과가 있고, 포도가 익는 것(딘 물이 가득하게 됨)도 결과가 있나. 이는 다 성경에 기록되어 있다. 이 모두가 마지막 추수와 심판날을 향하여 가고 있는 것이다. 만일 당신이 은밀하게 세상을 사랑하고 있다면 그 물이 언젠가 눌려 짜여질 것이며, 이는 당신에게 큰 고통이 될 것이다. 따라서 대환난은 두가지 극단적으로 다른 결과를 생산한다. 하나는 하나님의 농작물인 성도들에게 마지막 가을 햇빛간이 쬐게 해서 빨리 익게 해서 추수하게 하는 것이요 다른 하나는 익어 세상 물이 가득한 성도들을 포도즙 틀을 밟아 심판하는 것이다. 이렇게 읽어나가면 먼저 익은 곡식이 당시 마무리하는 땅에서 익은 곡식을 곡간에 받아들이는 것으로 이해하는 것이 타당해 보인다.

19-20절, 천사가 낫을 땅에 휘둘러 땅의 포도를 거두어 하나님의

진노의 큰 포도주틀에 던지매 성 밖에서 그 틀이 밟히니 틀에서 피가 나서 말굴레까지 닿았고 일천육백 스다디온에 퍼졌더라

어떤 학자들은 14절부터 나오는 곡식의 추수와 17절부터 나오는 포도송이를 거두는 것을 같은 종류의 일로 해석하는데, 그러한 해석은 바른 것이 아니다. 곡식은 하나님의 자녀들을 거두는 것이고 공중으로 들어올리는 것이다(이것은 보좌로 휴거되는 것이 아니다). 주님이 공중에 재림하실 때 대다수의 믿는이들은 공중으로 들어올려질 것이다. 이 사건은 데살로니가전서 4장에 기록되어 있다.

그러나 포도송이를 거두는 것은 다르다. 이에 대한 성경 구절들을 살펴보겠다. 이사야 34장 2절, "대저 여호와께서 만국을 향하여 진노하시며 그들의 만군을 향하여 분내사 그들을 진멸하시며 살륙케 하셨은즉". 이것은 포도주틀을 밟는 것으로서 심판을 의미하지 추수를 의미하지 않는다. 3절, "그 살륙당한 자는 내어던진 바 되며 그 사체의 악취가 솟아오르고 그 피에 산들이 녹을 것이며". 5절, "여호와의 칼이 하늘에서 족하게 마셨은즉 보라 이것이 에돔 위에 내리며 멸망으로 정한 백성 위에 내려서 그를 심판할 것이라". 6절, "여호와의 칼이 피 곧 어린양과 염소의 피에 만족하고 기름 곧 수양의 콩팥 기름에 윤택하니 이는 여호와께서 보스라에서 희생을 내시며 에돔 땅에서 큰 살륙을 행하심이라". 이사야의 이 말씀은 장래의 아마겟돈 전쟁을 예언한 것이다. 이때 하나님은 모든 열국을 심판하신다. 이사야 63장 1절, "에돔에서 오며 홍의를 입고 보스라에서 오는 자가 누구뇨". 이 '보스라'라는 지명을 잘 기억해 두기 바란다. "그 화려한 의복 큰 능력으로 걷는 자가 누구뇨 그는 내니 의를 말하는 자요 구원하기에 능한 자니라". 2절, "어찌하여 네 의복이 붉으며 네 옷이 포도즙틀을 밟는 자 같으뇨". 여기 포도즙틀을 밟는 분이 주님이시다. 3-4절, "만민 중에 나와 같은 이가 없이 내가 홀로 포도즙틀을 밟았는데 내가 노함을 인하여 무리를 밟았고 분함을 인하여 짓밟았으므로 그들의 선혈이 내 옷에 튀어 내 옷을 더럽혔으니 이는 내 원수 갚는 날이 내 마음에 있고 내 구속할 해가 왔으나". 6절, "내가 노함을 인하여 만민을 밟았으며 내가 분함을 인하여 그들을 취케 하고 그들의 선혈로 땅에 쏟아지게 하였느니라".

다시 계시록 14장을 보자. 19-20절, "천사가 낫을 땅에 휘둘러 땅의 포도를 거두어 하나님의 진노의 큰 포도주틀에 던지매 성 밖에서 그 틀이 밟히니 틀에서 피가 나서 말굴레까지 닿았고 일천육백 스다디온에 퍼졌더라". 일천육백 스다디온은 보스라에서 16장 16절의 아마겟돈까지의 거리이다. "세 영이 히브리 음으로 아마겟돈이라고 하는 곳으로 왕들을 모으더라". 이 아마겟돈이라는 곳에서 벌어지는 전쟁이 인류의 마지막 전쟁 곧 아마겟돈 전쟁이다. 열국 군대가 예루살렘을 둘러싸고 공격하려고 할 바로 그때 그리스도께서 강림하신다. 그리스도께서 두 발을 감람산에 내디디실 때 감람산이 동과 서로 갈라지며 이스라엘 사람들은 그리로 피할 수 있게 된다. 이 사건은 스가랴서에도 나온다. 그때에 그리스도께서 수많은 천사들과 또 이기는 자들과 함께 강림하셔서 그들을 다 멸망시키신다. 그 장소가 바로 아마겟돈이고 이것이 인류의 마지막 전쟁, 곧 그리스도께서 적 그리스도와 그의 군대를 다 끝내시는 전쟁이다. 그때 주님은 진노의 포도주틀을 밟으시고 모든 사악한 자들의 익은 포도송이가 포도주틀에서 눌려짜지는 것이다. 그때 얼마나 많은 피가 흘려지던지 그 피가 일천육백 스다디온에 퍼졌다고 한다. 다시 말하지만, 보스라에서 아마겟돈, 곧 므깃도까지의 길이가 일천육백 스다디온이다. 그 길에 있던 모든 군대가 그 긴 전투의 길에서 다 죽임을 당하고 피를 흘리게 된다는 것이다.

이것이 하나님의 마지막 진노이다. 그래서 이것을 포도주틀을 밟는다고 표현한 것이다. 복음이 전파된 것만으로는 왕국이 임하지 않는다. 피가 흘려지고 심판에 행하여진 후에야 왕국이 임한다. 또한 교회가 주님의 다시 오심을 간절히 기다려야 주님의 왕국이 임한다.

이때 주 예수님의 지상강림이 있을 것인데 적 그리스도와 그 군대가 유대인들을 핍박하고 유대인들은 감람산으로 도망하여 더 이상 도망할 곳이 없을 때 주님의 발이 감람산을 밟을 것이며, 이때 산이 동서로 갈라져(슥 14:4-5) 유대인들이 그 사이로 피할 수 있게 된다. 그때 주님은 적 그리스도와 그의 군대로 더불어 전쟁을 벌이시고 그들을 멸망시키신다(19:11-21). 그리고 이 땅에 왕국이 임한다.

15 장

1절, 또 하늘에 크고 이상한 다른 이적을 보매 일곱 천사가 일곱 재앙을 가졌으니 곧 마지막 재앙이라 하나님의 진노가 이것으로 마치리로다

우리는 14장에서 추수를 보았다. 예수님은 이 땅에 오셔서 씨를 뿌리셨고 지금 곡식이 자라고 있다. 성도들의 성장이 있다면 성장한 후에는 반드시 결실이 있고 추수가 있게 된다. 그것이 14장의 내용이다. 이제 15장에는 재앙에 관한 이상이 있다. "하늘에 크고 이상한 다른 이적을 보매 일곱 천사가 일곱 재앙을 가졌으니 곧 마지막 재앙이라". 오늘 이 시대에도 하나님의 재앙이 있지만 계시록 15장과 16장에는 마지막 재앙이 기록되어 있다. 재앙은 하나님께서 그분의 진노를 이 땅에 실행하시는 것이다. 그리고 그분의 진노는 마지막 일곱 대접으로 마치게 된다.

2절, 또 내가 보니 불이 섞인 유리 바다 같은 것이 있고 짐승과 그의 우상과 그의 이름의 수를 이기고 벗어난 자들이 유리 바다 가에 서서 하나님의 거문고를 가지고

또 하나의 주목할 만한 광경은 불이 섞인 유리 바다 같은 것이 있는 것과, 재앙을 쏟아붓기 전에 대환난에서 이기는 자들이 나오는 광경을 먼저 보여준다. 즉 마지막 재앙 전에 대환난 가운데서 먼저 순교자들이 산출되는 것이다. 그들은 일곱 대접 이전, 대재앙 이전에 순교함으로 주님께 간 자들이다. 요한이 본 것은 짐승과 그의 우상과 그의 이름의 수를 이긴 자들이 유리 바다 가에 서 있는 것이다. 요한은 계시록 4장 6절에서도 보좌 앞에 수정과 같은 유리 바다가 있는 것을 보았다. 그런데 여기서는 그 유리 바다에 불이 섞여 있다고 했다. 우리는 지금 이런 광경을 상상하기 어렵다. 그러나 하나님의 이상 가운데서 요한은 이것을 보았다.

불이란 심판을 의미한다. 그리고 여기에 승리자들이 있다. 그들은 짐승과 그의 우상과 그 이름의 수를 이기고 벗어난 자들이다. 즉 이들은 대환난 가운데서 승리한 믿는이들이다. 유리 바다는 하늘에 있으므로 2절의 유리 바다 가에 서 있는 사람들은 하늘 보좌로 들려올라간 자들임을 나타낸다. 계시록에서는 자주 하늘 보좌의 광경을 보여주고 거기 서 있는 자들을 보여준다. 그것은 그곳에 이르기를 앙모함으로 기꺼이 환난과 핍박과 죽음까지도 당할 수 있도록 용기를 주기 위해서이다.

이 땅에서 먼저 성숙한 이기는 자들은 첫 열매로 들림받고 남은 사람들은 대환난을 거치게 된다. 대환난을 거치게 되는 믿는이들 가운데서 이제 이기는 자들이 나온다. 대환난 가운데에서도 이기는 자가 될 가능성이 있는 것이다. 불행하게도 환난 전에 휴거되지 못해서 이 땅에 남아 있게 될 그리스도인들은 대환난을 거치게 된다. 그런데 그 대환난 가운데서도 하나님은 긍휼을 베푸셔서 이길 수 있도록 기회를 주신다. 그러면 대환난 가운데 이기려면 어떻게 해야 하는가? 반드시 짐승과 그의 우상과 그의 이름의 수를 이겨야 한다. 즉 짐승, 적 그리스도에게 속하지 말아야 한다. 오른손이나 이마에 그 표를 받으면 안 된다. 오른손이나 이마에 표를 받으면 어떻게 되는가? 그 표는 그가 적 그리스도에게 속했다는 증표인데 하나님과 어린양에게만 속해야 하는 우리가 적 그리스도에게 속했다는 증표를 갖는 것은 심각한 일이다. 그런데 그때 왜 표를 받지 않을 수 없는가? 그 오른손에나 이마에 표가 없으면 매매를 할 수 없기 때문이다. 매매를 할 수 없으면 먹고 살 수가 없다. 생필품을 구입할 길도 없다. 따라서 대환난 때 이기는 자가 되려면 상당히 고통스러운 시간을 견뎌야 한다. 결코 쉽게 이기는 자가 될 수 없다. 그래서 어떤 사람은 이런 말을 했다. "진정한 승리란 무엇인가? 그저 이 세상에서 안전하게 살고 고통을 피하고 조심스럽게 그리고 현명하게 목숨을 부지하는 것이 아니다. 진정한 승리란 죄악과 투쟁하는 최악의 상태에 직면하는 것이고 만일 필요하다면 신실하게 죽는 것이다."

결국 대환난 때 이기는 자들은 순교자들이다. 그 표를 받지 않고 우상에게 경배를 하지 않으면 다 죽게 된다. 그러므로 대환난 때 이기는 자들은 다 목 베임을 당해서 순교하는 자들이라고 생각하면 된다.

20장을 잠시 보겠다. 20장 4절, "또 내가 보좌들을 보니 거기 앉은 자들이 있어 심판하는 권세를 받았더라 또 내가 보니 예수의 증거와 하나님의 말씀을 인하여 목 베임을 받은 자의 영혼들과 또 짐승과 그의 우상에게 경배하지도 아니하고 이마와 손에 그의 표를 받지도 아니한 자들이 살아서 그리스도로 더불어 천 년 동안 왕 노릇 하니". 이처럼 대환난 때 적 그리스도 우상에게 경배하지 않고 그 손과 이마에 표를 받지 아니한 자들은 죽임을 당하게 된다. 그리고 그러한 자들은 첫 열매로 들림받은 자들과 더불어 그리스도와 함께 천 년 동안 왕 노릇 하게 된다.

다시 15장으로 와서, 그들은 유리 바다 가에 서 있다. (어떤 영문 성경에는 '유리 바다 위에 서서'로 되어 있다.) 그런데 이 유리 바다는 나중에 불못이 된다. 유리 바다 속에 있는 이 불은 심판을 의미하는데, 이것은 그들이 이 불에서 벗어났음을 보여주는 것이다. 이때 이기는 자들은 마치 구약시대에 이스라엘 백성이 홍해를 건너서 바로의 학정에서 벗어난 것처럼 구원을 받게 된다. 노아홍수 이후 물의 심판은 더 이상 없다. 불의 심판이 있을 따름이다. 나답과 아비후를 보라! 불이 그들을 살랐다. 구원을 받되 불 가운데서 얻은 것 같다는 말씀도 있다. 이 모든 것은 이 시대의 심판이 주로 불로 되어진다는 것을 뜻한다. 따라서 유리바다는 불이 섞인 모습을 하고 있다. 그들은 불의 심판에서 구원된 자들이다. 그들은 마치 모세와 함께 물에서 구원된 것을 찬양하는 것과 같이 기쁨의 찬양을 한다. 그래서 그들은 유리 바다 위에 서서 하나님의 거문고를 가지고 하나님의 종 모세의 노래, 어린양의 노래를 부르는 것이다. 적 그리스도로부터 벗어난 것이 마치 이스라엘 백성이 애굽 바로의 학정에서 홍해를 건넘으로 구원받은 것과 같은 방식으로 구원을 받았다고 느끼기 때문이다. 이들은 적 그리스도와 그 군대의 학정에서 벗어남으로 이기는 자가 되었는데, 그들은 다름 아닌 죽음으로써 벗어난 것이다. 그래서 모세의 노래, 어린양의 노래를 불렀는데, 그 내용이 이러하다.

3절, 하나님의 종 모세의 노래, 어린양의 노래를 불러 가로되 주 하나님 곧 전능하신 이시여 하시는 일이 크고 기이하시도다 만국의 왕이시여 주의 길이 의롭고 참되시도다

이 노래를 볼 때 이들이 대환난 때 이기는 자가 되는 것 또한 어린양으로 인한 것이고 전능하신 하나님으로 말미암은 것이다. 그래서 "그분의 하시는 일이 크고 기이하시도다"라고 한 것이다. 여기서 우리는 대환난 때 순교자가 되는 것, 순교자의 영광을 얻는 길이 우리 자신에게 있지 않고 어린양과 전능하신 하나님께 있다는 것을 알 수 있다. 우상에게 경배하지 않을 수 있는 힘과 은혜를 주시는 분은 어린양이시다.

구약에서 이스라엘 백성들은 홍해를 건너서 저편 광야 언덕에 서서 미리암과 아론으로 더불어 모세의 노래를 불렀다. 그때 그들은 자신들의 능력과 지혜를 찬양하지 않고 하나님을 찬양했다. 그들 스스로 홍해를 건너서 구출받을 수 있었던 것이 아니라 하나님이 친히 그 위대한 일을 행하셨기 때문이다. 이것은 오늘 구원을 받은 우리에게도 그대로 적용된다. 구원은 완전히 그분으로 말미암은 것이다. 그러하기에 유리 바다 위에 선 이 순교자들은 어린양과 전능하신 하나님이 적 그리스도의 궤계로 멸망당할 뻔한 데에서 그들을 건져 이기는 자가 되게 하셨다는 것을 알고 찬양하는 것이다.

오늘도 어떤 그리스도인들은 순교자가 되기를 원할 것이다. 주님을 위한 순교자는 어쨌든 그리스도와 함께 왕 노릇 한다. 가장 복된 죽음인 것이다. 성도는 이 땅에서 살아도 주를 위하고 죽어도 주를 위해야 하는데 가장 주님께 영광 돌리는 방식으로 이 세상을 떠나는 것은 순교이다. 하지만 순교의 축복은 우리 스스로의 힘으로 이루어낼 수 있는 것이 아니고 전능하신 하나님께서 긍휼을 베푸신 결과이다. 우리는 할 수 없지만 하나님은 하게 하신다. 우리로 하여금 고난을 견디게 하는 것도, 이기는 자가 되게 하는 것도 다 그분의 은혜임을 잊지 말라. 모든 것이 그분의 은혜와 능력 주심에 의해 이루어진다. "주 하나님 곧 전능하신 이시여 하시는 일이 크고 기이하시도다". 그들이 적 그리스도의 통치에서 벗어난 것이 전능하신 하나님이 하신 큰 일이라는 것이다. "주의 길이 의롭고 참되도다". 이는 그분이 순교의 길로 인도하셨다는 것이다. 순교도 성실하게 주님을 따른 자들에 대한 주님의 인도이다. 우리는 순교자들의 전기를 읽을 때마다 그들을 순교하도록 인도하신 의롭고 참되신 주님의 길을 본다. 그들은 순교하기 전에도 순교자의 영과 충성을 가지고 있었다. 그러한 그들의 헌신과 열정을 주님이 받으신 것이고 거기에 선하시고 의로우신 주님의 인도가 있었던 것이다. 그렇지 않다면 그들이 원해도 순교할 수 없었을 것이다.

이 '후기' 이기는 자들은(우리는 이들이 대환난 때 산출된 이기는 자들이므로 이렇게 부른다) 그 심판의 상황을 벗어나 유리 바다 위에 서서 이 노래를 부른다. "오 하나님이여, 당신이 이 위대한 일을 하셨나이다! 당신만이 하실 수 있나이다!" 우리도 만일 하나님을 의지해서 충성되게 이 길을 간다면 고난도 받을 수 있고 순교도 당할 수 있다. 그리고 그분이 은혜 주시면 무엇이든지 어렵지 않게 넉넉히 이길 수 있다(롬 8:37). 이들의 특징은 오직 어린양 예수 그리스도와 하나님만 주목하는 것이다. 오늘날 그리스도인들은 순교자들을 높이는 경향이 있다. 물론 순교자가 귀하지만, 정작 순교자 자신은 스스로를 높이거나 숭배하지 않는다. 이들 마음속에는 오직 하나님만 있다. 이 모든 일을 행하시는 분이 하나님이시기 때문이다. 이스라엘 백성들이 홍해를 건너서 바다 저편에 섰을 때 그들 마음속에 느껴지는 것은 하나님의 위대하심이지 그들 자신의 어떠함이 아니었다. 그래서 이 순교의 바다를 건너온 자들이 유리 바다 위에 서서 부르는 찬송이 바로 어린양과 전능하신 하나님을 향한 찬송이었던 것이다.

"주 하나님 곧 전능하신 이시여 하시는 일이 크고 기이하시도다 만국의 왕이시여 주의 길이 의롭고 참되시도다". 그들은 하나님의 하시는 역사와 그분의 길을 찬양했다. 역사는 외적인 것이지만 길은 보다 내적인 것이다. 그분의 행하심에는 내적인 법칙이 있다. 또 이들은 주님을 만국의 왕이라고 불렀는데, 만국의 왕이란 모든 민족의 왕이라는 말이다. 그날 유리 바다 위에 섰을 때 그들의 느낌은 주님이 만국의 왕이시라는 것이다. 오늘날 사람들은 주님을 알지 못하고 주님이 만국의 왕이시라는 것을 보지 못한다. 그러나 그날 그들은 주님이 만국의 왕이시라는 분명한 인식을 갖게 된다. 그날 틀림없이 하나님은 그분의 영광을 위하여 많은 족속과 나라 가운데서 순교자들을 얻으실 것이고, 그들은 하나님이 많은 나라와 많은 족속에서 나온 순교자들에게 영광받으시는 것을 보고 과연 그분이 만국의 왕이시라는 것을 알게 될 것이다. 그분을 따르는 길에서 목숨을 걸지 않은 사람은 이기는 자가 아니다.

시편 66편 7절, "저가 그 능으로 영원히 치리하시며 눈으로 열방을 감찰하시나니 거역하는 자는 자고 하지 말지어다". 하나님은 그 능력으로 영원히 치리하시며 그분의 눈으로 열방을 감찰하신다. 이사야 40장 15절, "보라 그에게는 열방은 통의 한 방울 물 같고 저울의 적은 티끌 같으며 섬들은 떠오르는 먼지 같으니". 하나님께 열방은 통의 한 방울 물과 같다. 극히 미소한 존재라는 말이다. 에스겔 29장 14-15절과 에스겔 26장에도 하나님께서 열방에 대하여 하신 예언이 있다. 애굽은 미약하게 될 것이라고 했는데, 당시 애굽은 많은 나라를 다스리는 배우 강성한 나라였다. 오늘날로 말하면 미국과 같은 강대국이었다. 그러나 하나님이 그 나라가 미약하게 될 것이라고 하셨다. 오늘 이집트(애굽)를 보라. 오래 전부터 애굽은 이미 미약한 나라가 되어 버렸다. 에스겔 26장에서는 두로가 완전히 망할 것이고 그물 말리는 곳이 될 것이라고 예언하였다. 당시 두로는 오늘날 뉴욕이나 상해처럼 아주 큰 도시였다. 지금 그곳은 주님의 예언의 말씀대로 어촌이 되었고 그물 말리는 곳이 되었다. 우리가 잘 아는 대로 이스라엘에 대한 주님의 예언은 거의 다 이루어졌다. 그들이 열방으로 흩어질 것이고 마지막에 다시 돌아와 그들의 고토에 나라를 세울 것이라고 하신 말씀이 이루어진 것이다. 주님이 성경에서 열방들에 대해 하신 예언도 하나도 빼놓지 않고 다 그대로 이루어졌다. 오늘 온 우주 만국을 다스리는 분이 누구인가? 예수 그리스도이시다. 그분이 만국의 왕이시다. "만국의 왕이시여 주의 길이 의롭고 참되시도다".

4절, 주여 누가 주의 이름을 두려워하지 아니하며 영화롭게 하지 아니하오리이까 오직 주만 거룩하시니이다 주의 의로우신 일이 나타났으매 만국이 와서 주께 경배하리이다 하더라

그때 모든 이긴 성도들은 새삼스럽게 주님의 두려우심을 알게 되고 그분의 영화로움을 알게 된다. 그래서 “누가 감히 주님을 두려워하지 않겠는가! 누가 주님을 영화롭게 하지 않겠는가! 오직 주만 거룩하십니다! 주의 의로우신 일이 나타났으니 만국이 와서 주께 경배할 것입니다.”라고 찬송하는 것이다. 나는 주의 의로우신 일은 주를 위해 충성을 다한 자들이 영광을 얻게 되는 것과 관계된다고 믿는다. 이 사실을 보고 만국이 와서 주께 경배할 것이다. 확실히 다음 세상은 이기는 자들의 세상이다. 그들은 다음 세상에서 그리스도와 함께 다스릴 왕들이다. 이 일을 보는 만국 사람들은 주님이 하신 의로우신 일을 인하여 주님께 경배하게 된다.

5절, 또 이 일 후에 내가 보니 하늘에 증거 장막의 성전이 열리며

장막의 성전이 현재는 하늘에 있지만 영구한 것이 아니다. 모세는 하늘에 있는 것의 식양을 따라 장막을 지었지만 성전이 지어진 후에는 장막이 사라졌다. 마찬가지로 영원 세계에 갈 때 어린양 자신이 성전이 되시므로 하늘 장막의 성전도 지나가게 될 것이다.

6절, 일곱 재앙을 가진 일곱 천사가 성전으로부터 나와 맑고 빛난 세마포 옷을 입고 가슴에 금띠를 띠고

이들이 마지막 재앙을 집행할 일곱 천사들이다. 그들은 증거 장막의 성전 곧 지성소로부터 나온다. 그곳은 전능하신 하나님이 계시는 곳이다. 그러므로 이 마지막 재앙을 집행하는 것은 하나님의 명령과 재가가 있기 때문이라고 볼 수 있다. 이때까지 하나님은 하늘 장막의 성전에 계신다. 그러나 모든 하나님의 역사가 마쳐지고 새 예루살렘이 건축되면 장막의 성전은 더 이상 필요가 없게 되며 그분 자신이 성전이 되신다. 지금 일곱 나팔의 모든 역사는 새 예루살렘으로 완결된다. 그 역사가 완성되면 더 이상 증거 장막은 필요없게 된다.

재앙을 시행할 일곱 천사들은 오늘날로 말하면 청와대나 백악관에서 명령을 받아 가지고 나오는 것이다. 이들은 하늘의 성전에서 하나님을 섬기는 자들이다. 하늘에 있는 증거 장막의 성전이 열리고 거기서 "일곱 재앙을 가진 천사가 성전으로부터 나와 맑고 빛난 세마포 옷을 입고 가슴에 금띠를 띠고" 나온다. 재앙을 집행하는 천사들이지만 그들의 옷은 맑고 빛난다. 그것은 하나님의 공의와 의를 나타낸다. 불의와 불법이 조금도 없다. 그리고 가슴에 금띠를 띠었는데, 그 금띠란 하나의 왕권을 나타내며 또한 사랑과 동정을 나타낸다. 하나님은 마지막 재앙을 쏟아 붓는 상황에서도 여전히 사랑과 동정이 있으시다. 이제 16장을 읽어보면 그것을 이해할 수 있다.

7절, 네 생물 중에 하나가 세세에 계신 하나님의 진노를 가득히 담은 금 대접 일곱을 그 일곱 천사에게 주니

계시록 4장과 5장을 보면 주님의 보좌 주위에 가장 가까이 있는 자들이 바로 네 생물이다. 대통령으로 말하면 가장 가까이 수종드는 비서들이다. 우리 하나님 곁에 가장 가까이 있고 사방에 눈이 있어서 모든 것을 살피는 존재가 바로 네 생물이다. 네 생물 중 하나가 세세에 계신 하나님의 진노를 가득히 담은 금 대접 일곱을 일곱 천사에게 주었다. 하나님의 재가(裁可)를 받은 진노의 대접을 천사들에게 준 것이다. 따라서 마지막 재앙인 일곱 대접은 하나님으로부터 나온 것이요 하나님이 허락하신 것이다. 이 광경은 그 일이 우리 하나님께서 직접 행하시는 일임을 보여 주는 것이다.

8절, 하나님의 영광과 능력을 인하여 성전에 연기가 차게 되매 일곱 천사의 일곱 재앙이 마치기까지는 성전에 능히 들어갈 자가 없더라

이제 우리가 여기서 기억해야 할 것은 이 일곱 금 대접 안에 하나님의 진노가 가득히 담겨져 있다는 것이다. 이 금 대접 안에 진노가 가득히 담겨져 있는 것은 성도들의 기도로 말미암은 것임을 우리는 앞에서 보았다.

오늘날 성도들이 원한을 갚아 달라고 드리는 기도가 금방은 응답되지 않는 것 같지만 언젠가 하나님은 그것을 금 대접에 모아두셨다가 한꺼번에 이 땅에 쏟아부으실 것이다. 지금 듣지 않으시는 것 같다고 해서 하나님이 그것을 묵인하시는 것이 아니다. 다 담아 두셨다가 바로 이때 쏟아부으신다. 하나님은 그 일을 네 생물과 일곱 천사들을 통해서 집행하신다. 그리고 그것을 쏟아 부을 때쯤 하나님의 영광과 능력이 성전에 가득하게 되니 일곱 천사의 일곱 재앙이 마치기까지는 아무도 성전에 들어갈 자가 없다고 하였다. 이것은 무엇을 의미하는가? 하나님의 최종 결정이다. 하나님의 최종적인 인류에 대한 심판이 내려진 후에는 그 누구도 하나님께 그 재앙을 멈춰달라고 중재할 수 없다는 뜻이다. 이제 더 이상 하나님의 진노를 진정시킬 길이 없다. 거기서 요한은 성전에 연기가 차게 된 것을 보게 되는데 이는 출애굽기 40장에 성막이 건축되었을 때 영광의 임재가 드리운 것을 연상하게 된다(34-35).

16 장

1절, 또 내가 들으니 성전에서 큰 음성이 나서 일곱 천사에게 말하되 너희는 가서 하나님의 진노의 일곱 대접을 땅에 쏟으라 하더라

이제 성전에서 나온 큰 음성이 일곱 천사들에게 일곱 대접을 쏟으라고 명령한다.

2절, 첫째가 가서 그 대접을 땅에 쏟으매 악하고 독한 헌데가 짐승의 표를 받은 사람들과 그 우상에게 경배하는 자들에게 나더라

첫째 대접은 짐승에게 경배하는 자들에게 쏟아부어진다. 15장에서 본 유리 바다 위에 있었던 이기는 자들은 짐승의 우상에게 경배하지 않고 그 오른손에나 이마에 그 표를 받지 않음으로 죽임을 당한 자들이다. 그때 살아보겠다고 짐승에게 경배하고 그 표를 받은 자들은 이제 하나님의 일곱 대접의 진노를 받게 된다. 당장에는 표를 받아서 먹을 것도 사고 생필품도 사고 하니 편했을 것이다. 그런데 이제 하나님의 재앙이 임해서 악하고 독한 헌데(종기)가 몸에 생기는 것이다. 자기를 위해 일생 편안히 살아보겠다고 주의 바른 길을 벗어나서 타협하는 길을 걸어가면 편안할 것 같지만 실상으로는 엄청난 고난이 임한다.

"악하고 독한 헌데가 짐승의 표를 받은 사람들과 그 우상에게 경배한 자들에게 나더라". 이것이 첫째 대접이다. 첫째 나팔에서는 땅 위의 초목이 해를 받았지만 첫째 대접으로는 사람들이 해를 받는다. 시간적으로 나팔은 대접보다 조금 전일 것이다. 일곱 대접이 쏟아부어지는 것은 대환난의 순교자들이 들려올라간 후이며 대 환난 끝 무렵에 집행될 것이다.

3절, 둘째가 그 대접을 바다에 쏟으매 바다가 곧 죽은 자의 피같이 되니 바다 가운데 모든 생물이 죽더라

이제 둘째 천사는 그 대접을 바다에 부었다. 어떤 사람들은 바다는 성경에서 열국을 상징한다 하여 둘째 대접을 세상 모든 나라들에게 부은 것이라고 말한다. 그러면서 이 구절이 많은 사람들이 피를 흘리면서 죽는 광경을 그린 것이라고 해석한다. 또 어떤 사람은 문자 그대로 그 대접이 바다에 부어져서 바다의 모든 생물이 죽은 것이라고 해석한다. 시편 105편 29절을 읽어보자. "저희 물을 변하여 피가 되게 하사 저희 물고기를 죽이셨도다". 그분의 능력은 능히 바다를 말리기도 하시며 하수를 광야가 되게도 하신다(사 50:2).

계시록 8장과 9장에 일곱 나팔이 나오는데 일곱 나팔은 일곱 대접과 그 내용이 비슷하다. 그러므로 나팔과 대접이 관계가 있다는 것을 알 수 있다. 그런데 나팔의 재앙은 삼분의 일에만 제한되게 임한다. 바다의 삼분의 일에 재앙이 임하여 그 가운데 생물이 죽는다. 그러나 대접은 삼분의 일이 아닌 전체 바다에 임한다. 이와 같이 대접의 심판은 제한이 없다. 모든 나라, 모든 바다에 다 임한다. 하나님의 진노가 이와 같이 순차적이고 점진적인 것은 그분이 모든 인류를 사랑하시므로 어떻게 해서라도 회개할 기회를 주시기 위함이다.

4절, 셋째가 그 대접을 강과 물 근원에 쏟으매 피가 되더라

세 번째 대접은 강과 물 근원에 부어진다. 이것에 대해서도 어떤 사람들은 물 근원이 로마 천주교, 즉 바벨론적인 악한 근원을 가리킨다고 한다. 그것도 일리가 있다. 그러나 이 말씀을 문자대로 이해하는 것이 더 합당하다고 믿는다. 셋째 대접을 물 근원에 쏟으니 물이 피가 되었다. 하나님께서 사람들로 이렇게 피를 마시게 하시는 것은 이 땅의 완악한 사람들이 그리스도인들과 선지자들을 극심하게 핍박하고 피를 흘리게 했기 때문이다. 로마 제국과 수많은 나라들에서 참된 그리스도인들을 핍박한 것을 생각해

보라! 우리나라 역시 초기 기독교가 들어올 때 조정에서 많은 선교사들을 죽였다. 주님은 그 피를 기억하신다. 계시록 6장 10절은 역대의 순교자들이 '흘린 피를 신원해달라'는 기도가 있다.

5절, 내가 들으니 물을 차지한 천사가 가로되 전에도 계셨고 시방도 계신 거룩하신 이여 이렇게 심판하시니 의로우시도다

앞에서 말한 첫 번째 해석 물 근원이 로마 천주교를 가리킨다는 해석 이 일리가 있다면 이러한 이유일 것이다. 하나님은 적 그리스도나 거짓 선지자 또는 바벨론적인 로마 천주교 같은 종교적 부패를 가장 미워하신다. 그러한 자들이 이교도들보다도 신실한 성도들의 피를 더 많이 흘렸다. 영국 국교도 신실한 성도들을 많이 죽였다. 결국 이러한 바벨론적인 종교 조직이 순수한 성도들의 피를 많이 흘린 것이다. 그들은 하나님이 그러한 근원을 심판하시는 것이라고 해석한다. 그러한 해석이 일리 있게 보이는 근거는 바로 물을 차지한 천사가 "이렇게 심판하시니 의로우시도다"라고 한 것 때문이다. 그들이 그렇게 많은 피를 흘렸기 때문에 심판받는 것이 의롭다고 할 수 있다는 것이다. 주님을 믿는 것은 그렇게 간단한 일이 아니다. 자칫 잘못하면 악한 단체에 빠져들어 도리어 성도들을 핍박하고 괴롭히고 죽이는 위치에 서게 되는데, 그런 자들이 받을 심판이 있다는 것을 반드시 기억해야 한다. 하나님은 그분의 성도들을 굉장히 아끼신다. 결국 이 모든 심판의 이유와 근거는 그분의 백성들 때문이다. 그분의 성도들을 핍박하고 잔해하고 죽인 것에 대해서 하나님은 반드시 갚아주신다. 11장 17절과 같이 여기도 주님이 이미 재림하신 후이기 때문에 '장차 오실 자'라는 말이 없다. 그냥 '전에도 계셨고 시방도 계신'이라고만 한다. 이 시점에서 주님은 이미 오셨다! 그분은 아직 공중에 머물러 계시지만 아마겟돈 전쟁 시에 지상으로 강림하실 것이다.

6절, 저희가 성도들과 선지자들의 피를 흘렸으므로 저희로 피를 마시게 하신 것이 합당하니이다 하더라

이들이 이렇게 심판을 받는 것은 성도들과 선지자들의 피를 흘렸기 때문이다. 오늘날 로마 천주교에 가담하는 것이 위험한 것도 이 때문이다. 그들이 하나님 앞에 범한 죄가 크다. 그들은 순수한 영혼들을 너무나 많이 죽였다. 영국에서도 많은 그리스도인들을 죽였다. 유럽의 기독교 역사를 보면 그리스도를 믿다가 죽은 사람들이 얼마나 많은지 모른다. 피의 역사이다. 하나님은 그러한 피 흘림을 결코 묵인하지 않으신다. 결국 재앙으로, 의로운 방식으로 그것을 보응하신다. 그때 물을 맡은 천사가(천사들마다 맡은 일이 다른 듯하다) 하나님을 찬송한다. "저희가 성도들과 선지자들의 피를 흘렸으므로 저희로 피를 마시게 하신 것이 합당하니이다". 이제 모든 물이 피가 되어 버렸으니 물 한 잔도 먹을 수 없게 되었다. 피를 흘린 자들로 그 피를 마시면서 자기들의 소행을 생각하게 하는 것이 하나님의 공의이다.

7절, 또 내가 들으니 제단이 말하기를 그러하다 주 하나님 곧 전능하신 이시여 심판하시는 것이 참되시고 의로우시도다 하더라

의롭다는 것은 그분의 심판하시는 원칙에 관한 것이고, 참되다는 것은 그분이 하신 말씀을 신실하게 이행하시는 것에 관한 것이다. 그분의 심판은 언제나 의로우시고 참되시다. 그러므로 그분의 이름은 '의로우신 재판장'이시다(딤후 4:8).

8절, 넷째가 그 대접을 해에 쏟으매 해가 권세를 받아 불로 사람들을 태우니

지금은 하나님이 창조하신 태양이 사람들에게 유익을 준다. 따뜻하게 하고 곡식을 자라게 하는 등 모든 면으로 유익을 준다. 그러나 심판의 때, 재앙의 때에는 그 해가 더 이상 우리에게 유익하고 좋고 편안한 존재가 아니게 된다. 그때는 권세를 받아서(원문에는 '권세'라는 말이 없다) 불로 사람들을 태운다. 햇빛이 불같이 뜨겁게 사람들을 태우니까 태워지는 고통을 당하는 것이다. 넷째 나팔에서는 천체가 어두워졌지만 넷째 대접에서는 해의 열이 사람들을 뜨겁게 태운다. 복음서에서도 주님이 다시 오실 때는 일월성신에 징조가 있을 것이라고 했다(눅 21:25). 과학자들은 해의 온도가 계속 낮아져 간다고 하지만 그때는 갑자기 엄청나게 뜨거워질 것이다. 이사야 42장 15절의 '산이 황무케 되며 초목이 마르는' 사건은 아마도 이때 태양열이 너무 강렬해져서 일어난 일일 수 있다.

9절, 사람들이 크게 태움에 태워진지라 이 재앙들을 행하는 권세를 가지신 하나님의 이름을 훼방하며 또 회개하여 영광을 주께 돌리지 아니하더라

이렇게 하나님이 재앙을 쏟아붓는 상황에서 사람들은 과연 회개를 하는가? 그렇지 않고 도리어 하나님의 이름을 훼방하더라는 것이다. 오늘날도 고집 세고 강퍅한 그리스도인들을 보면 절대 회개하지 않는다. 그때에도 해가 뜨겁게 쪼여 사람들을 불로 태우는 그 참혹한 재앙이 하나님으로부터 오는 것임을 알아도 그 권세를 가지신 하나님께 영광을 돌리거나 회개하려 하지 않고 오히려 그 이름을 훼방한다는 것이다. "또 회개하여 영광을 주께 돌리지 아니하더라". 이 말씀을 기록한 것은 하나님께서 이러한 재앙을 내리시는 중에도 여전히 사람들이 회개하기를 기대하신다는 것이다. 하나님은 마지막으로 재앙을 통해서라도 사람들이 하나님께 회개하기를 원하신다.

10절, 또 다섯째가 그 대접을 짐승의 보좌에 쏟으니 그 나라가 곧 어두워지며 사람들이 아파서 자기 혀를 깨물고

다섯째 대접의 고통은 첫째 대접의 헌데와 넷째 대접의 태양열의 태움으로 인한 것인데, 거기에다 어두움이 임하니 그 고통이 더욱 심할 것이다(흔히 고통은 밤에 더 심해진다). 얼마나 고통스러우면 사람들이 혀를 깨물겠는가?

11절, 아픈 것과 종기로 인하여 하늘의 하나님을 훼방하고 저희 행위를 회개치 아니하더라

10절의 짐승의 보좌는 바벨론 혹은 열 나라의 대표자인 적 그리스도의 보좌인데, 하나님의 모든 재앙의 표적은 바로 적 그리스도이다. 그리스도인들을 가장 잔혹하게 핍박한 자가 바로 적 그리스도이다. 다섯째가 가서 그 대접을 짐승의 보좌 적 그리스도의 보좌에 쏟으니 그 나라가 어두워지고 사람들이 아파서 자기 혀를 깨물었다고 했다. 적 그리스도 휘하에 있는 모든 자들이 다 이러한 괴로움을 당한다. "아픈 것과 종기로 인하여 하늘의 하나님을 훼방하고 저희 행위를 회개치 아니하더라". 그런 재앙이 하나님께로부터 온다는 것을 알면서도 하나님을 훼방하고 자기의 행위들을 회개치 않더라는 것이다. 사람들의 오만함과 강퍅함이 최고도에 달했음을 보여준다.

12절, 또 여섯째가 그 대접을 큰 강 유브라데에 쏟으매 강물이 말라서 동방에서 오는 왕들의 길이 예비되더라

여섯째 대접은 유브라데에 쏟아부어진다. 그래서 마침내 동방에서 오는 왕들의 길이 예비된다. 이것이 마지막 전쟁 때 일어날 상황이다. 이때 두 종류의 세력이 형성될 가능성이 있다. 한 무리는 신성 로마 제국으로서 영국, 프랑스, 독일, 이탈리아, 스페인, 포르투칼, 루마니아, 체코, 폴란드 등일 것이고 다른 하나는 동방의 나라들로서 중국, 러시아, 일본 등일 것이다. 마지막 때에 이 양대 세력이 자리를 잡게 된다는 것이 성경의 예언이다. 여섯째 대접이 부어질 때 동방의 군대가 유브라데를 건너와서 서방의 군대와 싸운다고 했는데(단 11:44), 앞으로 일곱째는 더욱 심한 전쟁으로 화할 것이다. 이 전쟁은 현 인류의 종말적 가장 마지막의 전쟁으로서 온 세계가 이스라엘을 향해 진군하게 된다(곡과 마곡의 전쟁은 천년 왕국 후의 일이다).

13절, 또 내가 보매 개구리 같은 세 더러운 영이 용의 입과 짐승의 입과 거짓 선지자의 입에서 나오니

개구리 같은 세 더러운 영이 용(사탄)의 입과 짐승(적 그리스도)의 입과 거짓 선지자(더러운 영)의 입에서 나온다고 했는데, 이것은 사탄적인 삼위 일체이다. 이들은 마지막 때 그리스도를 대적하기 위하여 동역한다. 더러운 영(unclean spirit)은 성령(holy spirit)과 대비되며, 개구리 같은 영이란 소란스럽게 떠드는 영을 의미한다. 개구리는 무의미하게 계속 개굴개굴하며 소리를 낸다. 어거스틴은 개구리가 가장 수다스런 동물이라고 하였다. 성령에 속한 사람들은 모두 고요하고 장중한 성품을 갖고 있다. 이 더러운 영은 소란스럽게 하고 이적을 행하여 여러 왕들을 모아 전쟁을 하도록 부추긴다.

14절, 저희는 귀신의 영이라 이적을 행하여 온 천하 임금들에게 가서 하나님 곧 전능하신 이의 큰 날에 전쟁을 위하여 그들을 모으더라

마지막 전쟁을 위해서 역사하는 것이 이 세 더러운 영, 귀신의 영이다. 말하자면 사탄과 적 그리스도와 거짓 선지자의 영이다. 이 세 더러운 영은 천하 임금들에게 가서 전쟁을 일으키도록 꾄다. 마지막 전쟁이 일어날 때에는 이런 개구리 같은 영이 역사할 것이다. 이 영들이 통치자들의 마음에 분란을 일으켜 전쟁을 하게 만드는 것이다. 이 마지막 전쟁의 날은 전능하신 이의 큰 날이다. 이 날은 용(사탄)의 날도 아니고 짐승(적 그리스도)의 날도 아니며 바로 여호와의 큰 날 곧 심판의 날이다.

15절, 보라 내가 도적같이 오리니 누구든지 깨어 자기 옷을 지켜 벌거벗고 다니지 아니하며 자기의 부끄러움을 보이지 아니하는 자가 복이 있도다

이 구절을 이해하는 것은 간단한 것이 아니다. 먼저 이 말씀하시는 시점을 생각해보자! 이것은 14장 14-16절의 추수의 대상인 그리스도인들에게 하시는 말씀인 것으로 보아, 그 시점이 대환난의 끝 무렵일 것이다. 주님은 아마겟돈 전쟁 직전에 지상 재림하셔서 적 그리스도와 그 군대를 파멸하실 것이다. 이 시점은 주님이 아직 공중에 계실 때이며, 경고 대상은 추수될 그리스도인과 추수 후에 남아 있을 그리스도인들을 다 포함할 것이다. 이것은 마지막으로 경고하며 격려하시는 말씀이다. 즉 그분이 깨어 있어서 벌거벗고 다니지 말아 부끄러움을 보이지 말라고 경고하는 대상은 두 종류로 볼 수 있다. 이전 14장 14-16절의 추수의 대상들에 대한 것이 첫째이고 추수 후에도 남아 있을 그리스도인을 향한 것이다. 추수 후에 남아 있을 그리스도인은 누구인가? 끝까지 적 그리스도에게 경배하지도 않았지만, 대 환난 중간에 이기는 자가 되지도 못한 자들일 것이다. 그들은 구약의 예표에 의하면 이삭줍기에 해당한다. 첫 열매가 있고, 추수가 있으며, 이삭줍기가 있는 것이다. 추수는 대 환난 말기에 공중으로 들어올리는 것이고, 이삭줍기는 직접 밭에서 이루어지니, 주님의 지상 재림 시에 이 땅에 남아서 주님을 만나게 될 자들임에 틀림없다.

16절, 세 영이 히브리 음으로 아마겟돈이라 하는 곳으로 왕들을 모으더라

앞 절의 말씀은 아마겟돈 전쟁 이전이다. 14장 19-20절의 포도송이를 수확하고 포도즙틀을 밟는 것은 여기 16절의 아마겟돈 전쟁을 말하는 것이다. 이 말씀은 또한 19장 11-16절 말씀과도 상통한다. 이 전쟁이 바로 아마겟돈 전쟁이요 아마겟돈 전쟁은 인류 최후의 전쟁이다. 이 전쟁으로 역사는 끝난다. 결국 우리가 오늘날 바라보고 있는 미래는 한 가지, 바로 이 전쟁이다. 이 지구상에는 좋은 일이 기다리고 있지 않다. 다만 마지막 전쟁이 남아 있을 뿐이다. 그것이 바로 아마겟돈 전쟁이다. 아마겟돈은 암과 므깃도의 합성어인데 므깃도는 지방 이름이다. '암'은 산을 뜻하는데 '암므깃도'가 '아마겟돈'이 된 것이다. 즉 므깃도의 산이라는 뜻이다. 이 지방은 구약에서 '이스르엘' 지방이었다(수 15:56). 이곳은 바락과 드보라가 시스라와 그의 병거를 쳐부순 곳이고(삿 5:19-21), 아하시야 왕이 예후의 화살에 맞아 죽은 곳이며(왕하 9:27), 요시야 왕이 애굽 왕 바로느고와의 싸움에서 죽어간 곳인데, 그러기에 유대인들에게는 역사상 비극으로 기억되는 땅이다. 마지막 주님의 재림시에 그곳에 큰 애통이 있을 것이라고 예언되어 있다(슥 12:11). 아마겟돈 전쟁은 앞에서 수차 말했듯이 이 세상 나라의 최후 전쟁으로서 이스라엘을 중심으로 일어난다. 이스라엘 나라의 경계는 유브라데 강인데 이 유브라데 강을 건널 수 있도록 물이 마르게 된다. 그래서 열국이 이스라엘을 침공하는 것이다. 마지막 전쟁은 미국이나 러시아에서 일어나는 것이 아니라 중동에서 일어나며, 많은 나라가 연합해 이스라엘 나라를 치면서 시작된다.

지금 중동은 세계 화약고이다. 불을 붙이면 터지게 되어 있다. 1967년에 이스라엘은 팔레스타인 땅에 자기들의 나라를 건립했다. 이 지구상에 2000년 동안 존재하지 않던 나라가 짧은 기간에 나라를 세운 것이다. 원래 그 땅에 살던 팔레스타인 주민들은 지금 아라파트라는 사람을 대표로 내세워(2002년 당시: 편자주) 자기들의 땅을 내어놓으라고 난리다. 그런데 이스라엘 사람들의 반응은 어떠한가? "구약 성경을 읽어봐라. 하나님이 우리에게 주신 땅이다. 우리 조상들이 여기 살았고 다윗과 솔로몬이 여기 살았다. 이게 우리 땅이지 너희 땅이냐?" 하면서 절대 물러나지 않는다. 그러나 아랍 사람들도 대대로 이 땅에서 2000년 동안 살아왔다. 아랍 사람들은 오히려 어느 날 한 무리 유대인들이 성경을 들이대면서 자기들 땅을 빼앗아 나라를 세웠다고 항변한다.

지금 아랍 사람들에게 왜 자꾸 자살 테러를 하느냐고 물으면, 특히 한국 사람들이 가서 물으면, "너희들도 36년 간 일본에게 나라를 빼앗기지 않았느냐? 그때 너희 나라의 독립투사들도 나라를 되찾아보겠다고 폭탄을 몸에 지니고 죽지 않았느냐? 그것과 똑같은 것이다." 우리나라는 그러한 사람들을 열사 혹은 의사라고 칭하면서 높인다. 마찬가지로 그들도 그러한 자들을 대단히 귀하게 여기는 것이다. 그들에게는 이런 일을 하기 위한 부대가 존재한다. 헤즈볼라, 알카에다 등이 그런 부대이다. 만 명, 이만 명이 자살 테러를 위해 준비되어 있다. 명령만 내리면 폭탄을 짊어지고 가서 죽을 수 있다. 그러므로 이 분쟁은 쉽게 해결될 수 없다. 이스라엘도 아랍도 양보할 수 없다. 이스라엘의 재력은 세계적으로 막강하다. 미국의 재력은 대부분이 유대인들 손에 있다. 그들은 자기들의 고토로 여기는 그 땅에서 결코 물러나지 않는다. 그러면 팔레스타인의 아랍인들은 양보하고 물러갈 것 같은가? 절대로 그렇게 하지 않는다. 그들의 적대 감정은 날로 고조될 것이고 따라서 분쟁도 계속될 것이다. 성경대로 간다면 이스라엘 나라는 결국 고립된다. 열국이 다 이스라엘을 미워한다. 그리고 최후로 이스라엘을 칠 것을 결정한다. '전쟁을 하는 수밖에 없다. 이스라엘은 도무지 통하지 않는다.'고 할 것이다. 부시 대통령이 말해도 듣지 않는다. 미국과 영국과 프랑스가 이스라엘의 마음을 돌려놓을 것 같은가? 그렇게 못한다. 성경대로라면 결국 이스라엘은 고립되고 모든 나라가 이스라엘에게 등을 돌린다. 그리고서 최후로 전쟁을 선택할 것이다. "이스라엘 나라를 초토화시켜버리자." 그때 열국 통치자들의 마음을 조종하는 것이 바로 사탄적 삼위일체인 세 개구리 같은 영이다.

마침내 아마겟돈이라는 곳에 열국 군대가 집결해서 이스라엘을 치러 오는 것이다. 그때가 바로 그리스도께서 지상 재림하시는 시점이다. 이런 상황에서 15절이 등장한 이유는 바로 그때 사람들이 주 예수님을 믿지 않고 거절하고 훼방하는 때가 하늘 왕 그리스도께서 재림하실 때이기 때문이다. "보라 내가 도적같이 오리니". 도적같이 오신다는 말은 사람들이 전혀 예기치 않을 때 오신다는 뜻이다. 아마겟돈 전쟁은 14장 17-20절의 추수에 해당하며 본 구절에 의하면 여섯째 대접의 결과이며 19장 11-18절의 백마를 타신 그리스도의 지상재림으로 끝맺는 전쟁이다.

사랑하는 성도 여러분, 주 예수님은 다시 오신다. 지금 이 세계 정세는 한 가지, 이 마지막 전쟁을 바라보고 있다. 이 세상에는 좋은 것이 없다. 결국 인류 앞에 놓여진 것은 전쟁이다. 이것이 하나님의 말씀이다. 모든 역사가 하나님의 말씀대로 된다. 가장 참혹한 전쟁이 일어나는 그때 열국의 모든 군대가 이스라엘을 치기 위해 모여드는데 이 열국 군대를 쳐부수기 위해 나타나시는 분이 바로 그리스도시다. 그때 이스라엘 백성은 구원을 받는다. 그리고서 이스라엘 백성이 그분이 누구인가를 보니 그들이 십자가에 못 박은 예수님이었다. 그때 그들은 통곡을 할 것이다. 그러면서 그분에게 이렇게 물을 것이다. "당신의 옆구리의 상처가 무엇입니까? 당신의 손의 상처는 어떻게 된 것입니까?" 그때에 보혈의 샘이 다시 한 번 열려서 회개하는 이스라엘 백성의 죄를 씻어준다. "샘물과 같은 보혈은 임마누엘 피로다 그 샘에 죄를 씼으면 정하게 되겠네"라는 찬송 가사는 스가랴서의 말씀을 근거로 한 것이다. 이스라엘 백성은 그때 구원을 받게 된다. 장차 우리에게 일어날 일은 무엇인가? 주님이 다시 오시는 것이다. 지금 이 세상은 주님의 말씀대로 되어가고 있다.

불과 삼사십 년 전만 하더라도 우리는 이런 말씀을 전하기도 어렵고 믿기도 어려웠다. 그런데 지금은 이 모든 말씀이 그대로 이루어져 가고 있다. 인자가 문 앞에 서 계신다는 말씀이 이루어질 때가 목전에 있다. "보라 내가 도적같이 오리니 누구든지 깨어 자기 옷을 지켜 벌거벗고 다니지 아니하며 자기의 부끄러움을 보이지 아니하는 자가 복이 있도다". 주님이 오실 때 깨어 있는 자는 복을 받게 된다. 그러므로 우리는 주님을 만나기 위해 예비하는 삶을 살아야 한다. 그날 인자 앞에 서도록 깨어 기도해야 한다. 세상을 사랑하지 말라! 세상과 재물은 여러분을 속이는 것들이다. 우리를 마취시키는 것들이다. 우리는 이런 물질적인 속임수에서 벗어나야 한다. 죄를 짓지 말고 깨어 주님을 기다리는 삶을 살자. 마음을 강팍하게 하지 말고 항상 엎드려 주님께 자복하는 삶을 살자.

지금까지 부주의한 방식으로 살았다면 이제는 그렇게 살지 말아야 한다. 깨어서 자기 옷을 지켜야 한다. 사방에 더러운 것들이 있으므로 우리의 옷은 언제나 더럽혀질 수 있다. 더럽혀지지 않게 하려면 스스로 지켜야 한다. 우리의 존재가 깨끗하게 되도록 항상 지켜야 한다. 우리는 주님의 신부가 되기 위해, 주님을 만나기 위해 온 존재가 거룩케 되어야 한다. 이것은 너무나 중요한 것이다. 세상을 사랑해서는 안 되고 재물을 세상에 쌓아놓아서도 안 된다. 우리는 모든 것을 주님께 드리기를 배워야 한다. 주님께 우리 온 존재를 드리고 우리 마음속에 오직 그리스도만 있어야 마지막 날이 와도 두렵지 않다. 우리 마음을 온통 차지하고 있는 분이 주님이기 때문에 주님이 오실 때 온전히 기뻐하게 되는 것이다. 세상을 사랑하고 마음 속에 다른 것이 가득하다가 마지막 날이 오면 당황하게 된다. 왕국을 잃어버리는 엄청난 손실을 당하게 된다. 우리는 복음을 전하고 열매를 맺고 주님의 일에 항상 힘쓰며 주님이 기뻐하시는 삶을 살아야 한다. 범사에 하나님 앞에서 깨끗하고 거룩한 삶을 살아야 한다. 모든 은밀히 감추인 범죄에서 벗어나야 한다. 방탕과 술취함과 음란과 호색에서 벗어나야 한다. 그럴 때 우리는 다시 오시는 주님 앞에서 축복을 얻게 될 것이다.

17절, 일곱째가 그 대접을 공기 가운데 쏟으매 큰 음성이 성전에서 보좌로부터 나서 가로되 되었다 하니

이제 일곱째 마지막 대접은 공기에 쏟는다. 왜 공기에 쏟는가? 거기에 공중 권세 잡은 자, 마귀의 근거지가 있기 때문이다. 일곱째 대접을 쏟으니까 "큰 음성이 성전에서 보좌로부터 나서 가로되 되었다 하니". 일곱 대접을 쏟아부으시고 나서는 "다 되었다!"고 하신다. 하나님이 하시는 일은 무엇이든지 시작이 있고 끝이 있으시다. 마치면 '다 되었다'고 하신다.

18절, 번개와 음성들과 뇌성이 있고 또 큰 지진이 있어 어찌 큰지 사람이 땅에 있어 옴으로 이같이 큰 지진이 없었더라

일곱째 대접이 쏟아 부어지자 성전에서 보좌로부터 음성이 나서 '다 되었다'(It is done)고 하면서 번개와 음성들과 뇌성이 있고 또 큰 지진이 있었다. 이 지진은 어찌 큰지 사람이 땅에 있어 온 이래 이같이 큰 지진이 없었다고 했다. 이것이 하나님의 진노의 마침이다.

19절, 큰 성이 세 갈래로 갈라지고 만국의 성들도 무너지니 큰 성 바벨론이 하나님 앞에 기억하신 바 되어 그의 맹렬한 진노의 포도주 잔을 받으매

오늘날 많은 성(城), 조직이 있다. 바벨론도 하나의 성이고 로마 천주교도 하나의 성이다. 그런데 "큰 성이 세 갈래로 갈라지고 만국의 성들도 무너지니". 그때는 모든 성, 모든 조직 체계가 다 무너져 내린다. 무너지지 않는 것이 없다. 그러므로 우리는 이 땅에 성을 쌓으면 안 된다. 다 무너지기 때문이다. 그리스도인은 일년생 풀처럼 사는 존재이지 견고한 성을 쌓고 사는 존재가 아니다. 결국은 무너져버릴 성을 이 땅에 쌓았다면 그것은 위험한 일이다. 이 땅에 큰 성으로 축성되는 것 자체가 위험한 일이다. 참된 그리스도인 무리라면 큰 성을 쌓는 것이 아니라 작은 무리로 번져나가야 하는 것이다. 그러한 일년생 풀과 같은 존재는 사방에 낮게 퍼져 있어서 무너질래야 무너질 것이 없다. 교회는 결코 대 조직을 가진 큰 성이 되어서는 안 된다. 그런 교회의 형태는 성경에 없다. 교회는 이 땅에서 순례자의 길을 걷는다.

20절, 각 섬도 없어지고 산악도 간 데 없더라

이때는 섬들도 없어지고 산악도 없어지는데, 이는 큰 지진 때문일 것이다. 그러나 천년왕국 때에는 산들이 존재한다(시 72:3). 오늘 날도 큰 쓰나미가 몰려오면 섬이 없어지고 산도 없어진다.

21절, 또 중수가 한 달란트나 되는 큰 우박이 하늘로부터 사람들에게 내리매 사람들이 그 박재로 인하여 하나님을 훼방하니 그 재앙이 심히 큼이러라

우박이 한 달란트라면 30-40kg쯤 될 것이다. 이렇게 무거운 우박이 하늘에서 쏟아지니까 다 깨지고 터져서 끝나는 것이다. 최근에도 중국 장시성 쉬찬현에서 계란만한 우박이 쏟아져 사람들이 300여명이 사상한 일이 있다(2013. 3. 20). 사람이 하나님께 범죄하면 온 우주와 자연이 인간을 대적하여 싸우게 된다. 여호수아 시대에도 아모리 다섯 왕들을 전멸시킬 때 하나님께서 우박을 내리셨다. 우박은 고대로부터 하나님께서 사용하시는 무기이다. 이사야는 주님이 강림하실 때 우박 같은 심판이 임할 것이라고 예언했다(사 28:2). 에스겔 선지자도 하나님이 온역과 피와 우박을 쏟아지는 폭우와 함께 내려 국문하실 것이라고 말했다(겔 38:22).

마지막 심판 때에 우박이 쏟아진다는 것은 성경 여러 곳에 예언되어 있다. 계시록 16장을 연구하는 사람들은 이때의 재앙과 출애굽기의 열 재앙을 비교한다. 서로 유사한 점이 많기 때문이다. 출애굽기에서 우박은 그래도 남아 있는 채소 같은 것을 망쳤을 뿐이다. 그러나 일곱째 대접으로 인한 우박은 사람들에게 내려 완전히 다 끝내버린다. 그래서 보좌에서 '다 되었다!'고 선언하는 것이다. 하나님은 의로우시기 때문에 일곱 대접을 쏟아부으시는 것이다. 이 일을 수행하는 천사들이 맑고 빛나는 세마포를 입었다고 하지 않는가?(15:6) 이는 그분의 심판이 의롭다는 것을 나타낸다. 그러므로 여기 일곱 대접은 이 세상 모든 사람들이 스스로 범한 죄의 대가를 그대로 받는 것이다. 죄에는 반드시 대가가 따른다는 이 한 가지를 기억하자! 지금 죄를 지어도 아무 문제가 없다고 영원히 없는 것이 아니다. 하나님은 사람들의 죄악을 반드시 갚으시는 공의의 하나님이시다.

17 장

1절, 또 일곱 대접을 가진 일곱 천사 중 하나가 와서 내게 말하여 가로되 이리 오라 많은 물 위에 앉은 큰 음녀의 받을 심판을 네게 보이리라

17장의 이상은 간단하게 말해서 큰 음녀의 받을 심판이다. 결국 요한 계시록은 하나님께서 그분의 말씀으로 그리스도의 정결한 신부를 얻는 것으로 끝난다. 이것이 21장과 22장에 나오는 새 예루살렘이다. 그런데 새 예루살렘이 나오기 전에 17장에 큰 음녀가 있는데, 이는 새 예루살렘의 모조품인 바벨론이다. 교회가 신부라면 이 음녀는 더럽고 사악한 여자이다. 그녀는 하나님의 눈에 심히 가증하다. 이것은 사단이 만들어놓은 것이다. 하나님께서는 그리스도의 신부를 예비하는 역사를 하시는 반면, 마귀는 거룩하고 정결한 신부가 아니라 음녀를 만들어 내는 일을 한다. 그래서 17장에서는 음녀가 어떻게 생겼는가, 이 음녀가 어떻게 하나님의 심판을 받는가를 보여준다. 음녀는 이 세상에서 큰 세력을 구축하고 영향력을 행사하지만 결국 심판을 받는다는 것을 알려 주고 있다. 그리고 계시록 21장과 22장에서 참으로 영광스러운 신부인 교회는 좁고 협착한 길을 걸어가지만 하나님과 그 아들 예수 그리스도와 더불어 영원히 함께 있게 된다.

이제 큰 음녀의 심판을 보여 주는 자는 일곱 대접을 쏟아 부은 일곱 천사 중 하나이다. 음녀도 일곱 천사 중 하나가 보여주고 뒤에 나오는 신부에 대한 이상도 일곱 천사 중 하나가 보여 준다. "일곱 대접을 가지고 마지막 일곱 재앙을 담은 일곱 천사 중 하나가 나아와서 내게 말하여 가로되 이리 오라 내가 신부 곧 어린양의 아내를 네게 보리리라"(21:9). 여기는 신부 곧 어린양의 아내가 있다. 그러므로 우리는 이 땅에 심판을 집행하는 일이 결국 하나님의 영원한 목적을 성취하기 위한 것임을 알 수 있다. 심판은 그 자체에 목적이 있는 것이 아니라 하나님의 영원한 뜻을 성취하기 위한 과정이다. 이 땅에 재앙을 쏟아 붓는 데에는 목적이 있는데, 그것은 신부를 산출하고 신부를 얻기 위한 것이다. 그런데 천사는 요한에게 신부를 보여 주기 전에 먼저 신부의 모조품인 음녀를 보여 주면서 이 음녀를 하나님께서 어떻게 심판하시는가를 보여주었다. 심판하는 것을 집행하는 천사(일곱 대접과 바벨론에 대한 심판)가 내내 신부를 보여주는 일을 하는 것을 보면 하나님의 심판의 목적이 신부를 얻기 위함이요, 하나님의 영원한 뜻을 이루기 위함이라는 것을 알 수 있다.

음녀는 먼저 많은 물 위에 앉았다고 했다. 이 많은 물에 대해서는 15절에서 친히 천사가 해석해 주었다. "또 천사가 내게 말하되 네가 본 바 음녀의 앉은 물은 백성과 무리와 열국과 방언들이니라". 이 음녀는 이 세상에서 큰 세력을 갖고 있으므로 백성과 무리와 열국과 방언들에 영향력을 끼치고 있다. 즉 음녀의 특징은 이 세상에서 큰 권력을 가진 것이다. 이것은 교회가 이렇게 희한한 모습으로 변질될 것을 미리 예언해주는 것이다.

주님이 이 이상을 요한에게 보여 주신 때는 A. D. 90년으로 아직 천주교가 형성되지도 않았을 때이다. 그런데 이미 이 음녀가 나타날 것을 말하고 있다. 그때 벌써 예수 믿는다는 사람들이 큰 영향력을 가지고 많은 나라와 백성과 방언들을 좌지우지할 것을 보여주고 있는 것이다. 그런 것을 생각하면 성경이 참으로 귀한 책이요 놀라운 책이라는 것을 알 수 있다. 그 누가 300년, 500년, 심지어 1000년, 2000년 후에 일어날 일들을 미리 말해 줄 수 있겠는가? 오늘 날 교황권이 가진 권력이 얼마나 큰지는 아무도 상상할 수 없다. 모든 민족에게 영향력을 발휘한다고 해도 과언이 아니다.

2절, 땅의 임금들도 그로 더불어 음행하였고 땅에 거하는 자들도 그 음행의 포도주에 취하였다 하고

이 음녀가 정치적인 로마를 가리킨다고 하는 사람들이 있다. 그러면서 17장과 18장의 바벨론을 동일시한다. 그러나 17장은 분명 종교적인 바벨론을 말하고 18장은 상업적이고 정치적인 바벨론을 말한다. 2절의 "땅의 임금들도 그로 더불어 음행하였다"는 말에는 그녀가 땅의 권력을 가진 정치적 세력이 아닐 것이라는 암시가 있다. 또 이 음녀는 금과 진주와 보석으로 꾸몄다고 했는데, 금과 진주와 보석은 다 하나님의 속성들을 상징하는 것으로서 종교적인 것이다. 여자라는 말 또한 종교적인 단체를 가리키는 것이다. 그런데 이 음녀는 자신을 음녀라고 생각하지 않는다. 이는 구약에서 이스라엘 백성들이 음행하는 상태에 떨어졌는데도 스스로는 자신들을 그렇게 생각하지 않은 것과 같다. 호세아서나 말라기를 읽어보라! 그들은 분명 하나님을 떠나 우상을 섬기고 있었는데도 자신들이 그러하다고 생각지 않았다. 이것은 오늘날 음녀의 원칙에도 동일하게 적용할 수 있다.

이 땅에서 우상숭배와 음행을 하면서도 자신들이 그러한 단체라고 인식하는 사람들이 과연 얼마나 되겠는가! 우리는 역사적으로도 천주교가 우상숭배에서 떠나지 않으려 했다는 것을 안다. 주후 725년 이후 황제 레오 3세가 콘스탄티노플에서 회의를 열어 우상을 섬기는 것이 이단이고 불법적이라고 결정하였음에도 로마가 이를 반대하여 동방교회와 서방교회로 나뉘어진 것이다. 그 중 현재 로마 천주교 측이 우상숭배를 지지하는 편에 선 것이다. 그럼에도 불구하고 우상숭배를 반대한 동방정교는 갈수록 쇠퇴했고 그것에 찬성한 로마 천주교는 나날이 발전하고 있다. 그러므로 땅의 임금들과 더불어 음행하고, 땅에 거하는 많은 사람들을 음행의 포도주에 취하게 하는 것은 틀림없이 변질되고 배교하여 거대하게 정치세력화 된 기독교 조직을 말할 것이다. 음녀가 무엇을 가리키느냐에 대하여는 이론(異論)들이 있다. 개혁자 중에서는 이를 로마 교황으로 보았으며 또한 마지막 시대에 나타날 타락한 교회로도 해석했다(Miligan, Plummer 등). 다비는 그의 '성경개관'이라는 책에서 음녀가 로마 또는 교황체계를 지적하는 것임이 명백하다고 말했다.[2] 스코필드도 그의 관주 성경에서 두 개의 바벨론을 말했으며 하나는 교회적 바벨론(ecclesiastical Babylon)과 다른 하나는 정치적 바벨론(political Babylon)으로 구분하였고 교회적 바벨론은 교황권을 머리삼아 따르는 배교한 기독교계라고 설명했다(ecclesiastical

2) Synopsis of the Books of the Bible, Volume 5, J.N.Darby, p.549

Babylon, which is apostate Christendom, headed up under the Papacy).[3]

스스로 그리스도를 믿는다고 하고 그리스도를 섬긴다고 하면서 우상을 숭배하는 것을 성경은 음행이라고 말한다. 이는 구약의 선지서들, 특별히 예레미야와 에스겔에서 명백하게 시사하고 있는 바이다. 하나님을 섬긴다고 하면서 사실은 우상을 숭배하는 것이 바로 영적인 음행이다. 실상 하나님을 섬기지 않고 우상이나 세상이나 권력이나 지위를 사랑하고 세상을 따르는 것이다. 음행 중에도 무서운 것은 은밀한 것이다. 오늘날에도 사람들이 교회 다닌다고 하면서 은밀하게 돈이나 지위나 명예를 추구하는 것을 본다. 누가 이런 일을 주도하는가? 음녀이다. 그래서 땅의 임금들이 그 음녀와 더불어 음행을 하는 것이다. 지금 우리는 이 말씀을 이해할 수 있다. 왜냐하면 역사적으로 교황들이 많은 왕들로 더불어 이러한 일들을 했기 때문이다.

교황의 세력이 클 때에는 그가 왕들을 파면하기도 하고 세우기도 하면서 왕들에 대해 영향력을 행사했다. 지금도 교황이 우리나라를 방문하면 대통령과 면담을 한다. 다른 나라들도 마찬가지이다. 천주교는 이미 커다란 세력을 구축했다. 그들을 단순한 종교 단체로 보는 것은 그들의 실체를 몰라서이다. 그들은 종교라기보다는 종교를 가장한 정치 국가이다. 분명 그들은 목수의 아들 나사렛 예수의 길과 다른 길을 걷고 있으며 "은과 금은 내게 없거니와(행 3:6)"라고 말한 사도들과도 전연 다른 길을 걷고 있다. 따라서 로마 카톨릭은 음녀로서 상징되기에 충분한 것이다.

요한이 계시록을 쓸 때만 해도(주후 90년 경) 이 땅에서 교회는 그렇게 크지 않았다. 그리고 얼마 지나지 않아 서머나 교회 시대에는 극심한 핍박을 당했다. 로마 제국 아래서 그리스도인들이 속수무책으로 죽어갔고 순교의 제물이 되었다. 그러므로 요한 당시에 교회가 장차 음녀가 되어서 이 땅의 왕들과 더불어 많은 음행을 저지르고 열국에 영향력을 행사할 것이라는 예언을 했다는 것이 놀라울 따름이다.

2절에서 말하는 것은 첫째는 땅의 임금들이 그로 더불어 음행을 했다는

3) The Scofield Reference Bible, Rev. C.I.Scofield, D.D. p.1346

것이며, 둘째는 땅에 거하는 자들도 그 음행의 포도주에 취하였다는 것이다. '땅에 거하는 자들'이란 이 땅에 안주하려고 하는 사람들이다. 그들 중에는 소위 믿는다는 사람들도 있겠지만 그들은 이 땅에서 나그네와 같이 살지 않고 이 땅에 뿌리를 내리고 정착하려 한다. 이 음녀는 그러한 사람들에게 음행의 포도주를 주어 취하게 했다. 정확히 말하자면 땅에 거하는 자들은 직접 그 음녀와 음행을 한 것이 아니라 그 포도주를 마신 것이다. 이것은 어느 정도 간접적이다. 그러면 그 포도주가 무엇이겠는가? 그것은 그 음녀가 가르치는 이단적인 가르침들과 그 영향이라고 할 수 있다. 땅에 거하는 자들은 그 영향을 받아 마취된 것이다.

하나님은 사람들에게 순수한 가르침을 주셨다. 그러나 음녀는 이 가르침에 누룩을 섞어 음행의 포도주로 만들어 버렸다. 사람들은 순수한 하나님의 말씀 대신 그러한 악한 교리와 우상숭배의 행습을 배워 거기에 적셔지게 되는 것이다. 오늘날 세상적인 지혜와 세상적인 추구가 섞여 있는 가르침은 다 음행의 포도주라고 보면 된다. 그것은 사람들로 순수한 하나님의 말씀에서 떠나게 하고, 하나님 한 분만이 자신의 모든 것 되시게 하는 것이 아니라 세상적인 부와 출세와 쾌락을 좇아가게 한다. 또 그러한 삶을 살면서도 얼마든지 하나님을 믿을 수 있다고 가르친다. 이것에 대해서는 이미 사도 바울 때부터 경계한 바 있다(딤후 4:3-4).

3절, 곧 성령으로 나를 데리고 광야로 가니라 내가 보니 여자가 붉은 빛 짐승을 탔는데 그 짐승의 몸에 참람된 이름들이 가득하고 일곱 머리와 열 뿔이 있으며

2절까지는 천사가 요한에게 말해 준 것이고 이제 3절에서는 천사가 성령으로 요한을 데리고 광야로 가서 이상을 보여준 것이다. "내가 보니 여자가 붉은 빛 짐승을 탔는데". 우리는 용이 붉은 색이라는 것을 보았다. 이는 사탄의 색이다. 그런데 여기 짐승의 색도 붉다. 이 짐승은 적 그리스도를 가리키는데(13장 참조) 장래 이 음녀는 적 그리스도와 함께하게 된다고 예언되어 있다. 독일의 주석가인 뱅겔(John Albert Bengel)은 그의 요한계시록 주석서에서 '광야'를 유럽, 특히 이탈리아를 말한다고 하였다.

"그 짐승의 몸에 참람된 이름들이 가득하고". 그 짐승은 물론 장래 나타날 적 그리스도를 가리키지만 또 한편 로마 제국을 의미하기도 한다. 그 짐승의 몸에는 참람된 이름이 가득하다고 했는데, 참람하다는 말은 사람을 신격화하는 것에 대해 쓰는 말로서 '신성 모독'을 뜻한다. 많은 로마 황제들이 자신을 신이라고 했다. 그러므로 이 짐승은 결국 로마 제국의 황제들을 의미한다. 티베리우스, 칼리쿨라, 네로, 도미티안 등 거의 모든 황제들이 자신을 신이라고 했으며 사람들로 하여금 자신에게 경배하게 했다.

A. D. 90년에 밧모섬에 있던 요한이 이러한 이상을 보았다. 그 후에 교황이 생기고 또 로마 제국의 황제들은 자기를 신격화했다. 그리고 이 교황은 나중에 황제들을 지배하게 되었다. 요한이 밧모섬에서 그러한 날이 올 것을 미리 예언한 것이다! 이것이 바로 하나님의 말씀이다. 일곱 머리와 열 뿔에 대해서는 뒤에도 나오기 때문에 그때 자세히 보겠다.

4절, 그 여자는 자주 빛과 붉은 빛 옷을 입고 금과 보석과 진주로 꾸미고 손에 금잔을 가졌는데 가증한 물건과 그의 음행의 더러운 것들이 가득하더라

이 여자는 바로 음녀이다. 주석가 벵겔은 조금도 주저함 없이 이 음녀를 카톨릭 교회에 적용한다. 교황 베네딕트 8세는 세금을 부과할 때 로마라는 이름을 자랑스럽게 추켜세우며 이같이 말했다. "이 새 예루살렘으로 오라. 여기서 교회가 갓 태어났을 처음부터 주님의 법과 복음 진리의 빛이 모든 나라들에게로 흘러나갔다. 이 도시는 그토록 많고 그토록 큰 은혜로 영예롭게 되었고 그렇게 많은 은사로 채워져서 제사장들과 왕들의 도시라고 불리기에 합당하며 장구한 세월의 자랑이요 주님의 성읍이며 이스라엘의 거룩한 자의 시온으로 세워진 도시이다…이 카톨릭 사도적 로마 교회가 복된 베드로의 성스러운 자리에 의해 세상의 머리가 되었기 때문에 이 도시는 모든 믿는 자의 어머니요 신격에 대한 신실한 해석자요 또한 모든 교회들의 여주인이다. 여기에 더럽혀지지 않는 믿음의 축적물과 사제의 연합의 샘과 하늘나라의 열쇠와 맺고 풀 수 있는 최고의 능력과 마지막으로 교회의 대사면 특권의 다함이 없는 보화가 간직되어 있는데, 로마 교황이 그것을 나누어준다."[4]

벵겔은 이 자랑으로 가득한 칭호가 바벨론을 설명한다고 했다. 국내외의 건전한 성경 해석가들은 이 음녀에 대하여 배도한 교회, 거짓된 종교 단체라고 해설하면서 카톨릭을 지목한다. 음녀 자체가 종교적인 것이다. 세상 권력은 원래가 하나도 정상적인 것이 없기 때문에 굳이 신분을 말한다면 다 음녀라고 불러야 할 것이다. 그러나 18장에서 이 음녀에 대해 정치적인 권력을 말할 때에는 '바벨론'이라는 표현을 썼다. 그러므로 음녀라는 표현은 그리스도에 대하여 정상적이지 않은 배필을 가리킬 때 사용하는 것이다.

음녀는 원문에서 매춘부(harlot)로 결혼을 하지 않은 기생을 의미한다. 그러니까 이 음녀는 사실상 주님과 아무 관계도 없는 자이다. 사람들 눈에 그리스도의 아내처럼 보이는 것이지 사실은 기생이다. 남편과 합당하게 결혼한 적이 없는 여자라는 뜻이다.

"그 여자는 자주 빛과 붉은 빛 옷을 입고". 자주 빛(purple)은 로마 황제들이 즐겨 입던 색이다. 또 부자들이 입기 좋아하는 색이다. 누가복음 16장에서는 부자가 자색 옷을 입었다고 기록한다. 이렇게 자주 빛은 부자나 고관들이 좋아하는 옷 색이다. 붉은 빛도 마찬가지이다. 붉은 빛도 권위의 상징이며 영적으로는 땅에 속한 것의 상징이다. 그러한 옷을 입고 금과 보석과 진주로 꾸민 것이다. 그러므로 그 음녀는 매우 부유하고 높은 지위를 가졌음에 틀림없다. 당시 사도들은 그들의 손에 금은 보화가 없고 오직 주 예수의 이름만 갖고 있다고 선포했다. 그러나 오늘 카톨릭이나 큰 조직을 가진 교회를 보라! 거기에 높은 지위를 자랑하는 것과 부가 있다. 즉 자주 빛과 붉은 빛 옷이 있는 것이다.

자주 빛에 대해 조금 더 살펴보면, 자주 빛은 원색이 아니다. 삼원색은 빨강, 파랑, 노랑인데, 자주 빛은 빨강색과 남색을 섞은 것이다. 남색은 푸른 색깔로 하늘을 나타내고 붉은 색은 땅을 나타낸다. 따라서 자주 빛은

4) 벵겔 신약주석. 요한계시록. 로고스 문화사. p.197

하늘과 땅을 섞은 색이다. 한 마디로 이 음녀는 하늘과 땅을 섞은 색깔을 띠고 있다는 것이다. 하늘이면 하늘, 땅이면 땅이어야 할 텐데 그 두 가지를 섞은 것이다. 이처럼 모호한 모습을 띠고 있는 종교 단체가 어떤 것인지 생각해보면 이 음녀의 정체를 짐작할 수 있을 것이다.

오늘 여러분이 바티칸 교황청에 가면 추기경들을 볼 수 있는데, 추기경을 다른 말로 '홍의 주교'라고 한다. 붉은 옷을 입은 주교라는 뜻이다. 그리고 교황은 아예 속옷, 양말까지 다 붉은 색을 입는다고 한다. 교황을 환영할 때 사용하는 색도 붉은 색이다. 이렇게 자주 빛과 붉은 빛으로 치장한 여자, 이 땅에서 가장 영화롭고 고귀하게 보이는 색으로 옷 입은 여자, 그녀가 누구이겠는가? 바로 초대 교회에서 점차 변질되고 조직화되어 천주교가 된 음녀이다. 밧모섬에서 요한은 300년 후에나 존재하게 될 카톨릭의 상황을 이상으로 보고 예언했다.

또 음녀는 금과 보석과 진주로 꾸몄다고 했다. 금과 진주와 보석은 실상 그리스도의 신부의 요소들, 즉 새 예루살렘의 구성 물질들이다. 금은 하나님의 본성을, 보석은 성령의 연단하시는 역사로 말미암아 산출된 것을, 진주는 예수 그리스도의 구속 역사를 통해 나온 것을 나타낸다. 이것은 다 하나님께 속한 것들이다. 그러므로 우리는 음녀에게도 이런 것들이 다소 있다는 것을 알 수 있다. 카톨릭 역시 동정녀 출생, 그리스도의 십자가와 부활 등 귀한 진리들을 제시한다. 그런데 그것들로 '꾸몄다'는 것은 내적인 조성과 변화에 의해 소유한 것이 아니라 외적으로 다만 치장했다는 것이다. 즉 음녀의 특징은 거룩하신 하나님의 역사, 하나님의 속성, 그분의 역사 등을 그들의 외적 장식품으로 사용한다는 것이다. 자신들을 표방하는 데에 그것들을 사용할 뿐 그 안에는 가증한 것들이 많다. 이러한 음녀의 모습은 비단 카톨릭 안에서만 볼 수 있는 것이 아니다. 그 원칙에 따라 행하는 모든 조직과 단체가 겉의 붉은 옷을 입지 않았어도 정치와 권력과 힘을 지향하여 그것을 얻고 행사하게 되면 이것이 바로 음녀의 원칙이다.

"손에 금잔을 가졌는데". 하나님의 말씀을 내세우면서 사람들에게 뭔가 마시도록 따라준다. 이 여자는 왕의 홀을 가졌다거나 면류관을 가졌다고 하지 않았다. 다만 금 잔을 가졌다고 했다. "가증한 물건과 그의 음행의 더러운 것들이 가득하더라". 가증한 것은 특히 우상숭배와 관련된다. 특히 구약에서 하나님만을 경배하고 사랑해야 하는데 바알과 같은 우상을 숭배할 적에 그것을 가증하다고 했다. 겉으로는 하나님을 섬기는 것처럼 하지만 실제로는 세상을 사랑하고 돈을 사랑하고 쾌락을 사랑하는 것은 다 우상숭배요 가증한 것이다. 이것이 바로 음녀의 특징이다.

5절, 그 이마에 이름이 기록되었으니 비밀이라, 큰 바벨론이라, 땅의 음녀들과 가증한 것들의 어미라 하였더라

이마는 얼굴에서 사람들 눈에 가장 먼저 띄는 부위이다. 교만하고 거역적인 사람은 그 이마가 그렇게 보인다. 겸손한 사람들도 이마에 그렇게 나타나 있다. 하나님을 신실하게 믿는 사람들은 그 이마에 하나님과 어린양의 이름이 있다. 다시 말하면 겸손한 어린양 같은 사람은 그 이마를 보면 안다. 선거철에 보면 교만한 후보들은 이마에서 교만이 뿜어져 나온다. 내가 아니면 이 나라를 발전시킬 수 없다고 자부하는 교만한 자세가 바로 그 사람의 이마에 나타나는 것이다. 그렇다면 음녀의 이마에는 무엇이 기록되어 있는가? '비밀'이다. '비밀'이 바로 음녀의 특징이다. 비밀이란 그 속을 알 수 없는 것을 말한다.

민족성을 예로 들어보셨다. 대체적으로 한국 민족은 기질적으로 깊지 않다. 즉 비밀스럽지 않은 것이다. 그런데 한국 주변의 한두 나라 사람들은 매우 비밀스럽다. 그 나라 사람들은 도대체 무슨 생각을 하는지 겉으로 얼굴만 보아서는 알 수 없다. 분명 그들은 지금 기분이 나쁜데 얼굴에 표시가 없다. 그런 사람들은 웃으면서 남의 것을 빼앗을 줄 안다. 한국 사람같이 단순한 사람들은 따라서 웃다가 다 뺏기고 만다. 자신이 빼앗긴 것을 깨닫는 데만도 한참 시간이 흘러야 한다. 때로는 오랜 시간이 지나도 모르는 수가 있다. 빼앗겼다는 것을 못 느끼도록 교묘한 방식으로 빼앗았기 때문이다. 비밀의 깊이와 단수가 높은 것이다. 당시 고린도 교회에 침투한 거짓 교사들이 그러했다. 그들은 고린도 교회 성도들을 노략질했다. 그러나 성도들은 그들에 대하여 사랑과 감사하는 마음을 가지고 있었다. 그러면서 도리어 참된 사도인 바울을 미워하고 오해했다. 그때 바울은 고린도 성도들에게 "누가 너희를 종으로 삼거나 잡아먹거나 사로잡거나 자고하다 하거나 뺨을 칠지라도 너희가 용납하는도다"(고후 11:20)라고 말했다. 이것은 거짓 교사들이 고린도에 와서 한 일이 성도들의 뺨을 치고 그들을 사로잡고 잡아먹은 일이라는 것이다. 그러나 성도들은 그들의 소행을 알아차리지 못했다. 이런 일은 오늘날에도 얼마든지 있을 수 있다.

21장 10절과 11절을 보자. "성령으로 나를 데리고 크고 높은 산으로 올라가 하나님께로부터 하늘에서 내려오는 거룩한 성 예루살렘을 보이니 하나님의 영광이 있으매 그 성의 빛이 지극히 귀한 보석 같고 벽옥과 수정같이 맑더라". 그리스도의 신부의 특징은 무엇인가? 맑은 것이다. 수정같이 맑다는 것은 투명하게 맑다는 것이다. 그래서 그 속에 무엇이 들어 있는지 다 안다. 맑은 시냇물은 그 속에 있는 돌맹이, 가재가 다 보인다. 그것이 투명하고 맑은 것이다. 그런데 흙탕물은 속에 무엇이 있는지 전혀 보이지 않는다. 여러분은 어떤 것이 더 좋은가?

또 이 음녀는 큰 바벨론이라고 했다. 어린양의 신부는 거룩한 성인 반면에 이 바벨론은 큰 성이다. 이 시대 교회의 특징은 큰 것이 아닌 순수하고 깨끗하고 맑은 것에 있어야 한다. 교회는 크게 세력을 잡는 기관이 아니다. 왕국에서는 하나님의 백성이 권세를 잡게 된다. 그런데 이 시대는 교회가 세력을 잡는 시대가 아니다. 다만 나그네로서 고난당하며 인내에 동참하는 자들이다. 그런데 음녀는 미리 이 시대에 세력을 잡았다. 말하자면 교회가 이 시대에 힘을 키워서 세상에 영향력을 행사하는 존재가 되어버린 것이다. 이것이 바로 큰 성 바벨론이다. 바벨론이라는 말은 헬라어이고 히브리어로는 바벨이다. '바벨'은 창세기 10장에 나온다. 8절, "구스가 니므롯을 낳았으니 그는 세상의 처음 영걸이라". 기독교계에서 영웅호걸이 되기를 꿈꾸지 말라! 바벨론의 창설자가 바로 영걸이다. 9-10절, "그가 여호와 앞에서 특이한 사냥꾼이 되었으므로 속담에 이르기를 아무는 여호와 앞에 니므롯 같은 특이한 사냥꾼이로다 하더라 그의 나라는 시날 땅의 바벨과…" 여기서 바벨이라는 단어가 처음 나오는데, 바벨이라는 나라는 어떻게 해서 건설되었는가? 사냥을 잘 해서 영웅이 된 사람 니므롯에 의해서이다. 그리스도인들 가운데 영웅이 되는 것은 좋은 것이 아니다. 그리스도인 영웅은 어떻게 나오는가? 역시 사냥을 잘해서이다. 사냥이란 자기가 짐승을 길러서 잡아먹는 게 아니라 산 속에 돌아다니는 짐승을 그냥 포획하는 것이다. 거기에는 남이 잡아놓은 것을 낚아채는 기술도 포함되다. 다른 사람이 애써서 잡아놓은 짐승을 말을 타고 달리면서 가로채는 것이다. 이런 식으로 해서 영웅이 되는 사람이 있다.

사도 바울은 결코 사냥하는 식으로 사역하지 않았다. 그러나 당시 거짓 교사들은 바울이 사역한 곳을 다니며 사냥했다. 그들은 탁월한 말재주와 신분을 사용해서 바울이 목숨을 걸고 사역하여 얻은 성도들을 노략했다. 그들은 당대의 사냥꾼들이었다. 오늘날도 사냥을 잘 하면 영웅이 된다. 바벨론 건설의 비결은 그 가운데 영웅이 있다는 것이다. 영웅이 없으면 바벨론이 일어나지 않는다. 그저 그런 사람들만 있는 곳에서는 절대로 바벨론이 일어나지 않는다. 바울은 영웅이 될래야 될 수 없는 외모를 지녔던 깃 같다. 말 주변도 그렇게 좋지 않았다. 만일 바울이 오늘 이 시대에 존재한다면 우리는 그를 접촉하기가 편할 것이다. 돈 없고 명예가 없어도 그는 우리를 거절하지 않고 친절히 만나주며 사랑하며 가르쳐 줄 것이다. 비서를 통해서 일정을 잡아야 겨우 볼 수 있는 존재가 아닐 것이다. 그가 오네시모 같은 노예를 대한 것을 보면 알 수 있다. 다만 그에게 가까이 가려면 진리에 순종하려는 마음과 충성된 마음이 필요할 것이다. 그는 아첨하는 사람이 아니었고 자신을 내세우는 사람도 아니었다. 오직 주를 위하는 사람이었고 진실된 사람이었고 절대적인 사람이었다. 이런 사람의 수고는 절대 바벨론을 산출하지 않는다. 그는 보통 사람, 작은 사람으로서 한 지역 한 지역 다니며 사역을 했다. 그의 자랑거리는 다만 넘치는 수고와 고난이었을 뿐이다.

창세기 11장 1절, "온 땅에 구음이 하나이요 언어가 하나이었더라 이에 그들이 동방으로 옮기다가 시날 평지를 만나 거기 거하고". 이 시날이 바로 바벨이다. 3절, "서로 말하되 자 벽돌을 만들어 견고히 굽자 하고 이에 벽돌로 돌을 대신하며 역청으로 진흙을 대신하고". '대신하는 것'은 좋은 것이 아니다. 4-5절, "또 말하되 자, 성과 대를 쌓아 대 꼭대기를 하늘을 닿게 하여 우리 이름을 내고 온 지면에 흩어짐을 면하자 하였더니 여호와께서 인생들의 쌓는 성과 대를 보시려고 강림하셨더라". 이들은 흩어짐을 면하고 싶었다. 바벨론 사람들의 특징은 흩어지는 것을 두려워한다는 것이다. 그러면 흩어짐을 피하는 방법은 무엇인가? 성과 대를 높이 쌓고 이름을 내는 것이다. 이것이 바로 바벨론이다.

오늘날 교회가 바벨론 형태로 가는 것은 주님의 기뻐하시는 바가 아니다. 어느 단체든지 이름 있는 영웅의 기치 아래 대단한 성과 대를 쌓고 사람들을 흩어지지 않게 하는 것은 원칙상 바벨론의 형태이다. 초대 교회의 모습을 보라! 그들은 어떤 유명한 한 사람 아래서 흩어짐을 면하기 위해 모였는가? 아니다. 그들은 오직 예수의 이름으로 모이며 그 이름을 전했다. 성령 강림으로 처음 생겨난 교회가 예루살렘 교회이다. 주님은 제자들에게 성령이 임하시고 권능을 받으면 예루살렘과 온 유대와 사마리아와 땅 끝까지 이르러 그분의 증인이 되리라고 하셨다. 그런데 그들이 수천 명이 되어도 움직이지 않자 하나님은 예루살렘 교회에 큰 핍박이 일어나도록 허락하셨다. 스데반의 순교가 그 시발이었다. 사도 바울은 당시 핍박자의 대열에 끼어있던 인물이었다. 그때 예루살렘 교회는 사도들을 제외하고는 다 유대와 사마리아와 모든 땅으로 흩어지게 되었다(행 8:1). 그들이 주님의 명령에 따라 미리 흩어졌더라면 좋을 뻔하였다. 오늘 우리가 복음 진리를 들고 나아가지 않으면 누가 나가겠는가? 모든 성도들은 작은 사역자들이 되고 전도자들이 되어 나가야 한다. 그러면 거기에 바벨론이 될 여지가 없게 된다. 큰 이름이 없고 큰 성과 대가 없기 때문이다. 다만 여기저기 작은 무리들의 전진만이 있을 것이다. 참으로 우리는 이 마지막 시대에 이러한 충성스런 성도들의 모습을 보고 싶다.

"여호와께서 인생들의 쌓는 성과 대를 보시려고 강림하셨더라 여호와께서 가라사대 이 무리가 한 족속이요 언어도 하나이므로 이같이 시작하였으니 이후로는 그 경영하는 일을 금지할 수 없으리로다 자, 우리가 내려가서 거기서 그들의 언어를 혼잡케 하여 그들로 서로 알아듣지 못하게 하자 하시고 여호와께서 거기서 그들을 온 지면에 흩으신 고로 그들이 성 쌓기를 그쳤더라 그러므로 그 이름을 바벨이라 하니 이는 여호와께서 거기서 온 땅의 언어를 혼잡케 하셨음이라"(5-9절). 바벨이라는 말의 뜻이 '혼잡' 이다.

계시록 17장의 큰 바벨론 역시 혼잡한 것이다. 육신적인 것과 영적인 것이 섞여 있다. 교회와 세상이 섞여 있고 이교도와 그리스도인이 섞여 있고 율법과 은혜가 섞여 있고 유대교와 기독교가 섞여 있다. 그들은 땅에 속한 것과 하늘에 속한 것을 섞어놓았고 장래 얻을 영광을 미리 차용하여 오늘 누리고 있다. 그들은 장래 얻을 영광과 상급을 이미 받은 자들이다(마 6:2, 5, 16).

또한 이 음녀는 '땅의 음녀들과 가증한 것들의 어미'이다(5절). 땅의 가증한 것이란 변질된 교회인 카톨릭 안의 수많은 우상들이다(신 7:25-26). 앞에서 말했듯이 가증하다는 말은 특히 우상숭배와 관련되어 사용된다. 신명기 7장 25-26절은 우상들이 가증한 것임을 분명히 말했다. 이 땅에 카톨릭만큼 가증한 일을 행하는 데가 어디 있는가? 카톨릭 교도들은 촛불을 켜고 수많은 우상 가운데 하나를 택하여 그 앞에 놓고 기도한다. 그들은 마리아에게 기도한다고 하지만 그것도 마리아 상(像)이지 실제 마리아가 아니다. 카톨릭의 우상숭배는 도가 넘는다. 이탈리아 나폴리를 가보면 문 앞이나 집 안에 우상을 세워놓고 향초를 켜놓은 광경을 흔히 보게 되는데, 대만, 네팔 등 우상이 가득한 나라들의 풍경과 조금도 다를 게 없다.

또 '땅의 음녀들'이라고 했는데, 이는 음녀가 하나만이 아니라는 말이다. 즉 어미 음녀가 있는가 하면 그의 많은 딸들이 있는데, 이로써 그 음녀가 배교 사상의 어미라는 것을 알 수 있다(박윤선). 그 많은 음녀들은 한 어미에게서 나왔다. 그렇다면 음녀는 로마 바티칸에만 있는 것이 아니다. 이 땅에는 로마 바티칸의 원칙을 따르는 많은 음녀들이 있다. 그리고 그 근본은 로마 천주교이다. 17장 1절에는 큰 음녀가 있고 5절에는 작은 음녀들이 있다. 그 작은 음녀들은 모두 큰 음녀인 카톨릭의 원칙을 따라가는 단체들이요 소위 교회라 하지만 변질되어 가는 자들이다. 그러므로 카톨릭을 모방하거나 답습한 모든 단체들은 땅의 음녀들이라고 할 수 있다. 그들은 카톨릭과 같이 세상과 연합하였으며 많은 것들이 혼합되어 있는 교회이다.

또 음녀는 '가증한 것들의 어미'라고 하였는데 가증한 것이란 구약에서 항상 우상숭배와 관련하여 쓰여졌다. 천주교는 마리아, 천사, 사도들, 성인들을 숭배한다. 그들은 기도할 때 그들에게 중재해달라고 부탁한다. 이는 다 가증한 우상숭배이다. 가증하다는 것은 또 거짓된 것과도 관계가 있다(딛 1:16). 거짓된 믿음은 가증한 것이다. 입으로만 말하고 생활은 그와 일치하지 않은 신앙도 엄밀히 보면 우상숭배와 관련이 있다. 즉 거짓된 신앙이란 그 신앙의 대상에 문제가 있는 것이다. 그것은 살아 계신 하나님을 교묘하게 다른 것으로 바꾼 것이다. 성경은 장차 이런 교회들이 있을 것이라고 예언한다. 놀랍지 않은가? 교회가 요한 시대에는 이렇지 않았다. 그들은 세력화되지 않았고 그리스도의 환난과 인내에 동참하고 있었다. 그러나 후에 권력이 있고 부가 있는 큰 단체들로 조직화된 것이다. 세상 정치 세력과 결탁하여 세력을 형성한 교회는 다 음녀의 딸들이다. 음녀의 결국은 심판이다. 우리는 음녀의 길을 피하도록 주의해야 한다.

6절, 또 내가 보매 이 여자가 성도들의 피와 예수의 증인들의 피에 취한지라 내가 그 여자를 보고 기이히 여기고 크게 기이히 여기니

당시에 요한은 그러한 존재가 지구상에 없었기 때문에 어찌 이런 여자가 있는가 하고 기이히 여긴 것이다. 그런데 그 중에서도 특히 기이히 여긴 것은 이 여자가 자칭 하나님을 믿는다고 하면서 성도들과 예수의 증인들을 죽인다는 것이다. "성도들의 피와 예수의 증인들의 피에 취한지라". 이것은 이 여자가 직접 살인을 했다기보다 살인하도록 교사하고 그 피에 취했다는 말이다. 요한은 이것을 미리 말해주고 있다. 여러분은 로마 천주교가 얼마나 많은 참된 그리스도인들을 죽였는지 아는가? 이것은 영국 국교도 마찬가지이다. 영국 국교는 개신교이지만 참된 그리스도인들을 수없이 핍박하고 죽였다. 그들도 카톨릭처럼 정치 세력을 가졌고 원칙상 음녀의 길을 따랐다. 우리는 세계사에서 메리 여왕이 얼마나 많은 그리스도인을 죽였는지를 알고 있다. 그래서 그녀를 '피의 메리(Blood Mary)'라고 부르기까지 한다. 로마 천주교가 죽인 것은 이루 말할 수 없다. 그들은 주로 로마 제국의 힘을 빌어 죽였는데, 그들은 그리스도인들이 죽는 것을 보면서 기뻐했다. 그것이 그 피에 취했다는 의미이다. 여기서 요한은 믿는다는 사람들이 성도들을 죽이니까 너무나 기이히 여긴 것이다. "그 여자를 보고 기이히 여기고 크게 기이히 여기니".

7절, 천사가 가로되 왜 기이히 여기느냐 내가 여자와 그의 탄바 일곱 머리와 열 뿔 가진 짐승의 비밀을 네게 이르리라

1절부터 6절까지는 요한이 본 이상이고 7절부터는 천사가 요한에게 이상을 설명해 주는 것이다. 그러므로 이 부분부터는 문자적으로 해석해야 한다.

8절, 네가 본 짐승은 전에 있었다가 시방 없으나 장차 무저갱으로부터 올라와 멸망으로 들어갈 자니 땅에 거하는 자들로서 창세 이후로 생명책에 녹명되지 못한 자들이 이전에 있었다가 시방 없으나 장차 나올 짐승을 보고 기이히 여기리라

이 말은 이해하기가 매우 어렵다. 여기 짐승에 대하여 네 가지 항목이 있다. 첫째는 전에 있었고, 둘째는 지금은 없으며, 셋째는 장차 무저갱으로부터 올라올 것이며, 넷째는 다시 멸망한다. 짐승은 한 면으로 소생할 로마제국을 가리키며 또 한 면으로 적 그리스도를 가리킨다. 여기서는 적 그리스도 개인을 말한다. 사람들은 짐승을 보고 기이히 여기면서 그에게 경배한다(13:12). 오직 하나님의 택하심을 얻은 자들만이 미혹되지 않을 것이며 하나님의 생명책에 이름이 기록된 자들만이 지키심을 받아 짐승에게 경배하지 않고 순교할 수 있을 것이다.

9절, 지혜 있는 뜻이 여기 있으니 그 일곱 머리는 여자가 앉은 일곱 산이요

로마는 일곱 산으로 이루어져 있다. 그래서 여기 요한이 말한 일곱 산은 로마를 말한다. 결국 적 그리스도나 음녀나 다 로마와 관계가 있다. 그때 요한은 이미 로마를 중심으로 대단한 교회 모조품이 생길 것을 예언했다. 여기서 지혜를 말하는데, 13장 18절에서는 지혜가 짐승의 수이고 여기서는 일곱 머리이다. 이 일곱 머리는 장소를 가리키고 또 사람을 가리킨다. 일곱 머리는 로마가 일곱 산 위에 세워진 것을 말하며 동시에 일곱 왕들을 가리킨다. 즉 하나는 수도(로마)를 가리키며 하나는 사람을 가리키는 것이다. 지혜가 필요함은 다만 짐승의 수만이 아니라 짐승의 머리에 대해서도 알아야 하기 때문이다. 머리란 백성들의 지도자를 가리키기도 한다. 이사야 7장 8-9절은, "대저 아람의 머리는 다메섹이요 다메섹의 머리는 르신이며"라고 한다. 여기서 머리가 하나는 수도(다메섹)를 가리키고 다른 하나는 사람(르신 왕)을 가리킨다. 이와 같이 머리는 종종 한 면으로 사람을 가리키며 또 한 면으로 도시를 가리킨다. 성경은 우리가 변질된 교회의 모습을 알려고 하면 다 알 수 있도록 분명하게 기록해 놓았다. 하나님이 극도로 미워하시고 심판하실 교회가 어떤 모습의 교회인가를 알려주시는 것이다. 적어도 성도들은 두 가지를 알아야 하는데 그것이 지혜 있는 것이라고 했다. 첫째는 666이라는 수와 그 이름이다. 이는 적 그리스도와 관계된다. 둘째는 음녀에 대한 것이다. 이 두 존재는 계시록에서 중점적으로 거론된다. 이 구절들에서도 이 두 존재를 교차하면서 알려주고 있다.

10절, 또 일곱 왕이라 다섯은 망하였고 하나는 있고 다른 이는 아직 이르지 아니하였으나 이르면 반드시 잠깐 동안 계속하리라

일곱 산은 또 일곱 왕이다. 10절 말씀은 이해하기가 좀 어렵다. 이렇게 정리해보겠다. "다섯은 망하였고". 1. 줄리어스 시저 2. 티베리우스 3. 칼리큘라 4. 클라디우스 5. 네로는 다 망한 사람들이다. "하나는 있고" 이것은 여섯 번째 도미티안 황제로서 요한이 밧모섬에서 이 계시를 볼 당시 살아있던 황제이다. 도미티안도 자신을 신격화하다가 사람들에게 피살되었다. 그러면 로마의 황제가 이렇게 여섯 명밖에 없었는가? 그렇지 않다. 열두 명이 있었다. 그런데 왜 여섯 명이라고 기록했는가? 그들이 참람한 이름을 가진 자들이기 때문이다(13:1). 그들은 참람한 이름을 가진 자들이고 자신을 신격화했다가 결국 망한 왕들이다. (이 구절의 '망하였다'는 갑작스런 죽음을 의미한다.) 그들은 자결을 했거나 시해를 당했다. 그러므로 여섯 황제만 말하는 것이다. 계시록 당시 아시아에 더 많은 교회가 있었지만 일곱 교회만 교회의 대표로 삼은 것과 마찬가지다.

줄리어스 시저, 티베리우스, 칼리쿨라, 클라디우스, 네로 이 다섯 황제에다 현재 있는 도미티안 황제까지 여섯이다. 그런데 "다른 이는 아직 이르지 아니하였으나". 이 말이 아주 중요하다. 이 다른 이는 아직 이르지 않았다. 지금까지도 아직 이르지 않았다. 지금 이 땅은 로마 제국의 부활을 기다리고 있다. 그리고 로마 제국이 부활될 때 일곱 번째 황제가 등장하게 된다. 지금 우리는 로마 제국의 연장선상에 있다. 그것은 다니엘이 본 금 신상을 통해 알 수 있다. 머리는 정금으로 바벨론을 상징하며, 가슴과 팔은 은으로 메대-바사를 상징하고, 배와 넓적다리는 놋으로서 헬라를 가리킨다. 그리고 종아리는 철인데, 두 종아리는 동로마와 서로마로 나누어진 것을 나타낸다. 그 다음 열 발가락은 얼마는 철이고 얼마는 진흙이다. 이것이 열 발가락의 나라이다. 이 열 발가락의 나라는 아직 오지 않았다. 현 시대는 종아리에서 발가락 사이의 시대이다.

다니엘 9장의 70이레 이상에서 일곱이레가 먼저 있고(예루살렘 성 중건부터 성진 재건까지 49년), 62이레가 그 다음이며(성전 재건부터 그리스도께서 십자가에 못 박히시기까지 434년), 이제 마지막 한 이레(7년)가 남아 있다. 로마 제국이 부활되면 다리와 열 발가락이 이어지게 되는데(다니엘 2장 참조), 지금 이렇게 휴지 기간이 긴 것은 이방인들로 구원받게 하기 위해서이다. 이방인의 수가 차게 되면 종아리와 열 발가락이 연결될 것이다.

일곱 번째 황제는 아직 나타나지 않았다. 누구인지는 아무도 모른다. 이제 열 나라, 열 발가락이 이루어지면 거기에 한 실권자가 나타날 것이다. 그 사람이 바로 일곱 번째 황제일 것이다. 그런데 이 사람이 칼에 죽었다가 다시 살아난다(계 13:3, 14 참조). 그때 다섯 번째 황제 네로의 영이 무저갱에서 나와 죽었다가 살아난 자 안으로 들어가게 된다(8절의 무저갱에서 올라왔다는 것과 13장 1절의 바다에서 한 짐승이 올라왔다는 것과 짐승이 칼에 상하였다가 살아난 것은 다 이와 관련된다). 이 일이 불가능하다고 말하지 말라! 오늘날 사람들이 귀신 들리는 것은 귀신이란 존재가 사람 안에 들어간 것이기 때문이다. 멀쩡하던 사람이 귀신 들려서 새 소리도 내고 할아버지 소리도 낸다. 그런 식으로 여덟 번째 황제가 되는 인물이 바로 적 그리스도이다. 그자는 실상 네로이다. 네로라는 이름의 수가 666인 것이다. 아마도 그가 네로라는 이름을 사용하지 않을 수도 있다. 그러나 그의 하는 일이나 말이나 행위가 네로임을 증명할 것이다. 예술과 건축을 좋아하고 광포하고 잔인한 기질을 나타낼 것이다. 그러면서 그 이름의 수를 사용할 것인데 그 수가 666이며, 지혜 있는 자들은 그 수를 통해서 그가 네로임을 알 것이다. 로마 황제 중에서 666의 숫자를 가진 자는 네로(가이사 네로)뿐이다. 그래서 10절과 11절을 우리가 이해할 수 있는 것이다. 10절, "또 일곱 왕이라 다섯은 망하였고 하나는 있고 다른 이는 아직 이르지 아니하였으나 이르면 반드시 잠깐 동안 계속하리라". 일곱 째는 잠시 있다가 죽임을 당한다. 따라서 일곱째의 재위 기간은 길지 않다.

11절, 전에 있었다가 시방 없어진 짐승은 여덟째 왕이니 일곱 중에 속한 자라 저가 멸망으로 들어가리라

11절의 짐승은 8절의 내용과 일치한다. 그것은 요한이 계시록을 쓸 때를 기점으로 전에 있었다가 시방 없어졌다는 말이다. 그것이 바로 네로이다. 그는 지금 무저갱에 있다. 그런데 그가 또 여덟 번째 왕이라고 했다. 그러니까 죽은 일곱 번째가 살아날 때 여덟 번째 혼을 갖게 되는 것이다. 이것은 그리스도의 부활과 다른데, 그리스도의 부활은 그분 자신이 부활하신 것이지만 이 짐승의 부활은 타인의 몸을 빌려 혼이 돌아오는 식의 부활이다. 이렇게 해서 적 그리스도가 출현한다. 시드기야가 바벨론으로 잡혀가고 나서 이스라엘에는 왕이 끊어졌는데 그 후 열여섯 세대를 지나 그리스도가 출생하셨다. 이와 같이 로마도 멸망한 후 공백기가 있다가 적 그리스도가 나타날 것이다. 일단 적 그리스도가 나타나기 전에 일곱째 왕이 선주자가 되어 여러 준비를 할 것인데, 이는 요한이 예수님의 선주자가 된 것과 같다. 그러므로 그 자가 나타날 때 3년 반 동안 많은 일을 할 수 있을 것이다. 성경에는 여섯째 다음 일곱째 왕이 나타나기까지의 간격을 말하고 있지 않은데, 이 기간은 종교적인 로마가 권세를 장악하는 기간일 것이다. "여덟째 왕이니 일곱 중에 속한 자라 저가 멸망으로 들어가리라". 이제 적그리스도는 완전히 불못에 던져진다. "또 저희를 미혹하는 마귀가 불과 유황 못에 던지우니 거기는 그 짐승과 거짓 선지자도 있어 세세토록 밤낮 괴로움을 받으리라"(20:10).

12절, 네가 보던 열 뿔은 열 왕이니 아직 나라를 얻지 못하였으나 다만 짐승으로 더불어 임금처럼 권세를 일시 동안 받으리라

머리와 뿔은 차이가 있다. 머리는 로마 전체인 반면 뿔은 로마의 분봉왕들, 즉 로마 제국에 부속된 왕들이다. 열 뿔은 결국 열 발가락의 나라일 것이다. 이러한 나라가 이 지구상에 일어난다는 것이다. 열 뿔과 열 발가락의 나라를 아직은 분명하게 보지 못한다. 머리는 한 시대에 한 권력자를 가리키지만 열 뿔은 동 시대에 함께 권력을 가진 자들이다. "네가 보던 열 뿔은 열 왕이니 아직 나라를 얻지 못하였으나 다만 짐승으로 더불어 임금처럼 권세를 일시 동안 받으리라". 일곱 머리 중 하나는 아직 나타나지 않았고 열 뿔도 아직 나타나지 않았다. 뿔은 머리보다는 작은 권력이다. 열 왕은 적 그리스도와 더불어서 함께 나라를 다스릴 권세를 갖고 있지는 않아도 여전히 권세를 가진 왕 같은 존재들일 것이다. 요한 당시에는 '아직 나라를 얻지 못하였으나' 여덟째 황제가 나타나면 그 열 왕이 그와 함께 권력을 잡을 것이라고 했다. 우리는 이것이 EU라고 단정해서 말할 수는 없지만 그들을 주시하지 않을 수 없다. 열 왕이 일시에 권력을 잡는다고 했기 때문이다. 어쨌든 과거의 로마 제국과 흡사한 신성 로마 제국은 반드시 부활될 것이고 열 왕이 권력을 잡을 것이다. 그리고 그들을 이끄는 한 왕이 나타나는데 그가 바로 적 그리스도이다.

13절, 저희가 한 뜻을 가지고 자기의 능력과 권세를 짐승에게 주더라

장래 적 그리스도가 나타나면 열 뿔이 상징하는 열 왕이 그에게 모든 권력을 모아준다는 말이다. 장래 그러한 일이 이 지구상에 발생할 것이다. 어떤 사람들은 짐승이 교황을 가리킨다고 하는데, 그렇다면 장래 여러 나라가 교황에게 권력을 부여한다는 말인가? 그런 일은 없을 것이다. 그들이 적 그리스도인 로마 제국의 황제에게 모든 권세를 몰아주는 것은 그가 출중한 인물이고 대단한 정치력을 발휘하기 때문이며, 게다가 다시 살아나 많은 위협적이고 사악한 일들을 하기 때문일 것이다.

14절, 저희가 어린양으로 더불어 싸우려니와 어린양은 만주의 주시요 만왕의 왕이시므로 저희를 이기실 터이요 또 그와 함께 있는 자들 곧 부르심을 입고 빼내심을 얻고 진실한 자들은 이기리로다

이것이 마지막 아마겟돈 전쟁이다. 적 그리스도와 열 왕, 즉 로마 제국과 같은 거대한 세력이 예루살렘을 치러 들어가는 것이다. 마지막 전쟁은 적 그리스도의 군대와 이스라엘이 한 판 붙는 것이다. 그런데 이때 이스라엘을 공격하는 것은 어린양이신 주 예수님을 공격하는 것으로 받아들여지게 된다. 우리는 앞에서 이것을 보았다. 거짓말 하는 영들이 열국 군대를 아마겟돈이라는 곳으로 모을 그때 주님은 다시 한 번 그분의 백성에게 깨어 있으라고 하시면서 주님이 도적같이 오신다고 했다. 어쨌든 이 구절의 싸움은 아마겟돈 전쟁이고 거기서 어린양과 그와 함께한 자들이 이길 것이다. "어린양은 만주의 주시요 만왕의 왕이시므로 저희를 이기실 터이요 또 그와 함께 있는 자들 곧 부르심을 입고 빼내심을 얻고 진실한 자들은 이기리로다".

여기서 19장을 한번 보겠다. 19장 11절부터 아마겟돈 전쟁에서 그리스도께서 활약하시는 광경을 자세히 기록하고 있다. "또 내가 하늘이 열린 것을 보니 보라 백마와 탄 자가 있으니 그 이름은 충신과 진실이라 그가 공의로 심판하며 싸우더라 그 눈이 불꽃 같고 그 머리에 많은 면류관이 있고 또 이름 쓴 것이 하나가 있으니 자기밖에 아는 자가 없고 또 그가 피 뿌린 옷을 입었는데 그 이름은 하나님의 말씀이라 칭하더라 하늘에 있는 군대들이 희고 깨끗한 세마포를 입고 백마를 타고 그를 따르더라"(11-14절). 분명 그리스도께서는 아마겟돈 전쟁시에 한 무리 성도들을 대동하고 싸우신다. 이것은 참으로 놀라운 일이다. 그 무리 가운데 나와 여러분이 있기를 바란다. 15절, "그의 입에서 이한 검이 나오니 그것으로 만국을 치겠고 친히 저희를 철장으로 다스리며 또 친히 하나님 곧 전능하신 이의 맹렬한 진노의 포도주틀을 밟겠고". 이것이 바로 적 그리스도와 그의 군대들을 심판하시는 것이다. 16절, "그 옷과 그 다리에 이름 쓴 것이 있으니 만왕의 왕이요 만주의 주라 하였더라".

다시 17장 14절을 보자. "저희가 어린양으로 더불어 싸우려니와 어린양은 만주의 주시요 만왕의 왕이시므로 저희를 이기실 터이요". 이것은 19장 16절과 같은 말씀이다. "또 그와 함께 있는 자들 곧 부르심을 입고". 부르심을 입었다는 것은 구원받은 것이다. 빼내심을 입었다는 것은 선택된 것이다. 그러므로 그리스도인은 구원만 받으면 되는 것이 아니라 반드시 선택되어야 한다. 이들은 어떻게 해서 이때 주님과 함께하게 되었는가? 이들은 분명 2, 3장의 교회의 이기는 자들일 것이며, 12장의 사내아이들과 14장의 첫 열매들을 포함할 것이다. 이들은 분명 보좌로 들림받은 자들일 것이며, 공중에서의 혼인잔치에 참여하여 심판대에서 상을 받은 자들일 것이며, 왕권을 얻은 자들일 것이다(계 11:18, 3:21). 틀림없이 이들은 19장의 어린양의 신부와 동일한 자들일 것이다(8절). 모든 구원받은 사람들에게 신부의 자격과 혼인잔치에 참여할 자격이 주어졌지만 어떤 사람들은 성령으로 충만될 기회를 잃고 충성스럽게 섬길 기회를 잃었기 때문에 그 자격을 상실하는 것이다(마 25장 참조). 주님은 다시 오실 때 그분의 이기는 자들과 함께 그분의 전쟁을 치르시고 승리하실 것이며 이는 그분에게 큰 기쁨이 될 것이다. 그분은 교회 시대를 통하여 이때 그분과 싸울 전사들을 얻으시는데 그 수는 그리 많지 않을 것이다(눅 12:32).

마태복음 22장 14절에서 주님은 "청함을 받은 자들은 많되 택함을 받은 자는 적으니라"고 하셨다. 적은 수가 택함을 받은 것이다. 예수 그리스도와 함께 이 전쟁에 참여할 자들은 많은 수가 아닐 것이다. 부르심 받은 자들이 다 따르는 것은 아니기 때문이다. 구약에서 이스라엘은 다 하나님의 부르심을 받은 자들이고 또 택함받은 자들이지만 다윗의 경우는 특별히 하나님의 마음에 합한 자로서 택함을 받았다(시 89:19-20). 이로써 우리는 구원받은 사람들이 한 무리이고, 다윗과 같이 하나님의 마음에 합한 이기는 자들 또한 한 무리임을 알 수 있다. 또 어린양을 따르는 자들은 부르심을 받고 택함을 받아야 할 뿐 아니라 더욱이 신실한 자들, 충성된 자들이어야 한다. 충성되다는 것은 자신을 주의하는 것이 아니라 주님의 권익을 주의하는 것이다. 그런 자들이 주님과 함께 이긴다. 또 그들의 이김은 주님으로 인한 것이다. 그분은 십자가와 부활을 통하여 승리를 거두시고 그분의 얻으신 승리가 믿는이들에게 흘러가게 하신다. 그 전쟁의 때에 그분의 입에서 이한 검이 나올 것이며 우리는 대장이신 그분을 따르면 된다.

하나님의 이기는 자들

여기서 우리는 잠시 하나님의 이기는 자들에 대하여 보겠다. 오늘날 그리스도인들의 관념 속에는 이기는 자들에 대한 이해가 별로 없다. 또 있다 해도 분명하지 않다. 우리는 체험적으로 그저 일반적인 신자로서 만족하는 사람들과 도저히 그렇게는 살 수 없다는 듯한 태도를 가진 사람들이 있다는 것을 안다. 마치 이 땅에 두 종류의 그리스도인이 있는 듯하다.

우리가 그리스도인이 된 것은 보통 일이 아니다. 그리고 우리의 인생은 한 번뿐이니 매우 엄숙한 일이다. 어떻게 살 것인가? 주를 위해 모든 것을 행하고 조금도 자신을 보류하지 않는 길을 갈 것인가? 아니면 적당히 세상과 어울려 살 것인가? 결단이 필요하다. 하나님은 이 시대에 이기는 자들을 부르신다. 그들을 위해 주님은 특별한 상급을 예비해놓고 계신다(계 2, 3장, 딤후 2:10-13).

우리가 구약에서 신약에 이르기까지 하나님의 역사하시는 길과 원칙을 볼 때 한 가지 분명한 것이 있는데, 그것은 하나님께서 그분의 백성 전체가 그분과 동역하고 그분을 기쁘시게 할 것을 기대하지는 않으신다는 것이다. 반드시 한 무리를 따로 세워 일하신다. 온 이스라엘이 아론과 더불어 금송아지를 섬길 때 주님은 여호와의 편에 선 자들을 따로 부르셨다.

그때 레위 자손이 모세에게 나왔고 그들은 하나님의 명에 따라 그 형제들을 칼로 도륙했다. 그러자 하나님은 레위에게 하나님을 섬기는 특권을 부여하셨다(출 32장 참조).

여호수아 시대에 이스라엘이 요단을 건널 때 백성들이 물 가운데로 지나가기를 두려워했다. 그때 언약궤를 멘 제사장들이 강 바닥에 서서 백성들이 다 건너가기를 기다렸다. 이기는 자들은 이와 같이 대다수의 두려워하는 사람들을 위해 사지(死地)에 서 있을 수 있는 사람들이다. 언제까지인가? 주님을 대표하는 여호수아가 "올라오라!"고 외칠 때까지이다.

기드온을 생각해보라! 당시 이스라엘은 전체적으로 타락해 있었다. 그때 하나님은 기드온과 삼백 용사를 불러 사용하셨다. 처음에 전쟁하겠다고 부름에 응한 사람은 삼만 이천 명이었다. 그러나 하나님은 두려워 떠는 자들은 돌아가라고 하셨고 또 물 마시는 것으로 그들의 평소의 영도 점검하셨다. 이기는 자들은 여유 있을 때에도 온 마음이 하나님께 있는 자들이고 대적을 경계하는 자들인 것이다. 그래서 남은 자들이 삼백 명이었다. 이와 같이 이기는 자들은 적은 무리이다. 이들이 하나님의 나라를 유업으로 얻을 자들이다(눅 12:32). 주님은 구약에서나 신약에서나 전체 하나님의 백성들이 다 이길 것을 기대하지 않으신다. 그러므로 계시록 2장과 3장에서 교회들이 전반적으로 상태가 내려갈 때 교회 전체가 아닌 개인들을 향하여 이기라고 부르시며 그 이기는 자들에게는 보상을 약속해 놓으셨다.

당신은 반드시 이것이 주님의 역사하시는 원칙임을 알아야 한다. 그분은 한 무리 사람들이 먼저 깨어서 길을 잘 갈 때 그 효과가 많은 사람에게 미치는 원칙을 사용하신다. 바울은 고린도 교회에게 한 무리가 먼저 복종할 때 다른 많은 복종치 않는 사람들을 복종케 하실 수 있다고 말한다(고후 10:6). 주님은 교회가 전체적으로 이길 수 없다는 것을 아신다. 사탄은 교회의 약한 자들을 공격하여 무너뜨리고 수치를 당하게 하는 일을 한다. 때로 약한 성도들이 어떤 일에서 패배하여 주님을 부끄럽게 하고 사탄에게 참소거리를 준다. 이것이 초대교회의 아나니아와 삽비라, 시므온 같은 사람들의 예이다. 그러나 주님은 모든 성도들이 다 패배하게 내버려 두시지는 않는다. 이세벨과 아합 시대에 대다수 사람들이 바알을 숭배하는 지경에 떨어졌다. 그러나 하나님은 신실한 선지자 엘리야만이 아니라 바알에게 무릎 꿇지 않은 칠천 명을 갖고 계셨다. 이는 교회 시대에도 마찬가지이며 오늘날도 마찬가지이다. 하나님은 전체 교회가 하지 못하는 일을 소수의 사람들을 뽑아내어 이루시고 그들의 승리를 교회 전체의 승리가 되게 하시며 그 일에 참여한 충성된 자들에게 상을 주시는 것을 원칙으로 하신다.

기드온과 삼백 용사는 그들 자신을 위하여 싸운 것이 아니라 온 이스라엘을 위해 싸웠다. 그러므로 이기는 자들은 자신을 위한 자들이 아니다. 모세는 어떠했는가? 그는 하나님의 온 집을 위했다(히 3:2). 그는 하나님의 백성과 함께 고난받는 것을 잠시 애굽의 죄악의 낙을 누리는 것보다 더 좋아했다. 그는 그리스도를 위하여 받는 능욕을 애굽의 모든 보화보다 더 큰 재물로 여긴 것이다(히 11:25-26). 모든 이기는 자들은 하나님과 하나님의 온 백성을 위한 자들이다. 자신과 자신의 단체를 위한 좁은 시야와 편협한 자세를 가진 자들 가운데서는 이기는 자들을 발견할 수 없다. 이기는 자들은 자신을 위한 사람들이 아니다. 온 몸을 위한 사람들이다. 교회는 우주적으로 하나이다(엡 4:4). 이기는 자들의 봉사와 일은 온 몸을 위한 것이지 한 작은 단체를 위한 것이 아니다. 다윗이 그러했고 모세가 그러했으며 바울이 그러했다. 그들의 싸움은 하나님의 온 집을 위한 것이었다. 그러므로 한 몸의 인식이 없는 이기는 자들이란 없다. 오늘날 종파적인 시기심을 가진 교회와 성도들이 얼마나 많은가? 이것은 하나님의 교회를 매우 수치스럽게 만드는 것이다. 다니엘은 그가 포로기에 바벨론에 끌려갔고 자신은 매우 경건한 성도였을지라도 기도할 때 자신만을 위해 기도하지 않았다. 그는 자신의 죄만이 아니라 '내 백성 이스라엘의 죄'를 위해 회개하며 자백했다(단 9:20). 어느 시대고 자신의 단체나 자신의 가족이나 자신의 영성만을 주의하는 사람들은 이기는 자들이 아니다. 하나님은 그분의 온 백성들을 사랑하시고 관심하신다. 그분의 마음과 하나 되어 그분에게 길과 기회를 드리는 것은 너무나 중요하다.

오늘날에도 하나님 앞에서 자신의 상태와 삶과 수고에 모든 하나님의 백성들의 운명이 달려있다고 믿는 자들 가운데서 이기는 자들은 발견된다.

그들은 쉴래야 쉴 수도 없고 느슨해질 수도 없다. 그들은 자신을 육체에 방임할 수 없으며 세상과 죄 가운데서 소일할 수 없다. 자신이 그렇게 되면 하나님과 그분의 나라에 큰 누(累)가 된다고 생각하는 사람들이다. 그들은 '내가 무너지면 전선이 뚫린다!'고 생각하는 자들이다. 그들의 마음속에는 하나님을 향한 열심과 시기로 가득하다. 우리는 이것을 바울이나 앞선 충성된 성도들에게서 배운다(고후 11장 참조). 그들은 주님이 주신 그리스도인 노정을 가장 귀히 여기며 한 번뿐인 이 길에 모든 것을 투자한다. 계시록은 계속해서 이 이기는 자들을 언급하는데, 그들에게 주어지는 특별한 지위와 보상이 여기저기에 나타나 있다. 이들은 먼저 보좌로 휴거되는 자들이요, 공중 혼인잔치를 거쳐 상을 받고, 그리스도의 지상 강림시에 그분과 함께 지상에 내려오는 자들이다. 그들은 하늘에 올라갈 때 사탄을 내어쫓고, 땅에 내려올 때 적 그리스도를 무찌르는 일에 동참한다. 하나님은 사탄을 멸하는 일을 그분이 창조하신 사람의 손에 맡기신다. 주님은 그분과 함께 대적을 쳐부수는 한 무리의 사람들을 필요로 하신다. 나는 이 마지막 시대에 이런 자들이 더 많이 일어나기를 간절히 원한다.

15절, 또 천사가 내게 말하되 네가 본바 음녀의 앉은 물은 백성과 무리와 열국과 방언들이니라

이에 대하여는 이미 설명을 했다. 이 음녀의 앉은 물이 백성과 무리와 열국과 방언이라는 말은 이 음녀가 교회라고 하면서 이 땅에서 큰 권력을 잡고 온 세상에 그 영향력을 미치고 있다는 뜻이다. 이 여인이 짐승을 타고 있다는 것은(3절) 그녀가 복구될 로마 제국과 연합하였음을 가리키고, 일곱 산 위에 앉아 있다는 말은(9절) 로마를 중심 삼고 있다는 뜻이며, 많은 물 위에 앉아 있다는 말은 그녀가 온 세상에 영향력을 미친다는 뜻이다.

16절, 네가 본바 이 열 뿔과 짐승이 음녀를 미워하여 망하게 하고 벌거벗게 하고 그 살을 먹고 불로 아주 사르리라

열 뿔과 짐승은 나중에 음녀를 미워하게 된다. 기묘하게도 처음에는 이 음녀가 짐승을 탔지만 나중에는 이 열 뿔과 짐승이 음녀를 미워하게 된다는 것이다. 그러므로 음녀에 대한 심판은 주님이 직접 하시는 것이 아니라 적 그리스도가 한다. 짐승, 적 그리스도의 영은 곧 네로의 영이다. 그 음녀는 세상에 있을 때 그리스도인들과 원수였다. 그런데 적 그리스도가 다시 나와 보니 음녀인 로마가 그리스도인들에게 속해 있는 것이다. 그러므로 그는 음녀를 미워하게 된다. 그래서 사실은 16절의 일이 14절의 일보다 앞에 있다. 아마겟돈 전쟁에서 적 그리스도는 불못에 던져지는데 그 전에 적 그리스도가 할 일이 있다. 그것은 음녀를 심판하는 일이다.

왜 미워하는가? 첫째는 비열함 때문이다. 음녀인 바벨론의 정체를 알고 나면 '이게 아주 형편없는 것이군.' 하면서 미워하게 된다. 세상 사람들 눈에도 바벨론은 거짓되다. 속임수가 드러나니까 가증스럽게 보이는 것이다. 둘째는 이 음녀가 물질적인 탐욕이 가득하여 엄청난 부를 축적해놓았기 때문이다. 셋째는 그녀에게도 다소나마 진리가 있기 때문이다. 카톨릭도 삼위일체라든가 예수의 동정녀 출생이라든가 그리스도의 부활, 승천 등을 인정한다. 그러므로 네로의 화신인 적 그리스도는 이런 것을 미워하는 것이다. 이는 대환난의 시작 때에 발생할 일이다. 이때 짐승은 그 음녀의 가면을 벗겨낼 것이다. 지금 사람들은 그녀를 잘 모르기 때문에 거기도 좋은 게 많다고 한다. 그 음녀 속에 얼마나 더럽고 죄스러운 일이 가득한가를 모르는 것이다. 그러나 적 그리스도는 이 변절한 교회를 완전히 폭로시키는 것에 있어 주님께 사용될 것이다. 이 일은 적 그리스도와 열 왕이 시행할 것이다. 그리고 그것은 적 그리스도가 바티칸을 멸하는 정당성의 이유로 사용될 것이다. 첫째는 망하게 하고 둘째는 벌거벗기고 불로 사른다. 망한다는 것은 황폐하게 된다는 뜻이다. 벌거벗는다는 것은 그 악한 비밀이 다 드러나는 것이다. 그리고 살을 먹는다는 것은 그 음녀의 현저한 인물들이나 그 신도들을 무참히 살해할 것을 시사한다. 그리고 아예 불로 태워버릴 것이다.

17절, 하나님이 자기 뜻대로 할 마음을 저희에게 주사 한 뜻을 이

루게 하시고 저희 나라를 그 짐승에게 주게 하시되 하나님 말씀이 응하기까지 하심이니라

하나님이 자기 뜻대로 할 마음을 저희에게 주시어 한 뜻을 이루게 하시고 저희 나라를 그 짐승에게 주게 하셨다. 이 구절에서 적 그리스도의 왕국이 이루어진다. 열 나라 군주들이 자기의 권력을 적 그리스도에게 몰아주면서 적 그리스도의 제국이 일어날 것이고 그 열 왕과 적 그리스도는 한 마음과 한 뜻을 가지고 음녀를 멸할 것이다. '하나님의 말씀이 응하기까지'란 음녀가 그들에 의해 철저히 파괴되기까지를 의미한다. 그러므로 이 심판은 하나님의 심판인 셈이다. 하나님께서 그들로 하여금 한 마음 한 뜻으로 음녀를 심판하게 하신 것이다.

18절, 또 내가 본바 여자는 땅의 임금들을 다스리는 큰 성이라 하더라

17장에는 여자와 음녀라는 두 가지 표현이 나오는데, 여자라고 할 때에는 로마의 정치적인 면을 말하고 음녀는 로마의 종교적인 면을 말한다. 이것이 바로 로마 바티칸 제국이고 큰 성이다. 정치적으로 말하면 여자이고 종교적으로 말하면 음녀이다. 여기서 이 여자를 큰 성이라고 했다. 오늘날 하나님의 교회가 세력을 확상해서 온 세상 사람들을 다스리는 지경까지 가는 것은 하나님의 뜻이 아니다. 그것은 결코 발전하는 것이 아니라 음녀가 되는 길이다. 교회는 그러한 존재가 아니다. 교회는 이 땅에서 작은 존재이고 일년생 채소와 같은 존재이다. 이렇게 존재하면서 주 그리스도를 맞이하는 것이다. 교회는 정결하고 거룩해야지 크고 비밀스럽고 겉과 속이 달라서는 안 된다. 교회는 순수하고 깨끗하고 맑아야 한다. 우리는 교회로서 이러한 존재가 될 수 있기를 원한다. 그러려면 오늘 보여주신 그 모조품의 성질을 잘 알아야 한다. 이 17장의 이상을 요한에게 보여 주시고 또 우리에게 보여 주시는 이유가 무엇이겠는가? 이것을 분별하라는 것이다. 그래서 우리의 갈 길을 분명하게 갈 수 있기 바란다.

18 장

원래 17장과 18장은 바벨론의 심판에 관하여 연결된 내용이다. 17장은 주로 종교적인 바벨론에 대한 심판이고 18장은 물질적이고 정치적인 바벨론에 대한 심판이다. 즉 17장은 음녀인 로마 천주교에 대한 심판이고 18장은 물질적인 바벨론, 부활된 로마제국에 대한 심판이다. 아직까지 이루어지지 않은 주님의 예언 중에 로마 제국의 부활이 있다. 다니엘이 이상으로 본 금 신상에서 두 종아리로 예언된 로마—동로마와 서로마—는 이미 멸망했다. 그러나 현재도 이 세계는 여전히 로마제국의 연속이라고 보아야 한다. 또한 이 로마는 이스라엘이 어느 날 전격적으로 회생했듯이 그렇게 일어날 것이다. 이것이 앞으로 우리 시야에 펼쳐질 일들이다.

1절, 이 일 후에 다른 천사가 하늘에서 내려오는 것을 보니 큰 권세를 가졌는데 그의 영광으로 땅이 환하여지더라

여기서 다른 천사는 그리스도이시다. 그분이 이 땅에 강림하실 때 온 땅이 그의 영광으로 환해진다. 온 땅이 환해질 만한 영광 가운데 이 땅에 임하실 분은 그리스도밖에 없다. 그런데 왜 여기서 그분을 천사라고 하는가? 구약 이곳저곳에서 그리스도를 하나님의 사자 혹은 하나님의 천사로 표현하고 있다(창 22:11, 출 3:2-6, 삿 6:11-24, 슥 1:11 등). 앞에서 말했듯이 이 마지막 일곱 이레는 다시 이스라엘 역사와 이어지며, 따라서 은혜 시대는 마감되고 구약 시대로 돌아가기 때문에 그리스도에 대해 구약식의 표현—천사—이 쓰이는 것이다.

그리스도께서 이 땅에 강림하시는 시점은 종교적 바벨론인 음녀가 심판받은 후이며, 물질적 바벨론인 로마가 심판을 받기 전이다. 주님은 반드시 이 음녀—로마 카톨릭만이 아니라 음녀의 원칙 아래 있는 모든 종교 조직들—를 심판하신다. 이것이 먼저이다. 그들을 심판하시기 전에는 주님이 오시지 않는다. 그러나 그들에 대한 심판은 적 그리스도로 하여금 하게 하신다. 이것은 대환난 초기가 될 것이다. 그러나 대환난 끝부분에 주님은 충만한 영광으로 이 땅에 강림하시어 물질적인 큰 바벨론인 로마시를 멸하실 것이다. 짐승인 적 그리스도가 음녀를 완전히 불사르고 심판한 다음, 그리스도께서는 큰 바벨론인 로마 제국과 적 그리스도와 그 군대를 친히 멸하기 위해 오신다. 종교적인 바벨론이 적 그리스도의 군대에 의해 망하게 되면 그리스도께서 오실 때가 멀지 않은 것이다. 그때 지상 재림하시는 그리스도의 영광으로 온 땅이 환해질 것이다.

10장에도 힘센 다른 천사가 나오는데 그 천사도 주님이시다. "내가 또 보니 힘센 다른 천사가 구름을 입고 하늘에서 내려오는데 그 머리 위에 무지개가 있고 그 얼굴은 해 같고 그 발은 불기둥 같으며"(1절). 이 때는 그리스도께서 구름을 입고 계신다. 그런데 14장 14절은, "또 내가 보니 흰 구름이 있고 구름 위에 사람의 아들과 같은 이가 앉았는데 그 머리에는 금 면류관이 있고 그 손에는 이한 낫을 가졌더라"고 한다. 10장 1절에서는 구름을 입고 계시고, 14장 14절에서는 좀 더 전진하여 구름 위에 계신다. 그런 다음 여기 18장에서는 다른 천사이신 그리스도의 영광으로 온 땅이 환하여지게 된다. 그러므로 18장 1절의 시점은 10장 1절이나 14장 14절의 시점보다 지상에 훨씬 더 가까이 오신 때이다. 그때 주님은 외치신다. "힘센 음성으로 외쳐 가로되 무너졌도다, 무너졌도다 큰 성 바벨론이여"(2절). 무너졌다는 외침이 두 번 나오는데, 여기서는 주님이 직접 외치신 것이고 14장 8절에서는 둘째 천사가 외친 것이다. "무너졌도다 무너졌도다 큰 성 바벨론이여". 먼저는 종교적인 바벨론의 무너짐이고 다음은 물질적인 바벨론의 무너짐이다. 다시 말하지만, 종교적인 바벨론의 멸망은 적 그리스도에 의해 대환난 초기에 일어날 것이고, 물질적인 바벨론의 멸망은 대환난 끝에 주님의 재림과 함께 있을 것이다.

18장의 바벨론이 물질적인 바벨론을 말하지만 종교적인 바벨론과 그렇게 확연히 구분할 수 없다. 세상적인 면과 종교적인 면을 나누어 본 것일 뿐 두 바벨론은 원칙상 동일하기 때문이다. 바벨론은 결국 종교를 가장하여 권력과 제국을 이룬 것이기 때문에 한 면은 종교적이고 다른 한 면은 정치적이고 상업적인 것이다. 이 바벨론의 특징은 그곳이 귀신의 처소라는 것이다. 온갖 귀신이 거기에 다 모인다. 그것이 바벨론이다. 교회는 하나님의 성령이 임재하시는 곳이다. 그런데 음녀인 바벨론은 그럴듯하게 금과 은과 보석과 진주로 치장을 하고 금잔을 갖고 있지만 그 안에는 온갖 가증한 것들이 가득하다. 하나님의 본성과 그리스도의 구속의 역사를 말하고 성도들의 성화를 말하며 또 예수의 동정녀 출생을 말하지만, 그러나 그 안에는 가증한 것이 가득하다. 그런 존재가 음녀이고 또 그의 많은 딸들이 그러하다. 그래서 각종 귀신들이 그곳에 다 모이는 것이다.

A라는 귀신과 B라는 귀신과 C라는 귀신이 상의를 했다. '자, 우리 어디로 갈까? 어디를 가면 우리가 가장 재미있게 살까?' 그런데 이 귀신들은 디스코텍이나 술집 같은 곳보다는 속임수가 통하는 곳에 들어가고 싶어한다. 완전히 세상적이고 죄악된 곳에서는 굳이 속임수를 쓸 필요가 없기 때문이다. 귀신들은 하나님을 대적하는 것이 일이기 때문에 속이기 좋은 곳에 가장 흥미를 갖는다. 그래서 그런 잡스런 곳이 귀신의 처소가 되는 것이다. 경건하고 거룩한 성도들은 그런 곳에 거하려 하면 너무 힘들고 어렵다. 그래서 귀신들을 쫓아내려고 하면 거꾸로 귀신들이 경건한 성도들을 쫓아내고 심지어 죽인다. 그래서 순교자들이 많이 나오는 것이다. 이것이 바로 바벨론의 특징이다. 겉으로는 경건한 척 하지만 사실 그들이 속에서 사랑하는 것은 세상이요, 쾌락이요, 물질이요, 마귀적인 것이다. 그러므로 혼잡된 바벨론에 각종 더러운 영이 거하는 것이다.

"각종 더럽고 가증한 새의 모이는 곳이 되었도다"(2절). 어느 곳이 바벨론인지 아닌지를 점검하는 비결은 더러운 것들이 거처할 수 있는가를 보면 된다. 더러운 영을 가진 존재들이 거처할 수 있다면 그곳은 바벨론이다. 그곳이 바벨론이라면 더러운 영들이 편안히 거할 수 있다. 그 대신에 어느 곳에 갈 때 거기서는 죄를 벗어버리지 않으면 안 되고, 세상을 벗어버리지 않으면 안 되고, 옛사람을 벗어버리지 않으면 안 된다면, 그곳은 필경 하나님의 집이고 그리스도의 신부이고 새 예루살렘이고 그리스도의 몸일 것이다. 교회는 하나님의 집이고 그 안에 하나님이 거하신다. 성령께서 내주하신다. 거기에는 어두움이나 더러운 것들이 들어와 존재할 수 없다. 사탄은 거기에 발붙일 수 없다. 죄도 거기에 있을 수 없다. 사도 바울은 고린도 전서 5장을 쓰면서 간음의 죄를 범한 사람을 교회 중에서 내쫓으라고 했다. 교회는 거룩하고 누룩이 없는 떡인데 적은 누룩이 온덩이를 부풀게 한다고 했다.

오늘날 어떤 교회가 죄를 철저하게 심판하면서 교회를 누룩 없는 떡으로 유지하려 하는가? 그렇게 큰 건물을 유지하기 위해 많은 비용이 들어가는 상황에서 돈 많은 사람이 죄를 지었을 때 담대하게 그를 책망하여 바로 잡을 수 있는가? 심지어 내쫓을 수 있는가? 한 사람이라도 나갈까봐 벌벌 떨지는 않는가? 그럴 때 죄와 육체와 사탄이 거룩한 성도들의 공동체 속에 끼어들지 않겠는가? 마태복음 13장의 씨 뿌리는 비유에서 새는 사탄이다. 교회가 큰 나무가 되면 새들이 가지에 깃들이게 된다. 또 마태복음 13장에는 고운 가루 서 말 속에 누룩을 집어넣은 여자가 나온다. 이 모든 것이 바벨론적인 것들이다. 어디든지 사탄적인 존재가 자유롭게 진치고 머무는 곳이 바로 바벨론이다.

2절, 힘센 음성으로 외쳐 가로되 무너졌도다 무너졌도다 큰 성 바벨론이여 귀신의 처소와 각종 더러운 영의 모이는 곳과 각종 더럽고 가증한 새의 모이는 곳이 되었도다

"무너졌도다, 무너졌도다"하고 두 번 외친 것은 종교적 바벨론인 음녀와 정치적 바벨론인 로마 제국이 반드시 멸망할 것을 말한다. 짐승과 열 뿔로 말미암아 로마의 종교적인 부분을 멸하신 다음 주님은 이제 직접 정치적인 부분을 멸하려 하신다. 이것은 반드시 될 일이므로 기정 사실(fait accompli)로 말씀하신다. 이사야 13장 21절과 34장 13-15절에 기록된 광경은 계시록 18장 2절과 매우 흡사하다. 이사야 13장 21절은 바벨론에 대하여 한 말인데, 들짐승이란 단어를 70인역(LXX)에서는 마귀로 번역했다. 즉 마귀와 시랑과 들개들이 함께 우는 그때 그의 날이 가깝다고 했다. 이

사야 34장 13-15절은 에돔에 대한 것인데, 이 말씀 또한 여기 18장의 말씀과 비슷하다. 이렇게 교회라는 단체 안에 여러 혼잡된 것들이 모일 때 심판이 가깝다. 오늘날 교회라는 곳에 온갖 사탄적인 잡새가 몰려드는 것은 말세를 재촉하는 징조이다.

귀신들은 종교적이면서도 세상적인 이중 구조 속에 거하기를 가장 좋아한다. 사탄이란 존재가 원래 속임수에 능하기 때문이다. 그자의 주특기를 최대한 발휘할 수 있는 무대가 바로 그러한 곳이다. 그저 사람들이 모여서 술 마시고 노는 데에는 별로 흥미가 없다. 여러분은 사람들이 술집에서 술 마시다 귀신들리는 것을 보았는가? 그런 곳에서는 별로 귀신들이 날뛰지 않는다. 귀신들도 종교적인 것에 취미가 있다. 아마도 그들이 원래 종교적인 분위기에 있었기 때문인 것 같다. 여기의 큰 성(城)이란 로마시를 가리킴과 동시에 종교적인 로마를 가리킨다. 이것이 오늘날의 바티칸과 로마시이다. 이것은 장차 더욱 번창하게 될 것이다. 16장에서 하나님은 일곱 대접을 쏟으시고 바벨론을 기억하시자 그것을 큰 우박으로 심판하신다(19, 21절). 17장은 우리에게 바벨론이 바로 큰 음녀라고 말하며 18장에서는 큰 성 바벨론이 무너졌다고 말한다.

3절, 그 음행의 진노의 포도주를 인하여 만국이 무너졌으며 또 땅의 왕들이 그로 더불어 음행하였으며 땅의 상고들도 그 사치의 세력을 인하여 치부하였도다 하더라

음녀가 사람들에게 마시게 하는 것은 음행의 포도주이다. 그 일로 하나님의 진노의 심판을 받게 되기 때문에 여기서 '진노의 포도주'라고 한 것이다. 결국 그녀가 음행의 포도주를 마시게 함으로 만국이 무너지게 되었다. "또 땅의 왕들이 그로 더불어 음행하였고 땅의 상고들도 사치의 세력을 인하여 치부하였도다 하더라". 오늘날 종교적인 세력을 가지고 땅의 왕들을 미혹하고 장사하는 사람들이 그 사치의 세력을 인하여 치부할 만한 단체가 어디에 있는가? 그것은 의심할 여지없이 카톨릭이다. 굳이 구분해 본다면 음행의 진노의 포도주는 음녀에 해당하고, 땅의 상고들이 사치의 세력을 인하여 치부하였다는 것은 상업적인 바벨론에 해당한다. 땅의 상고(merchants)란 바벨론이 상업에 참여한다는 뜻이다. 이 구절이 성경에서 상업에 대한 최후의 심판을 기록한다. 상업이 발달한 것은 사치로 인한 것이며 자신들의 이익만을 위한 것이므로 심판을 받는 것이다. 원래 상업은 두로에서 시작되었으며 마지막으로 멸망할 바벨론에서 발견된다. 여러분은 순상업(純商業)이란 것이 주님의 눈에 그리 좋게 비치지 않는다는 것을 알기 바란다. 주님은 교회를 장사하는 집으로 만들지 말라고 하셨다. 특히 순상업의 장사는 돈을 벌기 위한 정신으로 가득한 일이다. 즉 두로와 바벨론의 일인 것이다.

바벨론은 종교적인 것과 세상적인 것이 섞여 있다. 따라서 바벨론에 관하여 이 두 가지를 정확하게 구분할 수 없다. 물질적이든 영적이든 바벨론은 다 음행과 사치에 관련된다. 그리스도인은 절대로 사치스러워서는 안 된다. 사치는 바벨론의 표시이다. 교회가 사용하는 건물이나 가구들은 필요한 것만 있으면 된다. 공연히 값비싼 것들을 갖다놓는 것은 사치이다.

4절, 또 내가 들으니 하늘로서 다른 음성이 나서 가로되 내 백성아, 거기서 나와 그의 죄에 참예하지 말고 그의 받을 재앙들을 받지 말라

주님은 그분의 백성들에게 바벨론에서 나오라고 하신다. 하나님은 그의 사랑하는 백성들이 그 안에서 함께 죄 정함을 받아 함께 심판받지 않기를 바라신다. 지금은 나오라고 부르는 음성이 있는 시대이다. 심지어 천주교 안에도 하나님의 순수한 백성들이 있을 수 있다. 또 음녀의 딸들 가운데에도 순수한 하나님의 백성들이 있을 것이다. 바벨론에서 나와야 한다는 것은 종교적인 바벨론이나 정치적인 바벨론에 다 적용할 수 있다.

순수한 성도들은 그 안에 있지 말아야 한다. 그 안에 있다는 것 자체가 그 죄에 참여하는 것이기 때문이다. 만일 좋지 않은 조직 폭력배 속에 순수하고 진실한 사람들이 있다면 가장 최선의 길은 거기서 나오는 것이다. 설령 당신에게 아무 죄가 없어도 그 속에 끼어 있으면 당신 자신도 그 죄에 참여하는 것이 된다. 당신이 만일 그 죄를 함께 담당하고 싶지 않다면, 그 심판을 같이 받고 싶지 않다면 거기서 나와야 한다. 죄악의 소굴에 있으면서 거기서 스스로를 지키겠다는 생각은 오만한 생각이다. 혼잡한 단체 속에 있으면서 자신만은 믿음을 지키겠다는 생각도 자만이고 자신을 신뢰하는 것이고 어리석은 것이다. 물가를 돌아다니면서 물에 젖지 않기를 바라는 것은 어리석은 짓이다. 굴뚝 속에 있으면서 흰옷을 지킬 수 있다는 생각도 어리석은 자만이다. 마늘 창고 속에 오래 있다 보면 자기도 모르는 사이에 마늘 냄새가 배게 된다. 교만한 단체에 있다 보면 자신도 모르는 사이에 교만한 분위기가 몸에 배게 된다. 음란한 사람들 사이에 있다 보면 부지중에 음란한 영이 침투하게 된다.

하나님은 개인을 심판하실 뿐 아니라 단체적으로도 심판하신다. 마태복음 13장을 보면 추수 때는 하나님께서 단으로 묶는 역사를 하신다. 단으로 묶어서 불못에 집어넣으시는 것이다. 지금 하나님은 묶는 역사를 하고 계신다. 심판 때가 가까울수록 묶는 역사가 더 있게 되는데 종류별로 묶는 것이다. 가식적인 그리스도인들은 가식적인 그리스도인들끼리, 거짓말하는 자들은 거짓말 하는 자들끼리 단으로 묶여진다. 그런 다음 불 속에 집어넣는 것이다. 우리는 하나님이 소돔과 고모라를 단체적으로 심판하시는 것을 보았다. 그래서 성도들이 그런 데서 나와야 하는 것이다. "그 죄에 참여치 말고 그의 받을 재앙들을 받지 말라!"

하나님은 소돔과 고모라의 많은 죄들로 인해 그들을 멸망시키겠다고 하시면서 의로운 롯을 거기서 나오라고 하셨다. 하나님은 롯으로 말미암아 그 가족들이 다 나오기를 바라셨지만 롯의 사위들은 그의 말을 농담으로 여기고 나오지 않아 멸망했고, 롯의 처는 나오다가 뒤를 돌아보아 소금기둥이 되었다. 나는 오늘날 한국에도 그곳으로부터 나와야 할 단체들이 많다고 생각한다. 그 안에 시기가 있고 분쟁이 있고 악한 것이 있고 귀신의 처소가 있는데도 사람들은 주저하면서 그 안에도 좋은 것이 많다고 말한다. 고린도 전서 5장을 보면 적은 양의 누룩도 있어서는 안 되는 것이 교회이다. 우리는 이 분명한 말씀을 간과해서는 안 된다. 하나님은 그분의 말씀으로 심판하신다.

5절, 그 죄는 하늘에 사무쳤으며 하나님은 그의 불의한 일을 기억하신지라

바벨론의 불의한 일을 하나님께서 기억하시며 그 죄악이 너무 커서 하늘에 사무쳤다고 했다. 하나님은 어린양 예수의 피로 우리의 죄를 사하시고 기억지도 않으신다. 그러나 이러한 죄는 기억하시고 철저히 심판하신다. 17장은 종교적인 바벨론을, 18장은 정치적인 바벨론을 말한다고 하지만 18장에도 종교적인 면이 없지 않다. 분명한 구분이 없는 면이 많다. 왜냐하면 두 바벨론은 한 가지의 양면을 나타내기 때문이다. 펨버(G. H. Pember)의 '큰 바벨론'이란 책과, 히슬롭(Alexander Hislop)의 '두 바벨론'이란 책을 보면 모든 악한 종교가 고대 니므롯의 바벨론에서 나왔다고 지적한다. 그 영향이 천주교에까지 들어온 것이라고 말한다. 하나님은 그 죄가 하늘에 사무쳤다고 말씀하시며 그녀의 불의한 일을 기억하신다고 말씀하신다. 과연 무엇이 그녀의 죄들인지 몇 가지 살펴보기로 하자.

첫째로 그녀의 부(富)이다. 나도 바티칸에 가본 적이 있지만 그 대성당 전체에 있는 금의 양은 이미 지적했지만 어마어마하게 많은 양이다. 베드로 성당 전체가 십팔금으로 도금되어 있다. 교황이 거하는 처소는 이 땅 어떤 왕이나 대통령도 따라갈 수 없을 정도로 호화롭고 사치스럽다. 나사렛 예수, 목수의 아들을 말하는 사람들이 그런 모습으로 변질되다니!

둘째는 그녀의 높아짐인데, 교황은 자칭 세계 교회의 감독이다. 이들은 주님이 오시기 전에 먼저 이 땅에 왕국을 세웠다.

셋째는 음행인데, 성경에서 음행은 우상숭배와 관련된다. 카톨릭은 온갖 종교에서 그럴 듯한 것은 다 가져온 듯하다. 하나님이 그분의 백성들 가운데서 음행의 죄를 가장 싫어하신다. 카톨릭은 하나님의 순수하고 참된 말씀을 혼잡시키는 데 뛰어난 기술을 갖고 있다. 교황은 절대 틀리지 않다고 하면서 성경과 다른 수많은 누룩을 가져왔다. 마리아의 승천설 등의 이상한 교리를 만들어서 마리아를 숭배하게 할 뿐 아니라, 사도들, 성인들의 상을 만들어 놓고 경배하게 한다. 이것은 하나님이 가장 싫어하시는 음행이다. 하나님의 말씀은 레위기 2장의 고운 가루 같아야 한다. 그러나 카톨릭은 고운 가루에다가 누룩을 집어넣어 전부 부풀게 하였다. 이들은 세상과 교회를 섞었으며, 은혜와 율법을 섞고, 신자와 불신자를 섞고, 이교와 기독교를 섞었다. 또한 종교와 정치도 섞었다. 교황은 도대체 종교 지도자인가, 정치 지도자인가? 기독교를 유대교와 섞고, 예술과 하나님에 대한 경배도 섞었다. 이들은 이러한 종교적인 실행을 그럴듯하게 꾸며 이 땅의 통치자들과 적당히 종교적이고도 정치적인 관계를 맺고 있다. 이는 마치 매춘부가 이득을 얻기 위해 자신을 파는 것과 흡사하기 때문에 음행이라고 하는 것이다. 카톨릭은 전세계 인구의 삼분지 일이 되므로 온 세계에 막강한 정치력을 행사한다. 그녀는 이미 많은 물 위에 앉아 있다. 이미 많은 민족들과 나라들에게 영향력을 행사하고 있다.

넷째는 순수한 성도들에 대한 핍박이다. 로마 제국의 그리스도인에 대한 핍박은 콘스탄틴 황제가 기독교를 국교로 공인한 A.D.313년에 끝났다. 그러나 카톨릭의 핍박은 현재도 진행중이다. 조지 폭스(George Fox)의 '순교자(Martyrs)'라는 책에는 로마 천주교와 로마 제국이 얼마나 많은 사람들을 학살했는가가 나온다. 그런데 로마 천주교가 죽인 사람들이 로마 제국에 의해 죽은 사람들보다 더 많다고 한다.

여러분은 어느 세계든지 조직의 무서움을 알 것이다. 작은 조직도 자신의 조직을 해한다고 여겨지는 사람들에게는 위해를 가하려 한다. 이러한 로마 천주교는 더욱더 대대적으로 팽창하여 결국 많은 백성과 무리와 나라와 방언들 위에 앉을 것이다. 1920년 뭇솔리니와 교황이 언약을 세워 바티칸을 독립된 국가로 인정한 후로 그 교세가 엄청나게 확장되었다. 그들은 거의 전 세계로 대사를 파견하고 있다. 1913년 14개국에서 22년 25개국으로, 48년은 70개국으로, 현재는 거의 모든 나라와 대사를 교환하고 있는 실정이다. 요컨대 로마 카톨릭은 다름아닌 종교적 이교주의이다."[5)]

6절, 그가 준 그대로 그에게 주고 그의 행위대로 갑절을 갚아주고 그의 섞은 잔에도 갑절이나 섞어 그에게 주라

5) Notes on the book of Revelation, August Van Ryn, (한글 번역판, 전도출판사) pp.218-219

그가 준 그대로 갚아 주시겠다는 공의의 하나님의 말씀이다. 그리고 그의 행위의 배나 더 형벌하시겠다고 하신다. 왜 여기서 공의의 하나님이 이에는 이로, 눈에는 눈으로 형벌하시지 않고 배나 갚으시겠다고 하는가? 그것은 이 음녀가 자기만 죄를 짓고 멸망하는 것이 아니라 온 땅에 포도주잔을 돌려서 다른 많은 사람들까지 멸망하게 했기 때문이다. 그녀는 순진한 많은 영혼들을 사로잡아 멸망의 길을 가게 했다. 순진무구하게 주님을 사랑하는 사람들에게 음행의 포도주를 마시게 하여 망하게 한 것이다. 이러한 죄는 하늘에 사무쳤고 하나님이 기억하신다고 했다. 그리고 그가 준대로 갚아주겠다고 하신다. 그리고 그녀는 잔에다 뭔가를 섞었다. 사람을 빨리 취하게 하려면 섞은 술을 주면 된다. 음녀가 나누어 준 술은 섞은 술이다. 그러니 그것을 먹고 금방 취하게 되는 것이다. 하나님의 순수한 진리의 말씀이 아니라 뭔가를 섞어서 말한다. 그렇기 때문에 음녀가 섞은 잔에 갑절이나 섞어서 그녀에게 주라고 하신 것이다. 이것이 하나님의 공의이다. 그리스도인이라는 자들이 외식하는 것은 세상 사람들이 죄를 짓는 것보다 더 악하다. 믿는다고 하면서, 진리를 말한다고 하면서 잘못하기 때문에 이중으로 죄를 짓는 것이다. 그리스도인은 반드시 이런 죄들을 피해야 한다.

7절, 그가 어떻게 자기를 영화롭게 하였으며 사치하였든지 그만큼 고난과 애통으로 갚아 주라 그가 마음에 말하기를 나는 여황으로 앉은 자요 과부가 아니라 결단코 애통을 당하지 아니하리라 하니

자기를 영화롭게 하는 것이 음녀의 또 하나의 특징이다. 교회는 교회 스스로를 영화롭게 해서는 안 된다. 교회는 하나님을 영화롭게 하고 주와 그리스도를 영화롭게 해야 한다. 그런데 이 음녀는 스스로 영화롭게 했다. 어떤 무리가 바벨론인가 아닌가를 보려면 그들이 자신들을 영화롭게 하는가를 보면 된다. 참되게 영적인 사람들은 그렇게 하지 않는다. 그들은 자신들을 진토에 두고 재에 앉아 회개하면서 주님을 높인다. 자신을 낮추고 그리스도를 높이는 것이다. 이것이 교회의 정상적인 상태이다. 그러나 바벨론적인 무리의 특징은 자신들을 높이는 것이다. 자기들의 단체를 영화롭게 하는 것이다. 오늘 날 많은 사람들이 추구하는 소위 영성훈련에 대해서도 염려가 있다. 왜 그런가? 어떤 사람이 신령하게 되었다고 하면서 지나치게 높이고 대단하게 여기기 때문이다. 이것은 옳지 않은 것이다.

또 바벨론은 사치했다. 그녀는 교회가 가지지 말아야 할 것들을 많이 가지고 있다. 많은 하나님의 자녀들이 굶주리고 헐벗고 있는데 교회라는 단체가 왜 그렇게 많이 가지고 있는가? 재물을 이 땅에 쌓아놓고 엄청난 부동산을 소유하고 있다면 그것이 사치가 아닌가? 음녀의 특징은 사치이다. 성경에서 말하는 그리스도인들은 나그네와 같은 사람들이다. 이 땅에서 정처없는 나그네들이고, 고난받는 사람들이며, 아무것도 없는 사람들이다. 무엇이 있다면 다른 사람들에게 주는 사람들이다. 여기의 음녀는 그렇게 사치했고 부요하고 여유롭게 살았기에 애통으로 갚아주겠다는 것이다. 부자와 나사로의 경우에도 주님은 분명히 말씀하셨다. 부자에 대하여 "너는 살았을 때 그렇게 부요하고 호화스럽게 살았으니 이제는 여기서 고통을 받는 게 마땅하다."고 하셨다. 역대의 신실한 그리스도인들은 그렇게 호의호식하지 않았다. 부를 쌓아놓고 생활하지 않았다.

그러면서 그녀는 자기 마음에 이르기를, "나는 여황으로 앉은 자요"라고 한다. 이 구절에서 앉아 있다는 것은 움직이지 않는다는 것이다. 지위와 권력을 확고하게 점하고 있는 것이다. 이것이 음녀의 특징이다.

바울이 어떤 지위를 얻어 그 지위에 확고하게 앉아 있었는가? 그는 결코 그렇게 하지 않았다. 그는 편안히 어떤 지위에 앉아 있을 시간이 없었다. 오늘날 바티칸에는 교황이 앉아 있다. 누구나 그것을 알고 있다. 영적으로 볼 때 그는 높은 지위에 앉아 있는 사람이다. 여러분은 누가 음녀인지, 누가 참된 하나님의 종인지 구분할 수 있어야 한다.

여기에 음녀의 음조가 있다. "나는 과부가 아니라 결단코 애통을 당하지 않으리라". 반면에 교회는 남편을 잃은 과부와 같은 존재이다. 이 땅에 의지할 것이 없는 나그네이고 과부 같은 존재가 바로 교회이다. 역대로 순수한 그리스도인들은 다 외로운 길을 갔다. 그러나 음녀의 특징은 전혀 외롭지 않다는 것이다. 의지할 남편이 많기 때문이다. 그러니까 '나는 과부가 아니라'고 하는 것이다. 그래서 애통할 일도 없다. 그러나 정상적인 그리스도인은 이 땅에서 애통해한다. "애통하는 자는 복이 있나니 천국이 저희 것임이요".

8절, 그러므로 하루 동안에 그 재앙들이 이르리니 곧 사망과 애통과 흉년이라 그가 또한 불에 살라지리니 그를 심판하신 주 하나님은 강하신 자이심이니라

여기서 하루란 짧은 시간에 심판이 임한다는 것이다. 하나님은 오래 참으신다. 그러기에 아직도 음녀인 바벨론이 존재하고 있는 것이다. 그러나 그분이 무한히 참으시는 것이 아니다. 일단 심판하시면 하루 만에 심판이 임한다. 이것은 그들의 죄에 대한 심판이다. 그때 그들은 애통하게 될 것이다. 그리스도인들은 오늘 애통해하고 아무것도 없으며 사치하지 말아야 한다. 오늘 우리는 십자가의 죽음의 길을 가야 한다. 그런데 이 음녀는 이 땅에서 이미 부요하고 사치하고 외롭지 않으며 여황같이 군림했다. 그것이 바로 바벨론의 길이다. 그런데 역설적인 것은 오늘 많은 그리스도인들이 오히려 이런 교회를 꿈꾼다는 것이다. 가면 외롭지 않은 교회, 남부럽지 않은 교회, 외로움을 달래줄 교회, 항상 훈훈하게 만들어 줄 교회를 원한다.

여기 '주 하나님'이라는 표현은 구약적인 표현이다. 하나님이 이미 구약의 위치로 들어가신 것을 암시한다.

9절, 그와 함께 음행하고 사치하던 땅의 왕들이 그 불붙는 연기를 보고 위하여 울고 가슴을 치며

이 불붙는 연기는 지진 때문에 생기는 것이다. 지진이 나서 큰 성이 세 갈래로 갈라질 때 불이 나서 연기가 올라가는 것이다. 16장을 보자. "일곱째가 그 대접을 공기 가운데 쏟으매 번개와 음성들과 뇌성이 있고 또 큰 지진이 있어 어찌 큰지"(17-18절). 여기에 지진이 있다. "큰 성이 세 갈래로 갈라지고 만국의 성들도 무너지니 큰 성 바벨론이 하나님 앞에 기억하신 바 되어 그의 맹렬한 진노의 포도주 잔을 받으매"(19절). 바벨론을 심판하는 광경에서 지진이 있음을 알 수 있다. 17장 16절에서는 음녀가 불태워지고 18장 9절에서는 물질적인 바벨론이 불살라진다. 땅의 왕들이 그것을 보고 어떻게 도와 줄 도리가 없으므로 울며 가슴을 치는 것이다.

10절, 그 고난을 무서워하여 멀리 서서 가로되 화 있도다 화 있도다 큰 성, 견고한 성 바벨론이여 일시간에 네 심판이 이르렀다 하리로다

많은 땅의 왕들이 안타까워하면서도 무서워서 가까이 가지 못한다. 그 지진이 엄청나게 커서 사람들이 도울 수 있는 상태가 아니다. 하나님이 하신 것이기 때문이다. 심판은 한순간이다. 저 견고한 바벨론 조직은 무너지지 않을 것 같지만 한순간에 무너진다.

11절, 땅의 상고들이 그를 위하여 울고 애통하는 것은 다시 그 상품을 사는 자가 없음이라

장사꾼들은 바벨론이 멸망하니까 물건을 사줄 데가 없어서 울고 애통해한다. 바벨론은 사치가 얼마나 심한지 장사꾼들의 최대 상품 수요지가 되었었다. 장래 얼마 동안 천주교 세력은 더욱 막강해질 것이다. 그러므로 많은 나라의 기업체들이 자신들의 상품을 팔 대상이 망한 것 때문에 슬퍼하는 것이다. 사람들은 로마가 상업의 중심이 될 수 없다고 하는데, 일리 있는 말이다. 말씀에 의하면 이 성은 상품이 들어오고 나가는 데가 아니라 그들의 사치를 인하여 물건을 사들여오는 일만 하는 데이기 때문이다. 땅의 상고들은 물건을 팔아먹을 좋은 거래처가 없어져서 애통하는 것이다.

12-13절, 그 상품은 금과 은과 보석과 진주와 세마포와 자주 옷감과 비단과 붉은 옷감이요 각종 향목과 각종 상아 기명이요 값진 나무와 진유와 철과 옥석으로 만든 각종 기명이요 계피와 향료와 향과 향유와 유향과 포도주와 감람유와 고운 밀가루와 밀과 소와

양과 말과 수레와 종들과 사람의 영혼들이라

첫째는 귀금속 종류이고, 둘째는 의복이며, 그 다음이 비싼 가구류이다. 성경적으로 볼 때 비싼 가구를 만들어 팔면 안 된다. 그것은 바벨론의 품목이다. 그냥 사람들이 사용하기에 편리한 가구면 족하다. 그 다음 향료, 향수, 식료품, 가축류, 운송 수단 등이 그 품목에 해당한다. 가장 좋은 귀금속들과 가구들과 의복들과 향료와 향수들은 유럽에 다 있다. 가장 좋은 자동차도 그곳에서 매매되고 있다. 마지막으로 인류, 사람의 영혼도 품목에 들어가 있다. 사람도 매매 품목인 것이다.

참으로 놀라운 것은 바벨론에서 첫 번째로 귀하게 여기는 것이 금, 은, 보석이라는 것이다. 이것들이 사람보다 더 가치가 있다. 사람은 맨 마지막이다. 사람은 금, 은, 보석, 심지어 차량보다 뒤에 있다. 이것이 바로 바벨론이다. 인간의 가치가 극도로 떨어져 있고, 물질의 가치가 극도로 올라가 있는 것이 바벨론이다. 어떤 그리스도인 단체라고 하는 곳에서 사람은 경시하면서 재력만 가치 있게 여긴다면 그곳은 바벨론적이라고 볼 수 있다. 재력과 세력과 조직의 유익을 위한 단체일수록 개인은 제쳐진다.

14절, 바벨론아 네 영혼의 탐하던 과실이 네게서 떠났으며 맛있는 것들과 빛난 것들이 다 없어졌으니 사람들이 결코 이것들을 다시 보지 못하리로다

여기서도 바벨론에 대한 탄식거리는 그들의 탐하던 먹을 것들, 휘황찬란한 것들이 다 없어졌다는 것이다. 이 세상에 속한 자들은 이러한 물질적인 것들 외에는 모른다. 오로지 일락을 위한 것들만 소망 삼고 지내다가 다 없어지니 낙이 없고 곤고한 것이다.

15절, 바벨론을 인하여 치부한 이 상품의 상고들이 그 고난을 무서워하여 멀리 서서 울고 애통하여

바벨론 때문에 부자가 된 장사꾼들이 있다. 다시 말하지만 바벨론은 엄청난 부로 사치하고 일락을 일삼던 자들이다. 그들에게 상품을 팔던 장사꾼들이 바벨론의 고난을 보고 무서워하여 멀리 서서 울고 애통하는 것이다.

16절, 가로되 화 있도다 화 있도다 큰 성이여 세마포와 자주와 붉은 옷을 입고 금과 보석과 진주로 꾸민 것인데

물질적인 바벨론이나 종교적인 바벨론이나 똑같이 금과 보석과 진주로 꾸몄다고 했다. 이 부분에 올 때 종교적인 바벨론과 정치적인 바벨론 간에 구분이 없다. 하나님 눈으로 볼 때 종교적이든 정치적이든 바벨론은 본질상 같고 다 가증한 것이다. 그들은 부자인 고로 세마포와 자주와 붉은 옷을 입었다. 세마포 옷은 당시 부자들이 입었던 옷이고 자주와 붉은 옷은 고관들이 입었던 옷이다.

17-18절, 그러한 부가 일시간에 망하였도다 각 선장과 각처를 다니는 선객들과 선인들과 바다에서 일하는 자들이 멀리 서서 그 불 붙는 연기를 보고 외쳐 가로되 이 큰 성과 같은 성이 어디 있느뇨 하며

바벨론은 한 마디로 말해서 부자이다. 그런 그들이 일시에 망하는 것이다. 부를 사모하지 말라! 마지막 때 일시에 망할 것이다. 성경에서 빌립보 교회, 서머나 교회, 마케도냐 교회 등 좋은 교회들은 결코 부요하지 않았다. 오히려 그들에 대해 '극한 가난'이라는 표현을 썼다. 큰 성은 음녀가 자리잡은 로마시이다.

19-20절, 티끌을 자기 머리에 뿌리고 울고 애통하여 외쳐 가로되 화 있도다 화 있도다 이 큰 성이여 바다에서 배 부리는 모든 자들이 너의 보배로운 상품을 인하여 치부하였더니 일시간에 망하였도다 하늘과 성도들과 사도들과 선지자들아 그를 인하여 즐거워하

라 하나님이 너희를 신원하시는 심판을 그에게 하셨음이라 하더라

이 바벨론에 대한 심판은 기뻐해야 할 일이다. 왜 그런가? 은혜 시대가 지났기 때문이다. 은혜 시대에는 그런 자들을 불쌍히 여겨달라고 기도해야 하겠지만 은혜 시대가 끝나고 공의의 심판의 때에는 하나님의 공의로운 심판을 인해 기뻐하는 것이 마땅하다. 참된 교회 성도들은 저 음녀의 심판을 보며 크게 기뻐해야 한다.

16장에 우박이 있는데, 왜 우박으로 바벨론을 심판하는가? 그 비밀스러운 것을 깨뜨리려면 우박이 필요하기 때문이다. 하나님의 심판에는 공의가 있다. 지금은 비밀스럽게 다 덮어놓고 사람들을 속이지만 그날에는 우박으로 철갑을 깨뜨리고 다 드러낼 것이다. 그럴 때 하늘에서 성도들과 사도들과 선지자들은 즐거워할 것이다. 그래서 19장에는 할렐루야가 많다. 여기에는 구약의 성도들과 신약의 예수 믿는 사람들이 다 있을 것이다.

21절, 이에 한 힘센 천사가 큰 맷돌 같은 돌을 들어 바다에 던져 가로되 큰 성 바벨론이 이같이 몹시 떨어져 결코 다시 보이지 아니하리로다

하나님께서 이 바벨론처럼 미워하시는 것이 없다. 어떤 단체를 심판할 때 이렇게 실례를 보이면서까지 철저하게 심판하시겠는가! 하나님은 "내가 어떻게 심판하는지 보여주겠다. 천사여, 맷돌을 들어 바다에 던지라. 바벨론이 이렇게 심하게 떨어져 다시는 보이지 않을 것이다."라고 하신다.

22절, 또 거문고 타는 자와 풍류하는 자와 퉁소 부는 자와 나팔 부는 자들의 소리가 결코 다시 네 가운데서 들리지 아니하고 물론 어떠한 세공업자든지 결코 다시 네 가운데서 보이지 아니하고 또 맷돌 소리가 결코 다시 네 가운데서 들리지 아니하고

하나님은 이 바벨론에서 들려오는 거문고 소리를 듣기 싫어하신다. 거문고 타고 풍류하는 것은 향연을 갖는 것이다. 그들은 매일 모여 향연을 가졌지만 이들의 향연은 다 끝났다. 또 종교적인 바벨론은 소위 찬송도 했을 것이다. 그러나 그것은 진정한 의미에서 찬송이 아니라 우상숭배요 즐기며 노는 것이다(출 32:6). 하나님은 그런 소리를 듣고 싶어하지 않으신다. 그리고 거기서 세공업자나 장인들이 무엇을 만드는 것도 하나님은 기뻐하지 않으셨다.

23절, 등불 빛이 결코 다시 네 가운데서 비취지 아니하고 신랑과 신부의 음성이 결코 다시 네 가운데서 들리지 아니하리로다 너의 상고들은 땅의 왕족들이라 네 복술을 인하여 만국이 미혹되었도다

하나님은 그들이 등불을 켜는 것도 기쁘지 않으셨고 시집가고 장가가는 것도 기쁘지 않으셨다. 그 모든 것이 죄를 짓는 것일 뿐이었다. 바벨론의 장사꾼들은 다 왕족들이고 바벨론은 복술을 가지고 있었다. 미혹하는 술수를 가지고 있었다는 것이다. 그것으로 바벨론은 만국을 미혹했다. 장사를 잘한다는 것은 결국 복술로 사람들을 속이는 것이다. 종교적이든 물질적이든 바벨론의 죄는 다 사람을 속이는 것이다. 왜 교회 예배당 건물을 웅장하고 높게 짓는가? 왜 강대상을 크고 장엄하게 만드는가? 왜 그럴듯한 성직자 까운을 입는가? 왜 설교자는 목소리를 감동스럽고 위엄 있게 가장하는가? 이런 것은 다 순진한 사람들에게 종교적으로 그럴 듯하게 보여 속이기 위한 것이다. 우리는 성경에서 주 예수님과 사도들이 그렇게 했다는 암시를 조금도 발견하지 못한다. 그런데 후세의 교회들은 왜 그래야만 하는가? 이것이 다 바벨론의 영향을 받은 것이 아닌가? 왜 상품 판매자들은 내용물보다 포장을 훨씬 아름답게 하는가? 사람들의 구매 욕구를 충동시키려고 눈속임 하려는 것이 아닌가? 과장 광고 효과란 엄밀하게 말하면 눈속임이다. 종교적이든 물질적이든 바벨론은 본질상 같다. 왜 그렇게 광고마다 아름다운 여인들이 등장하는가? 다 사람들을 미혹시키려는 것이다. 결국 바벨론의 본질은 복술을 사용해 만국을 미혹하는 것이요 최종 목적은 부와 권력을 축적하는 것이다. 이러한 거짓되고 사탄적인 조직과 단체들이 참되고 순수한 성도들을 핍박하고 죽인다.

24절, 선지자들과 성도들과 및 땅 위에서 죽임을 당한 모든 자의 피가 이 성중에서 보였느니라 하더라

하나님이 가장 진노하시는 것은 그분의 사랑하는 선지자들, 종들, 성도들의 피를 흘린 것이다. 이에 대하여 하나님은 가장 극심한 심판을 내리신다. 바벨론이 심판받는 이유는 두 가지인데, 하나는 미혹한 것이고, 다른 하나는 진정한 선지자들과 성도들을 죽인 것이다. 성도들은 하나님이 가장 미워하시는 단체가 바벨론이라는 것을 잊지 말아야 한다. 이것은 모조품으로서 사탄은 물질적인 바벨론과 종교적인 바벨론을 조직하여 하나님의 경륜과 역사를 대적한다.

이제 19장에는 어린양의 아내가 나오는데, 우리는 어디에 포함되어야겠는가? 음녀의 반대는 어린양의 아내, 곧 신부이다. 바벨론성의 반대는 새 예루살렘이다. 종교적인 바벨론은 음녀이고 그리스도의 신부는 교회, 바로 우리이다. 또 물질적인 바벨론의 총체는 로마 제국이다. 이것이 큰 성 바벨론이다. 우리는 조금도 거짓된 바벨론의 요소를 우리의 몸에나 함께하는 성도들 속에 받아들여서는 안 된다. 그분의 신부가 되고 이기는 자가 되기 위해 우리 자신을 분별해야 한다.

음녀에 대한 우리의 태도

17장과 18장은 음녀에 대하여 두 가지 단어를 교차해서 사용했다. 음녀란 주로 변절한 교회인 종교적 바벨론을 말하는 것이고, 여자는 주로 로마시를 가리킨다. 그러나 이 두 가지는 섞여 있어서 구분하기가 쉽지 않다. 17장 9절은 "일곱 머리는 여자가 앉은 일곱 산이요"라고 말함으로써 여자에 대하여 뭔가 물질적이고 지형적인 것을 암시한다. 그러나 음녀에 대하여는 종교적으로 가증한 여자라고 말하였다. 이 성은 일곱 산 위에 세워졌다고 했는데 그런 도시는 오직 로마밖에 없다. 로마 성의 또 다른 이름은

'일곱 산의 성'이다. 로마에서 경기한 후에 받는 메달에는 항상 일곱 산이 새겨져 있다. 가이사가 발행한 동전도 한 면은 가이사 상이고 다른 면은 일곱 산이다. 이 여자는 일곱 산 위에 세워진, 땅의 임금들을 다스리는 로마 성이다.

성경에서 음녀와 여자를 구분하였으니 우리도 구분할 수 있어야 한다. 성경은 과연 무엇을 더 가중히 여기고 심판했는가? 이는 물론 종교적인 바벨론이다. 물론 물질적인 바벨론도 심판을 받지만 선지자들과 사도들과 성도들의 찬양은 주로 종교적인 바벨론의 멸망으로 인한 것이다(20절). 오늘날 어떤 성도들은 무조건 카톨릭에 다니는 사람들을 미워한다. 천주교인 자체에 대해 미움을 갖고 있는 것을 본다. 물론 카톨릭 전체는 사랑스러운 존재가 아니다. 그렇지만 주님이 여기서 뭔가 구분하여 칭하신 것을 볼 수 있다. 어느 곳에서는 그냥 여자라고 했고 어느 곳에서는 음녀라고 했다. 음녀가 나쁜 것이지, 여자는 여러분의 어머니나 아내나 딸이나 다 여자이다.

무엇이든 극단적인 것은 위험하다. 우리는 주님이 미워하시는 것을 미워하고 주님이 사랑하시는 것을 사랑해야 한다. 우리가 미워할 것은 천주교인 자체라기보다는 그 음녀의 영과 조직과 원칙이다. 그러므로 우리는 우리 속에도 그 음녀의 원칙이 있지는 않은지 주의해야 한다. 부와 사치를 좇아가는 것, 영적인 것과 육적인 것의 혼합, 진리와 비진리의 타협, 주님에 속한 것과 세상에 속한 것의 혼합, 세상과 교회의 혼합, 지위를 사랑하는 마음, 위선, 각종 우상 등이다. 우리는 이런 것들을 미워하기를 배워야 한다.

또한 음녀의 딸들(17:5)이란 원칙상 이런 음녀를 따르는 크고 작은 많은 단체들을 가리킨다. 루터는 이런 말을 한 적이 있다. "가장 무서운 교황은 내 속에 있는 '자아'이다." 우리는 우리 속에도 하나님이 혐오하시는 음녀의 성분은 없는지 두려워해야 한다. 여러분이 만일 카톨릭 자체만 음녀라 생각하고 그 원칙을 간과한다면 실수하게 될 것이다. 카톨릭적인 영과 실행은 도처에 있을 수 있고 여러분 속에도 교황이 되고자 하는 마음이 있을 수 있다. 그러니 우리는 이 음녀의 냄새라도 미워하고 피해야 하는데, 그 시작은 우리 속에서부터이다. 그렇지 않으면 카톨릭을 반대하면서도 또 다른 음녀의 길을 가게 될 것이다. 주님이 여러분을 긍휼히 여기시기 바라며, 이 음녀의 가증함을 미워하기를 배우고 온전히 벗어버릴 수 있기 바란다.

그런 다음 주님이 허락하시고 인도하신다면 그곳에서 주 안의 형제들이 나올 수 있도록 도와야 한다. 우리는 18장 4절에서 "내 백성아 거기서 나와"라고 하시는 것을 읽는다. 이는 그곳에도 주님의 백성들이 있다는 뜻이다. 루터도 그곳에 있었고 귀용 여사도 그곳에 있었으며 우리의 몇몇 형제들도 그곳에 있다가 나왔다. 또 카톨릭만이 아니라 그러한 원칙에 따라 축성된 기독교 단체는 다 음녀의 딸들이기에 속히 그런 곳에서 나오도록 도와야 한다. 사람보다 재물을 더 귀히 여기는 단체, 그런 곳은 의심할 여지없이 바벨론이다. 천주교만 바벨론이 아니라 세상 권력과 야합한 교회는 다 바벨론이다. 사치와 허영으로 가득한 교회도 바벨론이며, 귀신들과 사탄들이 들어와서 나가지 않는 곳도 바벨론이다. 이런 단체에 우리의 사랑하는 자들이 있다면 나오도록 권해야 한다. "내 백성아 거기서 나와 그의 죄에 참예치 말고 그의 받을 재앙들을 받지 말라".

19 장

1절, 이 일 후에 내가 들으니 가로되 할렐루야 구원과 영광과 능력이 우리 하나님께 있도다

'이 일 후에'란 18장의 바벨론의 멸망 후, 특히 24절에서 선지자와 성도들의 피가 바벨론 성중에서 보인 후를 말하고 있다. 그 일 후에 요한이 하늘을 보니 하늘에 허다한 음성들이 있었다. 허다한 무리란 바로 구원받은 하나님의 백성들을 가리킨다. 이들 가운데는 아마 유대인도 포함될 것이고 각 나라에서 구원받은 모든 하나님의 백성들이 포함될 것이다. 그러므로 19장 1절의 이 광경은 하나님의 백성이 다 휴거되었음을 의미한다. 첫 열매도 휴거되고 사내아이도 휴거되었다. 그리고 14장에 의하면 대다수 믿는이들은 추수에 의해서 휴거되었다. 그렇기 때문에 하늘에 허다한 무리가 있고 거기에 큰 음성이 있는데, 그들의 음성은 바로 찬송이다. 그들은 하늘에서 다른 것을 하는 것이 아니라 찬송을 한다. 우리는 특별히 요한계시록을 통해 성도들의 하늘로의 휴거가 사실적으로 존재하는 것임을 알게 된다. "하늘에 허다한 무리의 큰 음성 같은 것이 있어" 오늘 날 어떤 학자들은 성도들이 하늘에 있게 되는 것을 부정하는 자들도 있다. 그러면 요한계시록의 많은 하늘에 있는 성도들에 대한 구절들을 어떻게 해석할 것인가?

'할렐루야'는 '하나님을 찬양합니다'라는 뜻이다. 그 찬송의 내용은 구원과 영광과 능력이 우리 하나님께 있다는 것이다. 성도들이 하늘에 오를 때 그들이 감사하고 찬미하는 내용은 하나님이 그들을 구원하셨다는 것이다. 그 구원이 하나님께 있다는 것이다. 오늘 사람들은 구원이 하나님께 있다는 것을 잘 알지 못하는 듯하다. 그러나 오늘 우리가 구원받은 것은 하나님으로 말미암은 것이다. 구원의 계획과 역사가 모두 다 하나님께 있다.

2절, 그의 심판은 참되고 의로운지라 음행으로 땅을 더럽게 한 큰 음녀를 심판하사 자기 종들의 피를 그의 손에 갚으셨도다 하고

이 심판은 계시록 17장과 18장에 있는 바벨론에 대한 심판을 말한다. 앞에서 말했듯이 두 바벨론이 있는데, 하나는 종교적인 바벨론이고(17장) 또 하나는 물질적인 바벨론이다(18장). 종교적인 바벨론은 로마 카톨릭을 의미하지만 또 바벨론의 원칙을 좇는 모든 종교 단체를 의미하기도 한다. 하나님은 그러한 바벨론을 심판하신다. 그런데 이 찬송은 하나님의 심판이 참되시다고 말한다. 하나님의 심판이 참되시다는 것은 하나님께서 그들의 행한 것을 따라 그대로 보응하시기 때문이다. 하나님의 심판은 참되고 의로우시다. 하나님의 심판하시는 방법도 의로우시다.

바벨론의 죄악은 '음행으로 땅을 더럽게 한' 것이다. 음행이란 우상숭배로서 영적 간음을 말한다. 사람은 하나님 한 분만 사랑하게 되어 있다. 주님만 높이고 주님만 사랑하고 섬기게 되어 있다. 그런데 음녀인 바벨론은 하나님만 섬기는 것이 아니라 다른 많은 것들을 섬기고 또 다른 사람들로 동일한 죄를 범하게 만들었다. 하나님이 가장 미워하시는 죄는 종교적으로 자기 자신만 음행하는 것이 아니라 다른 많은 사람들을 이끌어서 음행을 하게 하는 것이다.

"자기 종들의 피를 그의 손에 갚으셨도다". 18장 24절에도 '선지자들과 성도들과 및 땅 위에서 죽임을 당한 모든 자'의 피를 말하고 여기 19장 2절에서도 '자기 종들의 피'를 언급한다. 주님은 그분의 이름을 위해서 피 흘린 증인들을 결코 잊지 않으신다.

복음과 심판

신약은 복음서로 시작한다. 그리스도께서 초림하셔서는 복음으로 사람들을 구원하시기를 기뻐하셨다. 그러나 성경의 마지막 계시록은 심판이 중심으로 기록되었다. 계시록 1장의 요한에게 나타나신 영광의 그리스도의 모습과 5장의 일곱 인의 책을 받으신 유다지파의 사자이신 분, 10장의 다른 천사의 모습 등 그리스도는 복음서에 나타나신 주님과 다르다. 요한 계시록은 승천하셔서 그분의 교회를 돌보시는 분으로, 특히 재림하실 그리스도에 대한 이상을 보여준다. 특히 본 19장에서 그분은 백마를 타시고 그분의 입에서 검이 나와서 만국을 치시는 모습이다.

하나님은 그분의 영원하신 뜻을 복음으로만 이루시지 않는다. 끝까지 인내하시며 자비와 긍휼로 사람들을 대하시되 그분은 언젠가 은혜의 문을 닫으시고 복음을 순종치 않고 회개치 않는 인류에게 심판을 하시는 심판자이심을 계시한다. 일곱 인과 일곱 나팔, 일곱 대접은 모두 심판의 내용들로 구성된다. 복음은 십자가가 그 중심이다. 그리스도의 십자가를 복음으로 받아들이고 자신에게 심판을 적용한 자들은 세상과 함께 죄정함을 받지 않는다(고전 11:31-32). 그들은 이미 그리스도의 십자가를 통하여 심판을 받은 자들이다. 그러나 복음을 순종치 않은 사람에 대하여 하나님은 반드시 심판을 통하여 형벌하시고 보응하시며 그분의 영원한 뜻을 이루시는 분임을 알 수 있다.

그분은 복음을 순종치 않는 인류에 대하여, 선지자들과 성도들의 피를 흘리게 하고 핍박을 가한 모든 바벨론적인 조직에 대하여 철저하게 심판하신다. 이것이 17장과 18장의 내용이다. 먼저 음녀를 심판하시고 어린양의 아내와의 혼인잔치가 이루어진다. 이것이 19장의 내용이다. 하나님은 복음을 통하여 택하신 자들을 얻으시고 그분의 목적을 이루시되 복종치 않는 자들에 대하여 보응하시며 심판하시는 분이다. 그분은 복음과 심판을 통하여 그분의 뜻을 완전히 이루신다. 새 하늘, 새 땅, 새 예루살렘은 그분의 모든 뜻의 완성이다(21-22장). 계시록에는 심판의 광경들이 다 나타난다. 그것은 백보좌 심판까지에서 완성된다(20:11-15). 하나님은 결국 온 세대를 역사하셔서 한 성을 완성하신다. 따라서 그분을 알파와 오메가라 하는 것이다(22:6).

그러나 계시록은 끝까지 복음의 영을 잃지 않는다. 결국 심판도 많은 사람들이 끝까지 회개하기를 원하시는 하나님의 역사이다. 심판 중에도 하나님은 여전히 긍휼을 베풀기 원하시며 회개하기를 원하시는 마음이 여러 장 여러 구절들 곳곳에 녹아 있다. 계시록 22장 마지막까지 예수께서는 목마른 자들은 와서 생명수를 마시라고 여전히 복음으로 사람들을 부르신다(17절). 나는 죄인들이 두려운 심판으로 이 땅을 심판하시는 중에도 사랑으로 사람들을 부르시며 구원받기를 바라시는 하나님의 마음을 알게 되기를 바란다. 복음에도 하나님의 의와 사랑과 거룩하심이 나타나지만 하나님의 심판에도 하나님의 의와 거룩과 사랑의 본성이 나타난다(계 15:3-4).

3절, 두 번째 가로되 할렐루야 하더니 그 연기가 세세토록 올라가더라

두 번째 '할렐루야'가 나온다. 신약 성경 다른 곳에서는 할렐루야를 발견할 수 없다. 오직 계시록 19장에만 할렐루야가 나온다. (그러나 구약, 특히 시편에는 할렐루야가 많다.) 하나님께서 바벨론을 심판하실 때 성도들은 찬미해야 한다. "그 연기가 세세토록 올라가더라". 심판의 표시인 연기가 세세토록 올라간다.

4절, 또 이십사 장로와 네 생물이 엎드려 보좌에 앉으신 하나님께 경배하여 가로되 아멘 할렐루야 하니

여기에 '아멘, 할렐루야'가 있다. 아멘을 먼저 한 것은 앞의 할렐루야에 대한 화답이다. 성도들이 먼저 '할렐루야' 하면서 하나님의 구원과 영광과 능력을 찬미하고 그분이 바벨론을 참되고 의로운 방식으로 심판하신 것을 찬미했다. 그러자 이십사 장로들과(이들은 사람이 아니고 천사들이다) 네 생물이 화답하는 찬미를 했다. "아멘, 할렐루야!". 이 이십사 장로들은 계시록 초반부터 나오기 시작했는데 이 부분에서 나온 후로는 더 이상 나타나지 않게 된다. 이십사 장로들은 하나님과 어린양 보좌 주위에 이십사 보좌들을 가지고 있었다. 그런데 이들은 여기 허다한 무리의 찬미에 '아멘 할렐루야'로 화답하고 나서는 그들의 자리를 교회에게 물려준다. 어린양의 신부가 나타났기 때문이다. 계시록에는 하나님을 보좌하는 존재가 천사들에게서 사람으로 전환되는 놀라운 광경을 보여준다.

5절, 보좌에서 음성이 나서 가로되 하나님의 종들 곧 그를 경외하는 너희들아 무론대소하고 다 우리 하나님께 찬송하라 하더라

보좌에서 음성이 났다고 했는데 이것은 어린양의 음성일 수도 있고 어쩌면 네 생물의 음성일 수도 있다. "하나님의 종들 곧 그를 경외하는 너희들아 무론 대소하고 다 우리 하나님께 찬송하라". 그때 큰 자든 작은 자든 하나님의 종들 곧 그분을 경외하는 자들은 다 하나님께 찬송할 것이다. 19장 5절 이후로는 더 이상 보좌가 언급되지 않는다. 아직은 전(殿)만 있고 성(城)이 없는 상태이므로 보좌가 있지만 새 하늘과 새 땅에 이를 때 성(城)만 있고 전(殿)은 존재하지 않으므로 보좌가 없는 것이다. 4절과 5절에는 이와 같이 전환을 이루는 요소들이 있다.

6-7절, 또 내가 들으니 허다한 무리의 음성도 같고 많은 물소리도 같고 큰 뇌성도 같아서 가로되 할렐루야 주 우리 하나님 곧 전능하신 이가 통치하시도다 우리가 즐거워하고 크게 기뻐하여 그에게 영광을 돌리세 어린양의 혼인 기약이 이르렀고 그 아내가 예비하였으니

뇌성은 위엄을 나타낸다. 이제 하나님의 통치가 시작된 것이다. 지금도 사실은 하나님이 다스리시지만 여기서부터는 모든 면에서 하나님의 실제적인 통치가 나타난다. 이것은 하나님이 이기는 자들을 얻으신 후에 하시는 일이다. 하나님의 통치가 있는 왕국은 이기는 자들이 산출됨과 함께 시작된다. 그 허다한 무리는 바로 이러한 하나님의 통치를 찬양하는 것이다.

6절은 전능하신 하나님의 통치를 찬양하고 7절은 그분께 영광을 돌리자고 한다. 오늘날 많은 사람들의 찬양이 하나님을 향하지 않는다. 그러나 그날 하늘에서 허다한 무리의 찬양의 중심은 하나님이시다. 오직 하나님을 찬양하는 것이다. "우리가 즐거워하고 크게 기뻐하여 그에게 영광을 돌리세". 그분께만 영광을 돌려야 한다. 하나님은 어떤 피조물에게도 그분의 영광을 주지 않으신다. "어린양의 혼인 기약이 이르렀고 그 아내가 예비하였으니". 이 아내는 누구인가? 모든 그리스도인이 아내가 되는가? 그렇지 않다. 이들은 바로 이기는 성도들이다.

하나님은 여기서 성전에 계시고 허다한 무리의 찬송 소리도 성전 안에 있다. 그러나 천년왕국이 시작되면서 성전은 점점 그 지위를 잃어버리게 되고 새 예루살렘에서는 더 이상 성전이 없다. 천년왕국 때에는 이기는 자들이 성 안에서 왕이 되고 성전 안에서 제사장이 될 것이다. 교회 가운데 어떤 이들은 혼인잔치에 참여하지만 어떤 이들은 참여하지 못한다(마 25장 열 처녀의 비유 참조). 새 예루살렘은 천년왕국 시대에 어린양의 신부가 될 것이며, 새 하늘과 새 땅에서는 어린양의 아내가 된다.

8절, 그에게 허락하사 빛나고 깨끗한 세마포를 입게 하셨은즉 이 세마포는 성도들의 옳은 행실이로다 하더라

이들은 어린양의 아내로서 빛나고 깨끗한 세마포 옷을 입었다. 이 옷은 음녀의 옷과는 완전히 다르다. 음녀는 자주 빛과 붉은 빛 옷을 입었다. 앞에서 말했듯이 자주색은 하늘에 속한 청색과 땅에 속한 붉은 색을 혼합한 복합 색깔이다. 그러나 어린양의 신부가 입은 옷은 복합적인 색이 아닌 깨끗하고 하얗고 빛나는 색이다. 하여튼 복잡한 것은 바벨론이고 단순하고 깨끗한 것은 신부이다.

신부의 특징을 자세히 보자. 첫째는 빛나고 다음은 깨끗하다. 빛나는 것은 흰색처럼 보이고 깨끗한 것은 순수하고 맑은 것이다. "세마포를 입게 하셨은즉". 이러한 세마포를 입게 하셨다는 것은 이 옷을 자기가 입은 것이 아니라 '입게 해주셨다'는 것이다. 영어로는 '그녀에게 주어진(it was given to her)' 이라는 뜻이다. 이것은 하나님께서 그녀에게 보상으로 입히신 것이지 스스로의 노력으로 만들어 입은 것이 아님을 의미한다.

오늘 우리의 소원은 이기는 자가 되는 것이다. 어린양의 혼인잔치에 참여하는 것이다. 빛나고 깨끗한 세마포를 입고 주님께 인도되는 것이다. 구원받았으면 다 되었다고 생각지 말라! 이기는 자가 되어야 한다. 앞에서 본 17장 14절 하반절의 '그와 함께 있는 자들 곧 부르심을 입고 빼내심을 입은 자들'이 되어야 한다. 빼내심을 입었다는 것은 선택되었다는 것이다. 우리가 한 번 부르심을 입었다고 해서 다 되는 것이 아니라 거기서 한 번 더 선택되어야 한다. 이것은 마태복음 25장의 열 처녀의 비유로 증명할 수 있다. 열 처녀가 다 믿는 자들이다. 그러기에 그들은 등을 가졌고 기름을 준비하고 신랑을 기다렸다. 그러나 그 중에서 지혜로운 다섯 처녀만 혼인잔치에 들어가고 나머지 미련한 다섯 처녀는 문 앞에서 쫓겨났다. 이것이 성경 말씀이다. 신랑을 만나 혼인잔치에 들어간 사람들은 마태복음 25장에서 기름을 예비한 사람들이다. 기름은 성령을 의미한다.

계시록 19장 말씀을 보면 이들은 또 세마포 옷을 입었다. 그것은 성도들의 옳은 행실들(the righteous acts)로서 복수로 되어 있다. 이것은 구원받은 후 삶에서 이루어진 한 가지 한 가지의 의의 행실들이다. 이것이 혼인예복을 예비하는 방식이다. 시편 45편 14절은 "수놓은 옷을 입은 저가 왕께로 인도함을 받으며"라고 하고 15절은 이어서 "저희가 기쁨과 즐거움으로 인도함을 받고 왕궁에 들어가리로다"라고 한다. 16절은 이들이 결국 온 세계의 군왕들이 된다고 한다. "왕의 아들들이 왕의 열조를 계승할 것이라 왕이 저희로 온 세계의 군왕을 삼으리로다". 이들은 혼인잔치에서는 왕의 신부들이지만 그분의 왕국에서는 그분의 아들들로서 공동 왕들이 된다.

우리가 천국에 들어가기 위해서는 두 종류의 옷이 필요하다. 하나는 주 예수를 믿을 때 얻게 되는 의의 옷이다(갈 3:26-27). 이 옷은 믿을 때 단번에 입게 된다. 누가복음 15장의 둘째 아들이 집에 돌아오자마자 아버지는 그에게 제일 좋은 옷을 입혀주셨다. 잔치에 참여하기 위해서는 누더기 옷을 벗고 새 옷으로 갈아입어야 한다. 이 옷은 그리스도가 우리의 의가 되신 옷이다. 우리는 믿음으로 이 옷을 입을 수 있다. 그러나 천년왕국에서 왕 노릇 하는 옷은 이런 옷이 아니다. 그것은 성도들의 옳은 행실로 된 옷이다. 이는 성도들이 구원받은 후 살아낸 한 가지 한 가지의 의로운 행실로 수놓아진 옷이다. 이 옷이 없이는 그날 왕국의 혼인잔치에 참여할 수 없다. 좋은 대학에 입학하는 것과 졸업할 때 상을 받는 것이 별개의 일인 것처럼 모든 사람이 그날 왕국에서 다 상을 얻는 것은 아니다(고전 9:24).

어떤 성도들은 이 땅에서 생활할 때 상급을 쌓는 방식으로 생활한다. 그들은 주님을 위해 충성을 다한다. 그러한 한 가지 한 가지 행실이 이 옷에 수 놓이게 된다. 구약에서 제사장의 세마포도 금실과 청색실과 홍색실과 가늘게 꼰 베실로 공교히 짜서 만들어졌다(출 28:5).

우리는 성경에서 예수만 믿으면 신부의 옷이 예비된다는 사상을 발견하지 못하며, 반드시 신부의 옷은 우리의 옳은 행실로 예비해야 한다는 가르침을 받는다. "참으면 또한 함께 왕 노릇 할 것이요"(딤후 2:12)라고 했지 믿으면 함께 왕 노릇 한다고 하지 않았다. 달음질을 잘 해야 상을 받는 것이지 믿기만 한다고 되는 것이 아니다. 상을 얻는 것은 믿은 후 성도들의 공적에 따른 것임을 잊어서는 안 된다(고전 3:14). 마태복음 25장의 슬기로운 처녀가 기름을 예비한 것은 생활을 통한 것이지 단순히 구원받음으로 된 것이 아니다. 미련한 처녀도 기름이 전혀 없었던 것은 아니다. 다만 부족했던 것이다. 이는 그들의 온 존재가 성령으로 충만하지 않았음을 뜻한다(등에는 기름이 있었지만 그릇에 여분의 기름이 없었음). 그들은 마땅히 신랑을 맞이하기 위해 평소에 기름을 준비하는 생활을 해야 했다. 그러므로 열 처녀 비유의 마지막에 "그런즉 깨어 있으라 너희는 그 날과 그 시를 알지 못하느니라"고 한 것이다.

어떤 사람들의 말처럼 이들 다섯 처녀는 구원받은 사람들이고 나머지 다섯은 구원받지 못한 자들이라면, 구원만 받으면 깨어 있지 않아도 혼인 잔치에 들어간다는 말이 된다. 과연 구원받은 사람은 다 깨어 있는 사람인가? 구원받은 형제가 세상을 사랑하는 경우도 있고, 술 취하고 간음하고 우상숭배를 하는 경우도 있다. 또 그 외의 다른 죄들을 짓는 경우도 있다(고전 5:11, 딤후 4:10).

사도 바울은 에베소 교회에게 "너희도 정녕히 알거니와 음행하는 자나 더러운 자나 탐하는 자 곧 우상숭배자는 다 그리스도와 하나님 나라에서 기업을 얻지 못하리니"라고 했다(엡 5:5). 여기서 '너희'란 구원받은 에베소 성도들을 지칭하는 것이지 불신자들을 말하는 것이 아니다. 에베소서는 '에베소에 있는 성도들과 그리스도 예수 안의 신실한 자들'에게 보낸 서신이지 신자와 불신자가 섞여있는 단체에 보낸 편지가 아니다. 갈라디아서 5장 21절도 그리스도인들이 술 취하고 방탕하며 원수를 맺고 살 때 '하나님의 나라를 유업으로 받지 못한다'고 말한다. 그러므로 오늘 성도들은 신부로 단장되기 위해 거룩하고 신실하며 주님께 충성을 다해야 한다.

이 8절의 말씀에서 '성도'라 하면 이방인만이 아니라 유대인들도 가리킨다. 천년왕국의 때 이기는 자들은 성 안에서 왕이 되고 성전 안에서 제사장이 될 것이다. 구약 스가랴서를 보면 유대인들은 천년왕국에서 열국 사람들에게 하나님을 섬기는 법을 가르친다고 되어 있다. 그 때는 방언이 다른 열국 백성 열 명이 유다 사람 하나의 옷자락을 잡고 '하나님이 너희와 함께 하심을 들었나니 우리가 너희와 함께 가려 하노라 하리라'고 기록되어 있다(슥 8:18-23). 왕국 안에는 서로 다른 방언이 아직 남아 있는 것 같다. 죄도 여전히 남아 있는 시대이므로 제사드릴 일도 있다. 이때 이기는 자들은 하나님을 크게 섬기게 된다(마 25:21). 오늘 아무리 크게 섬기는 종이라 하더라도 그날의 섬김과는 비교할 수 없다. 그날 주님은 작은 일에 신실한 승리자들에게 큰 일을 맡기신다. 그날은 이기는 자들이 겸손과 사랑으로만 섬기는 것이 아니라 만국을 다스리는 권세를 얻어 철장을 가지고 다스리되 질그릇 깨뜨리는 것과 같이 할 것이다(계 2:26-27). 천 년이 지난 후 새 하늘과 새 땅에는 성전이 없을 것이다. 그곳에는 죄가 없기 때문에 성전에서 제사드릴 일이 없다.

9절, 천사가 내게 말하기를 기록하라 어린양의 혼인잔치에 청함을 받은 자들이 복이 있도다 하고 또 내게 말하되 이것은 하나님의 참되신 말씀이라 하기로

어린양의 혼인잔치에 청함을 받은 자들은 복이 있다고 했다. 이는 주님과 함께 먹고 마실 특권을 부여받은 계시록 3장 20절의 라오디게아의 이기는 자들과 상합하므로 같은 무리임을 확인할 수 있다. 여기서 '혼인잔치에 청함을 받은 자들이 복이 있도다'라고 한 것이라든지 '이것은 하나님의 참되신 말씀'이라고 강조하여 말한 것은 이 혼인잔치에 참여하고 못 하고의 문제가 아주 중요한 일임을 시사한다. '어린양의 혼인잔치'의 주인은 왕이신 주 예수님이시다. 잔치의 주인이신 분이 이제 그 잔치를 누릴 사람들을 초청하고 계신다. 이 잔치에 초청된 자들은 바로 이기는 자들이다. 성도 여러분, 이것은 매우 중요한 문제이다. 과연 어떤 사람이 혼인잔치에 초청 받은 사람인가? '나는 어찌하든지 주님만 사랑하고 모든 대가를 지불해서라도 십자가를 지고 자기를 부인하고 주님을 따를 것이다.'라고 하는 사람이다. 그럼 어떤 사람이 초청받지 않은 사람인가? "이런들 어떠하리 저런들 어떠하리 만수산 드렁칡이 얽혀진들 어떠하리"하는 식으로 절대적인 헌신과 충성이 없이, 되는 대로 사는 사람이다. 이런 음조는 어린양의 혼인잔치에 초청받지 않은 사람의 음조이다.

"내게 말하기를 기록하라". 지금까지 기록하고 있었는데 여기서 또 특별히 기록하라고 하는 이유는 어린양의 혼인잔치에 초청을 받은 자들이 복이 있다는 것을 다시 한 번 상기시키기 위해서일 것이다. 주님은 제자들에게 이렇게 말씀하셨다. "내 아버지의 나라에서 새 것으로 너희와 함께 마시는 날까지 마시지 아니하리라"(마 26:29). 그날 주님은 혼인잔치를 베푸실 것이고 그분은 잔치의 주인이 되실 것이다. 그것은 그분을 위해 충성을 다한 자들을 위한 잔치이다.

"이것은 하나님의 참된 말씀이라 하기로". 이 말씀은 우리가 이 땅에서 받을 수 있는 최고의 말씀이다. 이 잔치의 초청장은 분명 여러분의 인생을 바꾸어 놓을 것이다.

10절, 내가 그 발 앞에 엎드려 경배하려 하니 그가 나더러 말하기를 나는 너와 및 예수의 증거를 받은 네 형제들과 같이 된 종이니 삼가 그리하지 말고 오직 하나님께 경배하라 예수의 증거는 대언의 영이라 하더라

그 말을 듣고 요한이 천사의 발 아래 엎드려 경배하려고 할 때 천사가 말했다. "나는 너와 및 예수의 증거를 받은 네 형제들과 같이 된 종이니 삼가 그리하지 말고 오직 하나님께 경배하라". 천사들도 비록 영적이고 신비스러운 존재로 지음받았지만 여전히 피조물이고 종이다. 즉 예수의 증거를 위한 종이다. 우리가 이 땅에서 누군가로부터 아무리 큰 도움을 얻었다 해도 이 땅에는 경배할 대상이 없다.

"예수의 증거는 대언의 영이라". 이 말은 이해하기가 쉽지 않다. 어쨌든 종 된 자들인 천사나 사람의 임무는 예수를 증거하는 것이다. 그가 참된 전파자인가를 보려면 누구를 증거하는가를 보아야 한다. 예수를 증거하는 사람이 선지자이고 예수를 증거하는 것이 대언의 영이다. 오늘날 우리의 전파는 그리스도 한 분을 증거하는 것이다. 어떤 사람이 성경의 많은 지식을 전달하지만 그 결과가 사람을 그리스도 한 분께 인도하는 것이 아니라면 문제가 있다. 계시록은 예언의 책이고 예언의 본질은 예수의 증거이다. 따라서 계시록 전체가 예수 그리스도를 증거하는 것이다.

11절, 또 내가 하늘이 열린 것을 보니 보라 백마와 탄 자가 있으니 그 이름은 충신과 진실이라 그가 공의로 심판하며 싸우더라

여기서부터는 아마겟돈 전쟁이다. 공중에서 혼인잔치를 한 다음 곧이어 전쟁이 있다. 모든 믿는 자들이 휴거된 후, 먼저 주님은 공중에서 그리스도의 심판대를 세우고 심판을 하신다. 고린도 후서 5장 10절에 따르면 그리스도의 심판대에서 모든 성도들은 자신들이 행한 대로 심판을 받게 된다. 이는 천당이냐 지옥이냐를 결정하는 것이 아니라 그리스도인으로서 상급을 받는가 징계를 받는가를 결정하는 것이다. 그때 이기는 자들만 혼인잔치에 참여하고 패배자들은 바깥 어두운 데 내어쫓기게 된다. 주님은 이기는 자들과 혼인잔치를 누리신 후에 그들을 데리고 이 땅에 강림하신다. 아마겟돈 전쟁은 주님 홀로 싸우는 전쟁이 아니고 이기는 자들과 함께하는 전쟁이다. 여러분 가운데에도 그날 이 전쟁에 참여할 자들이 있으리라 믿는다. 또 백마를 타신 그리스도를 따르는 대열에 동참하지 못하는 사람도 생길 수 있다. 여기 등장하는 백마는 복음을 상징하고 또 승리를 상징한다(계 6:2참조). 예수님이 이 땅에 다시 임하실 때는 그 이름이 충신, 신실함, 진실함이시다. 초림하실 때에는 그분이 은혜로 오셨고 구원자로 오셨지만 재림하실 때에는 충실하시고 진실하신 분으로 오신다. 이제는 심판주로 오시기 때문이다.

12절, 그 눈이 불꽃 같고 그 머리에 많은 면류관이 있고 또 이름 쓴 것이 하나가 있으니 자기 밖에 아는 자가 없고

주님이 어떻게 그분의 머리에 많은 면류관을 쓰시겠는가? 아마 그것은 첩첩으로 쌓인 면류관일 것이다. 그러면 왜 이렇게 많은 면류관을 쓰시는가? 그분이 많은 승리를 얻으셨기 때문이다. A전투에서 승리해서 한 면류관, B전투에서 승리해서 한 면류관, C전투에서 승리해서 한 면류관을 쓰다 보니 그렇게 면류관이 많은 것이다. 이 면류관은 다 아버지께서 주신 것들이다. 교황은 이런 면류관들을 너무 일찍 썼다. 물론 그것은 사람들이 씌워준 것이다. 그들은 마귀와 싸우지도 않고 이 세상에서 얻은 영예로 면류관을 쓴 것이다.

주님은 여기서 그분밖에 알지 못하는 이름을 가지셨다고 했다. 우리도 이기는 자가 되었을 때 주님께로부터 받는 새 이름이 있을 것이다(계 2:17). 그것은 받는 자밖에 모른다. 나는 주님이 내게도 새 이름을 주실 것이라 믿는다. 그렇게 좋은 이름을 가지려면 주님을 위해 충성을 다하며 그분을 기쁘시게 섬기는 실제가 있어야 한다. 주님과 나만 아는 깊은 체험이 없다면 받는 자만 아는 그런 이름을 가질 수 없다.

13절, 또 그가 피 뿌린 옷을 입었는데 그 이름은 하나님의 말씀이라 칭하더라

그분이 이 땅에 임하여 싸우실 때 피 뿌린 옷을 입으셨다고 했다. 아마 겟돈 전쟁에서 적 그리스도와 그 군대를 심판하실 때 피가 튀었기 때문이다. 이사야 63장 1-6절의 말씀은 이 구절과 일치한다. 또 그 이름은 '하나님의 말씀'이라 칭했다. 가장 강력한 무기는 하나님의 말씀이다. 하나님의 말씀은 좌우에 날선 어떤 검보다도 예리하다.

주님이 다시 오실 때는 말씀이 육신 되어 오시는 것이 아니라 말씀 자체로 오신다. 초림하실 때에는 말씀이 육신 되어 오셔서 사람들이 주님을 잘 알아볼 수 없었지만 재림시 심판주로 오실 때에는 모든 사람이 볼 수 있도록 말씀으로 오신다. 다시 오실 그분은 말씀 자체이므로 그분 앞에서 모든 것이 드러나고 심판될 것이다.

14절, 하늘에 있는 군대들이 희고 깨끗한 세마포를 입고 백마를 타고 그를 따르더라

희고 깨끗한 세마포를 입은 하늘에 있는 군대들은 신부들이고 이기는 자들이다. 그들도 백마를 타고 그분을 따랐다고 했다. 혼인잔치를 끝내고 주님과 함께 아마겟돈 전쟁을 치르러 예루살렘으로 내려가는 것이다.

15절, 그의 입에서 이한 검이 나오니 그것으로 만국을 치겠고 친히 저희를 철장으로 다스리며 또 친히 하나님 곧 전능하신 이의 맹렬한 진노의 포도주 틀을 밟겠고

이(利)한 검이란 날선 검, 바로 하나님의 말씀이다. 하나님의 심판은 예리한 말씀으로 집행된다. 오늘 우리는 미리 이런 예리한 말씀으로 우리 안에 섞여져 있는 온갖 혼잡한 것들, 바벨론적인 것들을 다 심판해야 한다. 그럴 때 그날 심판을 면하게 된다. 산불이 났을 때 타죽지 않는 비결은 자기 주위를 먼저 태우는 것이다. 이와 같이 우리가 하나님의 말씀으로 미리 점검받고 심판받으면 그때 심판을 받지 않아도 된다.

그분은 전쟁하기 위해 칼이 필요 없으시다. 그분의 능력의 말씀이 검이고 그 말씀으로 만국을 치신다. 또 주님은 친히 철장으로 만국을 다스리신다고 했다(계 2:27, 12:5). 주님이 다시 오실 때 그분은 왕국의 시작부터 끝까지 철장 권세를 사용하실 것이다. 그러므로 그 앞에 무릎 꿇지 않을 피조물이 없다.

"또 친히 하나님 곧 전능하신 이의 맹렬한 진노의 포도주 틀을 밟겠고". 이것은 14장 17-20절에서 이미 보았다. "천사가 낫을 땅에 휘둘러 땅의 포도를 거두어 하나님의 진노의 큰 포도주 틀에 던지매 성 밖에서 그 틀이 밟히니 틀에서 피가 나서 말굴레까지 닿았고 일천 육백 스다디온에 퍼졌더라"(19-20절). 이것이 바로 아마겟돈 전쟁이다. 이사야 63장 1-6절에도 동일하게 기록되어 있다.

16절, 그 옷과 그 다리에 이름 쓴 것이 있으니 만왕의 왕이요 만주의 주라 하였더라

그 이름이 '만왕의 왕'이요 '만주의 주'이시다. 지금은 사람들이 예수 그리스도가 만왕의 왕이신 줄을 모른다. 그러나 그날 그분이 나타나실 때에는 다 알게 된다. 주님이 말을 타셨기에 요한은 그분 다리에 이름이 씌어진 것을 보았을 것이다.

17-18절, 또 내가 보니 한 천사가 해에 서서 공중에 나는 모든 새를 향하여 큰 음성으로 외쳐 가로되 와서 하나님의 큰 잔치에 모여 왕들의 고기와 장군들의 고기와 장사들의 고기와 말들과 그 탄 자들의 고기와 자유한 자들이나 종들이나 무론대소하고 모든 자의 고기를 먹으라 하더라

이것은 어린양의 혼인잔치가 아니라 하나님의 큰 잔치이다. 아마겟돈 전쟁에서 적 그리스도와 열국 군대들이 살육당하기 때문에 시체들이 무수히 널브러져 있을 것이다. 그때 한 천사가 해에 서서 새들을 향하여 큰 소리로 그 고기를 먹으라고 외친다.

19절, 또 내가 보매 그 짐승과 땅의 임금들과 그 군대들이 모여 그 말 탄 자와 그의 군대로 더불어 전쟁을 일으키다가

다시 말하지만, 이것은 아마겟돈 전쟁이다. 이 땅에서 적 그리스도와 열국 군대들이 그리스도와 그 군대를 대항해 전쟁을 일으키는 것이 이 땅의 마지막 전쟁이다. 스가랴 14장을 읽어보면 사람이 섰을 때에 그 살이 썩으며 그 눈이 구멍에서 썩으며 그 혀가 입 속에서 썩을 것이라고 했다(12절).

이런 일이 아마겟돈 전쟁 때에 일어나게 될 것이다(요엘서 3:9-12 참조).

20절, 짐승이 잡히고 그 앞에서 이적을 행하던 거짓 선지자도 함께 잡혔으니 이는 짐승의 표를 받고 그의 우상에게 경배하던 자들을 이적으로 미혹하던 자라 이 둘이 산 채로 유황불 붙는 못에 던지우고

앞에서 설명했듯이 이 짐승은 적 그리스도인데 네로의 영을 가졌고, 거짓 선지자는 유다의 영을 가졌다. 네로도 죽고 유다도 죽었지만 당시 무저갱의 열쇠가 사탄에게 주어졌기 때문에 그들의 영을 불러낼 수 있었던 것이다. 사탄은 그의 가장 좋은 협력자인 잔혹하고 거짓되고 악랄한 두 존재를 무저갱으로부터 불러올렸다. 그리고서 마지막으로 가장 크게 하나님을 대적하는 일을 하게 했다. 이것이 마지막 인류의 가장 큰 환난 때에 있을 일이다. 따라서 대환난은 사탄의 마지막 발악인 셈이다. 하나님의 정하심은 사람이 한 번만 죽는 것이므로(히 9:27) 저들은 '산 채로' 유황 불 붙는 못에 던져진다. 이것은 계시록 13장 11-18절의 내용과도 부합한다.

21절, 그 나머지는 말 탄 자의 입으로 나오는 검에 죽으매 모든 새가 그 고기로 배불리우더라

그 외에는 말 탄 자의 입으로 나오는 검에 다 죽었다. 즉 열국 군대들이 다 죽은 것이다. 그러자 모든 새들이 와서 그 모든 장군들의 고기, 장사들의 고기, 말들의 고기, 말 탄 자들의 고기, 자유인이나 종이나 무론대소하고 그 모든 자의 고기를 먹었다. 이것이 마지막 때에 있을 일이다. "주검이 있는 곳에는 독수리들이 모일지니라"는 말씀은 마태복음에도 있다(마 24:28). 주님은 이런 일을 미리 알려주신다. 그렇다면 우리는 과연 어떻게 길을 가야 할 것인가? 나는 오늘 여러분이 이러한 말씀을 듣고 앞으로 어떻게 그리스도인 노정을 걸어갈 것인지 생각하고 결단하기 바란다.

20 장

1-2절, 또 내가 보매 천사가 무저갱 열쇠와 큰 쇠사슬을 그 손에 가지고 하늘로서 내려와서 용을 잡으니 곧 옛 뱀이요 마귀요 사단이라 잡아 일 천 년 동안 결박하여

이제 무저갱의 열쇠를 천사가 가지고 있다(9장에서 이 열쇠가 잠시 사탄에게 주어진 적이 있다). 천사는 이 무저갱의 열쇠와 큰 쇠사슬을 손에 가지고 하늘로서 내려와 용을 잡았다. 이 용은 곧 옛 뱀이요 마귀요 사단이다. 요한은 이상 가운데 이 일을 보고 있는 것이다. 그자는 일 천 년 동안 결박되었다가 잠시 풀려 한 가지 사건을 또 일으킨 다음 영원히 멸망으로 들어가게 된다.

3절, 무저갱에 던져 잠그고 그 위에 인봉하여 천 년이 차도록 다시는 만국을 미혹하지 못하게 하였다가 그 후에는 반드시 잠간 놓이리라

사탄은 일단 불못이 아닌 무저갱에 던져진다. 무저갱이란 영어로 애비스(abyss)인데 헬라어 '아비시스'에서 왔으며, 칠십인 역에서는 심연(深淵) 또는 땅(창 1:2)을 가리킨다. 이것은 마귀를 가두는 곳이거나 지하 세계를 일컫는 말로서(눅 8:31, 벧후 2:4, 유 6절) 불못과는 다르다. 사탄은 천 년 동안 이곳에 갇혀 있다가 잠시 풀려난 후 영원히 불못에 들어가게 된다(20:10).

이 마귀 사탄이 천 년 동안 무저갱에 갇혀 있는 데에는 두 가지 이유가 있다. 하나는 천 년 동안 이기는 자들이 그리스도와 함께 왕 노릇 할 때 방해하지 못하게 하려는 것이고, 또 하나는 사탄이 한 번도 죽은 적이 없기 때문이다. 사람은 반드시 한 번 죽고 그 후에 불신자들은 심판을 받고 불못에 들어가게 되는데(히 9:27 참조), 사탄도 원칙상 같은 경로를 거쳐야 한다면 일단 천 년 동안 무저갱에 갇힘으로 한 번 죽는 것을 경험하고 그런 다음 심판을 받고 불못에 들어가야 한다는 것이다.

4절, 또 내가 보좌들을 보니 거기 앉은 자들이 있어 심판하는 권세를 받았더라 또 내가 보니 예수의 증거와 하나님의 말씀을 인하여 목 베임을 받은 자의 영혼들과 또 짐승과 그의 우상에게 경배하지도 아니하고 이마와 손에 그의 표를 받지도 아니한 자들이 살아서 그리스도로 더불어 천 년 동안 왕 노릇 하니

이제부터 천년왕국의 문제를 다루게 된다. 이 천년왕국의 문제는 기독교 신학자들 간에 많은 논란을 일으키는 주제이다. 여러분도 이 주제에 대해서만큼은 사람들이 신학적으로 어떻게 말하는가를 알아야 한다. 일반적으로 사람들은 성경만 알면 된다고 생각한다. 사실 나도 그렇게 믿는다. 그러나 여러분이 지식이 많은 그리스도인들과 교제할 때 몇 가지 점검해야 할 문제가 있다는 것을 발견할 것이다. 첫 번째가 삼위일체에 대한 것이고, 두 번째가 구원관과 그리스도론이며, 또 한 가지 중요한 것을 말한다면 천년왕국에 대한 것이다. 그러므로 기회가 있을 때마다 기본적인 학설들에 대해 조금씩 배워 나가야 만 사람들에게 참된 진리를 전해줄 수 있다.

천년왕국에 대해서 일반적으로 사람들이 말하는 학설은 세 가지로 분류된다. 첫째는 천년기 후(後) 설, 또는 후 천년설이라고 한다. 둘째는 무(無) 천년설, 또는 무 천년기이며, 셋째는 천년기 전(前) 설, 또는 전 천년설이라고 부른다. 결론부터 말하자면 후 천년설은 잘못된 견해로서 성경을 잘못 이해한 것이다. 그렇더라도 이 견해도 성서를 많이 연구한 사람들이 힘들여 말한 것이므로 신학에서 한 학설로 분류하여 인정하고 있다. 이것은 주님이 재림하시는 것을 기준으로 해서 주님이 오시기 전에 천년왕국이 이 땅에 천 년 동안 존재한다고 생각하는 것이다. 다시 말해서 천년왕국 후에 주님이 재림하신다는 것이다. 그러나 주님이 없이 어떻게 천년왕국이 임하겠는가?

천년왕국설

1. 후 천년설

뵈트너(L. Boettner)라는 사람은 그의 저서 '천년설'에서 다음과 같은 이론을 제시한다. "천년기 후설(postmilennialism)이란 그리스도 재림 전에 천 년 동안 기독교 황금시대가 있게 된다는 것이다. 이는 인류 대부분이 복음을 믿는 시대이다. 이 이론에 대한 성경적 증거는 마태복음 28장 18절로서 주님이 하늘과 땅의 권세를 받으셨고 제자들에게 가서 복음을 전하라고 하셨기 때문에 반드시 그분의 말씀은 이루어질 것이다. 그래서 온 땅이 복음화되어 먼저 주님의 나라와 같은 상황이 이 땅에 도래할 것이다."

구약의 많은 예언들이 인류 역사에 황금시대가 있을 것을 예언했는데(이사야, 다니엘 등) 이런 구절들을 근거로 해서 그들은 이 땅에 복음 시대인 교회시대가 완전히 이루어진 다음에야 주님의 재림이 있을 것이라고 말한다. 이 땅에 그리스도의 계절이 임하고 복음이 완전히 전파되고 더 많은 사람들이 주님을 믿어 이 세상이 점차적으로 기독교화 된 후에, 즉 그리스도의 나라가 이 땅에 온전히 이루어진 후에 주님이 오실 것이라는 것이다. 이들은 그리스도께서 천년기에 지상적 왕위를 가지고 가현적(可現的)으로 통치하신다고 생각지 않는다. 그들은 천년기 이후에 그리스도께서 재림하신다고 생각한다. 후 천년설을 주장하는 사람들은 뵈트너 외에 마르셀러스 킥(J. Marcellus Kik), 벤자민 워필드(Benjamin B. Warfield) 등이다.

2. 무 천년설

무 천년설(amillennialism)은 계시록 20장의 천 년 기간을 문자적인 천년이라고 보지 않고 그냥 신약 시대라고 보는 학설이다. 땅 위에서 복음을 전하는 시대 혹은 중간 세계라고 한다. 러져스(Rurgers)라는 사람은 이 학설의 기원을 어거스틴(Augustine)에게 돌렸다. 무 천년주의란 간단하게 말해서 신약 시대 전체가 다 천년왕국 시대라고 보는 견해이다. 이들은 계시록 20장 4-6절에 언급된 천 년을 이미 죽은 자들의 영혼이 그리스도와 함께 하늘에서 현세적으로 통치하고 있는 것을 묘사한다고 해석한다. 어거스틴은 '하나님의 도성(City of God)'이라는 그의 저술에서 이 구절들에 묘사된 그리스도의 왕권 행사가 1) 현 세대의 삶에 있어서 교회의 지도자들이 교회를 다스리는 것 2) 이 세상의 삶에서 신자들이 육신의 정욕을 다스리는 것 3) 이미 죽은 신자들의 영혼이 현 세대에 그리스도와 함께 하늘에서 왕 노릇 하는 것으로 해석하고 있다. 이들은 20장의 처음 세 구절 속에 있는 사단의 결박 사건을 그리스도의 초림과 재림 사이의 기간 동안에 계속적으로 일어나는 일로 해석한다. 그들은 그리스도께서 이 천상적 통치 후에 재림하신다고 가르친다. 현재 카톨릭은 어거스틴으로부터 주장된 무천년설을 신봉하고 있다.

3. 전 천년설

전 천년설(premilennialism)은 결론부터 말하자면 오늘 우리가 믿고 있는 그것이다. 성경 진리를 어떤 학설이라고 말해서는 안 되겠지만, 굳이 학설로 구분하자면 전 천년설이라는 것이다. 이는 그리스도께서 이 땅에 재림하셔서 그의 이기는 자들과 함께 이 땅에서 천 년 동안 왕 노릇 하신다는 것이다. 이 점에 있어서 우리는 무 천년주의자들의 말을 받아들여서는 안 된다. 계시록 13-17장의 내용은 사탄의 일반적 시험과 교회의 일반적 환난을 의미하지 않고 사탄의 최후 발악에 의한 적 그리스도와 거짓 선지자의 역사를 말한 것이다. 따라서 바벨론의 심판과 적 그리스도의 심판도 마지막 때 있을 일이며, 20장의 천년왕국도 그 일 후에 임할 것이다.

이 모든 일들은 세상 끝에 일어날 일들임에 분명하다. 따라서 계시록에서 말하고자 하는 천년왕국이 마지막 시대에 도래하는 것이 아니라 신약 시대 전체를 망라하는 것이라고 보는 것은 무리한 해석이다.(좀 더 자세한 것은 특주에서 관설하였으니 참고하기 바란다)

"또 내가 보좌들을 보니 거기 앉은 자들이 있어 심판하는 권세를 받았더라"(4절). '심판하는 권세를 받았다'는 것은 왕권을 얻은 것을 의미하고 다스리는 권세를 얻은 것을 의미한다. 원문에는 '권세'라는 말이 없지만 심판을 얻었다는 것은 심판할 권리를 얻은 것이며 또한 왕국을 얻은 것이다. 요한이 이상 가운데 본 것은 하나의 보좌가 아니라 많은 보좌들이었다. 거기 앉은 자들은 다 이기는 자들이다. 주님은 열두 제자들에게도 보좌를 약속하셨고 그들이 이스라엘 열두 지파를 심판할 것이라고 말씀하셨다(마 19:28). 그들이 보좌에 앉아서 심판하는 권세를 받은 것은 모든 것을 버리고 주를 좇은 것에 대한 보상일 것이다. 믿고 구원받았다고 해서 다 보좌에 앉는 축복을 얻을 수 있는 것은 아니다.

이 말씀(열두 지파를 심판할 권세를 주시는 것에 관한 말씀)은 주님을 따르는 데 실패한 젊은 관원이 떠난 뒤에 베드로에게 하신 말씀이다. 이어서 29절에서 주님은 그분의 이름을 위하여 자식이나 전토를 버린 자마다 여러 배를 받고 영생을 상속한다고 하셨다. 이는 단순히 구원받은 자들에게 주시는 은혜가 아니다. 그들의 주를 위한 충성과 희생에 대한 보상이다. 또 두아디라 교회나 라오디게아 교회의 이기는 자들에게 주신 약속에서도 보좌에 앉게 해주시는 것과 만국을 다스리는 권세를 주시는 것이 보상으로 제시된다. 이것은 분명 구원받은 자들에게 일반적으로 주어지는 것이 아니다. 그러므로 세 종류의 사람들이 있는데, 첫째는 이기는 자들로서 보좌에 앉은 자들이고 심판할 권세를 얻은 자들이다. 둘째는 2000년 기간 중에 순교한 자들로서 다섯째 인을 뗄 때 제단 아래 있던 영혼들이다(계 6:9). 셋째는 대환난 때 순교한 자들이다.

이러한 이상은 사도 요한이 보았을 뿐 아니라 다니엘도 보았다. 다니엘 7장 9-10절을 읽어보자. "내가 보았는데 왕좌가 놓이고 옛적부터 항상 계신 이가 좌정하셨는데 그 옷은 희기가 눈 같고 그 머리털은 깨끗한 양의 털 같고". 요한이 본 주님과 많이 비슷하다. "그 보좌는 불꽃이요 그 바퀴는 붙는 불이며". 이 바퀴는 에스겔이 본 것과 아주 비슷하다. 하늘의 이상을 본 사람들의 서술은 약간씩 차이가 있지만 본질상 아주 비슷하다. "불이 강처럼 흘러 그 앞에서 나오며 그에게 수종하는 자는 천천이요 그 앞에 시위한 자는 만만이요 심판을 베푸는데 책들이 펴 놓였더라". 다니엘이 볼 때 그 앞에 시위하는 자들이 많고 심판을 베푸는데 책들이 펴 놓여 있었다. 하나님의 말씀은 하나도 거짓됨이 없다. 오늘 이 땅에서 주님을 위해 인내하고 수고하고 헌신하고 충성을 다하며 심지어 순교한 그리스도인들은 그날 반드시 심판하는 권세를 받게 된다. 그것이 바로 다스리는 것, 왕 노릇 하는 것이다. '심판을 베푸는데 책들이 펴 놓였더라'고 한 말씀(10절)에서 이 심판하는 자들은 천천만만의 성도들이며 책에 기록된 대로 심판을 베푼다.

다니엘 7장 18절을 읽어보자. "지극히 높으신 자의 성도들이 나라를 얻으리니". 하나님은 그분의 성도들에게 그 나라를 주시기 원한다. "그 누림이 영원하고, 영원하고, 영원하리라". 영원하리라는 말이 세 번 반복된다. 22절, "옛적부터 항상 계신 자가 와서 지극히 높으신 자의 성도를 위하여 신원하셨고". 신원했다는 것은 보상했다는 것이다(judgement was passed in favor of the saints). "때가 이르매 성도가 나라를 얻었더라". 결국 모든 나라는 성도에게 돌아간다.

누가복음 12장 32절, "적은 무리여 무서워 말라 너희 아버지께서 그 나라를 너희에게 주시기를 기뻐하시느니라". 복음서에서도 주님은 아버지께서 그 나라를 적은 무리인 그들에게 주시기를 기뻐하신다고 하셨다. 여기에 나라를 얻는 문제가 있다. 오늘 이 땅에서 주님을 위해 충성되게 길을 걸어가는 사람들은 그날 나라를 얻는다.

다시 계시록 20장 4절로 돌아가서, "또 내가 보좌들을 보니 거기 앉은 자들이 있어 심판하는 권세를 받았더라 또 내가 보니 예수의 증거와 하나님의 말씀을 인하여 목 베임을 받은 자의 영혼들과 또 짐승과 그의 우상에게 경배하지도 아니하고 이마와 손에 그의 표를 받지도 아니한 자들이 살아서 그리스도로 더불어 천 년 동안 왕 노릇 하니". '살아서'란 부활한 것을 말한다. 이들은 예수의 증거와 하나님의 말씀을 인하여 목 베임을 받은 자들이다. 목 베임을 받았다는 것은 원문에서 도끼나 칼로 머리를 자르는 것을 의미한다. 순교자들은 무엇 때문에 목베임을 당하는가? 예수의 증거와 하나님의 말씀 때문이다. 오늘날 이 땅에 많은 그리스도인들이 있지만 예수의 증거와 하나님의 말씀을 위해 사는 자들이 얼마나 되는가? 그저 이 땅의 부와 지위와 명예를 위해 살지는 않는가? 그러나 여기 이기는 자들은 예수의 증거와 하나님의 말씀을 위해서 핍박과 고난을 받으며 살다가 목베임을 당했다. 많은 순교자들이 하나님의 말씀 한 마디를 지키려다가 죽임당했다.

예수의 증거를 중요시하지 않는 사람들 가운데서는 이기는 자가 나올 가능성이 없다. 예수의 증거란 하나님의 말씀에 따른 순수하고 깨끗한 교회의 간증이다(딤후 2:20-22). 교회는 예수 그리스도의 형상과 모습을 지니는 것이 그 의무요 책임이다(창 1:26). 계시록의 금 등대와 새 예루살렘은 교회가 예수 그리스도의 증거가 되어야 함을 나타낸다. 부패한 바벨론적인 교회는 예수의 간증이 될 수 없다. 따라서 신약 시대의 모든 성도들이 다 예수의 간증이 될 수 있는 것은 아니며 이기는 자들만이 그 간증을 지니게 된다.

주님을 섬긴다는 사람들 중에서 불만과 원망 섞인 말들을 하는 것을 종종 듣는데, 이는 그리스도인의 사역과 봉사의 본질을 모르는 데 그 원인이 있다. 가인의 길에 따라 행하고 삯을 위하여 발람의 어그러진 길로 몰려간 결과 불만과 원망의 말이 생긴 것이다(유 11절). 가인의 길이란 무엇인가? 자기 육체의 힘으로 섬기는 것이다. 그는 아벨과 같지 않았다. 아벨은 자신의 힘과 수고가 아닌 하나님의 주신 은혜로 섬겼다. 양을 잡아서 제물로 드리는 데에는 큰 힘이 들지 않지만, 일 년 내내 땀 흘리며 경작한 소산물을 드리는 데에는 큰 수고가 필요하다. 그 결과 드린 것에 대하여 자기가 뭔가 했다는 느낌이 생긴다. 그러므로 거기에 상응하는 보상이 주어지지 않을 때 얼굴색이 바뀌는 것이다. 이것은 신약의 은혜의 원칙으로 섬긴 것이 아니다. 특히 주님을 섬긴다고 하는 사람들은 반드시 가인의 길과 발람의 길을 경계해야 한다. 예수의 증거를 위해 우리는 하나님의 은혜 안에 살아야 하는데 그러기 위해 그리스도의 십자가는 필수적이다. 그분은 하나님의 어린양이시기 때문이다.

이기는 자들의 특징은 예수의 증거와 하나님의 말씀이다. 말씀을 지키려는 영이 강하지 않은 곳에서는 순교자가 나올 가능성이 없다. 우리가 진실하게 믿는 바를 그대로 증거할 때 핍박과 오해가 있게 된다. 그리고 순교도 당하게 된다. 사도 바울이 일생토록 바른 진리를 증거하지 않았다면 그렇게 많은 핍박을 당할 필요가 없었을 것이다(갈 5:11). 역대의 순교자들은 이와 같이 예수 그리스도와 하나님의 말씀을 지키기 위해 힘을 다했다. 존 폭스의 순교사는 로마시대에 수많은 순교자들이 순수한 신앙과 참된 진리를 지키기 위해 교권주의의 사람들에게 목숨을 잃었다고 기록한다. 그들은 단순히 주님을 믿느냐 믿지 않느냐가 아니라 자신들이 믿는 신앙과 진리를 위해 목숨을 버린 것이다. 1800년대에 영국에서 일어난 형제회 사람들도 다시 한 번 말씀을 지키려는 영을 일깨우는 데에 하나님께 사용된 그릇들이다. 그들은 성경의 작은 한 말씀이라도 반드시 지켜야 할 말씀으로 여겼다. 주님이 칭찬하시고 기뻐하신 빌라델비아 교회도 그들처럼 주의 이름을 배반치 않고 주의 말씀을 지키는 교회였다. 그렇게 말씀을 지키기 위해 오해와 핍박과 죽음을 불사한 자들에게 주님은 보상을 약속하셨고 결국 그들은 보좌에 앉게 되는 것이다.

이기는 자가 되기 위해 반드시 순교를 해야만 하느냐고 묻는 사람들이 있다. 물론 순교하는 것이 가장 확실한 길이다. 이에 대해 H. B. 스웨트라는 학자는 반드시 육신적으로 순교를 당하지 않는다 하더라도 순교자적인 삶을 산 사람들에게는 같은 축복이 주어질 수 있다고 하면서, 그리스도를 인하여 기꺼이 고난을 당하고 치욕을 당하고 배척을 당하고 투옥을 당하고 재산 상실을 겪고 가정의 파멸을 겪고 인간관계에서 상처를 입고 멸시를 당한 사람들도 일종의 순교의 생활을 한 사람들이라고 말했다. 이에 대한 근거 구절을 필자도 한 번 생각해 보았다.

디모데 후서 2장 12절, "참으면 또한 함께 왕 노릇 할 것이요 우리가 주를 부인하면 주도 우리를 부인하실 것이요". 이 말씀에 의하면 참는 자도 함께 왕 노릇 할 것이라고 했다. 히브리서 10장 32-35절, "전날에 너희가 빛을 받은 후에 고난의 큰 싸움에 참은 것을 생각하라 혹 비방과 환란으로서 사람들에게 구경거리가 되고 혹 이런 형편에 있는 자들로 사귀는 자 되었으니 너희가 갇힌 자를 동정하고 너희 산업을 빼앗기는 것을 기쁘게 당한 것은 더 낫고 영구한 산업이 있는 줄 앎이라 그러므로 너희 담대함을 버리지 말라 이것이 큰 상을 얻느니라". 이렇게 사람들에게 비방당하고 산업을 빼앗기면서도 기뻐하며 담대함을 잃지 않을 때 큰 상을 얻게 된다고 했다. 마태복음 5장 10-12절, "의를 위하여 핍박을 받은 자는 복이 있나니 천국이 저희 것임이라 나를 인하여 너희를 욕하고 핍박하고 거짓으로 너희를 거스려 모든 악한 말을 할 때에는 너희에게 복이 있나니 기뻐하고 즐거워하라 하늘에서 너희의 상이 큼이라 너희 전에 있던 선지자들을 이같이 핍박하였느니라". 이러한 구절들을 보면 반드시 육신적으로 목 베임을 당하지 않는다 하더라도, 이 땅에서 목 베임을 당한 것처럼 사는 사람들, 욕을 먹고 핍박을 당하고 악한 말을 듣고 산업을 빼앗기면서도 기뻐하는 사람들 역시 상이 있다.

천년왕국

천년왕국은 우리 주 예수 그리스도와 그의 성도들이 지상에서 일천 년간 직접 통치하는 기간이다. 이때는 예루살렘이 천년왕국의 중심이 된다(사 2:2-4, 렘 31:6, 미 4:1, 슥 2:10-11). 온 세계가 이스라엘의 통치 아래 있게 됨으로 팔레스타인 땅이 온 땅의 중심이 되고 예루살렘이 전 세계 통치의 중심이 되는 것이다. "그 때에 예루살렘이 여호와의 보좌라 일컬음이 되며 열방이 그리로 모이리니 곧 여호와의 이름으로 인하여 예루살렘에 모이고 다시는 그들의 악한 마음의 강퍅한 대로 행치 아니 할것이며"(렘 3:17). "그런즉 너희가 나는 내 성산 시온에 거하는 너희 하나님 여호와인줄 알 것이라 예루살렘이 거룩하리니 다시는 이방 사람이 그 가운데로 통행하지 못하리로다"(욜 3:17) (렘 30:16-17, 31:6, 23, 겔 43:7, 미 4:7, 슥 8:2-3).

왕을 뵙고자 하는 자들은 다 예루살렘에 들어갈 수 있다(사 35:8-9). 이때 이방인은 이스라엘의 종이 된다(사 14:1-2, 49:22-23, 60:14, 슥 8:22-23). 비록 그리스도와 그의 성도들이 새 예루살렘에서 하늘의 부활체로서 통치하며 현재 천사들이 차지하고 있는 곳을 취하겠지만(히 2:5-8), 지상의 중심지는 예루살렘과 이스라엘 민족이 될 것이다. 천년 통치의 목적은 아버지 편에서 볼 때는 그의 아들을 모독하고 무시한 이 땅에서 그의 아들을 공개적으로 영화롭게 하는 것이다. 이것은 아버지의 아들에 대한 공의의 보상이 될 것이다. 충성된 성도들에 대한 보상도 같은 맥락이다(계 2-3장, 특히 3장 21절을 보라). 또한 천 년 통치는 구약 성서에서 이스라엘에 대해 계속해서 예언하신 것의 성취가 될 것이다. 구약에서 하나님은 거듭거듭 다윗의 왕좌를 그리스도에게 주겠다고 하셨으며, 그날에 그리스도가 다시 오셔서 다윗의 무너진 장막을 다시 일으킬 것이라고 하셨다(암 9:11, 12, 행 15:16). 천년왕국이 없으면 구약의 수많은 약속이 헛되게 된다.

또 천년왕국은 성도들의 "나라가 임하옵시고 뜻이 하늘에서 이루어진 것같이 땅에서도 이루어지이다"라는 기도에 대한 하나님의 응답이 될 것이다. 그러므로 주님은 그분의 나라를 갖고 임하셔서 왕국을 통하여 마태복음 산상수훈에서 "천국이 저희 것임이요"라고 하신 말씀을 이루실 것이다. 그리고 승리자들과 함께 그분의 신적 영광을 함께 나누며, 함께 왕 노릇하시겠다는 약속을 이루실 것이다. 이때 지구상에는 민족들 간의 실질적인 평화가 있게될 것이다. 그리스도의 통치는 의롭고 강력할 것이며(철장으로 만국을 다스림), 역사상 처음으로 완전한 평화가 실현될 것이다(사 2:4, 9:4-7). 그때에는 기쁨과 거룩함과 영광이 있다. 정의가 실현되고(사 9:7) 완전한 지혜가 있고 훌륭한 가르침이 있다(사 2:2-3, 11:1-2). 저주가 없어지고 병이 사라진다(사 11:6-9, 33:24, 35:9, 65:25, 렘 30:17, 겔 34:16). 사회적, 종교적, 정치적인 억압이 없을 것이고 자유가 충만하다(사 14:3-5, 42:6-7, 슥 9:8, 14:11-12). 인구가 급증한다(렘 30:20, 겔 47:22, 슥 10:8). 태양빛과 달빛이 증가한다(사 4:5, 30:26, 60:19-20, 슥 2:5). 언어가 통일된다(습 3:9).

모든 민족들은 매년 만군의 여호와이신 왕께 경배하고 장막절을 지키기 위해 예루살렘에 올라갈 것이다(슥 8:18-23). 이때는 피조물들도 썩어짐의 종 노릇에서 해방되어 하나님의 영광의 자유에 이르게 된다(롬 8:20-22). 주님이 여호수아서에서 말씀하신 땅을 기업으로 얻는 문제와 마태복음 5장에서 온유한 자들이 땅을 기업으로 얻게 된다는 약속은 이때 성취될 것이다. 그리고 부활한 승리자들은 그리스도와 함께 왕국을 다스린다.

천년왕국에 대한 성경적 증거

오늘 날 많은 이들이 천년왕국에 대하여 확신을 갖고 있지 않은 것을 본다. 그저 구원이 모든 것인 줄 안다. 신약 성경의 구원의 용법도 그렇게 단순하지 않은 것을 본다. 이미 구원받은 것도 있고 구원을 이루라는 말씀도 있으며(즉 이루어져 가는 구원), 장래 몸의 구속을 말하는 최종적인 구원을 말하는 것도 있다.

하나님은 사람 앞에 두 가지 일을 놓으셨다. 죄인에게는 영생을 얻어야 할 필요를 놓으셨고 영생을 얻은 이들에게는 왕국과 보좌와 면류관을 놓고 상급을 위해 달리게 하셨다. 성경을 통해서 우리는 천년왕국의 천국 영역에는 믿음이 아닌 뛰어난 의가 요구된다는 것을 알 수 있다. "내가 너희에게 이르노니 너희 의가 서기관과 바리새인보다 더 낫지 못하면 결단코 천국에 들어가지 못하리라 노하지 말라"(마 5:20) 또한 믿음이 아닌 아버지의 뜻대로 행하였는가, 봉사하였는가 하는 문제가 달려 있다. "나더러 주여 주여 하는 자마다 천국에 다 들어갈 것이 아니요 다만 하늘에 계신 내 아버지의 뜻대로 행하는 자라야 들어가리라"(마 7:21). 우리는 여기에 들어가는 천국에 믿고 영생을 얻어 들어가는 천국이 아니라 하나님의 뜻을 행한 후에 들어가게 되는 천국(즉 그리스도와 함께 다스리는 왕국인 천년왕국)임을 알게 된다.

이 문제는 신약 성경의 도처에서 발견된다. 물론 구약성경에는 더욱 많은 구절들이 이를 증거하고 있다. 바울은 고린도 전서 3장과 9장에서도 이 사실을 밝히 증거했다. 사도바울은 주님이 다시 오셨을 때 화가 있을 수도 있고(해를 당하고 불 가운데서 구원을 받을 수 있다), 상을 받을 수도 있음을 분명히 말했다. "만일 누구든지 그 위에 세운 공력이 그대로 있으면 상을 받고 누구든지 공력이 불타면 해를 받으리니 그러나 자기는 구원을 얻되 불 가운데서 얻은 것 같으리라"(고전 3:14-15)

"내가 복음을 전할찌라도 자랑할 것이 없음은 내가 부득불 할 일임이라 만일 복음을 전하지 아니하면 내게 화가 있을 것임이로라 내가 내 임의로 이것을 행하면 상을 얻으려니와 임의로 아니한다 할찌라도 나는 직분을 맡았노라"(고전 9:17-18) 또한 바울은 자신이 복음을 전하는 것이 복음의 경주장에서 상을 받기 위한 것임을 분명히 밝혔고 그 상이 바로 면류관(왕 노릇하는 왕관)임을 말했다. 만일 그리스도인에게 내세의 왕국이 없다면 언제 상을 얻으며 언제 그리스도와 함께 만국을 철장으로 다스리는 권세를 얻을 시대가 올 것인가? 언제 아들이 이기고 아들의 보좌에 앉은 것처럼 아들의 보좌에 앉을 것인가?(계 2:26-27, 3:21). 마태복음과 누가복음에 의하면 주님이 다시 오셔서 생전에 주신 달란트나 므나를 가지고 장사를 잘한 자들에게 많은 것을 맡기며(열 고을 다섯 고을 등 다스리는 권세를 얻는다 하였다), 주인의 즐거움에 참여하게 하신다고 약속하셨는데 장래의 왕국이 없다면 이 시대에 수고한 일에 대한 보상을 언제 주신단 말인가?(마 25, 눅 19:13 이하 참조).

면류관이란 무엇인가? 면류관이란 왕권을 대표하는 것이지 단순히 경기에 이긴 자들에게 주는 월계관이 아니다. 왕이 되는 것은 권세를 얻고 영광을 얻는 것을 말하고 왕권을 얻어 왕노릇하는 것을 말한다. 면류관을 놓치거나 면류관을 얻지 못하는 것은 천년왕국에서 왕국을 얻지 못하고 주님과 함께 왕노릇하지 못하고 영광을 얻지 못하는 것을 말한다. 바울은 고린도전서 9장에서 이를 위해 자기는 복음을 열심히 전할 뿐 아니라 자신을 쳐서 복종시키는 등 자신의 응당 쓸 권리도 포기하는 절제를 사용했다고 말한다. 그렇게 하지 않으면 남에게 전파한 후에 버림이 될 수도 있다고 말했다. 우리는 오늘 날 성도들의 말과 행동과 봉사가 그날 왕국을 얻을 수 있는지 없는지를 결정한다는 것을 알 수 있다. 오늘 날 달리는 길에서 불순종하고 법대로 경기하지 않으면 면류관을 얻지 못한다(딤후 2:5). 우리는 신약성경에서 예수를 믿으면 누구든지 면류관을 얻으리라고 말하지 않았다는 것을 읽을 수 있다(딤후 4:8, 계 3:11). 또한 예수를 믿으면 누구든지 다시 오실 예수로부터 칭찬과 영광과 존귀를 얻을 수 없음을 본다(마 25장 열처녀 달란트 비유 참조).

영생을 얻는 것은 믿음에 달려 있지만 왕국을 얻는 것은 행위에 달려 있으며 그리스도인들이 노정(경주)을 어떻게 달렸는가에 달려 있다. 그날의 상급과 보상과 면류관을 얻음은 완전히 일생 성도의 행함에 달려 있다.

"인자가 아버지의 영광으로 그 천사들과 함께 오리니 그 때에 각 사람의 행한대로 갚으리라"(마 16:27), "참으면 또한 왕노릇 할 것이요"(딤후 2:12), "보라 내가 속히 오리니 내가 줄 상이 내게 있어 각 사람에게 그의 일한대로 갚아 주리라"(계22:12).

특히 히브리서에는 장차 올 왕국에 대한 개념이 강력하다. 그것은 시작하는 1장과 2장에서부터 시작한다. "또 맏아들을 이끌어 세상에 다시 들어 오게 하실 때에 하나님의 모든 천사가 저에게 경배할찌어다 말씀하시며"(히1:6). 맏아들을 이끌어 세상에 다시 들어오게 하실 때가 언제란 말인가? 이것은 분명 초림을 가리키는 말씀이 아니다. 초림은 독생자로 오셨지 맏아들로 오시는 것이 아니다. "하나님이 우리의 말한바 장차 오는 세상을 천사들에게는 복종케 하심이 아니라"(히 2:5) 장차 오는 세상은 분명 천년왕국을 가리킨다. 이는 히브리서 기자가 현 시대의 상황에는 만물이 저에게 복종한 것을 보지 못하고 있다고 말한 말씀에서 증명된다. 오는 세상에는 모든 만물이 그리스도께 완전 복종될 것이다. 또한 히브리서 11장의 증인들은 증거를 받았으나 약속을 받지 못하였다고 하였는데 이 약속은 천년왕국에서의 보상을 의미한다(6, 26, 35, 40절 참조). 우리가 이 모든 말씀을 통해서 알 수 있는 것은 주님의 재림시에 반드시 상급이 있고 징계도 있다는 것이다.

누가복음 12장의 비유의 말씀은 분명 주님의 재림시에 있을 일을 말씀하시는 것이며 이 말씀으로 우리는 큰 경계를 받아야 한다. 이하의 말씀은 주님의 분명 주님의 재림시에 있을 일을 예고하시는 말씀이다. "너희는 마치 그 주인이 혼인 집에서 돌아와 문을 두드리면 곧 열어 주려고 기다리는 사람과 같이 되라 주인이 와서 깨어 있는 것을 보면 그 종들은 복이 있으리로다 내가 진실로 너희에게 이르노니 주인이 띠를 띠고 그 종들을 자리에 앉히고 나아와 수종하리라 주인이 혹 이경에나 혹 삼경에 이르러서도 종들의 이같이 하는 것을 보면 그 종들은 복이 있으리로다 너희도 아는바니 집 주인이 만일 도적이 어느 때에 이를줄 알았더면 그 집을 뚫지 못하게 하였으리라 이러므로 너희도 예비하고 있으라 생각지 않은 때에 인자가 오리라 하시니라 베드로가 여짜오되 주께서 이 비유를 우리에게 하심이니

이까 모든 사람에게 하심이니이까 주께서 가라사대 지혜 있고 진실한 청지기가 되어 주인에게 그 집 종들을 맡아 때를 따라 양식을 나누어 줄 자가 누구냐 주인이 이를 때에 그 종의 이렇게 하는 것을 보면 그 종이 복이 있으리로다 내가 참으로 너희에게 이르노니 주인이 그 모든 소유를 저에게 맡기리라 만일 그 종이 마음에 생각하기를 주인이 더디 오리라 하여 노비를 때리며 먹고 마시고 취하게 되면 생각지 않은 날 알지 못하는 시간에 이 종의 주인이 이르러 엄히 때리고 신실치 아니한 자의 받는 율에 처하리니 주인의 뜻을 알고도 예비치 아니하고 그 뜻대로 행치 아니한 종은 많이 맞을 것이요 알지 못하고 맞을 일을 행한 종은 적게 맞으리라 무릇 많이 받은 자에게는 많이 찾을 것이요 많이 맡은 자에게는 많이 달라 할 것이니라"(눅 12:36-48).

베드로는 이 말씀을 모든 사람에게 하는가, 제자들인 자신들에게 하시는 말씀인가를 물었다. 그 때 주님은 '너희'라고 말씀하시며 주님의 피값으로 산 종들에게 주시는 말씀인 것을 분명히 하셨다. 구원받은 사람이 아니면 지혜있고 진실한 청지기가 될 수 없고 종들에게 때를 따라 양식을 나눠줄 일을 할 수 없다. 잘 한 사람들은 주님으로부터 칭찬과 영광을 얻으며 잘못한 사람들은 많이 맞고 불신자들의 받는 형벌 같은 징계가 있을 것임을 암시한다(신실치 않는 자의 받는 율이란 불신자들의 처하는 장소를 의미한다- assign him a place with the unbelievers). 이것은 어떠한 경고인가! 그러나 신실한 자들은 혼인잔치의 즐거움과 영광과 기쁨을 얻는다는 것이 성경의 가르침이다. "그 때에 의인들은 자기 아버지 나라에서 해와 같이 빛나리라 귀 있는 자는 들으라"(마 13:43), "예수께서 가라사대 내가 진실로 너희에게 이르노니 세상이 새롭게 되어 인자가 자기 영광의 보좌에 앉을 때에 나를 좇는 너희도 열 두 보좌에 앉아 이스라엘 열 두 지파를 심판하리라"(마 19:28), "너희로 내 나라에 있어 내 상에서 먹고 마시며 또는 보좌에 앉아 이스라엘 열 두 지파를 다스리게 하려 하노라"(눅 22:30).

다니엘 선지자의 이상에서도 언젠가 성도들이 나라를 차지하는 것을 본 것을 말하였다. "지극히 높으신 자의 성도들이 나라를 얻으리니 그 누림이 영원하고 영원하고 영원하리라"(단 7:18) 성도들이 만국을 다스리는 시대는 반드시 온다. 그리고 그 왕국은 영세의 징검다리로서 영원의 전주곡이라고 해도 좋을 것이다. 우리는 그 공의가 실현되고 만유가 회복되는 그 시대를 소망한다. "하나님이 영원 전부터 거룩한 선지자의 입을 의탁하여 말씀하신바 만유를 회복하실 때까지는 하늘이 마땅히 그를 받아 두리라"(행 3:21), "이 후에 내가 돌아와서 다윗의 무너진 장막을 다시 지으며 또 그 퇴락한 것을 다시 지어 일으키리니"(행15:16). 이 모든 말씀을 종합할 때 주님의 공의가 실현되는 보상의 시기인 천년왕국은 반드시 온다는 것을 알 수 있다.

5절, (그 나머지 죽은 자들은 그 천 년이 차기까지 살지 못하더라) 이는 첫째 부활이라

'나머지 죽은 자들'이라는 말을 통해서 이기는 자들이 살아서 왕 노릇 하는 동안에도 여전히 죽은 자들이 있다는 것을 알 수 있다. 이 말씀만 보아도 우리는 부활이 단회라는 말이 옳지 않음을 알 수 있다. 그들은 "그 천 년이 차기까지 살지 못하더라". 그리스도와 함께 살아서 왕 노릇 하는 자들이 있는가 하면(4절), 천년왕국이 끝나기까지 살지 못하는 자들이 있다. 이들—나머지 죽은 자들—은 구원받지 못한 죄인들을 가리킨다. 요한이 이때 본 광경은 이미 부활하여 왕 노릇 하는 장면이다. 그러므로 이들 중에는 죽고 부활한 사람들뿐 아니라 살아서 들림받은 자들도 포함된다. 4절에서 '살아서'라고 말한 것은 그들 가운데 살아 있다가 휴거된 자들이 포함되어 있기 때문일 것이다.

이기는 자들은 첫째 부활에 참여하는 자들이다. 성경에서 '첫째 부활'이란 굉장히 의미 있는 말이다. 이 말 또한 부활이 오직 한 번뿐이라는 생각을 뒤집는다. 성경은 천년왕국 이전에 부활하게 될 사람들을 첫째 부활에 참여한 자들이라고 했으며, 원문에서 이 '첫째(outstanding)'라는 말은 '최상, 으뜸'을 뜻한다. 이 부활은 단지 살아나는 것만이 아니라 왕 노릇 하는 것까지 포함한다. 4절의 살아서 왕 노릇 한다는 말씀과 5절의 '첫째 부활'은 연결된 말이다. 이 부활은 일종의 상급이 되는 부활이다. 우리는 히브리서에서도 동일한 사상을 발견할 수 있는데, 히 11장 35절은 어떤 이들이 '더 좋은 부활(a better resurrection)'을 얻고자 하여 악형을 받되 구차히 면치 않았다고 한다. '더 좋은'이라는 표현은 누가복음 15장에서 탕자가 돌아왔을 때 '가장 좋은 옷을 내어주라'고 한 말씀의 '가장 좋은'에 해당된다. 계시록 2장에서 에베소 교회에게 하신 말씀 중 '처음 사랑'의 '처음(프로테, πρώτη)'과 같은 헬라어 단어이다. 즉 가장 좋은 사랑을 말하는 것이다. 여기서 말한 첫째 부활이 헬라어로 '아나스타시스 헤 프로테(ανάστασις ή πρώτη)'로서 '가장 좋은 부활'이라는 뜻이다. 누가복음 14장 14절에서 주님은 "그리하면 저희가 갚을 것이 없는 고로 네게 복이 되리니 이는 의인의 부활 시에 네가 갚음을 받음이니라"고 하신다. 이 구절을 보면 의인들의 부활이 따로 있는 것처럼 말씀하신다. 즉 부활은 다 똑같은 것이 아니라는 말이다. 의인들의 부활 시는 그 부활을 통해 보상과 갚음을 받는 시기이다. 또 누가복음 20장 35절에서는 "예수께서 이르시되 이 세상의 자녀들은 장가도 가고 시집도 가되 저 세상과 및 죽은 자 가운데서 부활함을 얻기에 합당히 여김을 입은 자들은 장가가고 시집가는 일이 없느니라"고 했다. 부활함을 얻기에 합당히 여김을 입은 자들이 있다는 말은 그렇지 못한 자들도 있다는 것을 암시한다. 특히 '죽은 자 가운데서 부활'이라는 표현은 의인들이 부활할 때 아직 살아나지 못한 죽은 자들이 있다는 말이다.

이 표현은 주 예수님의 부활에도 사용되었다. 주님이 부활하신 것은 죽은 자 가운데서 부활하신 것이다. '죽은 자의 부활'(계 20:12)과 '죽은 자 가운데서의 부활'은 다르다. 그러므로 이 구절에 있는 '부활함을 얻기에 합당히 여김을 입은 자들'은 먼저 부활하는 자들이기도 하고 가장 좋은 부활을 얻는 자들이기도 하며 부활하여 보상을 얻는 자들이기도 하다. 의인들의 부활은 보상의 부활이므로 가장 좋은 것이다. 그래서 바울은 빌립보서 3장에서 '뛰어난 부활'이라는 표현을 썼다(영문 성경 참조). 3장 10-11절, "내가 그리스도와 그 부활의 권능과 그 고난에 참여함을 알려 하여 그의 죽으심을 본받아 어찌하든지 죽은 자 가운데서 부활에 이르려 함이니". 여기의 '부활'이 헬라어로 '엑크 아니스타시스(ἐκ ανιστασις)'인데, '엑크(ἐκ)'는 '-보다 뛰어난', '-밖으로'를 의미하는 전치사다. 따라서 바울이 여기서 말한 부활은 일반적인 부활이 아니고 아주 뛰어난 부활을 가리키는 것이다. 바울은 단지 부활할 뿐 아니라 주님과 함께 왕 노릇 하는 뛰어난 부활을 얻고자 했다. 그래서 그리스도의 부활의 권능과 그 고난의 교통에 참예하고 그분의 죽으심을 본받고자 했던 것이다.

이 구절의 '그 나머지 죽은 자들'은 천년왕국 후에 심판받고 불못에 들어가기 위해 부활한다. 요한복음 5장에서도 선한 일을 행한 자들은 생명의 부활로, 악한 일을 행한 자들은 심판의 부활로 나온다고 했다. 불신자들의 부활에는 처참한 결말이 기다리고 있다. 우리가 사람들에게 속히 복음을 전해야 할 이유가 여기에 있다.

6절, 이 첫째 부활에 참예하는 자들은 복이 있고 거룩하도다 둘째 사망이 그들을 다스리는 권세가 없고 도리어 그들이 하나님과 그리스도의 제사장이 되어 천 년 동안 그리스도로 더불어 왕 노릇 하리라

이 말씀의 '복이 있고'는 '즐겁고'로 번역해야 한다. 복이 있을 뿐 아니라 즐겁게 된다. 우리는 주님의 재림 시에 즐거움에 참여하는 것이 부지런하고 충성된 자들에게 주시는 보상임을 안다(마 25장 참조). 그것이 우리의 소망이다. 신성으로 주님을 사랑하고 충성되게 섬기는 자들은 이 시대에 완전히 즐겁기가 어렵다. 그들은 애통하며 슬퍼하게 되어 있다. 그러나 다음 세상에서는 부활하여 즐거움을 누린다.

"둘째 사망이 그들을 다스리는 권세가 없고". 이 말씀에서 우리는 첫째 부활에 참여하지 않으면 둘째 사망의 해를 당하게 된다는 암시를 볼 수 있다. 따라서 어떤 그리스도인들은 둘째 사망의 해를 받게 되는 것이다(마 18:34-35, 계 2:11). 둘째 사망은 불못인데, 불못은 원래 불신자가 들어가는 곳이다. 그런데 여기서 말하고 있는 것은 믿는 자들도 '둘째 사망의 해'를 받을 수 있다는 것이다. 그렇지 않다면 왜 여기서 둘째 사망이 그들을 다스리는 권세가 없다고 했겠는가? 그러므로 우리는 믿는이들 중에도 첫째 부활의 축복을 누리지 못하고 오히려 둘째 사망의 고통을 받는 자들이 있다는 것을 알아야 한다.

이에 대한 성경 구절을 보겠다. 마태복음 18장 34-35절, "주인이 노하여 그 빚을 다 갚도록 저를 옥졸들에게 붙이니라 너희가 각각 중심으로 형제를 용서하지 아니하면 내 천부께서도 너희에게 이와 같이 하시리라". 이것은 믿는 사람들에 대한 말씀이다. 형제를 용서하거나 용서하지 않는 것은 믿는 사람들 가운데서 발생하는 상황이다. 그런데 주님은 '중심으로 형제를 용서하지 아니하면 내 천부께서 너희에게 이와 같이 하시리라'고 하신다. 즉 빚을 다 갚도록 저를 옥졸들에게 붙이신다는 것이다.

또 데살로니가 전서 4장 5-6절을 보자. "하나님을 모르는 이방인과 같이 색욕을 좇지 말고 이 일에 분수를 넘어서 형제를 해하지 말라…" 이 역시 형제들 가운데 생기는 일이다. 사도는 그런 일들을 행하는 자는 성령을 주신 하나님을 저버리는 자라고 했다. 또 그렇게 형제를 해하는 자들에 대하여 주께서 신원하신다고 했다. 그에 상응하는 벌을 내리신다는 말씀이다. 이 땅에서는 혹시 지나칠 수 있다 해도 그 나라에서는 반드시 벌을 받게 된다. 또 그리스도인들 중에도 색욕을 좇는 자들이 있다는 것이며 바울은 그러한 자들이 하나님과 그리스도의 왕국을 기업으로 받지 못한다고 했다. 갈라디아서 5장에도 같은 말씀이 있다(19-21절).

또 누가복음 12장 4-5절에서 주님은 이렇게 말씀하신다. "내가 내 친구 너희에게 말하노니 몸을 죽이고 그 후에는 능히 더 못하는 자들을 두려워하지 말라". '내 친구'란 누구인가? 제자들이다. "마땅히 두려워할 자를 내가 너희에게 보이리니 곧 죽인 후에 또한 지옥에 던져 넣는 권세가 있는 그를 두려워하라 내가 참으로 너희에게 이르노니 그를 두려워하라". 이 말씀은 마치 제자들이라도 지옥 불에 던져 넣어질 수 있다고 하시는 것 같다. 그러므로 마땅히 두려워할 분을 두려워하라는 것이다. 이러한 종류의 말씀은 이외에도 많다.

결정적인 한 구절을 제시하겠다. 계시록 2장 11절, "귀 있는 자는 성령이 교회들에게 하시는 말을 들을지어다 이기는 자는 둘째 사망의 해를 받지 아니하리라". 교회를 향해 '둘째 사망의 해'에 대해서 경고하신 것이다. 고린도 전서 3장에서도 "누구든지 공력이 불타면 해를 받으리니 그러나 자기는 구원을 얻되 불 가운데서 얻은 것 같으리라"는 말씀이 있다. 이런 말씀들은 성경 곳곳에 있다. 성도들도 잘못하면 지옥불의 고통을 겪게 된다는 말이다. 요한복음 15장에서도 열매 맺지 않는 가지는 밖에 버리워 말라질 뿐 아니라 불에 던져 태우리라고 하셨다. 유다서에서도 어떤 형제들을 불에서 끌어내라고 했다. 그리스도인들이라고 해서 불과 전혀 관계가 없다고 생각해서는 안 된다. 그리스도인들도 잘못 행하면 둘째 사망의 해, 지옥불의 해를 받게 된다.

"둘째 사망이 그들을 다스리는 권세가 없고 도리어 그들이 하나님과 그리스도의 제사장이 되어 천 년 동안 그리스도로 더불어 왕 노릇 하리라". 계시록 20장 전반부에서는 계속 천 년 동안에 있을 일들을 말한다(2, 4, 5, 6, 7절 등).

7절, 천 년이 차매 사단이 그 옥에서 놓여

천년왕국 시대가 끝나는 시점이다. 구약의 선지자들은 천년왕국에 관해서는 예언을 했지만 천년왕국 후에 대해서는 분명한 예언을 한 것이 없다. 그러나 계시록은 천년왕국 이후의 일을 기술한다. 이때 사탄이 잠깐 놓인다. 천 년 동안만 무저갱을 인봉해두기 때문이다. 천 년 후 왕국 시대가 끝날 때 예수 그리스도께서는 그 왕국을 하나님께 드리실 것이다. 이것은 고린도 전서 15장에 있다. 22절, "아담 안에서 모든 사람이 죽은 것같이 그리스도 안에서 모든 사람이 삶을 얻으리라". 부활을 말하는 것이다. 23절, "그러나 각각 자기 차례대로 되리니 먼저는 첫 열매인 그리스도요". 그리스도의 부활이 먼저 있고, "다음에는 그리스도 강림하실 때에 그에게 붙은 자요". 성도들의 부활이 그 다음이며, 24절, "그 후에는 나중이니 저가 모든 정사와 모든 권세와 능력을 멸하시고 나라를 아버지 하나님께 바칠 때라". 이 때가 천년왕국이 마감되는 때이다. 25-26절, "저가 모든 원수를 그 발 아래 둘 때까지 불가불 왕 노릇 하시리니 맨 나중에 멸망받을 원수는 사망이니라". 이제 20장에서 사망이 음부와 함께 멸망하게 된다.

8절, 나와서 땅의 사방 백성 곧 곡과 마곡을 미혹하고 모아 싸움을 붙이리니 그 수가 바다 모래 같으리라

이 사탄 마귀는 천 년 동안 무저갱에 갇혀 있어도 전혀 반성하거나 바뀌지 않는다. 감옥에 갇혀 있던 흉악범이 출옥하자마자 또다시 범죄하는 것과 똑같다. 잠시 풀어 주니까 또 죄를 짓는데, 만국 백성을 미혹하러 다니는 것이다. 여기에 나오는 곡과 마곡은 어디겠는가? 에스겔 38장과 39장에 곡과 마곡이 나온다. 또 루스라는 도시도 있고 메섹이라는 도시도 있다. 발음이 지금과 비슷하다(루스-러시아, 메섹-모스크바). 오늘날 유럽에서 러시아를 거쳐 몽골에 이르는 나라가 당시의 곡과 마곡이었다. 창세기 10장에도 마곡이 나온다. 그런데 한 가지 의문이 생긴다. 천년왕국이 지나가도 이 땅에 여전히 죄가 있고 육체가 있다는 말인가?

천년왕국의 백성은 첫째 유대인이고 둘째는 열국 사람들이다. 이 열국 사람들은 마태복음 25장을 보면 대환난 때 영원한 복음을 받은 양들로 구성되어 있다. 또 이때 유대인들은 구속을 통해 의롭게 된 유대인들이다. 그런데 이들은 여전히 자식도 낳고 죄도 짓고 죽기도 한다(일찍 죽지는 않는다). 즉 천년왕국에 들어가 사는 백성은 보통의 인간들이라는 것이다. 그들은 결혼도 하고 자녀도 낳고 대부분이 죽음을 맛볼 것이다. 천년기는 성경적으로 번영의 시기로서 놀라울 정도의 생산이 있을 것이며 또 평화의 때이기도 하다. 이 시대는 황금시대로서 인류 역사상 한 번도 가져 보지 못한 회복의 때이다(행 3:19, 21). 온 땅은 마치 물이 바다를 덮음같이 여호와를 아는 지식이 충만하게 된다. 천년기 시대에는 예루살렘에 건축된 성전에서 예배가 행해질 것이며 모든 나라 백성들이 하나님께 경배하고 찬양하러 이곳에 올 것이다. 그러나 이때 드려지는 제사는 그리스도의 구속을 바라보는 제사가 아니라 우리를 위한 그리스도의 죽으심을 회상하는 기념 제사가 될 것이다. 주님이 제자들과 만찬을 세우시면서 "내가 포도나무에서 난 것을 이제부터 내 아버지의 나라에서 새 것으로 너희와 함께 마시는 날까지"(마 26:29)라고 하신 말씀은 바로 왕국에서 갖게 될 기념 제사를 의미하는 것이다. 부활한 이긴 성도들은 왕국의 예루살렘에 있을 것이고 그 성에서 다스리며 성전에서 제사장이 될 것이다.

이때 죄의 영속함을 받은 유대인들도 있을 것인데(단 9:24), 그들은 만국 사람들에게 하나님 섬기는 법을 가르칠 것이다(슥 8:23). 이사야 60장 21절, "네 백성이 다 의롭게 되어 영영히 땅을 차지하리니 그들은 나의 심은 가지요 나의 손으로 만든 것으로서 나의 영광을 나타낼 것인즉". 여기의 '네 백성'은 바로 선지자의 백성 이스라엘을 의미하며 그들이 다 의롭게 되어 영영히 땅을 차지할 것이라고 말씀하신다. 왕국 때에 이스라엘 백성은 죄를 속함받고 의롭게 되어 존재할 것이다. 65장 20절, "거기는 날수가 많지 못하여 죽는 유아와 수한이 차지 못한 노인이 다시는 없을 것이라 곧 백 세에 죽는 자가 아이겠고 백 세 못 되어 죽는 자는 저주받은 것이리라". 왕국 시대에는 백 세에 죽는 자가 아이이다. 이 시기를 마태복음은 창세로부터 예비한 나라(kingdom prepared from the foundation of world)라고 부른다(마 25:34). 이때의 사람들은 창세기의 족장들처럼 거의 천 살 가까이, 혹은 몇백 살씩은 살 것이다. 마태복음 25장의 '창세로부터'는 에베소서 1장의 '창세 전'과 다르다. 이것은 창조 직후 축복된 우주의 광경을 말한다. 그때에도 여전히 육체가 있고 죄가 있고 반역의 기질도 있다.

스가랴 14장 17절을 보면 "천하 만국 중에 그 왕 만군의 여호와께 숭배하러 예루살렘에 올라오지 아니하는 자에게는 비를 내리지 아니하시리라"고 한다. 그때에도 집회에 오지 않는 사람들이 있다. 모든 백성이 다 예루살렘에 와서 여호와를 경배하는데도 오지 않는 자들이 있는 것이다. 이런 말씀을 볼 때, 그때도 아직 거역적인 성분이 남아 있음을 알 수 있다. 왕국 시대 백성들 가운데 여전히 이런 성분이 있기 때문에 그리스도와 이기는 자들이 철장으로 다스리는 것이다(계 2:27 참조). 죄도 없고 육체도 없다면 왜 철장이 필요하겠는가? 철장으로 질그릇 깨뜨리듯 하리라고 한 것은 부서져야 할 육체가 있다는 암시이다. 이때 예루살렘은 천상에도 있고 지상에도 있게 될 것인데, 그리스도는 천상과 지상에서 모두 왕이 되신다. 부활한 이기는 자들은 하늘에 속한 예루살렘에 있으면서 만국을 심판하고 다스리는 데에 참여할 것이다(마 19:28, 고전 6:2, 계 20:6). 이들은 옛 하늘과 옛 땅이 지나가고 새 하늘과 새 땅이 도래할 때 하늘에서 땅으로 내려오게 된다. 이기는 부활한 성도들은 주로 하늘 성에서 그 역할을 담당할 것이다.

앞에서 말한 바대로 천년기에는 그리스도의 재림 시에 살아남은 자들(양들)과 의롭게 된 유대인들이 이 땅에 존재한다. 이 양들은 대환난 때 영원한 복음을 듣고 하나님의 자녀들과 유대인들을 잘 대해준 자들이다. 그러나 복음을 받지 아니한 염소들은 그때 영영한 불에 들어가게 된다. 그 다음 에스겔 20장 33-38절에 언급된 이스라엘에 대한 심판이 뒤따르는데, 이스라엘 가운데 반역자들은 이때 죽음에 처하고 천 년의 축복들을 누리지 못할 것이다. 그러나 그리스도께 돌아온 이스라엘 백성들은 천년기 통치 안에 들어가 그 축복들을 누릴 것이다. 그리스도는 예루살렘에 있는 보좌에 앉아 왕국의 왕으로서 지배하실 것인데, 그때 그분은 실질적으로 유대인의 왕이 되신다(행 15:16). 이렇게 하여 주님은 구약에서 유대인들에게 하셨던 약속들을 이루신다. 천년기 동안에 태어난 아이들은 그들의 부모들보다 훨씬 많아질 것이다. 이 어린이들 중 많은 수가 복음을 듣고 참된 그리스도인이 될 것이다. 그러나 당시에도 거역의 기질이 존재하기 때문에 많은 불신자들은 성도들의 진영을 공격하기 위해 모일 것이다. 이것이 인류 최후의 반역이다. 왕국 시대에 그리스도의 통치를 보고도 믿지 않는 위선자들과 불신자들은 마귀의 미혹을 받아 전쟁을 일으키게 되는데 그 수가 바다 모래 같다고 했다. 이들은 그리스도에 의해 완전히 소멸될 것이다.

9절, 저희가 지면에 널리 퍼져 성도들의 진과 사랑하시는 성을 두르매 하늘에서 불이 내려와 저희를 소멸하고

'성도들의 진'에 있는 이 성도들은 누구인가? 19장 14절에 있는 하늘에 있는 군대들, 즉 이기는 자들이다. 이 성도들의 진이 이 땅에 존재한다. 진(陣, camp)이라고 표현한 것은 이곳이 임시로 머무는 곳이기 때문이다. 그리고 '사랑하시는 성'은 천년왕국 시의 예루살렘일 것이다. 결국 하늘에서 불이 내려와 거역적인 인류를 소멸할 것이고 곡과 마곡의 전쟁 후에 천년왕국은 지나가게 된다.

10절, 또 저희를 미혹하는 마귀가 불과 유황 못에 던지우니 거기는 그 짐승과 거짓 선지자도 있어 세세토록 밤낮 괴로움을 받으리라

사탄은 여기서 완전히 끝난다. 천년왕국 후에 곡과 마곡의 전쟁이 있고 곡과 마곡의 전쟁에서 모든 거역적인 인류가 다 불로 심판을 받고 멸망을 당한다. 그런 다음에 사탄이 잡혀서 불못에 들어가게 된다. 천 년 전에는 아마겟돈 전쟁이 있고, 거기서 짐승인 적 그리스도와 거짓 선지자가 잡혀 불못에 던져지고, 천년왕국 끝무렵에 사탄 마귀가 잠시 놓여 많은 열국 백성을 미혹하여 곡과 마곡의 전쟁을 일으키게 하다가 결국 붙잡혀서 불못에 던져지는 것이다. 불못에는 사탄적인 트리오—사탄, 적 그리스도, 거짓 선지자—가 있을 것이고 그들은 불과 유황으로 타는 못에서 세세토록 밤낮 괴로움을 받을 것이다. (이때도 여전히 밤과 낮이 있다.)

그리고서 요한이 본 또 하나의 이상은 심판이다.

11절, 또 내가 크고 흰 보좌와 그 위에 앉으신 자를 보니 땅과 하늘이 그 앞에서 피하여 간 데 없더라

'크고 흰 보좌'란 심판이 크고 공의로움을 나타낸다. 흰색은 또한 심판하시는 하나님이 깨끗하고 정결하신 분임을 의미한다. 이때 이미 옛 하늘과 옛 땅은 없어졌다. 천년왕국이 끝나고 사탄이 불못에 던져진 후에 옛 하늘과 옛 땅은 없어진 것이다. 베드로 후서 3장에 의하면 하늘이 큰 소리로 떠나가고 땅의 체질이 풀어진다고 했다. 그리고 새 하늘과 새 땅이 임하는 것이다.

크고 흰 보좌 위에 앉으신 이가 있는데 곧 심판하시는 하나님이시다. 사실 그분은 예수 그리스도이실 것이다. 하나님께서 그 아들이 인자됨을 인하여 모든 심판하는 권세를 그에게 주셨기 때문이다. 옛 하늘과 옛 땅에는 여전히 죄의 흔적이 있었지만 새 하늘과 새 땅에는 죄가 없고 오직 의만 거한다(벧후 3:13). 죄는 옛 하늘과 옛 땅에 있다가 그것들이 사라질 때 함께 사라져 버린다. 즉 죄는 옛 창조의 멸망과 함께 완전히 다 끝난다.

땅과 하늘이 피하여 간 데 없다는 말은 베드로 후서 3장 10절의 "하늘이 큰 소리로 떠나가고 체질이 뜨거운 불에 풀어지고 땅과 그 중에 있는 모든 일이 드러나리라"는 말씀과 부합된다. 언젠가 옛 하늘과 옛 땅은 새것으로 환골탈태(換骨奪胎)할 것이다. 지구는 이제 수명이 다해가고 있다. 아무도 이 사실에 이의를 제기하지 못할 것이다. 그리고 새 하늘과 새 땅이 도래할 것이다.

'지구의 미래로 떠난 여행'(2004년 刊)이란 책을 지은 마크 리나스는 지구가 점점 더워져서 2015-2020년에는 그 한계에 도달할 것이라고 말했다. 지금도 한반도(대한민국)의 절반이 여름이 될 것이라고 말한다.

"허리케인, 앤드루, 미치, 그리고 '열대성 사이클론 02B'는 1999년에 인도의 오리사 해안을 강타하면서 일만 명의 목숨을 앗아간 더 강력한 폭풍과 더불어 초대형 열대성 폭풍에 속한다. 이런 폭풍은 아직은 상당히 드문 편이다. 하지만 앞으로 해수면 온도가 상승하고 대기 중의 어마어마한 열 엔진에 힘이 가해질수록 이것들은 점점 자주 나타날 것이다. 그리고 해수면이 점점 더 상승하면서 이들 사이클론은 점점 더 거대해지고 거기에 동반되는 폭풍과 해일의 힘도 더 파괴적이 될 것이다. 결국 이들 사이클론의 영향은 방글라데시에서 플로리다, 투발루에 이르기까지 점점 더 악화될 것이다.

톰 넛슨의 컴퓨터 모델들이 옳다면, 그리고 정말로 '우리가 여태까지 본 것이 아무것도 아니라면', 앞으로 한 세기 동안 엄청나게 더 많은 사람들이 허리케인과 열대성 사이클론과 태풍 때문에 목숨을 잃을 수밖에 없다.

미국의 빙하학자 로니 톰슨(Lonnie Thompson)은 킬리만자로 정상에 있는 50미터 깊이의 얼음덩이에 구멍을 뚫은 뒤 그 덩어리 바닥 부분에서 채취한 유기물의 탄소연대를 측정해본 결과 9,000년 전까지 거슬러 올라간다는 사실을 알아냈다. 이는 이곳의 빙하들이 마지막 빙하기 이후 세계를 휩쓸었던 자연발생적인 모든 기후변화를 견뎌냈다는 뜻이다. 하지만 지금의 추세라면 킬리만자로에 있는 얼음덩이는 2015년에서 2020년 사이에 모두 녹아버릴 것이라고 한다. 이는 최근 수만 년 동안의 그 어느 때보다 21세기의 기온이 더 높을 것이라는 주장을 따른 것이다. 현재 뉴기니 섬의 내륙 깊은 곳에 있는 웨스트파푸아(West Papua)의 산악에 남아 있는 얼음이 3제곱킬로미터도 안 된다. 이는 150년 전의 면적으로 추정되는 20제곱킬로미터에서 엄청난 양이 줄어든 결과다.

사실 지구상에 빙하가 있는 거의 모든 산악지대에서는 지금 막대한 얼음이 녹고 있다. 지난 50년 간 칠레의 파타고니아 얼음 봉우리들에서는 500내지 1,000제곱킬로미터 정도의 물이 녹아내렸다. 미국에서는 글레이셔 국립공원 내부에 있던 150개의 빙하가 지금은 단 50개로 줄어들었다. 게다가 그나마 남은 것들도 이전에 있던 것들의 작은 조각에 불과하다. 이 지역 지질학자들은 1850년부터 1993년 사이에 공원 전체에서 사라져버린 빙하의 표면적이 73퍼센트에 달한다고 계산했다.

한편 알래스카에서는 연구자들이 비행기에서 고도 측정을 하여 알래스카 빙하의 95퍼센트가 녹아버렸다는 것을, 그리고 1990년대 중반부터 그 속도가 두 배로 증가했다는 것을 발견했다.

알프스에서는 1850년부터 1990년 사이에 전체 빙하 덩어리의 절반 가량이 사라진 것으로 보인다. 게다가 2001년에 발표된 한 연구에 따르면 1985년 이후로는 이 현상이 "극적으로 가속화"되고 있다고 한다. 현재의 추세를 미래에 대입할 경우, 알프스는 2025년이면 원래 얼음 표면적의 4분의 1만 남을 것으로 보이며, 제일 높고 거대한 빙하들만이 22세기까지 남아 있을 것으로 보인다. 스위스 빙하 학자들은 기록적으로 더웠던 2003년 여름 동안 빙하가 예전 평균보다 열 배 더 빨리 녹고 있다는 사실을 알게 되었다.

웅장한 히말라야 산맥도 영향을 받았다. 에베레스트 북면에서부터 아래로 뻗어 있던 롱북 빙하는 1966년부터 1997년까지 30년 사이에 170~270미터 정도가 뒤로 물러앉았다. 이 정도면 1년에 약 8미터 정도 후퇴한 셈이다."

결국 시간이 흐를수록 지구의 열은 더 많아지고 뜨거워진다는 말이며, 그 종말의 시점은 다가오고 있다는 것이다.

12절, 또 내가 보니 죽은 자들이 무론 대소하고 그 보좌 앞에 섰는데 책들이 펴 있고 또 다른 책이 펴졌으니 곧 생명책이라 죽은 자들이 자기 행위를 따라 책들에 기록된 대로 심판을 받으니

"죽은 자들이 무론 대소하고 그 보좌 앞에 섰는데". 이들은 누구이겠는가? 주로 천년왕국 후에 부활한 불신자들이다. 그들은 또 5절에 있는 '나머지 죽은 자들'인데, 천 년 끝에 심판받기 위해 부활하는 것이다. 그것이 심판의 부활이다(요 5:29). 모든 죽은 자들은 크고 흰 보좌 앞에 서게 된다(12절). 생명의 부활로 나온 자들은 일천 년 전에 부활했고(20:3-6) 여기 심판의 부활로 나온 자들은 둘째 사망(20:14), 곧 하나님의 영원한 나라로부터 영원토록 분리되기 위해 심판을 받을 것이다. 이것은 하나님이 만유의 주로서 만유 안에 계시기(고전 15:28) 위해 수행되는 최후의 일이다. 죽은 자들이라고 한 것은 이들이 부활은 했지만 하나님의 생명이 없는 자들임을 나타낼 것이다. 이 죽은 자들의 이름은 생명책에 기록되지 않았다. 생명책이 펴 있는 것은 그들의 이름이 기록되지 않았다는 것을 확인하기 위한 것이리라. 그리고 또 다른 책들에는 서글프게도 그들의 일생 지은 죄가 기록되어 있다.

오늘날까지 믿는 자들이라 할지라도 다시 멸망할 수 있다는 견해가 수그러들지 않고 있다. 이는 성경에 신자들도 죄를 지으면 지옥에 간다는 식의 말씀이 여기저기 있기 때문이다. 그러면 한 번 믿으면 영원이 멸망치 않는다는 말씀은 무엇인가? 나는 이 두 가지가 다 일리가 있다고 본다. 주 예수를 믿었어도 불신자처럼 사는 사람들이 많다. 그들에 대한 하나님의 심판은 어떻게 되겠는가? 그들도 생명의 부활로 나올 것이지만 그들의 외식과 죄악으로 인하여 그리스도인의 대열에서 쫓겨나 이방인과 같은 대우를 받을 것이다. 마태복음 25장에 의하면 그들은 혼인잔치에서 제외된다. 그리고 그리스도와 하나님의 나라에서 유업을 얻지 못한다. (이러한 말씀들은 성경에 많다.) 그러나 이 백보좌 심판에서 생명책에 기록된 자들은 영원한 나라로 옮겨질 것이다.

이때에도 의롭게 된 이스라엘 사람들, 양들로 예표된 열국 백성, 천년왕국 시에 구원받은 신자들이 있을 것이다. 물론 이들은 다 죽음과 부활을 거쳤을 것이다. 이들은 거듭난 신자들과 다른 점이 있지만 불신자들과도 다른 점이 있다. 옛 하늘과 옛 땅이 이미 없어졌기 때문이다. 이사야서에 의하면 이때(천년왕국의 때)에는 출생과 죽음이 있으므로 어린 아이들이 있을 수 있다. 천년왕국의 백성들은 영원한 복음을 받은 대환난 시의 사람들로서 마태복음 25장에 따라 양들로 예표된 열국 백성이다. 그들은 대환난 때 유대인들과 그리스도인들을 잘 대접한 결과 창세로부터 예비한 곳에 있게 되었다(마 25:31-46). 다시 말하지만, 대환난 시 살아 있는 열국 백성 중에 영원한 복음(계 14:6)을 받은 착한 사람들(양들로 예표됨)은 천년왕국(창세로부터 예비한 나라)에 들어가게 된다. 그때 살아 있는 열국 백성 중에 영원한 복음을 받지 않은 자들은 가장 먼저 멸망(마귀와 그 사자들을 위해 예비된 영영한 불)으로 들어가게 된다. 그들은 염소로 예표되었다.

그런데 양들로서 천년왕국으로 옮겨진 열국 백성에게는 출생과 죽음이 있으며, 그들 가운데서 구원받는 사람이 나올 수 있다. 그들도 복음을 듣고 구원받을 수 있기 때문이다. 그래야 공평하고 하나님의 공의가 있는 것이다. 그러므로 천년왕국 후에 있을 백보좌 심판에는 죽었다가 부활한 불신자만 해당될 거라는 생각은 옳지 않다고 본다. 물론 구원받은 사람들이 심판받을 리 없다. 그러나 그들의 이름이 생명책에 있는 고로 새 하늘과 새 땅으로 옮겨질 것이다. 그래야 12절의 "책들이 펴 있고 또 다른 책이 펴졌으니 곧 생명책이라"는 말씀과 15절에 있는 "누구든지 생명책에 기록되지 못한 자는 불못에 던지우더라"는 말을 납득할 수 있다. 만일 구원받은 사람들이 여기에 전혀 없다면 무엇 때문에 보좌 앞에 생명책을 펴놓겠는가? 또 무엇 때문에 "생명책에 기록되지 못한 자가 다 불못에 던지우더라"고 할 필요가 있겠는가? 생명책에 기록된 자들 외에 거기 기록되지 않은 자들이 불못에 던져지는 정황을 말한 것으로 보아야 타당하다. 모두 불신자라고 한다면 보좌 앞에 서 있던 그들이 모조리 다 불못에 들어가더라고 하면 된다.

왕국에도 사망이 있으므로 왕국 때 구원받은 사람들은 이때 부활해야 한다. 그리고 패배한 믿는이들 중에 어떤 사람들(끝까지 회개하지 않은 사람들)은 주 예수의 날에 구원받을 수 있다고 했는데, 아마 그들도 이때 나타날 것이다. 우리는 거듭났으면서도 아버지 앞에서 그 이름을 부인당하며 한동안 생명책에서 흐려지는 사람들이 있을 수 있다고 본다(계 3:5). 이들의 이름은 이때 생명책에 복원될 것이다. 왕국 이전에 죽은 많은 사람들 중 첫째 부활에 해당되지 않는다면 이때 출현해야 할 것이다. 많은 신자들, 심지어 주님의 종들도 이방인이 받는 벌을 똑같이 받으며 지옥불의 고통을 겪을 수 있다고 기록되어 있다(눅 12:46, 마 5:29, 30, 10:28, 18:9). 이들이 그러한 지옥불의 고통을 겪었다면 이때 나타나지 않겠는가? 그러므로 고린도 전서 3장에서 어떤 사람들이 구원은 받았지만 불 가운데서 얻은 것 같다고 말한 것이다(3:15). 그러므로 우주의 대법정에서 심판이 이루어질 때에는 모든 사람들이 다 있게 될 것이다. 어떤 사람들은 주님과 함께 심판을 집행할 것이고(단 7:10) 어떤 사람들은 생명책에 이름이 복원되어 영원한 하나님의 나라로 옮겨지기 위해 그것을 확인할 것이며, 어떤 이들은 생명책에 이름이 없는 고로 영원한 형벌의 장소로 가기 위해 심판을 받을 것이다.

13절, 바다가 그 가운데서 죽은 자들을 내어주고 또 사망과 음부도 그 가운데서 죽은 자들을 내어주매 각 사람이 자기의 행위대로 심판을 받고

이때는 사망과 음부가 보유하고 있던 영혼들을 다 내놓아야 한다. 그래서 하나님 앞에서 모두 심판받게 해야 한다. 바다도, 음부도 더 이상 그들의 죄수를 숨겨둘 수 없다. 그리고 의인화된 사망과 음부도 종말을 맞이할 것이다.

'바다가 그 가운데서 죽은 자들을 내어 주고'에서 '죽은 자들'을 악한 영들이라고 말하는 사람들이 있다. 아담 이전에 있던 생물들로서 영혼이 있던 존재들이라는 것이다. 귀신들은 아담 이전 사탄의 배역에 가담했던 영물(靈物)들이라고 할 수 있으며 그것들은 주로 바다에 있다. 이런 존재들도 그때는 다 심판대로 나아온다. 그래서 모든 영혼들이 다 심판받고 처리된다. 21장과 22장의 새 하늘과 새 땅, 영원한 성 새 예루살렘이 도래하기 전에 옛 하늘과 옛 땅은 완전히 일소된다. 심판받을 것들은 다 심판받고 멸망할 것들은 다 멸망한다.

14절, 사망과 음부도 불못에 던지우니 이것은 둘째 사망 곧 불못이라

사망과 음부는 죽은 자들을 보유하고 있다가 하나님의 백보좌 심판 때에 그 영혼들을 다 내어주고 불못에 던져지게 된다. 음부를 불못과 같은 것으로 보는 사람들이 있지만 그것은 명백히 잘못된 견해이다. 이 구절에서 음부도 결국 불못에 던져지지 않는가!

15절, 누구든지 생명책에 기록되지 못한 자는 불못에 던지우더라

이때도 생명책에 기록된 자가 있다는 말이다. 왕국에 열국 백성이 있고 또 자녀를 낳을 것이므로 그들 가운데서 어떤 사람들은 생명책에 기록될 것이다. 그렇지 않으면 이 구절을 어떻게 해석하겠는가? 물론 불신자들은 이때 다 불못에 던져지게 된다.

❖ 20장 특주–종말론

종말론(終末論,eschatology)이라는 명칭은 eskatos(최후)와 gerein(말함)을 합한 단어로서, 현 세계와 관계된 모든 것을 종말에 이르게 하는 모든 성서적 사실들을 관설함으로서 말세(ἐσχάτων τῶν χρόνων)(벧전 1:20), 마지막 때(ἐσχάτη ὥρα)(요일 2:18)를 말하는 성구들을 기초로 한 것이다.

본 성서적 종말론의 연구에 있어서 일반적인 종말론(또는 내세론)과 개인적 내세론을 나누어 말하고자 한다. 개인에게는 종말이 사망을 통하여 오는 것이므로 사람의 사망과 부활 사이에 있는 논의는 개인적 내세론에 속하며, 그리스도의 재림, 성도들의 부활과 변화, 천년왕국, 심판 등은 일반적인 종말론에 속한다.

Ⅰ. 개인적 종말론

1. 육신의 죽음

성경에서 죽음에 대한 정의는 조상에게 돌아가는 것이라 하였고(왕하 22:20), 음부에 내려가는 것이라 하였으며(전 9:10, 시 6:5), 또한 흙으로 돌아가는 것이요(창 3:19). 인생의 혼은 위로 올라가는 것이니 육신의 죽음은 영혼의 분리라는 관념을 표시한 것이다(전 3:20, 21)[6]. 동물의 세계는 죄가 없이도 죽음이란 있었을 것이라고 보는 것이 타당하다. 쿠일만(L. W. Kuilman) 교수는 이에 대해 다음과 같이 말한다.

"하나의 생물학적 현상으로서의 죽음이 인간 타락 이전에도 있었는지의 여부는 고대 동식물학에 의해 제공된 증거의 토대 위에서 살펴볼 때 긍정적으로 답변되어진다. 이런 영역에 관한 조사 연구를 통해(고대 동식물의 화석 자료들) 우리는 생물학적 죽음이 인간이 창조되기 전에도 이미 오래 전에 일어났다고 생각하게 된다. 이런 생물학적 죽음은 최초의 인간 한 쌍의 죄로 인해 그 형벌로서 세상에 들어온 죽음과 동일시되어서는 안 될 것이다."[7]

6) 박형용 전집 VII, 53p
7) Christelijke Encyclopedie, 제 2판(Kampenikok, 1957). II p.461

성경적인 인간의 죽음은 죄의 결과임을 명백히 가르치며 주로 구교와 신교 모두 이를 인정하나 A.D. 5C 경 로마의 수도승 펠라기우스(Pelagius)는 아담이 죄를 가져온 것은 인정하지만 아담은 유한적이며 인간은 죄를 짓든 안 짓든 죽음을 맛본다고 주장했고[8], 종교개혁 시대의 소시니안주의자들(Socinians)도 펠라기우스와 비슷한 견해를 주장했다.

그러나 성경은 인간의 육체의 죽음이 죄의 결과라는 것을 분명히 한다. "여호와 하나님이 그 사람에게 명하여 가라사대 동산 각종 나무의 실과는 네가 임의로 먹되 선악을 알게 하는 나무의 실과는 먹지 말라 네가 먹는 날에는 정녕 죽으리라 하시니라"(창 2:16-17). 창세기 3장 22절-23절에 의하면 아담이 생명나무의 실과를 따먹으면 영생할 수 있는 것으로 되어 있다. 죄와 죽음과의 필연적인 관계는 구약뿐 아니라 신약에서도 분명히 가르치고 있다. "이러므로 한 사람으로 말미암아 죄가 세상에 들어오고 죄로 말미암아 사망이 왔나니 이와 같이 모든 사람이 죄를 지었으므로 사망이 모든 사람에게 이르렀느니라"(롬 5:12). 죽음과 죄의 관계는 사람에게 있어서 원인과 결과의 관계이다.

그러면 이제 구속의 빛 아래서 죽음을 보기로 한다. 그리스도는 죽음을 정복하기 위하여 오셨다. 히브리서 기자는 다음과 같이 말한다. "자녀들은 혈육에 함께 속하였으매 그도 또한 한 모양으로 혈육에 함께 속하심은 사망으로 말미암아 사망의 세력을 잡은 자 곧 마귀를 없이 하시며 또 죽기를 무서워하므로 일생에 매여 종노릇 하는 모든 자들을 놓아주려 하심이니"(2:14-15). 죽음이 세상에 들어온 것은 사단의 유혹을 통해서이고 따라서 히브리서 기자는 마귀가 사망 권세를 갖고 있다고 말할 수 있었다. 그러나 그리스도께서 인간의 본성을 담당하사 우리 죄를 위해 죽으셨기 때문에 그리스도는 사망을 멸하신 것이다. 그러므로 그리스도께서 사망을 정복하신 것은 구속사적 역사에서 큰 일 중의 하나이다. 그리스도는 그의 백성들을 죄로부터 속량하셨을 뿐 아니라 죄로 인한 결과로부터도 구해내셨다. 디모데 후서 1장 10절은 그리스도는 사망을 폐하시고 생명과 썩지 아니할 것을 드러내셨다고 말한다. 그리스도께서 사망을 폐하셨음을 하나님

8) J.N.D. Kelly, Early Christian Doctrine (New York)

께 감사하고 찬미한다.

그리스도께서 우리를 위하여 죽으셨다면 우리는 왜 또 죽어야 하는가? 이에 대해 하이델베르그 교리 문답 42번에는 "우리의 죽음은 우리의 죄에 대한 대가가 아니라 다만 죄에 대하여 죽고 영생에 들어가는 것이다."라고 기록되어 있다. 그리스도 안에 있는 자들에게는 죽음이 죄의 대가가 아니다. 죽음은 그리스도에게는 저주의 일부분이었지만 우리에게는 축복의 일부분이다.[9] 이 모든 것이 의미하는 바는 '맨 나중 원수'인 사망이 그리스도의 사역으로 말미암아 우리에게는 친구가 되었다는 것이다.

2. 영혼 불멸론

영혼 불멸의 사상은 고대 헬라 종교 속에서 발전되었고 플라톤(plato, BC 427-347)의 저서들을 통해 각색되었다. 그는 사망 시에 육체는 분해되어 버리지만 존경받을 만하고 정당한 영혼(nous)은 하늘 속으로 되돌아가고 그렇지 못한 영혼은 다른 사람이나 동물의 형태로 다시 나타나게 된다고 했다. 영혼 그 자체는 파괴될 수 없는 불멸의 것이라는 말이다.[10] 성경은 영혼 불멸을 더욱 분명히 제시하는데, 이는 성경이 가장 정확한 하나님의 진리를 전달하는 책이기 때문이다. 두 개의 헬라어 athanasia와 aphtharsia가 일반적으로 영어 immortality(불멸)로 번역되고 있다(딤전 6:16, 고전 15:53-54). 딤전 6장은 하나님의 영원 존재를 묘사하기 위해 athanasia란 단어를 사용하고 있다.

사람에 대하여 athanasia가 사용된 곳은 고전 15장 53-54절인데 "이 썩을 것이 불가불 썩지 아니할 것을 입겠고 이 죽을 것이 죽지 아니함을 입으리로다 이 썩을 것이 썩지 아니함을 입고 이 죽을 것이 죽지 아니함을 입을 때에는 사망이 이김의 삼킨 바 되리라고 기록된 말씀이 응하리라". 여기에서의 불멸은 신자에 대한 것이다. 그러나 성경에서의 불멸은 다만 영혼의 불멸을 말하는 것이 아니라 몸의 부활을 말하는 것이다. 즉 성경이 선포하는 미래에 대한 중심적인 메시지는 육체의 부활이다. 성경에서 또 다른 불멸을 나타내는 헬라어는 aphtharsia인데 신약에서 7번 쓰

9) 개혁주의 종말론. 안토니 후크마 p.123
10) S. Van Gen deran. 'Onsterfelijkeid' p.284

였다(롬 2:7, 딤후 1:10, 고전 15:42, 50, 53, 54). 이와 관련된 형용사인 aphthartos(썩지 아니함)도 신약에 7번 사용되었다(롬 1:23, 딤전 1:17, 고전 9:25, 15:52, 벧전 1:4, 1:23, 3:4). 사도신경 내용에도 몸이 다시 사는 것과 영원히 사는 것을 믿는다고 하였다.

3. 중간 상태

어거스틴(Augustine) 이후 신학자들은 죽음과 부활 사이의 기간 동안에 인간의 영혼들은 구원의 완성이나 파멸의 절정을 기다리면서 안식을 취하거나 고통을 겪고 있다고 가르쳐 왔다. 중세 시대에도 이런 교리가 가르쳐져 오다가[11] 연옥의 교리가 나왔다.

비록 칼빈도 루터보다 중간 상태에 대해 의식이 있는 존재 상태로 보려는 경향이 강했으나 개혁자들은 대체적으로 연옥설을 부인하면서 중간기의 교리는 지지했다. 이에 대해 재세례파(Anabaptist)는 죽음과 부활 사이에 잠자고 있다고 주장했고 칼빈은 Psychopannychia라는 소책자에서 중간 상태의 축복과 기대에 대한 것을 강조하고 그 축복은 잠정적이고 아직 완성되지 않은 상태를 가리킨다고 말했다.[12] 이것은 최근 몇몇 비평가들에 의해 신랄한 비판을 받았다. 벌카우의 종말론과 반데리유나 폴 알타우스 등이 그들이다. 그들은 신자들이 육체의 부활 외에는 없다고 주장했다.

성경에 의하면 인간의 죽음은 부활 전까지 일시적인 영혼과 몸의 분리를 가져옴을 나타내는 많은 구절들이 있다. 이런 상태는 칼빈의 말과 같이 잠정적이고 일시적이며 불완전하다는 것을 알 수 있고 따라서 중간상태에 대해 연구할 필요가 있는 것이다.

구약 성경 많은 곳에서 인간이 사후에 스올이라고 불리우는 영역에서 존재한다는 것을 암시한다. 킹 제임스 성경은 히브리어 스올을 grave(무덤), 지옥(hell), pit(구덩이)로 다양하게 번역했다. 그러므로 이 단어의 용법을 보면서 그 뜻을 유추해나가는 것이 필요하다.

구약에서 스올의 용법은 ① 사자(死者)의 영역을 상징적으로 죽음의 상태를 가리키는 데 사용하고 있으며(창 37:35, 42:38, 삼상 2:6, 욥 17:13, 16,

11) 참조 Thomas Aquinas, Summa Theologia, Supp. 3. Q 69
12) Tracts and Treatises of the reformed Faith pp.413-490

잠 27:20, 30:15-16, 사 5:14, 합 2:5) ② 단순히 무덤으로 번역되는 경우가 있다(시 143:7). 많은 구절들을 대조하여 연구한다면 스올이라는 단어가 죽은 자들이 있는 영역을 가리키는 데 사용한 것을 알 수 있다. 그러나 그 안에서 악인이 형벌을 받는다는 것은 발견하기가 어렵다.

그러나 의인들이 사후에 악인들의 운명보다 나을 것임을 시사하는 구절들이 많다. “나는 의로운 중에 주의 얼굴을 보리니 깰 때에 주의 형상으로 만족하리이다”(시 17:15), “주의 교훈으로 나를 인도하시고 후에는 영광으로 나를 영접하시리니”(시 73:24). 이로 보건대 구약에서 죽은 자들이 가는 곳은 음부라고 말하고 있으면서 동시에 의인들은 주님과 함께 영광 속으로 이끌려질 것을 말하고 있다.

신약 성경의 중간 상태는 어떠한가? 신약은 구약의 스올(sheol)을 하데스(hades)로 번역했다. 이것은 70인역에서 그렇게 한 것이다. 그렇다고 해서 신약의 하데스가 구약의 스올과 정확하게 일치하고 있는 것은 아니다. 이러한 변이는 신구약 중간시대의 작품들이 음부를 불경건한 자들을 위한 형벌의 장소를 의미하는 것으로만 사용했기 때문에 생겼다고 본다.

일반적으로 신약도 하데스를 죽은 자의 영역을 가리키는 것으로 사용한다. “이는 내 영혼을 음부에 버리지 아니하시며 주의 거룩한 자로 썩음을 당치 않게 하실 것임이로다”(행 2:27). 이 구절의 하데스는 구약 시편 16편 10절의 스올에 해당하는 헬라어를 그대로 번역한 것인데, 죽은 자의 영역을 가리키는 말로 사용하였다. 계시록에는 음부(하데스)를 말할 때 거기에 문이 있음을 암시한다(내가 사망과 음부의 열쇠를 가졌노니—계 1:18). 마태복음 16장 18절도 주님이 반석 위에 세우실 교회는 음부의 문이 이기지 못한다고 기록되어 있다(다비역 참조). 특히 마태복음 16장 18절에서는 음부가 사망의 세력과 관련하여 사용되었으며 열쇠가 한 개 이상 있는 것처럼(음부의 문들-복수형) 되어 있다. 신약에서 음부가 죽은 자의 영역을 가리키는 동시에 일종의 고통받는 장소라는 것을 증명하는 구절이 누가복음 16장에 있다. 여기서 나사로는 음부에 들어갔다는 기록은 없고 아브라함의 품속에 있다고 말한다. 그러나 부자는 음부에서 고통 가운데 눈을 들어 멀리 아브라함 품에 있는 나사로를 보았고 그는 아브라함에게 청원을 했다. 그 부자는 자기를 나사로가 있는 곳에 가게 해달라고 말하지 않는 것으로 보아 자기가 그곳에 온 이유를 알고 있다. 다만 아브라함이 그에게 그가 고통당하는 이유를 설명한다.

그런데 여기서 나사로가 있는 죽음의 영역은 위로를 받는 곳으로 나오며 십자가의 우편 강도가 그날 밤 주님과 함께 있게 되리라고 약속받았던 낙원과 같은 곳일 것이다. 신약에서 이 낙원(paradise)이라는 표현은 세 번 사용되는데, 십자가의 우편 강도에게 말씀할 때, 고린도 후서 12장에서 사도 바울이 가서 말할 수 없는 말을 들은 곳에, 계시록 2장 7절에서 에베소의 이기는 자들에게 생명나무의 과실을 주어 먹게 하리라고 하신 곳에 사용되었다.

그렇다면 낙원이란 음부의 한 구역에 위치해 있는가? 아니면 성도들이 이르러야 할 소위 천당의 최종상태인가? 성경은 이에 대해 분명한 정의를 주고 있지 않다. 그러나 몇 가지 알 수 있는 것은 예수님이 회개한 강도에게 약속하신 낙원은 그리스도와 함께 있는 축복과 안식의 장소임이 분명하다. 그곳이 음부에 위치해 있든 아니면 아브라함의 품이라는 특별한 영역이든, 그곳은 믿는이들에게 위로와 축복의 장소임에 분명하다. 어떤 이들은 고린도 후서 12장에서 바울이 다녀온 삼층천과 낙원을 평행적으로 보아 같은 곳으로 인식하는데, 그 문맥을 깊이 살피면 반드시 평행을 의미한다고 결론을 내릴 수는 없다. 또한 음부의 한 구역으로 보기도 어려운 것이 낙원에 이끌려간 것도 'caught up' 이라는 말을 썼기 때문이다. 만일 죽은 자들이 일반적으로 가는 음부라고 한다면 내려간다고 해야 하는데(창 37:35) 여기서 바울은 'caught up'이라고 올려가는(up) 것을 표현했다. 누가복음의 나사로는 부자가 있는 음부에서 멀리 바라다볼 수 있는 곳에 낙원이 위치한 것처럼 말하고, 바울은 낙원으로 이끌려 올라갔다고 표현했으며, 계시록 2장 7절은 하나님의 낙원에 생명나무가 있어 계시록의 새 예루살렘을 연상케 하는데(물론 계시록의 생명나무는 모든 믿는이들이 다 먹는다), 이는 낙원이 어디에 존재하는지 단정하기가 쉽지 않음을 뜻한다. 다만 우리는 성경에 따라 낙원이 문자 그대로 즐겁고 위안을 주며 축복되며 주님과 함께 있는 곳이라고 믿을 뿐이다.

다음 중간 상태에 관하여 말한 구절은 빌립보서 1장 21-23절인데, 바울은 이 구절에서 죽는 것이 유익(gain)이라고 한 것은 떠나서 그리스도와 함께 있을 수 있기 때문이라고 하였다. 이 구절에서 바울이 떠난다고 한 말은 죽음의 순간적인 경험을 두고 한 말이다. 즉 여기서 바울이 말하려고 한 것은 그의 죽음이 그를 그리스도와 함께하게 함으로 자기에게 유익이 된다고 한 것이고 그것이 더욱 좋다고 말한 것이다. 여기서 '떠나다'의 헬라어 'analysai'는 분명 죽음을 두고 한 말이다. 그는 죽는 순간 그리스도와 함께 있게 된다고 하였으니 이 구절이 중간상태를 말하는 것, 즉 신자가 죽은 즉시 있게 될 상황을 말한 것이라고 이해할 수 있다.

어떤 사람은 그날 밤 주님이 강도와 함께 계시다가 부활하신 다음 40일 동안 땅에 계시기 위해 강도를 떠났을 것이며 그는 다른 죽은 믿는 자들과 아브라함의 품의 낙원에 있고 지금도 하늘에는 오직 하나님과 그리스도만 계시니(하늘에서 내려온 자 곧 인자 외에는 하늘에 올라간 자가 없느니라…요 3장 13절과 다윗은 하늘에 올라가지 못하였으나 친히 말하여 가로되 주께서 내 주에게 말씀하시기를…너는 내 우편에 앉았으라 하셨도다, 행 2:34, 35) 낙원에는 주님이 계시지 않은 것처럼 가르친다. 그렇다면 빌립보서 1장 21-23절은 어떻게 해석할 것인가? 또한 바울이 말한 고린도 후서 5장 8절 "우리가 담대하여 원하는 바는 차라리 몸을 떠나 주와 함께 거하는 그것이라"의 구절은 어떻게 해결할 것인가? 바울이 당시 몸을 떠날 때는 분명 그리스도의 부활 이후인데, 부활 이후에도 죽은 믿는 이는 즉시 주와 함께 있게 되는 것으로 기록되어 있다.

여기서 우리는 몇 가지 결론을 내릴 수 있는데 ① 중간기의 성도들은 반드시 주님과 함께 있게 될 것이며 ② 축복과 위안의 영역인 낙원에 있게 될 것인데 ③ 그 위치는 어느 곳인지 확정할 수 없다는 것이다. 다만 우리가 말할 수 있는 것은 고통받는 구역인 음부와 왕래할 수 없는 멀리 떨어진 곳이며, 주님과 함께 있을 수 있는 축복의 장소라는 사실이다.

또 하나 중간 상태에 관하여 기술한 중요 구절은 고린도 후서 5장 1절이다. "만일 땅에 있는 장막집이 무너지면 하나님께서 지으신 집 곧 손으로 지은 것이 아니요 하늘에 있는 영원한 집이 우리에게 있는 줄 아노라". 이 구절에서 땅에 있는 장막집은 우리의 현재 가진 육체를 의미한다. 고통으로 가득 찬 이 땅 위에서 현재적 존재 양식을 뜻한다. 그런데 이 장막집이 무너지면, 즉 죽으면 하늘에 있는 영원한 집이 우리에게 있다 하였고 그는 하늘로 오는 처소로 덧입기 원한다고 하였으며 벗은 자들로 발견되지 않으려 한다고 하였다. 이 모든 것은 무엇을 뜻하는가? 이에 대해 세 가지 해석의 힉파가 있다. ① 현재의 몸과 부활의 몸 사이에 있는 중간적인 몸이다. ② 주님의 재림 시에 얻는 부활의 몸이다. ③ 중간 상태에 있는 하늘의 신자들의 그리스도와 함께 나눌 영화로운 존재이다.

이에 대해 칼빈은 "사후 영혼의 축복받은 상태는 이 영원한 집의 시작이며 마지막 부활의 영광은 이 집의 절정이다."라고 했다. 즉 칼빈은 ①과 ②와 ③의 해석을 모두 결합시키고 있다. 즉 중간 상태와 부활 육체는 양자택일의 문제가 아니라 두 가지를 포함하는 관점에서 이해하는 것이 바울의 사상이라는 것이다.

우리는 이에 대해 시간적인 시대에 사는 우리에게는 사후의 존재가 두 개의 분리된 사건처럼 이해되어야 하지만 죽음으로 시간을 떠난 영원 안에서 신자의 미래는 단일한 경험으로 이해되어야 할 것이라는 관점을 가져야 할 것이며, 그렇게 할 때 성경의 관점을 이해하게 된다. 고린도 후서 5장 1절의 장막 집이 무너지면 우리는 즉시 하나님이 지으신 집을 소유하게 되며 이것은 현재의 존재처럼 일시적인 것이 아닌 영광스런 하늘의 존재로 변하게 되는 것이다.

그러므로 우리는 5장 1절의 하나님이 지으신 집이 사후에 즉시 시작되는 것이며 부활로 완성되는 것이라고 이해할 수 있다. 즉 5절의 벌거벗음은 이러한 천상의 존재양식의 충만한 영광을 결여하고 있는 상태라고 이해하면 된다. 우리의 충만한 영화롭게 됨은 그리스도의 재림과 몸의 부활이 일어나는 순간까지는 완성되지 못할 것이며 칼빈이 가르친 것처럼 중간 상태에 있는 믿는 이들의 상태는 불완전한 상태이며 잠정적 축복의 상태이다. 벌카우어는 이에 대해 신자는 이중적 기대를 갖는 것이 아니라 단일한 기대를 갖는다고 하였다.[13] 그러므로 우리는 사후에 그리스도와 함께

13) Return, 제 2장, Twofold. Expectation, 1, p.32-64

할 영원하고도 영광스러운 존재 곧 부활로 절정에 이르게 될 존재를 대망하고 있다. 결론적으로 중간 상태와 부활은 하나의 단일한 기대의 두 가지 측면으로 생각되어야 할 것이다.[14]

중간기에 대하여 신복윤 박사는 육체 없이 영혼이 존재하는 상태이며 그리스도의 부활의 날에 부활의 신체와 연합하여 완전한 상태에 들어가는 것을 전망하고 있다고 하였다. 그리고 그는 그들이 천당(낙원)에 살고 있지만 유업으로 약속된 땅을 아직 소유하지 못하고 바라보고 있는 상태라고 하였다.[15]

II. 일반적 종말론

1. 재림의 사실성

신약 종말론의 가장 중요한 측면이 그리스도의 재림에 관한 것이다. 신약에는 이 진리가 318번이나 나타나니 매 25절에 한 번씩 재림에 대하여 가르치고 있는 셈이다. 신약은 주님의 초림이 있은 후 재림이 있을 것을 분명히 가르치고 있다. 그리고 성도들에게 항상 그의 재림을 준비하고 기다리며 살도록 권면하고 강조하고 있다. 신약 성경에서 재림에 대해 말하는 몇 구절을 보겠다.

"인자가 아버지의 영광으로 그 천사들과 함께 오리니 그 때에 각 인이 행한 대로 갚으시리라"(마 16:27). "그때에 인자의 징조가 하늘에서 보이겠고 그때에 땅의 모든 족속이 통곡하며 그들이 인자가 구름을 타고 권능과 큰 영광으로 오는 것을 보리라"(마 24:30). "인자가 자기 영광으로 모든 천사와 함께 올 때에 자기 영광의 보좌에 앉으리니"(마 25:31). "예수께서 가라사대 네가 말하였느니라 그러나 내가 너희에게 이르노니 이 후에 인자가 권능의 우편에 앉은 것과 하늘 구름을 타고 오는 것을 너희가 보리라"(마 26:64). "갈릴리 사람들아 어찌하여 서서 하늘을 쳐다보느냐 너희 가운데서 하늘로 올리우신 이 예수는 하늘로 가심을 본 그대로 오시리라 하였느니라"(행 1:11). "오직 우리의 시민권은 하늘에 있는지라 거기로서 구원

14) 개혁주의 종말론, 안토니, A.후크마 p.156

15) 종말론, 신복윤, p.169

하는 자 곧 주 예수 그리스도를 기다리노니"(빌 3:20). "주께서 호령과 천사장의 소리와 하나님의 나팔로 친히 하늘로 좇아 강림하시리니 그리스도 안에서 죽은 자들이 먼저 일어나고"(살전 4:16). "주 예수께서 저의 능력의 천사들과 함께 하늘로부터 불꽃 중에 나타나실 때에"(살후 1:7). "그날에 강림하사 그의 성도들에게서 영광을 얻으시고 모든 믿는 자에게서 기이히 여김을 얻으시리라"(살후 1:10). "복스러운 소망과 우리의 크신 하나님 구주 예수 그리스도의 영광이 나타나심을 기다리게 하셨으니"(딛 2:13). "이와 같이 그리스도도 많은 사람의 죄를 담당하시려고 단번에 드리신 바 되었고 구원에 이르게 하기 위하여 죄와 상관없이 자기를 바라는 자들에게 두 번째 나타나시리라"(히 9:28).

2. 재림에 대한 예비

성경은 예수 그리스도의 재림에 대비하여 깨어 있으라 하였다. 그가 나시 오실 때 충성스러운 종들이 받게 될 상이 있는 것에 대해서 성경은 분명히 말씀하시고 있다(눅 12:37, 43). "주인이 이를 때에 그 종의 이렇게 하는 것을 보면 그 종이 복이 있으리로다"(43절). 그러나 반대로 노비를 때리고 먹고 마신 종은 엄히 맞고 이방인들이 받는 몫에 참여한다고 되어 있다(46절). "내가 속히 오리니 네가 가진 것을 굳게 잡아 아무나 네 면류관을 빼앗지 못하게 하라"(계 3:11). 이 구절에도 주님의 재림과 상급이 관련되어 있다. 성경의 마지막 말씀은 "이것들을 증거하신 이가 가라사대 내가 진실로 속히 오리라 하시거늘 아멘 주 예수여 오시옵소서"(계 22:20)라고 말씀하고 있다. 한 마디로 신약 성경은 주님의 재림으로 가득한 책임을 알 수 있다.

오늘날 예수 그리스도의 교회를 특징짓는 것도 그리스도의 재림 신앙이며 '주인이 더디 오리라'고 생각하며 일하는 자들은 충성스럽지 않은 종이다. 주님은 밤에 도적같이 오신다고 하였으므로(살전 5:2-4) 영적으로 준비하고 깨어있지 않을 수 없게 되어 있다. 만일 어떤 사람이 재림에 대해 깨어 있고 항상 대비하고 있다면 예기치 않은 시간에 오신다 하더라도 당황하거나 놀라지 않을 것이다. 이것이 '너희는 어둠에 있지 아니하며 그 날이 도적같이 너희에게 임하지 못하리라'의 뜻이다.

우리는 성경에서 그리스도의 재림의 정확한 시기를 집어내려고 노력한 흔적을 발견할 수 없지만 시간의 단축성은 많이 말하고 있는 것을 볼 수 있다. "때가 단축하여진 고로"(고전 7:29), "자다가 깰 때가 벌써 되었으니", "밤이 깊고 낮이 가까웠으니"(롬 13:11), "주께서 가까우시니라"(빌 4:5), "잠시 잠간 후면 오실 이가 오시리니 지체하지 아니하시리라"(히 10:37), 심판자가 이미 문밖에 서 있다(약 5:9). 만물의 마지막 때가 가까이 왔다(벧전 4:7). "반드시 속히 될 일을 그 종들에게 보이시려고"(계 1:1), "가라사대 내가 진실로 속히 오리라"(22:20).

그리스도의 재림에 대한 간절한 기대는 거룩한 삶을 살도록 동기를 유발한다. 로마서 13장은 주님의 재림이 가까움은 우리로 하여금 어두움의 일을 벗어버리고 빛의 갑옷을 입고 육신의 일을 도모하지 말고 낮에와 같이 단정히 행하도록 동기를 부여한다고 말한다. 디도서 2장 11-13절은 그리스도의 재림을 기다리며 세속적인 정욕을 버리고 근신하여 의롭고 경건한 삶을 살아야 함을 말한다. 베드로도 그의 첫 번째 서신에서 그리스도 나타나실 때 우리에게 가져올 은혜를 온전히 바라라고 하였다. 그것은 우리의 열심의 근신과 순종과 거룩함을 요구한다(벧전 1:13-15). 사도 요한도 "그가 나타내심이 되면…그의 깨끗하심과 같이 자기를 깨끗하게 하느니라"(요일 3:2-8).

또한 재림 대망은 삶의 질을 향상시킨다. 바울은 주님의 나타나심을 두고 말씀을 전파하라고 했으며(딤후 4:1-2) 주 예수 그리스도 나타나실 때까지 점도 없고 책망받을 것도 없이 이 명령을 지키라고 하였다(딤전 6:14). 주님이 오시는 것을 염두에 두고 산다면 사람에 대하여 비판하지도 성급한 판단을 내리지도 않고 관용할 수 있을 것이다(마 7장, 고전 4:5, 빌 4:5).

충성되고 지혜로운 청지기가 되어 때를 따라 양식을 나눠 주는 것도 재림을 대비한 생활이다(눅 12:41-48). 달란트와 므나 비유도 재림을 대비해 주신 재능과 은사를 최대한 발휘하여 열심히 일했다는 것이며(마 25:14-30, 눅 19:11-27). 재림을 대비한 사람들은 형제를 사랑하며 중심에서 용서한다(마 18:23-35).

3. 시대의 완성에 대한 징조들

1) 주님이 감람산 위에서 제자들에게 하신 말씀(마 24장)은 주님의 재림(parousia)과 세상 끝(시대의 완성, completion of the age)에 관한 것이다. 마태복음 24장뿐 아니라 신구약 이곳저곳에서 말세에 있을 징조들을 말하고 있으며 그것을 요약하면 모든 민족에게 복음이 증거되어야 한다는 것이다. 이에 대해서는 모든 민족, 모든 사람에게 복음이 전파되어야 한다거나 모든 민족, 모든 사람이 복음을 믿고 개종하는 것을 의미하는 것으로 해석할 수 없고 다만 모든 민족에게 복음이 증거되어야(testimony) 한다는 것으로 해석해야 한다. 둘째로는 배도의 일이 있고 적 그리스도가 나타날 것이며 셋째로는 환난과 전쟁과 기근과 지진들이 있게 될 것이다.

이 일에 있어서 특히 1800년대와 1900년대에 많은 민족에게 복음이 증거되었으며 현재 회교권의 약간의 나라들만을 남겨 놓고 있다고 볼 수 있다. 이러한 모든 민족을 향한 선교적인 복음 전파는 종말의 시대를 가장 잘 특징짓는 사건이라고 볼 수 있다.

2) 그 다음 그리스도의 나라가 도래할 것의 또 하나의 큰 징조는 배도이다. 하나님의 심판과 시대의 끝 부분은 구약 시대에도 항상 배도의 일이 심화될 때였다. 신약에서도 말세에는 한 면으로 복음이 모든 민족에게 증거되지만 또 한 면으로 교회의 하락이 예고되어 있다. 이것은 예수 그리스도의 재림 이전에 교회가 라오디게아의 특징을 띠며 예배의 일에서 점점 멀어질 것임을 뜻한다. 이어서 대규모의 배도의 일이 발생함으로 시대 말을 가져온다.

교회가 점점 배도하는 일, 즉 영적인 하락으로 나아갈 것이라는 예언은 디모데 후서 3장과 계시록 2, 3장의 일곱 교회를 예언적으로 해석할 때 이해할 수 있다. 야고보서 5장 1-9절에서도 말세의 사람들에 대한 경고가 있으며 누가복음 17장 26-30절도 같은 것을 증거하고 있다. 로마서 13장 11-14절도 이를 증명하고 있다. 요한 일서 2장 18-19절, 4장 1-3절의 일들은 말세에 있을 일들이다. 여기서 한 가지 짚고 넘어가야 할 점은 사도들은 말세(eschatais hemerais)를 자신들의 시대에 적용했다는 점이다. 그러므로 말세는 신약의 전 기간(그리스도의 초림부터 재림까지)에 적용된다. 그러나 계시록 2, 3장과 로마서 13장 11-14절 등을 고려할 때 이러한 영적인 하락과 어두움은 점점 심화된다는 것을 알 수 있고 맨 나중에 결정적이고 최종적인 대배도의 사건이 있을 것임을 알 수 있다. 데살로니가 후서 2장 3절의 'aposlasia'는 '배신하다', '떨어져 나가다'를 의미하는데, 그 단어 앞에는 정관사가 붙어 있다. 즉 그 이전의 배도들은 마지막에 있을 그 배도를 일으키기 위한 많은 배도들이라는 것이다. 그 배도는 그 많은 배도들의 심화된 완성체이다.[16)]

안토니오 A. 후크마는 이런 배역에서 참된 신자들은 떨어져 나가지 않으며 단지 외적으로 신앙고백을 한 자들일 뿐이라고 말했지만, 디모데 후서 2장과 계시록 2, 3장의 일곱 교회의 내용을 연구할 때, 참된 신자도 배도의 일에 연루될 수 있음을 알 수 있다. 이들은 쾌락을 사랑하는 것을 하나님 사랑하는 것보다 더하는 자들이요 경건의 모양만 있고 능력은 없는 자들이다. 라오디게아 교회는 진정한 신자들로 구성된 교회일지라도 교만해지고 눈멀고 벌거벗은 상태에 떨어졌다. 살후 2장 3절은 먼저 배도하는 일(믿음에서 떨어져 나감)이 있고 저 불법의 사람 곧 멸망의 아들이 나타난다고 했으니 적 그리스도의 그 배도가 있기 전에 배도의 상황이 먼저 펼쳐지는 것이다. 즉 어두침침한 배도의 그림자가 있을 때 짐승인 적 그리스도가 나타난다는 말이다. 그때 모든 배도의 영을 가진 사람들이 적 그리스도를 따르게 되고 그 세력과 연합하게 된다. 살후 2장 9, 10절, "악한 자의 임함은 사단의 역사를 따라 모든 능력과 표적과 거짓 기적과 불의의 모든 속임으로 멸망하는 자들에게 임하리니 이는 저희가 진리의 사랑을 받지 아니하여 구원함을 얻지 못함이니라". 이 구절에서 적 그리스도가 나타날 때 이미 불의의 모든 속임으로 멸망하는 자들이 준비되어 있으며 진리의 사랑을 받지 못하는 자들이 있음을 시사한다.

신약에는 유일한 적 그리스도만이 아니라 여러 적 그리스도들이 있음을 기록해 놓고 있다(요일 2:18, 22, 4:3, 요이 7절). 요한은 그가 말하는 적 그리스도가 말세에 나타날 그 적 그리스도를 가리킨다고 분명히 말한 것은

---

16) 개혁주의 종말론. 안토니오 A. 후크마 p.222

아니다. 그러나 당시 영지주의 이단들이 하는 일이 적 그리스도의 일과 본질상 같다는 의미에서 그들을 적 그리스도라 일컬었을 것이다. 장래 그리스도를 대적하여 나타날 적 그리스도와 본질상 같은 많은 적 그리스도들이 이미 활동하고 있었다는 것이며 그것이 말세의 한 가지 징조라고 한 것이다. 이 적 그리스도에 대하여는 다니엘서와 계시록을 참고하여 설명할 필요가 있다.

4. 그리스도의 재림

1) 그리스도의 재림의 첫 단계에 있어서 가장 먼저 일어나는 일은 신약성서적으로 휴거(rapture)이다. 이 휴거에 대하여는 서너 가지 학설이 있으나 대부분의 세대주의자들이 믿고 있는 것은 환난 전 휴거이다. 이때 참된 신자들의 부활이 있게 되고 그들의 부활 후에 살아 남은 자들의 휴거가 있게 된다. 이때 성도들은 들림받아 공중에서 주님을 만나게 되는데 거기서 그리스도와 혼인잔치를 누리게 되며 칠 년 동안 땅 위에서는 수많은 사건들이 일어나게 된다. 그때를 다니엘 9장 27절의 환난의 때라고 보며(마지막 한 이레) 후반부 3년 반을 대환난(great tribulation)이라고 부른다.

세대주의자들에 의하면 대환난 끝무렵 그리스도께서 교회와 함께 영광 중에 재림하셔서 아마겟돈 전쟁에서 적 그리스도의 군대를 멸망시키시고 예루살렘에 보좌를 세우시며 천 년 간의 통치를 시작하신다.

2) 그러나 이러한 두 단계의 재림에 대해 전 천년기의 학자들은 철저히 비평을 가했다. 세대주의자들은 성경에서 살전 5장 15절의 주의 강림에 대해서는 parousia를 썼고(공중 재림), 재림의 두 번째 국면 즉 적 그리스도를 멸하러 오시는 재림(살후 2:8)에 대해서 비로소 출현(epiphaneia)을 사용한다고 했다. 그러나 이 이론에 반대하는 자들은 epiphaneia가 꼭 지상 재림을 의미하는 것으로 사용되지는 않은 딤전 6장 14절과 살후 2장 8절을 들어 반대한다. 즉 그리스도의 재림은 단회적이라는 것이다.

휴거에 대하여 환난 후로 생각하는 사람들은 살후 2장 1절-3절의 그 앞에 모임(episynagoge-휴거를 의미)과 마태복음 24장 31절의 '저희가 그 택한 자들을 하늘 이 끝에서 저 끝까지 사방에서 모으리라(episynago)'는 말이 연관이 있다고 보며 그것이 곧 환난 후 휴거를 증명한다고 본다.

이와 같이 모든 교회가 환난 전 휴거되는 것도 약점을 갖고 있고 환난 후 휴거에도 약점이 있을 수 있으므로 D. M. Panton 이나 Robert Govett 등은 부분 휴거설을 주장하였다. 이는 교회 휴거를 한 번의 휴거로 보지 않고 환난 전 휴거(충성된 자들)와 환난 후 휴거(대다수의 성도들)로 구분하여 본 것이다. 즉 환난 전에 휴거되는 자들이 있고 대다수의 성도들은 환난을 통과하여 환난 후에 휴거된다는 이론이다.

5. 죽은 자의 부활

초기 기독교의 가장 큰 특징은 그리스도의 부활을 전하는 것이며, 그리스도께서 그분을 믿는 자들을 살리는 것을 중요한 일로 말씀하는 것이 성경의 기록이다. "나를 보내신 이의 뜻은 내게 주신 자 중에 내가 하나도 잃어버리지 아니하고 마지막 날에 다시 살리는 이것이니라 내 아버지의 뜻은 아들을 보고 믿는 자마다 영생을 얻는 이것이니 마지막 날에 내가 이를 다시 살리리라"(요 6:39-40). "예수께서 가라사대 나는 부활이요 생명이니 나를 믿는 자는 죽어도 살겠고 무릇 살아서 나를 믿는 자는 영원히 죽지 아니하리니 이것을 네가 믿느냐"(요 11:23-26).

바울은 그리스도의 부활을 믿는이의 부활과 연관지어 말했다. 즉 그리스도의 부활이 믿는이의 부활의 증거라는 것이다. "그리스도께서 죽은 자 가운데서 다시 살아나셨다 전파되었거늘 너희 중에서 어떤 이들은 어찌하여 죽은 자 가운데서 부활이 없다 하느냐"(고전 15:12).

또한 바울은 그리스도를 부활시키신 하나님의 영이 믿는이 안에 내주하시는 것이 신자들의 부활을 약속하는 것이라고 했다. "예수를 죽은 자 가운데서 살리신 이의 영이 너희 안에 거하시면 그리스도 예수를 죽은 자 가운데서 살리신 이가 너희 안에 거하시는 그의 영으로 말미암아 너희 죽을 몸도 살리시리라"(롬 8:11). 이와 같이 부활은 초기 교회에서 사도들의 전파의 중심이었다. 바울이 아덴에서 전파할 때에도 역시 부활을 전하였다. "어떤 에비구레오와 스도이고 철학자들도 바울과 쟁론할 때 혹은 이르되 이 말장이가 무슨 말을 하고자 하느뇨 하고 혹은 이르되 이방 신들을 전하는 사람인가보다 하니 이는 바울이 예수와 또 몸의 부활 전함을 인함이러라"(행 17:18). 바울은 그들에게 분명히 심판에 대하여, 부활에 대하여 전했다. 부활은 하나님의 역사에서 가장 중요한 위치를 점하는 문제이다.

1) 부활 신앙의 역사

① 신약 교회 시대

예수님 당시 바리새인들은 부활을 믿었고 사두개인들은 믿지 않았다. 바울이 아덴에서 부활을 증거할 때 사람들은 그 말을 듣고 기롱했다. 고린도 성도들 가운데 부활을 믿지 않는 자들이 있었는데(고전 15:12) 부활을 부인하게 하는 것은 믿음을 무너뜨리는 것이다. 후메내오와 빌레도는 부활을 부정하지는 않았지만 이미 지나간 것으로 단정하였는데, 바울은 진리에 관하여 그들이 그릇되었다고 했으며 어떤 사람들의 믿음을 무너뜨린다고 하였다(딤후 2:18).

② 교부들 시대

초대 교회 대부분의 교부들이 육체의 부활을 믿었다. 더욱이 내세의 몸과 현재의 몸을 동일시하였다. 클레멘트는 다소 명확하지 않았으며 오리겐은 켈수스를 반대하여 몸의 부활이 있으나 현재의 몸과 똑같은 것은 아니라고 했다. 그는 부활한 몸이 순화되고 영화한 몸이라고 했다. 그러나 대다수는 현재와 똑같은 몸이라고 생각했다. 어거스틴은 내세에 현재와 동일한 인간의 모습을 갖지는 않아도 누구나 성장한 모습을 가질 것이며 제롬은 머리털과 치아까지도 똑같을 것이라고 주장했다. 요한이라는 교부는 현재와 똑같은 몸이라고 하면서 종자와 식물을 비유하여 설명했다.

③ 종교개혁 시대

종교개혁 시대의 신학자들은 대체로 부활의 몸이 지금의 몸과 똑같을 것이라고 했다. 이 교리는 개신교의 신앙고백으로 표준화되었다. 이 견해는 인간의 전인격이 부활 후에도 그대로 계속된다고 하였고 많은 사람들이 이렇게 믿고 있다.

2) 성경적인 부활관

① 그리스도의 부활이 신자들의 부활의 보증이다. "만일 죽은 자의 부활이 없으면 그리스도도 다시 살지 못하였으리라", "그러나 각각 자기 차례대로 되리니 먼저는 첫 열매인 그리스도요 다음은 그리스도 강림하실 때에 그에게 붙은 자요"(고전 15:13, 23). 또한 그리스도는 사두개인들에게 구약을 인용하여 부활을 증명하셨다. "죽은 자의 부활을 의논할진대 하나님이 너희에게 말씀하신바 나는 아브라함의 하나님이요, 이삭의 하나님이요, 야곱의 하나님이라 하신 것을 읽어보지 못하였느냐 하나님은 죽은 자의 하나님이 아니요 산 자의 하나님이시니라"(마 22:31-32). "선한 일을 행한 자는 생명의 부활로, 악한 일을 행한 자는 심판의 부활로 나오리라"(요 5:29). "내 살을 먹고 내 피를 마시는 자는 영생을 가졌고 마지막 날에 내가 그를 다시 살리리니"(요 6:39-40).

데살로니가 4장 16-17절은 주님 재림 시에 그리스도 안에서 죽은 자들이 먼저 일어나고, 그 후에 구름 속으로 끌어올려져 공중에서 주를 영접하게 된다고 말한다. 사도행전 23장 6절에서 바울은 공회 앞에서 "여러분 형제들아 나는 바리새인이요 또 바리새인의 아들이라 죽은 자의 소망 곧 부활을 인하여 내가 심문을 받는다"고 하였다. 그는 벨릭스 총독 앞에서도 "오직 내가 저의 가운데 서서 외치기를 내가 죽은 자의 부활에 대하여 오늘 너희 앞에 심문을 받는다고 한 이 한 소리가 있을 따름이니라"(행 24:21)고 하였다.

② 부활의 모습은 주님의 말씀에서 부활 때에는 장가도 아니 가고 시집도 아니 가고 하늘에 있는 천사들과 같게 된다고 하였다. 또한 주님의 부활한 몸은 살과 뼈가 있는 몸이었다(눅 24:39). 그리고 손과 발을 보이시고 구운 생선 한 토막을 잡수셨다. 그러므로 드실 수도 있었다. 성경 말씀은 그날 왕국에서 새롭게 먹고 마실 것을 예언하고 있으므로 그때도 먹고 마시는 것이 가능하다. 그러나 결혼은 없다. 그 육체는 병들거나 썩거나 하

지 않는 강하고 영광스럽고 신령한 육체이다. 그러므로 부활 때에 여러모로 우리는 같은 존재로 부활할 것인데, 우리의 육체가 썩지 않고 약하지 않고 영광스럽고 영적인 것으로 부활한다는 것을 알 수 있다.

많은 성서 신학자들이 단회 부활을 주장하나 성경은 분명 2회 부활을 말한다. 요한복음 5장 29절의 생명의 부활과 심판의 부활은 각각 신자와 불신자의 부활을 말하는 것이며, 데살로니가 전서 4장 14-18절이나 고전 15장 51-52절 등은 신자들의 부활이 먼저 있을 것을 말해준다.[17] 계시록 20장 11-15절은 주로 불신자들의 심판의 부활이다.

③ 성경에는 그리스도인의 부활에도 차별이 있음을 암시하는 구절들이 많다. 바울은 죽은 자들이 어떠한 몸으로 오느냐고 하면서 해의 영광, 달의 영광, 별의 영광, 별과 별의 영광이 각각 다르다고 말했다(고전 15:35-41). 마태복음 13장 43절은 "그 때에 의인들은 아버지의 나라에서 해와 같이 빛나리라"고 하였는데, 이는 그때에 어두움에 떨어지는 자들과의 비교이다.

6. 심판

1) 심판의 실재성

성경에는 부활이 있고 심판이 있을 것을 계시한다(마 11:22, 7:22, 살후 1:10, 딤후 1:12, 롬 2:5, 14:10, 마 18:35, 히 11:6, 약 4:12, 벧전 2:23, 행 17:31, 딤후 4:8, 요 5:27, 행 10:42, 롬 14:9, 마 25:32, 딤후 4:1, 히 10:30, 계 20:11-15). 심판자는 그리스도이시다. 그분이 심판장이 되시는 이유는 ① 그분의 낮추심에 대한 보상이요 ② 그분이 인자이심을 인함이요 ③ 대속의 역사에 대한 보상이다.

그리스도의 심판시에 천사들과 성도들이 그리스도의 심판을 도울 것이다(마 24:31, 고전 6:2, 3, 마 19:28, 눅 22:30).

17) 요한계시록 주석. 박윤선, 영음사 1992. p.334

2) 심판의 대상

심판은 사탄, 사망과 음부, 불신자 뿐 아니라 모든 그리스도인도 심판을 받게 된다(고후 5:10, 롬 14:10, 약 3:1, 벧전 4:17, 마 12:36, 롬 2:16, 고전 4:5, 마 16:27, 계 2:23, 고전 3:8). 물론 그 심판의 때와 성질은 다른 것이다.

3) 심판의 표준

하나님의 심판의 한 가지 표준은 누가복음 12장의 "주인의 뜻을 알고도 예비치 아니하고 그 뜻대로 행치 아니한 종은 많이 맞을 것이요 알지 못하고 맞을 일을 행한 종은 적게 맞으리라 무릇 많이 받은 자에게는 많이 찾을 것이요 많이 맡은 자에게는 많이 달라 할 것이니라"(47-48절)이다. 즉 하나님의 심판의 기준은 사람이 받은 계시의 수준에 따른 것이다. 바꾸어 말하면 신약과 구약에 나타난 하나님의 뜻에 대하여 충만한 계시를 받은 자들은 이 성경 전체에 어떻게 반응했는가에 따라 심판을 받게 된다.

① 복음이 없는 시대나 성경의 계시를 받지 못한 자들

이들에 대해서 로마서 1장 18-21절은 자연에 나타난 하나님의 계시만을 가지고도 하나님을 알만한 지식이 그들 속에 있으므로 심판을 면할 수 없다고 한다. "하나님의 진노가 불의로 진리를 막는 사람들의 모든 경건치 않음과 불의에 대하여 하늘로 좇아 나타나나니 이는 하나님을 알만한 것이 저희 속에 보임이라 하나님께서 이를 저희에게 보이셨느니라 창세로부터 그의 보이지 아니하는 것들 곧 그의 영원하신 능력과 신성이 그 만드신 만물에 분명히 보여 알게 되나니 그러므로 저희가 핑계치 못할지니라 하나님을 알되 하나님으로 영화롭게도 아니하며 감사치도 아니하고".

또한 로마서 2장에는 하나님의 뜻이 풍성하게 계시되지 못한 자들에게 "그들 마음속에 새겨진 율법"에 반응하는 것을 근거로 심판을 받는다고 기록되어 있다. "무릇 율법 없이 범죄한 자는 율법 없이 망하고 무릇 율법이 있고 범죄한 자는 율법으로 말미암아 심판을 받으리라…율법 없는 이방인이 본성으로 율법의 일을 행할 때에는 이 사람은 율법이 없어도 자기가 자기에게 율법이 되나니 이런 이들은 그 양심이 증거가 되어 그 생각들이 서로 혹은 송사하며 혹은 변명하여 그 마음에 새긴 율법의 행위를 나타내느니라 곧 내 복음에 이른 바와 같이 하나님이 예수 그리스도로 말미암아 사람들의 은밀한 것을 심판하시는 그날이라"(2:12, 14-16). 많은 특권을 가졌던 자들은 많은 책임을 져야 하고 적은 특권을 가졌던 자들은 적은 책임을 져야 한다. 즉 분명한 사실은 사람들이 갖지 못한 계시가 아니라 이미 가진 계시에 따라서 심판받게 된다는 말이다.

② 구약 시대의 성도들

구약 시대 사람들의 심판도 그 기준이 일정하지 않을 것이다. 족장시대의 빛은 율법시대보다 약했다. 율법이 없었고 다만 하나님의 나타나심과 말씀이 있었고 조상들의 유전이 있었을 것이다. 그들은 당시에 가진 하나님의 약속과 말씀과 조상들의 유전에 따라 심판을 받을 것이다. 그러나 율법이 주어진 후에는 하나님의 말씀하심이 더 많아졌고 율법 안에 하나님의 뜻이 더욱 밝히 드러났다. 우리는 다윗의 시(詩)를 통해 아브라함이나 야곱이나 요셉보다 그의 영성이 더욱 깊고 높았음을 알 수 있다. 그것은 다윗과 솔로몬 시대에 하나님의 뜻이 더욱 많이 드러났기 때문이다. 그들은 당시 최소한 모세 5경을 가지고 있었을 것이고(율법서) 그 말씀의 빛에 따라 심판되어질 것이다.

③ 신약의 성도들

신복윤 교수의 견해와 같이, 신약의 성도들은 자연의 빛과 구약의 계시 외에 복음의 빛을 받아 누린 자들로서 이 세 가지 모두에 의해 심판을 받게 될 것이다.[18)]

마태복음 11장에는 주님이 특별히 권능을 많이 베푸신 고을들이 회개치 아니할 때 책망하신 말씀이 있는데 우리는 여기서 그분이 많은 역사를 하신 고을이 회개치 않을 때 더 무서운 심판을 받는다는 것을 읽을 수 있다. "예수께서 권능을 가장 많이 베푸신 고을들이 회개치 아니함으로 그때에 책망하시되 화가 있을진저 고라신아 화가 있을진저 벳새다야 너희에게 행

18) 신복윤 eschatology, p.397

한 모든 권능을 두로와 시돈에서 행하였더면 저희가 벌써 베옷을 입고 재에 앉아 회개하였으리라 내가 너희에게 이르노니 심판날에 두로와 시돈이 너희보다 견디기 쉬우리라"(20-22절). 이 말씀은 주님이 벳새다와 고라신에서 가장 많은 사역을 하셨는데 그들이 완고하여서 받을 심판이 더 크다고 하시는 것이다. 물론 두로와 시돈 사람들도 심판을 받겠지만 벳새다나 고라신만큼은 아니라는 것이다. 그들은 주님의 역사를 벳새다나 고라신만큼 보지 못했다. 여기서 우리는 주님의 심판의 원칙을 볼 수 있다. 모든 불신자들이 지옥불에 떨어지는 것은 맞지만, 그 중에도 더 깊은 지옥에 떨어지거나 더 큰 형벌을 받는 자들이 있을 수 있다는 말이다. 이 세상 감옥에서도 중죄인들과 경범자들이 받는 처벌이 각각 다른 것처럼 말이다. 하나님이 공의의 하나님이시므로 얼마든지 이것을 생각해 볼 수 있다.

4) 그리스도인의 심판

성경에서 성도들도 심판대 앞에 서게 된다. 이 심판대는 헬라어로 베마(Bema)[19]로서 땅보다 조금 높은 곳을 의미한다. 이 심판은 불신자들이 받는 정죄와 영원한 멸망의 심판과 달리 상급의 정도와 징계의 정도를 결정짓는 심판이다. 이것은 고린도 후서 5장 10절에 있다. "이는 우리가 다 반드시 그리스도의 심판대 앞에 드러나 각각 선악간에 그 몸으로 행한 것을 따라 받으려 함이라". 로마서에도 있다. "네가 어찌하여 네 형제를 판단하느뇨 어찌하여 네 형제를 업신여기느뇨 우리가 다 하나님의 심판대 앞에 서리라". 이 두 구절의 심판대가 다 Bema이다. 이 외에도 그리스도인의 심판을 언급하는 구절들이 더 있다. "내 형제들아 너희는 선생 된 우리가 더 큰 심판을 받을 줄을 알고 많이 선생이 되지 말라"(약 3:1). "하나님의 집에서 심판을 시작할 때가 되었나니 만일 우리에게 먼저 하면 하나님의 복음을 순종치 아니하는 자들의 그 마지막이 어떠하며"(벧전 4:17). 또 요일 4장 17절이나 야고보서 2장 12-13절 등은 역설적으로 심판을 증거한다. 하

19) 베마(Bema)는 고전적 헬라어에서 승리자들에게 시상하는 경기의 심판장들이 사용하는 땅보다 조금 높은 대(臺)를 가리키므로 사람들이 그리스도인들이 심판대 앞에 나타남은 상을 받기 위함 뿐이라 하나 빌라도, 갈리오, 베스도, 가이사 등의 범죄 사건을 심문하는 심판석을 가리킬 때도 자주 사용되었다(마 27:19, 요 19:13, 행 18:12, 16, 17, 25:6, 17).

나님 안에 거하는 자는 심판날에 담대함을 갖는다고 말했기 때문이다. "이로써 사랑이 온전히 이룬 것은 우리로 심판날에 담대함을 가지게 하려 함이니". "너희는 자유의 율법대로 심판받을 자처럼 말도 하고 행하기도 하라 긍휼을 행하지 아니하는 자에게는 긍휼 없는 심판이 있으리라 긍휼은 심판을 이기고 자랑하느니라". 이 말씀들은 분명 그리스도인들에게 심판이 있음을 증명하며, 그 심판은 자유의 율법에 따른 것이라고 한다. 또한 고린도 전서 4장 5절은 때가 올 때 주께서 그날 모든 감추인 것들을 드러내실 것이라고 말한다. 여기의 그날이 바로 심판의 날이다. "그러므로 때가 이르기 전 곧 주께서 오시기까지 아무것도 판단치 말라 그가 어두움에 감추인 것들을 드러내고 마음의 뜻을 나타내시리니 그때에 각 사람에게 하나님께로부터 칭찬이 있으리라". 그 외에도 그리스도인들이 심판받는 것에 관하여 증명할 수 있는 구절은 많다(고전 3:8, 계 2:3, 마 16:27 등).

튀빙겐의 루터파 신학자 코벌레 교수는 이 일에 대하여 다음과 같이 논급하였다. "최종 심판에 대하여 신약의 진술을 바울의 신학에 유대인 관념들의 잔해로 설명하려는 시도에 대하여는 말하지 않고라도 그것을 불경건자들이나 율법을 위한 자의적 열심당원들에게 국한한다는 것은 불가능하다. 인자는 그의 봉사에 수종한 자들과 그의 은사를 부여받은 자들로부터는 특별한 계정(計定)을 요구하실 것이다…모든 사람이 반드시 그리스도의 심판대 앞에 드러나 이 지상생활에 대하여 심판을 받을 것이나. 누구든지 지상 교회에서 악을 섬기기를 계속하는 자는 그 나라를 계승하지 못할 것이다…그러므로 하나님을 노엽게 할까 하는 두려움은 신자의 생활에도 거룩한 두려움과 시험의 극복에 조력함으로 반드시 수반되어야 할 것이다. 진실하지 않은 생활, 재갈 먹이지 않은 혀나 몸, 불결한 정욕들, 성령을 소유한 신앙이 능히 억제하거나 제할 수 있었던 앙심이나 깊은 적개심들은 우리와 함께 가서 하나님 앞에서 우리를 고발할 것이다…만일 의롭다 함을 얻은 죄인이라도 반드시 심판대에 설 것이라면 그가 성령으로 육체의 더러움과 악함으로부터 자신을 정화한 정도에 관한 것은 더 이상 무관심의 사건이 아니다(A. kobele, The Quest for Holiness, p.p. 165, 166).

5) 심판의 때

성경을 연구하는 사람들이 심판의 때에 대해 단회적이고 최종적인 한 번의 심판을 고집하며 그것만이 성경적이라고 말하는 경우를 많이 본다. 그러나 박형용 박사의 말과 같이 이러한 것을 확정해 놓지 않은 것은 경외심을 일으키기 위한 것이라는 데 동의한다. 요한 계시록 21장 1절의 신천신지의 출현이 20장 마지막에 대심판 후에 있는 것으로 보아 심판 후에 신천신지가 나타나는 것으로 이해할 수 있겠다.

A. 후크마나 많은 신학자들이 그리스도인의 심판과 불신자의 심판이 동일한 때에 한 번에 집행된다 하지만 그것은 성서적으로 정확한 것이 아니다. 그것은 천년왕국 후에 예수님이 재림하신다는 전제가 있어야 가능한 일이다. 박윤선 박사는 그의 계시록 강해에서 이회 부활, 이회 심판을 말했다. 그는 신자들의 부활이 먼저 되고 나중에 불신자가 심판받을 것이라고 말했다. 성경에는 그리스도의 재림이 천년왕국 전임을 입증할 수 있는 구절이 충분히 있다. 그리고 그리스도의 심판대는 그리스도의 재림시 공중에서 세워질 것이 거의 확실하다. 이는 데살로니가 전서 4장에서 주님 재림시 모든 성도들이 공중에서 주님을 만나기로 되어 있고 거기에서 모임이 있다고 기록되어 있으며(살후 2:1), 그때 주님을 맞이하러 간 열 명의 처녀들 가운데 거기서 혼인잔치에 들어간 자들도 있고 바깥 어두운 데 쫓겨난 자들도 있는 것으로 보아 그러하다(마 25장 참조). 박형용 박사는 성도들의 상 받음(심판)은 그리스도의 재림과 연결된 특별한 행사이며 모든 성도들에 대한 최종 심판은 아닐 것이라고 했다. 그리고 최종 심판 자체는 천년기를 지나 일반 부활 다음에 있을 것이라고 하면서 중간 입장을 취했다.[20] 그러나 만일 성도들의 심판이 마지막 백 보좌에서 또 한 번 있게 된다면 신실치 않은 그리스도인들이 과연 어디서 어떠한 처우를 받겠는가? 새 하늘과 새 땅에 가서 여전히 어떠한 징계를 당할 것인가? 이 때문에 부활이 단회요 심판 또한 단회라는 해석이 성경 전체를 연결시키기 어려운 점이 있는 것이다.

---

20) 박형용 박사 전집 7권, p.333

7. 제(諸)왕국설

1) 서론

그리스도의 재림과 천년 통치에 대하여 신학적으로 주로 3-4가지 견해가 있다. 전천년설, 후천년설, 무천년설이 그것이며, 전천년설은 역사적 전천년설과 세대주의적 전천년설로 구분할 수 있다.

① 전천년설은 그리스도께서 재림하시기 전 복음이 만방에 전파되고 대배교 사건이 있고 전쟁과 지진과 기근이 있으며, 적 그리스도의 나타남과 대환난이 있을 것이라고 믿는다. 그리고 그리스도의 재림 전 잠시 평화가 있다가 어느 날 그리스도의 능력으로 천년 통치가 시작된다는 것이다. 이 때 유대인들은 회개하고 중요한 존재가 되며 천 년이 끝난 다음 곡과 마곡의 전쟁이 있고 믿지 않는 자들의 부활이 있다. 백보좌 심판, 영원한 심판과 지옥의 형벌이 있다.

② 후천년설은 하나님의 왕국이 그리스도인의 전도와 가르침을 통하여 지금 확대되어 가고 있다는 것이다. 이러한 사역은 결국 세계를 기독교화할 것이고 그 결과 천년왕국이라 불리우는 평화와 번영의 긴 세월이 온다. 새로운 시대는 현대와 본질상 다르지 않다. 기독교 개송자가 낳아심에 따라 이루어져 간다. 악의 세력이 완전히 제거되지 않으나 그리스도인의 도덕적, 영적 영향력이 커짐으로 최소한으로 축소될 것이다. 교회가 보다 중요한 존재가 된다. 그러므로 사회 문제, 경제, 교육 등 많은 문제들이 해결된다. 그리고 이 기간은 그리스도의 재림과 죽은 자의 부활, 그리고 최후의 심판과 더불어 종결된다고 보는 견해이다.

③ 무천년설은 이 세상 종말 이전에 어떤 우주적인 평화와 의의 시대가 없다고 말한다. 그들은 이 세상은 계속해서 선과 악이 자랄 것이고 그리스도의 재림 때, 즉 죽은 자들이 부활하고 최후의 심판이 있을 때 절정을 이룬다. 그들은 하나님의 나라가 승리하신 그리스도께서 말씀과 성령으로

자기 백성들을 통치하시는 바로 이 세상에 현존한다고 보았다. 동시에 그들은 앞으로 다가올 영생의 새 땅, 영광스럽고 완전한 미래의 하나님 나라를 열망한다. 그들은 계시록 20장의 천년왕국을 죽은 성도들의 영혼이 현재 하늘에서 그리스도와 더불어 다스리는 나라로 해석한다.

2) 시대에 따라 변천된 왕국설

① 교회사적으로 3세기 동안에는 전천년기설이 주요한 종말론이었고 파피아스, 이레니우스, 져스틴, 터툴리안 등이 전천년설을 신뢰했다. 그러다 4세기 경 콘스탄틴 황제 치하에서 기독교가 총애를 받는 상태에 이르렀을 때 무천년설이 받아들여졌다. 천년왕국은 교회를 의미한다고 재해석되었으며 그리스도와 그의 성도들이 천 년 동안 통치하는 시대는 지상교회의 전체 역사와 동일시되었다. 따라서 미래에 천년왕국이 있다는 견해를 부인하게 했다. 그 유명한 교부 어거스틴이 이 견해를 주장했고 그의 가르침은 너무나 크게 영향을 미쳤다. 431년 에베소 종교회의에서는 천년왕국이 있다는 신앙이 미신으로 정죄되었다. 심지어 교회의 공식 교리도 무천년설이 되었다. 그럼에도 중세 기간 일단의 신자들은 계속해서 전천년설을 신봉했다. 주로 Anabaptist들이었다. 그들은 핍박을 받았다. 그러나 결국 이들이 17세기에 전천년설을 회생시키는 데 기여한 것이다. 이를 테면 마르틴 루터는 성경을 역사적으로 접근하는 태도를 옹호하여 교황을 적 그리스도로 보았다. 루터파 학자들은 그 후에 전천년설을 취하기 시작했다. 칼빈도 조심스럽게 천년왕국의 해석법에 접근했다.

칼빈의 반대(결국 칼빈은 천년왕국에 흥미를 느끼는 사람은 무지하고 사악한 사람들이라고 낙인을 찍었다)에도 불구하고 독일의 칼빈주의 신학자 라인리히 알스테드는 아카데믹 형식으로 전천년설을 부활시켰다('The beloved city'의 저자). 영국 국교회 학자 죠셉 메대는 이 책의 영향으로 전천년설자가 되었다. 이 두 저자가 지상의 왕국에 대한 소망을 일깨워 1640년대의 청교도 혁명을 불러왔다. 그러나 스튜아트 왕정 복구와 더불어 이것은 희박해졌다. 그럼에도 Bengel과 Isaac Newton, 조셉 프리스트리 등에 의해서 전천년설은 이어져 갔으나 이 흐름은 약해졌다.

전천년설이 약화됨에 따라 후천년설이 지배적인 종말론이 되었다. 후천년설은 다니엘 휘트비(Daniel Whitby)에 의해 뚜렷한 체계를 세우게 되었다. 그의 해석에 의하면 이 세상은 회개하여 그리스도께 돌아가고 유대인들은 고토로 돌아가며 교황과 회교는 패배할 것이며 그 후에 이 땅도 천 년 동안 우주적인 평화와 행복, 그리고 의를 누리게 될 것이다. 그리고 이 기간이 끝날 때 그리스도께서 최후의 심판을 위해 몸소 재림하신다. 후천년설은 18세기 계몽사상과 견해를 같이하기 때문에 당시 주석가들이 즐겨 사용했다. (그러나 제1차, 2차 세계 대전으로 그릇된 낙관주의는 박살나 버렸다.)

19세기가 되자 전천년설이 다시 관심을 끌었다. 이것은 프랑스 혁명 기간에 유럽의 정치 사회 제도가 갑자가 붕괴되었기 때문이다. 유대인의 회개와 그 지위에 대한 관심은 새롭게 되었다. 이러한 시기에 영향력 있는 지도자가 에드워드 어빙인데, 그는 스코틀랜드의 목사였고 플리머스 형제회의 강력한 지지를 얻었다.

플리머스 형제회의 초창기 지도자인 J. N. 다비(1800-1882)는 전천년설 중에도 세대주의적 전천년설을 주장했다. 그는 천년왕국 이전의 그리스도의 재림을 두 단계로 설명했는데, 첫 단계에서는 대환난 직전에 교회가 비밀리에 공중으로 들림받고 두 번째 단계에서는 그리스도가 자기의 성도들과 왕국을 건립하기 위하여 지상으로 재림하신다는 것이다. 그는 바울이 언급한 대로 교회가 하나의 비밀이며 성경 속에 나타난 하나의 비밀은 세대(dispensation)라 불리우는 일련의 기간들에 의해 이해될 수 있다고 믿었다. 다비의 사상(서적 40권 중 예언서 4권)은 C. H. 맥킨토쉬, 윌리암 케리, F. W. 그랜트, 캠벨 몰간, 아이언 사이드, C. I. 스코필드 등에게 영향을 끼쳤다.

다비의 견해는 Henry 무어 하우스의 도움으로 널리 전파되었는데 D. L. 무디(1837-1899)는 다비의 예언을 확신하는 데까지 이르렀다. Darby의 견해는 스코필드에 의해 확산되었는데, 그의 관주 성경은 미국에서 50년 동안 300만 부나 인쇄되었다. 근대에는 Hal Lindsey의 저서가 세대주의를 생동시키고 있고 Fuller 신학교의 George Eldon Ladd 교수가 소위 역사적 전천년설을, Herma A Hoyt 경은 세대주의 전천년설을 피력하고 있다. Boettner 는 후천년설을, 칼빈 신학교 Anthony A. Hoeema는 무천년설을 상세히 설명한다. D. M. 팬턴, 고벳, 워치만 니 등은 부분 휴거설을 주장하여 세대주의적 전 천년설을 수정하였다. 자세한 연구는 다음 장에서 실사하겠다.

8. 왕국설 별 검토

1) **세대주의적 전천년설**(dispensational premillennialism)

① 다비 사상의 요약

세대주의 전천년설을 설명하기 위해서는 다비의 종말론을 먼저 보아야 한다. 그에 따르면 먼저 이스라엘과 교회를 나누는 것이 그 첫째 전제이고, 예언적인 부분에서 문자주의적 해석 원리 적용이 두 번째 전제이다. 다니엘의 육십구 이레가 지난 다음 상당한 시대 간격이 있고 그 다음에 마지막 이레가 다시 시작된다고 했다(The Dispensation of the fullness of Times, J. N. Darby). 모든 언약, 예언을 엄격하게 문학적으로 해석한다.

그는 이스라엘 국가의 메시야 거절로 이스라엘은 잠정적으로 제쳐졌으며 메시야 왕국은 연기되었고 지금은 교회가 "전혀 별개의 어떤 것", 일종의 천상적 백성이 되었다고 본다. 비록 그리스도가 현재 천상의 백성(지상의 이스라엘과 대조되는 교회)을 가지고 있을지라도, 비록 그리스도가 그의 교회를 영광스럽게 만들지라도 그의 "지상에서 어떤 권리를 포기하는 일"은 없을 것이다.

이스라엘은 하나님의 부르심을 받은 백성이며 지상 통치의 약속을 받았다. 그런데 이스라엘의 실패로 그 통치권이 교회로 넘어갔고 지금 교회가 그것을 행사하고 있다. 그럼에도 이스라엘이 여전히 부르심받은 백성으로 남아 있는 이유는 "하나님의 은사와 부르심에는 후회함이 없기 때문이다." 교회가 이 땅에서 휴거되어 하늘로 올라갈 때 이스라엘과 세상의 국가들은 땅 위에 남게 된다. 그 국가들은 적 그리스도의 휘하에 있을 것이며 이스라엘은 적 그리스도와 동맹을(평화조약) 맺을 것이다. 땅 위에 놓임받은 사단에 의해 큰 환난이 임할 것이고 이스라엘의 남은 자는 그들의 王의 오심을 기다릴 것이다. 그런 다음 그리스도는 환난이 지난 후 그의 교회와 함께 오셔서 그의 지상 왕국을 세우시고 다윗의 자손으로서 그들에게 언약을 통해 주어진 권리를 주장하실 것이다.

여기서 Darby의 문자적 해석이 나타난다. 그리스도는 나일에서 유브라데에 이르는 모든 악한 백성들을 척결하심으로 이스라엘로 그 언약의 땅을 소유하게 하실 것이다. 그 후 그리스도는 자신을 유대인에게 나타내실 것인데, 그분은 하늘의 그리스도가 아닌 유대인의 메시아로 나타내실 것이다. 이스라엘은 그분을 메시아로 맞아들일 것이며 그 나라는 굳게 설 것이고 그 악한 자는 끊어질 것이고 유대인들은 그들의 땅에서 평화롭게 살 것이다.

"예루살렘에서 드러나는 영광을 본 자들이 나가서 그 영광이 임했음을 다른 나라들에 선포할 것이다. 그러면 이 나라들은 그리스도께 복종할 것이다. 그들은 유대인을 기름부음 받은 자의 복된 백성이라고 고백할 것이며 유대인의 남은 자를 그들의 조국으로 돌려보낼 것이다. 하나님의 보좌가 예루살렘에 베풀어지고 이 보좌는 온 세상의 행복의 원천이 된다." (Darby, 'The Hope of the Church')

② 그의 교회의 지상적인 영광의 견해

다비는 교회가 영광 가운데 들어간다고 말했다(골 3:4, 요 14:3, 고전 15:51). 의인의 부활과 악인의 부활은 시점이 다르다. 그리스도 안에서 죽은 자들이 먼저 일어나고(고전 15:51, 52, 살전 4:16) 눅 14:14(의인의 부활), 계 20:6(첫째 부활)을 들어 의인(믿는이들)의 부활이 먼저 있을 것이라고 설명했다. 의인의 부활은 그리스도의 영광에 참예하기 위한 것이지만(생명의 부활) 부활하지 않고 남아 있는 자들은 심판을 기다리고 있다. 그리스도께서 다시 오실 때(자신의 유산인 땅을 상속받기 위해) 교회도 그리스도와 하나이기 때문에 그의 유산을 함께 공동 상속받기 위해 부활하는 것이다. 믿지 않는 불의한 자들은 이 부활에 아무 분깃이 없고 그들이 다시 일으킴을 받는 것은 영광을 상속받는 것과 아무 관계가 없으며 다만 심판받기 위해서이다.

그리스도께서 다시 오실 때 교회는 그들 속에 거하는 성령으로 말미암아 몸으로 부활할 것이다(롬 8:11). 이것은 교회가 성령에 의해 그리스도와 연합된 까닭에 교회의 부활은 심판의 부활이 아닌 생명의 부활이다(요 5:29). 따라서 이 부활은 악인에게는 해당되지 않는다. 그리스도께서 오실 때 그리스도께 속한 자들은 부활할 것이다. 나머지 죽은 자들은 그리스도께서 그 나라를 아버지께 바치신 이후에 죽은 자들을 심판하기 위해 인자로서 백보좌에 앉으셨을 때에 일어날 것이다(J. N. Darby, 'The purpose of God').

의인, 즉 교회의 부활은 그리스도와 함께 통치하기 위하여 휴거되는 그리스도의 재림시에 이루어지고 불의한 자들은 지상의 영광 속에서 이루어지는 교회의 통치 기간 끝까지 기다리게 된다. 이 부활은 교회로 하여금 그리스도와 새로운 관계 안으로 들어가게 한다. 휴거 이전의 교회는 단지 교회가 그리스도와 함께 일으킴을 받았다는 영적인 사실만을 갖는데, 부활시에는 교회가 몸으로 그리스도의 임재 안에 이끌려진다. 문자대로 그리스도를 머리로 하는 새로운 영광의 관계 속으로 들어가게 된다. 이때 두 단계가 있다. 첫째는 은밀한 들림받음으로 교회가 공중에서 주님과 항상 함께 있기 위한 것인데(살전 4:17) 이것이 구원의 절정이다. 둘째는 땅을 상속하기 위해 그리스도와 함께 이 땅에 나타나는 것이다(appearing).

교회가 공중으로 들림받아 그리스도를 통하여 상속받을 때 하늘에서는 뒤따라 전쟁이 일어날 것이다. 그리고 모든 것을 박탈당한 사탄이 땅으로 내어쫓길 것인데 이때 그는 자기 때가 얼마 남지 않은 것을 알고 큰 분노를 품게 된다. 하늘에서는 하나님의 목적에 따라 권세가 확립되고 지상에서는 적 그리스도 아래 악이 점점 더 팽창하게 된다. 그리고 대환난이 뒤따른다. 대환난 후에 그리스도께서 영광스런 교회와 함께 오셔서 적 그리스도를 패배시킬 것이고 사단은 결박을 당하며, 이스라엘(남은 자)은 아브라함과 맺은 무조건적인 언약으로 다시 세움을 입을 것이다. 그리스도는 이 땅의 권세를 모두 장악하시고 완전한 공의의 통치를 하신다. 천 년이 끝나면 사탄이 잠깐 놓이며 나라들을 미혹케 하여 그리스도의 통치에 반항하게 할 것이다. 그런 다음 사탄은 불못에 던져지고 그 이후에 새 하늘과 새 땅이 도래할 것이다.

"그리스도께서 그의 교회와 함께 오시는 것은 사람들이 그의 사랑을 거절한 것을 심판하고 이스라엘과의 언약을 새롭게 하기 위한 것이다. 일단 복음이 전파되었으므로 그리스도는 세상에 대한 의로운 심판을 시행하실 것이다. 더 이상 그분은 아버지의 오른편에 앉아서 자기와 함께 상속자가 될 사람들을 모으기 위해 성령을 보내시는 분이 아니라 교만하고 난폭한 사람들, 불의한 자들에게 의를 요구하며 국문하시는 그리스도가 되실 것이다."(Darby, 'The hope of the Church')

그 심판의 때에도 교회는 그리스도와 함께하며 그의 사랑과 보호를 향유한다. 이는 교회가 그리스도의 신부로서 그리스도와 결혼하였기 때문이다. 그때는 교회가 마땅히 받아야 할 존경을 세상으로부터 받게 될 것이다.

"나의 하나님 여호와께서 임하실 것이요 모든 거룩한 자가 주와 함께하리라"(슥 14:5). "그때에 그리스도는 흠이나 티가 없는 교회에게 합당한 그 자체의 아름다움과 영광 속에 있는 신부를 앞에 놓고 영광 속에 있는 신성의 아름다움과 영광을 보며 그들을 데리고 천사들과 세상을 심판하실 것이다. 결국 교회는 그리스도의 모든 영광에 함께 참여하여 새롭게 되고 위로받은 땅에서 그리스도가 통치하는 빛과 축복의 일꾼과 도구가 될 것이다."(Darby, 'Divine mercy of the Church')

이러한 재림의 결과로 모든 무릎과 입술이 그의 높으심을 인정하게 되며 악은 종식되고 평화와 참된 자유가 아무 방해 없이 넘치며 하나님의 모든 언약이 성취되고 그의 의로운 요구가 충족되고 그리스도께서 영광을 얻으실 것이다. 교회는 그리스도와 함께 그것을 나눌 것이다. 창조주요 부활하신 주님으로서 그리스도께 해당되는 영광을 교회는 상속받을 것이다.

모든 무릎과 입술이 그리스도를 찬양하고 경배할 때 교회는 지극히 높으신 그분과 함께할 것이며 불의한 땅을 심판하실 때 같이할 것이며 의롭게 된 땅을 통치하실 때 교회는 함께할 것이다. 그리고 그리스도께서 새 하늘과 새 땅을 받으시고 성부께로 돌아가실 때 그분은 교회를 새롭고 영원한 영광 속으로 인도하셔서 그의 천상의 영광을 함께 나누게 하실 것이다.

③ 그의 천상적인 교회의 영광에 대한 견해

다비의 지상적인 교회의 누림은 잠정적으로 지나가는 것이며 궁극적인 영광은 그리스도와 함께 영원히 하늘에 있는 것이다. 교회의 현재의 성격은 그리스도의 증거자로서 지상적이기도 하지만 이는 하나의 과정의 상태(transitory state)로서 그리스도의 몸으로, 그의 거처로 지어져 가고 있으며 이 과정이 완료되면 교회는 그 머리이신 그리스도와 같은 영광을 입고 천상에서 그리스도와 연합할 것이다. 그리스도의 몸의 지상적인 형태로서의 교회는 그 성격이 지상적이지만 참된 성격에 있어서는 천상적인데, 이는 그 목표가 궁극적으로 천상적인 특성 속에서 실현될 것이기 때문이다.

이 땅에서 교회는 순례의 길을 걷고 있는데 그렇다 해도 교회는 객관적인 교리로는 그리스도와 함께 하늘에 앉아 있는 것이며 실제로 천상에서 그리스도와 함께 살 때를 목표로 하고 있는 것이다. 지상적 특성이 있겠지만 그것은 교회의 소망이 아니다. 그리스도와 천상에서 영원히 함께 있어야 할 존재이기 때문이다. 교회는 언젠가 그 천상의 특권들을 상속할 존재이다.

교회의 천상적 영광은 '어린양의 혼인'으로부터 시작될 것이다. 그 순간 교회는 영광 속으로 들어가며 그 참된 성격이 드러나며 그 객관적인 진리들이 실현될 것이다. 그리스도께서 교회와 함께 지상에 오실 때도 천상적인 영광과 함께 그 기쁨 속에서 오실 것이다.

그리스도께서 지상의 의(義)의 통치를 마치신 후에 큰 영광과 능력으로 하늘로 돌아가실 때에도 교회는 그와 함께 천상의 영광 속으로 돌아갈 것이며 그곳에서 그리스도의 편에서 함께 천군들의 찬송을 받을 것이다. 교회는 그리스도께 영광을 돌리는 면이 있고 그분의 영광을 나눠 갖는 면이 있다. 교회는 그리스도께 돌리는 영광과 찬송에 의해(그분의 구속은 교회에 의해 영원히 찬송받게 된다) 그분께 영광을 돌리고 천사들, 주관자들이 그분의 권세에 굴복할 때 교회는 그분의 영광받으심에 있어서 완전히 그리스도와 함께할 것이다.

④ 이스라엘에 대한 다비의 견해

언약의 시대(아브라함부터)부터 하나님의 계획은 나라를 세우시는 것인데, 그들이 그 나라를 거부했다는 이유로 하나님의 계획을 변경하시지는 않는다. 그러므로 그 나라를 세우기 위해 그리스도께서 지상으로 재림하시는 것이 이스라엘의 소망이다. 문자적으로 이스라엘은 그 땅을 차지할 것이고 성전은 재건될 것이며 제사 제도가 다시 제정되며 그리스도께서 다윗의 보좌에 앉으시게 된다. 그리고 이스라엘은 세상 나라들에 의해 하나님의 호의를 받는 나라로 인정된다. 그 국가는 천년 통치를 이룰 것이다. 이 일은 환난을 거친 남은 자들에 의해 일어나며 그들은 그때 예수를 유대인의 메시야로 인정한다. 그 나라의 복음이 전파되며, 이스라엘은 예수를 다윗 보좌의 적통으로 받아들일 것이며 주님은 중재적 왕국을 세울 것이며 그 나라의 영광이 사방에 비취게 된다.

다비는 이 중재적 왕국(mediatorial kingdom)을 언약의 문자적 성취가 된다고 했으며, 그것은 교회나 하나님의 나라와는 다른 것이라고 했고 그것은 예수께서 지상 사역에서 이스라엘에게 제안했던 바로 그 나라라고 했고 그 나라는 언제나 하나님의 마음속에 있었다고 했다(Darby, 'The dispensation of to kingdom of Heaven').

2) **역사적 선천년설**(historic premillennialism)

우리는 세대주의적 전천년설과 구분하여 역사적 전천년설을 고찰해보기로 하자. 이 두 사상은 근본적인 차이가 있기 때문이다. 전천년주의는 그리스도의 재림이 천년왕국 이전임을 믿는다. 그러므로 전천년주의자들은 그리스도께서 재림하신 후 천 년 동안 지상에서 왕 노릇 하실 것이며 그 후에 최종 상태에 이른다고 생각한다.

역사적 전천년설에 의하면 몇 가지 사건들이 그리스도의 재림 전에 발생한다. 즉 온 민족들의 복음화, 대환난, 대반역과 대배도, 적 그리스도의 출현 등이며 교회는 최후의 환난을 통과해야 한다. <u>그리스도의 재림은 두 단계에 걸쳐서 실현되는 것이 아니라 단일한 사건이다.</u> 밑줄친 부분에서 세대주의 전천년설과 차이를 발생시킨다. 그리스도가 다시 오실 때 이미 죽은 신자들은 부활하게 될 것이고 살아 있는 신자들은 변화되어 영화롭게 된다. 그리고 두 그룹의 신자들은 하늘에 들어올려져 주님을 공중에서 맞이하게 될 것이다. 공중에서 이런 일이 있은 후에 신자들은 그리스도와 함께 이 땅에 내려오게 된다. 그리스도께서 이 땅에 내려오신 뒤 적 그리스도가 죽임을 당하며 그의 강포한 정치가 끝난다. 바로 이 시기나 그 직전에 대다수의 유대인들이 그들의 죄를 회개하고 그리스도 예수를 그들의 메시야로 믿게되며 구원을 받는다. 이러한 유대인들의 개종 운동이 이 세상에 말할 수 없는 축복의 근원이 된다.

그리스도의 천년 통치는 가현적이 되며 온 세상을 다스린다. 그의 구속받은 자들은 그리스도와 함께 다스린다. 여기서 구속받은 자는 유대인과 이방인을 모두 포함한다. 여기서 유대인들은 대부분 개종하는데 교회와 다른 특정한 무리를 형성하지 않는다. 왜냐하면 오직 하나의 하나님의 백성만 존재할 것이기 때문이라는 것이 역사적 전천년설자들의 생각이기 때문이다. 천 년 기간 동안 그리스도와 함께 왕 노릇 하게 될 사람들은 그리스도의 재림시까지 살고 있던 모든 신자들을 포함한다. 그때에 믿지 않는 자들과 나라들은 그리스도의 철장 권세로 다스림받게 된다.

천년기를 최종 상태와 혼돈해서는 안 된다. 천년기에는 역시 죄와 죽음이 존재한다. 그러나 악은 엄청 제약을 받고 의는 무한하게 온 땅에 퍼진다. 이때는 사회, 경제, 정치가 정의로운 시대이며 큰 평화와 번영의 시대이다. 모든 자연만물까지도 축복의 상태를 나타낼 것이다. 사막에서 장미가 피어나는 것이 바로 이때이다.

천 년이 끝날 무렵 결박되었던 사단이 풀려날 것이며 여러 나라를 미혹하여 곡과 마곡의 전쟁을 일으킬 것이다. 성도들의 진을 공격하는데 그때 하늘로부터의 불이 내려와 그들이 소멸되며 사탄은 불못에 던져진다. 천년기가 끝난 뒤 죽었던 불신자들의 부활이 있게 된다. 이때 백보좌 심판이 있는데 모든 신자들과 불신자들의 심판이 있다고 말한다. 생명책에 기록된 자는 영생으로, 이름이 없는 자들은 불못으로 들어간다. 그리스도 재림 후 천년왕국의 근거로는 계시록 20장 1-6절이다. 그들은 요한계시록 19장이 그리스도의 재림을 묘사한다고 믿는다. 따라서 20장은 그 재림 후에 일어날 사건들을 기록하고 있다고 주장한다(G. E. Ladd, 'On Revelation'). 계시록 20장 4절을 천년기의 부활한 성도들이 그리스도와 함께 왕 노릇 하는 것으로 해석한다. 4, 5절의 '살아서(ezesan)'는 육체적으로 죽었다가 살아 부활한 것을 의미한다고 말한다. 이를 첫 번째 부활이라고 하며 천년기가 끝날 무렵에 죽은 자들의 육체적인 부활이 있다고 믿는다. Ladd의 주장을 고전 15장 23절-26절이 뒷받침해준다. "그러나 각각 자기 차례대로 되리니 먼저는 첫 열매인 그리스도요 다음에는(epeita) 그리스도 강림하실 때에 그에게 붙은 자요 그 후에는(eita) 나중이니(telos) 저가 모든 정사와 모든 권세와 능력을 멸하시고 나라를 아버지 하나님께 바칠 때라"(23-24절). Ladd는 그리스도의 승리가 세 번에 걸쳐 일어난다고 했다. ① 그리스도의 부활시 ② 성도들의 부활시 ③ 하나님의 왕국을 아버지께 바칠 때인데, 첫 번째와 두 번째의 시간의 공백이 크니 두 번째와 세 번째도 공백이 작지 않으리라는 것이고 그것이 일천 년이라는 것이다.

Ladd의 주장 몇 가지는 ① 하나님은 두 백성을 구분하지 않으셨다. 오직 한 백성을 소유하신다. ② 하나님의 왕국은 현재적인 동시에 미래적이다. ③ 현시대 교회는 종말론적 축복을 향유한다. ④ 시대의 징조는 그리스도 초림 이후 상존하나 재림 직전에는 매우 심각한 징조를 보인다. ⑤ 그리스도의 재림은 두 단계가 아니라 단회적이다.

3) 무천년설

무천년설(amillennialism)은 천년기를 믿지 않거나 계시록 20장 1절-6절을 무시하는 듯한 인상을 주지만 사실은 그렇지 않다. 비록 그리스도 재림 직후에 있을 문자적인 천년 통치를 믿지 않을지라도 그들은 그 천 년이 현재 실현 중에 있다고 믿는 것이다.

그들은 계시록 20:4-6에 언급된 천년기를 이미 죽은 신자들의 영혼들이 하늘에서 그리스도와 함께 현재적으로 통치하고 있는 것을 묘사한다고 해석한다. 또 계시록 20장 첫 세 구절의 사단의 결박 사건을 그리스도의 존립과 재림 사이에 계속적으로 일어나는 일로 해석한다. 그리고 이것이 그리스도의 재림 직전에 끝난다고 이해한다. 그들은 그리스도께서 이 천상적 통치 후에 재림하실 것이라고 가르친다. 그들은 미래의 영화롭고 완전한 왕국이 장차 올 새 하늘 새 땅 위에 건설될 것을 바라보면서도 동시에 하나님의 왕국은 승리하신 그리스도가 말씀과 성령으로 자기 백성을 통치하심으로 지금 이 세상 속에서 나타나고 있다고 주장한다.

이들은 죄와 악이 그리스도께서 십자가에서 결정적인 승리를 하셨음에도 여전히 남아 있으며 시대의 징조들은 그리스도의 재림 직전에 더 심화된다고 한다. 그들의 생각은 그리스도의 재림 전에 복음이 모든 나라에 전파되고 이스라엘의 충만한 수가 완성된다. 또 한 명의 적 그리스도가 출현하고 대환난과 배도의 일이 있을 것이라고 한다.

그들은 그리스도의 재림이 단일한 사건이지 두 단계에 걸쳐 일어나지 않는다고 본다. 그리스도의 재림시 불신자들과 신자들의 대 부활이 있으며, 부활 사건 후 그때까지 살아있던 신자들은 변화받은 몸이 되어 영화롭게 된다고 한다. 그때에 이 두 그룹, 부활한 신자들과 변화된 신자들은 그리스도를 만나기 위해 구름 속으로 이끌려 공중에 들려올라갈 것이다. 이 모든 신자들의 휴거 후에 그리스도는 이 세상에 내려오셔서 최후의 심판을 하시며, 이 심판 후 불신자들은 영원한 형벌을 받고 신자들은 새 하늘 새 땅의 축복을 영원히 즐긴다고 한다.

4) **후천년설**(postmillennialism)

후천년설은 세 가지에서 무천년설과 일치한다. ① 그들은 천년기에 그리스도가 지상적 행위를 가지고 가현적으로 통치하지 않는다는 것과 ② 천년기가 천 년 동안만 계속되는 것으로 이해하지 않는다는 것과 ③ 천년기 이후에 그리스도가 재림하신다고 생각하는 것에서 일치한다. 그러나 무천년설과 차이가 없는 것이 아니다. 그들은 다음과 같이 정의한다.

"하나님의 왕국은 지금 복음의 전파와 각 개인 심령들 속에 역사하는 성령의 구속적 사역을 통해서 이 세상에 확장되고 있다. 따라서 이 세상은 점차적으로 기독교화 될 것이다. 그리스도의 재림은 일반적으로 천년기라 불리우는 의와 평화의 긴 시대 끝 무렵에 발생하게 될 것이다." 한 가지 덧붙여야 할 것은 후천년설의 원리에 의하면 그리스도의 재림시에 따라서 대 부활, 대 심판 그리고 천국과 지옥이 있게 된다.

그들은 지구상의 거주민 대부분이 복음 전파를 통하여 점차적으로 기독교로 개종됨으로 점점 천년기 안으로 들어간다고 한다. 이러한 급증하는 그리스도인들은 유대인과 이방인을 포함한다. 그들은 롬 11:25-26을 장래 유대인이(정치적 회복이 아니라) 대규모로 회개할 것으로 해석한다. 아주 좋은 세계의 상황이 이루어진다. 적대적이던 나라가 서로 조화를 이룬다. 이런 황금시대가 천년 그 이상이 될 것이다. 악이 최대한 감소될 것이다. 기독교적 원리들이 일반적으로 받아들여지는 시대가 된다. 그리스도는 이렇게 참되게 기독교화된 세상에 다시 오신다.

계시록 20:1-6에서의 천 년은 현 교회시대에 사단이 결박하는 것이라고 보며, 현 세대 기간 중 이미 죽은 신자들이 그리스도와 하늘에서 통치하고 있다고 보았다(Benjamin B. Warfield). 어떤 후천년설자는 사단의 결박이 미래적이라고도 한다(Norman Shepherd). 그러나 그들은 첫 번째 부활을 중생으로 해석한다. 그들은 살아서 그리스도와 왕 노릇 하는 것을 이 땅에서 신자들이 현재 승리하는 삶을 사는 것을 묘사하는 것으로 본다.

그들은 복음 역사의 승리를 믿는다. 마 28:18-20의 'Great commission'을 온 세상 복음화가 재림 전에 이루어질 약속을 의미하는 것으로 보았고 메시야의 우주적인 승리를 노래하는 시편들과 선지서들을 인용한다[Shepherd, 'Postmillennialism(후천년설)' 민 14:21, 시 2:8, 22:27-29, 27장, 사 2:2-4, 11:6-9, 65-66장, 렘 31:31-34, 슥 9:15, 13:1, 14:9). 그들은 마 13:33의 누룩의 비유를 왕국이 우주적으로 팽창하는 것으로 해석한다.

9. 최후 상태

성경은 악인의 계속적인 존재를 말하고 있을 뿐 아니라(마 24:5, 25:30, 46, 눅 16:19-31) 그들의 영구한 처소인 지옥을 말한다. 성경은 악인의 영구한 처소를 '게헨나(γέεννα)'라 하는데 이는 '게(골짜기)'와 '힌놈(지명)'의 합성어로 예루살렘의 서남 골짜기를 지칭할 때 사용되었다. 이곳은 악한 우상숭배자들이 자기들의 자녀들로 불을 통과하게 하여 몰록에게 제사 드린 곳이었다. 그러므로 이곳은 매우 불결한 곳으로 간주되며 후에 도벳 골짜기로 칭하면서 매우 멸시받는 곳이 되었다. 그곳은 예루살렘의 폐설물들을 사르는 불길이 끊임없이 타오르고 있었다. 그 결과 그곳은 영원한 고통의 장소 지옥을 상징하는 곳이 되기도 했다.

성경에는 도벳, 게헨나(지옥)라는 말이 12곳에 나타난다. 마태복음 5장 22절은 형제에게 미련한 놈이라 하는 자는 '지옥불'에 들어간다고 하였다. 이 말은 주로 복음서에서 많이 사용되었고 야고보서 3장 6절에서도 사용되었다. 게헨나는 하나님이 악한 자들을 형벌하시는 형벌의 장소인데, 하데스(ἅδες, 음부)와 구별하여 이해해야 한다. 성경에서 하데스는 심판 전에 악한 자들의 영혼이 잠정적으로 머물러 있는 장소를 가리키며 게한나는 최후 심판 후에 악한 자들의 몸과 영혼이 가서 거하게 될 장소를 가리킨다.

1) **형벌의 구성**

① 자연적인 고초

이 고초는 신앙과 회개, 성화로 말미암아 얻을 수 있었던 영원한 행복에 대한 상실감이 첫째요, 그것은 자신을 책하는 후회와 자책, 실망감의 형태로 나타날 것이다. 그리고 그들의 부활체는 신자들의 영광스럽고 강하며 영적인 것과 달리 난폭하고 악성을 그대로 지닌 감정들, 지상의 영양물과 욕정을 충족하기 위한 감각적이고 죄악적인 육욕들을 그대로 갖고 있다. 이는 고전 15장 45절 이하 구절에서 대비되는 것이다. 그들은 그리스도와 연합하여 부활한 것이 아니므로 구속받은 신자들의 몸의 영화와 정화의 축복을 얻지 못하고 다만 식욕과 육욕을 그대로 지닌 동물적인 신체를 지닐 것인데, 그 욕구를 충족시킬 대상이 없는 상태에서의 기갈과 열망의 희생으로 영구히 고통을 당할 것이다.

② 적극적인 고초

지옥의 적극적인 고초는 성경에서 불로 지명되어 있다. 지옥불, 영원한 불, 풀무불, 불과 유황으로 타는 못 등이다. 이것은 극렬하고 무서운 신체적 고통을 주는 형벌이다. 성경 많은 곳에서 지옥불은 사람에게 큰 고통을 주는 것임을 말한다. "사람마다 불로서 소금 치듯 함을 받으리라".

③ 영벌의 등급

악인의 영원한 형벌에도 차별된 등급이 있을 것은 분명하다. 고라신과 벳새다는 그날에 두로와 시돈보다 형벌이 더욱 심할 것이다. 그날에 소돔이 벳새다나 가버나움보다 견디기가 쉽다고 했다. 주님은 과부의 가산을 삼키며 외식으로 길게 기도하는 자들, 긴 옷 입고 다니는 것을 좋아하고 시장에서 문안받는 것을 원하고 회당의 상좌, 잔치의 상석을 좋아하는 서기관들에게 그 받는 판결이 더 클 것이라고 경고하셨다(눅 20:46-47). 그러므로 그날 영원한 형벌 시에도 그 형벌에 차별이 있을 것임이 분명하다. 가룟 유다가 받을 형벌은 가장 극심한 것이다(마 26:24).

2) 형벌의 기간

① 꺼지지 않는 불

막 9:43, 48에 의하면 지옥의 불은 영원히 꺼지지 않는다.

② 영원한 형벌(kolasin aionion)

마 25:46에 의하면 의인들은 영원한 생명에 들어가는 한편 악인들은 영원한 형벌에 들어간다.

③ 세세토록

계 14:10-11에서 짐승과 우상에게 경배하는 자들의 운명은 거룩한 천사들과 어린양 앞에서 불과 유황으로 고난을 받는 것인데 그 고난의 연기가 세세토록 올라간다 하였다. 이는 계 4:9의 세세토록 사시는 분(εἰς τοὺς αἰῶνας τῶν αἰώνων)과 대조된다. 즉 하나님이 세세토록 사시는 분으로서 영원한 분이라면 지옥불 또한 영원히 타오른다는 것이다.

④ 성경에서 영원(아이오니우스)이라는 말은 구약에서 어떤 유한한 장

기간을 표시하는 경우도 있다. 다윗 집과의 언약, 아론의 제사장직, 예루살렘 성전 등에 '아이오니우스'를 사용하였으므로 어떤 시대적인 장기간으로 사용된 예가 있다. 특히 신약에서 하나님의 영원성을 위해 사용된 곳(롬 16:26, 딤전 1:17), 성도의 장래 무궁한 행복을 형용할 때 사용한 것(마 19:29, 요 6:54, 58, 고후 9:9) 등은 가장 좋은 예들이고 따라서 악인들의 형벌에 사용된 '영원(아이오니우스)'은 그야말로 제한이 없는 영원이다.

⑤ 영벌을 통한 전도

로버트 맥케인은 전도자가 결코 눈물 없이 영벌을 말하지 말라고 권하며 눈물과 함께하는 영벌의 전도는 많은 사람을 회개케 할 것이라고 말했다.

10. 의인의 최후 상태

성경에는 그리스도인이 죽으면 일단 중간 상태에 머물며 즐거운 곳에 있게 되는데 이는 잠정적이며 불완전한 것이다. 그들의 즐거움이 완성되기 위해서는 육체의 부활을 기다리며 하나님의 구원 사역의 결정체로서 창조하실 새 하늘 새 땅을 바라본다.

구약의 기자들과 선지자들도 '천지의 없어짐', '바꾸임', '하늘이 연기같이 사라지고 땅이 옷같이 헤어짐', '새 하늘과 새 땅을 창조하심' 등을 말하고 있다(시 102:26, 사 51:6, 65:17). 신약에 의하면 세상이 새롭게 될 것이며(마 19:28), 만유가 회복될 것이고(행 3:21), "진동치 아니하는 것을 영존하게 하기 위하여 진동할 것들 곧 만든 것들의 변동될 것을 나타내실 것"(히 12:27)이다. 베드로는 "그날에 하늘이 불에 타서 풀어지고 체질이 뜨거운 불에 녹아지려니와 우리는 그의 약속대로 의의 거하는 바 새 하늘과 새 땅을 바라보도다"(벧후 3:12, 13)라고 하였다. 요한은 이상(vision) 가운데 새 하늘과 새 땅을 바라보았다. 신천신지가 확립된 후에야 새 예루살렘이 하늘로서 내려올 것이며 하나님의 장막이 사람 가운데 있게 될 것이다.

1) 소멸이론과 갱신이론

루터파의 쉬미드(Schmid)는 장래 세계가 공무(空無, nothing)로 없어지고 새로운 창조로 새 하늘과 새 땅이 온다고 했다. 그러나 루터는 세계의 멸절을 가르치지 않고 변형을 대망했다. 가장 성경적인 신천지관은 '현존 만유 갱신설'이다. 이에 대한 증거로서 벧후 3:13과 계 21:1의 새 하늘과 새 땅의 '새' 가 'neo'가 아니라 'kaino'라는 것인데 네오스는 시간과 기원에서 새 것이지만 카이노스는 본성이나 질에서 새롭다는 것이다. 새 하늘과 새 땅은 현재의 하늘 땅과 전혀 다른 어떤 것이 아니라 현재의 연속성을 가진 우주의 새로운 창조라고 해석한다.

두 번째는 현재의 육체와 부활체 사이의 연속성을 가지고 설명할 수 있다. 그리스도와 함께 부활한 사람들은 전적으로 새로 만들어진 사람들이 아니라 이 땅에서 살았던 하나님의 백성들이 그 상태에서 변화되고 영광스럽게 된 새 사람이기 때문이다. 새로운 우주도 이와 같은 원칙으로 '환골탈태' 될 것으로 믿는다.

2) 처소에 대한 장소와 상태이론

의인들이 영원히 살게 될 장소를 일반적으로 천당(天堂)이라고 한다. 그러나 이 천당이라는 말이 정확한 말인지 생각해볼 필요가 있다. 의인들은 중간기에는 낙원에, 왕국시대는 이 땅 위에서 천 년 동안, 왕국이 끝나면 새 하늘과 새 땅에서 영원히 살게 된다. 오히려 하늘 쪽보다는 땅 쪽에서 산다고 해야 할 것이다. 그러나 지금까지는 이 의인들의 거처를 통칭하여 천당이라고 해왔다.

이 의인들의 영원한 처소에 대하여 어떤 이들은 상태라고 하고 장소 개념을 부인했다. Erickon이 그러했고 '거쓰리'는 바울이 천당을 장소로 생각지 않고 하나님의 임재로 생각한다고 했다.[21] 그러나 성경은 하늘의 개념을 장소적인 개념으로 말한 곳이 많다. 사도행전 1:11, "너희 가운데서 하늘로 올리우신 이 예수는 하늘로 가심을 본 그대로 오시리라". 이는 주님이 지금 하늘이란 상태가 아니라 장소에 거하고 계신다는 것을 내포한다. 마태

21) Donald Guthrie, New Testament Theory. p.880

복음 22:12-13에서는 뭔가 바깥 어두운 장소가 있고 예복을 입고 앉아 있는 특정한 장소가 있는 듯하다. 스데반이 하나님 우편에 계신 예수 그리스도를 보았다고 했는데, 그것도 어떤 상태 안에 계시는 것이 아니라 하나님 보좌 우편인 하늘 어떤 장소에 계심을 암시한다. 의인의 거할 곳은 상태만이 아닌 처소의 개념도 있다(요 14:2).

3) 새 예루살렘

새 예루살렘을 일반적으로 천당이라고 일컫는다. 그러나 이 새 예루살렘은 새 하늘과 새 땅에 위치하는데, 이는 새 땅을 대표하는 곳일 것이며 새 예루살렘은 물질적인 면과 비물질적인 면이 어우러져 있을 것이다.

① 지리

이를 다만 상징적으로 보는 자들도 있지만 이를 문자적인 성으로 볼 수 있는 곳도 많다. "만국이 그 빛 가운데로 다니고 땅의 왕들이 자기 영광을 가지고 그리로 들어오리라"(계 21:24)고 했는데 이것을 상징적으로 어떻게 해석할 것인가? 과연 상징적이라면 낮에 성문들을 도무지 닫지 않는다고 했는데, 요한이 본 것은 물질적인 것이 아니었겠는가? 요한은 사람들이 만국의 영광과 존귀를 가지고 그리로 들어온다고 하였고 무엇이든지 속된 것이나 가증한 것 또는 거짓말하는 자는 그리로 들어오지 못하며 오직 어린양의 생명책에 녹명된 자들만 들어온다고 하였다. 그것은 요한이 어떤 상황을 상징으로 표현하는 것이라 볼 수 없고, 그리로 들어가고 나오는 것, 들어갈 수 있는 자와 없는 자를 말한 것이며 그 성의 거룩함을 말한 것이다. 이 성은 기초석, 문들, 성곽, 길을 가진 입방체의 성이다(계 21:15, 16). 이 성의 크기는 길이가 일만 이천 스다디온(21:16)이니 약 1400마일(2250km)이나 된다고 했다. 그 성은 네모가 반듯하여 장과 광이 같다(21:16). 그 성의 성곽은 각색 보석으로 되어 있다.

② 거주자

새 예루살렘의 거주자는 "신부 곧 어린양의 아내"이다. 바벨론이 하나의 성을 가진 존재였다면 새 예루살렘도 마찬가지이다. 이 성이 아브라함이 바라본 성이요(히 11:10), 신자들이 최종적으로 추구하는 성이다(히 11:14). 성 안에 성전이 없음은 "주 하나님 곧 전능하신 이와 및 어린양이 그 성전이시라". 이 성은 그 자체가 성전으로서 그 안에 성부, 성자, 성령 하나님이 거하실 것이다.

③ 축복된 곳

그곳에는 눈물, 사망, 애통, 곡하는 것, 아픈 것이 다시 있지 않다. 처음 것들이 다 지나갔으며 하나님이 만물을 새롭게 하셨기 때문이다(계 21:4-6). 다시는 저주가 없고 하나님과 어린양의 보좌가 거기에 있게 된다(계 22:3). 그의 종들(믿는 자들)의 이마에 그의 이름이 있으며 종신토록 그분을 섬긴다. 그들은 그분을 대면하여 보며 그분과 함께 세세토록 왕 노릇 한다.

④ 초물리성(初物理性)

그 성은 정금인데 맑은 유리 같다는 것이다(계 21:18, 21). "그 성은 해나 달의 비췸이 쓸데 없으니 이는 하나님의 영광이 비취고 어린양이 그 등이 되심이라". 이것은 인간의 물리학적 지식이나 천문학적 사상을 초월하는 것들이나. 그러므로 새 예루살렘은 문자적인 부분과 상징적인 요소가 함께 존재한다고 말할 수 있다.

⑤ 새 하늘과 새 땅, 새 예루살렘은 하나님의 창조에서부터 시작하여 하나님의 경륜 전체의 온전한 완성이다. 그곳에서 하나님은 모든 역사를 완성하고 끝내신다. 그리고 영원 전에 선택하신 그분의 백성들과 영원히 함께 거하신다.

"오 하늘의 예루살렘! 우리의 어머니, 하나님의 거룩한 성, 너 그리스도의 아름다운 신부! 내 영혼이 너를 극히 사랑하여왔고 내 모든 심력들이 네 인력(引力)에 열광된다. 오 어떤 은혜, 어떤 영광, 어떤 고상한 상태가 너의 매부분에 나타나는지! 네 모습은 가장 절묘하고 너만이 흠없는 미(美)로다. 내 영혼이 네 영광, 네 미(美)를 보도록, 그 문들, 성곽들, 길들, 장엄한 건물들, 네 거주자들의 탁월함, 네 가운데 재위하신 네 왕의 승리적 위의를 보게 허용될 때에 그 자신이 얼마나 기쁨을 지각할는지! 대개 네 성곽들은 보석들로, 네 문들은 진주로, 네 길들은 정금으로 되고 할렐루야의 계속적인 반향이 있기 때문이다."

_어거스틴

21 장

1절, 또 내가 새 하늘과 새 땅을 보니 처음 하늘과 처음 땅이 없어졌고 바다도 다시 있지 않더라

20장에서는 천년왕국을 보았고 천년왕국 후의 곡과 마곡의 전쟁, 그리고 그 후의 심판을 보았다. 이 심판은 백보좌 심판이고 여기서 모든 불신자들이 심판을 받고 불못에 던져지게 된다. 그런 다음 21장에는 새 하늘과 새 땅이 있다. 모든 옛 것이 지나가고 만물은 새롭게 될 것이다. 우리가 오늘 보고 있는 하늘과 땅은 옛 것이다. 언젠가 이 옛 하늘과 옛 땅이 바뀌어 새롭게 될 것이다.

이사야 65장에도 이 말씀이 있다. "보라 내가 새 하늘과 새 땅을 창조하리니 이전 것은 기억되거나 마음에 생각나지 아니할 것이라 너희는 나의 창조하는 것을 인하여 영원히 기뻐하며 즐거워할지니라 보라 내가 예루살렘으로 즐거움을 창조하며 그 백성으로 기쁨을 삼고 내가 예루살렘을 즐거워하며 나의 백성을 기뻐하리니 우는 소리와 부르짖는 소리가 그 가운데서 다시는 들리지 아니할 것이며"(17-18절). 여기의 예루살렘은 천년왕국에서의 예루살렘이다. 이 예루살렘 안에는 아직 죽고 사는 문제가 있다. 그러나 그때 새 예루살렘은 아직 공중에 있게 된다. 이 땅에 아직 옛 예루살렘이 있기 때문이요 천년왕국에서는 새 예루살렘이 신부로서 아직 공중에서 단장하는 중에 있기 때문이다. 이것은 매우 비밀스럽다. 이제 천년왕국이 끝나고 백보좌 심판이 마쳐진 후에 새 예루살렘은 온전히 단장된 모습으로 하늘에서 새롭게 된 땅으로 내려오게 된다.

여기서 하나님은 새로운 우주를 창조하고 계신다. 처음 것들은 다 없어지고 바다도 다시 보이지 않게 된다. 베드로 후서 3장에도 같은 말씀이 있다. "하나님의 날이 임하기를 바라보고 간절히 사모하라 그날에 하늘이 불에 타서 풀어지고 체질이 뜨거운 불에 녹아지려니와 우리는 그의 약속대로 의의 거하는바 새 하늘과 새 땅을 바라보도다"(12-13절). 사도들은 새 하늘과 새 땅을 말했다. 우리는 현재 옛 하늘 옛 땅과 처음 것들을 바라보며 그 안에서 살고 있지만 언젠가 이것들은 다 지나갈 것이다.

2절, 또 내가 보매 거룩한 성 새 예루살렘이 하나님께로부터 하늘에서 내려오니 그 예비한 것이 신부가 남편을 위하여 단장한 것 같더라

이것이 우주 가운데서 일어날 일이다. 이 우주는 새롭게 되어 그리스도의 신부인 새 예루살렘 성이 하늘로부터 이 땅에 내려올 날을 기다리고 있다. 오늘 우리는 이것을 보지 못하지만 장래 이 일은 분명히 있게 된다. 이 성은 거룩한 성이다. 바벨론은 큰 것으로 특징지어져 있지만 새 예루살렘 성은 크다고 하지 않고 거룩하다고 했다. 오늘 우리가 새 예루살렘의 부분이 되려면 커지려 하지 말고 거룩케 되어야 한다.

이 성의 또 하나의 특징은 '새' 예루살렘이라는 것이다. 과거 하나님이 이스라엘 백성들 가운데 건축하시게 했던 성은 옛 예루살렘이다. 그러나 여기 예루살렘은 하늘의 새 예루살렘이다. "거룩한 성 새 예루살렘이 하나님께로부터 내려오니". 거룩한 도성이 하나님께로부터 내려오고 있는데 "그 예비한 것이 신부가 남편을 위하여 단장한 것 같더라". 과거 한국의 전통 결혼식은 정말 신부를 예비한다는 느낌이 있었다. 우리는 어렸을 때 아름답게 단장된 신부를 신랑에게로 인도하는 모습을 보곤 했다. 그러한 모습처럼 요한은 새 예루살렘을 볼 때 신부가 남편을 위하여 단장한 것 같다는 인상을 받았다.

결국 우주가 존재하는 한 가지 목적은 어린양의 신부가 예비되는 것이다. 이것이 하나님의 영원한 계획의 목표이다. 우리는 성경을 전체적으로 조감할 수 있어야 하는데, 에베소서 5장에는 '자기 앞에 영광스러운 교회로 세우사'라는 말씀이 있다. 이 일은 결국 계시록 21장의 새 예루살렘에 이를 때 이루어진다.

새 예루살렘에 대한 묘사들이 영적인 면에서 교회의 변화된 아름다운 모습을 말하는 것이기도 하지만 그렇다고 해서 물질적인 면을 배제할 수 있는 것은 아니다. 마치 큰 바벨론인 음녀가 양면을 다 가지고 있는 것과 같다.

3절, 내가 들으니 보좌에서 큰 음성이 나서 가로되 보라 하나님의 장막이 사람들과 함께 있으매 하나님이 저희와 함께 거하시리니 저희는 하나님의 백성이 되고 하나님은 친히 저희와 함께 계셔서

여기서부터는 유대인과 이방인의 구별이 없다. 다만 '저희'일 뿐이다. 천년왕국까지는 유대인과 이방인의 구별이 있었지만 영세에 이를 때 더 이상 민족의 구별이 없다. 이 새 예루살렘 성은 하나님의 장막이다. 모세가 광야에서 건축했던 성막은 당시 하나님의 장막이었다. 그 안에 하나님이 계셨기 때문이다. 다윗이 재료를 준비하고 그 아들 솔로몬이 건축한 성전 또한 장막이라고 할 수 있다. 당시 하나님은 그 안에 거하셨다. 그런데 이제 새 예루살렘 도성 전체가 하나님의 장막이 되었다. 결국 영세에 가서 우리가 볼 수 있는 것은 새 예루살렘이 하나님의 장막이라는 것이다. 그곳에서 하나님은 사람들과 함께 거하시게 된다. 그리고 저희는 하나님의 백성이 되고 하나님은 친히 저희와 함께 계신다. 이것은 원래 하나님께서 창조하실 때부터 사람에 대하여 원하신 바이다. 하나님은 옛 언약 안에서 이스라엘에게 이것을 원하셨지만 얻지 못하셨다. 이제 새 언약 안에서 하나님은 다시 그들에게 이를 얻기 원하신다. 사람들은 온전히 하나님을 믿고 순종하고 사랑하고 섬기며 하나님은 온전히 그들을 돌보시는 것이다. 이 지점에 올 때 하나님은 그분이 원하시는 것을 완전히 얻으신다. 이제 새 하늘 새 땅에 새 예루살렘 성이 있고 하나님은 사람들과 함께 영원히 거기 거하신다.

사람의 가장 큰 축복이 무엇인가? 하나님과 함께하는 것이다. 새 예루살렘은 하나님의 거처이자 하나님과 사람의 거처이다. 즉 상호 거처(mutual abode)인 것이다. 성경은 우리에게 하나님의 역사의 최종 목표(ultimate goal)가 하나님과 사람이 영원 세계 안에서 영원히 함께 사는 것임을 알려준다. 따라서 이것은 인류의 가장 궁극적인 축복이다. 새 예루살렘이 건축되는 것과 교회가 건축되는 것은 같은 일이다. 이것은 하나님의 영원한 경륜을 이루는 역사이다. 오늘 우리는 하나님을 교회 중에 모시기 위해 변화되고 건축되어가는 것이다. 성도들과 서로 연결되고 상합하여 사랑 안에서 건축되는 것을 작은 일로 여기지 말라! 이것이야말로 새 예루살렘을 건축하는 일이다. 우리는 새 예루살렘이 그리스도의 신부라는 것을 알아야 한다. 하나님은 건축된 교회인 신부 안에 영원히 거하려 하신다. 이것이 이 시대의 교회요 단체의 사람이다. 우리는 그러한 집을 건축하고 있으며, 다른 말로 신부로 단장되어가고 있다. 그 집이 온전히 건축될 때 하나님은 그 안에 거하신다.

이것은 모세 시대부터 계속 말씀해 오신 바이다. 모세는 성막을 건축하기 위해 수고했고 그것이 완성될 때 하나님을 그 안에 모실 수 있었다(출 40장). 오늘 교회 건축이 결국 영원토록 하나님을 그 안에 모시기 위한 역사임을 아는 사람은 많지 않다. 지금의 교회 생활은 하나님과 함께하는 것을 연습하는 것이라 해도 틀리지 않다. 우리는 오늘 어떻게 하나님을 우리의 하나님으로 모실 수 있는가? 그것은 범사에 하나님과 함께 함으로써이다. 그럴 때 교회 시대에도 이미 우리는 하나님이 우리의 하나님이라고 간증할 수 있을 것이다. 구약에서부터 신약까지의 모든 역사는 점진적이다. 구약의 하나님은 사람을 위해 역사하셨다(God for us). 주 예수께서 오셨을 때 그분은 사람과 함께 계셨다(God with us). 성령께서 오셔서 이제 사람들 안에 들어와 사람들 안에 거하시게 되었다(God in us).

4절, 모든 눈물을 그 눈에서 씻기시매 다시 사망이 없고 애통하는 것이나 곡하는 것이나 아픈 것이 다시 있지 아니하리니 처음 것들이 다 지나갔음이러라

이제 새 하늘과 새 땅에서는 눈물이 없다. 그리고 사망이나 애통하는 것, 곡하는 것, 아픈 것이 더 이상 없다. 왜 그런가? 죄가 없기 때문이다. 천년왕국이 끝날 때 하나님은 사탄을 심판하시고 불못에 던지신다. 그러므로 새 예루살렘에는 더 이상 죄로 인한 사망과 질병이 없으며 따라서 애통하는 것도 없고 곡하는 것도 없다. 새 예루살렘에서는 많은 부정적인 단어들이 사라질 것인데, 이는 그런 일들이 더 이상 존재하지 않기 때문이다. 오늘 우리는 교회 안에서 이런 즐거움과 축복을 미리 맛본다. 실상 성령의 체험은 시간과 공간의 한계를 뛰어넘는다. 영원한 성령이기 때문이다(히 9:12). 성령 안에서 누리는 희락과 만족은 영세의 것과 다르지 않다. 믿는 우리는 이미 사망에서 생명으로 옮겨진 자들이다(요 5:24). 성령의 인치심과 보증은(엡 1:13) 장래 체험할 놀라운 것들에 대한 미리 맛봄(foretaste)이요 보증(guarantee)이다.

5절, 보좌에 앉으신 이가 가라사대 보라 내가 만물을 새롭게 하노라 하시고 또 가라사대 이 말은 신실하고 참되니 기록하라 하시고

보좌에 앉으신 이는 필경 하나님이시다. "보라 내가 만물을 새롭게 하노라 하시고 또 가라사대 이 말은 신실하고 참되니 기록하라 하시고". 하나님은 만물을 새롭게 하시는 분이다. 새 예루살렘이 다만 영적인 것이라고 생각하는 사람들은 치우친 것이다. 이 구절에도 만물이라는 단어가 나온다. 사람의 내면이 새로워지겠지만 외면도 새로워질 것이고 주위의 만물도 새롭게 될 것이다. 영세에는 모든 것이 새로워진다는 말이다. 오늘 우리의 교회 생활은 새롭게 되는 과정이다. 우리가 새롭게 되기 위해서는 십자가의 역사가 필요하다. 매일 십자가의 역사를 체험하지 않고는 새롭게 될 수 없다. 그 안에 십자가의 역사가 없이는 새롭게 됨이 없고 성령을 좇아 생활함이 없이는 새롭게 됨이 없다. 성령의 역사는 우리를 매일매일 새롭게 한다. 의문과 율법은 낡은 것이고 그것을 통해서는 결코 새롭게 되지 않는다. 그러나 성령을 좇아 생활하는 사람은 새롭게 됨을 체험한다. 우리는 반드시 지난 날과 달라야 한다. 심지어 지난 주와 이번 주가 달라야 한다. 우리의 불행이 무엇인가? 항상 변하지 않고 똑같은 것이다. 작년과 올해가 똑 같고 지난 달과 지금이 똑같은 것이다. 우리에게는 정말 십자가의 역사가 필요하다. 우리는 대가를 지불해서라도 우리 자신이 참되게 변화되기를 사모해야 한다. 하나님이 하시는 역사는 만물을 새롭게 하시는 역사이다. 새롭게 되는 길만이 하나님의 역사에 동참하는 길이다.

진정으로 새롭게 되기를 사모한다면 옛 사람을 벗고 새 사람을 입는 생활을 해야 한다. 이는 에베소서 4장과 골로새서 3장에서 강조하는 바이다. 우리는 구습을 좇는 옛 사람을 벗어버려야 한다. 우리는 새 사람을 입었으므로 우리를 창조하신 하나님의 형상을 좇아 지식에까지 새롭게 하심을 입어야 한다(골 3:10). 로마서 12장 2절은 "마음을 새롭게 함으로 변화를 받으라"고 하면서 변화의 중요성을 말한다. 에베소서 4장 22-24절도 유혹의 욕심을 따라 썩어져가는 구습을 좇는 옛 사람을 벗어버리고 오직 심령으로 새롭게 되어 하나님을 따라 의와 진리의 거룩함으로 지으심을 받은 새 사람을 입으라고 말한다. 이 모든 사도의 가르침은 새롭게 될 것을 강조한다. 당신은 진정 새롭게 되고 있는가? 하나님은 당신이 새롭게 되어가는 것을 기뻐하신다. 낡은 상태에 머무는 것을 작은 일로 여기지 말라! 모압은 옛적부터 변화가 없기로 유명한 민족이었다. 그들은 예로부터 평안하고 포로 된 적도 없어서 그 포도주의 맛이 그대로이고 냄새가 변치 않았다고 했다(렘 48:11). 하나님은 그러한 자들을 심판하려 하신다.

나는 성도들을 양육하면서 공통적인 한 가지를 발견했는데, 그것은 그들의 옛 사람의 구습을 벗어버리도록 지적할 때 거의 대부분이 매우 불쾌해하고 싫어한다는 것이다. 대부분의 경우 성도들은 잘못된 것을 지적하면 무조건 싫어한다. 심지어 교회생활을 폐하려 하기까지 한다. 자기를 좋지 않게 본다는 것 때문이다. 물론 목양자들이 무고히 어린 성도들의 자존심을 건드리는 것은 지혜로운 게 아니다. 그러나 초신자가 아닌 오래 된 성도들 사이에서도 이런 것을 볼 때가 많다. 우리는 애굽에서 나온 이스라엘 백성 대다수가 광야에서 엎드러져 죽은 이유를 생각해보아야 한다. 많은 성도들이 자기의 감정과 자존심을 내세움으로 진리와 교회생활을 포기한다. 십자가를 지는 것은 아예 안중에도 없는 듯하다. 나는 이런 태도가 목적 없이 교회생활을 하는 데서 연유된 것이라고 본다. 교회생활이란 옛 것을 벗고 새롭게 되기 위해 하는 것이다. 그러나 많은 성도들이 자기의 옛 것을 고수하고 보존하기 위해 최선을 다한다. 이는 합리적이지 않고 매우 맞지 않은 일이다.

나는 중국 사람들이 장사하는 것을 보면서 그들이야말로 목적에 충실한 사람들이라고 생각한 적이 있다. 그들은 욕을 좀 먹고 자존심이 상하더라도 돈만 벌면 된다고 생각한다. 감정적인 한국 사람들은 기분 좋으면 엄청 싸게 팔고 거저 넘겨주지만, 기분이 나쁘면 물건도 안 팔고 아예 거래를 끝내버린다. 그래서 엄청 손해를 볼 때가 많다. 그러나 노련한 장사꾼인 중국 사람들은 자기들 기분이야 어떻든 물건만 팔고 돈만 벌면 그뿐이다. 그들은 어떤 의미에서 목적에 충실하며 합리적인 사고방식을 가지고 대처해 나간다.

나의 간증을 조금 하고자 한다. 나는 젊었을 때부터 아내나 주위 사람들에게 단점을 지적당할 때 매우 주의했다. 물론 자신의 문제점과 단점을 지적당할 때 기분이 좋은 사람은 없다. 그렇지만 나는 나의 약점을 들을 때 그런 지적을 거부하면서 잘못된 점을 그대로 갖고 있기를 원치 않았다. 나는 그런 말들을 들으면 매우 두려워하며 주님께 죄송스러워했다. 나는 부족하지만 주님께나 다른 사람들에게 기쁨이 되고 축복이 되는 존재가 되기를 원했다. 그러기 위해서는 젊을 때부터 사람들의 비평의 말을 잘 들어야 한다고 믿었다. 때로는 아내가 나의 단점을 지적하며 나무라는 말을 한다. 아내는 나에 대하여 가장 잘 알기 때문에 나의 어떤 점들을 지적하곤 한다. 다른 부부도 마찬가지일 것이다. 남편이나 아내는 서로를 가장 잘 알고 약점이 눈에 잘 띄기 때문이다. 나 역시 아내와 다툴 때에 지적하는 말을 가장 많이 들었다. 누구든지 배우자와 다툴 때 그에게서 아픈 말, 자존심 상하는 말을 듣고 수용하기란 어렵다. 그러나 나는 그럴 때마다 주님께 긍휼을 구했다. "주여, 나는 오늘 아내로부터 귀한 말을 들었습니다. 감사합니다." 겉으로 그런 표시를 하지는 못했지만 속으로 그러한 묵상과 기도를 하곤 했다. 기분과 상관없이 그것들은 내가 응당 고쳐야 할 점들이기 때문이다. 내가 만일 고치지 않는다면 주님께나 다른 사람들에게 누(累)가 될 것이라고 믿었다.

나는 진정 변화되고 새롭게 되기를 원했다. 때로는 사람들이 직접 나에게 말하지 않고 다른 사람에게 말하여 간접적으로 듣게 되는 경우도 있었다. 물론 성도들이 사람의 단점을 뒤에서 말하는 것은 좋지 않다. 무슨 말이든지 직접 대면하여 말하는 것이 좋은 것이다. 그러나 나는 많은 경우 그렇게 돌아서 오는 말을 듣고도 유익을 얻은 경우가 많았음을 말할 수 있다. 나는 나에 대한 말들을 가지고 주님 앞에 나아가 진지하게 처리하고자 했다. 물론 어떤 때는 나와 관계없는 말들도 있었다. 부족하나마 주님을 위해 일하다보니 받는 오해와 비방도 있었던 것이다. 나는 그런 비방의 말을 들으면서 매우 감사할 수 있었다. '내가 벌써 주를 위해 이런 비방의 말을 들을 수 있다니…' 그리고 그런 말을 하는 사람들을 위해 기도할 수가 있었다. 때로는 엄청 어려운 시간을 보내기도 했다. 다른 사람들의 말을 잘 받아 단점을 고치는 것이 그리 쉽지만은 않기 때문이다. 그렇지만 그러한 시간들은 귀하고 가치 있었다. 감정에 심한 상처를 받는 때일지라도 즐겁고 기쁜 시간 못지않게 귀하게 보낼 수 있기 때문이다. 주님께 감사한다. 그런 깊은 어두움의 밤들은 광명의 아침으로 나를 이끌어 주었다. 할렐루야! 우리는 목적이 있는 사람들이다. 어찌하든 우리는 자신을 벗어나서 새로운 영역으로 들어가야 한다. 이렇게 변화받고 새롭게 되는 길만이 많은 사람을 도울 수 있는 길이요, 다른 사람들에게 축복과 유익을 줄 수 있는 길이요, 내 자신이 구원받는 길이요, 하나님의 새 예루살렘의 건축 재료가 되는 길이다.

"보라 내가 만물을 새롭게 하노라 하시고 또 가라사대 이 말은 신실하고 참되니 기록하라 하시고". 여기서 이 말씀을 기록하라고 하신 것은 이 부분의 말씀이 매우 중요하다는 것을 가리킨다. "보라, 내가 만물을 새롭게 하노라!" 이것은 하나의 위대한 선포이다. 하나님은 오늘 만물을 새롭게 하는 역사를 하고 계시는데 이 시점에서는 그분의 위대한 목표의 달성과 승리의 선포를 하신다. 이것은 그분이 반드시 이 일을 이루신다는 말이고 그분이 최종 승리자이심을 나타내는 것이다. 아니, 요한은 이미 영원 안에서 다 이루어진 것을 보고, 외치는 말씀을 들은 것이다.

6절, 또 내게 말씀하시되 이루었도다 나는 알파와 오메가요 처음과 나중이라 내가 생명수 샘물로 목마른 자에게 값없이 주리니

이 말씀을 보라! 하나님은 "이루었도다!"고 선포하신다. 결국 새 하늘과 새 땅, 새 예루살렘은 이루어진다는 말이다. 요한은 영원 안에서 이미 이루어진 것을 보았다. 새 하늘과 새 땅이 있고 거기 새 예루살렘이 있는 것을 본 것이다. 하나님은 반드시 이것을 이루신다. 하나님은 알파와 오메가요 처음과 나중이시기 때문이다.

그런데 이렇게 외치시는 순간에도 하나님은 복음을 전하고 계신다. 계시록 마지막 말씀을 기록하시면서도 하나님은 목마른 사람들을 부르고 계신다. "내가 생명수 샘물로 목마른 자에게 값없이 주리니". 사람에게는 하나님이 필요하다. 사람이 물 없이 살 수 있는가? 하루만 집에 물이 나오지 않아도 정말 힘들고 괴롭다. 물의 귀함은 물이 없을 때 알 수 있다. 오늘 날 아프리카 대륙의 가장 큰 문제는 물이 부족한 것이다. 물만 충분히 공급되어도 사람은 살 만하다. 하나님은 생수의 근원이시다(렘 2:13). 하나님은 사람을 창조하실 때 그분을 담도록 지으셨다. 그러므로 사람은 하나님을 생수로 마셔야 한다. 그런데 문제는 과연 목이 마르냐이다. 목마르지 않고 이미 만족한 사람은 문제가 있는 사람이다.

얼마 전에 미국을 다녀왔는데, 미국은 한국에 비해 부강하고 잘산다. 그런데 이상한 것은 미국에 사는 한국 교민들이(다는 아니겠지만) 이곳 사람들보다 더 목말라 한다는 것이다. 내가 그곳에서 말씀을 전할 때 그들은(거의 신학생들임) 너무나 말씀을 사모하고 갈급해했다. 말씀을 들으면서 눈물을 흘리는 모습이 자주 눈에 띄었다. 오늘날 한국에서 그만큼 갈급한 성도들을 보기 어렵다. "내가 생명수 샘물로 목마른 자에게 값없이 주리니". 주님은 목마른 자에게 생명수 샘물을 값없이 주신다.

7절, 이기는 자는 이것들을 유업으로 얻으리라 나는 저의 하나님이 되고 그는 내 아들이 되리라

이 구절에서 이기는 자들은 결국 생명수 샘물을 마시는 자들이다. 즉 예수 그리스도를 믿는 자들이다. 이것은 2, 3장에 나오는 교회의 이기는 자들과 다르다. 생명수만 마시면 이기는 자들이 된다. 불신자들은 패배자들이다. 그들은 마실 것을 마시지 않음으로 패배하였다. 동산에서 아담이 실패한 것은 먹지 말아야 할 것을 먹었기 때문이다. 여기의 이기는 자들은 잘 먹고 마심으로 승리했다. 즉 이들은 믿어서 이긴 자들인 것이다(요일 5:4).

"이기는 자는 이것들을 유업으로 얻으리라". 새 예루살렘에 이를 때 이제 모든 성도들이 다 이기는 자가 된다. 문제는 일찍 이기느냐 늦게 이기느냐이지 결국 모든 성도는 다 이기게 된다. 생명수 샘물을 마시는 자들은 영세토록 이기는 자들이 되어 유업을 얻는다.

"나는 저의 하나님이 되고 그는 내 아들이 되리라". 아들이란 유업을 얻는 자로서, 3절의 하나님의 장막이 사람들과 함께 있어서 하나님이 그들과 함께 거하시는 백성과는 다르다. 그러므로 새 하늘 새 땅에는 두 종류의 사람들이 있다. 3절의 백성은 마태복음 25장의 양들로서 창세로부터 예비된 나라를 상속받은 것이며(34절) 의인(양)들이 영생(영세)에 들어간 것이다(46절). 그러므로 곡과 마곡의 전쟁 때 사탄에 연루된 사람이 아니면 다 영생(영세)에 들어갈 것이라고 본다. 이들은 새 하늘과 새 땅에서 만국(nations)이 될 것이다. 24절과 26절을 보면 여전히 만국 사람들이 있다.

계시록을 공부하는 많은 사람들이 3절에 있는 사람들과 7절에 있는 사람들을 같은 사람들로 생각한다. 그러나 분명 다른 자들이다. 3절에 있는 사람들은 새 하늘과 새 땅의 거민이다. 그러나 7절에 있는 사람들은 그 성 안에 있는 사람들이다. 성 안에 있는 자들이 있고 성 밖에 있는 거민이 있다. 어쩌면 3절은 새 땅의 거민과 새 성 안의 사람들을 다 포함하여 말한 것일 수도 있다. 그 만국 가운데에는 왕들도 있고 통치도 있는 듯하다. 그러므로 3절의 거민은 '저희들'이라고 했고 7절은 '아들'이라고 했다. "나는 저의 하나님이 되고 그는 내 아들이 되리라". 아들들은 그 성 안에 있지만 만국 백성은 그 성에 출입만 할 뿐 거주할 수가 없다(24-27절 참조). 그 성 안에 거주하는 사람들은 어린양의 보혈로 씻음받고 거듭난 자들이다. 그러므로 이들은 성 밖의 거민에 비할 때 훨씬 높은 신분을 가지고 있다. 그러니 영세에도 성도들은 승리자의 즐거움을 누리게 될 것이다. 이때는 모든 그리스도인이 다 이기는 자가 된다.

8절, 그러나 두려워하는 자들과 믿지 아니하는 자들과 흉악한 자들과 살인자들과 행음자들과 술객들과 우상숭배자들과 모든 거짓말하는 자들은 불과 유황으로 타는 못에 참예하리니 이것이 둘째 사망이라

7절까지는 새 하늘 새 땅에 거할 수 있는 축복을 받은 사람들을 기술한다. 이들이야말로 생명책에 기록된 사람들이다. 생명책도 어린양의 생명책이 있고 그냥 생명책이 있는데, 어린양의 생명책에 기록된 사람들은 성 안에 거하는데, 이들은 어린양의 보혈로 구속받은 자들이다. 또 20장 후반부에 있는 또 다른 책은 지옥불에 던져지지 않고 새 하늘 새 땅으로 옮겨져 거민이 될 사람들을 기록해 놓은 책이다. 이들은 천년왕국을 거쳐 영생에 들어갈 자들이니(마 25:46) 생명책에 기록되는 것이 맞다. 우리는 그 비밀을 다 알지 못한다. 하늘이 큰 소리로 떠나가고 체질이 뜨거운 불에 풀어지는데 그때 천년왕국을 통해서 살아남은 자들은 어떻게 존재할 것인가?

그래서 어떤 성경학자들은 옛 하늘과 옛 땅이 변화되는 과성이 어쩌면 그렇게 급작스러운 게 아닐 수도 있다고 했다. 우리는 잘 알 수 없지만 하여간 천년왕국을 거쳐 많은 사람들이 창세로부터 예비된 축복 안으로 들어간다. 그리고 그들은 새 하늘과 새 땅에서 거민이 된다. 그 반면에 어떤 사람들은 영원한 불못에 떨어진다. 이 구절에 서술된 사람들이 바로 그들이다. 두려워하는 사람들은 먼저 불못에 들어간다. 사람이 두려워하는 것은 작은 일이 아니다. 멸망하는 자들의 특징이 두려워하는 것이다. 주 예수를 믿지 않는 사람들은 두려워하는 자들이다. 구원의 확신을 갖지 못하는 자들의 특징은 두려움이 남아있다는 것이다. 두려워하는 것이 남아 있다면 구원에 대하여 점검해야 할 것이다.

사람들은 남의 이목을 두려워하고 살기가 어려워질까봐 두려워한다. 핍박과 위협을 두려워하여 사람들 앞에서 주님을 시인하지 못한다. 그렇게 두려워하는 자들은 불못에 떨어진다. 그 다음은 믿지 아니하는 자들이다. 이들은 고의로 믿지 않는 사람이다. 또 흉악한 자들은 우상숭배와 관련된다. 살인자들, 행음자들, 술객들(귀신과 통하는 자들), 우상숭배자들, 모든 거짓말하는 자들은 다 불못으로 들어간다. 오늘날 거짓말하는 것을 사소한 일로 여기는 풍조가 있다. 그러나 거짓말하는 것은 작은 일이 아니다. 마귀는 처음부터 거짓말하는 자라고 했다. 또 살인자들이 불못에 들어가는데 이들은 생명의 주이신 주님을 대적하는 마귀를 따른 자들이다. 따라서 이런 자들은 마귀를 위해 예비된 형벌의 장소인 불과 유황으로 타는 못에 참여할 것이며, 이것이 둘째 사망이다.

새 예루살렘

히브리서 11장 10절은 아브라함이 하나님이 경영하시고 지으실 터가 있는 성을 바랐다고 말한다. 새 예루살렘은 기초가 있고 그 위에 뭔가가 건축된 성이다. 그 성은 족장 시대로부터 역대의 성도들이 하나의 본향으로 기다리는 소망의 성(城)이다. 어떤 사람들은 새 예루살렘을 교회의 연장으로 보는데, 그렇다면 교회가 교회를 소망하는 것이 된다. 조금 더 변화된 모습의 교회를 소망하는 것일 뿐이다. 그렇게 말하는 사람들은 새 예루살렘이 그리스도의 신부이므로 물질적인 것이 될 수 없다고 한다. 그러나 신부의 모조품인 음녀도 물질적인 것을 포함하고 있다. 또 12장 1절의 여인이 물질적 예루살렘을 가리키는 요소를 가지고 있다면 21장 9절의 성(城)도 영적인 것을 포함하는 실제적인 성을 가리키는 것이어야 한다. 이제 보겠지만 물질적인 것이라 하더라도 다 부활 안에 있는 것이지 속된 것이 아니다. 우리는 부활 안에 있는 정금, 보석, 진주가 무엇인지 모르지만 그런 실체가 존재하리라 믿는다. 지금 이 땅에는 투명한 유리 같은 정금이 없다. 또 문만큼 큰 진주도 없다. 이것들은 물질이지만 새 세계의 부활 안에 있는 것들이다. 요한복음 14장 2절에서 주님이 "내 아버지 집에 거할 곳이 많도다"라고 하셨는데, 아버지 집의 거할 곳은 다만 상징적이고 추상적인 거처를 말하는 것이 아닐 것이다. 또 그들은 이 구절을 시편 90편 1절의 "주여, 주는 대대에 우리의 거처가 되셨나이다"와 관련지어 말한다. 즉 주님 자신을 우리의 거처라고 했다는 것이다. 그렇다면 "거할 곳이 많도다"라는 말보다 "거할 곳이 있도다"라고 하는 것이 더 합당하다. 또 낮에는 성문들을 도무지 닫지 않는다고 했는데 이는 다만 상징적인 것이라고 보기 어렵다. 새 예루살렘은 옛 예루살렘과 대비되는 것으로서 옛 예루살렘이 하나의 성이듯이 새 예루살렘도 하나의 성이어야 한다. 그렇지만 새 예루살렘의 모든 것은 온전히 새로운 것이지 옛 재질로 된 것이 아니다. 새 예루살렘은 영세에 성도들이 거할 거처요 영원한 안식처이다.

9절, 일곱 대접을 가지고 마지막 일곱 재앙을 담은 일곱 천사 중 하나가 나아와서 내게 말하여 가로되 이리 오라 내가 신부 곧 어린양의 아내를 네게 보이리라 하고

여기서는 일곱이란 숫자가 많이 나온다. 그러나 새 예루살렘에 들어갈 때 열둘이란 숫자가 많다. 일곱은 완전 숫자이지만 시간 안에서의 완전함이다. 열둘도 완전 숫자인데 영원 안에서의 완전함을 나타낸다. 일곱은 하나님의 숫자인 3에다 사람의 숫자 4를 더한 것으로서 빼는 것이 가능하다. 그러나 열둘은 3과 4를 곱한 것으로서 더 이상 뺄 수 없다. 이는 영원 안에서 하나님과 사람이 더 이상 분리될 수 없을 정도로 하나 되었음을 나타낸다. 이제 여기에 일곱 대접이 있고 일곱 재앙이 있다. 시간 안에서 하나님은 이 일곱 재앙의 심판으로 모든 것을 다 끝내신다. 그리고 이 재앙은 하나님의 영원한 목적을 이끌어온다.

"이리 오라 내가 신부 곧 어린양의 아내를 네게 보이리라". 앞에서 언급했듯이, 새 예루살렘이 어린양의 아내이므로 그 모두가 교회의 영적 상태를 말하는 상징적인 것일 뿐 물질적인 것이 될 수 없다고 하는 견해가 있다. 이러한 관점도 매우 설득력이 있다. 구약의 성막과 성전은 다 예표요 실제는 신약의 교회이므로 그 궁극적인 결말도 물질적인 것이 아닌 영적인 실제라고 하는 것이다. 나는 그것이 영적인 실제를 가리키는 것이라는 데 이

견이 없다. 그러나 물질적인 것을 배제하면 거기에 해석할 수 없는 부분들이 존재한다. 이는 바벨론과 같은 원칙으로 보아야 할 것이다. 음녀의 금잔, 옷의 색깔 등은 다 상징일 것이다. 그러나 바벨론에 대한 서술에서 성이 일곱 갈래로 갈라진 것(만국의 성들도 무너졌다고 함), 여자가 앉은 일곱 산, 금, 은, 보석, 진주 등 상고들의 물품은 다 물질적인 것이다. 이런 것들도 다 영적으로 해석한다면 그 품목 중 사람의 영혼은 무엇으로 풀겠는가? 바벨론이 이와 같이 영적인 방면과 물질적인 방면이 있다면, 새 예루살렘도 영적인 면과 물질적인 면이 겸하여 있을 것이며, 그렇더라도 그것들은 영적인 세계의 물질적인 것들일 것이다.

10절, 성령으로 나를 데리고 크고 높은 산으로 올라가 하나님께로부터 하늘에서 내려오는 거룩한 성 예루살렘을 보이니

17장에서는 일곱 대접을 가진 일곱 천사 중 하나가 '이리 오라' 하면서 물 위에 앉은 큰 음녀의 받을 심판을 보이리라고 했다. 그리고 3절에서 곧 성령으로 요한을 데리고 광야로 갔다. 그런데 여기 새 예루살렘인 어린양의 신부를 보일 때에는 요한을 데리고 크고 높은 산으로 올라갔다. 오늘날도 바벨론같이 타락한 교회의 모습은 광야, 즉 세상적인 그리스도인의 눈으로도 분별할 수 있다. 그러나 새 예루살렘을 보이려고 할 때에는 크고 높은 산으로 데리고 올라갔다. 높은 영적 통찰력을 갖지 않으면 새 예루살렘의 이상을 볼 수 없다. 당신이 만일 매일매일 평범하게 그리스도인 생활을 하면서 큰 죄 짓지 않고 살면 된다고 생각한다면 당신은 아직 평지에 있는 그리스도인이다. 그렇게 낮은 위치에 있으면 결코 새 예루살렘의 이상을 보지 못한다. 그러므로 우리는 죄를 회개할 뿐 아니라 낮은 곳에 있음을 회개해야 한다. 우리는 매일매일 더욱더 높은 경지로 이끌리도록 간구하기 바란다. 그럴 때만이 하나님께로부터 하늘에서 내려오는 거룩한 성 예루살렘을 볼 수 있을 것이다.

또한 이 성(城)은 어린양의 아내인데, 이 성에 대한 서술은 어린양의 아내의 모습에 대한 상징이다. 과연 하나님이 영원 전부터 얻기 원하셨던 단체의 사람이 어떤 특징을 갖고 있느냐는 것이다. 이는 반드시 영적으로 해석해야 한다. 이 성은 하나님께로부터 하늘에서 내려왔다. 이는 근원을 가리킨다. 그리스도의 아내는 그리스도의 본토에서 데려와야 한다. 이는 이삭의 아내가 그의 본토 사람이었던 것과 같다. 따라서 그리스도의 아내는 그분의 본향인 하늘에서 내려오는 것이다. 이 말씀은 마치 교회가 한 번도 땅에 있었던 적이 없고 하늘에 존재했던 것처럼 말한다. 이는 그리스도인이 하나님께로서 났기 때문이다. 하나님께로서 난 것만이 어린양이신 그리스도와 하나를 이룰 수 있다. 그러므로 교회는 오늘 이 땅에서 하늘에 속한 성분 이외의 것들을 벗어버려야 한다. 영세에 이를 때 영적인 것과 물질적인 것은 더 이상 나뉘지 못한다.

11절, 하나님의 영광이 있으매 그 성의 빛이 지극히 귀한 보석 같고 벽옥과 수정같이 맑더라

요한은 새 하늘과 새 땅을 보았고 새 예루살렘 성도 보았다. 만일 새 예루살렘이 다만 상징적인 것이라면 새 하늘과 새 땅도 상징일 것이다. 새 예루살렘이 다만 상징이라고 배운 사람들이 많을 것이다. 그러나 새 예루살렘이 어떤 실체가 없는 상징이라고 한다면 몇 가지를 생각해 볼 필요가 있다. 17장에 음녀가 있는데 이것은 종교적인 바벨론(로마 천주교)이고 또 물질적인 바벨론이 있다. 물질적인 바벨론은 로마 성(城)을 의미하며 일곱 산 위에 세워졌다(계 17:9). 그런데 여기 음녀와 대비되는 어린양의 신부가 다만 상징이겠는가? 바벨론이 상징인 면을 갖고 있지만 전혀 물질적인 성분이 없는 게 아니다. 신부의 모조품인 음녀 바벨론은 이에 대한 힌트를 준다. 실상 17장과 18장에는 바벨론의 물질적인 면과 종교적인 면이 섞여 있다. 마찬가지로 새 예루살렘도 상징이 있겠지만 전체가 다 상징이라고 할 수는 없다.

그러므로 새 예루살렘을 다만 교회 또는 성도들의 무리라고만 보는 것은 무리가 있다. 계시록 3장 12절은 빌라델비아 교회의 이기는 자들이 새 예루살렘의 기둥이 될 것이라고 했다. 이것도 물론 상징이지만 거기에 물질적인 성분이 있다. 히브리서 11장 16절은 이 땅에서 나그네와 외국인인 성도들에게 이 성은 하나의 본향이라고 말한다. 그 성이 다만 교회 자체라면 그 나그네들이 바라고 돌아갈 본향은 어디란 말인가? 그리고 새 하늘과 새 땅이 실제적인 것이라면 성 또한 실제적인 것이어야 한다. 새 예루살렘을 다만 상징으로 본다면 새 하늘과 새 땅도 실제적인 것이 아니어야 한다. 새 예루살렘은 그리스도와 이기는 자들의 통치가 이루어지는 왕국 이후에 있을 실제적인 하나님과 사람의 거처이다. 그들 말대로라면 왕국 이후의 것들은 다 추상적으로 변한다는 말인가? 물론 거기에 상징이 있고 영적인 의미도 있다. 그러나 모든 것이 다 상징이라고 말하기는 어렵다.

오히려 바벨론은 비밀이기에 천사가 요한에게 설명해주었다. 그러나 새 예루살렘에 대해서는 해석해주지 않았다. 분명 이것이 설명이 필요 없는 사실이기 때문이리라! 이때 많은 사람이 몸을 가지고 부활할 것이므로 거처가 있을 것이다. 21장 27절에서 만국의 사람들이 그 성으로 들어갈 것이라고 했는데 그렇다면 이것은 무엇을 상징하는가? 25절은 성문들을 도무지 닫지 않는다고 했는데 또 이것은 무엇을 상징하는가? 갈라디아서 4장 26절은 위에 있는 예루살렘(새 예루살렘)이 우리 어머니라고 말한다. 교회의 어머니라는 말이나 본향이라는 말은 본질상 같은 것을 가리킨다. 교회와 새 예루살렘은 일치하는 면이 있지만 완전히 일치하는 것은 아니다.

"하나님의 영광이 있으매 그 성의 빛이 지극히 귀한 보석 같고 벽옥과 수정같이 맑더라". 어린양의 신부가 비유라면 새 예루살렘은 그에 대한 설명이다. 그 성에는 하나님의 영광이 있고 그 성의 빛은 지극히 귀한 보석 같으며 벽옥과 수정같이 맑다. 벽옥은 하나님의 모습을 상징하는데, 이것은 그날 교회가 온전히 하나님을 닮았다는 말이다. 또한 거기에 하나님의 영광이 있다고 했는데, 영광이란 하나님의 나타남이다. 새 예루살렘에서 하나님은 더 이상 감춰어계시지 않는다.

새 예루살렘은 맑고 투명하다. 바벨론의 특징은 비밀스럽고 섞여 있는 것이다. 영적인 것과 육적인 것, 하나님에 속한 것과 인간 적인 것, 하늘에 속한 것과 땅에 속한 것이 섞여 있어서 그 진상을 쉽게 파악할 수 없다. 그러나 새 예루살렘의 특징은 수정같이 맑은 것이다(crystal clear). 오늘 여러분이 새 예루살렘의 일부인지 바벨론의 일부인지를 점검해보려면 여러분의 삶이, 여러분의 존재가 얼마나 투명한가를 보면 된다. 겉과 속이 다른 것은 다 바벨론이다. 천국에 들어가는 사람들은 어린아이 같은 사람들이다.

12-13절, 그고 높은 성곽이 있고 열두 문이 있는데 문에 열두 천사가 있고 그 문들 위에 이름을 썼으니 이스라엘 자손 열두 지파의 이름들이라 동편에 세 문, 북편에 세 문, 남편에 세 문, 서편에 세 문이니

이 성의 문들에는 각각 열두 지파의 이름이 기록되어 있다. 기묘하게도 에스겔 선지자가 먼저 이것을 보고 말했다. 에스겔은 그 지파의 이름들을 각각 열거했다. 에스겔 48장을 읽어보자. "그 성읍의 출입구는 이러하니라 북편의 광이 사천오백 척이라 그 성읍의 문들은 이스라엘 지파들의 이름을 따를 것인데 북으로 문이 셋이라 하나는 르우벤 문이요 하나는 유다 문이요 하나는 레위 문이며 동편의 광이 사천오백 척이니 또한 문이 셋이라 하나는 요셉 문이요 하나는 베냐민 문이요 하나는 단 문이며 남편의 광이 사천오백 척이니 또한 문이 셋이라 하나는 시몬 문이고 하나는 잇사갈 문이며 하나는 스불론 문이며 서편도 사천오백 척이니 또한 문이 셋이라 하나는 갓 문이요 하나는 아셀 문이요 하나는 납달리 문이며"(30-34절). 이와 같이 에스겔 선지자가 본 이상 가운데도 예루살렘 성에 문이 열두 개가 있다. 한 면에 각각 셋씩 있는 것이다.

다시 계시록 21장으로 가서 새 예루살렘을 보자. 그 성곽(성벽)이 크고 높으며 열두 문이 있다. 그리고 그 문들 위에 이스라엘 열두 지파의 이름이 씌어져 있고 동서남북에 각각 문이 세 개씩 있다. 이때 천사들은 문을 지키는 자들이 되고 성도들은 그 성의 주인들이 된다. 할렐루야! 이스라엘은 하나님의 율법을 대표한다. 이 문들을 통하여 들어간 사람들은 그 율법을 만족케 한 자들이다. 진주 또한 하나님의 의를 예표하니 이 문에 들어가는 사람들은 의와 율법의 요구를 충족시킨 자들이다. 그 새 하늘과 새 땅에는 의만 거한다(벧후 3:13). 문들은 열둘이지만 길은 하나(21절, the street, 단수)인 것으로 보아 새 예루살렘 성은 중앙에 위치한 네모난 땅인 것 같다. 또 문은 출입을 위한 것이다. 주님은 사마리아 여인에게 구원이 유대인에게서 난다고 하셨다. 율법이나 구원이나 다 예루살렘으로부터 시작되었다. 바울은 예루살렘이 우리의 어머니라고 하였다. 우리 모두가 거기서 난 것이다. 그러므로 문 위에 열두 지파의 이름이 새겨져 있다. 거기서 나와서 그리로 들어가기 때문이다.

다시 말하지만, 이때 천사들은 성을 지키는 종들이 된다. 천사들은 하나님께서 그들로 사람을 향한 모든 역사를 다 마치게 하신 다음, 왕이요 제사장들인 사람들을 섬기고 부축하는 종들이 된다. 이 성에는 구약의 성도들과 신약의 성도들이 함께 있을 것이다. 히브리서 11장에서 말한 바와 같다. 구약의 아브라함, 이삭, 야곱 등 족장들도 다 이 성을 바랐다고 했다. 11장 39-40절은, "이 사람들이 다 믿음으로 말미암아 증거를 받았으나 약속은 받지 못하였으니 이는 하나님이 우리를 위하여 더 좋은 것을 예비하셨은즉 우리가 아니면 저희로 온전함을 이루지 못하게 하려 하심이라"고 한다. 이 말씀은 구약의 성도들이 아직 그 성에 이르지 못했다는 것이다. 하나님은 그들이 우리와 함께 그 성을 얻을 수 있도록 기다리게 하셨다. 구약과 신약의 모든 성도들은 그날 다 함께 새 예루살렘 성에 있게 된다.

14절, 그 성에 성곽은 열두 기초석이 있고 그 위에 어린양의 십이 사도의 열두 이름이 있더라

이 성의 문들에는 열두 지파의 이름이 있고 성곽의 기초석에는 열두 사도의 이름이 있다. 이스라엘 열두 지파는 율법을 대표하며 신약의 열두 사도는 은혜를 대표한다. 하나님은 은혜를 성곽의 기초로 삼으셨다. 오늘 우리가 주님을 믿고 서 있는 이 자리는 은혜의 자리이다(롬 5:2). 그러므로 이 성에는 틀림없이 구약의 성도들이 있고 또 신약의 성도들이 있다(엡 2:20-22). 신구약의 모든 성도들이 다 함께 영원히 하나님과 거할 성, 그것이 바로 새 예루살렘이다. 사람들이 새 예루살렘을 그린 것들을 보면 피라

밋 모양인 경우가 많은데, 열두 기초석이 다 보이는 것은 한 층이 다른 층보다 약간 작기 때문이라고 생각한 것 같다.

15절, 내게 말하는 자가 그 성과 그 문들과 성곽을 척량하려고 금 갈대를 가졌더라

구약에서 하나님이 갈대로 척량하시는 것은 소유하시려는 것이다. 여기서 금 갈대는 하나님의 자이다. 사람이 어떤 것을 자로 재는 것은 그것이 어떤 표준에 맞는지 조사하는 행위이다. 하나님이 소유하시는 모든 것은 금 갈대의 척량을 통과해야 한다. 그분은 그분의 표준자로 재서 그분에게 맞는 것만 소유하신다. 오늘 우리가 그분의 소유가 되려면 금(하나님의 본성) 외의 것들을 거절해야 한다. 이 구절은 그 성이 하나님의 표준에 합격했다는 것을 암시한다.

16절, 그 성은 네모가 반듯하여 장광이 같은지라 그 갈대로 그 성을 척량하니 일만 이천 스다디온이요 장과 광과 고가 같더라

구약에서 장과 광과 고가 같은 것은 지성소이다. 하나님이 거하시는 지성소는 장과 광과 고가 같았다. 뒤에 나오지만 이 성은 성전이 없다. 원래 예루살렘 성에는 성전이 있었는데 여기서 요한이 본 새 예루살렘 성 안에는 성전이 없다. 아마도 요한은 새 예루살렘 성을 보면서 성전이 어디 있는지 살펴보았을 것이다. 그런데 새 예루살렘 성 안에는 성전이 없더라는 것이다. 이 성에 성전이 없는 것은 죄가 없기 때문일 것이다. 죄가 없으므로 속죄제를 드릴 번제단도, 수족을 씻을 물두멍도 필요 없는 것이다. 그러니 성소 자체도 필요 없게 되었다. 그래서 지성소만 남은 것이다.

우리는 여기서 하나님이 구약 시대부터 행해오신 경륜적인 역사를 보게 된다. 최종 목표는 하나님과 사람이 하나 되어 지성소 안에 있게 되는 것이다. 자, 그렇다면 이것이 전적으로 상징이기만 하겠는가? 만일 그렇다면 성과 성전을 구분할 필요가 없을 것이다. 이 성 전체가 상징이라고 해석하면 이 말씀을 이해하는 데 어려움이 있게 된다.

여기서 첫째 성곽의 문제가 있는데, 나는 이것도 상징과 실제를 겸하고 있다고 믿는다. 두 가지가 함께 있는 것이다. 이는 바벨론이 상징적으로 묘사되면서도 실체를 가진 존재인 것과 같을 것이다. 이 성곽이란 하나의 벽인데, 오늘날 그리스도의 신부인 교회에는 이러한 성벽이 있어야 한다. 에덴 동산에서 아담과 하와가 뱀의 꾐으로 타락한 것은 외부의 침입으로부터 지켜주는 벽이 없었기 때문이다. 이제 새 예루살렘은 벽이 있다. 그 안에 있는 사람들을 보호하기 위한 것이다. 오늘날 참다운 교회라면 벽이 있어야 한다. 아무것이나 기어들어올 수 있다면 그것은 참 교회가 아니라 바벨론이다. 또 벽은 분별을 의미한다. 그리스도인에게 분별의 표시가 없다면 그리스도인으로서 가치를 잃게 된다. 그러므로 우리는 바벨론적인 것을 거절하기를 배워야 한다. 성곽을 세운다는 것은 쉬운 일이 아니다. 느헤미야가 예루살렘에 와서 성곽을 건축할 때, 대적이 그를 공격하자 그는 한 손으로 무기를 잡고 한 손으로 건축했다. 우리가 합당하게 교회를 섬기려면 어떻게 벽을 쌓는지를 배워야 한다. 이것은 우리가 영적 전쟁을 하면서 섬겨야 함을 의미한다.

17절, 그 성곽을 척량하매 일백 사십사 규빗이니 사람의 척량 곧 천사의 척량이라

일백 사십사 규빗은 90m쯤 된다. 그 성의 장과 광과 고가 일만 이천 스다디온이라고 했는데 그것은 어마어마하게 큰 성이다. 그 한 면의 길이가 대서양을 건너서 런던과 뉴욕을 잇는 정도의 거리이다. 우리의 거리 단위로는 육천 리 정도이고 영국 거리 단위로는 천오백 마일 정도이다. 그런데 그러한 성에 비해서 일백사십사 규빗(90m 정도)의 성곽은 낮은 편이다.

"사람의 척량 곧 천사의 척량이라". 천사의 척량이란 부활의 척량을 말한다(눅 20:36). 여기서 척량할 때 금 갈대가 사용되고 천사의 척량이라고 한 것은 부활 안에 있는 것만 소유하신다는 뜻이다. 이것은 성 안에 있는 것이 다 부활 안에 있음을 의미한다. 또 부활 안에 있다는 것은 하나님 안에 있다는 것이다. 예수는 그분 자신이 부활이요 생명이라고 하셨다. 예수 그리스도께 속한 것이 아니면 부활이 아니고 그 성 안에 있을 수 없다.

18절, 그 성곽은 벽옥으로 쌓였고 그 성은 정금인데 맑은 유리 같더라

그 성은 전부 아름다운 것들로 되어 있다. 성곽은 벽옥으로 쌓여 있고 성은 맑은 유리 같은 정금으로 되어 있다. 이는 성도들이 다 보석으로 변화된 것을 표징하기도 한다. 지금 우리는 이 성의 아름다움으로 단장되고 있는 중이라고 할 수 있다. 하나님은 우리에게 생명과 경건에 속한 모든 것을 주셨으며 하나님의 성품에 참여하게 하셨다. 이것이 유리 같은 정금이다. 새 예루살렘은 조금도 인간적인 이물질이 섞이지 않은 순도 백퍼센트의 정금으로 된 성이다.

19-20절, 그 성의 성곽의 기초석은 각색 보석으로 꾸몄는데 첫째 기초석은 벽옥이요 둘째는 남보석이요 셋째는 옥수요 넷째는 녹보석이요 다섯째는 홍마노요 여섯째는 홍보석이요 일곱째는 황옥이요 여덟째는 녹옥이요 아홉째는 담황옥이요 열째는 비취옥이요 열한째는 청옥이요 열둘째는 자정이라

하나님이 우리에게 주신 생명은 금이요, 우리가 성령의 역사를 경험하면서 변화되는 것은 보석이다. 이삭의 체험은 금과 같고 야곱의 체험은 보석을 만든다. 이 성곽의 기초석은 각색 보석으로 되어 있다. 우리가 하나님으로부터 받은 생명은 누구나 동일하지만 각각 다른 환경에서 변화될 때 각종 보석이 되는 것이다. 당신이 오랜 세월 하나님과 동행하면서 온갖 환경을 거치며 하나님의 다루심을 받을 때 당신은 일종의 보석으로 만들어진다. 그것은 영원토록 새 예루살렘의 재료가 될 것이다. 우리는 이것으로 새 예루살렘을 건축하게 된다. 어떤 자매가 특별한 환경 안에서 생명이 성숙되면서 그의 특징을 나타낼 때 우리는 그것을 감상하게 되는데, 그것이 바로 그 자매 안에서 만들어진 귀한 보석이며 새 예루살렘의 건축 재료가 되는 것이다. 하나님을 섬기는 자들은 이 땅에서 주님과 함께 이 일을 하는 것이다. 어떤 사람의 섬김이 이러한 하나님의 영원한 목적과 부합되지 못한다면 부족함이 있게 된다.

또 이 기초석을 통해 우리는 교회의 기초가 무엇인지 알 수 있다. 교회의 기초는 바로 사도들과 선지자들이다. "너희는 사도와 선지자의 터 위에 세우심을 입은 자라"(엡 2:20). 즉 사도와 선지자들의 말씀을 기초로 하여 세워진 것이 교회이므로 말씀이 없이는 교회가 건축될 수 없다.

21절, 그 열두 문은 열두 진주니 문마다 한 진주요 성의 길은 맑은 유리 같은 정금이더라

열두 문은 열두 진주요 문마다 한 진주라고 했는데 이는 분명 그 열두 문이 아름답다는 말이다. 그렇지 않다면 문 하나가 한 진주로 되었다는 설명이 꼭 필요치는 않을 것이다. 한 진주가 한 문이라니 상상할 수 없이 아름다운 성이다. 그리고 "길은 맑은 유리 같은 정금이더라". 거기는 흙이 없다. 다 맑은 유리 같은 정금이다. 길은 교통을 의미하는데, 여기서 길(the street)은 원문에서 단수이다. 즉 새 예루살렘의 길은 하나인 것이다. 새 예루살렘 사람들은 어디에 있어도 다 한 길 위에 있다. 우리가 루터의 글이나 존 번연의 글이나 웨슬레의 글 등을 읽을 때 한 길 위에 있음을 느끼는 이유는 그들의 시작이 진주문이며 그들의 교통이 하나님의 성품을 나타내는 정금이기 때문이다. 그들의 말과 행함이 생명과 진리 안에 있기 때문에 한 길 위에 있는 것이다. 시대가 다르고 지역이 다를지라도 새 예루살렘의 길을 가는 자들은 한 길 위에서 만난다. 이것이 바로 교통이다.

문이 진주로 된 것 또한 의미가 있다. 진주는 조개 속에 모래알이 들어가 상처를 낼 때 조개즙이 그 모래알을 끊임없이 감싸서 생긴 것이다. 이는 그리스도의 비구속적인 죽음을 가리킨다. 그분의 죽음에는 죄를 사하기 위한 면만 있는 게 아니라 생명을 분배하기 위한 면도 있다. 이는 요한복음 12장 24절의 한 알의 밀알의 죽음과 같다. 한 알의 밀이 땅에 떨어져 죽는 것은 많은 밀알을 맺기 위한 것이다. 이는 바로 그리스도의 죽음 속에 그분의 생명을 분배하기 위한 면이 있음을 말한다. 이것이 새 예루살렘의 문이다. 하나님의 모든 것은 진주로부터 출발한다. 그분의 생명을 얻는 것이 하나님의 역사의 시작이다. 거기서부터 출발되지 않은 일은 그 성에서 나온 일이 아니다. 즉 영원한 가치가 없는 일이다.

또 여기 정금 길이 있는데, 길은 교통을 위한 것이다. 오늘 우리가 정금 길을 걸으려면 하나님의 생명의 교통만 가져야 한다. 그리고 우리가 이 생명의 교통을 유지하려면 항상 죄를 자백하고 하나님의 아들의 피로 씻음 받아야 한다. 우리는 불투명하고 거짓되고 가식적인 그리스도인 생활을 해서는 안 되며 언제나 투명한 사람이 되어야 한다. 그래야 유리같이 맑은 길 위에서 걸어가는 사람이 될 것이다.

22절, 성 안에 성전을 내가 보지 못하였으니 이는 주 하나님 곧 전능하신 이와 및 어린양이 그 성전이심이라

요한은 유대인이므로 예루살렘 성을 볼 때 자연히 성전을 주의했을 것이다. 그런데 새 예루살렘 성 안에서 성전을 보지 못한 것이다. 이것은 완전히 상징이라고만 보기 어렵다. 그리고 성전 자체가 하나님과 어린양이라고 했으니 또 상징적인 면도 있는 것이다. 결국 이 말은 우리가 그분 안에 거하게 된다는 뜻이다. 새 예루살렘에서는 하나님과 교통하기 위해 어디로 갈 필요가 없다. 우리가 그분 안에 있으며 또 하나님은 어디에나 계시기 때문이다. 오늘날 우리가 지성소 안에서 생활하는 것은 매우 중요한데 이는 그것이 그날 우리의 할 바이기 때문이다.

23절, 그 성은 해나 달의 비침이 쓸데없으니 이는 하나님의 영광이 비취고 어린양이 그 등이 되심이라

그 성은 해나 달의 비춰이 쓸데없다. 해와 달이 없는 것이 아니라 그 비침이 쓸데없는 것이다. 성 밖에는 해와 달이 있을 수 있고 낮과 밤도 있을 수 있다. 그러나 이 성 안에서는 하나님의 영광이 비춰고 어린양은 그 등이 되신다. 등 안의 빛은 하나님이시고 그 등은 어린양이시니 영세에서도 하나님과 그리스도는 하나이시자 동시에 구분이 있으시다. 그 성이 하나님이시고 등은 어린양이시고 등 안의 빛은 하나님이시니 그때 가서는 모든 것이 하나님이시다. 모든 곳에서 하나님을 보며 하나님을 만나며 하나님을 누린다.

24절, 만국이 그 빛 가운데로 다니고 땅의 왕들이 자기 영광을 가지고 그리로 들어오리라

이 만국이란 새 하늘과 새 땅에 거하는 거민들이다. 만국이 그 빛 가운데로 다닌다고 했는데, 그 빛은 하나님의 영광 빛, 어린양을 등으로 하여 비치는 빛이다. 또 '땅의 왕들이 자기 영광을 가지고 그리로 들어오는' 것을 보았는데, 나는 요한이 본 이것이 상징이 아니라 실지로 땅의 왕들이 그 성 안으로 들어간 것을 본 것이라 믿는다. 땅의 왕들은 천년왕국에 있었던 양들 가운데의 왕들로서 곡과 마곡의 전쟁에 연루되지 않음으로 새 하늘 새 땅으로 옮겨지게 된 자들일 것이다. 그들이 자기 나라의 귀한 것들을 가지고 그 성에 들어온다. 이것은 그 성 안의 사람들이 존귀하다는 것을 나타낸다.

25절, 성문들을 낮에 도무지 닫지 아니하리니 거기는 밤이 없음이라

성문들을 낮에 도무지 닫지 않는데 거기는 밤이 없기 때문이다. 즉 새 예루살렘 성 안에는 밤이 없다. 신자들인 우리는 부활의 몸을 가졌으므로 밤이 필요 없을 것이다. 그러나 성 밖의 사람들은 자기도 하고 먹기도 하고 아이도 낳는다. 즉 영원 안의 새 하늘 새 땅에도 밤이 있는 것이다. "그러므로 그들이 하나님의 보좌 앞에 있고 또 그의 성전에서 밤낮 하나님을 섬기매 보좌에 앉으신 이가 그들 위에 장막을 치시니"(7:15). 영원 안에도 밤낮(day and night)이 있는 것이다.

계시록 14장 11절에서도 "그 고난의 연기가 세세토록 올라가리로다 짐승과 그의 우상에게 경배하고 그의 이름의 표를 받는 자는 누구든지 밤낮 쉼을 얻지 못하리라"고 하는데, 여기서도 짐승의 표를 받는 자들이 '밤낮' 쉼을 얻지 못한다고 했다. 20장 10절, "또 저희를 미혹하는 마귀가 불과 유황 못에 던지우니 거기는 그 짐승과 거짓 선지자도 있어 세세토록 밤낮 괴로움을 받으리라". 여기도 '밤낮'이 있다. 그러니까 새 하늘과 새 땅에도 밤과 낮이 있고 거민들도 있으며 거민들은 물질적인 몸을 가지고 결혼도 하고 아이도 낳는다. 다만 그들에게는 죽음이 없을 뿐이다.

새 예루살렘의 거민들은 아담의 타락 이전으로 돌아갈 것이니 음식이나 모든 것이 아담의 때와 같을 것이다. 아담은 타락했어도 구백 세 이상을 살았다. 이들은 타락 이전(창세로부터 예비한 축복)으로 돌아가므로 천 대까지 살 것이다. 출애굽기 20장 6절은 십계명 중 둘째 계명인데, "나를 사랑하고 내 계명을 지키는 자에게는 천대까지 은혜를 베푸느니라"고 한다. 사람이 천 대까지 이를 수 있다는 말씀이다. 따라서 새 땅에 이른 사람들은 천 대까지 살 것이다. 아담부터 지금까지 천년왕국을 포함해서 다 계산해 보아도 200대에 지나지 않는다. 누가복음 3장에 의하면 아담으로부터 주 예수까지 겨우 76대이다. 예수님 이후로 오늘날까지 많아야 70-80대이다. 그러므로 아담부터 지금까지 다 합해도 기껏해야 150대이다. 또 천년왕국은 장수하니 20-30대밖에 되지 않을 것이다. 따라서 영세에 사람이 800대 이상 살아야 합쳐서 천 대가 된다. 그러니 새 땅의 사람들은 엄청난 수를 누리게 된다. 이것이 곧 영생하는 것이다(마 25:46). 이들은 또한 강 좌우의 생명나무를 통해서 다시 소생함을 입을 것이므로 결국 죽음이 없는 것이다.

26절, 사람들이 만국의 영광과 존귀를 가지고 그리로 들어오겠고

성 밖의 사람들은 다만 성문으로 출입할 수 있다. 사람들이 만국의 영광과 존귀를 가지고 성 안으로 들어오는 모습은 매우 평화로워 보인다. 24절은 왕들이지만 26절은 일반 사람들이다. 영세에는 이와 같이 아름다운 광경이 펼쳐진다.

27절, 무엇이든지 속된 것이나 가증한 일 또는 거짓말하는 자는 결코 그리로 들어오지 못하되 오직 어린양의 생명책에 기록된 자들뿐이라

새 예루살렘 성 안에 사는 사람들은 어린양의 생명책에 기록된 자들뿐이다. 천년왕국은 부르심을 받을 뿐 아니라 청함을 받아야 들어가지만 새 예루살렘은 구원받으면 다 들어간다. 즉 생명책에 기록된 자들은 다 들어간다. 그러나 그 성 안에는 속된 것이나 가증한 것들은 들어올 수 없다. 이는 그 성이 정결하고 거룩하다는 뜻이다. 새 땅에는 두 종류의 사람들이 살고 있는데, 하나는 어린양의 피로 구속함을 받은 자들로서 성 안에 사는 자들이고, 다른 자들은 천년왕국을 통과하여 살아남은 양들로서 성 밖에 사는 자들인데, 이들 역시 자신의 이름이 생명책에 기록이 되어 있기 때문에 이 성에 드나들 수 있는 것이다.

오늘 우리가 그 성에 부합된 삶을 살려면 속된 것이나 가증한 것이나 거짓된 것이 없어야 한다. 속된 것이란 평범하고 일반적인 것, 즉 사람에 속한 것, 육체에 속한 것이다. 거짓말하는 것은 사탄에 속한 것이다. 그러한 것들은 결코 성 안에 들어올 수 없다. 오직 성령에서 나온 것, 성령으로 행하는 것들만 그 성 안의 내용물이다. 베드로는 이렇게 말했다. "우리는 그의 약속대로 의의 거하는바 새 하늘과 새 땅을 바라보도다 그러므로 사랑하는 자들아 너희가 이것을 바라보나니 주 앞에서 점도 없고 흠도 없이 평강 가운데 나타나기를 힘쓰라"(벧후 3:14-15). 새 하늘과 새 땅을 바라보는 사람들은 점도 없고 흠도 없어야 한다. 참으로 우리는 이 시대에 하나님의 거룩하신 사역 앞에, 하나님의 역사 앞에, 하나님의 말씀 앞에 자신을 낮추고 두려워 떨므로 장래 이러한 사람으로 나타나기를 바란다.

찬송시

한 성 기다리며 장막에 거하네
나그네 된 나는 계속 전진하겠네
아름다운 증거 영광된 장래여!
그 성을 주목하며 땅의 영화 버렸네
오, 아름다운 성이여, 영원한 거처 새 예루살렘!

한 성 기다리네 고생이 많아도
그 성을 생각할 때 노래하게 되네
이 길 험악해도 탄식 그치네
이 길 결코 길지 않음 나 알고 있네
오, 아름다운 성이여, 영원한 거처 새 예루살렘!

22 장

1-2절, 또 저가 수정같이 맑은 생명수의 강을 내게 보이니 하나님과 및 어린양의 보좌로부터 나서 길 가운데로 흐르더라 강 좌우에 생명나무가 있어 열두 가지 실과를 맺히되 달마다 그 실과를 맺히고 그 나무 잎사귀들은 만국을 소성하기 위하여 있더라

"수정같이 맑은 생명수의 강을 내게 보이니". 이 말씀은 요한이 새 예루살렘 성에 대하여 본 이상의 연속이다. 21장 후반까지에서 새 예루살렘의 외부를 보여준 천사가 이제 내부를 보여주려고 안으로 인도했다. 지금 요한은 성 안의 가장 높은 중심에 위치한 보좌를 보고 있다. 그 보좌에서 수정같이 맑은 생명수의 강이 흘러나오고 있다. 이 강은 하나의 강(a river)이다. 에덴동산에서는 강이 에덴에서 발원하여 동산을 적시고 거기서부터 갈라져 네 근원이 되었다고 했는데(창 2:10) 새 예루살렘에는 강이 하나이다. 마치 에덴동산의 네 강이 온 땅 사방으로 흘러 많은 사람들을 다시 생명수의 한 흐름으로 인도하는 듯하다. 에스겔 47장에서는 성전 동편의 문지방 밑에서 물이 나와 흘렀다고 했고 그 강물이 흐르는 곳마다 만물이 살더라고 했다.

'하나님과 및 어린양의 보좌'라는 말을 통해서 영원 안에서도 예수 그리스도는 어린양으로 불려지심을 알 수 있다. 이 보좌는 단수인데 거기 앉은 분에 대해서는 하나님과 및 어린양이라고 했다. 하나님과 어린양은 사람의 생각으로는 두 분인 것 같지만 사실 하나의 보좌이기 때문에 한 분이시다. 이것은 참으로 비밀이다. 영세에 가서도 우리의 전능자 하나님이 어린양이시라니 놀랍기만 하다. 온 세계가 그의 것이요 온 우주가 그의 것이다. 그분의 택하신 백성들이 영원토록 생명수를 마시고 생명나무를 먹으면서 그 성의 모든 특권을 누리는 것이 결국 아들 예수 그리스도의 구속으로 말미암은 것임을 기억하도록 그분은 그렇게 어린양으로 불리시는 것이다. 여기서 하나님과 아들은 영원히 나누어지지 않는다. 그분의 경륜과 통치를 위해 구분되어 역사하신 때가 있지만 모든 역사를 완성하신 후 하나님과 어린양은 하나로 나타나신다. 우리는 우리의 영원하신 하나님이 어린양이시라는 데 감동된다. 비로 그 하나님이 주 예수로 이 땅에 오셔서 우리 죄를 위해 십자가에 죽으신 분이다. 영원토록 그분을 찬미하자! 영세에서도 하나님은 우리가 생명나무를 먹고 생명수의 강을 마실 수 있는 것이 그분이 어린양이 되셨기 때문이라는 것을 기억나게 하신다.

수정같이 맑은 생명수의 강이 길 가운데로 흐르는데 그 길 또한 수정같이 맑은 정금 길이다(21:21). 모든 것이 맑다. 새 예루살렘은 모든 것이 깨끗하고 순수하고 맑다. 또 길 가운데로 생명수가 흐르니 그 길을 걷는 모든 사람이 다 이 물을 마실 수 있다.

"또 강 좌우에 생명나무가 있어 열두 가지 실과를 맺히되 달마다 그 실과를 맺히고 그 나무 잎사귀들은 만국을 소성하기 위하여 있더라". 강 좌우에 생명나무가 있어 열두 가지 실과를 맺히되 달마다 실과를 맺힌다고 했다. 이것을 보면 영세에도 열두 달이 있다. 즉 영세가 세월의 감각이 전혀 없는 곳이 아니라는 것이다. 또 이 생명나무 과실이 달마다 새롭게 맺힌다는 것은 과실이 열려 익는 데 시간이 필요하다는 것이다. 영세인데 또 시간의 요소가 있으니 참으로 상상하기 어렵다. 영원이란 단순 무시간의 개념 즉 시간의 개념을 제거하는 것이 아니라고 본다. 시간은 영원 안에 녹아들어가 있다.

하나님이 사람에게 주시고자 하는 것 중 가장 귀한 것이 생명나무이다. 사실 신약에서 주 예수님은 '내가 곧 생명'이라고 하셨다. 주 예수님이 바로 생명나무이신 것이다. 지금은 사람들이 다 비밀스럽게 주 예수님을 생명으로 받아들이고 있다. 그런데 영세에서는 생명나무가 더 이상 비밀스럽지 않다. 지금은 비밀스럽게 그리스도의 생명을 영접하고 누리는 시대이지만—초기 에덴 동산의 생명나무가 문자적이라면 영세, 즉 모든 비밀이 일곱째 나팔과 함께 다 열린 시대에 새 예루살렘의 생명나무도 문자적일 것이다—새 예루살렘에서는 생명나무가 모든 사람들에게 보이도록 맺혀 있을 것이다.

또 그 나무 잎사귀는 만국을 소성하기 위해 있다. 즉 나무 잎사귀는 만국 백성들을 위한 것이다. 이 말씀으로 미루어 볼 때 열매는 성 안에 있는 하나님의 아들들을 위한 것이고 잎사귀는 성 밖 백성들을 위한 것이다. 이것이 만국 백성과 성 안에 있는 사람들과의 차이이다. 만국 사람들은 소성을 필요로 한다. 이 말은 치료(healing, NASB)로도 번역할 수 있다. 즉 그들에게 질병이나 사망 같은 것은 없겠지만 약함은 다소 있을 수 있는 것 같다. 몸을 가지고 있기 때문이다. 그런데 이 만국 백성이 무엇으로 소성함을 입게 되느냐면 바로 생명나무의 잎사귀이다. 좋은 나무는 열매만이 아니라 잎사귀까지 효력이 있다. 또 이 잎사귀는 주 예수님의 행위를 뜻하기도 한다. 따라서 그들이 주 예수님의 행위를 본받음으로 평화롭게 살 수 있다는 것도 된다. 그러나 성 안에 사는 우리는 그분의 생명을 얻어 영원히 살게 된다.

생명수의 강

새 예루살렘에 있는 강의 이름이 생명수의 강이기 때문에 이 강물을 마시면 생명을 얻는다. 따라서 새 예루살렘의 광경은 하나님께서 사람들에게 생명수를 마시게 하시고 생명나무 실과를 먹게 하시는 분임을 보여 주는 것이다. 이는 문자적으로도 해석이 가능하고 영적으로도 해석이 가능하다. 만일 이 물이 다만 비유라면 실제로는 물이 없다는 말이 된다. 우리는 17장에서 '많은 물 위에 앉은 큰 음녀'라는 말을 들었다. 그리고 천사는 이 물이 무엇인지 해석해 주었다. "또 천사가 내게 말하되 네가 본바 음녀의 앉은 물은 백성과 무리와 열국과 방언들이니라". 그런데 22장의 생명수의 물은 해석을 필요로 하지 않는다. 이 물이 상징적일 뿐 아니라, 생명수 자체이기 때문이다. 오늘날은 하나님께서 그리스도로 말미암아 우리에게 성령을 생명수의 강으로 공급하신다는 의미로 해석할 수 있다. 그러나 영세에는 이런 실체가 있다.

또 이 강물이 보좌로부터 흘러내린다는 것은 하나님의 행정과 통치가 영세에서는 물로 이루어진다는 것을 암시한다. 오늘 이 세상 나라는 거의 무력과 권력으로 통치된다. 그러나 영세에 갈 때 하나님의 통치 방식은 기묘하다. 보좌로부터 생명수를 흘러보내어 사람들로 마시게 하는 것이다. 그리고 그것이 길 가운데로 흐르기 때문에 누구든지 다 마실 수 있다.

또 그 길 가에는 생명나무가 있어 달마다 새로운 실과가 맺힘으로 사람들이 먹을 수 있다. 주 예수님은 이 땅에 오셨을 때 '내가 곧 참된 양식이요 내가 곧 참된 음료'라고 하셨다. 사실은 주님이 생명나무요 주님이 생명수이시다. 오늘날에도 참된 사역과 봉사는 사람들에게 생명을 공급하여 살리는 것이다(고후 3, 4장). 교회의 장로들도 참되게 성도들을 목양하려면 생명이 성숙되어 사람들에게 생명을 분배할 수 있어야 한다. 사역자들도 마찬가지이다. 바울은 가는 곳마다 그리스도를 아는 냄새를 풍겼다. 그 결과로 많은 사람이 생명으로 좇아 생명에 이르게 된 것이다(고후 2:15-16). 우리가 사람들을 인간적인 권위로 통제하는 것은 의미가 없다. 그들에게 생명의 물을 흘러보내어 마시게 하는 사람이야말로 새 예루살렘적인 사역자이다.

권위의 보좌

오늘 우리는 이러한 영세의 누림을 그리스도로 말미암아 미리 누리고 있다. 우리는 주 예수님을 생명나무로 먹을 수 있고 생명수로 마실 수 있다. 우리의 배고픔은 생명나무 열매로 채울 수 있고 우리의 목마름은 생명수로 채울 수 있다. 하나님의 행정은 이와 같이 생명수로 수행된다. 그런데 이 생명수의 강이 보좌로부터 흐른다는 점을 깊이 생각해 볼 필요가 있다. 그렇기 때문에 우리는 이 보좌에 나아가서 항상 은혜를 구할 필요가 있는 것이다. 이 보좌는 권위의 보좌이므로 생명수를 얻기 원하는 사람마다 하나님의 권위를 인식하고 엎드려야 한다. 하나님의 말씀을 얻는 사람들은 다 그분의 권위를 인정하고 그 보좌 앞에 엎드린 사람들이다. 하나님께서는 그분의 보좌를 인정하는 사람들에게 생명수를 공급하실 것이다.

많은 사람들이 하나님을 얻기 원하지만 하나님의 말씀의 권위를 인정하지 않는 경우를 본다. 사역자들은 생명수를 흘려내보내는 식의 사역을 해야 하고 성도들은 그런 사역자들의 전파를 들을 때 보좌에서 흘러나오는 말씀으로 받아야 한다. 즉 그 말씀을 받을 때 두려움과 경외함으로, 하나님의 권위를 인정하는 방식으로 받아야 한다는 것이다. 그럴 때 그 말씀이 참 생명이 된다. 데살로니가 성도들은 사도들에게서 말씀을 받을 때 그렇게 받았다. 사도 바울의 말을 사람의 말로 받지 않고 하나님의 말씀으로 받은 것이다. 그럴 때 그 말씀이 듣는 사람들 속에서 역사했다(살전 2:13). 이러한 사람들 속에는 생명수가 흐르게 되어 있다.

왜 사람들 속에 생명수가 흐르지 않는가? 왜 여러분 속에 때로 생명수의 흐름이 없는 것 같은가? 왜 여러분은 생명나무의 열매를 먹지 못한 것처럼 배가 고픈가? 그것은 여러분이 그분의 보좌를 인정하지 않기 때문일 것이다. 하나님 앞에 나아가서 겸손하게 엎드려 그 말씀을 취하지 않기 때문일 것이다. 참으로 하나님의 말씀은 하나님의 권위이다. 모든 말씀 한 절 한 절이 다 권위이다. 왜냐하면 그 말씀이 다 보좌로부터 나오기 때문이다.

낙원 안의 생명나무

계시록 2장 7절에서는 생명나무가 하나님의 낙원 안에 있다고 말한다. 창세기 2장에서는 생명나무가 사람의 낙원에 있었다. 이 새 예루살렘의 낙원은 하나님의 낙원으로서 아담이 타락하기 전에 있었던 낙원보다 더 좋은 곳임에 틀림없다. 하나님은 구속하신 사람들을 원래 창조하셨을 당시의 동산보다 훨씬 더 좋은 곳으로 이끌려고 하신다. 새 예루살렘이 하나님의 낙원임을 아는 것은 어떠한 위로인가! 여기서 하나님은 에덴에서 실패한 것을 더 완전한 방식으로 복구하신다. 계시록 마지막 부분은 창세기 2장과 많은 면에서 대조가 된다. 그곳에는 아담과 하와, 에덴 동산이 있었지만 여기는 어린양과 성만이 존재한다. 이는 새 예루살렘 성이 어린양의 신부요 낙원임을 가리킨다. 그 누가 알았겠는가? 하나님의 영원한 경륜이 사람을 창조하시어 그분의 영원한 배필로 만드시려 한 것임을…. 여기에서 낙원과 아내는 완전히 하나가 되어 더 이상 쫓겨날 수도, 분리될 수도 없다. 강도 하나요 나무도 하나이다. 한 나무가 강 좌우편에 있을 수 있는가? 그 뿌리가 하나이기 때문에 가능할 것이다. 창세기에서는 동산과 하와도 나누어져 있었고, 나무도 둘이고, 강도 네 근원이어서 복잡했지만 모든 것이 다 성취된 계시록 마지막에서는 모든 것이 하나로 단순하게 된다.

하나의 강, 한 나무, 한 길

바벨론은 비손 강가에 건축되었으며 니느웨는 힛데겔 강가에 건설되었다. 하나님의 백성 이스라엘은 이 두 강에 의해 고통을 받아왔으나 새 예루살렘 안에는 하나의 강만 있어서 사람으로 생명을 얻게 하고 기쁨을 얻게 한다.

시편 46편 4절은, "한 시내가 있어 나뉘어 흘러 하나님의 성 지극히 높으신 자의 장막의 성소를 기쁘게 하도다"라고 했다. 이 강은 한 줄기이며 한 줄기의 흐름은 하나님을 기쁘시게 한다. 오늘날 교회 안에는 한 줄기의 흐름만이 존재해야 한다. 이는 하나님과 어린양의 보좌로부터 흐르는 것이다. 여기의 보좌는 단수이다. 하나님과 어린양의 보좌가 하나라는 말이다.

오늘날 교회인 우리는 이 한 줄기의 흐름을 미리 체험해야 한다. 두 줄기, 세 줄기의 흐름이 있을 때 교회 안에는 고통이 임하게 된다. 새 예루살렘에는 하나의 흐름만 있으므로 더 이상 고통이 없다. 교회가 낙원 같은 교회 생활을 하려면 반드시 한 흐름이 있어야 하고 한 나무를 먹어야 한다. 바울 시대에 초기 사도들은 교회 안에 생명나무를 사역했지만 곧이어 거짓 교사들, 율법 선생들이 와서 다른 나무를 심는 일을 했다. 그래서 교회들은 끊임없이 혼란되고 고통을 받았다. 주님만이 생명의 강이요 생명의 양식이시다. 그분은 이미 '내 살은 참된 양식이요 내 피는 참된 음료'라고 선포하셨다(요 6:55). 우리가 오늘 교회 생활 가운데서 낙원의 특징을 잘 알아두는 것은 매우 필요하다. 교회는 하나님의 낙원을 미리 체험하는 곳이기 때문이다.

오늘 우리는 새 예루살렘 같은 교회 생활을 추구해야 한다. 내가 불가리아 소피아에서 '새 예루살렘 교회'라는 교회의 모임에 참여해본 적이 있는데, 그들의 집회는 매우 경건했다. 나는 그들 집회에서 새 예루살렘 같은 인상을 받았는데, 그들의 이름이 참으로 그들과 어울린다고 생각했다. 그러나 그들도 이 땅의 많은 교회들이 그러하듯이 몇 가지 면에서 부족한 점이 보였다. 그러나 참 낙원인 새 예루살렘은 완전하여 부족한 것이 없을 것이다.

측량할 수 없는 그리스도의 풍성

2절 하반절은 "강 좌우에 생명나무가 있어 열두 가지 실과를 맺히되 달마다 그 실과를 맺히고"라고 한다. 영세에는 우리가 무엇을 먹느냐고 질문하는 사람이 있었는데, 과연 우리는 그곳에서 영원토록 무엇을 먹는가? 물론 그곳에는 육신적인 배고픔이 없다는 것이 우리가 가져야 할 기본 지식이다(고전 6:13). 그러나 우리는 여전히 그곳에서 생명나무의 열매를 먹을 것이고 생명수를 마실 것이다. 즉 그리스도를 먹고 마시는 것이다. 그분이 우리의 생명의 양식(생명나무 열매)이요 생명의 음료(생명수)이시다. 그리고 우리는 수정같이 맑은 생명수가 흐르는 정금 길을 따라 행할 것이다. 우리가 먹는 것이 그리스도요 마시는 것이 그리스도요 생명수이신 그분이 흐르는 길을 따라 행하는 것이니 영세에는 그리스도가 우리의 모든 것이 되실 것이다.

오늘 교회 생활 안에서 우리는 이 훈련을 한다(마 4:4). 우리는 끊임없이 그리스도를 받아들여 그분을 더욱더 알아가야 할 것이다. 그리고 그분을 알아가는 것은 영원토록 계속될 것이다. 그리스도의 풍성이 다함이 있을까봐 염려할 필요는 없다. 그분은 무한무량(無限無量)한 분이시기 때문이다. 그 강은 영원히 흐를 것이고 그 나무 열매는 끝없이 달마다 맺힐 것이다. 그러므로 우리는 영원토록 그리스도를 먹고 마시며 누릴 수 있다. 우주의 분량이 그리스도의 분량이라면 그 우주의 공간이 무한하듯이 그리스도도 무한하시다. 우주를 보라! 잴 수 있는가? 그와 같이 그리스도도 측량할 수 없는 풍성을 가지고 계신다(엡 3:8, unsearchable riches of Christ). 그러므로 그분의 지식에 넘치는 사랑의 넓이와 길이와 높이와 깊이는 사람으로서는 측량할 길이 없다(엡 3:19). 우리는 오늘 교회 생활 안에서 한 방면의 그리스도만이 아니라 각 방면의 그리스도를 받아들이기를 배워야 한다.

3절, 다시 저주가 없으며 하나님과 그 어린양의 보좌가 그 가운데 있으리니 그의 종들이 그를 섬기며

저주는 인류의 타락을 통하여 들어왔다. 죄가 있기 때문에 저주가 있었던 것이다. 더 정확하게 말하면 율법이 온 후로 저주가 온 것이다. 율법은 죄를 심히 죄 되게 하도록 주어진 것이며 그 결과 저주가 오게 된 것이다. 그리스도의 십자가는 율법의 저주에서 우리를 속량하셨다. 새 하늘 새 땅의 새 예루살렘에는 더 이상 죄도 없고 사망도 없고 저주도 없다. 오늘날 우리가 보는 많은 비참한 상황들은 다 저주이다. 우리는 가정생활이나 가까운 사람들과의 대화에서도 저주의 모습을 볼 수 있다. 미움, 질투, 마음 상함, 낙심, 실망, 좌절…. 이 모든 것들은 다 저주의 표시다. 서로가 작은 일로 다투고 원수 맺는 것도 저주의 한 형태이다. 인간의 타락 때문에 안타깝게도 그러한 저주의 모습들이 있는 것이다. 그런데 새 예루살렘이 올 때 거기에는 다시 저주가 없다. 요한이 보는 바 새 예루살렘 광경에는 저주가 없었다.

"하나님과 그 어린양의 보좌가 그 가운데 있으리니 그의 종들이 그를 섬기며". 새 예루살렘 성의 중앙에 보좌가 있는데 그 종들이 그분을 섬긴다. 이 종들은 다 거듭난 성도들인 우리일 것이다. 그리고 여기에는 하나님과 어린양의 보좌밖에 없다. 이십사 장로들의 보좌들도 보이지 않고 천년왕국에 있었던 셀 수 없이 많은 보좌들에 앉았던 자들(20:4)도 보이지 않는다. 계시록 전체를 살펴보면 보좌의 상황이 몇 번 바뀌는데, 맨 먼저는 하나님의 심판의 보좌와 함께 천사 장로들의 이십사 보좌들이 나오고(계 4:2,4), 다음은 이기는 자들의 보좌들이 나오며(20:4-6), 백 보좌가 나오며(20:12),

맨 나중에는 하나님과 어린양의 보좌만 나온다. 천년왕국의 보좌들은 백 보좌 심판 전까지인 것 같다. 백 보좌 심판 때에는 하나님의 한 보좌에 집중되고 새 예루살렘에서는 하나님과 어린양의 보좌만 나오며 나머지 구속된 자들은 왕과 제사장으로서 다스리며 섬긴다고 하였을 뿐 보좌에 관한 말은 없다. 천년왕국에서는 이기는 자들만이 제사장이 되지만, 새 예루살렘에서는 모든 하나님의 자녀들이 다 그분을 섬기는 제사장들과 종들이 된다. 섬기는 일 또한 천년왕국에서와 다를 것이다. 더 이상 죄가 없기 때문이다. 이때 그들의 섬김은 제사장적인 섬김이 아니라 왕 노릇 하는 섬김일 것이다. 이제 영세에서는 시위하는 천사들이 없고 하나님의 구속받은 사람들이 그분을 섬기는 자들로 완전히 대치된다.

이 구절의 '종들(servants)'은 또한 왕들이다. 이 섬김은 사람의 최고의 기쁨일 것이다. 이들의 섬김은 두 가지 형태인데, 하나는 제사장적인 섬김이요 또 하나는 통치적인 섬김이다. 영세에 구속된 백성들이 하나님을 섬긴다는 것은 7장 15절에도 있다. 그들이 섬길 때 보좌에 계신 이가 그들 위에 장막을 치신다고 했다. 또 그들이 통치적으로 섬긴다는 것은 다윗 때와 솔로몬 때에 보좌에 앉은 왕과 함께 시위한 자들이 왕의 다스림에 참여한 것으로 예를 들 수 있다(로버트 고벳). 그때 주님은 어린양으로서 저들의 목자가 되셔서 그들을 생명수 샘으로 인도하시며 하나님께서 저희 눈에서 눈물을 씻어주실 것이다. 이는 매우 행복스런 광경임에 틀림없다.

4절, 그의 얼굴을 볼 터이요 그의 이름도 저희 이마에 있으리라

이제 새 예루살렘 성 안에 있는 모든 사람들은 하나님의 얼굴을 볼 수 있게 된다. 하나님을 볼 수 있는 것은 사람으로서 가장 큰 특권이다. 이 땅에서도 항상 왕의 얼굴을 대면할 수 있는 것은 하나의 특권이다. 새 땅에서도 만국 사람들은 그러한 특권을 갖지 못한다. 구약에서 이스라엘도, 하나님의 종 모세도, 항상 하나님의 얼굴을 뵙지는 못하였다. 오늘 우리가 영적으로 항상 하나님의 얼굴을 대할 수 있는 것은 축복이다(고후 3:17-18). 하나님의 영원한 목적은 그분의 선택하고 구속하신 백성들과 영원히 함께 사는 것이다. 지금은 우리가 영적으로는 주님과 함께 있지만 물리적으로는 주님과 함께 있지 못하다. 그러나 영세에는 우리가 어떤 식으로도 하나님과 분리되지 않는다. 하나님과 어린양은 두 분이 아니라 한 분이시다(여기 '그의'는 단수이다). 우리 믿는이들은 그분의 나라에서 그분과 영원히 함께 살게 된다. 3절의 섬김은 4절의 그분의 얼굴을 보는 것과 함께 두어야 한다. 다만 섬기는 것으로는 부족하고 반드시 그분의 얼굴을 보며 섬겨야 하기 때문이다. 오늘 우리도 언제나 그분의 얼굴을 대하며 섬기기를 배우자. 그러려면 더 많은 기도가 필요할 것이다. 기도 안에서 그분을 대할 수 있기 때문이다.

지금 복음 시대에 아들은 아버지의 보좌에 계신다(계 3:21). 뭔가 좀 구분이 있는 것 같다. 그러나 영세에서는 아버지 하나님과 아들 하나님의 구분이 없는 것처럼 보인다. 하나님의 아들이 이 땅에 오신 것은 우리의 구원을 위한 것이었다. 그분이 모든 구속의 역사를 완성하신 후 영세에 갈 때 하나님과 어린양의 보좌는 영원히 나누어지지 않는 것으로 나타난다. 삼위일체 하나님은 우리를 위한 구속 사업을 성취하시기 위해 겉으로 보기에 구분되셨지만 이제 다시는 나누어질 수 없다. 그렇다 해서 우리는 성삼위 하나님이 영원 안에서 삼위의 구분이 없다고 말할 수 없다(엡1:4). 이것이 큰 비밀이요 하나님의 큰 사랑이다. 3절의 '그의' 종들, 4절의 '그의' 얼굴, '그의' 이름 등 삼위 하나님의 이름이 다 단수이다. "그(한 분)의 얼굴을 볼 터이요 그의 이름도 저희 이마에 있으리라". 14장에서는 십사만 사천의 첫 열매, 이기는 자들만 그 이마에 하나님과 어린양의 이름을 가졌다. 그러나 새 예루살렘 안에 있는 사람들은 모두가 하나님과 어린양의 이름을 그 이마에 갖게 된다. 오늘날 교회 생활 안에서 우리는 미리 우리 이마에 하나님과 어린양의 이름을 갖기 바란다.

5절, 다시 밤이 없겠고 등불과 햇빛이 쓸데없으니 이는 주 하나님이 저희에게 비취심이라 저희가 세세토록 왕 노릇 하리로다

새 예루살렘 성 안에는 다시 밤이 없다. 그리고 등불과 햇빛이 쓸 데 없는데 이는 주 하나님이 빛으로서 그들에게 비춰시기 때문이다. "저희가 세세토록 왕 노릇 하리로다". 하나님의 선택한 백성들은 영세에서 하나님을 섬기는 사람들이 되고 왕들이 된다. 또한 이것은 하나님이 사람을 창조하실 때의 목적이었다. 창세기에서 하나님은 사람을 창조하신 후 만물을 다스리고 정복하게 하려 하셨는데, 영세에 이 목적은 온전히 이루어진다. 그때 사람은 영원토록 만국을 다스리고 통치하는 왕들이다. 요한이 이상 가운데서 영세의 광경을 보니 하나님과 사람들이 영원히 함께 있으며 사람들은 다스리는 왕들이 되어 영원토록 다스리더라는 것이다. 이것이 우주의 대 파노라마이다. 놀라운 결말이다. 성경만이 인간과 우주의 비밀과 결말을 밝혀준다.

여기서 우리는 전 성경에 나타난 하나님의 경륜의 대강을 살펴보자.

1. 성경에 계시된 하나님은 경륜이 있으시며 목적과 뜻이 있으시다(엡 1:9, 3:2). 모든 것의 시작은 하나님이시다. 그분의 영원한 계획과 경륜에 의해 우주 만물의 역사가 진행되는 것이다.

2. 하나님은 창조 전에 이미 그분의 사랑하시는 자들에 대한 선택과 예정을 행하셨다(엡 1:4). 이는 창조 전에 영원하신 하나님의 마음속에서 있었던 일이다.

3. 하나님은 그분의 뜻에 따라 창조를 시작하셨는데(계 4:11), 첫 창조의 중심은 천사였던 것 같다(창 1:1, 히 1-2장). 천사들은 부리는 영이며, 육신을 갖지 않은 영으로만 지음을 받았다. 천사는 하나님에 의해 지음을 받은 존재임에 분명하며, 그들이 피조물이라면 그 피조된 시점이 있을 것인데, 이는 분명 사람보다 먼저이다. 욥기에 의하면 하나님이 땅을 창조하실 때 하나님의 아들들(천사들)이 기쁘게 소리하였다고 말한다(욥 38:7). 그러니 땅 위의 사람들보다 천사들은 먼저 지음을 받은 것이다. 말하자면 첫 창조 때에 하나님은 천사들을 지으셨으며, 하늘과 땅을 지으시고, 모든 피

조물에 대한 권세를 천사장의 손에 맡기셨다. 구약과 신약에서 하나님은 이스라엘과 교회를 심판하시거나 어떤 새로운 경륜을 시작하실 때 천사들을 통하여 하신 경우가 많았다. 그들은 분명 하나님의 일에 있어서 특정한 일마다 하나님의 명령을 받아 임무를 수행하는 피조물이다. 또한 이들은 하나님을 섬기며 그분께 영광 돌리며 경배하며 찬양하는 일을 맡고 있다. 이는 계시록에서 계속 나타나는 바이다(계 4:10-11, 5:12, 7:11). 하나님의 생명을 얻은 거듭난 자녀들이 나타나기 전에는 천사들이 하나님의 아들들이라고 불렸던 것 같다(창 6:4, 욥 1:6, 2:1, 38:7). 이는 첫 창조에서는 천사들이 그 중심이었음을 암시한다. 계시록에서는 천사들 중 보좌에 앉은 이십사 장로들이 나온다. 하나님의 자녀들로 그 지위가 대치되기까지 천사들은 그 지위와 임무를 계속 유지한다. 그러다 왕국을 지나 새 예루살렘에 이를 때 천사들이 하나님 앞에서 섬기는 그들의 지위를 성도들에게 넘겨주면서 하나님의 모든 경륜은 성취된다. 하나님의 자녀들인 성도들이 제사장이 되며 왕이 되니 천사들은 이제 자기들의 위치로 돌아가는 것이다. 그들은 어디까지나 부리는 종들로서 새 예루살렘에서도 문지기나 시중드는 종들에 불과하게 된다. 즉 천사들은 하나님과 사람들을 위하여 지음받은 피조물인 것이다.

창세기 1장의 재창조 이전 천사들 중 가장 높은 지위를 가진 천사장이 배역하여 사탄이 되었다(사 14:12-15). 에스겔 28장에 의하면 그는 당시 왕으로 기름부음을 받은 존재이며 지음을 받을 때부터 완전하였다(겔 28:13-14). 사탄이 이렇게 해서 생겨나지 않았다면 우리는 성경에서 사탄의 유래를 달리 찾을 수 없다. 즉 사탄은 천사 무리 중 하나님께 대한 배역으로 심판받은 타락한 천사라는 것이다. 그 중 타락에 가담하지 않은 천사들은 후에 사람이 창조되고 구속된 후 사람을 섬기도록 정해졌다(히 1:7, 14). 계시록에서 이 천사들은 여러 방면에서 하나님의 역사를 시중든다.

4. 창세기 1장에서 3절부터 시작되는 창조는 회복의 창조, 재창조인데, 이 재창조의 중심은 사람이다(창 1:26). 사람은 영혼과 몸을 가진 존재이며 하나님의 형상과 모양대로 지어졌다(살전 5:23). 사람을 창조하실 때 하나

님은 삼위일체 간의 회의(창 1:26, 행 2:23)를 가지셨다. 그리고 사람의 창조의 목적은 만물을 정복하고 다스리는 데 있었다(창 1:28, 시 8편, 히 2:5-7).

5. 하나님은 천사가 타락하였을 때는 구속과 회복의 역사를 하지 않으신 반면, 반역한 천사장의 계략에 의해 타락한 사람은 구속하시고 회복하려 하신다. 사람의 타락은 하나님의 목적을 좌절시키는 사건이었지만 그렇다고 해서 하나님은 그분의 목적을 포기하지 않으신다. 인간의 타락은 사람만이 아니라 온 만유가 하나님과 불화하게 되는 원인이 되었다(골 1:20).

6. 하나님이 그리스도(메시아)를 보내신 것은 인간의 타락의 국면을 회복하기 위함이다(행 3:20-21). 그리스도의 성육신과 십자가의 사건은 우주 가운데 가장 큰 일이다. 하나님은 십자가의 피로 만유를 하나님과 화목되게 하시며(골 1:20), 그리스도의 머리 되심 아래 온 만유가 통일되게 하려 하신다(엡 1:10).

7. 하나님은 그리스도의 죽음과 부활을 통하여 사람을 원래 목적대로 회복시키셔서 결국은 사람으로 천사를 심판하고 온 만유를 정복하고 다스리게 하신다(고전 6:3, 히 2장).

8. 하나님은 이러한 그리스도의 회복의 복음이 이르기 전에 구약에서 여러 부분과 여러 모양으로 선지자들을 통해서 말씀하셨다(히 1:1). 그러나 마지막 시대에 와서 하나님은 아들로 말씀하신다(히 1:2). 이전 시대를 율법 시대라고 하며 아들로 말씀하시는 시대를 신약 시대라고 한다. 신약의 역사는 하나님의 아들이 오심으로 시작된다. 하나님은 때가 찰 때 그 아들을 세상에 보내셨다(갈 4:4). 하나님은 이 아들을 메시야로 세상에 보내실 때 천사보다 조금 못하게 하셔서 그들의 구원의 주가 되게 하셨다(히 2장). 그리고 그리스도의 십자가의 역사로 말미암아 사망의 세력을 잡은 자 마귀를 없이하시고 사망 권세 아래 있는 자들을 해방하셨다. 하나님은 실로 천사들을 붙들어 주려 하심이 아니요 아브라함의 자손을 붙

들어 주시기 위해 메시야를 보내신 것이다(히 2:14-16). 이제 그리스도는 죄를 정결케 하는 일을 하시고 보좌 우편에 앉으셨다. 성경은 이를 구속(redemption)이라 한다(히 1:3, 2:17).

9. 하나님은 교회 시대에 다른 것이 아니라 타락한 사람을 온전히 회복하여 원래의 목적대로 하나님의 제사장과 왕으로 삼으려 하신다. 하나님은 사탄의 배역과 사람의 타락으로 부패하고 낡아진 만물을 새롭게 하신다. 새 예루살렘이 이를 때 만유는 그리스도 안에서 새롭게 완성된다(계 21:5). 그러나 구원받은 사람 모두가 이 땅에 사는 동안 영적인 성장과 변화를 온전히 이루지 못하고 그리스도의 장성한 분량에 이르지 못하므로 하나님은 다음 세상을 예비하시어 그 시대에 이기는 자들만 보좌에 앉아 왕 노릇 하는 특권을 얻게 하신다(고전 9:24-25, 딤후 2:12, 히 1:6, 2:5, 10, 계 2:26, 3:21).

10. 천 년이 끝나면 모든 불신자는 심판을 받고 불못에 들어가고 생명책에 기록된 모든 신자는 영원한 천국인 새 하늘 새 땅의 새 예루살렘에서 영세무궁토록 하나님의 제사장과 왕이 되어 만국을 다스린다. 결국 만유는 하나님의 아들 그리스도와 그의 신자들에게 주어진다. 이를 하나님의 후사라고 한다(롬 8:17-18). 하나님은 결국 그분이 목적하시고 성륜하신 것을 이루시는 알파와 오메가가 되신다(계 21:5-6, 22:13).

6절, 또 그가 내게 말하기를 이 말은 신실하고 참된지라 주 곧 선지자들의 영의 하나님이 그의 종들에게 결코 속히 될 일을 보이시려고 그의 천사를 보내셨도다

5절까지가 새 예루살렘에 대한 내용이고 6절부터는 또 다른 부분이다. 책으로 말하면 후기(後記)와도 같다. "또 그가 내게 말하기를 이 말은 신실하고 참된지라". 새 예루살렘에 관한 이 모든 말씀은 신실하고 참되다. 공허한 환상이나 허황된 이야기라고 말하지 말라! 분명히 그러한 실제가 있다. "주 곧 선지자들의 영의 하나님이 그의 종들에게 결코 속히 될 일을 보이시려고 그의 천사를 보내셨도다". '선지자들의 영'이란 고린도 전서 14장 32절에 나오는 '예언하는 자들의 영'과 같은 말이다. 선지자들은 특별히 하나님께서 그분의 백성을 위해 주신 은사들이다.

또 '결코 속히 될 일'이란 앞에서 본 새 예루살렘의 모든 것들이 속히 이루어질 일들이라는 것이다. 주님이 이 땅에 오신 지 2000년이 지나도록 이루어지지 않은 일이 어떻게 속히 이루어지겠는가라고 생각하겠지만, 하나님의 관점에서는 그렇지 않다. 하나님은 천 년을 하루같이 여기신다. 사실 모든 일들은 순식간에 지나간다. 그러기 때문에 이러한 모든 역사도 속히 될 일이다.

여기서 주 예수님은 모든 선지자들의 영의 하나님으로 표현된다. 선지자들의 영의 하나님이란 교회를 사랑하심으로 언제나 선지자들에게 말씀을 주시고 그들을 통해서 교회에게 그분의 뜻과 마음을 전달하시는 분이라는 것이다. 선지자들은 영이 있어야 하고 선지자들의 영은 하나님의 마음을 전달할 수 있어야 한다.

7절, 보라 내가 속히 오리니 이 책의 예언의 말씀을 지키는 자가 복이 있으리라 하더라

이것은 주님의 말씀이다. 우리는 이 부분(22장 6절부터)에서 전체의 계시록 말씀을 마무리하는 성분을 느끼게 된다. "보라 내가 속히 오리니". 성경의 모든 결론은 주님의 재림으로 마친다. 주님은 속히 오시겠다고 말씀하신다. 속히 오리라는 이 말씀은 성경 전체의 마지막 장인 22장에만도 세 번이나 있다(7, 12, 20절). 주님이 언제 오실는지는 모르지만, 곧 오실 것이다.

사도 바울은 밤이 깊고 낮이 가까웠으니 어두움의 일을 벗고 낮에와 같이 단정히 행하라고 했다. 바울 때에 밤이 깊었다면 지금은 더욱 깊은 것이다. 그때에도 세상은 타락했고 어두웠다. 그러나 지금은 그때보다 그 정도가 훨씬 심하다. 사실 밤이 깊은 것은 아침이 가까웠다는 뜻이다. 주님이 오실 때가 멀지 않은 듯하다. 오늘, 혹은 내일일지도 모른다. 주님이 이 말씀을 하고 또 하시는 것은 우리를 위한 것이다. 우리가 미리 이 말씀을 듣고 주님을 기다리는 사람이 된다면 참으로 복된 사람이리라.

또 주님은 이 예언의 말씀을 지키는 자가 복이 있다고 하셨다. 우리는 함께 계시록 1장부터 22장까지를 다 보았는데, 이제 이 말씀을 다시 한 번 생각하면서 말씀을 지키려는 마음을 가져야 한다. 말씀은 듣고 끝나서는 안 되며 반드시 지켜야 한다. 우리는 계시록 2장과 3장에서 일곱 교회에게 주신 말씀을 들었다. 또 바벨론과 신부에 관한 말씀도 들었다. 어떻게 하면 이기는 자가 되고 어떻게 하면 패배하는가에 대해서도 들었다. 주님이 다시 오시니 깨어 있으라는 말씀도 들었다. 이 모든 말씀을 들었으니 우리는 반드시 말씀을 지키는 자가 되자. 말씀을 지키는 자가 복이 있다.

8절, 이것들을 보고 들은 자는 나 요한이니 내가 듣고 볼 때에 이 일을 내게 보이던 천사의 발 앞에 경배하려고 엎드렸더니

"이것들을 보고 들은 자는 나 요한이니". 이 요한은 누구인가? 세베대의 아들이며 아버지 세베대와 함께 그물을 깁고 있던 갈릴리 어부였다. 그는 요한복음과 요한 서신을 쓴 사람이고, 주 예수님이 십자가에서 죽으실 때 가장 가까이에 있었던 사람이며, 또 최후의 만찬석에서 주님 품에 기대어 있었던 사람이다. 그는 사도들 중 가장 마지막까지 살아남았고 밧모섬에 유배되었으며 거의 90세가 되었을 때 밧모섬에서 이 이상을 보았다.

"내가 듣고 볼 때에 이 일을 내게 보이던 천사의 발 앞에 경배하려고 엎드렸더니". 그는 19장 10절에서도 이렇게 했다. 경외하는 마음이 벅찬 나머지 그 일을 보여준 천사의 발 앞에 엎드려 경배하려고 한 것이다. 주님이 그 모든 이상을 요한에게 보여주신 것은 참으로 그를 우대하신 것이다. 오늘 우리도 주님의 긍휼을 얻어 그가 본 이상을 동일하게 볼 수 있기 바란다.

9절, 저가 내게 말하기를 나는 너와 네 형제 선지자들과 또 이 책

의 말을 지키는 자들과 함께 된 종이니 그리하지 말고 오직 하나님께 경배하라 하더라

주님께서는 사람이 하나님 외에 그 누구에게라도 경배하는 것을 허락지 않으신다. 우리는 천사에게도 경배를 해서는 안 된다. 사람인 우리는 오직 하나님께만 경배해야 한다. "나는 너와 네 형제 선지자들과 또 이 책의 말을 지키는 자들과 함께 된 종이니". 즉 요한도 종이고 네 형제 선지자들도 종이고 이 책의 말을 지키는 자들도 종이라는 것이다. 주님은 복음서에서 선지자를 영접하는 자는 선지자의 상을 받을 것이라고 하셨다. 여러분은 선지자를 너무 부러워하지 말라. 선지자가 특권을 가진 것은 사실이고 또 주님의 상을 받겠지만 여러분도 만일 선지자의 말을 잘 듣는다면, 즉 선지자를 영접하고 그 말씀을 지킨다면 그 선지자와 함께 상을 받을 것이다. 여기서 주님의 말씀은 선지자들과 이 책의 말을 지키는 자들을 거의 동격으로 놓았다. 그러므로 이 책의 말씀을 지키는 사람들은 복이 있는 사람들이다.

또 한 가지 짚고 넘어갈 것은, 오늘날 어떤 사람들은 요한처럼 놀라운 계시를 전해준 하나님의 종에 대해 '저 사람은 하나님과 같은 존재다.' 하면서 그에게 경배하려고 한다는 것이다. 그런 식으로 많은 이단이 생겨난다. 우리는 어떤 사람에게도 경배해서는 안 되며 심지어 천사에게도 경배해서는 안 된다. 오직 하나님께만 경배해야 한다.

10절, 또 내게 말하되 이 책의 예언의 말씀을 인봉하지 말라 때가 가까우니라

천사가 요한에게 이 모든 것을 보여준 때는 A.D. 90년경이었다. 그때는 다니엘 때하고 달랐다. 다니엘 8장 26절이나 12장 9절을 보면 이 책을 간수하라고 했다. 때가 아직 많이 남았기 때문이다. 그러나 이 계시록을 쓸 때에는 때가 가까우니 이 책의 예언의 말씀을 인봉하지 말라고 했다. 어떤 사람들은 계시록을 함부로 펴서는 안 된다고 하는데, 우리가 분명히 알아야 할 것은 주님이 친히 이 말씀을 인봉하지 말라고 하셨다는 것이다. 이는 때가 얼마 남지 않았기 때문이다. 모든 하나님의 자녀들은 이 계시록의 말씀을 잘 읽어야 한다.

11절, 불의를 하는 자는 그대로 불의를 하고 더러운 자는 그대로 더럽고 의로운 자는 그대로 의를 행하고 거룩한 자는 그대로 거룩되게 하라

주님은 왜 이런 말씀을 하시는가? 때가 가까우므로 시간이 별로 없기 때문이다. 오늘날 어떤 사람들을 보면 좀 유감스러운데, 그것은 그들이 시간이 아주 많이 남아 있는 것처럼 행하기 때문이다. 그런 사람들은 변화되어야 할 부분을 말해 주어도 심각하게 듣지 않고 하나님 앞에서 신속히 처리하려 하지 않는다. 어떤 사람은 고집이 세기 때문에 시간이 없는데도 늑장을 부린다. 때가 얼마 안 남은 줄을 아는 사람들은 자기 육체의 약함, 타고난 천성의 문제점, 부정한 것들 등이 자신에게 남아 있는 것을 보면 '주님, 아직도 저에게 이런 것들이 있단 말입니까?' 하고 한탄하면서 즉시 처리받고자 할 것이다. 그러나 그렇지 않은 사람들은 여전히 불의 속에 남아 있고 더러운 데에 남아 있다. 주님은 그런 자들에 대해 "불의를 하는 자는 그대로 불의를 하고 더러운 자는 그대로 더럽게 누라"고 하신나. 그 반면에 "의로운 자는 자는 그대로 의를 행하고 거룩한 자는 그대로 거룩되게 하라"고 하신다.

12절, 보라 내가 속히 오리니 내가 줄 상이 내게 있어 각 사람에게 그의 일한 대로 갚아 주리라

주님이 다시 오실 때 각 사람에게 그의 일한 대로 갚아 주신다. 그러니 어떤 사람이 불의하다고 해서 그것을 바꾸어보려고 노심초사하지 말라는 뜻이다. 결국 주님이 오셔서 다 처리하실 것이다.

13절, 나는 알파와 오메가요 처음과 나중이요 시작과 끝이라

계시록에는 이 말씀이 여러 번 나온다(1:8, 17, 2:8, 21:6, 22:13). 나는 알파와 오메가요 처음과 나중이라는 말은 신약의 예수님이 곧 구약의 하나님이심을 암시한다. 그분 이전에도, 그분 이후에도 아무도 없다. 그분이 바로 여호와, 스스로 계신 분이시다. 주님은 성도들을 격려하고 위로할 필요가 있으실 때 이 말씀을 주셨다.

14절, 그 두루마기를 빠는 자들은 복이 있으니 이는 저희가 생명나무에 나아가며 문들을 통하여 성에 들어갈 권세를 얻으려 함이로다

누가 이 성에 들어갈 수 있는가? 그 두루마기를 빠는 자들이다. 무엇으로 두루마기를 빠는가? 주님의 보혈이다. 주님의 보혈만이 우리의 옷을 씻을 수 있다. 이렇게 성경 전체의 마지막 장에서도 주님은 우리에게 복음을 전하고 계신다. 어린양이라는 표현도 복음이고 옷을 씻음(죄 사함)도 복음이다. 피 흘림이 없은즉 사함이 없다고 했으니(히 9:22), 주님의 보혈이 아니면 우리의 옷을 씻을 수 없다. 아무리 성장하고 목표에 이른 신앙을 가졌어도 이 복음을 잊지 말라! 하나님은 계시록에서 그렇게 높은 이상을 보여주시면서도 영혼 구원을 잊어버리지 않으신다. 요한이 이 구절에서 말하고 있는 것은 누가 이 문들을 통하여 성에 들어갈 권세를 얻느냐는 것인데, 이것은 복음을 전하는 말씀이다.

오늘날 어떤 사람들은 어린양의 보혈을 말하는 것을 굉장히 초보적인 것으로 여기는데, 이는 매우 잘못된 관념이다. 성경 맨 마지막 장에 와서도 하나님은 그 아들의 피를 증거하신다. "두루마기를 빠는 자들은 복이 있으니". 또 생명나무에 나아간다는 것은 복음의 축복을 가리킨다. 새 예루살렘 성에는 생명수 강이 있고 생명나무가 있다. 아담이 타락하여 잃어버린 생명나무 실과를 먹을 권리를 주님의 보혈로 다시 찾아주시는 것이 복음의 내용이다.

15절, 개들과 술객들과 행음자들과 살인자들과 우상숭배자들과 및 거짓말을 좋아하며 지어내는 자마다 성 밖에 있으리라

14절은 복음을 받은 자들, 15절은 복음을 받지 못한 자들의 특징을 열거한다. 복음을 받지 않은 자들의 특징은 개들처럼 짖는 것이며 술객들이며 행음자들이며 살인자들이며 우상숭배자들이며 거짓말하는 자들이다. 오늘 이 세상에 수많은 죄가 있을지라도 이 몇 가지 범주에 속한다. 이 세상 사람들은 몇 가지로 분류되는데, 개들, 술객들(귀신과 교제하는 자들), 부도덕한 행음자들, 우상숭배자들, 거짓말을 지어내고 좋아하는 자들이다. 개들과 술객들은 종교적인 방해자들이고, 행음자들과 살인자들은 방탕하고 무법한 사람들이다.

특히 개들이란 하나님을 믿는다 하지만 실제적으로는 복음을 반대하고 대적하는 유대교도들 같은 자들을 의미한다(빌 3:2), '개들'에 대해서는 마태복음 7장을 보면 알 수 있다. "개에게 진주를 던지지 말라". 지금도 누가 개인지 알아보려면 진주를 주어보라. 진주를 귀하게 받아들이는 사람은 개가 아니다. 그런 사람은 성 안의 사람이다. 그러나 진주를 줄 때 물고 뜯는 자들은 성 밖에 있게 될 '개들'이다. 빌립보서 3장에도 '개들을 삼가라'는 말씀이 있다. 당시 사도 바울이 하나님의 말씀을 전파하러 다닐 때 늘 그를 따라다니며 짖는 자들이 있었다. 술객들(sorcerers)이란 이난이나 사이비 종교인들을 의미한다. 당시 예루살렘 성 밖에는 도벳이 있었는데, 그곳에는 항상 불이 타오르고 있어서 범죄한 자의 시체나 쓰레기가 거기에 던져졌다. 신약에서는 불못을 말할 때 그 이름을 사용하곤 한다. 따라서 여기 성 밖이란 특정한 장소, 곧 불못을 가리킬 것이며 그 외의 성 밖은 만국일 것이다. 새 하늘과 새 땅에는 바다가 없는 대신 불못이 있을 것이다.

이러한 말씀조차 다 복음의 영에서 나온 것이다. 그러니 예수 믿고 구원받아야 하지 않겠느냐는 것이다. 그러므로 17절에 다시 "오라, 값없이 생명수를 마시라!"는 복음의 초대가 있는 것이다.

16절, 나 예수는 교회들을 위하여 내 사자를 보내어 이것들을 너희에게 증거하게 하였노라 나는 다윗의 뿌리요 자손이니 곧 광명한 새벽별이라 하시더라

'나 예수는'. 마지막에 주 예수님이 나오셨다. 마지막까지도 예수 그리스도의 말씀은 복음의 증거이시다. 그분은 이 모든 증거의 최종 책임자이시다. 그분은 자신의 인격 전체를 걸고 이 모든 말씀을 증거하신다. 다른 서신서들은 마지막에 글을 쓴 사도의 안부가 있고 서명이 있으나 계시록에서는 주 예수님이 친히 이 모든 것을 증거하게 하셨다고 확증하신다.

"나 예수는 교회들을 위하여 내 사자를 보내어 이것들을 너희에게 증거하게 하였노라". 예수님은 교회들을 위해서 이 모든 것을 증거하게 하셨다. 그러면서 주님은 자신을 계시하신다. "나는 다윗의 뿌리요 자손이니 곧 광명한 새벽별이라". 예수님은 다윗의 뿌리도 되시고 자손도 되신다. 다윗의 근원도 되시고 그에게서 나온 자손도 되신다. 예수님이 다윗의 뿌리시라는 것은 그분의 신성을 가리키며(그분은 영원부터 계신 분으로서 다윗의 근본이시다), 예수님이 다윗의 자손이시라는 것은 그분의 인성을 가리킨다. 이러한 분이 그분의 천사를 보내어 교회들을 위해 이 모든 일을 증거하게 하신 것이다. 또 주님이 광명한 새벽별(가장 이른 아침에 빛나는 별)이라는 것은 그분이 이기는 자들을 위한 분이시라는 것이다. 계시록은 특별히 이기는 자들을 부르시는 책이다. 주님은 교회를 위하시지만 더욱 교회의 이기는 자들을 위하신다. 계시록에서 강조하는 것은 이 두 가지이다. 첫째는 예수를 믿고 구원얻는 복음이요 다음은 구원 얻은 자들이 상급을 얻는 이기는 자에 대한 부르심이다.

17절, 성령과 신부가 말씀하시기를 오라 하시는도다 듣는 자도 오라 할 것이요 목마른 자도 올 것이요 또 원하는 자는 값없이 생명수를 받으라 하시더라

16절은 주님이 교회를 향하여 말씀하신 것이고 17절은 하나의 응답이다. "성령과 신부가 말씀 하시기를". 이 성령은 오늘 믿는이들이 모시고 있는 보혜사 성령이시다. 여기의 신부는 새 예루살렘이 아닌 오늘날의 교회를 가리킨다. 왜냐하면 새 예루살렘의 광경은 4절에서 끝났기 때문이다. 21장부터 22장 4절까지로 새 예루살렘의 이상은 끝났다. 지금 이 부분의 말씀은 요한이 기록한 것이지만 주님의 말씀이다. 주님이 현존하는 교회들에게 이 모든 이상을 보여 주시고서 친히 말씀하시는 것이다.

이제 이 구절은 속히 오시겠다는 주님의 말씀에 대한 성령과 신부의 반응이다. "오라(오십시오)!" "듣는 자도 오라 할 것이요". 이 말씀을 듣는 사람들도 주님께 "오라(오십시오)!"고 한다. 여기 '듣는 자'란 1장 13절, 2-3장에서 말했듯이 귀 있는 자를 말한다. 듣는 자는 역시 개인적이다. 여러분 개개인은 듣지 않았는가? 들었다면 마땅히 "오십시오!"라고 말해야 한다. 성령과 신부가 "오십시오!" 하고 이 말씀을 듣는 자도 "오십시오!" 한다.

사도행전 15장에서 사도들은 어떤 문제를 결정하면서 '성령과 우리는'이라고 했다. 교회는 어떤 일을 마땅히 성령과 함께 결정해야 한다. 오늘 교회가 성령과 함께 외쳐야 할 것은 무엇인가? 주님께 "오십시오!" 하는 것이다. 그리고 이 말씀을 듣는 자들에게도 함께 외치도록 부탁하는 것이다. 이것은 아가서 1장과 8장의 말하는 방식과도 일치한다(1:4, 8:13-14).

"목마른 자도 올 것이요 또 원하는 자는 값없이 생명수를 받으라 하시더라". 성령과 신부는 듣는 자에게 말할 뿐 아니라 목마른 자, 원하는 자에게도 말하고 있다. 주님의 다시 오심을 갈망하는 교회의 외침은 주님을 향할 뿐 아니라 반드시 죄인들을 향해야 한다. 주님께 오시라고 하고 또 죄인들, 목마른 자들에게도 오라고 한다. 성경의 마지막에는 "오라!"는 외침이 충만하다. 이 모든 말씀을 기록하신 성령께서는 사람들에게 오라고 하신다. 이 모든 이상을 보고 난 사람들의 마음은 자동적으로 복음의 영으로 불타서 사람들에게 외치게 된다. "자, 와서 마시라! 값없이 생명수를 받으라!" 주님의 재림을 갈망하는 사람마다 죄인들을 향한 복음의 영으로 충만할 것이다. 우리는 성경의 마지막 계시록의 최종에도 여전히 죄인들이 구원받기를 원하시는 주님의 은혜의 복음의 영으로 가득한 말씀을 대할 때 마음에 깊은 경외감이 넘친다.

18절, 내가 이 책의 예언의 말씀을 듣는 각인에게 증거하노니 만일 누구든지 이것들 외에 더하면 하나님이 이 책에 기록된 재앙들을 그에게 더하실 터이요

이 책의 마지막 부분에 올 때 예언의 말씀을 듣는 각 사람에게 주의를 요하며 증거하는 말씀은, 기록된 이 말씀들 외에 무언가를 더하면 안 된다는 것이다. 오늘날 어떤 사람들이 계시록의 이상과 예언 외의 다른 것들을 말하는 것을 본다. 그들은 스스로 천국을 보고 새 예루살렘을 보았다고 한다. 그러면서 계시록에 없는 많은 엉뚱한 광경을 그려낸다. 그것이 이 책의 말씀에 더하는 것이다. 하나님께서는 요한에게 이 모든 계시를 보이신 후에 나중 사람들이 임의로 뭔가 더할 위험성이 있다는 것을 아셨다. 사람들은 신기하고 호기심을 자극하는 일들을 좋아하는 성향이 있다. 그러므로 사람의 호기심을 유발하기 위해 뭔가 더하는 일을 하는 사람들이 많이 있는 것이다. 이는 실로 위험천만한 일이다. 그런 자들에게 하나님은 이 책에 기록된 재앙들을 더하신다. 이 책에 기록된 재앙들은 원래 사탄, 적 그리스도, 거짓 선지자, 바벨론 등에게 내리시는 것이므로 이 책의 말씀에 더하는 자들은 그런 자들과 근본적으로 같다는 것을 암시한다.

우리는 밧모섬에서 사도 요한을 통해 보여주신 그 이상으로 족하다. 임의로 더하는 것은 매우 위험하다. 말씀대로 믿고 말씀대로 순종하며 사는 것이야말로 성도들에게 가장 중요한 일이다. 대부분 성경에 기록되어 있지 않은 특별한 계시를 보았다고 하면서 성도들을 미혹하고 떠드는 자들은 구약의 초혼(招魂), 접신(接神), 마법사(charmer), 강신술(현대의 소위 심령술, necromancer)에 해당하는 일들을 하는 것이다. 성도들은 반드시 이런 일에서 자신을 분별해야 한다. 이것은 하나님의 백성들 가운데 반드시 사라져야 할 일이다(신 18:11). 모세 시대에 하나님은 이미 이런 경고의 말씀을 주셨다. 이런 일을 하는 자는 하나님 앞에 가증한 자라고 하셨으며, 이것은 그들이 후에 가나안 땅에서 쫓겨난 이유가 되었다.

19절, 누구든지 이 책의 예언의 말씀에서 제하여 버리면 하나님이

이 책에 기록된 생명나무와 및 거룩한 성에 참예함을 제하여 버리시리라

또 어떤 사람들은 이 책의 말씀에서 어떤 부분을 제하여 버린다. 혹자는 계시록에서 666, 휴거, 두 감람나무 등만 강조하여 말하고 다른 것들은 그다지 주의하지 않는데, 이것은 사실상 계시록의 어떤 말씀을 제하는 행위이다. 계시록의 2, 3장의 교회에게 주시는 말씀, 4장의 보좌의 광경, 일곱 인의 내용, 일곱 나팔의 내용, 일곱 대접의 내용, 천년왕국, 새 예루살렘 등 모두가 다 중요하다. 성경 전체가 다 우리가 받아야 할 말씀이다. 어떤 사람들은 루터가 야고보서를 지푸라기 서신이라고 했기 때문에 야고보서 정도는 무시해도 된다고 하는데, 나는 그렇게 말하는 것은 매우 위험하다고 말하겠다. 종교 개혁 당시 루터는 구약의 에스더, 에스라, 신약의 야고보서, 계시록, 이 네 권의 말씀을 의심한 적이 있다. 의심한 근거도 나름대로 가지고 있었다. 그는 상당히 복음적이었고 믿음으로 의롭다 함을 얻는 진리 등을 너무나 강력하게 받았기 때문에 야고보서같이 행위를 강조하는 것처럼 보이는 책에 대해 '이 책은 혹시 하나님의 영감으로 된 것이 아니지 않을까?'라는 의구심을 가졌던 것이다. 그러나 말년에 가서 그는 그의 생각을 다 수정했다. 우리는 모든 성경의 말씀이 다 하나님의 영감으로 되었다는 것을 알아야 한다. 그러니 어떤 말씀도 제하는 방식으로 사역해서는 안 된다. 말씀 한 구절도 소홀히하거나 멸시하거나 삭제해서는 안 되는 것이다. 우리는 모든 말씀을 귀히 여겨야 한다. 작은 말씀 하나라도 귀히 여겨야 한다. 이러한 사람이 복된 사람이다.

"이 책에 기록된 생명나무와 및 거룩한 성에 참예함을 제하여 버리시리라". 다시 말하지만, 말씀을 제하여 버리는 사람들은 심각한 위험에 처하게 된다. 그런 사람들은 생명나무와 거룩한 성에 참예함에서 제하여진다. '거룩한 성에 참예함'은 14절의 '거룩한 성에 들어가는 것'과 부합한다. 거룩한 성은 들어갈 권세를 갖는 면이 있고 참예하는 축복을 얻는 면이 있다. 그것은 거룩한 성 새 예루살렘의 모든 항목에 참여하고 누리는 것이다. 새 예루살렘은 들어가는 것만 좋은 것이 아니다. 그 안에 들어갈 때 많은 누릴 것들이 있다.

'그 거룩한 성에 참예함을 제하여 버리신다'는 것은 구원받은 사람이라도 새 하늘 새 땅, 새 예루살렘에 들어오지 못한다는 말인가? 우리는 그 비밀을 다 알지 못한다. 그것이 혹 왕국 시대의 새 예루살렘에 들어가지 못한다는 말인지 아니면 영세에서 새 예루살렘 성의 분깃을 얻지 못한다는 말인지 알기 어렵지만 다만 중요한 것은 그런 일을 한 자들이 매우 심각한 위험에 처하게 된다는 것이다.

20절, 이것들을 증거하신 이가 가라사대 내가 진실로 속히 오리라 하시거늘 아멘 주 예수여 오시옵소서

"내가 진실로 속히 오리라". 이 말씀을 증거하신 분은 주님이시다. 주님은 이 장에서만도 세 번이나 속히 오시겠다고 말씀하신다. 그럴 때 요한의 마지막 말은 "아멘, 주 예수여, 오시옵소서!"이다. 이것이 신약 성경의 마지막 기도이다. 지난 이천 년 동안 주님을 사랑하는 모든 자들의 기도는 바로 이것이다. 이 기도는 언젠가 반드시 응답된다. 모든 믿는이들이 신약 성경을 다 읽고나서 해야 할 마지막 기도는 "주 예수여, 어서 오시옵소서!"이다. 주님의 재림에 대한 소망이 없고 기다림이 없는 그리스도인은 합당한 그리스도인이 아니다. 오늘 우리는 주님이 속히 오시도록 재촉하는 기도를 드리기를! 나는 당신의 호소하는 음성도 이 함성에 보태어질 수 있기 바란다.

21절, 주 예수의 은혜가 모든 자들에게 있을지어다 아멘

결국 우리 모든 사람에게 필요한 것은 주 예수의 은혜이다. 주 예수의 은혜가 여러분으로 구원받게 하고 주님 앞에 서게 했다. 주 예수의 은혜가 우리로 들림받게 하고 왕국에 들어가게 할 것이다. 그리고 주 예수의 은혜가 우리로 이 성에 들어가게 할 것이다. 이 모든 축복을 얻을 수 있는 비결이 바로 주 예수의 은혜이다.

신약 성경에는 주님의 재림이 300번 이상 기록되어 있다. 주님의 재림을 사모하지 않는 사람들은 이 세상을 사랑하는 사람들이다. 당신은 참으로 중심에서 주 예수의 다시 오심을 기다리는가? 나는 참으로 독자 여러분과 함께 주님의 다시 오심을 간절히 기다리는 자가 되기 바란다.

주 예수님, 감사합니다. 주님의 마지막 예언의 말씀인 계시록을 1장부터 마지막 장까지 읽을 수 있고 들을 수 있는 기회를 주셔서 감사합니다. 우리는 이 말씀을 통해서 이상을 보지 않았다고 말할 수 없습니다. 이제 이러한 이상을 보았으니, 보지 못했던 때의 삶과 같지 않게 하여 주옵소서. 주님, 우리에게 이 말씀을 지킬 수 있는 은혜를 주옵소서. 주님은 듣고 지키는 자가 복이 있다고 하셨습니다. 우리로 하여금 들은 말씀대로 살게 하여 주시며 주 예수의 다시 오심을 간절히 기다리는 무리가 되게 하여 주옵소서. 주님, 이기는 자가 되어 왕국에서 상급을 받고 주님과 함께 왕 노릇 하는 자들이 되기 원합니다. 참으로 믿는 우리가 영세의 축복을 받게 하여 주신 것을 감사합니다. 주님, 우리를 사랑하심으로 이러한 증거를 주신 주님께 감사합니다. 하나님 아버지, 영원토록 이 말씀을 소중히 여기도록 도와주옵소서, 경배와 감사와 찬양을 당신께 드립니다. 아멘.

요한계시록 강해

초판 발행 | 2007년 1월 24일
2판 1쇄 | 2013년 7월 7일

저자 | 유동근

발행처 | 벧엘서원.IMC
발행인 | 유병헌
신고번호 | 제 387-2012-000037 호

420-867 | 경기도 부천시 원미구 부일로 123 그린프라자 III 2F
TEL 032) 322-3095
FAX 0303-3440-3452
홈페이지 : www.bethelbook.co.kr
E-mail : btbook.imc@gmail.com

값 28,000원

ISBN 987-89-92014-41-0 94230
ISBN 987-89-92014-01-4 94230 (세트)